管理类联考辅导教材

数学 | 逻辑 | 写作 | 英语二

主　编　谭耀华
编　委　数学组　子　骞　韩一凡　陈思宇　齐心怡
　　　　逻辑组　赵小帅　郝天宇　刘峻熙　何瑞阳
　　　　写作组　蒋飞飞　于紫阳　孙晨曦　王　伟
　　　　英语组　刘镯梦　张　宁　郭小燕　苏　晨

林晨陪你考研系列

http://press.hust.edu.cn
中国·武汉

图书在版编目(CIP)数据

管理类联考辅导教材.数学、逻辑、写作、英语二/谭耀华主编.—武汉:华中科技大学出版社,2023.12
ISBN 978-7-5772-0307-2

Ⅰ.①管… Ⅱ.①谭… Ⅲ.①管理学-研究生-入学考试-自学参考资料 Ⅳ.①C93

中国国家版本馆 CIP 数据核字(2023)第 246780 号

管理类联考辅导教材(数学、逻辑、写作、英语二) 谭耀华 主编
Guanlilei Liankao Fudao Jiaocai(Shuxue、Luoji、Xiezuo、Yingyu Er)

策划编辑：江　畅	
责任编辑：江　畅	
封面设计：孢　子	
责任监印：朱　玢	
出版发行：华中科技大学出版社(中国·武汉)	电话：(027)81321913
武汉市东湖新技术开发区华工科技园	邮编：430223

录　　排：武汉创易图文工作室
印　　刷：武汉市洪林印务有限公司
开　　本：787mm×1092mm　1/16
印　　张：40.75
字　　数：1043 千字
版　　次：2023 年 12 月第 1 版第 1 次印刷
定　　价：206.00 元(含数学、逻辑、写作、英语二)

本书若有印装质量问题,请向出版社营销中心调换
全国免费服务热线：400-6679-118　竭诚为您服务
版权所有　侵权必究

尊敬的考生们：

您好！非常感谢您选择林晨陪你考研！

林晨陪你考研专注于 MBA、MEM、MPA、MPAcc 等管理类联考专业提前面试、笔试、复试定制化培训服务近十年，积累了丰富的教学资源和经验，打造了一套完善的教学体系和服务流程。发展至今，林晨陪你考研已拥有一批专业化优秀的师资团队，并逐步在武汉、上海、北京、广州、深圳等地成立运营中心，为您提供全方位的管理类联考备考服务，目前学员已遍布全国大江南北。我们的教学目标是：帮助您找到适合自己的专业和院校，提高您的专业素养和综合能力，提高您的面试技能和沟通能力，实现您的考研愿望，助力您的职业规划。

这套《管理类联考辅导教材》是林晨陪你考研教研团队经过多年的教学和研究，结合最新的考试大纲和真题，针对管理类联考笔试精心编写而成的。这套教材涵盖了管理类联考的四个科目——数学、逻辑、写作和英语二，每个科目都有详细的知识点讲解、典型例题分析、模拟练习题和答案解析，以及考试技巧和注意事项。这套教材旨在帮助您全面掌握管理类联考的基础知识和应试技能，提高您的解题速度和准确率，增强您的信心和竞争力。

管理类联考是一项全国性的选拔型的研究生入学考试，它不仅考查您的专业知识和能力，还考查您的综合素质和逻辑思维。要想在这样的考试中取得优异的成绩，您需要付出艰苦的努力和持之以恒的坚持。除了努力，您还需要有正确的方法和指导。这就是林晨陪你考研团队为您提供的这套教材和相应培训服务的价值所在。我们希望通过这套教材以及服务，能够为您的考研之路提供一盏明灯，让您能够在茫茫的知识海洋中找到方向，避免走弯路，节省时间和精力，达到事半功倍的效果。

最后，林晨陪你考研团队衷心地祝愿您在管理类联考中取得优异的成绩，顺利进入自己心仪的院校，开启自己的研究生学习之旅，为自己的未来和社会的发展做出贡献！我们相信，只要您有明确的目标，有坚定的信心，有正确的方法，有专业的团队为您服务，您就一定能够克服所有的困难，战胜所有的挑战，实现您的考研梦想，走向您的理想人生！

林晨陪你考研团队
2023 年 12 月

更多关于 MBA、MEM、MPA、MPAcc 等管理类联考专业择校、提前面试、笔试、复试资讯，可以全网关注我们的自媒体：视频号/微信公众号/小红书/微博——林晨陪你考研，也可以登录林晨陪你考研官网 www.linchenkaoyan.com 查阅，还可以直接与我们的老师进行一对一的沟通交流，我们的联系方式是：13545149501（微信同号）。

目录 Contents

199 管理类联考综合能力考试大纲 1

题型结构介绍 4

复习备考建议 6

第一章 算数 7

第一节 实数 7

考点 1 有理数与无理数运算法则 7

考点 2 整除、质数与合数、约数与倍数 9

考点 3 奇数与偶数 11

第二节 绝对值 11

考点 4 绝对值的性质 11

考点 5 三角不等式 13

考点 6 绝对值的最值 13

第三节 比与比例 14

考点 7 比与比例 14

第四节 平均值 16

考点 8 平均值 16

本章练习题 16

参考答案 18

例题参考答案 18

练习题参考答案 21

第二章 整式与分式 23

第一节 整式分式运算 23

考点 9 整式与分式运算公式 23

第二节 因式与余式 25

考点 10 因式分解 25

考点 11 因式与余式定理 27

| 本章练习题 ··· 28

  参考答案 ·· 29

    例题参考答案 ·· 29

    练习题参考答案 ··· 31

第三章　函数、方程、不等式 ··· 33

  第一节　集合与函数 ··· 33

    考点 12　元素与集合 ··· 33

    考点 13　一次函数与正反比例函数 ·· 36

    考点 14　一元二次函数 ··· 37

    考点 15　指数函数与对数函数 ·· 38

  第二节　方程 ·· 40

    考点 16　一元一次、二次方程 ·· 40

    考点 17　韦达定理 ·· 42

    考点 18　一元二次方程根的分布 ··· 43

    考点 19　分式方程 ·· 44

    考点 20　方程组 ··· 45

  第三节　不等式 ·· 46

    考点 21　不等式的基本性质 ··· 46

    考点 22　均值不等式 ··· 47

    考点 23　一元一次、二次不等式 ·· 48

    考点 24　简单的高次不等式 ··· 49

    考点 25　简单的分式不等式 ··· 49

    考点 26　简单绝对值不等式与无理不等式 ·· 50

  本章练习题 ·· 51

  参考答案 ··· 53

    例题参考答案 ·· 53

    练习题参考答案 ··· 57

第四章　数列 ·· 60

  第一节　数列基本概念 ·· 60

    考点 27　数列基本概念 ··· 60

  第二节　等差数列 ·· 61

    考点 28　等差数列的通项与前 n 项和 ·· 61

| 考点 29   等差数列的基本性质 ··· 62
   第三节   等比数列 ··· 64
          考点 30   等比数列的通项与前 n 项和 ··· 64
          考点 31   等比数列的性质 ··· 65
   第四节   数列求和 ··· 67
          考点 32   数列求和 ··· 67
   本章练习题 ··· 68
   参考答案 ··· 70
          例题参考答案 ··· 70
          练习题参考答案 ··· 73

第五章   几何 ··· 76
   第一节   平面几何 ··· 76
          考点 33   三角形 ··· 76
          考点 34   四边形 ··· 81
          考点 35   圆与扇形 ··· 83
   第二节   立体几何 ··· 86
          考点 36   长方体与正方体 ··· 86
          考点 37   圆柱体 ··· 87
          考点 38   球体 ··· 88
   第三节   解析几何 ··· 89
          考点 39   点与直角坐标系 ··· 89
          考点 40   直线 ··· 89
          考点 41   圆 ··· 93
   本章练习题 ··· 95
   参考答案 ··· 100
          例题参考答案 ··· 100
          练习题参考答案 ··· 105

第六章   排列组合与概率数据 ··· 110
   第一节   排列组合原理 ··· 110
          考点 42   加法和乘法原理 ··· 110
          考点 43   排列数、组合数 ··· 110
   第二节   排列组合各类问题 ··· 113
          考点 44   特殊与万能元素问题 ··· 113
          考点 45   相邻与不相邻问题 ··· 113

考点 46　定序与重复除序问题 ··· 114

考点 47　相同元素分配问题 ·· 114

考点 48　成双成对问题 ··· 115

考点 49　分房问题 ·· 115

考点 50　错排问题 ·· 115

考点 51　不同元素分组与分配问题 ··· 116

考点 52　正难则反问题 ··· 116

考点 53　二项式定理 ··· 117

第三节　概率 ··· 117

考点 54　古典概型 ·· 118

考点 55　独立事件 ·· 119

考点 56　伯努利概型 ··· 120

第四节　数据分析 ··· 120

考点 57　方差与标准差 ··· 120

考点 58　数据的图表 ··· 121

本章练习题 ·· 123

参考答案 ··· 125

例题参考答案 ··· 125

练习题参考答案 ··· 130

第七章　应用题 ·· 133

考点 59　算术问题 ·· 133

考点 60　平均值问题 ··· 133

考点 61　比例问题 ·· 133

考点 62　行程问题 ·· 134

考点 63　工程问题 ·· 135

考点 64　浓度问题 ·· 136

考点 65　集合问题 ·· 137

考点 66　最值问题 ·· 137

考点 67　分段计费问题 ··· 138

本章练习题 ·· 138

参考答案 ··· 141

例题参考答案 ··· 141

练习题参考答案 ··· 145

· 4 ·

199 管理类联考综合能力考试大纲

Ⅰ. 考试性质

管理类综合能力考试是为高等院校和科研院所招收专业学位硕士研究生（主要包括 MBA/MPA/MPAcc/MEM/MTA 等专业联考）而设置的具有选拔性质的全国联考科目，其目的是科学、公平、有效地测试考生是否具备攻读专业学位所必需的基本素质、一般能力和培养潜能，评价的标准是高等学校本科毕业生所能达到的及格或及格以上水平，以利于各高等院校和科研院所在专业上择优选拔，确保专业学位硕士研究生的招生质量。

Ⅱ. 考查目标

1. 具有运用数学基础知识、基本方法分析和解决问题的能力。
2. 具有较强的分析、推理、论证等逻辑思维能力。
3. 具有较强的文字材料理解能力、分析能力以及书面表达能力。

Ⅲ. 考试形式和试卷结构

一、试卷满分及考试时间

试卷满分为 200 分，考试时间为 180 分钟。

二、答题方式

闭卷笔试，不允许使用计算器。

三、试卷内容与题型结构

1. 数学基础 75 分，分为以下两种题型：

    （1）问题求解 15 小题，每小题 3 分，共 45 分。

    （2）条件充分性判断 10 小题，每小题 3 分，共 30 分。

2. 逻辑推理 30 小题，每小题 2 分，共 60 分。

3. 写作 2 小题，其中论证有效性分析 30 分，论说文 35 分，共 65 分。

Ⅳ. 数学部分考查内容

综合能力考试中的数学基础部分主要考查考生的运算能力、逻辑推理能力、空间想象能力和数据处理能力，通过问题求解和条件充分性判断两种形式来测试。

（一）算数

1. 整数

    （1）整数及其运算

    （2）整除、公倍数、公约数

(3)奇数、偶数

(4)质数、合数

2.分数、小数、百分数

3.比与比例

4.数轴与绝对值

(二)代数

1.整式

(1)整式及其运算

(2)整式的因式与因式分解

2.分式及其运算

3.函数

(1)集合

(2)一元二次函数及其图像

(3)指数函数、对数函数

4.代数方程

(1)一元一次方程

(2)一元二次方程

(3)二元一次方程组

5.不等式

(1)不等式的性质

(2)均值不等式

(3)不等式求解

一元一次不等式(组),一元二次不等式,简单绝对值不等式,简单分式不等式.

6.数列、等差数列、等比数列

(三)几何

1.平面图形

(1)三角形

(2)四边形(矩形、平行四边形、梯形)

(3)圆与扇形

2.空间几何体

(1)长方体

(2)柱体

(3)球体

3.平面解析几何

  (1)平面直角坐标系

  (2)直线方程与圆的方程

  (3)两点间距离公式与点到直线的距离公式

(四)数据分析

  1.计数原理

    (1)加法原理、乘法原理

    (2)排列与排列数

    (3)组合与组合数

  2.数据描述

    (1)平均值

    (2)方差与标准差

    (3)数据的图表表示(直方图、饼图、数表)

  3.概率

    (1)事件及其简单运算

    (2)加法公式

    (3)乘法公式

    (4)古典概型

    (5)伯努利概率

题型结构介绍

管理类联考数学部分试题均为选择题,一共 25 道,每题 3 分,满分 75 分.选择题分以下两种类型:

一、问题求解(第 1~15 小题,共 15 道,五选一,每题 3 分,满分 45 分)

问题求解(15 题,共 45 分,五个选项中选择一个正确选项),这类题型与我们以往普通考试中遇到的单选题相似,位于管理类联考试卷的开篇部分.

二、条件充分性判断(第 16~25 小题,共 10 道,五选一,每题 3 分,满分 30 分)

条件充分性判断是初次接触管理类联考同学遇到的新型选择题型,它完全不同于我们以往所遇到的所有选择题.条件充分性判断题型不仅注重对数学基本知识的考查,也注重逻辑推理能力的考查,这与大纲要求呼应.

1. 考试题型说明

条件充分性判断:第 16~25 小题,每小题 3 分,共 30 分,要求判断每题给出的条件(1)和(2)能否充分支持题干所陈述的结论.A,B,C,D,E 五个选项为判断结果,请选择一项符合试题要求的判断,在答题卡上将所选项的字母涂黑.

A. 条件(1)充分,但条件(2)不充分;

B. 条件(2)充分,但条件(1)不充分;

C. 条件(1)、(2)单独都不充分,但联合起来充分;

D. 条件(1)充分,条件(2)也充分;

E. 条件(1)、(2)单独都不充分,联合起来也不充分.

本题要求判断所给的条件能否充分支持题干中的结论,阅读每小题中的条件(1)和条件(2)后进行选择.选项口诀:1A2B 联合 C,都对选 D 错选 E.

2. 条件充分的含义

如果条件中的所有值都使题干结论成立,则称该条件是题干结论的充分条件;如果条件中只要有 1 个值使题干结论不成立,则该条件就不是题干结论的充分条件.因此,在条件充分性判断题型中,我们经常用举反例特值的技巧快速排除选项.

3. 解题说明

该题型中一般有两种情况:

第一种情况(如下例 1):

题干:结论.

(1)条件 1.

(2)条件 2.

此时,我们只用判断:条件 1、条件 2 是否能推出结论成立.

第二种情况(如下例2):

题干:已知条件＋结论.

(1)条件1.

(2)条件2.

此时,我们需要判断:题干已知条件＋条件1、条件2是否能推出结论成立.

4. 两条件联合后的逻辑关系

联合后两条件逻辑上取"且"而不是"或",不等式取"交集"而不是"并集"!

5. 题型举例

【例1】(条件充分性判断)方程 $x^2-3x-4=0$ 成立.

(1) $x=-1$;(2) $x=4$.

解:由条件(1) $x=-1$,可知 $x^2-3x-4=(-1)^2-3\times(-1)-4=0$,

即由条件(1) $x=-1$ 推出 $x^2-3x-4=0$ 成立,

所以条件(1)充分.

由条件(2) $x=4$,得 $x^2-3x-4=4^2-3\times 4-4=0$,

所以条件(2)也充分.

故此题选 D.

【例2】(条件充分性判断)已知 $x>0$,则方程 $x^2-3x-4=0$ 成立.

(1) $x=-1$;(2) $x=4$.

此时判断条件是否充分,需要将题干已知条件($x>0$)结合条件(1)和(2)一起判断是否让题干结论成立,由【例1】可知,条件(1)不充分,条件(2)充分,故此题选 B.

【例3】(条件充分性判断)要使 $\dfrac{1}{a}\geqslant 1$.

(1) $a\leqslant 1$;(2) $a\geqslant 1$.

解:由 $a\leqslant 1$ 不能推出 $\dfrac{1}{a}\geqslant 1$,例如取 $a=-1$,即条件(1)不充分;

由 $a\geqslant 1$ 知 $\dfrac{1}{a}\leqslant 1$,也不能推出 $\dfrac{1}{a}\geqslant 1$ 成立,即条件(2)也不充分.

考虑将条件(1)和(2)联合,若 $a\leqslant 1$ 且 $a\geqslant 1$,则 $a=1$,则 $\dfrac{1}{1}=1$ 成立,即条件(1)、(2)单独都不充分,但联合起来充分.故此题选 C.

注意,此题我们解题干的不等式得到解集为 $0<a\leqslant 1$,条件(1)和条件(2)联立时只是此解集的小范围,在做条件充分性判断时,大范围让题干结论成立,则该大范围中的小范围依旧能让结论成立,是题干结论成立的充分条件(小范围可以推出大范围).

复习备考建议

在管理类联考数学备考复习时,切记要注意复习的深度,注重基础知识的学习.数学基础知识指的是考试大纲要求的知识考点,在第一轮的复习中要将这些考点全部吃透,基础方面要求没有弱项.此外在复习时,一要注意基础考点的范围,绝大部分的考点都是初高中的知识点,但又少于初高中的知识点,因此要非常清楚哪些知识点考哪些点不考,不要盲目复习;二要注意知识的深度,虽然大部分的知识点来源于初高中,但是某些知识点的要求没有达到初高中学到的深度,不要一味抓难题.

管理类联考的考试内容是初等数学,不涉及高等数学,考查的知识都是在小学、初中、高中学过的.学习前期主要在于复习以前遗忘的知识点,无论基础好坏,都应该把考试大纲中所有的知识点系统学习一遍,把遗忘的部分重新捡回来,把原来不理解的地方搞明白,可能会缺乏一点儿新颖性,但不像学习新知识那么难.学习中期则是通过做练习题巩固自己的知识点,数学是一个需要做题的科目,没有一定量习题的巩固是不可能考好的,通过做题加深对解题方法的研究和理解.解题方法在这里主要体现在解题能力方面,要会用学到的知识去解决未知的问题,因此还要注意数学思想方面的培养,在已知和未知之间建立联系,多训练解题思路.在这里要强调的是,想要在解题方法方面有很大的提升,基础考点必须要学熟练、牢固,才能够融会贯通.学习后期则是通过做历年真题,理解考试的出题规律,多总结方法和技能,掌握最灵活最便捷的做题方法.在做真题的基础上练习自己的做题速度.

199综合管理类联考满分是200分,其中数学满分是75分,一共25道题,我们训练的目标是在60分钟完成,这样每道题的时间大约在2分30秒,在准确的同时做题速度也有要求,需要考生灵活掌握做题方法.

本书严格按照考试大纲要求的深度编写,注重基础考点的学习.

注:历史上真题出现过选择题选项设置为4个选项的年份,故本书所引用出现4个选项的真题例题,并不是选项有缺漏!

第一章　算数

第一节　实数

考点 1　有理数与无理数运算法则

1. 实数（R）的分类与概念

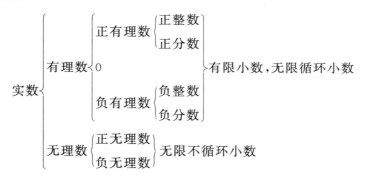

也可首先按符号性质分：

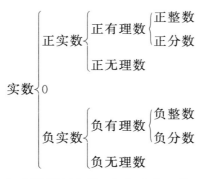

(1)有理数（Q）：整数、有限小数和无限循环小数，统称为有理数.

(2)无理数：无限不循环小数叫作无理数.

(3)整数（Z）：正整数、零、负整数，统称为整数.

(4)自然数（N）：零和正整数统称为自然数.

(5)分数：把单位"1"平均分成若干份，表示这样的一份或几份的数叫分数.

(6)小数：小数是实数的一种特殊表现形式．所有分数都可以表示成小数.

(7)百分数：表示一个数是另一个数的百分之几，也叫百分率或百分比．百分数通常采用符号

"‰"(百分号)表示.

(8) n 次方根:如果一个数的 n 次方(n 是大于 1 的整数)等于 a,那么这个数叫作 a 的 n 次方根.习惯上将 2 次方根叫平方根,3 次方根叫立方根.

(9) 平方根:又叫二次根,表示"$\pm\sqrt{}$",其中属于非负数的平方根称为算术平方根.

2. 有理数与无理数运算法则

(1) 有理数之间的加减乘除运算结果必为有理数.

(2) 有理数和无理数的乘积为 0 或无理数.

(3) 有理数和无理数的加减必为无理数.

(4) 整数部分与小数部分.整数部分是指一个数减去一个整数后,若所得的差大于等于 0 且小于 1,那么此减数是整数部分,差是小数部分.

例如:$\sqrt{2}$ 的整数部分是 1,小数部分是 $\sqrt{2}-1$;$-\sqrt{2}$ 的整数部分是 -2,小数部分是 $-\sqrt{2}-(-2)=2-\sqrt{2}$.

(5) 定理:若 a,b 为有理数,γ 为无理数,若 $a+\gamma b=0$,则 $a=b=0$.

3. 实数的乘方与开方

(1) 乘方:

① 当实数 $a \neq 0$ 时,$a^0 = 1, a^{-n} = \dfrac{1}{a^n}; a^m a^n = a^{m+n}, (a^m)^n = a^{mn}, \dfrac{a^m}{a^n} = a^{m-n}$.

② 负实数的奇数次幂为负数;负实数的偶数次幂为正数.

(2) 开方:

① 在实数范围内,负实数无偶次方根;0 的偶次方根是 0;正实数的偶次方根有两个,它们互为相反数,其中正的偶次方根称为算术根.

② 当 $a > 0$ 时,a 的平方根是 $\pm\sqrt{a}$,其中 $\sqrt{a}$ 是正实数 a 的算术平方根.

③ 在运算有意义的前提下,$a^{\frac{m}{n}} = \sqrt[n]{a^m}$.

乘积的方根:$\sqrt[n]{ab} = \sqrt[n]{a} \cdot \sqrt[n]{b}$ $(a \geqslant 0, b \geqslant 0)$;

分式的方根:$\sqrt[n]{\dfrac{a}{b}} = \dfrac{\sqrt[n]{a}}{\sqrt[n]{b}}$ $(a \geqslant 0, b > 0)$;

根式的方根:$(\sqrt[n]{a})^m = \sqrt[n]{a^m}$ $(a \geqslant 0)$;

根式的化简:$\sqrt[np]{a^{mp}} = \sqrt[n]{a^m}$ $(a \geqslant 0)$;

分母有理化:$\dfrac{1}{\sqrt{a}} = \dfrac{\sqrt{a}}{a}$ $(a > 0)$.

分母有理化,指的是在二次根式中分母原为无理数,而将该分母化为有理数的过程,也就是将分母中的根号化去.分母有理化的意义在于,分母为实数后,我们可以进行正常的通分运算和合并同类项,使式子得到化简.

【例1】(2007.10.16) m 是一个整数.

(1)若 $m=\dfrac{p}{q}$,其中 p 与 q 为非零整数,且 m^2 是一个整数.

(2)若 $m=\dfrac{p}{q}$,其中 p 与 q 为非零整数,且 $\dfrac{2m+4}{3}$ 是一个整数.

【例2】(2008.10.4) 一个大于1的自然数的算术平方根为 a,则与该自然数左右相邻的两个自然数的算术平方根分别为( ).

A. $\sqrt{a}-1,\sqrt{a}+1$ B. $a-1,a+1$ C. $\sqrt{a-1},\sqrt{a+1}$

D. $\sqrt{a^2-1},\sqrt{a^2+1}$ E. a^2-1,a^2+1

【例3】(2009.10.7) 设 a 与 b 之和的倒数的2007次方等于1, a 的相反数与 b 之和的倒数的2009次方也等于1. 则 $a^{2007}+b^{2009}=$ ( ).

A. -1 B. 2   C. 1   D. 0   E. 2^{2007}

【例4】已知 a,b,c 为有理数,且 $\sqrt{13-2\sqrt{42}}=a\sqrt{7}+b\sqrt{6}+c$,则 $2012a+2013b+2014c=$ ( ).

A. 0   B. -2 C. 2   D. -1 E. 1

考点 2   整除、质数与合数、约数与倍数

1. 数的整除

(1) 设 a 和 b 是两个任意整数,$b \neq 0$,若存在整数 c,使得 $a=bc$,则称 b 整除 a,或 a 能被 b 整除,此时,称 b 是 a 的约数(因数),称 a 是 b 的倍数.

连续两个整数相乘能被 $2!$ 整除,连续三个整数能被 $3!$ 整除,连续 k 个整数相乘能被 $k!$ 整除.

(2) 带余除法:设 n,m 是两个整数,$m>0$,则存在唯一一对整数 k 和 r,使 $n=km+r(0 \leqslant r<m)$,此处 k 称为用 m 除 n 所得的不完全商,r 叫作用 m 除 n 所得的余数;带余除法是导出许多整数的重要性质的基础.

r 共有 m 种可能取值:$0,1,\cdots,m-1$. 若 $r=0$,即为 n 被 m 整除的情形;易知,带余除法中的商实际上为 $\dfrac{n}{m}$(不超过 $\dfrac{n}{m}$ 的最大整数),带余除法的核心是关于余数 r 的不等式 $0 \leqslant r<m$.

(3) 常见数整除的数字特征:

  能被 2 整除的数:个位数字为 0,2,4,6,8;

  能被 3 整除的数:各位数字之和必能被 3 整除;

  能被 4 整除的数:末两位(个位和十位)数字必能被 4 整除;

  能被 5 整除的数:个位数字为 0,5;

  能被 6 整除的数:同时满足能被 2 和 3 整除的条件;

  能被 8 整除的数:末三位能被 8 整除;

  能被 9 整除的数:各位数字之和能被 9 整除;

能被 10 整除的数:个位数字为 0.

2. 质数与合数

质数:大于 1 的正整数,如果除了 1 和自身之外,没有其他约数的数就称为质数(素数).

合数:一个正整数除了能被 1 和自身整除之外,还能被其他正整数整除,这样的正整数就称为合数.

注意:

(1)1 既不是质数也不是合数.

(2)最小的质数为 2,也是唯一的偶质数.最小的合数为 4.

(3)常见 30 以内的质数:2、3、5、7、11、13、17、19、23、29.

(4)分解质因数:把一个合数分解为若干个质因数的乘积的形式,称为分解质因数.例如:12 = 2×2×3.分解质因数一般采用短除法的思路.

3. 约数与倍数

如果有一个自然数 a 能被自然数 b 整除,则称 a 为 b 的倍数;称 b 为 a 的约数.例如:12 能被 3 整除,12 是 3 的倍数,3 是 12 的约数.

公约数与最大公约数:几个数公有的约数,叫作这几个数的公约数;其中最大的一个,叫作这几个数的最大公约数.例如:12 的约数有 1,2,3,4,6,12;18 的约数有 1,2,3,6,9,18.12 和 18 的公约数有 1,2,3,6.其中 6 是 12 和 18 的最大公约数,记作(12,18)=6.

公倍数与最小公倍数:几个数公有的倍数,叫作这几个数的公倍数;其中最小的一个,叫作这几个数的最小公倍数.例如:12 的倍数有 12,24,36,48,60,72,84,…,18 的倍数有 18,36,54,72,90,…,12 和 18 的公倍数有 36,72,….其中 36 是 12 和 18 的最小公倍数,记作[12,18]=36.

两个数的最大公约数与最小公倍数一般用短除法和分解质因数的方法求解.

注意:两个正整数的乘积等于这两个数的最大公约数与最小公倍数的积,即

$$ab = (a,b) \cdot [a,b]$$

【例5】(2006.10.3)将放有乒乓球的 577 个盒子从左到右排成一行,如果最左边的盒子里放了 6 个乒乓球,且每相邻的四个盒子里共有 32 个乒乓球,那么最右边的盒子里的乒乓球个数为(   ).

A. 6   B. 7   C. 8   D. 9   E. 以上结论均不正确

【例6】(2008.10.23) $\dfrac{n}{14}$ 是一个整数.

(1) n 是一个整数,且 $\dfrac{3n}{14}$ 也是一个整数.

(2) n 是一个整数,且 $\dfrac{n}{7}$ 也是一个整数.

【例7】(2013.1.17) $p = mq + 1$ 为质数.

(1) m 为正整数,q 为质数.

(2) m,q 均为质数.

【例8】(2014.1.10)若几个质数(素数)的乘积为770,则它们的和为( ).
A. 85　　　　B. 84　　　　C. 28　　　　D. 26　　　　E. 25

考点3　奇数与偶数

1. 奇数与偶数的定义

奇数:不能被2整除的整数,可以表示为 $2k+1$,k 为整数.

偶数:能被2整除的整数,包括0,可以表示为 $2k$,k 为整数.

2. 偶数奇数运算性质

奇数±奇数=偶数,奇数±偶数=奇数,偶数±偶数=偶数.

奇数×奇数=奇数,奇数×偶数=偶数,偶数×偶数=偶数.

口诀:加减法中,同偶异奇;乘法中,有偶则偶(注意:正负号不改变奇偶性).

(1)整数 m 与 $2m$ 同偶不同奇.

(2)整数 x,y,则 $x+y$ 与 $x-y$ 同奇同偶.

(3)两个相邻整数必为一奇一偶.

【例9】(2012.1.20)已知 m,n 为正整数,则 m 为偶数.

(1) $3m+2n$ 是偶数.

(2) $3m^2+2n^2$ 是偶数.

【例10】(2013.10.16) m^2n^2-1 能被2整除.

(1) m 是奇数.

(2) n 是奇数.

【例11】已知 a,b 都是质数,且 $a^2+b=2015$,则 $a+b=$ ( ).
A. 2009　　　B. 2010　　　C. 2011　　　D. 2012　　　E. 2013

第二节　绝对值

考点4　绝对值的性质

1. 绝对值的定义

代数意义: $|a|=\begin{cases} a, a>0 \\ 0, a=0 \\ -a, a<0 \end{cases}$

正数的绝对值是它本身;负数的绝对值是它的相反数;零的绝对值还是零.

2. 绝对值的几何意义

数轴:规定了原点、正方向和单位长度的直线叫数轴.如:

绝对值几何意义：$|a|$ 表示在数轴上 a 点与原点 0 之间的距离；$|a-b|$ 表示在数轴上 a 点与 b 点之间的距离.

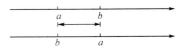

理解绝对值的几何意义对绝对值的最值问题理解有重大帮助.

3. 绝对值的性质

(1) 非负性：$|a|\geqslant 0$，任何实数的绝对值非负. 其他具有非负性的因素：平方数（或偶次方），如 a^2,a^4；开偶次方根，如 $\sqrt{a},\sqrt[4]{a}$.

(2) 对称性：$|-a|=|a|$，即互为相反数的两个数绝对值相等.

(3) 等价性：$|-a|=|a|=\sqrt{a^2}$，$|a|^2=|a^2|=|-a|^2=a^2$.

$|a\times b|=|a|\times |b|$，$\left|\dfrac{a}{b}\right|=\dfrac{|a|}{|b|}$.

(4) 自比性：$\dfrac{|a|}{a}=\dfrac{a}{|a|}=\begin{cases}1,a>0\\-1,a<0\end{cases}$

(5) 同号异号性质：

$|a+b|=|a|+|b|\Rightarrow ab\geqslant 0$

$|a-b|=|a|+|b|\Rightarrow ab\leqslant 0$

$|a-b|<|a|+|b|\Rightarrow ab>0$

$|a+b|<|a|+|b|\Rightarrow ab<0$

(6) 基本不等式：$-|a|\leqslant a\leqslant |a|$.

【例12】(2006.10.15) $|b-a|+|c-b|-|c|=a$.

(1) 实数 a,b,c 在数轴上的位置为

(2) 实数 a,b,c 在数轴上的位置为

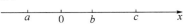

【例13】(2011.10.24) $g(x)=\begin{cases}1,x>0\\-1,x<0\end{cases}$，$f(x)=|x-1|-g(x)|x+1|+|x-2|+|x+2|$，则 $f(x)$ 是与 x 无关的常数.

(1) $-1<x<0$.

(2) $1<x<2$.

【例14】(2011.1.2) 若实数 a,b,c 满足 $|a-3|+\sqrt{3b+5}+(5c-4)^2=0$，则 $abc=(\quad)$.

A. -4　　　　B. $-\dfrac{5}{3}$　　　　C. $-\dfrac{4}{3}$　　　　D. $\dfrac{4}{5}$　　　　E. 4

【例15】代数式 $\dfrac{|a|}{a}+\dfrac{|b|}{b}+\dfrac{|c|}{c}+\dfrac{|abc|}{abc}$ 可能的取值有（　　）.

A. 4 个　　　　B. 3 个　　　　C. 2 个　　　　D. 1 个　　　　E. 5 个

考点 5　三角不等式

(1) $|a|-|b|\leqslant|a+b|\leqslant|a|+|b|$，对于有 a 和 $b\in\mathbf{R}$，都成立.

　　左边等号成立的条件：$ab\leqslant 0$ 且 $|a|\geqslant|b|$；右边等号成立的条件：$ab\geqslant 0$.

(2) $|a|-|b|\leqslant|a-b|\leqslant|a|+|b|$，对于有 a 和 $b\in\mathbf{R}$，都成立.

　　左边等号成立的条件：$ab\geqslant 0$ 且 $|a|\geqslant|b|$；右边等号成立的条件：$ab\leqslant 0$.

　　三角不等式多以等号成立的条件以及运用三角不等式抵消参数的方式考查.

考点 6　绝对值的最值

1. 求绝对值最值问题的方法

① 几何意义；② 三角不等式；③ 图像法；④ 分组讨论法. 求绝对值的最值经常采用数形结合的方式理解.

2. 两个绝对值最值的模型

① 和模型：$f(x)=|ax-m|+|ax-n|$，此种函数表达式，没有最大值，只有最小值. 且在两个零点（零点指的是使两个绝对值分别等于 0 的 x 的值）之间取得最小值 $|m-n|$. 图像的表现为两头高，中间平，类似于平底锅.

和模型识别：两个绝对值相加，且两个绝对值内 x 的系数相同或者互为相反数.（相反数可以通过绝对值的对称性调整为系数相同）

② 差模型：$f(x)=|ax-m|-|ax-n|$，此种函数表达式，既有最大值，也有最小值. 分别在零点的两侧取得且两个最值为 $\pm|m-n|$. 图像的表现为两头平，中间斜，类似"Z"字形.

差模型识别：两个绝对值相减，两个绝对值内 x 的系数相同或者互为相反数.

绝对值函数 $y=|x-a|$、$y=|x-a|+|x-b|$、$y=|x-a|-|x-b|$ 的图像如下：

函数	图形	特殊值
$y=|x-a|$		当 $x=a$ 时，有最小值 0，无最大值
$y=|x-a|+|x-b|$		当 $a\leqslant x\leqslant b(a<b)$ 时，有最小值 $|a-b|$；无最大值
$y=|x-a|-|x-b|$		最小值 $-|a-b|$，最大值 $|a-b|$，$x=\dfrac{a+b}{2}$ 时值为 0； 若 $a>b$，则 $x\geqslant a$ 恒最小，$x\leqslant b$ 恒最大； 若 $a<b$，则 $x\geqslant b$ 恒最大，$x\leqslant a$ 恒最小

以上图形的最值不用死记,可以用绝对值的几何意义理解.

$y=|x-a|$,相当于数轴上的点 x 到点 a 之间的距离;

$y=|x-a|+|x-b|$,相当于数轴上的点 x 到点 a 与点 b 之间的距离之和;

$y=|x-a|-|x-b|$,相当于数轴上的点 x 到点 a 与点 b 之间的距离之差.

想象一下数轴上的点来回拉扯,就很容易理解上述的函数的特殊值了!

3. 三个及以上绝对值相加求最小值

当有奇数个绝对值相加时,x 等于正中间一个点时,和最小,没有最大值.

当有偶数个绝对值相加时,x 位于正中间两点之间的时候,和最小,没有最大值.

模型识别:多个绝对值相加,且多个绝对值内 x 的系数相同或者互为相反数.如:$|x+1|+|x-1|+|x-3|$ 表示一个点到 $-1,1$ 和 3 的距离和,当 $x=1$ 时,和最小,为 4;$|x+1|+|x-1|+|x-3|+|x-4|$ 表示到四个点的距离和,当 $1\leqslant x\leqslant 3$ 时,和最小,为 7.

【例16】等式 $|2m-7|=|m-2|+|m-5|$ 成立,则实数 m 的取值范围是( ).

  A. $2\leqslant m\leqslant 5$　　　　　　B. $m\leqslant -2$ 或 $m\geqslant 5$　　　　　　C. $-2<m<5$

  D. $m\leqslant 2$ 或 $m\geqslant 5$　　　　　　E. $m\leqslant -5$ 或 $m\geqslant -2$

【例17】(2008.1.18)$f(x)$ 有最小值 2.

  (1) $f(x)=\left|x-\dfrac{5}{12}\right|+\left|x-\dfrac{1}{12}\right|$;

  (2) $f(x)=|x-2|+|4-x|$.

【例18】(2003.1.10)不等式 $|x-2|+|4-x|<s$ 无解.

  (1) $s\leqslant 2$.

  (2) $s\geqslant 2$.

【例19】不等式 $|x+3|-|7-x|>s$ 对任意 x 均不成立,则( ).

  A. $s<10$　　B. $s\leqslant 10$　　C. $s\geqslant 10$　　D. $|s|\geqslant 10$　　E. 均不对

【例20】当 $|x|\leqslant 4$ 时,函数 $y=|x-1|+|x-2|+|x-3|$ 最大值与最小值之差是( ).

  A. 4　　B. 6　　C. 16　　D. 20　　E. 14

第三节　比与比例

考点 7　比与比例

1. 比与比例的定义

(1) 比:两个数 a,b 相除,又可称为这两个数的比,记为 $a:b$,即 $a:b=\dfrac{a}{b}$,若 a,b 相除的商为 k,则 k 称为 $a:b$ 的比值.

(2)比例:若$a:b$和$c:d$的值相等,就称a,b,c,d成比例,记作$a:b=c:d$或$\dfrac{a}{b}=\dfrac{c}{d}$,其中$a,d$叫作比例外项,$b,c$叫作比例内项.

2. 正比与反比

(1)正比例:两种相关联的量,一种量变化,另一种量也随着变化.如果这两种量中相对应的两个数的比值一定,这两种量就叫作成正比例的量,它们的关系叫作正比例关系.

若两个数x,y,满足$y=kx(k\neq 0)$,则称y与x成正比例.注意:并不是y与x同时增大或减小才称为正比,比如$k<0,x$增大y减小.

(2)反比例:两种相关联的量,一种量变化,另一种量也随着变化.如果这两种量中相对应的两个数的积一定,这两种量就叫作成反比例的量,它们的关系叫作反比例关系.

若两个数x,y,满足$y=\dfrac{k}{x}(k\neq 0)$,则称y与x成反比例.

3. 比例的基本性质

(1)两个外项的积等于两个内项的积,即$a:b=c:d\Leftrightarrow ad=bc$.

(2)比的前项后项同时乘或除以相同的数(除0外),比值不变.

(3)$a:b=c:d\Leftrightarrow b:a=d:c\Leftrightarrow a:c=b:d\Leftrightarrow c:a=d:b$.

4. 比例的相关定理

(1)合比定理:$\dfrac{a}{b}=\dfrac{c}{d}\Leftrightarrow\dfrac{a+b}{b}=\dfrac{c+d}{d}$.

(2)分比定理:$\dfrac{a}{b}=\dfrac{c}{d}\Leftrightarrow\dfrac{a-b}{b}=\dfrac{c-d}{d}$.

(3)合分比定理:$\dfrac{a}{b}=\dfrac{c}{d}=\dfrac{a\pm mc}{b\pm md}(b\pm md\neq 0)$.

(4)等比定理:$\dfrac{a}{b}=\dfrac{c}{d}=\dfrac{e}{f}=\dfrac{a+c+e}{b+d+f}(b+d+f\neq 0)$.

易错点:使用等比定理时,"分母不等于0"并不能保证"分母之和也不等于0",所以要讨论分母之和是否为0.

【例21】(2008.10.1)$a:b=\dfrac{1}{3}:\dfrac{1}{4}$,则$\dfrac{12a+16b}{12a-8b}=(\qquad)$.

A. 2　　　　B. 3　　　　C. 4　　　　D. -3　　　　E. -2

【例22】若非零实数a,b,c,d满足等式$\dfrac{a}{b+c+d}=\dfrac{b}{a+c+d}=\dfrac{c}{a+b+d}=\dfrac{d}{a+b+c}=n$,则$n$的值为($\qquad$).

A. -1或$\dfrac{1}{4}$　　B. $\dfrac{1}{3}$　　C. $\dfrac{1}{4}$　　D. -1　　E. -1或$\dfrac{1}{3}$

第四节　平均值

考点 8　平均值

1. 算术平均值

设 $x_1, x_2, x_3, \cdots, x_n$，$\bar{x} = \dfrac{x_1 + x_2 + x_3 + \cdots + x_n}{n}$ 为这 n 个数的算术平均值.

2. 几何平均值

设 n 个正整数 $x_1, x_2, x_3, \cdots, x_n$，称 $x_g = \sqrt[n]{x_1 x_2 x_3 \cdots x_n}$ 为这 n 个数的几何平均值.

注意：几何平均值是对于正数而言的.

【例23】（2005.10.13）a, b, c 的算术平均值是 $\dfrac{14}{3}$，而几何平均值是 4.

(1) a, b, c 是满足 $a > b > c > 1$ 的三个整数，$b = 4$；

(2) a, b, c 是满足 $a > b > c > 1$ 的三个整数，$b = 2$.

【例24】（2013.10.3）如果 a, b, c 的算术平均值等于 13，且 $a : b : c = \dfrac{1}{2} : \dfrac{1}{3} : \dfrac{1}{4}$，那么 $c = (\quad)$.

A. 7　　　　B. 8　　　　C. 9　　　　D. 12　　　　E. 18

本章练习题

1. 设 a 为正整数，$\dfrac{48}{a}, \dfrac{72}{a}$ 也为正整数，则符合条件的 a 的值有（　　）个.

   A. 4　　　　B. 6　　　　C. 8　　　　D. 10　　　　E. 12

2. 设 a 是最小的自然数，b 是最大负整数，c 是绝对值最小的实数，d 是最小的质数，e 为最小的合数，则 $a + b + c + d + e = (\quad)$.

   A. 5　　　　B. 4　　　　C. 3　　　　D. 6　　　　E. 7

3. 五个连续自然数，每个数都是合数，这五个连续自然数的和最小为（　　）.

   A. 110　　　B. 130　　　C. 150　　　D. 170　　　E. 180

4. 如果 a, b, c 是三个任意整数，那么 $\dfrac{a+b}{2}, \dfrac{b+c}{2}, \dfrac{c+a}{2}$ 中（　　）.

   A. 都不是整数　　　　　　B. 至少有两个整数　　　　　　C. 至少有一个整数

   D. 都是整数　　　　　　　E. 无法确定

5. 如果 a, b 均为质数，且 $3a + 7b = 41$，则 $a + b = (\quad)$.

   A. 5　　　　B. 6　　　　C. 7　　　　D. 8　　　　E. 9

6. a,b,c 是三个连续奇数整数,$10<a<b<c<20$,b,c 是质数,则 $a+b=$(   ).
   A. 20　　　　B. 28　　　　C. 30　　　　D. 32　　　　E. 38

7. 已知 a,b,c 都是整数,$m=|a+b|+|b-c|+|a-c|$,那么(   ).
   A. m 一定是奇数
   B. m 一定是偶数
   C. 仅当 a,b,c 同奇或同偶时,m 是偶数
   D. 仅当 a,b,c 同奇或同偶时,m 是奇数
   E. m 的奇偶性不能确定

8. 已知 m,n 是有理数,且 $(\sqrt{5}+2)m+(3-2\sqrt{5})n+7=0$,则 $m+n=$(   ).
   A. -4　　　B. -3　　　C. 4　　　　D. 1　　　　E. 3

9. 已知 $\dfrac{|x+y|}{x-y}=2$,则 $\dfrac{x}{y}=$(   ).
   A. $\dfrac{1}{2}$　　B. 3　　C. $\dfrac{1}{3}$ 或 3　　D. $\dfrac{1}{3}$ 或 $\dfrac{1}{2}$　　E. 3 或 $\dfrac{1}{2}$

10. 若 $x\in\left(\dfrac{1}{8},\dfrac{1}{7}\right)$,则 $|1-2x|+|1-3x|+\cdots+|1-10x|=$(   ).
    A. 2　　　B. 3　　　C. 4　　　D. 5　　　E. 以上结论均不正确

11. 已知 $(x-2)^2+|y-1|=0$,那么 $\dfrac{1}{x^2}-\dfrac{1}{y^2}$ 的值是(   ).
    A. 0.25　　B. -0.75　　C. 4　　D. 3　　E. 均不对

12. 若 $ab<0$,那么 $\dfrac{a}{|a|}+\dfrac{|b|}{b}+\dfrac{ab}{|ab|}$ 的值是(   ).
    A. -3　　B. -2　　C. -1　　D. ± 1　　E. 0

13. 已知 $\dfrac{a}{|a|}+\dfrac{b}{|b|}+\dfrac{c}{|c|}=1$,则 $\left(\dfrac{|abc|}{abc}\right)^{2007}\div\left(\dfrac{bc}{|bc|}\times\dfrac{ac}{|ac|}\times\dfrac{ab}{|ab|}\right)$ 的值是(   ).
    A. 1　　　B. -1　　　C. ± 1　　　D. $\dfrac{1}{3}$　　　E. 0

14. 若 $|a|=\dfrac{3}{2}$,$|b|=2$,则 $|a-b|$ 等于(   ).
    A. $\dfrac{1}{2}$　　B. $\dfrac{1}{2}$ 或 1　　C. $\dfrac{1}{2}$ 或 $\dfrac{7}{2}$　　D. 1 或 $\dfrac{7}{2}$　　E. $\dfrac{1}{2}$ 或 $-\dfrac{1}{2}$

15. 若 $x<-2$,则 $|1-|1+x||$ 的值等于(   ).
    A. $-x$　　B. x　　C. $2+x$　　D. $-2-x$　　E. 以上都不对

16. $|a-b|=|a|+|b|$ 成立,$a,b\in\mathbf{R}$,则下列各式中一定成立的是(   ).
    A. $ab<0$　　B. $ab\leq 0$　　C. $ab>0$　　D. $ab\geq 0$　　E. 以上都不对

17. 如果 a,b,c 是非零实数,且 $a+b+c=0$,那么由此可知如下表达式 $\dfrac{a}{|a|}+\dfrac{b}{|b|}+\dfrac{c}{|c|}+\dfrac{abc}{|abc|}$ 的可能取值有(   ).
    A. 0　　B. 1 或 -1　　C. 2 或 -2　　D. 0 或 -2　　E. -2

18. 已知两个正整数的和为 165,它们的最大公约数为 15,符合条件的两个数有(   )组.

A. 1   B. 2   C. 3   D. 4   E. 5

19. 若 $\dfrac{a}{b}=20$, $\dfrac{b}{c}=10$, 则 $\dfrac{a+b}{b+c}$ 的值为( ).

A. $\dfrac{11}{21}$ B. $\dfrac{21}{11}$ C. $\dfrac{110}{21}$ D. $\dfrac{210}{11}$ E. 以上都不对

20. a,b,c 的和一定是奇数.

(1) a,b,c 为互不相同的合数; (2) a,b,c 为互不相同的质数.

21. 若 p 的绝对值是 2, 则 $p^2+\dfrac{m+n}{p}-ab$ 的值是 3.

(1) a,b 互为倒数, m,n 互为相反数; (2) $a,1,b$ 满足 $ab=1$, $|m+n|=0$.

22. 若 $n=p+r$ 是奇数, 并且 n,p,r 均为正数, 则 $p=2$.

(1) p,r 是质数; (2) $r\neq 2$.

23. 正整数 x 是偶数.

(1) x 被 3 除时, 其余数为 2; (2) x 被 5 除时, 其余数为 2.

24. 若 x 是一个整数, 那么 $(x+p)(x+q)$ 是一个偶数.

(1) q 是一个偶数; (2) p 是一个偶数.

25. $f(x)$ 有最小值 2.

(1) $f(x)=|2x-3|+|2x-1|$; (2) $f(x)=|x-2|+|4-x|$.

26. $|3-x|+|x-2|=a$ 有解.

(1) $a=5$; (2) $a=1$.

27. $\dfrac{|a-b|}{|a|+|b|}<1$ 成立.

(1) $ab>0$; (2) $ab<0$.

28. 方程 $|2-x|+|1+x|=3$.

(1) $x<2$; (2) $x>-1$.

29. 函数 $f(x)$ 的最小值是 6.

(1) $f(x)=|x-2|+|x+4|$; (2) $f(x)=|x+3|+|x-3|$.

30. x 一定是偶数.

(1) $x=n^2+3n+2\ (n\in\mathbf{Z})$; (2) $x=n^2+4n+3\ (n\in\mathbf{Z})$.

参考答案

例题参考答案

【例1】答案 A. 条件(1): 因为 $m=\dfrac{p}{q}$, 其中 p 与 q 为非零整数, 所以 m 是一个有理数, 且 m^2 是一个整数, 所以 m 是一个整数. 条件(2): 当 $m=\dfrac{5}{2}$ 时, 符合条件但推不出结论. 故选 A.

【例2】答案 D. 该自然数为 a^2，与该自然数左右相邻的数分别为 a^2-1, a^2+1，因此，两个数的算术平方根分别为 $\sqrt{a^2-1}, \sqrt{a^2+1}$. 故选 D.

【例3】答案 C. 根据题意，$\left(\dfrac{1}{a+b}\right)^{2007}=1 \Rightarrow a+b=1$；$\left(\dfrac{1}{-a+b}\right)^{2009}=1 \Rightarrow b-a=1$；解得 $a=0, b=1$. 所以 $a^{2007}+b^{2009}=1$. 故选 C.

【例4】答案 D. $\sqrt{13-2\sqrt{42}}=\sqrt{(\sqrt{7}-\sqrt{6})^2}=\sqrt{7}-\sqrt{6}=a\sqrt{7}+b\sqrt{6}+c \Rightarrow a=1, b=-1, c=0$，故 $2012a+2013b+2014c=2012-2013=-1$.

【例5】答案 A. 因为每相邻的 4 个盒子共有 32 个乒乓球，所以第 1 个盒子到第 4 个盒子的乒乓球总数＝第 2 个盒子到第 5 个盒子的乒乓球总数＝…. 所以盒中乒乓球的个数是以 4 为周期的周期数列，又 $577=144\times 4+1$，所以第 577 个盒子里面的乒乓球个数＝第 1 个盒子里面的乒乓球个数. 故选 A.

【例6】答案 A. 条件(1)：因为 $\dfrac{3n}{14}$ 是一个整数，所以 $3n$ 是 14 的倍数. 又因为 3 和 14 互质，所以 n 是 14 的倍数，故 $\dfrac{n}{14}$ 是一个整数，可以推出结论. 条件(2)：$\dfrac{n}{7}$ 是一个整数只能说明 n 是 7 的倍数，无法推出 n 是 14 的倍数，所以无法推出结论. 故选 A.

【例7】答案 E. 对于(1)m 为正整数，q 为质数；(2)m, q 均为质数，当 $m=3, q=7$ 时满足条件，$p=mq+1=3\times 7+1=22$ 非质数，所以选 E.

【例8】答案 E. $770=7\times 11\times 2\times 5$，所以 $7+11+2+5=25$，所以选 E.

【例9】答案 D. 对于(1)$3m+2n$ 是偶数，$3m$ 是偶数，m 是偶数，成立；对于(2)$3m^2+2n^2$ 是偶数，$3m^2$ 是偶数，m^2 是偶数，m 是偶数，成立. 所以选 D.

【例10】答案 C. 条件(1)和条件(2)单独显然都不充分，考虑联合：当 m, n 都是奇数时，m^2, n^2 也都是奇数，此时 m^2n^2 是奇数，所以 m^2n^2-1 是偶数，联合充分. 故选 C.

【例11】答案 E. 2015 为奇数，所以 a^2 与 b 必一奇一偶. 若 $b=2$，则 $a^2=2013$，而 2013 不是完全平方数. 故 $a=2, b=2011$，所以 $a+b=2011+2=2013$，故答案为 E.

【例12】答案 A. 由绝对值的几何意义可知：

(1)$b-a<0, c-b<0, c<0$，则 $|b-a|+|c-b|-|c|=a-b+b-c+c=a$. 充分；

(2)$b-a>0, c-b>0, c>0$，则 $|b-a|+|c-b|-|c|=b-a+c-b-c=-a$. 不充分；

故选 A.

【例13】答案 D. 条件(1)：当 $-1<x<0$ 时，$g(x)=-1$，所以 $f(x)=(1-x)+(x+1)+(2-x)+(x+2)=6$，充分.

条件(2)：当 $1<x<2$ 时，$g(x)=1$，所以 $f(x)=(x-1)-(x+1)-(2-x)+(x+2)=2$，充分. 故选 D.

【例14】答案 A. 因为三个代数式 $|a-3|, \sqrt{3b+5}, (5c-4)^2$ 都是非负数，且三个代数式之和为零，所以每个代数式都为零，可得 $a=3, b=-\dfrac{5}{3}, c=\dfrac{4}{5}$，因此 $abc=-4$. 故选 A.

【例15】答案 B. a,b,c 两正一负：$\frac{|a|}{a}+\frac{|b|}{b}+\frac{|c|}{c}+\frac{|abc|}{abc}=0$；$a,b,c$ 两负一正：$\frac{|a|}{a}+\frac{|b|}{b}+\frac{|c|}{c}+\frac{|abc|}{abc}=0$. a,b,c 为三负时：$\frac{|a|}{a}+\frac{|b|}{b}+\frac{|c|}{c}+\frac{|abc|}{abc}=-4$；$a,b,c$ 为三正时：$\frac{|a|}{a}+\frac{|b|}{b}+\frac{|c|}{c}+\frac{|abc|}{abc}=4$. 故所有可能情况有 3 种.

【例16】答案 D. $|2m-7|=|m-2+m-5|\leqslant|m-2|+|m-5|$，当且仅当 $m-2$ 与 $m-5$ 同号时等号成立，即 $(m-2)(m-5)\geqslant 0$，所以 $m\leqslant 2$ 或 $m\geqslant 5$，选 D.

【例17】答案 B. 根据绝对值的几何意义，条件(1)中 $f(x)$ 的最小值为 $\frac{5}{12}-\frac{1}{12}=\frac{1}{3}$；条件(2)中 $f(x)$ 的最小值是 $4-2=2$，所以条件(2)充分，条件(1)不充分. 故选 B. 此题也可以用三角不等式进行求解.

【例18】答案 A. 欲使得 $|x-2|+|4-x|<s$ 无解，只需满足 $|x-2|+|4-x|\geqslant s$ 恒成立. 根据绝对值的几何意义，$|x-2|+|4-x|$ 的最小值为 $|4-2|=2$，所以欲使结论成立，只需满足 $2\geqslant s$. 故选 A. 此题也可以用三角不等式进行求解.

【例19】答案 C. 由几何意义可知函数 $y=|x+3|-|7-x|$ 有最大值 10，最小值 -10，s 只需要比 y 的最大值大即可，即 $s\geqslant 10$. 此题也可以用三角不等式进行求解.

【例20】答案 C. $|x|\leqslant 4\Rightarrow -4\leqslant x\leqslant 4$. 通过画数轴，我们发现当 x 取 2 时，到点 1,2,3 的距离之和最小，$y_{\min}=2$；当 x 取 -4 时，到点 1,2,3 的距离之和最大，$y_{\max}=18$，所以 $y_{\max}-y_{\min}=18-2=16$.

【例21】答案 C. $a:b=\frac{1}{3}:\frac{1}{4}=4:3$，令 $a=4,b=3$，所以 $\frac{12a+16b}{12a-8b}=\frac{12\times 4+16\times 3}{12\times 4-8\times 3}=\frac{96}{24}=4$，因此选 C.

【例22】答案 E. 因为 $\frac{a}{b+c+d}=\frac{b}{a+c+d}=\frac{c}{a+b+d}=\frac{d}{a+b+c}=n$，则

当 $a+b+c+d\neq 0$ 时，由等比定理得 $n=\frac{a+b+c+d}{3(a+b+c+d)}=\frac{1}{3}$.

当 $a+b+c+d=0$ 时，将 $b+c+d=-a$ 代入，得 $n=\frac{a}{b+c+d}=\frac{a}{-a}=-1$.

【例23】答案 E. 由条件(1)，a,b,c 是满足 $a>b>c>1$ 的三个整数，$b=4$. 可取 $b=4,a=10,c=2$，此时 a,b,c 的算术平均值为 $\frac{16}{3}$，结论不成立，故条件(1)不充分. 由条件(2)，a,b,c 是满足 $a>b>c>1$ 的三个整数，$b=2$，而满足 $2>c>1$ 的整数 c 不存在，故条件(2)也不充分. 联合也不成立，故本题应选 E.

【例24】答案 C. 由题意可得 $a+b+c=13\times 3=39$，可化简得到 $a:b:c=6:4:3$（同乘分母最小公倍数），所以 $c=39\div(6+4+3)\times 3=9$. 故选 C.

练习题参考答案

1. 答案 C. 48 与 72 的最大公约数为 24,所以 24 是它们的一个因子,故 24 可以整除它们,又因为 24 的所有因子都可以整除 48 和 72,所以可以整除它们的数为 1,2,3,4,6,8,12,24,共 8 个.

2. 答案 A. 最小的自然数为 0,最大的负整数为 -1,绝对值最小的实数为 0,最小的质数为 2,最小的合数为 4,故 $a+b+c+d+e=5$.

3. 答案 B. 将选项代入计算平均数为中间值,可知连续的 5 个自然数且都是合数,那么这 5 个数为 24,25,26,27,28,所以它们的和为 130.

4. 答案 C. 按奇偶性分析,a,b,c 中至少有两个数的奇偶性一致,则这两个数之和为偶数,除以 2 必为整数,所以至少有一个整数.

5. 答案 C. 因为 41 为奇数,所以 $3a$ 和 $7b$ 必然为一奇一偶,而 a,b 均为质数,所以 a 和 b 必然有一个为 2,假设 $a=2$,可求得 $b=5$,所以 $a+b=7$.

6. 答案 D. 10~20 以内的奇数为 11,13,15,17,19,而 b 和 c 是质数,所以 a,b,c 为 15,17,19,所以 $a+b=32$.

7. 答案 B. 因 $m=|a+b|+|b-c|+|a-c|$ 的奇偶性和 $(a+b)+(b-c)+(a-c)=2(a+b-c)$ 的奇偶性一样,所以 m 一定为偶数.

8. 答案 B. 由 $(\sqrt{5}+2)m+(3-2\sqrt{5})n+7=0$ 得到以下:$(m-2n)\sqrt{5}+2m+3n+7=0$,得 $\begin{cases} m-2n=0 \\ 2m+3n+7=0 \end{cases}$,解得 $m=-2,n=-1$,则 $m+n=-3$.

9. 答案 C. $\frac{|x+y|}{x-y}=2>0$,可得①当 $x+y=2x-2y \Rightarrow \frac{x}{y}=3$;②当 $x+y=2y-2x \Rightarrow \frac{x}{y}=\frac{1}{3}$.

10. 答案 B. $x \in \left(\frac{1}{8}, \frac{1}{7}\right)$,原式 $=1-2x+1-3x+\cdots+1-7x+8x-1+9x-1+10x-1=6-3=3$.

11. 答案 B. 由题意得 $\begin{cases} x-2=0 \\ y-1=0 \end{cases} \Rightarrow \begin{cases} x=2 \\ y=1 \end{cases} \Rightarrow \frac{1}{x^2}-\frac{1}{y^2}=-0.75$.

12. 答案 C. 因为 a,b 异号,所以根据绝对值的定义,前两项相加必为 0,$\frac{ab}{|ab|}=-1$.

13. 答案 B. a,b,c 中有两个必为正数,一个为负数,所以设 $a>0,b>0,c<0$,则 $\left(\frac{|abc|}{abc}\right)^{2007} \div \left(\frac{bc}{|bc|} \times \frac{ac}{|ac|} \times \frac{ab}{|ab|}\right) = -1 \div [-1 \times (-1) \times 1] = -1$.

14. 答案 C. $|a|=\frac{3}{2} \Rightarrow a=\pm\frac{3}{2}$,$|b|=2 \Rightarrow b=\pm 2$,分别代入 $|a-b|=\frac{1}{2}$ 或 $\frac{7}{2}$.

15. 答案 D. $x<-2 \Rightarrow |1+x|=-(1+x)$,$|1-|1+x||=|1+(1+x)|=|2+x|=-(2+x)=-2-x$.

16. 答案 B. 若 a,b 均为正值,则等式不成立;若 a,b 一正一负,则等式成立;若 a,b 均为负值,则等式依旧不成立.

17. 答案 A. a,b,c 为非零实数且 $a+b+c=0$,可得 a,b,c 为两正一负或两负一正,分两种情况.

情况一:若 a,b,c 为两正一负,则 $\dfrac{a}{|a|}+\dfrac{b}{|b|}+\dfrac{c}{|c|}=1$,$\dfrac{abc}{|abc|}=-1$,所以 $\dfrac{a}{|a|}+\dfrac{b}{|b|}+\dfrac{c}{|c|}$ $+\dfrac{abc}{|abc|}=0$;情况二:若 a,b,c 为两负一正,$\dfrac{a}{|a|}+\dfrac{b}{|b|}+\dfrac{c}{|c|}=-1$,$\dfrac{abc}{|abc|}=1$,所以 $\dfrac{a}{|a|}+\dfrac{b}{|b|}$ $+\dfrac{c}{|c|}+\dfrac{abc}{|abc|}=0$. 综上所述,能取的值为 0,此题选 A.

18. 答案 E. 设这两个数为 $15a,15b$,则 $15a+15b=165$,即 $a+b=11$,如 $a=1,b=10$;$a=2,b=9$;$a=3,b=8$;$a=4,b=7$;$a=5,b=6$,一共可拆成 5 种不同的和,即此题选 E.

19. 答案 D. 对于 $\dfrac{a+b}{b+c}$,分子分母同时除以 b 得:$\dfrac{\dfrac{a}{b}+1}{1+\dfrac{c}{b}}=\dfrac{20+1}{1+\dfrac{1}{10}}=\dfrac{210}{11}$.

20. 答案 E. 条件(1):a,b,c 为互不相同的合数,比如 $4,6,8$,不充分. 条件(2):a,b,c 为互不相同的质数,比如 $2,3,5$,不充分. (1)和(2)无法联立.

21. 答案 D. 条件(1):$p^2+\dfrac{m+n}{p}-ab=p^2-1=3$,充分;条件(2):$p^2+\dfrac{m+n}{p}-ab=p^2-1=3$,充分.

22. 答案 C. 条件(1):取 $p=3,r=2$,则不充分;条件(2):明显不充分;联立得:$n=p+r$ 是奇数,且 p,r 都是质数,所以 p,r 必然一奇一偶,又 $r\neq 2$,所以 $p=2$ 充分.

23. 答案 E. 条件(1):x 取 5,不充分;条件(2):x 取 7,不充分;联立:取 $x=17$,不充分.

24. 答案 E. $(x+p)(x+q)=x^2+(p+q)x+pq$,因为 x^2 的奇偶性不确定,所以无法确定 $(x+p)(x+q)$ 的奇偶性.

25. 答案 D. 由绝对值的几何意义可知,条件(1):$f(x)=2\left(\left|x-\dfrac{3}{2}\right|+\left|x-\dfrac{1}{2}\right|\right)$ 最小值为 2,充分;同理条件(2)也充分.

26. 答案 D. 把 $|3-x|$ 和 $|x-2|$ 看作数轴上点 x 到点 2 和 3 的距离之和,所以当 $a=1$ 或 $a=5$ 时,原式有解.

27. 答案 A. 由 $\dfrac{|a-b|}{|a|+|b|}<1 \Rightarrow |a-b|<|a|+|b| \Rightarrow ab>0$.

28. 答案 C. $|2-x|+|1+x|=3 \Rightarrow x\in[-1,2]$,式子恒成立. 对于条件(1),单独不成立,对于条件(2),单独不成立,两条件联立,$x\in(-1,2)$ 成立.

29. 答案 D. 对于条件(1) $f(x)=|x-2|+|x+4|$,通过画数轴,发现当 $-4\leqslant x\leqslant 2$ 时,$f(x)$ 能取到最小值 6,成立;对于条件(2) $f(x)=|x+3|+|x-3|$,通过画数轴,发现当 $-3\leqslant x\leqslant 3$ 时,$f(x)$ 能取到最小值 6,成立.

30. 答案 A. 对于条件(1) $x=n^2+3n+2(n\in \mathbf{Z})$,可得 $x=(n+1)(n+2)$. 可以看出 $n+1$ 与 $n+2$ 是相邻的两个数,一定一奇一偶,x 一定是偶数. 对于条件(2) $x=n^2+4n+3(n\in \mathbf{Z})$,可得 $x=(n+1)(n+3)$,若 n 为奇数,则 $n+1$ 与 $n+3$ 为偶,x 为偶;若 n 为偶数,则 $n+1$ 与 $n+3$ 为奇,x 为奇,所以不能推出 x 一定为偶. 综上所述,条件(1)成立,条件(2)不成立,选 A.

第二章 整式与分式

第一节 整式分式运算

整式与分式的相关概念

(1) 单项式:有限个数字与字母的乘积叫作单项式,如 $3x^2$. 单独一个数或一个字母也是单项式. 其中单项式中的字母前因数叫作单项式的系数;所有字母的指数的和叫作这个单项式的次数. 例如,单项式表示成 $ax^ny^mz^p$ (a 为常数),那么 a 称为单项式 $ax^ny^mz^p$ 的系数,$n+m+p$ 叫作这个单项式的次数.

注意:数与字母之间是乘积关系.

(2) 多项式:由若干个单项式加减运算组成的代数式称为多项式. 其中不含字母的项叫作常数项. 多项式中,次数最高项的次数,就是这个多项式的次数. 例如,$ax^{n_1}y^{m_1}+bx^{n_2}y^{m_2}+cz^{n_3}$,$a,b,c$ 为常数,此为 3 项式,若 $n_2+m_2>n_1+m_1>n_3$,则此多项式为 n_2+m_2 次式. 多项式一般用 $f(x),g(x)$ 等表示.

(3) 整式:单项式和多项式统称为整式.

(4) 同类项:若单项式所含字母相同,并且相同字母的次数也相同,则称为同类项.

(5) 多项式相等:若两个多项式的对应项系数均相等,则称这两个多项式是相等的. (待定系数法的原理就是多项式相等的定义.)

(6) 分式:设 A 和 B 是两个整式,并且 B 中含有字母,则形如 $\dfrac{A}{B}(B\neq 0)$ 的式子称为分式. 注意:①分母中含有字母是分式的一个重要标志,它是分式与分数、整数的根本区别;②分式的分母的值也不能等于零,若分母的值为零,则分式无意义.

考点 9　整式与分式运算公式

(1) 整式的运算公式:

①平方差公式:$a^2-b^2=(a+b)(a-b)$

②完全平方公式:$(a\pm b)^2=a^2\pm 2ab+b^2$

③三个数和的平方:$(a+b+c)^2=a^2+b^2+c^2+2ab+2bc+2ac$

④立方和公式：$a^3+b^3=(a+b)(a^2-ab+b^2)$

⑤立方差公式：$a^3-b^3=(a-b)(a^2+ab+b^2)$

⑥和与差的立方公式：$(a\pm b)^3=a^3\pm 3a^2b+3ab^2\pm b^3$

⑦常把1看作1^3：$x^3+1=(x+1)(x^2-x+1)$；$x^3-1=(x-1)(x^2+x+1)$

⑧其他结论：$a^2+b^2+c^2\pm ab\pm bc\pm ac=\dfrac{1}{2}[(a\pm b)^2+(b\pm c)^2+(a\pm c)^2]$

⑨其他结论：$\dfrac{1}{a}+\dfrac{1}{b}+\dfrac{1}{c}=0$，则$(a+b+c)^2=a^2+b^2+c^2$

(2)分式的运算公式：

①$\dfrac{a}{b}=\dfrac{ak}{bk}(k\neq 0)$；②$\dfrac{a}{b}\pm\dfrac{c}{d}=\dfrac{ad\pm bc}{bd}$；③$\dfrac{a}{b}\times\dfrac{c}{d}=\dfrac{ac}{bd}$；

④$\dfrac{a}{b}\div\dfrac{c}{d}=\dfrac{ad}{bc}$；⑤$(\dfrac{a}{b})k=\dfrac{ak}{b}$

注意：上述所有公式均要求分母不为0．

【例1】(2010.1.24)设a,b为非负实数，则$a+b\leqslant 5/4$．

(1)$ab\leqslant 1/16$．

(2)$a^2+b^2\leqslant 1$．

【例2】(2008.1.2)若△ABC的三边为a,b,c，满足$a^2+b^2+c^2=ab+ac+bc$，则△ABC为(　　)．

A．等腰三角形　　　　　　B．直角三角形　　　　　　C．等边三角形

D．等腰直角三角形　　　　E．以上结果均不正确

【例3】(2002.1.8)a,b,c是不完全相等的任意实数，若$x=a^2-bc,y=b^2-ac,z=c^2-ab$，则$x,y,z$(　　)．

A．都大于0　　　　　　　　B．至少有一个大于0

C．至少有一个小于0　　　　D．都不小于0

【例4】(2010.10.2)若实数a,b,c满足$a^2+b^2+c^2=9$，则代数式$(a-b)^2+(b-c)^2+(c-a)^2$的最大值是(　　)．

A．21　　　B．27　　　C．29　　　D．32　　　E．39

【例5】(2013.1.22)设x,y,z为非零实数，则$\dfrac{2x+3y-4z}{-x+y-2z}=1$．

(1)$3x-2y=0$；(2)$2y-z=0$．

【例6】(2009.1.20)$(a^2-b^2)/(19a^2+96b^2)=1/134$．

(1)a,b均为实数，且$|a^2-2|+(a^2-b^2-1)^2=0$．

(2)a,b均为实数，且$(a^2b^2)/(a^4-2b^4)=1$．

第二节　因式与余式

考点 10　因式分解

1. 因式分解

把一个多项式化成几个整式的积的形式,这种变形叫作把这个多项式因式分解.因式分解和整式乘法是互逆变形,因式分解的结果必须是几个整式的积的形式.因式分解在考试大纲中没有直接体现,但是在进行整式分式运算以及解方程和不等式时非常重要,因此我们需要熟练掌握因式分解的基本方法.

因式分解的常用方法有以下几种:

(1)提公因式法:如果多项式的各项有公因式,可以把这个公因式提到括号外面,将多项式写成因式乘积的形式,这种分解因式的方法叫作提公因式法.例如:

$$x^2 - x = x(x-1)$$

(2)公式法:利用公式进行因式分解的方法.例如:

$$x^2 - y^2 = (x+y)(x-y)$$

$$1 - x^4 = (1+x^2)(1-x^2) = (1+x^2)(1+x)(1-x)$$

(3)求根法:若方程 $a_0 x^n + a_1 x^{n-1} + a_2 x^{n-2} + \cdots + a_n = 0$ 有 n 个根 $x_1, x_2, x_3, \cdots, x_n$,则多项式 $a_0 x^n + a_1 x^{n-1} + a_2 x^{n-2} + \cdots + a_n = a_0(x-x_1)(x-x_2)(x-x_3)\cdots(x-x_n)$.例如:方程 $ax^2 + bx + c = 0$ 的两根为 x_1, x_2,则 $ax^2 + bx + c = a(x-x_1)(x-x_2)$.

(4)十字相乘法:又称十字分解法,能用于二次三项式的分解因式,分解为 $(a_1 x + c_1)(a_2 x + c_2)$ 的形式,其中,$a_1 a_2 = a$,$c_1 c_2 = c$,$a_1 c_2 + a_2 c_1 = b$.例如:将 $2x^2 + 11x - 6 = 0$ 分解因式

$$\begin{array}{c} 2 \diagdown -1 \\ 1 \diagup 6 \end{array}$$

故 $2x^2 + 11x - 6 = (2x-1)(x+6)$.

注:十字相乘法在解一元二次方程和不等式时经常用到,考生需要熟练掌握.

(5)双十字相乘法:分解形如 $ax^2 + bxy + cy^2 + dx + ey + f$ 的二次六项式,将 a 分解成 $a_1 a_2$ 乘积作为第一列,c 分解成 $c_1 c_2$ 乘积作为第二列,f 分解成 $f_1 f_2$ 乘积作为第三列,如果 $a_1 c_2 + a_2 c_1 = b$,$c_1 f_2 + c_2 f_1 = e$,$a_1 f_2 + a_2 f_1 = d$,即第 1,2 列,第 2,3 列和第 1,3 列都满足十字相乘规则,则原式 $= (a_1 x + c_1 y + f_1)(a_2 x + c_2 y + f_2)$.

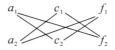

例如:将 $4x^2 - 4xy - 3y^2 - 4x + 10y - 3$ 分解因式.分解 x^2 项、y^2 项和常数项,凑 xy 项、x 项、y 项的系数,所以,原式中的系数可以分解为:

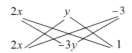

$2x \cdot (-3y) + 2x \cdot y = -4xy$

$y \cdot 1 + (-3y) \cdot (-3) = 10y$

$2x \cdot 1 + 2x \cdot (-3) = -4x$

所以 $4x^2 - 4xy - 3y^2 - 4x + 10y - 3 = (2x + y - 3)(2x - 3y + 1)$.

(6) 分组分解法:分组分解法的关键是合理地选择分组的方法,分组时要预先考虑到分组后是否能直接提公因式或直接运用公式. 例如:

$a^2 - 3a - 6b - 4b^2$

$= (a^2 - 4b^2) - (3a + 6b)$

$= (a + 2b)(a - 2b) - 3(a + 2b)$

$= (a + 2b)(a - 2b - 3)$

(7) 拆项、补项法:把多项式的某一项拆开或填补上互为相反数的两项(或几项),使原式适合于提公因式法、运用公式法或分组分解法进行分解. 要注意,必须在与原多项式相等的原则下进行变形. 例如:

$x^3 - 9x + 8$

$= x^3 - 9x - 1 + 9 = (x^3 - 1) - (9x - 9)$

$= (x - 1)(x^2 + x + 1) - 9(x - 1)$

$= (x - 1)(x^2 + x - 8)$

2. 因式分解的一般步骤

(1) 如果多项式的各项有公因式,那么先提取公因式.

(2) 在各项提出公因式以后或各项没有公因式的情况下,观察多项式的项数:如果是二项式就考虑是否符合平方差公式;如果是三项式就考虑是否符合完全平方公式或二次三项式的因式分解;如果是四项或四项以上的多项式,通常采用分组分解法.

【例7】(2010.1.7) 多项式 $x^3 + ax^2 + bx - 6$ 的两个因式是 $(x-1)$ 和 $(x-2)$,则第三个一次因式分解为( ).

A. $(x-6)$ B. $(x-3)$ C. $(x+1)$ D. $(x+2)$ E. $(x+3)$

【例8】已知 $x + \dfrac{1}{x} = 3$,则 $x^2 + \dfrac{1}{x^2}, x^3 + \dfrac{1}{x^3}, x^4 + \dfrac{1}{x^4}, x^6 + \dfrac{1}{x^6}$ 的值分别为( ).

A. 7、18、47、322   B. 7、18、47、324   C. 7、18、49、322   D. 7、6、47、322   E. 7、18、49、324

【例9】(2014.1.19) 设 x 是非零实数,则 $x^3 + \dfrac{1}{x^3} = 18$.

(1) $x + \dfrac{1}{x} = 3$.

(2) $x^2 + \dfrac{1}{x^2} = 7$.

考点 11　因式与余式定理

1. 整式的除法概念

整式的除法与一般数字的除法原理类似. 整式 $F(x)$ 除以整式 $f(x)$ 的商式为 $g(x)$, 余式为 $r(x)$, 则有 $F(x)=f(x)g(x)+r(x)$, 并且 $r(x)$ 的次数要小于 $f(x)$ 的次数. 当 $r(x)=0$ 时, $F(x)=f(x)g(x)$, 此时称 $F(x)$ 能被 $f(x)$ 整除, 记作 $f(x)|F(x)$.

2. 因式定理

$f(x)$ 含有 $(ax-b)$ 因式 $\Leftrightarrow f(x)$ 能被 $(ax-b)$ 整除 $\Leftrightarrow f\left(\dfrac{b}{a}\right)=0$.

3. 余式定理

(1) 对于数字而言, 余数永远比除数小.

(2) 对于式子而言, 余式的次数永远比除式低.

(3) $f(x)$ 除以 $(ax-b)$ 的余式为 $f\left(\dfrac{b}{a}\right)$.

例如: $f(x)=(4x+7)t+9$, 则 $f(x)$ 除以 $(4x+7)$ 的余式为 $f\left(-\dfrac{7}{4}\right)=9$.

【例10】$\dfrac{x^3+5x^2+2x+10}{x-1}$ 的余式为 (　　).

A. 0　　　　B. 12　　　　C. 18　　　　D. 2　　　　E. −1

【例11】(2007.10.13) 若多项式 $f(x)=x^3+a^2x^2+x-3a$ 能被 $x-1$ 整除, 则实数 $a=$ (　　).

A. 0　　　　B. 1　　　　C. 0 或 1　　　　D. 2 或 −1　　　　E. 2 或 1

【例12】(2009.10.17) 二次三项式 x^2+x-6 是多项式 $2x^4+x^3-ax^2+bx+a+b-1$ 的一个因式.

(1) $a=16$.

(2) $b=2$.

【例13】已知多项式 $f(x)$ 除以 $x-1$ 所得余数为 2, 除以 x^2-2x+3 所得余式为 $4x+6$, 则多项式 $f(x)$ 除以 $(x-1)(x^2-2x+3)$ 所得余式是 (　　).

A. $-2x^2+6x-3$　　　　　　B. $2x^2+6x-3$　　　　　　C. $-4x^2+12x-6$

D. $x+4$　　　　　　　　　　E. $2x-1$

因式定理及余式定理总结:

(1) 对于因式定理和余式定理, 直接让因式等于零, 把 x 的值代入原式即可.

因式定理的出题模式: 整除、是一个因式、余式为零.

(2) 对于余式定理注意事项: 余式永远比除式次数低, 除此以外, 因式定理和余式定理的解题步骤没有任何区别.

(3) 因式及余式定理的解题思路: 所有的因式定理和余式定理都是直接让除式等于零解出 x 的值, 然后代入原式即可 (因式定理等于零、余式定理等于余式).

本章练习题

1. 老师在黑板上写一道数学题:已知两多项式 A,B,若 B 为 $2x^2-3x-3$,求 $A+B$,其中 A 的多项式被擦掉,而甲误将 $A+B$ 看成 $A-B$,结果求得答案为 $4x^2-x+5$,则此题正确答案为( ).

A. $8x^2-7x-1$ B. $10x^2-5x+7$ C. $4x^2+x-5$ D. $10x^2+x-7$ E. $8x^2+x-7$

2. 已知 $3a^2+ab-2b^2=0(a\neq 0,b\neq 0)$,则 $\dfrac{a}{b}-\dfrac{b}{a}-\dfrac{a^2+b^2}{ab}$ 的值是( ).

A. -3 B. 2 C. -3 或 2 D. 3 E. 以上选项均不正确

3. 已知 x,y,z 为互不相等的三个实数,且 $x+\dfrac{1}{y}=y+\dfrac{1}{z}=z+\dfrac{1}{x}$,则 $x^2y^2z^2$ 的值为( ).

A. -1 B. 0 C. 0 或 1 D. 1 E. 2

4. 若 $x+\dfrac{1}{x}=3$,则 $\dfrac{x^2}{x^4+x^2+1}=$( ).

A. $-\dfrac{1}{8}$ B. $\dfrac{1}{6}$ C. $\dfrac{1}{4}$ D. $-\dfrac{1}{4}$ E. $\dfrac{1}{8}$

5. 将因式 x^3+6x-7 分解为( ).

A. $(x-1)(x^2+x+7)$ B. $(x+1)(x^2+x+7)$ C. $(x-1)(x^2+x-7)$

D. $(x-1)(x^2-x+7)$ E. $(x-1)(x^2-x-7)$

6. 设 $f(x)$ 为实系数多项式,以 $x-1$ 除之,余数为 9;以 $x-2$ 除之,余数为 16,则 $f(x)$ 除以 $(x-1)(x-2)$ 的余式为( ).

A. $7x+2$ B. $7x+3$ C. $7x+4$ D. $7x+5$ E. $2x+7$

7. 如果多项式 $f(x)=x^3+px^2+qx+6$ 含有一次因式 $x+1$ 和 $x-\dfrac{3}{2}$,则 $f(x)$ 的另一个一次因式为( ).

A. $x-2$ B. $x+2$ C. $x-4$ D. $x+4$ E. 均不对

8. 若代数式 $-4x^4+ax^3-bx^2+40x-16$ 是完全平方式,则 a,b 的值为( ).

A. $20,41$ B. $-20,9$ C. $20,41$ 或 $-20,9$

D. $20,40$ E. 以上都不对

9. 若 $mx^2+kx+9=(2x-3)^2$,则 m,k 的值分别是( ).

A. $m=2,k=6$ B. $m=2,k=12$ C. $m=-4,k=-12$

D. $m=4,k=-12$ E. 以上选项均不正确

10. 已知 $(a+b)^2=16,(a-b)^2=4$,则 $\dfrac{b}{a}+\dfrac{a}{b}$ 的值为( ).

A. $\dfrac{1}{4}$ B. $\dfrac{1}{3}$ C. $\dfrac{10}{3}$ D. $\dfrac{11}{3}$ E. 4

第二章 | 整式与分式

11. 若 $x+y+z=a$, $xy+yz+zx=b$, 则 $x^2+y^2+z^2$ 的值为( ).
    A. a^2-2b B. a^2+2b C. a^2-b D. a^2+b E. $2b-a^2$

12. 已知 $x+y=5$, $xy=-1$, 则 $x^3+y^3=$( ).
    A. 100   B. 110   C. 120   D. 130   E. 140

13. 已知 $x-y=1$, $y-z=2$, 则 $x^2+y^2+z^2-xy-yz-zx=$( ).
    A. 5   B. 6   C. 7   D. 8   E. 9

14. x, y 为任意实数, $x^2+y^2-2x+6y+22$ 的值恒大于( ).
    A. 11   B. 12   C. 13   D. 14   E. 15

15. 已知 $a,b,c\neq 0$, $a+b+c=0$, 则 $a^3+b^3+c^3-3abc=$( ).
    A. -2 B. -1 C. 0   D. 1   E. 2

16. $x-2$ 是多项式 $f(x)=x^3+2x^2-ax+b$ 的因式.
    (1) $a=1, b=2$; (2) $a=2, b=3$.

17. $x+1$ 能整除 $x^3+a^2x^2+ax-1$.
    (1) $a=2$; (2) $a=-1$.

18. $\dfrac{2x-3xy-2y}{x-2xy-y}=3$.
    (1) $\dfrac{1}{x}-\dfrac{1}{y}=3(x\neq 0, y\neq 0)$; (2) $\dfrac{1}{y}-\dfrac{1}{x}=3(x\neq 0, y\neq 0)$.

19. $\dfrac{4+3x}{6+3y}=\dfrac{0.3}{0.45}$ 成立.
    (1) $\dfrac{x}{y}=\dfrac{2}{3}$; (2) $\dfrac{x}{y}=\dfrac{3}{2}$.

20. x^4+mx^2-px+2 能被 x^2+3x+2 整除.
    (1) $m=-6, p=3$.
    (2) $m=3, p=-6$.

参考答案

例题参考答案

【例1】答案 C. 条件(1): 举反例, $a=\dfrac{1}{10000}$, $b=100$, 不合题意, 故不充分; 条件(2): 举反例, $a=b=\dfrac{\sqrt{2}}{2}$, 则 $a+b=\sqrt{2}$, 不符合题意, 故不充分; 条件(1)和条件(2)联合, 因为 a,b 均非负, 不等式同号可相加, 即 $a^2+b^2+2ab\leqslant 1+\dfrac{1}{8}=\dfrac{9}{8}$, 故 $a+b\leqslant\dfrac{3\sqrt{2}}{4}<\dfrac{5}{4}$, 充分. 故选 C.

【例2】答案 C. $a^2+b^2+c^2=ab+ac+bc$ 变形为 $a^2+b^2+c^2-ab-ac-bc=0$, 则 $2(a^2+b^2+c^2-ab-ac-bc)=0$, 得到 $(a-b)^2+(a-c)^2+(b-c)^2=0\Rightarrow a=b=c$, 三角形 ABC 为等边三

29

角形,选 C.

【例3】答案 B. $x+y+z=a^2+b^2+c^2-ab-bc-ac=\frac{1}{2}[(a-b)^2+(b-c)^2+(c-a)^2]>0(a,b,c$ 不完全相等,所以不能取到等于 0),所以 x,y,z 至少有一个大于 0. 故选 B.

【例4】答案 B. $(a-b)^2+(b-c)^2+(c-a)^2=2(a^2+b^2+c^2)-2(ab+bc+ac)=3(a^2+b^2+c^2)-(a+b+c)^2=27-(a+b+c)^2\leqslant 27$

当 $a+b+c=0$ 时,所求代数式取得最大值为 27.

【例5】答案 C. 方法一:

条件(1):只知道 x,y 的关系,不知道 z,显然不充分.

条件(2):只知道 y,z 的关系,不知道 x,显然不充分.

联立(1)、(2),可得 $\begin{cases}3x=2y\\2y=z\end{cases}$,解得 $\begin{cases}x=\frac{2}{3}y\\z=2y\end{cases}$ 代入,可得

$\dfrac{2x+3y-4z}{-x+y-2z}=\dfrac{2\times\frac{2}{3}y+3y-4\times 2y}{-\frac{2}{3}y+y-2\times 2y}=1$,故联立条件充分,选 C.

方法二:此题也可以使用特值法.

求出 x,y,z 关系之后,可设 $x=2,y=3,z=6$,代入求值.

【例6】答案 D. 要使结论中等式成立,化简后等价于让 $a^2=2b^2$ 成立. 条件(1):可以解得 $a^2=2,b^2=1$,所以可以推出结论. 条件(2):可以化简得 $(a^2+b^2)(a^2-2b^2)=0$,又 $a^2+b^2\neq 0$,从而 $a^2-2b^2=0,a^2=2b^2$,也可以推出结论. 故选 D.

【例7】答案 B. 设第三个因式为 $x+c$,则 $x^3+ax^2+bx-6=(x-1)(x-2)(x+c)$,令 $x=0$,故 $-6=-1\times(-2)\times c$,得 $c=-3$,因此,第三个一次因式为 $x-3$.

【例8】答案 A.

$x^2+\dfrac{1}{x^2}=(x+\dfrac{1}{x})^2-2x\cdot\dfrac{1}{x}=7, x^3+\dfrac{1}{x^3}=(x+\dfrac{1}{x})(x^2-1+\dfrac{1}{x^2})=18, x^4+\dfrac{1}{x^4}=(x^2+\dfrac{1}{x^2})^2-2x^2\cdot\dfrac{1}{x^2}=47, x^6+\dfrac{1}{x^6}=(x^3+\dfrac{1}{x^3})^2-2x^3\cdot\dfrac{1}{x^3}=322.$

【例9】A. 对于(1) $x+\dfrac{1}{x}=3, x^2+\dfrac{1}{x^2}+2=9$,即 $x^2+\dfrac{1}{x^2}=7$

所以 $x^3+\dfrac{1}{x^3}=(x+\dfrac{1}{x})(x^2-1+\dfrac{1}{x^2})=3\times(7-1)=18$,成立.

对于(2) $x^2+\dfrac{1}{x^2}=7, x^2+\dfrac{1}{x^2}+2=9$,即 $x+\dfrac{1}{x}=\pm 3$.

当 $x+\dfrac{1}{x}=-3$ 时 $x<0, x^3+\dfrac{1}{x^3}=18$ 显然不成立,所以选 A.

【例10】答案 C. 方法一:使用竖式相除法.

第二章　整式与分式

$$\begin{array}{r} x^2+6x+8 \\ x-1{\overline{\smash{\big)}\,x^3+5x^2+2x+10}} \\ \underline{x^3-x^2} \\ 6x^2+2x \\ \underline{6x^2-6x} \\ 8x+10 \\ \underline{8x-8} \\ 18 \end{array}$$

故 $x^3+5x^2+2x+10=(x^2+6x+8)(x-1)+18$.

方法二:使用余式定理.令 $x^3+5x^2+2x+10=(x-1)g(x)+a$,当 $x-1=0$,除式等于零,此时被除式等于余式,故有 $f(1)=1^3+5\times 1^2+2\times 1+10=a=18$.

【例11】答案 E. 由因式与余式定理,令除式等于0,当 $x-1=0$ 时, $f(x)=x^3+a^2x^2+x-3a=0$,即当 $x=1$ 时, $f(1)=1^3+a^2 1^2+1-3a=0$,解得 $a=2$ 或 $a=1$,因此选 E.

【例12】答案 E. 方法一:条件(1)和条件(2)单独显然无法推出结论.联合两个条件:令 $f(x)=2x^4+x^3-ax^2+bx+a+b-1$, $x^2+x-6=(x+3)(x-2)$,由题意, $f(2)=f(-3)=0$.将 $a=16$ 且 $b=2$ 代入,并不满足条件,因此二者联合也不充分.故选 E.

方法二:观察常数项,当 $a=16$, $b=2$ 时,多项式的常数项为 $16+2-1=17$, 17 不是6的倍数.所以联合无法推出结论.故选 E.

【例13】答案 C. 方法一:用待定系数法.设 $f(x)=(x-1)(x^2-2x+3)g(x)+k(x^2-2x+3)+4x+6$,可知 $k(x^2-2x+3)+4x+6$ 除以 $(x-1)$ 所得余数为2,据余式定理,得 $k(1^2-2+3)+4+6=2 \Rightarrow k=-4$,代入 $k(x^2-2x+3)+4x+6$ 余式为 $-4x^2+12x-6$.

方法二:此题也可以使用选项代入法.令 $x=1$,代入各选项,找到等于2的那个选项就是答案(选项是余数,根据因式与余式定理,当 $x=1$, $f(x)=2$).

练习题参考答案

1. 答案 A. $A-B=4x^2-x+5$, $A=4x^2-x+5+2x^2-3x-3=6x^2-4x+2$, $A+B=6x^2-4x+2+2x^2-3x-3=8x^2-7x-1$,选 A.

2. 答案 C. 等式左右同除以 b^2, $3a^2+ab-2b^2=0 \Rightarrow 3(\frac{a}{b})^2+(\frac{a}{b})-2=0 \Rightarrow \frac{a}{b}=\frac{2}{3}$ 或 -1,代入原式得 -3 或 2.

3. 答案 D. $x+\frac{1}{y}=y+\frac{1}{z} \Rightarrow x-y=\frac{1}{z}-\frac{1}{y} \Rightarrow yz=\frac{y-z}{x-y}$,同理 $xz=\frac{x-z}{z-y}$, $xy=\frac{x-y}{z-x}$,所以 $x^2y^2z^2=\frac{y-z}{x-y}\cdot\frac{x-z}{z-y}\cdot\frac{x-y}{z-x}=1$.

4. 答案 E. $(x+\frac{1}{x})^2=x^2+\frac{1}{x^2}+2=9 \Rightarrow x^2+\frac{1}{x^2}=7$,则 $\frac{x^2}{x^4+x^2+1}=\frac{1}{x^2+1+\frac{1}{x^2}}=\frac{1}{8}$.

5. 答案 A. 原式 $=x^3-1+6x-6=(x-1)(x^2+x+1)+6(x-1)=(x-1)(x^2+x+7)$.

6. 答案 A. $f(1)=9$, $f(2)=16$,设 $f(x)=(x-1)(x-2)q(x)+(ax+b)$,则有 $f(1)=a+b=9$, $f(2)=2a+b=16 \Rightarrow a=7$, $b=2$.

31

7. 答案 C. 由已知 $f(x)=x^3+px^2+qx+6=(x+1)(x-\dfrac{3}{2})(x+a)$，令 $x=0$ 可得 $-\dfrac{3}{2}a=6\Rightarrow a=-4$.

8. 答案 C. 由题意
$$-4x^4+ax^3-bx^2+40x-16=-(2x^2+cx+d)^2=-(4x^4+4cx^3+4dx^2+c^2x^2+2cdx+d^2)$$
对应项的系数相等，可得 $\begin{cases}d^2=16\\2cd=-40\\4d+c^2=b\\4c=-a\end{cases}\Rightarrow\begin{cases}d=4\\c=-5\\b=41\\a=20\end{cases}$ 或 $\begin{cases}d=-4\\c=5\\b=9\\a=-20\end{cases}$

9. 答案 D. 多项式相等，则对应项系数均相等，即 $(2x-3)^2=4x^2-12x+9=mx^2+kx+9$，故 $m=4,k=-12$，因此选 D.

10. 答案 C. $(a+b)^2=a^2+b^2+2ab=16$，$(a-b)^2=a^2+b^2-2ab=4$，将两式相加减得到 $a^2+b^2=10,ab=3,\dfrac{b}{a}+\dfrac{a}{b}=\dfrac{a^2+b^2}{ab}=\dfrac{10}{3}$.

11. 答案 A. $x^2+y^2+z^2=(x+y+z)^2-2(xy+yz+zx)=a^2-2b$.

12. 答案 E. $x^3+y^3=(x+y)^3-3xy(x+y)=140$.

13. 答案 C. 由 $x-y=1,y-z=2$，可知 $x-z=3$. $x^2+y^2+z^2-xy-yz-zx=\dfrac{1}{2}[(x-y)^2+(y-z)^2+(z-x)^2]=\dfrac{1}{2}(1+4+9)=7$.

14. 答案 A. $x^2+y^2-2x+6y+22=x^2-2x+1+y^2+6y+9+12=(x-1)^2+(y+3)^2+12$ 恒大于 11.

15. 答案 C. 用特值法快速入选，令 $a=2,b=-1,c=-1$，代入可得 0.

16. 答案 E. 因为 $x-2$ 是多项式 $f(x)$ 的因式，所以 $f(x)=(x-2)q(x)$，所以 $f(2)=2^3+2\times2^2-2a+b=0$，所以条件(1)和(2)单独均不充分，联立也不充分.

17. 答案 D. 由题意得 $x^3+a^2x^2+ax-1=(x+1)q(x)$，令 $x=-1$ 可得 $(-1)^3+a^2(-1)^2-a-1=0\Rightarrow a=2$ 或 -1，所以条件(1)和(2)均充分.

18. 答案 B. 分子分母同时除以 xy，得 $\dfrac{2\cdot\dfrac{1}{y}-3-2\cdot\dfrac{1}{x}}{\dfrac{1}{y}-2-\dfrac{1}{x}}=\dfrac{2(\dfrac{1}{y}-\dfrac{1}{x})-3}{(\dfrac{1}{y}-\dfrac{1}{x})-2}=3$，

所以，可以看出，对于条件(1)显然不充分，条件(2)充分，因此此题选 B.

19. 答案 E. 条件(1)和(2)，y 均可以取 -2，但是都不满足题干，所以条件(1)不充分，条件(2)不充分. 联立(1)(2)也不充分.

20. 答案 A. $x^2+3x+2=(x+1)(x+2)$，分别将 $x=-1$ 和 $x=-2$ 代入 $x^4+mx^2-px+2=0$ 解得 $m=-6,p=3$，故条件(1)充分，条件(2)不充分.

第三章　函数、方程、不等式

第一节　集合与函数

考点 12　元素与集合

1. 集合

(1) 集合的定义.

一般地,一定范围内某些确定的、不同的对象的全体构成一个集合,简称集,通常用大写的拉丁字母表示,如 A,B,C,P,Q 等;集合中的每一个对象称为该集合的元素,简称元,常用小写拉丁字母表示,如 a,b,c,p,q 等,如集合 $A=\{a,b,c\}$.

(2) 元素与集合的关系.

两种关系:元素与集合之间的属于和不属于关系" $\in , \notin$ ".

集合与集合之间的包含关系:包含与真包含" $\subseteq , \subset$ ".

(3) 子集与真子集.

若有 $x \in A$,一定有 $x \in B$,则 A 是 B 的子集,记作 $A \subseteq B$.

若 A 是 B 的子集,且存在 $y \in B$ 但 $y \notin A$,则 A 是 B 的真子集,记作 $A \subset B$.

两个集合相等:若 A 是 B 的子集,同时,B 也是 A 的子集,即 $A \subseteq B$ 且 $B \subseteq A$,则 $A=B$.

(4) 元素的三种特性.

①确定性:按照明确的判断标准给定一个元素,该元素在这个集合里或者不在,不能模棱两可.

②相异性:集合中的元素没有重复.

③无序性:集合中的元素没有一定的顺序.

(5) 区间.

①满足 $a<x<b$ 的 x 的集合叫作开区间,记为 (a,b);

②满足 $a \leqslant x \leqslant b$ 的 x 的集合叫作闭区间,记为 $[a,b]$;

③满足 $a<x \leqslant b$ 或者 $a \leqslant x<b$ 的 x 的集合叫半开半闭区间,记为 $(a,b]$ 或 $[a,b)$;

④满足 $x<a$ 或者 $x \leqslant a$ 的 x 的集合,记为 $(-\infty,a)$ 或 $(-\infty,a]$;

⑤满足 $x>a$ 或者 $x \geqslant a$ 的 x 的集合,记为 $(a,+\infty)$ 或 $[a,+\infty)$.

(6) 集合的分类.

根据集合所含元素的个数,可把集合分为如下几类:

①空集:把不含任何元素的集合叫作空集∅;空集是任何集合的子集,是任何非空集合的真子集.

②有限集:含有有限个元素的集合叫作有限集.

③无限集:含有无穷个元素的集合叫作无限集.

④全集:全集的概念是相对的,在某个研究过程中被研究的对象(元素)的全体就可以叫作全集.

(7)常用数集及其表示方法.

①非负整数集(自然数集):全体非负整数的集合,记为 **N**.

②正整数集:非负整数集内排除 0 的集,记作 **N*** 或者 **N**$^+$.

③整数集:全体整数的集合,记作 **Z**.

④有理数集:全体有理数的集合,记作 **Q**.

⑤实数集:全体实数的集合,记作 **R**.

注意:

a. 自然数集包括 0;

b. 无理数集可以记为 **R/Q**;

c. **Q**,**Z**,**R** 等其他数集内排除 0 的集记作 **Q***,**Z***,**R*** 等.

(8)集合的运算交、并、补及其文氏图的表示方法.

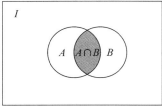
交集

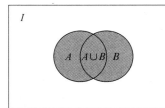
并集

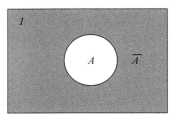
补集

①交:$A \cap B = \{x \mid x \in A \text{ 且 } x \in B\}$.

②并:$A \cup B = \{x \mid x \in A \text{ 或 } x \in B\}$.

③补:$\overline{A} = \{x \mid x \in I \text{ 且 } x \notin A\}$. I 为全集.

性质 $\begin{cases} A \cup B = B \Leftrightarrow A \cap B = A \Leftrightarrow A \subseteq B \\ A \cup B = A \cap B, A \cap B = A \cup B \Leftrightarrow A = B \\ A \cup \overline{A} = I, A \cap \overline{A} = \varnothing \\ A \cup B = A + B - A \cap B \\ A \cup B \cup C = A + B + C - A \cap B - A \cap C - B \cap C + A \cap B \cap C \end{cases}$

一个 n 元的集合,其子集共有 2^n 个,真子集共有 $2^n - 1$ 个,非空真子集共有 $2^n - 2$ 个.

【例1】已知,$A = \{a+2, (a+1)^2, a^2+3a+3\}$,若 $1 \in A$,则实数 $a = (\quad)$.

A. 2   B. 3   C. 4   D. 5   E. 0

【例2】设集合 $A = \{1,2,3,4,5,6\}$,集合 $B = \{4,5,6,7,8\}$,则满足 $C \subseteq A$ 且 $C \cap B \neq \varnothing$ 的集合 C 的个数是( ).

A. 57　　　　B. 56　　　　C. 49　　　　D. 24　　　　E. 8

【例3】(2010.1.8)某公司的员工中,拥有本科毕业证、计算机等级证、汽车驾驶证的人数分别为 130,110,90. 又知只有一种证的人数为 140,三证齐全的人数为 30,则恰有双证的人数为(　　).

A. 45　　　　B. 50　　　　C. 52　　　　D. 65　　　　E. 100

2. 函数

(1) 函数的定义:

一般地,在某一变化过程中有变量 x 和 y,如果给定一个 x 值,相应地就确定了一个 y 值,那么我们称 y 是 x 的函数,其中 x 是自变量,y 是因变量. 例如 $y=f(x)=x^2+x+1$,x 的取值范围称为定义域,y 的取值范围称为值域.

(2) 自变量取值范围:

使函数有意义的自变量的取值的全体,叫作自变量的取值范围. 一般从整式(取全体实数)、分式(分母不为0)、二次根式(被开方数为非负数)、实际意义几方面考虑.

(3) 函数的三种表示法:

① 关系式法:两个变量间的函数关系,有时可以用一个含有这两个变量及数字运算符号的等式表示,这种表示法叫作关系式法.

② 列表法:把自变量 x 的一系列值和函数 y 的对应值列成一个表来表示函数关系,这种表示法叫作列表法.

③ 图像法:用图像表示函数关系的方法叫作图像法.

(4) 由函数关系式画其图像的一般步骤:

① 列表:列表给出自变量与函数的一些对应值.

② 描点:以表中每对对应值为坐标,在坐标平面内描出相应的点.

③ 连线:按照自变量由小到大的顺序,把所描各点用平滑的曲线连接起来.

(5) 函数的性质.

① 单调性:函数值随着自变量的增大而增大(或减小)的性质叫作函数的单调性. 单调递增和单调递减的函数统称为单调函数.

② 奇偶性:若函数 $f(x)$ 在其定义域内的任意一个 x,都满足 $f(x)=f(-x)$,则称 $f(x)$ 是偶函数,偶函数的图像关于 y 轴对称. 若函数 $f(x)$ 在其定义域内的任意一个 x,都满足 $f(x)=-f(-x)$,则称 $f(x)$ 是奇函数,奇函数的图像关于原点$(0,0)$对称.

如果一个函数是奇函数或偶函数,那么,就说这个函数具有奇偶性,不具有奇偶性的函数叫作非奇非偶函数.

③ 周期性:若存在一非零常数 T,对于定义域内的任意 x,使 $f(x)=f(x+T)$ 恒成立,则 $f(x)$ 叫作周期函数,T 叫作这个函数的一个周期.

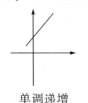　　　　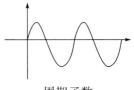

单调递增　　　单调递减　　　偶函数　　　奇函数　　　周期函数

考点 13 一次函数与正反比例函数

(1) 一次函数、正比例函数和反比例函数：

① 概念：一般地，若变量 x,y 间的关系可以表示成 $y=kx+b(k\neq 0,k$ 和 b 为常数) 的形式，则称 y 是 x 的一次函数(x 为自变量，y 为因变量)；特别地，当一次函数 $y=kx+b$ 中的 $b=0$ 时(即 $y=kx$)(k 为常数，$k\neq 0$)，则称 y 是 x 的正比例函数.

② 一次函数的图像：所有的一次函数的图像都是一条直线.

(2) 正比例函数和一次函数图像的主要特征.

一次函数 $y=kx+b$ 的图像是经过点 $(0,b)$ 的直线，正比例函数 $y=kx$ 的图像是经过原点 $(0,0)$ 的直线.

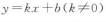

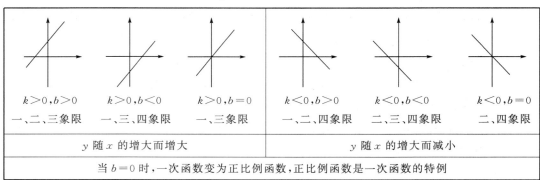

(3) 反比例函数 $y=\dfrac{k}{x}(k\neq 0)$.

① 概念：一般地，形如 $y=\dfrac{k}{x}$ (k 是常数，$k\neq 0$) 的函数叫作反比例函数.

注意：

a. 反比例函数可以理解为两个变量的乘积是一个不为 0 的常数，因此可以写成 $y=kx^{-1}$ 或 $xy=k$ 的形式；

b. 反比例函数 $y=\dfrac{k}{x}(k\neq 0)$ 的自变量 x 是不等于 0 的任意实数.

② 反比例函数的图像与性质.

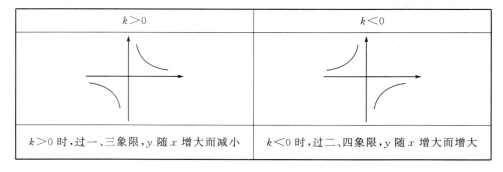

【例4】在反比例函数 $y=\dfrac{k}{x}(k<0)$ 的图像上有两点 $A(x_1,y_1),B(x_2,y_2)$,且 $x_1>x_2>0$,则 y_1-y_2 的值为( ).

A. 正数　　　　B. 负数　　　　C. 非正数　　　　D. 非负数　　　　E. 0

【例5】在同一直角坐标系中,函数 $y=-\dfrac{2}{x}$ 与 $y=2x$ 图像的交点个数为( ).

A. 3　　　　B. 2　　　　C. 1　　　　D. 0　　　　E. 4

考点 14　一元二次函数

(1) 基本定义:

一般地,把形如 $y=ax^2+bx+c(a\neq 0),a,b,c$ 是常数的函数叫作一元二次函数,其中 a 称为二次项系数,b 为一次项系数,c 为常数项. x 为自变量,y 为因变量. 等号右边自变量的最高次数是 2.

(2) 表达式:

① 一般式: $y=ax^2+bx+c(a\neq 0)$.

② 顶点式: $y=a(x+\dfrac{b}{2a})^2+\dfrac{4ac-b^2}{4a}$.

③ 交点式: $y=a(x-x_1)(x-x_2)$.

(3) 一元二次函数的性质 (a,b,c 和 $y=ax^2+bx+c$ 的关系).

① a 决定开口方向,当 $a>0$ 时,抛物线开口向上;$a<0$ 时,抛物线开口向下.

② 对称轴为 $x=-\dfrac{b}{2a}$,a 和 b 决定对称轴在 y 轴的左侧还是右侧. 当 a,b 同号时,对称轴在 y 轴左侧;当 a,b 异号时,对称轴在 y 轴右侧;当 $b=0$ 时,对称轴即 y 轴.

③ c 表示抛物线在 y 轴的截距,$c>0$ 时,抛物线交于 y 轴正半轴;$c<0$ 时,抛物线交于 y 轴负半轴;$c=0$ 时,抛物线过原点.

④ $\Delta=b^2-4ac$ 决定抛物线与 x 轴交点的个数,$\Delta>0$ 时,有两个交点;$\Delta=0$ 时,有一个交点,即顶点在 x 轴;$\Delta<0$ 时,无交点.

⑤ $(-\dfrac{b}{2a},\dfrac{4ac-b^2}{4a})$ 表示抛物线的顶点,其决定函数的最值. 若 $a>0$ 时,函数有最小值 $\dfrac{4ac-b^2}{4a}$;若 $a<0$ 时,函数有最大值 $\dfrac{4ac-b^2}{4a}$.

⑥ 若 $a+b+c=0$,抛物线过点 $(1,0)$;若 $a-b+c=0$,抛物线过点 $(-1,0)$.

(4)一元二次函数的图像：

$$y = ax^2 + bx + c \, (a \neq 0)$$

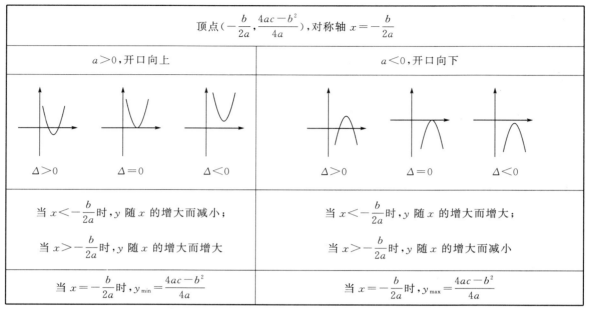

顶点$\left(-\dfrac{b}{2a}, \dfrac{4ac-b^2}{4a}\right)$，对称轴 $x = -\dfrac{b}{2a}$	
$a > 0$，开口向上	$a < 0$，开口向下
当 $x < -\dfrac{b}{2a}$ 时，y 随 x 的增大而减小； 当 $x > -\dfrac{b}{2a}$ 时，y 随 x 的增大而增大	当 $x < -\dfrac{b}{2a}$ 时，y 随 x 的增大而增大； 当 $x > -\dfrac{b}{2a}$ 时，y 随 x 的增大而减小
当 $x = -\dfrac{b}{2a}$ 时，$y_{\min} = \dfrac{4ac-b^2}{4a}$	当 $x = -\dfrac{b}{2a}$ 时，$y_{\max} = \dfrac{4ac-b^2}{4a}$

【例6】(2007.10.6)一元二次函数 $x(1-x)$ 的最大值为(　　).
A. 0.05　　　B. 0.10　　　C. 0.15　　　D. 0.20　　　E. 0.25

【例7】(2013.1.12)已知抛物线 $y = x^2 + bx + c$ 的对称轴为 $x = 1$，且过点 $(-1, 1)$，则(　　).
A. $b = -2, c = -2$　　　B. $b = 2, c = 2$　　　C. $b = -2, c = 2$
D. $b = -1, c = -1$　　　E. $b = 1, c = 1$

【例8】(2014.1.22)已知二次函数 $f(x) = ax^2 + bx + c$，则能确定 a, b, c 的值.
(1)曲线 $y = f(x)$ 经过点 $(0, 0)$ 和点 $(1, 1)$；
(2)曲线 $y = f(x)$ 与直线 $y = a + b$ 相切.

【例9】已知函数 $y = x^2 - 4ax$，当 $1 \leq x \leq 3$ 时是单调递增的函数，则 a 的取值范围是(　　).
A. $\left(-\infty, \dfrac{1}{2}\right]$　　B. $(-\infty, 1)$　　C. $\left(\dfrac{1}{2}, \dfrac{3}{2}\right]$　　D. $\left[\dfrac{3}{2}, +\infty\right)$　　E. $\left(-\infty, \dfrac{3}{2}\right]$

考点 15　指数函数与对数函数

1. 指数函数

① 指数的概念：一般地，函数 $y = a^x (a > 0$ 且 $a \neq 1)$ 叫作指数函数，其中 x 是自变量.

② 指数运算法则：

$a^r a^s = a^{r+s}$

$a^r \div a^s = a^{r-s}$

$(a^r)^s = a^{rs}$

$(ab)^r = a^r b^r$

$a^0 = 1, a^{-p} = \dfrac{1}{a^p} (a \neq 0)$

2. 对数函数

① 对数的意义:若 $a^b = N$,则 $b = \log_a N (a > 0, N > 0$ 且 $a \neq 1)$.

② $b = \log_a N$ 中 a 叫作底数,N 叫作真数,b 叫作以 a 为底 N 的对数.

③ 对数恒等式:$a^{\log_a N} = N (a > 0, a \neq 1$ 且 $N > 0)$.

④ 对数运算法则:如果 $a > 0$ 且 $a \neq 1$,$N > 0$,$M > 0$,那么

$\log_a(MN) = \log_a M + \log_a N$

$\log_a\left(\dfrac{M}{N}\right) = \log_a M - \log_a N$

$\log_a M^n = n\log_a M$

$\log_{a^N} b^M = \dfrac{M}{N}\log_a b$

$\log_a 1 = 0$;$\log_a a = 1$;$\lg 2 + \lg 5 = 1$

⑤ 换底公式:$\log_a N = \dfrac{\log_b N}{\log_b a} = \dfrac{\lg N}{\lg a} = \dfrac{\ln N}{\ln a}$.

⑥ 常用对数与自然数对数:

a. 意义与记号:以 10 为底的对数叫作常用对数,记作 $\log_{10} N$,简记为 $\lg N$.

b. 以无理数 e(e = 2.71828⋯)为底的对数叫作自然数对数,记作 $\log_e N$,简记为 $\ln N$.

c. 指数函数与对数函数的图像.

	指数函数		对数函数	
定义	$y = a^x (a > 0, a \neq 1)$		$y = \log_a x (a > 0, a \neq 1)$	
	$0 < a < 1$	$a > 1$	$0 < a < 1$	$a > 1$
图像				
定义域	$x \in \mathbf{R}$		$x > 0$	
值域	$y > 0$		$y \in \mathbf{R}$	
单调性	递减	递增	递减	递增
奇偶性	非奇非偶			

【例10】(2008.1.29) 已知:$a > b$.

(1) a, b 为实数,且 $a^2 > b^2$;

(2) a, b 为实数,且 $\left(\dfrac{1}{2}\right)^a < \left(\dfrac{1}{2}\right)^b$.

【例11】 若 $\log_a 2 < \log_b 2 < 0$,则( ).

A. $0 < a < b < 1$ B. $0 < b < a < 1$ C. $a > b > 1$ D. $b > a > 1$ E. 以上都不对

第二节　方程

考点 16　一元一次、二次方程

含有未知数的等式称为方程,能使方程左右两端相等的未知数的值为方程的解.例如:对方程 $f(x)=g(x)$ 来说,若 a 值存在,且使得 $f(a)=g(a)$ 成立,则 $x=a$ 是方程 $f(x)=g(x)$ 的解.又如方程为 $f(x)=0$ 的形式,其中 $f(x)$ 为代数多项式,则若存在 a,使 $f(a)=0$ 成立,可称 a 为方程 $f(x)=0$ 的根.

方程的元和次:"元"是指方程中所含未知数的个数,"次"是指方程中未知数最高的指数,比如:$ax^2+bx+c=0(a\neq 0)$,这个关于 x 的方程称为一元二次方程.

1. 一元一次方程

含有一个未知数,且未知数的最高次数是 1 的整式方程,称为一元一次方程,其一般形式为 $ax+b=0(a\neq 0)$,方程的解为 $x=-\dfrac{b}{a}$.

2. 一元二次方程

只含一个未知数,且未知数的最高次数是二次的方程,其一般形式为 $ax^2+bx+c=0(a\neq 0)$,b^2-4ac 叫作一元二次方程 $ax^2+bx+c=0(a\neq 0)$ 的根的判别式,通常用"Δ"来表示,即 $\Delta=b^2-4ac$,此方程的解将依 Δ 值的不同分为如下三种情况:

①当 $\Delta>0$ 时,方程有两个不等实根,根的表达式为:$x_1,x_2=\dfrac{-b\pm\sqrt{\Delta}}{2a}$;

②当 $\Delta=0$ 时,方程有两个相等实根,根的表达式为:$x_1=x_2=-\dfrac{b}{2a}$;

③当 $\Delta<0$ 时,方程无实根.

Δ 在方程与函数图像中的表达如下表:

$\Delta>0$	①方程有两个不相等的实根 ②函数抛物线与 x 轴相交 ③函数抛物线与 x 轴有两个交点 ④方程有两个零点 ⑤直线与曲线(抛物线)有两个交点
$\Delta=0$	①方程有两个相等的实根 ②函数抛物线与 x 轴有且仅有一个交点(只有一个公共点) ③函数抛物线与 x 轴相切 ④函数抛物线在 x 轴上的截距为 0 ⑤函数是一个完全平方式 ⑥方程具有重实根 ⑦直线与曲线(抛物线)只有一个交点(相切) ⑧存在 x 的值使得 $ax^2+bx+c=0$ 成立

$\Delta<0$	①方程没有实数根 ②函数抛物线与 x 轴没有交点 ③函数抛物线与 x 轴相离 ④函数抛物线在 x 轴上的截距不存在 ⑤直线与曲线(抛物线)没有交点 ⑥函数没有零点
Δ 误区	①方程有两个实数根 ②方程有两个正根 ③方程有两个负根 ④方程有根 以上四种情况 $\Delta\geqslant 0$ 而非 $\Delta>0$，因为存在两个相等的根和两个不相等的根两种情况

3. 一元二次方程的解法

①直接开平方法. 利用平方根的定义直接开平方求一元二次方程的解的方法叫作直接开平方法. 直接开平方法适用于解形如 $(x+a)^2=b$ 的一元二次方程. 根据平方根的定义可知，$x+a$ 是 b 的平方根，当 $b\geqslant 0$ 时，$x+a=\pm\sqrt{b}\Rightarrow x=-a\pm\sqrt{b}$；当 $b<0$ 时，方程没有实数根.

②配方法. 配方法是一种重要的数学方法，它不仅在解一元二次方程上有所应用，而且在数学的其他领域也有着广泛的应用. 配方法的理论根据是完全平方公式 $a^2\pm 2ab+b^2=(a\pm b)^2$，把公式中的 a 看作未知数 x，并用 x 代替，则有 $x^2\pm 2xb+b^2=(x\pm b)^2$.

③公式法. 公式法是用求根公式解一元二次方程的方法，它是解一元二次方程的一般方法.

一元二次方程 $ax^2+bx+c=0(a\neq 0)$ 的求根公式：

$$x=\frac{-b\pm\sqrt{b^2-4ac}}{2a}(b^2-4ac\geqslant 0)$$

④因式分解法. 因式分解法就是利用因式分解的手段，求出方程的解的方法，这种方法简单易行，是解一元二次方程最常用的方法. 因式分解中，最重要的方法就是十字相乘法，这在第二章已提及，请考生务必熟练掌握.

【例12】(2008.10.8)某学生在解方程 $\dfrac{ax+1}{3}-\dfrac{x+1}{2}=1$ 时，误将式中的 $x+1$ 看成 $x-1$，得出的解为 $x=1$. 那么 a 的值和原方程的解应是(　　).

A. $a=1, x=-7$　　　　　　B. $a=2, x=5$　　　　　　C. $a=2, x=7$

D. $a=5, x=2$　　　　　　E. $a=5, x=1/7$

【例13】(2009.1.21)$2a^2-5a-2+\dfrac{3}{a^2+1}=-1$.

(1) a 是方程 $x^2-3x+1=0$ 的根.

(2) $|a|=1$.

【例14】(2011.10.17)抛物线 $y=x^2+(a+2)x+2a$ 与 x 轴相切.

(1) $a > 0$; (2) $a^2 + a - 6 = 0$.

考点 17　韦达定理

1. 韦达定理

x_1, x_2 是方程 $ax^2 + bx + c = 0 (a \neq 0)$ 的两个根,则:

$$x_1 + x_2 = -\frac{b}{a}, x_1 x_2 = \frac{c}{a}.$$

2. 定理的推导过程

$$x_1 + x_2 = \frac{-b + \sqrt{b^2 - 4ac}}{2a} + \frac{-b - \sqrt{b^2 - 4ac}}{2a} = -\frac{b}{a}$$

$$x_1 x_2 = \frac{-b + \sqrt{b^2 - 4ac}}{2a} \times \frac{-b - \sqrt{b^2 - 4ac}}{2a} = \frac{c}{a}$$

3. 韦达定理的扩展公式

(1) $\dfrac{1}{x_1} + \dfrac{1}{x_2} = \dfrac{x_1 + x_2}{x_1 x_2} = -\dfrac{b}{c}$ (与 a 无关).

(2) $\dfrac{1}{x_1^2} + \dfrac{1}{x_2^2} = \dfrac{(x_1 + x_2)^2 - 2 x_1 x_2}{(x_1 x_2)^2} = \dfrac{b^2 - 2ac}{c^2}$.

(3) $|x_1 - x_2| = \sqrt{(x_1 - x_2)^2} = \sqrt{(x_1 + x_2)^2 - 4 x_1 x_2} = \dfrac{\sqrt{\Delta}}{|a|}$.

(4) $x_1^2 + x_2^2 = (x_1 + x_2)^2 - 2 x_1 x_2 = \dfrac{b^2 - 2ac}{a^2}$.

(5) $x_1^3 + x_2^3 = (x_1 + x_2)(x_1^2 - x_1 x_2 + x_2^2) = (x_1 + x_2)[(x_1 + x_2)^2 - 3 x_1 x_2] = (x_1 + x_2)^3 - 3 x_1 x_2 (x_1 + x_2)$.

(6) $\sqrt{\dfrac{x_1}{x_2}} + \sqrt{\dfrac{x_2}{x_1}} = \dfrac{|x_1 + x_2|}{\sqrt{x_1 x_2}}$.

关于 $|x_1 - x_2|$ 的表达形式有:①方程两根之差的绝对值;②方程两根之间的距离;③函数抛物线在 x 轴上的截距(横截距);④函数抛物线截 x 轴的长度;⑤函数抛物线与两坐标轴围成的三角形的底边长.

【例15】 若 x_1, x_2 是方程 $x^2 - 2x - 2007 = 0$ 的两个根,试求下列各式的值:

(1) $x_1^2 + x_2^2$; (2) $\dfrac{1}{x_1} + \dfrac{1}{x_2}$; (3) $(x_1 - 5)(x_2 - 5)$; (4) $|x_1 - x_2|$.

【例16】 (2002.10.7) 设方程 $3x^2 + mx + 5 = 0$ 的两个根 x_1, x_2 满足 $\dfrac{1}{x_1} + \dfrac{1}{x_2} = 1$,则 m 的值为(　　).

A. 5　　　　　　B. −5　　　　　　C. 3　　　　　　D. −3

【例17】 (2015.11) 若 x_1, x_2 是方程 $x^2 - ax - 1 = 0$ 的两个根,则 $x_1^2 + x_2^2 = ($　　).

A. $a^2 + 2$　　B. $a^2 + 1$　　C. $a^2 - 1$　　D. $a^2 - 2$　　E. $a + 2$

【例18】（2007.10.8）若方程 $x^2+px+q=0$ 的一个根是另一个根的 2 倍，则 p 和 q 应该满足（　）．

A. $p^2=4q$　　　　　　　B. $2p^2=9q$　　　　　　　C. $4p=9q^2$

D. $2p=3q^2$　　　　　　E. 以上结论均不正确

考点 18　一元二次方程根的分布

设方程 $ax^2+bx+c=0(a\neq 0)$ 的不等两根为 x_1,x_2，且 $x_1<x_2$，相应的二次函数为 $f(x)=ax^2+bx+c=0$，方程的根即为二次函数图像与 x 轴的交点，它们的分布情况见下表：

两正根	$x_1+x_2=-\dfrac{b}{a}>0, x_1x_2=\dfrac{c}{a}>0, \Delta\geqslant 0$
两负根	$x_1+x_2=-\dfrac{b}{a}<0, x_1x_2=\dfrac{c}{a}>0, \Delta\geqslant 0$
一正一负	$x_1x_2=\dfrac{c}{a}<0, \Delta>0$
一正一负 正根绝对值大于负根	$x_1+x_2=-\dfrac{b}{a}>0, x_1x_2=\dfrac{c}{a}<0, \Delta>0$
一正一负 负根绝对值大于正根	$x_1+x_2=-\dfrac{b}{a}<0, x_1x_2=\dfrac{c}{a}<0, \Delta>0$
一根比 k 大 一根比 k 小	$a\cdot f(k)<0$
两根都比 k 大	$a>0, \Delta\geqslant 0, -\dfrac{b}{2a}>k, f(k)>0$ $a<0, \Delta\geqslant 0, -\dfrac{b}{2a}>k, f(k)<0$
两根都比 k 小	$a>0, \Delta\geqslant 0, -\dfrac{b}{2a}<k, f(k)>0$ $a<0, \Delta\geqslant 0, -\dfrac{b}{2a}<k, f(k)<0$
两根 在区间 (m,n) 内	$a>0, \Delta\geqslant 0, m<-\dfrac{b}{2a}<n, f(m)>0, f(n)>0$ $a<0, \Delta\geqslant 0, m<-\dfrac{b}{2a}<n, f(m)<0, f(n)<0$
两根有且仅有 一根在 (m,n) 内	$f(m)\cdot f(n)<0$
一根在 (m,n) 内 另一根在 (p,q) 内 $m<n<p<q$	$f(m)\cdot f(n)<0, f(p)\cdot f(q)<0$

对以上的根的分布表中一些特殊情况作说明:两根有且仅有一根在(m,n)内有以下特殊情况.

①若$f(m)=0$或$f(n)=0$,则此时$f(m) \cdot f(n)<0$不成立,但对于这种情况是知道了方程有一根为m或n,可以求出另外一根,然后可以根据另一根在区间(m,n)内,从而可以求出参数的值.如方程$mx^2-(m+2)x+2=0$在区间$(1,3)$上有一根,因为$f(x)=mx^2-(m+2)x+2=(x-1)(mx-2)$,可知一根为1,另一根为$\frac{2}{m}$,由$1<\frac{2}{m}<3 \Rightarrow \frac{2}{3}<m<2$为所求.

②方程有且只有一根,且这个根在区间(m,n)内,即$\Delta=0$,此时由$\Delta=0$可以求出参数的值,然后再将参数的值代入方程,求出相应的根,检验根是否在给定的区间内,如若不在,舍去相应的参数.如方程$x^2-4mx+2m+6=0$有且只有一根在区间$(-3,0)$内,求m的取值范围.分析:由$\Delta=0$即$16m^2-4(2m+6)=0 \Rightarrow m=-1$或$m=\frac{3}{2}$.当$m=-1$时,根$x=-2\in(-3,0)$,即$m=-1$满足题意;当$m=\frac{3}{2}$时,根$x=3 \notin (-3,0)$,故$m=\frac{3}{2}$不满足题意,得出$m=-1$.

【例19】(2014.10.24)关于x的方程$mx^2+2x-1=0$有两个不相等的实根.

(1)$m>-1$.

(2)$m\neq 0$.

【例20】(1999.10.5)已知方程$x^2-6x+8=0$有两个相异实根,下列方程中仅有一根在已知方程两根之间的方程是( ).

A. $x^2+6x+9=0$ B. $x^2-2\sqrt{2}x+2=0$ C. $x^2-4x+2=0$

D. $x^2-5x+7=0$ E. $x^2-6x+5=0$

【例21】(2009.10.9)若关于x的二次方程$mx^2-(m-1)x+m-5=0$有两个实根α,β,且满足$-1<\alpha<0$和$0<\beta<1$,则m的取值范围是( ).

A. $3<m<4$ B. $4<m<5$ C. $5<m<6$ D. $m>6$或$m<5$ E. $m>5$或$m<4$

考点 19　分式方程

分式方程:分母里含有未知数的方程叫作分式方程.

解分式方程的一般方法:解分式方程的思想是将"分式方程"转化为"整式方程".它的一般解法是:

(1)去分母,方程两边都乘以最简公分母.

(2)解所得的整式方程.

(3)验根:将所得的根代入最简公分母,若等于零,就是增根,应该舍去;若不等于零,就是原方程的根.

需要注意的是:一元二次方程与分式方程和其他产生多解的方程在一定题设条件下都可能有增根.增根,是指方程求解后得到的不满足题设条件的根.在分式方程化为整式方程的过程中,分式方程解的条件是使原方程分母不为零.若整式方程的根使最简公分母为0(根使整式方程成立,而在分式方程中分母为0),那么这个根叫作原分式方程的增根.

【例22】若分式$\dfrac{x^2-9}{x^2-4x+3}$的值为零,则x的值为(　　).

A.3　　　　B.3或-3　　　　C.-3　　　　D.0　　　　E.0或-3

考点20　方程组

(1)二元一次方程.

含有两个未知数,并且未知项的最高次数是1的整式方程叫作二元一次方程,它的一般形式是$ax+by=c$.

(2)二元一次方程的解.

使二元一次方程左右两边的值相等的一对未知数的值,叫作二元一次方程的一个解.

(3)二元一次方程组.

两个(或两个以上)二元一次方程合在一起,就组成了一个二元一次方程组,形如$\begin{cases}a_1x+b_1y=c_1\\a_2x+b_2y=c_2\end{cases}$.

(4)二元一次方程组的解.

使二元一次方程组的两个方程左右两边的值都相等的两个未知数的值,叫作二元一次方程组的解,有三种情况:

①如果$\dfrac{a_1}{a_2}\neq\dfrac{b_1}{b_2}$,则方程组有唯一解$(x,y)$;对应的两直线相交.

②如果$\dfrac{a_1}{a_2}=\dfrac{b_1}{b_2}=\dfrac{c_1}{c_2}$,则方程组有无穷多解;对应的两直线重合.

③如果$\dfrac{a_1}{a_2}=\dfrac{b_1}{b_2}\neq\dfrac{c_1}{c_2}$,则方程组无解;对应的两直线平行.

(5)二元一次方程组的解法.

①代入法;②加减法.

(6)三元一次方程.

把含有三个未知数,并且含有未知数的项的次数都是1的整式方程,叫作三元一次方程.

(7)三元一次方程组.

由三个(或三个以上)一次方程组成,并且含有三个未知数的方程组,叫作三元一次方程组.

【例23】(2010.10.25)$(\alpha+\beta)^{2009}=1$.

(1)$\begin{cases}x+3y=7\\\beta x+\alpha y=1\end{cases}$与$\begin{cases}3x-y=1\\\alpha x+\beta y=2\end{cases}$有相同的解.

(2)α与β是方程$x^2+x-2=0$的两个根.

第三节 不等式

考点 21 不等式的基本性质

1. 不等式的定义

用不等号连接的两个(或两个以上)解析式称为不等式,使不等式成立的未知数的取值称为不等式的解(不等号包括<、>、≤、≥、≠五种).一般地,一个含有未知数的不等式的所有解,组成这个不等式的解的集合,简称这个不等式的解集.

2. 不等式的解集的表示方法

① 用不等式表示:如 $x \leq 1, x > 1$ 等.

② 用数轴表示:"≥""≤"用实心圆点表示;"<"">"用空心圆点表示.

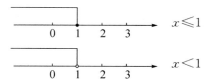

3. 不等式的基本性质

① 不等式两边都加上或减去同一个数或同一个整式,不等号的方向不变,即
$$a > b \Leftrightarrow a \pm c > b \pm c$$

② 不等式两边都乘以或除以同一个正数,不等号的方向不变:若 $c > 0$,则
$$a > b \Leftrightarrow ac > bc, a > b \Leftrightarrow \frac{a}{c} > \frac{b}{c}$$

③ 不等式两边都乘以或除以同一个负数,不等号的方向改变:若 $c < 0$,则
$$a > b \Leftrightarrow ac < bc, a > b \Leftrightarrow \frac{a}{c} < \frac{b}{c}$$

④ 传递性:$a > b, b > c \Rightarrow a > c$.

⑤ 同向相加性:$\begin{cases} a > b \\ c > d \end{cases} \Rightarrow a + c > b + d$.

⑥ 同向皆正相乘性:$\begin{cases} a > b > 0 \\ c > d > 0 \end{cases} \Rightarrow ac > bd$.

⑦ 若 $ab > 0$,则 $a > b \Leftrightarrow \frac{1}{b} > \frac{1}{a}$;若 $ab < 0$,则 $a > b \Leftrightarrow \frac{1}{a} > \frac{1}{b}$.

⑧ 若 $a > b > 0 \Rightarrow a^n > b^n > 0 (n \in \mathbf{Z}^+)$.

【例24】(2014.10.16) $x \geq 2014$.

(1) $x > 2014$;(2) $x = 2014$.

【例25】(2012.1.21)已知 a, b 是实数,则 $a > b$.

(1) $a^2 > b^2$;(2) $a^2 > b$.

考点 22　均值不等式

当 $x_1, x_2, x_3, \cdots, x_n$ 为 n 个正数时，它们的算术平均值不小于几何平均值，即：$\dfrac{x_1+x_2+x_3+\cdots+x_n}{n} \geqslant \sqrt[n]{x_1 x_2 x_3 \cdots x_n}$，当且仅当 $x_1=x_2=x_3=\cdots=x_n$ 时，等号成立.

(1) 当 $a>0, b>0$ 时，$a+b \geqslant 2\sqrt{ab}$，当且仅当 $a=b$ 时等号成立.

(2) 当 $a, b \neq 0$ 时，$a^2+b^2 \geqslant 2ab$，当且仅当 $a=b$ 时等号成立.

(3) 当 $a>0$ 时，$a+\dfrac{1}{a} \geqslant 2$，即对正数而言互为倒数的两个数之和不小于 2，当且仅当 $a=1$ 时取得最小值 2.

(4) 当 $ab>0$ 时，$\dfrac{b}{a}+\dfrac{a}{b} \geqslant 2$，当且仅当 $a=b$ 时取得最小值 2.

(5) 当 $a, b, c>0$ 时，$a+b+c \geqslant 3\sqrt[3]{abc}$，当且仅当 $a=b=c$ 时等号成立.

(6) 当 $a, b, c, d>0$ 时，$a+b+c+d \geqslant 4\sqrt[4]{abcd}$，当且仅当 $a=b=c=d$ 时等号成立.

注意事项：一正、二定、三相等.

一正：均值不等式中所有参数必须为正数.

二定：当积为定值时可以求和的最小值；当和为定值时，可以求积的最大值. 积定和最小，和定积最大.

三相等：当且仅当均值不等式中所有参数全部相等时，取得等号.

应用：均值不等式在解决最值问题时常用到，有时为了保持和定或者积定，常常需要凑项或者凑系数.

【例26】(2003.1.27) 已知某厂生产 x 件产品的成本为 $C=25\,000+200x+\dfrac{x^2}{40}$（元），要使平均成本最小所应生产的产品件数为(　　).

A. 100 件　　B. 200 件　　C. 1000 件　　D. 2000 件　　E. 以上结果都不正确

【例27】函数 $f(x)=x+\dfrac{4}{x}+3$ 在 $x \leqslant -2$ 时，(　　).

A. 无最大值，有最小值 7

B. 无最大值，有最小值 -1

C. 有最大值 7，有最小值 -1

D. 有最大值 -1，无最小值

E. 无最大值也无最小值

【例28】当 $0<x<4$ 时，$y=x(8-2x)$ 的最大值为(　　).

A. 1　　B. 2　　C. 4　　D. 6　　E. 8

考点 23 一元一次、二次不等式

1. 一元一次、二次不等式的解

(1) 一元一次不等式定义：含有一个未知数且未知数的最高次数为一次的不等式. 一般形式为：$ax>b(a\neq 0)$，其解集可依据不等式性质直接求出.

$$ax>b(a\neq 0) \Rightarrow \begin{cases} a>0 \Rightarrow x>\dfrac{b}{a} \\ a<0 \Rightarrow x<\dfrac{b}{a} \end{cases}.$$

(2) 一元二次不等式定义：不等式中只含有一个未知数，未知数的次数是 2，且不等式的两边都是整式，这样的不等式叫作一元二次不等式.

(3) 一元二次不等式及其解法.

① 设方程 $ax^2+bx+c=0(a\neq 0)$ 有两个不等实根 x_1, x_2，且 $x_1<x_2$，则 $ax^2+bx+c>0(a>0)$ 的解集为 $x<x_1$ 或 $x>x_2$，$ax^2+bx+c<0(a>0)$ 的解集为 $x_1<x<x_2$（大于 0 取两边，小于 0 取中间）. 注意：若不等式二次项系数 $a<0$，需调整为正值再求解集.

② 若 $ax^2+bx+c=0(a\neq 0)$ 有两个相等实根，即 $x_1=x_2$，则 $ax^2+bx+c>0(a>0)$ 的解集为 $x\neq x_1$ 的任意实数；而 $ax^2+bx+c<0(a>0)$ 的解集为空集.

③ 若方程 $ax^2+bx+c=0(a\neq 0)$ 无实根，即 $ax^2+bx+c=0(a\neq 0)$ 的解集为空集，则 $ax^2+bx+c>0(a>0)$ 的解集为全体实数 **R**，而 $ax^2+bx+c<0(a>0)$ 的解集仍为空集.

一元二次不等式的解，也可根据二次函数 $y=ax^2+bx+c(a\neq 0)$ 的图像求解.

2. 解一元二次不等式的一般性步骤

(1) 将不等式的一边必须变成 0（不等式函数化）.

(2) 将其二次项系数必须变成正，即 $a>0$.

(3) 求根：解出与不等式对应的方程的根（如果求不出根，就要考虑恒成立的情况）. 建议：在求根之前验证一下判别式的情况，以免做出不必要的错误判断，浪费时间. 备注：求根只有两种方法.

① 十字相乘法（首选方法）.

② 求根公式法：$x_1, x_2 = \dfrac{-b\pm\sqrt{\Delta}}{2a}$.

(4) 写解集：大于号取两边，小于号取中间.

【例29】(2007.10.10) $x^2+x-6>0$ 的解集是（　　）.

A. $(-\infty,-3)$　　B. $(-3,2)$　　C. $(2,+\infty)$　　D. $(-\infty,-3)\bigcup(2,+\infty)$

【例30】(2011.10.21) 不等式 $ax^2+(a-6)x+2>0$ 对所有实数 x 都成立.

(1) $0<a<3$；(2) $1<a<5$.

【例31】(2006.10.5) 已知不等式 $ax^2+2x+2>0$ 的解集是 $\left(-\dfrac{1}{3},\dfrac{1}{2}\right)$，则 $a=$（　　）.

A. -12　　B. 6　　C. 0　　D. 12　　E. 以上结论均不正确

考点 24　简单的高次不等式

高次不等式：只含有一个未知数，且未知数的最高次幂大于 2 的整式不等式．穿针引线法是高次不等式的通解通法，具体操作步骤如下所示：

(1)分解因式，将整式化为若干个因式的乘积的形式，分解到不可分解为止．

(2)做等价变形，便于判断因式的符号，例如 x^2+1,x^2+x+1 等这些因式的共同特点是无论 x 取何值，它们的值恒大于 0．

(3)将分解所得到的每一个因式的最高次项的系数化为正数．

(4)从小到大，从左到右依次标出与不等式对应的方程的根．

(5)从右上角开始，穿针引线，奇过偶不过(指的是不等式因式的幂指数)．

(6)根据图像写出解集，注意能否取到等号．

【例32】(2008.1.26)$(2x^2+x+3)(-x^2+2x+3)<0$.

(1)$x\in[-3,-2]$；(2)$x\in[4,5]$．

考点 25　简单的分式不等式

(1)定义：分母中含有未知数的不等式称为分式不等式．

(2)解题步骤：解分式不等式应先进行移项、通分等运算，将不等号右侧化为 0，然后化除为乘，最后求解(注意舍去使分母为零的情况)，其原则如下．

① $\dfrac{f(x)}{g(x)}>0 \Leftrightarrow f(x)g(x)>0$；

② $\dfrac{f(x)}{g(x)}\geqslant 0 \Leftrightarrow f(x)g(x)\geqslant 0,g(x)\neq 0$；

③ $\dfrac{f(x)}{g(x)}<0 \Leftrightarrow f(x)g(x)<0$；

④ $\dfrac{f(x)}{g(x)}\leqslant 0 \Leftrightarrow f(x)g(x)\leqslant 0,g(x)\neq 0$.

注意：

(1)当不等式的右边不为 0 时，需要移项通分，然后化为上述不等式形式．

(2)当无法判断分母的符号时，不等式不能直接通过乘以分母去掉分母．

【例33】(2013.10.5)不等式 $\dfrac{x^2-2x+3}{x^2-5x+6}\geqslant 0$ 的解集是(　　)．

A.$(2,3)$　　　　　　　　B.$(-\infty,2]$　　　　　　　　C.$[3,+\infty)$

D.$(-\infty,-2]\cup[3,+\infty)$　　　　E.$(-\infty,2)\cup(3,+\infty)$

【例34】(2001.1.8)不等式 $\dfrac{3x^2-2}{x^2-1}>1$ 的解为(　　)．

A.$0<x<\dfrac{\sqrt{2}}{2}$　　　　B.$\dfrac{\sqrt{2}}{2}<x<1$　　　　C.$0<x<\sqrt{\dfrac{2}{3}}$

D.$\sqrt{\dfrac{2}{3}}<x<1$　　　　E.$x<-1$ 或 $-\dfrac{\sqrt{2}}{2}<x<\dfrac{\sqrt{2}}{2}$ 或 $x>1$

考点 26　简单绝对值不等式与无理不等式

1. 绝对值不等式的解

(1) 类型一：形如 $|f(x)|<a$，$|f(x)|>a(a\in \mathbf{R})$ 型不等式.

根据 a 的符号，准确地去掉绝对值符号，再进一步求解. 这是解其他题的基础.

① 当 $a>0$ 时，$\begin{cases} |f(x)|<a \Leftrightarrow -a<f(x)<a \\ |f(x)|>a \Leftrightarrow f(x)>a \text{ 或 } f(x)<-a \end{cases}$.

② 当 $a=0$ 时，$\begin{cases} |f(x)|<a，无解 \\ |f(x)|>a \Leftrightarrow 使 |f(x)|\neq 0 \text{ 的解集} \end{cases}$.

③ 当 $a<0$ 时，$\begin{cases} |f(x)|<a，无解 \\ |f(x)|>a \Leftrightarrow 使 y=f(x) \text{ 成立的 } x \text{ 解集} \end{cases}$.

(2) 类型二：形如 $a<|f(x)|<b(b>a>0)$ 型不等式.

将原不等式转换为以下不等式进行求解：

$a<|f(x)|<b(b>a>0) \Leftrightarrow a<f(x)<b \text{ 或 } -b<f(x)<-a$.

注意：不能漏掉 $-b<f(x)<-a$ 的情况.

(3) 类型三：形如 $|f(x)|<g(x)$，$|f(x)|>g(x)$ 型不等式.

这类不等式如果用分类讨论的方法求解，显得比较烦琐，其简洁解法如下.

把 $g(x)$ 看成一个大于零的常数 a 进行求解，即：

$|f(x)|<g(x) \Leftrightarrow -g(x)<f(x)<g(x)$.

$|f(x)|>g(x) \Leftrightarrow f(x)>g(x) \text{ 或 } f(x)<-g(x)$.

(4) 类型四：形如 $|f(x)|<|g(x)|$ 型不等式.

可以利用两边平方，通过移项，使其转化为"两式和"与"两式差"的积的方法进行求解，即：

$|f(x)|<|g(x)| \Leftrightarrow |f(x)|^2<|g(x)|^2 \Leftrightarrow [f(x)]^2-[g(x)]^2<0 \Leftrightarrow ([f(x)]+[g(x)])([f(x)]-[g(x)])<0$.

(5) 类型五：形如 $|f(x)|<f(x)$，$|f(x)|>f(x)$ 型不等式.

先利用绝对值的定义进行判断，再进一步求解，即：

$|f(x)|<f(x)$，无解.

$|f(x)|>f(x) \Leftrightarrow f(x)<0$.

(6) 类型六：形如 $|x-m|-|x-n|\leqslant c$，$|x-m|+|x-n|\geqslant c$，恒成立型不等式.

利用和差关系式（三角不等式）$||a|-|b||\leqslant |a\pm b|\leqslant |a|+|b|$，结合极端性原理即可解得.

$c\geqslant |x-m|-|x-n| \Leftrightarrow c\geqslant (|x-m|-|x-n|)_{\max}=|n-m|$；

$c\leqslant |x-m|+|x-n| \Leftrightarrow c\leqslant (|x-m|+|x-n|)_{\min}=-|n-m|$.

三角不等式的神奇之处在于可以抵消未知参数.

此部分知识与第一章绝对值关联度较大，考生可将两部分内容结合在一起理解.

2. 无理不等式的解

无理不等式要注意定义域的要求,偶次方根,则根号下的代数式要大于等于 0,另外要注意无理代数式的另一边是否要大于 0.

【例35】(2012.10.25) $x^2-x-5>|2x-1|$.

(1) $x>4$; (2) $x<-1$.

【例36】(2007.10.19) $\sqrt{1-x^2}<x+1$.

(1) $x\in[-1,0]$.

(2) $x\in\left(0,\dfrac{1}{2}\right]$.

本章练习题

1. 如果函数 $f(x)=x^2+2(a-1)x+2$ 在区间 $(-\infty,4]$ 上是递减的,那么实数 a 的取值范围是( ).

A. $a\leqslant-3$ B. $a\geqslant 3$ C. $a\leqslant 5$ D. $a\geqslant 5$ E. 以上答案均不对

2. 设 $f(x)=(3-a)x^2+2(a-2)x-4$ 的最大值小于 $\dfrac{1}{2}$,则实数 a 的允许取值范围是( ).

A. $\dfrac{7}{2}<a<5$ B. $-\dfrac{7}{2}<a<5$ C. $\dfrac{7}{2}<a\leqslant 5$ D. $\dfrac{7}{2}\leqslant a<5$ E. $\dfrac{7}{2}\leqslant a\leqslant 5$

3. 已知 x_1,x_2 是方程 $x^2-(k-2)x+(k^2+3k+5)=0$ 的两个根,则 $x_1^2+x_2^2$ 的最大值是( ).

A. 16   B. 19   C. $\dfrac{4}{3}$ D. 18   E. 2

4. 当 $m<-1$ 时,方程 $(m^3+1)x^2+(m^2+1)x=m+1$ 的根的情况是( ).

A. 两负根
B. 两异号根且负根绝对值大
C. 无实根
D. 两异号根且正根绝对值大
E. A,B,C,D 都不正确

5. 已知对任意实数,不等式 $(a+2)x^2+4x+(a-1)>0$ 都成立,则 c 的取值范围是( ).

A. $(-\infty,-2)\cup(2,+\infty)$ B. $(-\infty,-2)\cup[2,+\infty)$

C. $(-2,2)$ D. $(2,+\infty)$

E. 以上均不对

6. 已知一元二次不等式 $ax^2+bx+10<0$ 的解为 $x<-2$ 或 $x>5$,则 $b^a=$( ).

A. -3 B. 3   C. -1 D. $\dfrac{1}{3}$ E. $-\dfrac{1}{3}$

7. 不等式 $x^3+2x^2-3x\leqslant 0$ 的解集是( ).

A. $(-\infty,-3]\cup[0,1]$ B. $[-3,0]\cup[1,\infty)$

C. $(-\infty,1]$ D. $[-3,\infty)$

E. 以上结论均不正确

8. 若对一切实数 x，恒有 $\dfrac{3x^2+2x+2}{x^2+x+1}>k$ (k 为正整数)，则 $k=$ (　　).

　　A. 5　　　　　B. 4　　　　　C. 3　　　　　D. 2　　　　　E. 1

9. 方程 $x^2-2x+c=0$ 的两根之差的平方等于 16.

　　(1) $c=3$；(2) $c=-3$.

10. $\sqrt{2x-3}<\sqrt{x+1}$ 成立.

　　(1) $x\in(\dfrac{3}{2},3]$；(2) $x\in(2,\dfrac{9}{2})$.

11. 能确定 $2m-n=4$.

　　(1) $\begin{cases}x=2\\y=1\end{cases}$ 是二元一次方程组 $\begin{cases}mx+ny=8\\nx-my=1\end{cases}$ 的解；

　　(2) m,n 满足 $\begin{cases}2m+n=16\\m+2n=17\end{cases}$.

12. 定义新的运算符号"$*$"，$a*b=a\times n+b^2$ (其中 n 是一个确定的整数)，如果 $2*3=3*2$，则 $(3*4)-(4*3)$ 的值为 (　　).

　　A. -1　　　B. 0　　　　　C. 1　　　　　D. 2　　　　　E. 3

13. 设函数 $f(x)=x^2+ax$，则 $f(x)$ 的最小值与 $f(f(x))$ 的最小值相等.

　　(1) $a\geqslant 2$；(2) $a\leqslant 0$.

14. 已知 a,b,c 是三个实数，则 $|a|+|b|+|c|$ 的最小值为 8.

　　(1) $a+b+c=2$；(2) $abc=4$.

15. $M=2$.

　　(1) 方程 $2^x=x^2$ 的解的个数为 M.

　　(2) 方程 $f(x)=4$ 与 $f(x)=x^2-3x+7$ 的交点的个数为 M.

16. 设函数 $f(x)=x^2+3x$，则 $f(f(x))\geqslant f(x)$ 恒成立.

　　(1) $x\geqslant 2$；(2) $x<-2$.

17. 设实数 x,y 满足等式 $x^2-4xy+4y^2+\sqrt{3}(x+y)-6=0$，则 $x+y$ 的最大值为 (　　).

　　A. $\dfrac{\sqrt{3}}{2}$　　B. $\dfrac{2\sqrt{3}}{3}$　　C. $2\sqrt{3}$　　D. $3\sqrt{2}$　　E. $3\sqrt{3}$

18. 如果方程 $|x|=ax+1$ 有一个负根，那么 a 的取值范围是 (　　).

　　A. $a<1$　　B. $a=1$　　C. $a>-1$　　D. $a<-1$　　E. 以上都不对

19. 已知 a,b 为有理数，且 $2-\sqrt{3}$ 使得等式 $ax^2+bx+1=0$ 成立，那么 $a+b=$ (　　).

　　A. -3　　　B. -2　　　C. -1　　　D. 0　　　　　E. 1

20. 不等式 $||x-1|-2|+x\leqslant 1$ 的解集为 (　　).

　　A. $(-\infty,1)$　B. $(-\infty,1]$　C. $(-\infty,0]$　D. $[0,+\infty)$　E. $[1,+\infty)$

21. 若 $x>0,y>0$，且 $x+y=8$，则 $\lg x+\lg y$ 的最大值是 (　　).

　　A. $\lg 2$　　B. $2\lg 2$　　C. $\dfrac{1}{2}\lg 2$　　D. $3\lg 2$　　E. $4\lg 2$

22. 已知 $x,y\in\mathbf{R}$，且 $x+y=4$，则 3^x+3^y 的最小值是（ ）．

   A. $3\sqrt{2}$ B. 18   C. 9   D. $2\sqrt{2}$ E. $\sqrt{6}$

23. 设 $a,b,c\in\mathbf{R}^+$，且 $a+b+c=1$，若 $M=\left(\dfrac{1}{a}-1\right)\left(\dfrac{1}{b}-1\right)\left(\dfrac{1}{c}-1\right)$，则必有（ ）．

   A. $0\leqslant M<\dfrac{1}{8}$ B. $\dfrac{1}{8}\leqslant M<1$ C. $1\leqslant M<8$ D. $M\geqslant 8$ E. $M<0$

24. 已知 $m>1,n>1$，若 $m^x=n^y=2$，$m+n=2\sqrt{2}$，则 $\dfrac{1}{x}+\dfrac{1}{y}$ 的最大值是（ ）．

   A. $\dfrac{1}{2}$ B. 1   C. $\dfrac{3}{2}$ D. 2   E. $\dfrac{5}{2}$

25. $x^2+y^2+z^2-xy-yz-zx=75$．

   (1) $x-y=5$；(2) $z-y=10$．

26. 不等式 $\dfrac{x+4}{x^2+3x+2}\leqslant 2$ 恒成立．

   (1) $x\geqslant 0$；(2) $-2\leqslant x\leqslant -1$．

27. 方程 $|x-1|+|x-3|>a^2+a$ 对任意 x 恒成立．

   (1) $a\leqslant 1$；(2) $a>-2$．

28. $\sqrt{a}+\sqrt{b}>\sqrt{c}+\sqrt{d}$．

   (1) $ab>cd$；(2) $a+b=c+d$．

29. 已知 $x,y>0$，则 $\lg(x+y)+\lg(2x+3y)-\lg 3=\lg 4+\lg x+\lg y$．

   (1) $x=3y$；(2) $2x=y$．

30. $|x-2|+|x-14|\leqslant m^2-m$ 的解集是空集．

   (1) $-2\leqslant m\leqslant 14$；

   (2) $2\leqslant m\leqslant 14$．

参考答案

例题参考答案

【例1】答案 E．若 $a+2=1\Rightarrow a=-1\Rightarrow A=\{1,0,1\}$，不符合集合性质，含去．

若 $(a+1)^2=1\Rightarrow a=0$ 或 -2，此时又分两种情况讨论：

(1) $a=0\Rightarrow A=\{2,1,3\}$；

(2) $a=-2\Rightarrow A=\{0,1,1\}$，含去．

若 $a^2+3a+3=1\Rightarrow a=-1$ 或 -2，都含去．

综上所述，$a=0$，答案选 E．

【例2】答案 B．只满足 $C\subseteq A$ 有 $2^6=64$ 个，与集合 B 相交不为空集的可能情况非常多，正面思考有难度就反向思考，用总数减去与集合 B 相交为空集的数，即满足题意．$C\cap B=\varnothing$ 时的元素有 $1,2,3$，总共有 $2^3=8$ 个，所以满足 $C\subseteq A$ 且 $C\cap B\neq\varnothing$ 的集合 C 的个数为 $64-8=56$ 个，选 B.

【例3】答案 B.

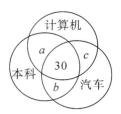

本科单证:130-30-a-b.计算机单证:110-30-a-c.

汽车单证:90-30-c-b.

(130-30-a-b)+(110-30-a-c)+(90-30-c-b)=140⇒a+b+c=50

【例4】答案 A. 因为反比例函数 $y=\dfrac{k}{x}(k<0)$,所以,图像经过二、四象限,y 随着 x 的增大而增大,若 $x_1>x_2>0$,则 $y_1>y_2$,$y_1-y_2>0$,选 A.

【例5】答案 D. 函数 $y=-\dfrac{2}{x}$ 中 $k=-2<0$,函数图像经过二、四象限,而函数 $y=2x$ 图像只经过一、三象限,所以,两个图像不会有交点,选 D.

【例6】答案 E. 该二次函数的对称轴为 $x=\dfrac{1}{2}$,所以该二次函数的最大值 $=\dfrac{1}{2}\times\left(1-\dfrac{1}{2}\right)=0.25$. 故选 E.

【例7】答案 A. 由题意可得:$\begin{cases}-\dfrac{b}{2}=1\\1=1-b+c\end{cases}$,$\begin{cases}b=-2\\c=-2\end{cases}$,所以选 A.

【例8】答案 C. $f(x)=ax^2+bx+c$,对于(1)$y=f(x)$ 经过点 $(0,0)$ 和点 $(1,1)$,所以 $\begin{cases}c=0\\a+b=1\end{cases}$,显然不能确定 a,b,c 的值. 对于(2)$y=f(x)$ 与直线 $y=a+b$ 相切,只能是顶点相切,显然单独也不能确定 a,b,c 的值. 所以考虑联立(1)和(2)有 $\dfrac{4ac-b^2}{4a}=a+b\Rightarrow 4ac-b^2=4a^2+4ab\Rightarrow (2a+b)^2=0\Rightarrow 2a+b=0$,所以 $a=-1,b=2$,因此选 C.

【例9】答案 A. 抛物线的单调性主要根据开口方向与对称轴来判断,本题抛物线开口向上,因此对称轴应该在所给区间的左侧,图像在 $1\leqslant x\leqslant 3$ 是单调递增的,所以 $2a\leqslant 1\Rightarrow a\leqslant\dfrac{1}{2}$,因此选 A. 如果改为单调递减,选 D.

【例10】答案 B. 对于条件(1),$a^2>b^2$,$|a|>|b|$,取 $a=-2,b=0$,$a<b$,不充分;对于条件(2),$\left(\dfrac{1}{2}\right)^a<\left(\dfrac{1}{2}\right)^b$,指数函数为减函数$\left(\dfrac{1}{2}<1\right)$,所以 $a>b$,充分. 因此选 B.

【例11】答案 B. $\log_a 2<\log_b 2<0\Rightarrow \dfrac{\lg 2}{\lg a}<\dfrac{\lg 2}{\lg b}<0\Rightarrow -\dfrac{\lg 2}{\lg a}>-\dfrac{\lg 2}{\lg b}>0$(换底公式),又 $\lg 2>0$,所以 $-\lg b>-\lg a>0$,即 $\lg b<\lg a<0$,根据函数 $y=\lg x$ 的图形有 $0<b<a<1$.

【例12】答案 C. 根据题意，$\frac{ax+1}{3}-\frac{x-1}{2}=1$ 的解为 $x=1$，将其代入上述方程，解得 $a=2$. 所以原方程为 $\frac{2x+1}{3}-\frac{x+1}{2}=1$，解得 $x=7$. 故选 C.

【例13】答案 A. 条件(1)：将 $a^2=3a-1$ 代入题干，$2a^2-5a-2+\frac{3}{a^2+1}=2(3a-1)-5a-2+\frac{3}{3a}$ $=a+\frac{1}{a}-4=\frac{a^2+1}{a}-4=-1$，故可以推出结论. 条件(2)：取 $a=1$ 代入题干，原式 $=-3.5$，故无法推出结论. 故选 A.

【例14】答案 C. 方法一：顶点坐标法. 抛物线 $y=x^2+(a+2)x+2a$ 与 x 轴相切，画草图可知，只能是顶点与 x 轴相切，所以有 $\frac{4ac-b^2}{4a}=0 \Rightarrow \frac{8a-(a+2)^2}{4}=0 \Rightarrow a=2$，显然条件(1)不能推出. 条件(2) $a^2+a-6=0 \Rightarrow a=2, a=-3$，单独条件(2)也不行. 联立条件(1)和(2)，可以得到 $a=2$.

方法二：Δ 法. 抛物线 $y=x^2+(a+2)x+2a$ 与 x 轴相切，意味着抛物线 $y=x^2+(a+2)x+2a$ 与 $y=0$ 的直线相切，则方程 $x^2+(a+2)x+2a=0$ 有且仅有一个解，所以 $\Delta=(a+2)^2-8a=0 \Rightarrow a=2$，后续步骤同方法一.

【例15】由题意，根据根与系数的关系得：$x_1+x_2=2, x_1x_2=-2007$.

(1) $x_1^2+x_2^2=(x_1+x_2)^2-2x_1x_2=2^2-2(-2007)=4018$.

(2) $\frac{1}{x_1}+\frac{1}{x_2}=\frac{x_1+x_2}{x_1x_2}=-\frac{b}{c}=-\frac{-2}{-2007}=-\frac{2}{2007}$.

(3) $(x_1-5)(x_2-5)=x_1x_2-5(x_1+x_2)+25=-2007-5\times 2+25=-1992$.

(4) $|x_1-x_2|=\sqrt{(x_1-x_2)^2}=\sqrt{(x_1+x_2)^2-4x_1x_2}=\sqrt{2^2-4(-2007)}=4\sqrt{502}$.

【例16】答案 B. 根据韦达定理，$x_1+x_2=-\frac{m}{3}, x_1x_2=\frac{5}{3}, \frac{1}{x_1}+\frac{1}{x_2}=\frac{x_1+x_2}{x_1x_2}=-\frac{m}{5}=1$，解得 $m=-5$. 故选 B.

【例17】答案 A. x_1, x_2 是方程 $x^2-ax-1=0$ 的两个根，则 $x_1+x_2=a, x_1x_2=-1, x_1^2+x_2^2=(x_1+x_2)^2-2x_1x_2=a^2+2$.

【例18】答案 B. 根据题意，设该方程两根为 a 和 $2a$，根据韦达定理有 $a+2a=-p; a\cdot 2a=q$. 所以有 $a=-\frac{p}{3} \Rightarrow 2\left(-\frac{p}{3}\right)^2=q \Rightarrow 2p^2=9q$. 故选 B.

【例19】答案 C. 由题干得 $\begin{cases} m\neq 0 \\ \Delta=4+4m>0 \end{cases}$，可得 $\begin{cases} m\neq 0 \\ m>-1 \end{cases}$，显然，条件(1)和条件(2)单独不充分，联合充分. 故选 C.

【例20】答案 C. 原方程 $x^2-6x+8=0$ 的两根为 2 和 4. 因所求 $f(x)=0$ 的方程仅有一个根在 (2,4) 内，故只需满足 $f(2)f(4)<0$ 即可. 验证选项中的方程即可选出答案. 故选 C.

【例21】答案 B. $mx^2-(m-1)x+m-5=0$ 有两个实根 $\alpha, \beta, -1<\alpha<0$ 和 $0<\beta<1$，可知：-1 和

0之间有一个根α,0和1之间有一个根β.

$\begin{cases} f(-1)f(0)<0 \\ f(1)f(0)<0 \end{cases} \Rightarrow \begin{cases} 2<m<5 \\ 4<m<5 \end{cases} \Rightarrow 4<m<5.$

【例22】答案C. 由 $\dfrac{x^2-9}{x^2-4x+3}=0$ 可得 $\begin{cases} x^2-9=0 \\ x^2-4x+3\neq 0 \end{cases}$,解得 x 最后取值 -3.

【例23】答案A. 条件(1): $\begin{cases} x+3y=7 \\ 3x-y=1 \end{cases} \Rightarrow \begin{cases} x=1 \\ y=2 \end{cases}$,所以 α 和 β 满足方程组 $\begin{cases} \beta+2\alpha=1 \\ \alpha+2\beta=2 \end{cases} \Rightarrow \begin{cases} \alpha=0 \\ \beta=1 \end{cases}$,可以推出结论,故条件(1)充分. 条件(2):根据韦达定理 $\alpha+\beta=-1$,推不出结论,故该条件不充分. 故选A.

【例24】答案D. 对于(1) $x>2014$,$x\geq 2014$ 成立;对于(2) $x=2014$,$x\geq 2014$ 成立.

【例25】答案E. 对于(1) $a^2>b^2$,令 $a=-2,b=1$,显然 $a>b$ 不成立;对于(2) $a^2>b$,令 $a=-2,b=1$,显然 $a>b$ 不成立;显然联立(1)(2),也不成立.

【例26】答案C. 平均成本函数等于 $\dfrac{C}{x}=\dfrac{25\,000}{x}+200+\dfrac{x}{40}\geq 2\sqrt{\dfrac{25\,000}{x}\cdot\dfrac{x}{40}}+200=250$,当 $\dfrac{25\,000}{x}=\dfrac{x}{40}$ 取等号,即 $x=1000$ 取得最小值,所以选C.

【例27】答案D. $f(x)=x+\dfrac{4}{x}+3=-\left[-x+\left(-\dfrac{4}{x}\right)\right]+3\leq -2\sqrt{(-x)\cdot\left(-\dfrac{4}{x}\right)}+3=-1$,当 $-x=-\dfrac{4}{x} \Rightarrow x=\pm 2$ 时,$f(x)$ 有最大值 -1,无最小值,选D.

【例28】答案E. 由 $0<x<4$ 可知 $8-2x>0$,利用均值不等式求最值,必须和为定值或积为定值,此题可以凑系数,$2x+(8-2x)=8$ 为定值,故 $y=x(8-2x)=\dfrac{1}{2}\cdot 2x(8-2x)\leq \dfrac{1}{2}\cdot\left(\dfrac{2x+8-2x}{2}\right)^2=8$,此时 $2x=8-2x$,$x=2$.

【例29】答案D. $x^2+x-6>0 \Rightarrow (x-2)(x+3)>0$,所以解集是 $(-\infty,-3)\cup(2,+\infty)$. 故选D.

【例30】答案E. $ax^2+(a-6)x+2>0$ 对所有实数 x 都成立,等价于

$\begin{cases} a>0 \\ \Delta<0 \end{cases} \Rightarrow \begin{cases} a>0 \\ (a-6)^2-8a<0 \end{cases} \Rightarrow \begin{cases} a>0 \\ a^2-20a+36<0 \end{cases} \Rightarrow 2<a<18.$

对于(1) $0<a<3$ 不成立,对于(2) $1<a<5$ 也不成立,联立也不成立.

【例31】A. 一元二次不等式解集的端点值一定是一元二次方程的解,所以将 $x=\dfrac{1}{2}$ 代入,解得 $a=-12$. 故选A.

【例32】答案D. 对于 $2x^2+x+3$,$\Delta=1-4\times 2\times 3=-23<0 \Rightarrow 2x^2+x+3$ 恒大于 0,$(2x^2+x+3)(-x^2+2x+3)<0$ 等价于 $(-x^2+2x+3)<0$,即 $(x^2-2x-3)>0$,所以 $x<-1$ 或 $x>3$,显然对于(1) $x\in[-3,-2]$ 和(2) $x\in[4,5]$ 都是其子集,小范围可以推出大范围.

【例33】答案E. $\dfrac{x^2-2x+3}{x^2-5x+6}=\dfrac{x^2-2x+3}{(x-2)(x-3)}\geq 0$,对于 x^2-2x+3,$\Delta=4-12=-8<0$,所以

$\frac{x^2-2x+3}{x^2-5x+6} \geqslant 0$ 等价于 $(x-2)(x-3)>0$(分母不能为 0),所以 $x<2$ 或 $x>3$.

【例34】答案 E.

第一步,移项,$\frac{3x^2-2}{x^2-1}-1>0$;

第二步,通分,$\frac{3x^2-2-x^2+1}{x^2-1}>0$;

第三步,合并,$\frac{2x^2-1}{x^2-1}>0 \Rightarrow (2x^2-1)(x^2-1)>0 \Rightarrow \left(x+\frac{\sqrt{2}}{2}\right)\left(x-\frac{\sqrt{2}}{2}\right)(x+1)(x-1)>0$;

所以不等式的解集为:$x<-1$ 或 $-\frac{\sqrt{2}}{2}<x<\frac{\sqrt{2}}{2}$ 或 $x>1$.

【例35】答案 A. $x^2-x-5>|2x-1|$ 等价于 $\begin{cases} x^2-x-5>0 \\ 2x-1 \geqslant 0 \\ x^2-x-5>2x-1 \end{cases}$ 或 $\begin{cases} x^2-x-5>0 \\ 2x-1<0 \\ x^2-x-5>1-2x \end{cases}$

可解得:$x>4$ 或 $x<-3$,对于(1)成立,对于(2)不成立.

【例36】答案 B. $\begin{cases} (1-x^2)<(x+1)^2 \\ x+1>0 \end{cases} \Rightarrow x>0$,所以条件(1)不充分,条件(2)充分. 故选 B.

练习题参考答案

1. 答案 A. 对称轴为 $x=-\frac{b}{2a}=-\frac{2(a-1)}{2}=1-a$,则 $1-a \geqslant 4 \Rightarrow a \leqslant -3$.

2. 答案 A. 由于 $f(x)$ 有最大值,所以 $3-a<0$,且 $f(x)$ 的最大值为 $-\frac{\Delta}{4(3-a)}=\frac{a^2-8a+16}{a-3}<\frac{1}{2}$,解得 $\frac{7}{2}<a<5$.

3. 答案 D. $x_1^2+x_2^2=(x_1+x_2)^2-2x_1x_2=(k-2)^2-2(k^2+3k+5)=-k^2-10k-6=-(k+5)^2+19$,又 $\Delta \geqslant 0 \Rightarrow (k-2)^2-4(k^2+3k+5) \geqslant 0$ 得 $-4 \leqslant k \leqslant -\frac{4}{3}$,当 $k=-4$ 时,其最大值为 18.

4. 答案 D. $m<-1$ 时,$\Delta=(m^2+1)^2+4(m^3+1)(m+1)>0$,$x_1+x_2=-\frac{m^2+1}{m^3+1}>0 \Rightarrow$ 正根绝对值大,$x_1 \cdot x_2=-\frac{m+1}{m^3+1}<0 \Rightarrow$ 两根异号.

5. 答案 D. 若 $a+2=0$,即 $a=-2$,不等式为 $4x-3>0$,解得 $x>\frac{3}{4}$,不满足要求,因此 $\begin{cases} a+2>0 \\ \Delta=4^2-4(a+2)(a-1)<0 \end{cases}$,解得 $a>2$.

6. 答案 D. 显然 -2 和 5 是方程 $ax^2+bx+10=0$ 的两根, $\begin{cases} -2+5=-\dfrac{b}{a} \\ -2\times 5=\dfrac{10}{a} \end{cases} \Rightarrow \begin{cases} a=-1 \\ b=3 \end{cases}$, 所以 $b^a=\dfrac{1}{3}$.

7. 答案 A. 不等式可化简成 $(x+3)x(x-1)\leqslant 0$, 由穿针引线法可知其解为答案 A.

8. 答案 E. 因为 $x^2+x+1>0$, 所以 $3x^2+2x+2>k(x^2+x+1) \Rightarrow (3-k)x^2+(2-k)x+2-k>0$, 而该不等式对于一切实数 x 恒成立, 即解集为全体实数, 所以有 $\begin{cases} 3-k>0 \\ \Delta=(2-k)^2-4(3-k)(2-k)<0 \end{cases}$, 代入验证后可取 $k=1$.

9. 答案 B. 记 x_1 和 x_2 为 $x^2-2x+c=0$ 的两个根, 则题干 $\Leftrightarrow (x_1-x_2)^2=16 \Leftrightarrow (x_1+x_2)^2-4x_1x_2=16 \Leftrightarrow 4-4c=16 \Leftrightarrow c=-3$, 所以条件(1)不充分, 条件(2)充分.

10. 答案 A. 题干等价于 $\begin{cases} 2x-3<x+1 \\ 2x-3\geqslant 0 \end{cases}$, 可见(1)充分, (2)不充分.

11. 答案 D. 条件(1)将 $\begin{cases} x=2 \\ y=1 \end{cases}$ 代入方程组, 得 $\begin{cases} 2m+n=8 \\ 2n-m=1 \end{cases} \Rightarrow \begin{cases} m=3 \\ n=2 \end{cases} \Rightarrow 2m-n=4$, 成立; 条件(2)直接求解可得 $\begin{cases} m=5 \\ n=6 \end{cases} \Rightarrow 2m-n=4$, 成立.

12. 答案 D. $2*3=2n+9, 3*2=3n+4$, 所以 $2n+9=3n+4 \Rightarrow n=5$, 所以所求值 $=2$.

13. 答案 D. $f(x)=\left(x+\dfrac{a}{2}\right)^2-\dfrac{a^2}{4}$, 所以 $f(x)$ 的最小值为 $-\dfrac{a^2}{4}$. $f(f(x))=\left(x^2+ax+\dfrac{a}{2}\right)^2-\dfrac{a^2}{4}$, 当 $x^2+ax+\dfrac{a}{2}=0$ 有解时, $f(f(x))$ 的最小值可以取到 $-\dfrac{a^2}{4}$, 但需满足条件: $\Delta \geqslant 0 \Rightarrow a\geqslant 2$ 或 $a\leqslant 0$.

14. 答案 E. 取 $a=4, b=c=-1$, 该组数据可以作为两个条件的特殊值分别证明该条件推不出结论, 并且联合起来也推不出结论.

15. 答案 E. 由条件(1)及函数 $y=2^x$ 和 $y=x^2$ 的图像可知方程 $2^x=x^2$ 的解的个数为 3, x 轴左侧 1 个点, x 轴右侧 $x=2$ 和 $x=4$ 两个点, 可知条件(1)不充分. 由条件(2)及方程 $x^2-3x+7=4$ 无解可知, 图像交点个数为 0, 故条件(2)不充分. 显然两个条件联立也不充分.

16. 答案 A. 令 $f(x)=t$, 原不等式转化为 $f(t)\geqslant t$, 即 $t^2+3t\geqslant t$, 解得 $t\geqslant 0$ 或 $t\leqslant -2$. 因此 $x^2+3x\geqslant 0$ 或 $x^2+3x\leqslant -2 \Rightarrow x\geqslant 0$ 或 $x\leqslant -3$ 或 $-2\leqslant x\leqslant -1$, 故条件(1)充分, 条件(2)不充分.

17. 答案 C. 因 $x^2-4xy+4y^2+\sqrt{3}(x+y)-6=0 \Rightarrow \sqrt{3}(x+y)=-(x-2y)^2+6\leqslant 6$, 所以 $x+y\leqslant \dfrac{6}{\sqrt{3}}=2\sqrt{3}$.

18. 答案 C. 用作图法, 即求 $y=|x|$ 与 $y=ax+1$ 交点的横坐标为负时 a 的取值范围, 可知当 $a>$

-1 时有负根.

19. 答案 A. 由题意有 $a(2-\sqrt{3})^2+b(2-\sqrt{3})+1=(7a+2b+1)-(4a+b)\sqrt{3}=0$,因为 a 和 b 为有理数,所以 $7a+2b+1=0, 4a+b=0 \Rightarrow a=1, b=-4, a+b=-3$.

20. 答案 C. 原不等式可以得出 $x \leqslant 1$,所以原不等式等价于 $|1-x-2| \leqslant 1-x \Rightarrow (-1-x)^2 \leqslant (1-x)^2 \Rightarrow x \leqslant 0$.

21. 答案 E. $\lg x+\lg y=\lg xy \leqslant \lg \dfrac{(x+y)^2}{4}=\lg 16=4\lg 2$.

22. 答案 B. 均值不等式 $3^x+3^y \geqslant 2\sqrt{3^x 3^y}=2\sqrt{3^{x+y}}=18$.

23. 答案 D. $M=\dfrac{1-a}{a} \cdot \dfrac{1-b}{b} \cdot \dfrac{1-c}{c}=\dfrac{b+c}{a} \cdot \dfrac{a+c}{b} \cdot \dfrac{a+b}{c} \geqslant \dfrac{2\sqrt{bc}}{a} \cdot \dfrac{2\sqrt{ac}}{b} \cdot \dfrac{2\sqrt{ab}}{c}=8$.

24. 答案 B. $x=\log_m 2, y=\log_n 2, \dfrac{1}{x}+\dfrac{1}{y}=\log_2 mn \leqslant \log_2 \dfrac{(m+n)^2}{4}=1$.

25. 答案 C. 单独利用两个条件显然推不出结论,联合两个条件:原式 $=\dfrac{1}{2}[(x-y)^2+(y-z)^2+(z-x)^2]=\dfrac{1}{2}[5^2+10^2+(10-5)^2]=75$,充分.

26. 答案 A. 定义域:分母不为 0,即 $x \neq -1$,且 $x \neq -2$.
$\dfrac{x+4}{x^2+3x+2} \leqslant 2 \Rightarrow \dfrac{x+4-2x^2-6x-4}{x^2+3x+2} \leqslant 0 \Rightarrow x(x+1)(x+2)(2x+5) \geqslant 0$,代入验证,条件(1)充分,条件(2)不充分.

27. 答案 E. 根据绝对值的几何意义,$|x-1|+|x-3|$ 的最小值在区间 $[1,3]$ 上取到,最小值为 2,若要使方程恒成立,则 $a^2+a<2 \Rightarrow -2<a<1$,故两个条件单独和联合都不充分.

28. 答案 E. 条件(1)和条件(2)都不能确保 a,b,c,d 的正负性,所以单独和联合都不能推出结论.

29. 答案 D. 根据题干可得 $\dfrac{(x+y)(2x+3y)}{3}=4xy, (x+y)(2x+3y)=12xy$,简化得 $2x^2-7xy+3y^2=0$,则 $(2x-y)(x-3y)=0$,因此条件(1)(2)均充分.

30. 答案 E. 根据三角不等式可知:$|x-2|+|x-14| \geqslant |(x-2)-(x-14)|=12, m^2-m \geqslant 12$ 解集为空,即 $m^2-m<12$ 恒成立,即 $-3<m<4$,条件(1)和条件(2)都不充分,联合也不充分,所以选 E.

第四章 数列

第一节 数列基本概念

考点 27 数列基本概念

1. 数列的概念

数列是按一定次序排序的一列数. 数列中的每一个数都叫作这个数列的项,第一项,第二项,第三项,…,第 n 项,分别记为 $a_1, a_2, a_3, \cdots, a_n$.

在函数意义下,数列是一个以次序 n 为自变量,以项 a_n 为函数值的函数. 定义域是正整数集.

2. 数列的通项公式

如果一个数列 $\{a_n\}$ 的第 n 项 a_n 与 n 之间的函数关系可以用一个关于 n 的解析式 $f(n)$ 表达,则称 $a_n = f(n)$ 为数列 $\{a_n\}$ 的通项公式.

注意:数列并不一定都有通项公式,一个数列的通项公式也不一定只有一个.

(1)数列的前 n 项和.

数列 $\{a_n\}$ 的前 n 项和记作 S_n,对于数列 $\{a_n\}$ 显然有 $S_n = a_1 + a_2 + \cdots + a_n$.

(2)数列单调性.

①数列按单调性分类:

递增数列:若数列 $\{a_n\}$ 中,$a_{n+1} > a_n$,即从第二项开始每一项都比前一项大,则称此数列为递增数列.

递减数列:若数列 $\{a_n\}$ 中,$a_{n+1} < a_n$,即从第二项开始每一项都比前一项小,则称此数列为递减数列.

常数列:若一个数列,每个项的值均为同一个常数,则此数列为常数列.

②数列单调性的判定:

判断一个数列单调性的常用方法有:比差法、比商法.

比差法:若数列 $\{a_n\}$ 中,$a_{n+1} - a_n > 0$,则为递增数列;若 $a_{n+1} - a_n < 0$,则为递减数列.

比商法:若 $a_n > 0$,$\dfrac{a_{n+1}}{a_n} > 1$,则数列为递增数列;若 $a_n > 0$,$\dfrac{a_{n+1}}{a_n} < 1$,则数列为递减数列.

若 $a_n < 0$,$\dfrac{a_{n+1}}{a_n} > 1$,则数列为递减数列;若 $a_n < 0$,$\dfrac{a_{n+1}}{a_n} < 1$,则数列为递增数列.

3. 知 S_n 求 a_n 的问题

(1)若已知数列 $\{a_n\}$ 的前 n 项和 S_n,求数列的通项公式 a_n,则
$$a_n = \begin{cases} S_1 & (n=1) \\ S_n - S_{n-1} & (n \geqslant 2) \end{cases}$$

(2)按此公式求得通项公式 a_n 后,需要验证,当 $n=1$ 时,a_n 是否满足 $S_n - S_{n-1} = a_n$ 推出的 a_n,若满足此式,则需合写,若不满足此式,则需要分段表示.

(3)遇到此类问题也可以使用 $n=1,2,3$,求出 a_1,a_2,a_3,即可验证选项.

【例1】数列 $\{a_n\}$ 的前 n 项和 $S_n = n^2 + 3n + 2$,则 $a_{n+1} + a_{n+2} + a_{n+3} = (\quad)$.

A. $6n+18$ B. $3n+6$ C. $6n$ D. 18 E. $6n-18$

【例2】(2008.1.11)如数列 $\{a_n\}$ 的前 n 项的和 $S_n = \dfrac{3}{2}a_n - 3$,则这个数列的通项公式是( ).

A. $a_n = 2(n^2+n+1)$ B. $a_n = 3 \times 2^n$ C. $a_n = 3n+1$

D. $a_n = 2 \times 3^n$ E. 以上选项均不正确

【例3】(2013.10.8)设数列 $\{a_n\}$ 满足 $a_1=1, a_{n+1}=a_n+\dfrac{n}{3}(n \geqslant 1)$,则 $a_{100}=(\quad)$.

A. 1650 B. 1651 C. $\dfrac{5050}{3}$ D. 3300 E. 3301

第二节 等差数列

考点 28 等差数列的通项与前 n 项和

1. 等差数列的概念

若数列 $\{a_n\}$ 中,从第 2 项起,每一项与它的前一项的差等于同一常数,则称此数列为等差数列,称此常数为等差数列的公差,公差通常用字母 d 表示.

等差数列定义的表达式为:$a_{n+1} - a_n = d (n \in \mathbf{N}^+)$.

2. 等差数列的通项公式 a_n

(1)等差数列 $\{a_n\}$ 的通项公式.

$a_n = a_1 + (n-1)d \Rightarrow d = \dfrac{a_n - a_1}{n-1}$.

$a_n = a_m + (n-m)d \Rightarrow d = \dfrac{a_n - a_m}{n-m} (n \neq m)$.

(2)等差数列通项公式的图像.

通项公式 $a_n = a_1 + (n-1)d$ 可整理为 $a_n = nd + (a_1 - d)$,则

若 $d=0$,数列 $\{a_n\}$ 为常数列.

若 $d \neq 0$,a_n 是 n 的一次函数,一次项系数为公差,系数之和为首项($d + a_1 - d = a_1$);其图

像是直线 $y=dx+(a_1-d)$ 上的均匀排开的一群孤立的点,直线的斜率为公差.

例如:$a_n=3n-5$,可知该数列为等差数列,公差为 3,首项为 -2.

3. 等差数列的前 n 项和 S_n

(1) 等差数列 $\{a_n\}$ 的前 n 项和公式.

$$S_n=\frac{n(a_1+a_n)}{2} \text{ 或 } S_n=na_1+\frac{n(n-1)}{2}d(n\in \mathbf{Z}^+)$$

(2) 等差数列的前 n 项和公式的图像.

前 n 项和 $S_n=na_1+\frac{n(n-1)}{2}d(n\in \mathbf{Z}^+)$,可整理为 $S_n=\frac{d}{2}n^2+(a_1-\frac{d}{2})n$;

此式形如 $S_n=An^2+Bn$.

因此,当 $d\neq 0$ 时,S_n 是关于 n 的一元二次函数,且没有常数项;二次项的系数是半公差,系数之和就是首项;等差数列的前 n 项和 S_n 的图像为抛物线 $y=Ax^2+Bx$ 上的一群孤立的点.

例如:$S_n=3n^2+5n$,则此数列一定是等差数列,$a_n=6n+2$.

考点 29　等差数列的基本性质

1. 等差数列的基本性质

(1) 单调性.

若公差 $d>0$,则等差数列为递增数列;

若公差 $d<0$,则等差数列为递减数列;

若公差 $d=0$,则等差数列为常数列.

(2) 下标和定理.

在等差数列中,若 $m+n=p+q(m,n,p,q\in \mathbf{N}^+)$,则 $a_m+a_n=a_p+a_q$.

注意:该性质可以推广到 3 项或多项,但是等式两边的项数必须一样.

若 $\{a_n\}$ 总项数为奇数,则 $a_1+a_n=a_2+a_{n-1}=a_3+a_{n-2}=\cdots=2a_{\frac{n+1}{2}}=2a_{\text{中}}$.

(3) 等差中项.

若三个数 a,b,c 满足 $2b=a+c$,则称 b 为 a 和 c 的等差中项,$b=\frac{a+c}{2}$ 是 a,b,c 成等差数列的充要条件. 在等差数列 $\{a_n\}$ 中,$2a_{n+1}=a_n+a_{n+2}(n\in \mathbf{N}^+)$.

(4) 连续等长片段和定理.

若 $\{a_n\}$ 成等差数列,公差为 d,S_n 为前 n 项的和,则 $S_m,S_{2m}-S_m,S_{3m}-S_{2m},\cdots$ 成等差数列,新公差为 m^2d.

(5) 在等差数列中,每隔相同数量的项抽出来的项按照原来顺序排列,构成的新数列仍然是等差数列,但剩下的项按原顺序构成的数列不一定是等差数列.

(6) 等差数列 $\{a_n\}$ 和 $\{b_n\}$ 的前 $2k-1$ 项和分别用 S_{2k-1} 和 T_{2k-1} 表示,则 $\frac{a_k}{b_k}=\frac{S_{2k-1}}{T_{2k-1}}$.

(7)若数列$\{a_n\}$和$\{b_n\}$均为等差数列,则$\{ma_n+kb_n\}$仍为等差数列,其中m,k均为常数.

2.等差数列S_n的最值问题

(1)等差数列S_n有最值的条件.

若$d>0$时,S_n有最小值;若$d<0$时,有最大值.

(2)求等差数列S_n最值的方法.

①一元二次函数法.

等差数列的前n项和可以整理成一元二次函数的形式$S_n=\dfrac{d}{2}n^2+(a_1-\dfrac{d}{2})n$,对称轴为$n=-\dfrac{a_1-\dfrac{d}{2}}{2\cdot\dfrac{d}{2}}=\dfrac{1}{2}-\dfrac{a_1}{d}$,最值取在最靠近对称轴的整数处.

②$a_n=0$法.

因为S_n的最值一定在"变号"时取得,可令$a_n=0$,若解得n为整数m,则$S_m=S_{m-1}$均为最值.例如,若解得$n=6$,则$S_6=S_5$为其最值.若解得的n值带小数,则当n取其整数部分时,S_n取到最值.例如,若解得$n=6.9$,则S_6为其最值.

3.奇数项偶数项问题

推论1:若等差数列一共有$2n$项,则$S_奇-S_偶=-nd$,$\dfrac{S_奇}{S_偶}=\dfrac{a_n}{a_{n+1}}$.

推论2:若等差数列一共有$2n+1$项,则$S_奇-S_偶=a_{n+1}=a_中$,$\dfrac{S_奇}{S_偶}=\dfrac{n+1}{n}$.

4.等差数列的判定

判断一个数列是否为等差数列,有以下三类方法.

(1)特殊值法.

令$n=1,2,3$,如果前3项为等差数列,此数列大概率等差(虽然不是准确的证明,但对于选择题来说足够).

(2)特征判断法.

①通项公式的特征形如一个一元一次函数$a_n=An+B(A,B$为常数$)\Leftrightarrow\{a_n\}$是等差数列.

②前n项和S_n的特征形如一个没有常数项的一元二次函数$S_n=An^2+Bn(A,B$为常数$)$$\Leftrightarrow\{a_n\}$是等差数列.

(3)递推法.

①定义法:$a_{n+1}-a_n=d\Leftrightarrow\{a_n\}$是等差数列.

②中项公式法:$2a_{n+1}=a_n+a_{n+2}\Leftrightarrow\{a_n\}$是等差数列.

【例4】(2008.10.12)下列通项公式表示的数列为等差数列的是(　　).

A.$a_n=\dfrac{n}{n-1}$　　　　　　　　B.$a_n=n^2-1$　　　　　　　　C.$a_n=5n+(-1)^n$

D. $a_n = 3n - 1$ E. $a_n = \sqrt{n} - \sqrt[3]{n}$

【例5】(2007.10.11)已知等差数列$\{a_n\}$中,$a_2 + a_3 + a_{10} + a_{11} = 64$,则$S_{12} = ($ $)$.
  A. 64   B. 81   C. 128   D. 192   E. 188

【例6】(2011.10.9)若等差数列$\{a_n\}$满足$5a_7 - a_3 - 12 = 0$,则$\sum_{k=1}^{15} a_k = ($ $)$.
  A. 15   B. 24   C. 30   D. 45   E. 60

【例7】(2008.10.21)$a_1 a_8 < a_4 a_5$.
  (1)$\{a_n\}$为等差数列,且$a_1 > 0$.
  (2)$\{a_n\}$为等差数列,且公差$d \neq 0$.

【例8】一个等差数列的首项为21,公差为-3,则前n项和S_n的最大值为($\quad$).
  A. 70   B. 75   C. 80   D. 84   E. 90

【例9】若在等差数列中前5项和为20,紧接在后面的5项和为40,则接下来紧接在后面的5项和为($\quad$).
  A. 40   B. 45   C. 50   D. 55   E. 60

【例10】数列$\{a_n\}$前n项和$S_n = n^2 + 2n$,则使$100 < a_n < 200$的所有各项之和为($\quad$).
  A. 7000   B. 7500   C. 8000   D. 8500   E. 9000

第三节　等比数列

考点 30　等比数列的通项与前 n 项和

1. 等比数列的概念

若数列$\{a_n\}$中,从第2项起,每一项与它的前一项的比等于同一个常数,则称此数列为等比数列,称此常数为等比数列的公比,公比通常用字母$q(q \neq 0)$表示.

等比数列定义的表达式为:$\dfrac{a_{n+1}}{a_n} = q (n \in \mathbf{N}^+, q \neq 0)$.

2. 等比数列的通项公式

(1)等比数列$\{a_n\}$的通项公式.

$a_n = a_1 q^{n-1} (n \in \mathbf{N}^+, q \neq 0)$.

(2)等比数列通项公式的特征.

通项公式$a_n = a_1 q^{n-1}$,可整理为$a_n = \left(\dfrac{a_1}{q}\right) q^n$,形如$y = Aq^x$.

3. 等比数列的前 n 项和 S_n

(1)等比数列$\{a_n\}$的前n项和公式S_n.

当$q \neq 1$时,$S_n = \dfrac{a_1(1 - q^n)}{1 - q} = \dfrac{a_1(q^n - 1)}{q - 1} (n \in \mathbf{N}^+, q \neq 0)$.

当 $q=1$ 时, $S_n=na_1$.

当 $n\to\infty$, 且 $0<|q|<1$ 时, $S=\lim\limits_{n\to\infty}\dfrac{a_1(1-q^n)}{1-q}=\dfrac{a_1}{1-q}$.

注意易错点:等比数列的求和公式,当不能确定"q"的值时,应分 $q=1$, $q\neq 1$ 两种情况来讨论.

(2)等比数列的前 n 项和公式的特征.

当 $q\neq 1$ 时,前 n 项和 $S_n=\dfrac{a_1(1-q^n)}{1-q}\Rightarrow\dfrac{a_1}{q-1}q^n-\dfrac{a_1}{q-1}$,形如:

$S_n=kq^n-k=k(q^n-1), k=\dfrac{a_1}{q-1}$.

考点 31　等比数列的性质

1.等比数列的基本性质

(1)等比数列的单调性.

若首项 $a_1>0$,公比 $q>1$,则等比数列为递增数列;

若首项 $a_1>0$,公比 $0<q<1$,则等比数列为递减数列;

若首项 $a_1<0$,公比 $q>1$,则等比数列为递减数列;

若首项 $a_1<0$,公比 $0<q<1$,则等比数列为递增数列;

若公比 $q=1$,则等比数列为常数列.

(2)下标和定理.

①在等比数列中,若 $m+n=p+q(m,n,p,q\in\mathbf{N}^+)$,则 $a_ma_n=a_pa_q$.

注意:该性质可以推广到 3 项或者多项,但是等式两边的项数必须一样.

②若等比数列的总项数为奇数,则 $a_1a_n=a_2a_{n-1}=a_3a_{n-2}=\cdots=a_{\frac{n+1}{2}}^2=a_中^2$.

(3)等比中项.

若三个非零实数 a,b,c 满足 $b^2=ac$,则称 b 为 a 和 c 的等比中项. $b=\pm\sqrt{ac}$ 是 a,b,c 成等比数列的充要条件.

在等比数列 $\{a_n\}$ 中,$a_{n+1}^2=a_n\cdot a_{n+2}(n\in\mathbf{N}^+)$.

(4)连续等长片段和定理.

若 $\{a_n\}$ 成等比数列,公比为 q,若 S_n 为前 n 项的和,则 $S_m,S_{2m}-S_m,S_{3m}-S_{2m},\cdots$ 成等比数列,新公比为 q^m.

(5)在等比数列中,每隔相同的项抽出来的项按照原来顺序排列,构成的新数列仍然是等比数列,但剩下的项按原顺序构成的数列不一定是等比数列.

一个等比数列的奇数项,仍组成一个等比数列,新公比是原公比的平方.

一个等比数列的偶数项,仍组成一个等比数列,新公比是原公比的平方.

(6)若 $\{a_n\},\{b_n\}$ 为等比数列,则 $\{\beta a_n\}(\beta\neq 0),\{|a_n|\},\left\{\dfrac{1}{a_n}\right\},\{a_n^2\},\{ma_nb_n\}(m\neq 0)$ 仍然为等比

数列.

2. 无穷递缩等比数列的问题

(1)无穷递缩等比数列所有项的和:

当 $n \to \infty$,且 $0<|q|<1$ 时,$S = \lim\limits_{n\to\infty} \dfrac{a_1(1-q^n)}{1-q} = \dfrac{a_1}{1-q}$.

(2)有时候虽然 n 并没有趋近于正无穷,但是只要 n 足够大,也可以用这个公式进行估算.

3. 等比数列的判定

判断一个数列是否为等比数列,有以下三类方法.

(1)特殊值法.

令 $n=1,2,3$,检验前三项是否为等比数列.

(2)特征判断法.

①通项公式法:$a_n = Aq^n (A \neq 0, q \neq 0, n \in \mathbf{N}^+)$,则 $\{a_n\}$ 是等比数列.

②前 n 项和公式法:$S_n = \dfrac{a_1}{q-1}q^n - \dfrac{a_1}{q-1} = kq^n - k (k = \dfrac{a_1}{q-1} \neq 0, q \neq 0, q \neq 1)$,则 $\{a_n\}$ 是等比数列.

(3)递推法.

①定义法:$\dfrac{a_{n+1}}{a_n} = q (q \neq 0, n \in \mathbf{N}^+)$,则 $\{a_n\}$ 是等比数列.

②中项公式法:$a_{n+1}^2 = a_n a_{n+2} (a_n \cdot a_{n+1} \cdot a_{n+2} \neq 0, n \in \mathbf{N}^+)$,则 $\{a_n\}$ 是等比数列.

看到一个等比数列问题,思路依据以下步骤.

(1)首先考虑特殊值法,令 $n=1,2,3$.

(2)然后观察下标有无规律,若有规律必能用各种性质定理.

(3)若下标无规律,用万能方法,将题干中的量全部化为 a_1, q,必然能求解.

【例11】(2010.1.4)在下边的表格中每行为等差数列,每列为等比数列,则 $x+y+z = ($).

2	$\dfrac{5}{2}$	3
x	$\dfrac{5}{4}$	$\dfrac{3}{2}$
a	y	$\dfrac{3}{4}$
b	c	z

A. 2   B. $\dfrac{5}{2}$ C. 3   D. $\dfrac{7}{2}$ E. 4

【例12】(2011.10.6)等比数列 $\{a_n\}$ 满足 $a_2a_4 + 2a_3a_5 + a_2a_8 = 25$,且 $a_1 > 0$,则 $a_3 + a_5 = ($).

A. 8   B. 5   C. 2   D. -2 E. -5

【例13】(2008.1.20)已知 $S_2 + S_5 = 2S_8$.

(1)等比数列前 n 项和为 S_n 且公比 $q=-\dfrac{\sqrt[3]{4}}{2}$；

(2)等比数列前 n 项和为 S_n 且公比 $q=\dfrac{1}{\sqrt[3]{2}}$．

【例14】(2011.1.16)实数 a,b,c 成等差数列．
(1)e^a,e^b,e^c 成等比数列；
(2)$\ln a,\ln b,\ln c$ 成等差数列．

【例15】已知等比数列的公比为 2，且前 4 项之和等于 1，那么其前 8 项之和等于(　　)．
A. 15　　　B. 17　　　C. 19　　　D. 21　　　E. 23

【例16】设等比数列 $\{a_n\}$ 的前 n 项和为 S_n，若 $\dfrac{S_6}{S_3}=\dfrac{1}{2}$，则 $\dfrac{S_9}{S_3}=($　　)．
A. $\dfrac{1}{2}$　　　B. $\dfrac{2}{3}$　　　C. $\dfrac{3}{4}$　　　D. $\dfrac{1}{3}$　　　E. 1

【例17】一个无穷等比数列所有奇数项之和为 45，所有偶数项之和为 -30，则其首项等于(　　)．
A. 24　　　B. 25　　　C. 26　　　D. 27　　　E. 28

第四节　数列求和

考点 32　数列求和

1. 公式法

利用等差、等比数列求和公式直接求解．

2. 裂项相消

裂项相消是分解与组合思想在数列求和中的具体应用．裂项法的实质是将数列中的每项（通项）分解，然后重新组合，使之能消去一些项，最终达到求和的目的．形如：

$$\dfrac{1}{(n-1)n}=\dfrac{1}{n-1}-\dfrac{1}{n}$$

$$\dfrac{1}{(2n-1)(2n+1)}=\dfrac{1}{2}\left(\dfrac{1}{2n-1}-\dfrac{1}{2n+1}\right)$$

……

我们可以总结如下：

$$\dfrac{1}{(大)(小)}=\dfrac{1}{大-小}\left(\dfrac{1}{小}-\dfrac{1}{大}\right)$$

特殊裂项：

$$\dfrac{1}{\sqrt{n+1}+\sqrt{n}}=\sqrt{n+1}-\sqrt{n}$$

3. 错位相减

这种方法是在推导特殊数列 $\{a_n \cdot b_n\}$ 的前 n 项和时所用的方法,其中 $\{a_n\}$,$\{b_n\}$ 分别是等差数列和等比数列.

【例18】(2000.10.17) $\dfrac{1}{1\times 2}+\dfrac{1}{2\times 3}+\dfrac{1}{3\times 4}+\cdots+\dfrac{1}{99\times 100}=$(   ).

A. $\dfrac{99}{100}$ B. $\dfrac{100}{101}$ C. $\dfrac{99}{101}$ D. $\dfrac{97}{100}$ E. $\dfrac{96}{100}$

【例19】(2012.10.5) 在等差数列 $\{a_n\}$ 中,$a_2=4$,$a_4=8$. 若 $\sum_{k=1}^{n}\dfrac{1}{a_k a_{k+1}}=\dfrac{5}{21}$,则 $n=$(   ).

A. 16   B. 18   C. 19   D. 20   E. 22

【例20】$a_n=(2n-1)\times\left(\dfrac{1}{2}\right)^{n-1}$,求 $\{a_n\}$ 前 n 项和(   ).

A. $(-4n-4)\left(\dfrac{1}{2}\right)^n+6$ B. $(-4n-5)\left(\dfrac{1}{2}\right)^n+6$ C. $(-4n-6)\left(\dfrac{1}{2}\right)^n$

D. $(-4n-6)\left(\dfrac{1}{2}\right)^n+6$ E. $(-4n-6)\left(\dfrac{1}{2}\right)^n+4$

本章练习题

1. 已知 $\{a_n\}$ 为等差数列,且 $a_2+a_5+a_8=18$,$a_3+a_6+a_9=12$,则 $a_4+a_7+a_{10}=$(   ).

   A. 6   B. 10   C. 13   D. 16   E. 20

2. 已知等差数列 $\{a_n\}$ 中,$a_7+a_9=16$,$a_4=1$,则 a_{12} 的值是(   ).

   A. 15   B. 305   C. 315   D. 645   E. 以上答案均不正确

3. 设 S_n 是等差数列 $\{a_n\}$ 的前 n 项和,若 $\dfrac{S_3}{S_6}=\dfrac{1}{3}$,则 $\dfrac{S_6}{S_{12}}=$(   ).

   A. $\dfrac{3}{10}$ B. $\dfrac{1}{3}$ C. $\dfrac{1}{8}$ D. $\dfrac{1}{9}$ E. $\dfrac{1}{6}$

4. 等差数列 $\{a_n\}$ 中,已知公差 $d=1$,且 $a_1+a_3+\cdots+a_{99}=120$,则 $a_1+a_2+\cdots+a_{100}$ 的值为(   ).

   A. 170   B. 290   C. 370   D. -270 E. -370

5. 设 $a_n=-n^2+12n+13$,则数列的前 n 项和 S_n 取最大值时 n 的值是(   ).

   A. 12   B. 13   C. 10 或 11   D. 12 或 13   E. 11

6. 已知等比数列 $\{a_n\}$ 的公比为正数,且 $a_3\cdot a_9=2a_5^2$,$a_2=1$,则 $a_1=$(   ).

   A. $\dfrac{1}{2}$ B. $\dfrac{\sqrt{2}}{2}$ C. $\sqrt{2}$ D. 2   E. 1

7. 已知首项为 1 的无穷递缩等比数列的所有项之和为 5,q 为公比,则 $q=$(   ).

   A. $\dfrac{2}{3}$ B. $-\dfrac{2}{3}$ C. $\dfrac{4}{5}$ D. $-\dfrac{4}{5}$ E. $\dfrac{1}{2}$

8. 在等比数列 $\{a_n\}$ 中,已知 $S_n=36$,$S_{2n}=54$,则 S_{3n} 等于(   ).

   A. 63   B. 68   C. 76   D. 89   E. 92

9. 数列$\{a_n\}$前n项和S_n满足$\log_2(S_n-1)=n$,则$\{a_n\}$是( ).
   A. 等差数列 B. 等比数列
   C. 既是等差数列又是等比数列 D. 既非等差数列亦非等比数列
   E. 以上都不对

10. 等比数列$\{a_n\}$的前n项和为S_n,且$4a_1,2a_2,a_3$成等差数列.若$a_1=1$,则$S_5=$( ).
    A. 7 B. 8 C. 15 D. 16 E. 31

11. 已知数列$\{a_n\}$的前n项和为S_n,且$S_n=n-5a_n-85$,则$\{a_n-1\}$是( ).
    A. 等比数列 B. 从第二项起是等比数列
    C. 等差数列 D. 从第二项起是等差数列
    E. 既不是等差数列也不是等比数列

12. 在等比数列$\{a_n\}$中,若公比$q=4$,且前3项和等于21,则$a_6=$( ).
    A. 512 B. 256 C. 128 D. 1024 E. 2048

13. 设S_n为等差数列$\{a_n\}$的前n项和,若$S_3=3,S_6=24$,则$a_9=$( ).
    A. 12 B. 15 C. 18 D. 16 E. 20

14. 设S_n为等比数列$\{a_n\}$的前n项和,$8a_2+a_5=0$,则$\dfrac{S_5}{S_2}=$( ).
    A. 11 B. 5 C. -8 D. -11 E. -5

15. 在等差数列中,$a_6+a_9+a_{12}+a_{15}=20,S_{20}=$( ).
    A. 80 B. 100 C. 110 D. 120 E. 130

16. 设S_n为等比数列$\{a_n\}$的前n项和,已知$3S_3=a_4-2,3S_2=a_3-2$,则公比$q=$( ).
    A. 3 B. 4 C. 5 D. 6 E. 7

17. 已知$\{a_n\}$是等差数列,$a_{10}=10$,其前10项和$S_{10}=70$,则其公差$d=$( ).
    A. $-\dfrac{2}{3}$ B. $-\dfrac{1}{3}$ C. $\dfrac{1}{3}$ D. $\dfrac{2}{3}$ E. 2

18. 等差数列$\{a_n\}$中,$a_1=1,a_3+a_5=14$,其前n项和$S_n=100$,则$n=$( ).
    A. 9 B. 10 C. 11 D. 12 E. 13

19. 在等差数列$\{a_n\}$中,$a_4+a_6+a_8+a_{10}+a_{12}=120$,则$2a_9-a_{10}$为( ).
    A. 20 B. 22 C. 24 D. 28 E. 30

20. 已知$\{a_n\}$是等差数列,$a_2=4,a_5=32$,则$\dfrac{a_4+a_5+a_6}{a_1+a_2+a_3}$的值是( ).
    A. 8 B. 16 C. 32 D. 64 E. 128

21. 已知等差数列$\{a_n\}$的公差$d\neq 0$,它的第1,5,17项顺次成等比数列,则这个等比数列的公比是( ).
    A. 4 B. 3 C. 2 D. 1 E. $\dfrac{1}{2}$

22. 等差数列$\{a_n\}$的前13项和$S_{13}=52$.
    (1)$a_4+a_{10}=8$;(2)$a_2+2a_8-a_4=8$.

23. 等差数列$\{a_n\}$的前m项和为30,前$2m$项和为100,则它的前$3m$项和为( ).
    A. 130 B. 170 C. 210 D. 260 E. 320

24. 数列 a,b,c 是等差数列不是等比数列.

(1) a,b,c 满足关系式 $2^a=3, 2^b=6, 2^c=12$;

(2) $a=b=c$ 成立.

25. 等比数列 $\{a_n\}$ 中,$a_5+a_1=34, a_5-a_1=30$,那么 $a_3=($).

 A. ± 8 B. -8 C. ± 5 D. -5 E. 8

26. 正项等比数列 $\{a_n\}$ 的前 n 项的和为 S_n,若 $a_1=3, a_2 a_4=144$,则 S_{10} 的值是( ).

 A. 511   B. 1023   C. 1533   D. 3069   E. 3684

27. 求和 $S_n = 3+2\times 3^2+3\times 3^3+4\times 3^4+\cdots+n\times 3^n$ 的结果为( ).

 A. $\dfrac{3(3^n-1)}{4}+\dfrac{n\cdot 3^n}{2}$ B. $\dfrac{3(1-3^n)}{4}+\dfrac{3^{n+1}}{2}$ C. $\dfrac{3(1-3^n)}{4}+\dfrac{(n+2)}{2}\cdot 3^n$

 D. $\dfrac{3(3^n-1)}{4}+\dfrac{3^n}{2}$ E. $\dfrac{3(1-3^n)}{4}+\dfrac{n}{2}\cdot 3^{n+1}$

28. 求和: $1\dfrac{1}{2}+2\dfrac{1}{4}+3\dfrac{1}{8}+\cdots+n\dfrac{1}{2^n}=($).

 A. $\dfrac{n(n+1)}{2}+1-\dfrac{1}{2^n}$ B. $\dfrac{n(n+1)}{2}+1-\dfrac{1}{2^{n-1}}$ C. $\dfrac{n(n+1)}{2}+1-\dfrac{1}{2^{n+1}}$

 D. $\dfrac{n(n+1)}{2}+1+\dfrac{1}{2^n}$ E. $\dfrac{n(n+1)}{2}+\dfrac{1}{2}+\dfrac{1}{2^n}$

29. $\left(\dfrac{1}{2}+\dfrac{1}{6}+\dfrac{1}{12}+\cdots+\dfrac{1}{2009\times 2010}+\dfrac{1}{2010\times 2011}\right)\times 2011=($).

 A. 2007   B. 2008   C. 2009   D. 2010   E. 2025

30. 已知 $a_1,a_2,a_3,\cdots,a_{1996},a_{1997}$ 均为正数,又 $M=(a_1+a_2+\cdots+a_{1996})(a_2+a_3+\cdots+a_{1997})$,$N=(a_1+a_2+\cdots+a_{1997})(a_2+a_3+\cdots+a_{1996})$,则 M 与 N 的大小关系是( ).

 A. $M=N$ B. $M<N$ C. $M>N$ D. $M\geqslant N$ E. $M\leqslant N$

参考答案

例题参考答案

【例1】答案 A. $a_{n+1}+a_{n+2}+a_{n+3}=S_{n+3}-S_n=(n+3)^2+3(n+3)+2-n^2-3n-2=6n+18$.

【例2】答案 D. 方法一:S_n-S_{n-1}. 由 $a_1=S_1=\dfrac{3}{2}a_1-3 \Rightarrow a_1=6$;当 $n\geqslant 2$ 时,$a_n=S_n-S_{n-1}=\dfrac{3}{2}a_n-3-\dfrac{3}{2}a_{n-1}+3 \Rightarrow \dfrac{a_n}{a_{n-1}}=3$,所以数列 $\{a_n\}$ 是首项为 6、公比为 3 的等比数列,通项公式为 $a_n=2\times 3^n$.

方法二:特殊值法. 令 $n=1 \Rightarrow a_1=6$;令 $n=2 \Rightarrow a_2=18$,代入选项验证即可.

【例3】答案 B. 叠加法,由 $a_{n+1}=a_n+\dfrac{n}{3}(n\geqslant 1)$,可知

$$a_2-a_1=\dfrac{1}{3},$$

$$a_3 - a_2 = \frac{2}{3},$$
$$\vdots$$
$$a_n - a_{n-1} = \frac{n-1}{3}.$$

左边相加,右边相加,等式左边抵消相同的项后:

$$a_n - a_1 = \frac{1}{3} + \frac{2}{3} + \frac{3}{3} + \cdots + \frac{n-1}{3} = \frac{n(n-1)}{6} \Rightarrow a_n = \frac{n(n-1)}{6} + 1 \Rightarrow a_{100} = 1651.$$

【例4】答案 D. 方法一:根据特征判断法,等差数列的通项公式形如 $a_n = An + B$,可知 D 项为正确答案.

方法二:令 $n = 1, 2, 3$,求出 a_1, a_2, a_3,验证即可. 因此选 D.

【例5】答案 D. 下标和定理的应用. $a_2 + a_3 + a_{10} + a_{11} = 2(a_2 + a_{11}) = 64, S_{12} = \frac{12(a_1 + a_{12})}{2}$
$= 6(a_2 + a_{11}) = 192.$

【例6】答案 D. $5a_7 - a_3 - 12 = 5(a_1 + 6d) - (a_1 + 2d) - 12 = 4a_1 + 28d - 12 = 0$,

即 $a_1 + 7d = 3 \Rightarrow a_8 = 3, \sum_{k=1}^{15} a_k = S_{15} = \frac{a_1 + a_{15}}{2} \times 15 = a_8 \times 15 = 45.$

【例7】答案 B. 特殊数列法. 条件(1):设这个数列是一个常数列,则 $a_1 a_8 = a_4 a_5$,条件(1)不充分.
条件(2):$a_1 a_8 = a_1(a_1 + 7d) = a_1^2 + 7a_1 d, a_4 a_5 = (a_1 + 3d)(a_1 + 4d) = a_1^2 + 7a_1 d + 12d^2, d \neq 0$,所以 $a_1 a_8 < a_4 a_5$,条件(2)充分.

【例8】答案 D. 方法一:一元二次函数法. $S_n = \frac{d}{2} n^2 + (a_1 - \frac{d}{2}) n.$

对称轴 $n = \frac{1}{2} - \frac{a_1}{d} = \frac{1}{2} + \frac{21}{3} = 7.5$,故离对称轴最近的整数有两个:7 和 8.

所以 S_n 的最大值为 $S_7 = S_8 = -\frac{3}{2} \times 7^2 + (21 + \frac{3}{2}) \times 7 = 84.$

方法二:$a_n = 0$ 法. 令 $a_n = 0$,即 $a_n = a_1 + (n-1)d = -3n + 24 = 0$,解得 $n = 8$,故 $S_7 = S_8$ 均为 S_n 的最大值,所以 S_n 的最大值为 $S_7 = S_8 = -\frac{3}{2} \times 7^2 + (21 + \frac{3}{2}) \times 7 = 84.$

【例9】答案 E. 由连续等长片段和定理,可知 $S_5, S_{10} - S_5, S_{15} - S_{10}$ 成等差数列, $d = 40 - 20 = 20$,所以接下来紧接在后面的 5 项和为 $S_{15} - S_{10} = 40 + 20 = 60.$

【例10】答案 B. 根据数列前 n 项和的特点可知此数列为等差数列,$a_1 = S_1 = 3, d = 2 \Rightarrow a_n = a_1 + (n-1)d = 2n + 1, 100 < a_n < 200 \Rightarrow 49.5 < n < 99.5 \Rightarrow S_{50 \sim 99} = \frac{50 \times (a_{50} + a_{99})}{2} = \frac{50 \times (101 + 199)}{2} = 7500.$

【例11】答案 A. 由第二行可知 $x + \frac{3}{2} = 2 \times \frac{5}{4} \Rightarrow x = 1$;由第二列可知 $\frac{5}{2} y = (\frac{5}{4})^2 \Rightarrow y = \frac{5}{8}$;由第三列可知 $\frac{3}{2} z = (\frac{3}{4})^2 \Rightarrow z = \frac{3}{8}$;所以,$x + y + z = 2.$

【例12】答案 B. 中项公式 $a_2 a_4 + 2a_3 a_5 + a_2 a_8 = a_3^2 + 2a_3 a_5 + a_5^2 = (a_3 + a_5)^2 = 25, a_1 > 0 \Rightarrow a_3 = a_1 q^2 \geq 0, a_5 = a_3 q^2 \geq 0$,所以 $a_3 + a_5 = 5.$

【例13】答案 A. 在等比数列中，$S_2+S_5=2S_8$，即 $\dfrac{a_1(1-q^2)}{1-q}+\dfrac{a_1(1-q^5)}{1-q}=2\dfrac{a_1(1-q^8)}{1-q}\Rightarrow 1-q^2$ $+1-q^5=2-2q^8\Rightarrow 2q^8-q^5-q^2=0\Rightarrow 2q^6-q^3-1=0\Rightarrow q=1,q=-\dfrac{\sqrt[3]{4}}{2}$，所以，条件(1)充分，条件(2)不充分. 因此选 A.

【例14】答案 A. 条件(1) e^a,e^b,e^c 成等比数列，得 $e^{2b}=e^a e^c\Rightarrow 2b=a+c$，所以条件(1)充分. 条件 (2)：$\ln a,\ln b,\ln c$ 成等差数列，即 $2\ln b=\ln a+\ln c\Rightarrow b^2=ac$，不充分.

【例15】答案 B. 由连续等长片段和定理，等长片段和仍然成等比，新公比为 q^m，所以 $\dfrac{S_8-S_4}{S_4}=q^4=$ $2^4=16\Rightarrow S_8=17$.

【例16】答案 C. 在等比数列中，等长片段和成等比，所以 $(S_9-S_6)S_3=(S_6-S_3)^2$，由 $\dfrac{S_6}{S_3}=\dfrac{1}{2}$，得 $S_3=2S_6$，代入上式，可得 $\dfrac{S_9}{S_3}=\dfrac{3}{4}$.

【例17】答案 B. 设此数列的首项为 a_1，公比为 q，则奇数项组成首项为 a_1，公比为 q^2 的等比数列，其和为 $S=\dfrac{a_1}{1-q^2}=45$.

偶数项组成首项为 a_1q，公比为 q^2 的等比数列其和为 $S=\dfrac{a_1q}{1-q^2}=-30$，两式相除得 $q=-\dfrac{2}{3}$，$a_1=25$. 因此选 B.

【例18】答案 A.

$\left.\begin{array}{l}\dfrac{1}{1\times 2}=1-\dfrac{1}{2}\\ \dfrac{1}{2\times 3}=\dfrac{1}{2}-\dfrac{1}{3}\\ \cdots\\ \dfrac{1}{99\times 100}=\dfrac{1}{99}-\dfrac{1}{100}\end{array}\right\}$ 累加得：右边 $=1-\dfrac{1}{100}=\dfrac{99}{100}$.

【例19】答案 D.

由 $a_2=4,a_4=8\Rightarrow a_n=2n$.

$\dfrac{1}{a_k a_{k+1}}=\dfrac{1}{2k(2k+2)}=\dfrac{1}{4}\left(\dfrac{1}{k}-\dfrac{1}{k+1}\right)$.

$\sum_{k=1}^{n}\dfrac{1}{a_k a_{k+1}}=\dfrac{1}{4}\sum_{k=1}^{n}\left(\dfrac{1}{k}-\dfrac{1}{k+1}\right)=\dfrac{1}{4}\left(1-\dfrac{1}{n+1}\right)=\dfrac{1}{4}\times\dfrac{n}{n+1}=\dfrac{5}{21}\Rightarrow n=20$.

【例20】答案 D.

方法一：常规思路.

第一步，列举.

①$S_n=1\cdot\left(\dfrac{1}{2}\right)^0+3\cdot\left(\dfrac{1}{2}\right)^1+\cdots+(2n-3)\cdot\left(\dfrac{1}{2}\right)^{n-2}+(2n-1)\cdot\left(\dfrac{1}{2}\right)^{n-1}$

第二步，乘以公比.

② $\dfrac{1}{2}S_n = 1\cdot(\dfrac{1}{2})^1 + 3\cdot(\dfrac{1}{2})^2 + \cdots + (2n-3)\cdot(\dfrac{1}{2})^{n-1} + (2n-1)\cdot(\dfrac{1}{2})^n$

第三步,①-②.

③ $\dfrac{1}{2}S_n = 1 + 2\cdot(\dfrac{1}{2})^1 + \cdots + 2\cdot(\dfrac{1}{2})^{n-1} - (2n-1)\cdot(\dfrac{1}{2})^n$,等比求和,再化简:

$$\dfrac{1}{2}S_n = 1 + 2\cdot(\dfrac{1}{2})^1 + \cdots + 2\cdot(\dfrac{1}{2})^{n-1} - (2n-1)\cdot(\dfrac{1}{2})^n$$

$$= 1 + 2\cdot\dfrac{\dfrac{1}{2}\left[1-(\dfrac{1}{2})^{n-1}\right]}{1-\dfrac{1}{2}} - (2n-1)\cdot(\dfrac{1}{2})^n$$

$$= (-2n-3)(\dfrac{1}{2})^n + 3,$$

$$S_n = (-4n-6)(\dfrac{1}{2})^n + 6.$$

方法二:特值法,将 $n=1$ 代入题干和选项,答案选 D. 考试宜采用此法.

练习题参考答案

1. 答案 A. 因为 $\{a_n\}$ 是等差数列,故 $a_2+a_5+a_8, a_3+a_6+a_9, a_4+a_7+a_{10}$ 也成等差数列;由 $2\times12=18+(a_4+a_7+a_{10})$,得 $a_4+a_7+a_{10}=6$.

2. 答案 A. 方法一:因 $a_7+a_9=2a_8=16$,故 $a_8=8, a_8-a_4=4d=8-1=7$,得 $d=\dfrac{7}{4}$,故 $a_{12}=a_8+4d=8+7=15$.

方法二:利用下标和定理,$a_7+a_9=a_4+a_{12}$,可得 $a_{12}=15$.

3. 答案 A. 方法一:万能方法. $\dfrac{S_3}{S_6}=\dfrac{3a_1+3d}{6a_1+15d}=\dfrac{1}{3}$,可得 $a_1=2d$ 且 $d\neq 0$,故 $\dfrac{S_6}{S_{12}}=\dfrac{6a_1+15d}{12a_1+66d}=\dfrac{27d}{90d}=\dfrac{3}{10}$.

方法二:连续等长片段和定理. $S_3, S_6-S_3, S_9-S_6, S_{12}-S_9$ 成等差数列,令 $S_3=1, S_6=3$,则 $S_6-S_3=2$,即等差数列的公差为 1. $S_3, S_6-S_3, S_9-S_6, S_{12}-S_9$ 分别为 1,2,3,4. 所以 $S_{12}=10, \dfrac{S_6}{S_{12}}=\dfrac{3}{10}$.

4. 答案 B.

$S_{偶}-S_{奇}=a_2+a_4+\cdots+a_{100}-(a_1+a_3+\cdots+a_{99})=50d=50$,

$S_{偶}=S_{奇}+50=170$,故 $a_1+a_2+a_3+\cdots+a_{100}=120+170=290$.

5. 答案 D. 首项大于 0,令 $a_n=-n^2+12n+13=0$,解得 $n=13$ 或 -1(舍去),故 $a_{13}=0$,前 12 项大于 0,第 13 项等于 0. 故 $S_{12}=S_{13}$ 为最大值.

6. 答案 B. 由 $\{a_n\}$ 为等比数列,可得 $a_3\cdot a_9=a_6^2=2a_5^2\Rightarrow a_6=\sqrt{2}a_5\Rightarrow q=\sqrt{2}$;

又 $a_2=a_1q=a_1\times\sqrt{2}=1$,故 $a_1=\dfrac{\sqrt{2}}{2}$.

7. 答案 C. 根据题意,有 $S=\dfrac{a_1}{1-q}=\dfrac{1}{1-q}=5$,解得 $q=\dfrac{4}{5}$.

8. 答案 A. 在等比数列中,等长片段和成等比,所以 $(S_{3n}-S_{2n})S_n=(S_{2n}-S_n)^2$,即 $S_{3n}=\dfrac{(S_{2n}-S_n)^2}{S_n}$ $+S_{2n}=9+54=63$.

9. 答案 D. 由题意,可得 $\log_2(S_n-1)=n \Rightarrow 2^n=S_n-1 \Rightarrow S_n=2^n+1$,根据特征判断法可知,此数列既非等差数列又非等比数列.

10. 答案 E. 因为 $4a_1,2a_2,a_3$ 成等差数列,则 $4a_2=4a_1+a_3$,即 $4a_1q=4a_1+a_1q^2$,解得 $q=2$. 因此, $S_5=\dfrac{a_1(1-q^n)}{1-q}=\dfrac{1\times(1-2^5)}{1-2}=31$.

11. 答案 A. 当 $n=1$ 时, $a_1=-14$;当 $n\geqslant 2$ 时, $a_n=S_n-S_{n-1}=-5a_n+5a_{n-1}+1$,所以 a_n-1 $=\dfrac{5}{6}(a_{n-1}-1)$,又 $a_1-1=-15\neq 0$,所以数列 $\{a_n-1\}$ 是等比数列.

12. 答案 D. 由题意知 $a_1+a_2+a_3=a_1+4a_1+16a_1=21$,解得 $a_1=1$,所以 $a_6=a_1q^5=4^5=1024$.

13. 答案 B. 由 $S_3=3, S_6=24$,可得 $\begin{cases}S_3=3a_1+\dfrac{3\times 2}{2}d=3\\ S_6=6a_1+\dfrac{6\times 5}{2}d=24\end{cases}$,解得 $\begin{cases}a_1=-1\\ d=2\end{cases}$,所以 $a_9=a_1+8d$ $=15$.

14. 答案 D. 通过 $8a_2+a_5=0$,设公比为 q,将该公式转化为 $8a_2+a_2q^3=0$,解得 $q=-2$,代入等比数列求和公式即可.

15. 答案 B. 因为 $a_6+a_{15}=a_9+a_{12}=a_1+a_{20}$,又由 $a_6+a_9+a_{12}+a_{15}=20$,所以 $a_1+a_{20}=10$,所以 $S_{20}=\dfrac{20}{2}(a_1+a_{20})=100$.

16. 答案 B. 两式相减得 $3S_3-3S_2=3a_3=a_4-a_3 \Rightarrow a_4=4a_3$,所以 $q=\dfrac{a_4}{a_3}=4$.

17. 答案 D. $S_{10}=\dfrac{10(a_1+a_{10})}{2}=5(a_1+a_{10})=70 \Rightarrow a_1=4$,所以 $d=\dfrac{a_{10}-a_1}{9}=\dfrac{2}{3}$.

18. 答案 B. $a_3+a_5=2a_4=14 \Rightarrow a_4=7$,所以 $d=2$,又 $S_n=n^2=100$,则 $n=10$.

19. 答案 C. 由 $a_4+a_{12}=2a_8, a_6+a_{10}=2a_8$,故 $5a_8=120$,即 $a_8=24$,从而 $2a_9-a_{10}=a_1+7d$ $=a_8=24$.

20. 答案 A. 利用 $a_4+a_5+a_6=3a_5, a_1+a_2+a_3=3a_2$,可得 $\dfrac{a_4+a_5+a_6}{a_1+a_2+a_3}=\dfrac{a_5}{a_2}=8$.

21. 答案 B. $a_5^2=a_1a_{17} \Rightarrow (a_1+4d)^2=a_1(a_1+16d) \Rightarrow a_1=2d \Rightarrow q=\dfrac{a_5}{a_1}=3$.

22. 答案 D. 条件(1): $S_{13}=\dfrac{13(a_1+a_{13})}{2}=\dfrac{13(a_4+a_{10})}{2}=52$,充分. 条件(2): $a_1+d+2(a_1+7d)-$ $(a_1+3d)=8, 2a_1+12d=8, a_1+a_{13}=8$,故 $S_{13}=\dfrac{13(a_1+a_{13})}{2}=52$,充分.

23. 答案 C. 方法一:等长片段和成等差. $2(S_{2m}-S_m)=S_{3m}-S_{2m}+S_m \Rightarrow 2\times(100-30)=S_{3m}$ $-100+30 \Rightarrow S_{3m}=210$.
方法二:特殊值法. 设 $m=1 \Rightarrow a_1=30, a_1+a_2=100 \Rightarrow a_2=70, d=40 \Rightarrow a_3=110 \Rightarrow S_3=a_1+a_2$ $+a_3=210$.

第四章 | 数列

24. 答案 A. 条件(1): 由 $2^a=3, 2^b=6, 2^c=12$, 得 $2^a \cdot 2^c=(2^b)^2 \Rightarrow 2^{a+c}=2^{2b} \Rightarrow a+c=2b$, 所以 a, b, c 成等差数列.

又 $\begin{cases} 2^a=3 \Rightarrow a=\log_2 3 \\ 2^b=6 \Rightarrow b=\log_2 6 \\ 2^c=12 \Rightarrow c=\log_2 12 \end{cases}$, 所以 $\begin{cases} ac=\log_2 3 \cdot \log_2 12 \\ b^2=\log_2 6 \cdot \log_2 6 \end{cases} \Rightarrow ac \neq b^2$, 所以 a, b, c 不是等比数列, 所以条

件(1)充分.

条件(2): 当 $a=b=c=0$ 时, a, b, c 是等差数列不是等比数列.

$a=b=c \neq 0$ 时, a, b, c 既是等差数列又是等比数列, 所以条件(2)不充分.

注意易错点: 非零的常数列既是等差数列, 又是等比数列; 零常数列, 是等差数列, 不是等比数列.

25. 答案 E. $\begin{cases} a_5+a_1=34 \\ a_5-a_1=30 \end{cases} \Rightarrow \begin{cases} a_1=2 \\ a_5=32 \end{cases}$, 由 $a_3^2=a_1 a_5=64 \Rightarrow a_3=\pm 8$. 因为 a_1, a_3, a_5 同号, 所以 $a_3 \neq -8$.

注意易错点: 在等比数列中, 所有奇数项都是同号的, 所有偶数项也都是同号的, 但是相邻项可能同号也可能异号.

26. 答案 D.

$a_2 a_4=a_3^2=144 \Rightarrow a_3=\pm 12$, 因为 $\{a_n\}$ 是正项等比数列, 则 $a_3=12, a_3=a_1 q^2 \Rightarrow q=2 \Rightarrow S_{10}=\dfrac{a_1(1-q^{10})}{1-q}=3(2^{10}-1)=3069$.

27. 答案 E. 用错位相减法. 根据求和公式, 得

$\begin{cases} S_n=3+2\times 3^2+3\times 3^3+4\times 3^4+\cdots+n\times 3^n \\ 3S_n=3^2+2\times 3^3+3\times 3^4+4\times 3^5+\cdots+(n-1)\times 3^n+n\times 3^{n+1} \end{cases}$, 两式相减, 得 $-2S_n=3+3^2$

$+3^3+3^4+\cdots+3^n-n\times 3^{n+1}=\dfrac{3(1-3^n)}{1-3}-n\times 3^{n+1} \Rightarrow S_n=\dfrac{3(1-3^n)}{4}+\dfrac{n\cdot 3^{n+1}}{2}$. 此题也可以用

特值法代入求解.

28. 答案 A. 原式 $=(1+2+3+\cdots+n)+(\dfrac{1}{2}+\dfrac{1}{4}+\dfrac{1}{8}+\cdots+\dfrac{1}{2^n})$

$=\dfrac{n(1+n)}{2}+\dfrac{\dfrac{1}{2}\times[1-(\dfrac{1}{2})^n]}{1-\dfrac{1}{2}}=\dfrac{n(1+n)}{2}+1-\dfrac{1}{2^n}$

29. 答案 D. 裂项相消法.

$(\dfrac{1}{2}+\dfrac{1}{6}+\dfrac{1}{12}+\cdots+\dfrac{1}{2009\times 2010}+\dfrac{1}{2010\times 2011})\times 2011$

$=(1-\dfrac{1}{2}+\dfrac{1}{2}-\dfrac{1}{3}+\dfrac{1}{3}-\dfrac{1}{4}+\cdots+\dfrac{1}{2009}-\dfrac{1}{2010}+\dfrac{1}{2010}-\dfrac{1}{2011})\times 2011$

$=\dfrac{2011-1}{2011}\times 2011=2010$.

30. 答案 C. 换元法. 令 $a_2+a_3+\cdots+a_{1996}=t$, 则 $M-N=(a_1+t)(t-a_{1997})-(a_1+t+a_{1997})t=-a_1 a_{1997}>0$, 故 $M>N$.

75

第五章 几何

第一节 平面几何

考点33 三角形

(1)两直线平行,同位角相等,内错角相等,同旁内角互补.

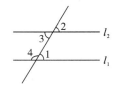

如图,两直线平行,则同位角相等,$\angle 1=\angle 2$;内错角相等,$\angle 1=\angle 3$;同旁内角互补,$\angle 3+\angle 4=180°$;$\angle 2=\angle 3$,任意对顶角相等.

(2)角平分线:角平分线上的点到角两边的距离相等.

(3)垂直平分线(即中垂线):到线段两边的距离相等.

1. 三角形的性质

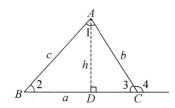

(1)三角形内角和:$\angle 1+\angle 2+\angle 3=180°$.

(2)三角形一个外角等于不相邻两内角之和,如$\angle 4=\angle 1+\angle 2$.

(3)三角形三边关系:任意两边之和大于第三边,即$a+b>c$;任意两边之差小于第三边,即$a-b<c$.

(4)三角形中位线:三角形两边中点的连线平行于第三边,且等于第三边边长的一半.

(5)三角形的面积公式.

①$S=\dfrac{1}{2}ah=\dfrac{1}{2}ab\sin C=\sqrt{p(p-a)(p-b)(p-c)}=rp=\dfrac{abc}{4R}$,$p=\dfrac{1}{2}(a+b+c)$.

其中:h 是 a 边上的高,$\angle C$ 是 a,b 边上的夹角,p 为三角形的半周长,r 为三角形内切圆的半径,R 为三角形外接圆的半径.

②等腰直角三角形的面积：$S=\dfrac{1}{2}a^2=\dfrac{1}{4}c^2$，其中 a 为直角边，c 为斜边．

③等边三角形的面积：$S=\dfrac{\sqrt{3}}{4}a^2$，其中 a 为边长．

④余弦定理：$\cos A=\dfrac{b^2+c^2-a^2}{2bc}$，$\cos B=\dfrac{a^2+c^2-b^2}{2ac}$，$\cos C=\dfrac{a^2+b^2-c^2}{2ab}$．

（6）三角形四心．

内心：三条内角平分线的交点（三角形内切圆圆心）．

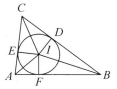

①内心到三角形的三边等距离，且顶点与内心的连线平分顶角．

②三角形的面积 $S=\dfrac{1}{2}(a+b+c)r$（r 为内切圆半径）．

外心：三条边的垂直平分线的交点（三角形外接圆的圆心）．

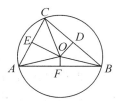

①外心到三顶点的距离相等．

②外心与三角形边的中点的连线都垂直于这一边．

③$AE=EC$，$AF=BF$，$BD=CD$；$AE+BF+CD=$ 三角形周长的一半．

重心：三条中线的交点．

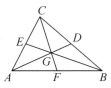

①顶点与重心 G 的连线必平分对边．

②重心定理：三角形重心与顶点的距离等于它到对边中点的距离的 2 倍，即 $GA=2GD$，$GB=2GE$，$GC=2GF$．

③重心坐标是三顶点坐标的平均值，即 $x_G=\dfrac{x_A+x_B+x_C}{3}$，$y_G=\dfrac{y_A+y_B+y_C}{3}$．

④重心与三角形的三个顶点构成的三个三角形的面积相等．

垂心：三条高线的交点．

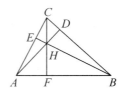

顶点与垂心的连线必垂直对边.

注意:等边三角形的"四心"合一,也称等边三角形的中心.

2. 三角形的分类

(1)直角三角形:有一个内角为直角的三角形.

钝角三角形　　锐角三角形　　直角三角形

①勾股定理:在直角三角形 ABC 中,$\angle C$ 为直角,则有 $a^2+b^2=c^2$.常见的勾股数:3/4/5,5/12/13,6/8/10,7/24/25,8/15/17,9/12/15 等.

②勾股定理推论:设三角形三边 a,b,c 中最大的边为 c,则

直角三角形 $\Leftrightarrow a^2+b^2=c^2$;

锐角三角形 $\Leftrightarrow a^2+b^2>c^2$;

钝角三角形 $\Leftrightarrow a^2+b^2<c^2$.

三种情况下,最大边对应的三角形的最大内角分别为直角、锐角、钝角.

③射影定理:直角三角形中,斜边上的高是两直角边在斜边上射影的比例中项;每一条直角边是这条直角边在斜边上的射影和斜边的比例中项.如图所示,直角三角形 ABC 中,$\angle C$ 为直角,斜边 AB 上的高 CD 分斜边为 AD 和 BD,则有:

$CD^2=AD \cdot BD$;$AC^2=AD \cdot AB$;$BC^2=BD \cdot BA$.

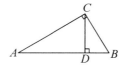

④等腰直角三角形.

两直角边长度相等的直角三角形(有一内角为 45°或 $\frac{\pi}{4}$ 的直角三角形),边长比关系为 1:1:$\sqrt{2}$,面积公式:$S=\frac{1}{2}a^2=\frac{1}{4}c^2$,其中 a 为直角边,c 为斜边.

⑤锐角为 30°或 $\frac{\pi}{6}$ 的直角三角形:其中 30°角所对的直角边边长为斜边边长的一半.则三边边长比关系为 1:$\sqrt{3}$:2.

(2)等腰三角形.

有两个边的长度相等的三角形(或有两个内角相等的三角形).底边三线合一(中线、角平分线、垂线).

(3)等边三角形(正三角形).

三角形三个边长度都相等的三角形.

面积公式:$S=\dfrac{\sqrt{3}}{4}a^2$,其中 a 为边长.

3. 两个三角形全等、相似

(1)三角形全等:$\triangle ABC \cong \triangle A_1B_1C_1$,其含义为两三角形的大小与形状完全一致.

性质:两全等三角形的对应边相等,对应角相等.

判定两三角形全等的充分条件:

①两三角形有 2 条边及其夹角对应相等;

②两三角形有 2 个角及其一条边对应相等;

③两三角形的三条边对应相等.

(2)三角形相似:$\triangle ABC \backsim \triangle A_1B_1C_1$,其含义是两三角形图形是放大缩小关系.

性质:

①两相似三角形对应边长成比例(称为相似比),对应角相等;

②两相似三角形的对应线段的比等于相似比;

③两相似三角形的周长比等于相似比;

④两相似三角形的面积比等于相似比的平方.

两三角形相似的充分条件:

①两三角形有一个内角对应相等,其两夹边对应成比例;

②两三角形有 2 组内角对应相等;

③两三角形的 3 条边对应成比例.

4. 共角定理与燕尾定理

(1)共角定理(鸟头定理).

共角定理:若两三角形有一组对应角相等或互补,则它们的面积比等于对应角两边乘积的比.$S_{\triangle ADE}:S_{\triangle ABC}=(AD\cdot AE):(AB\cdot AC)$.

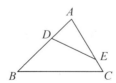

(2)燕尾定理.

燕尾定理:在三角形 ABC 中,AD,BE,CF 相交于同一点 O,有

$S_{\triangle AOB}:S_{\triangle AOC}=BD:CD$

$S_{\triangle AOB}:S_{\triangle COB}=AE:CE$

$S_{\triangle BOC}:S_{\triangle AOC}=BF:AF$

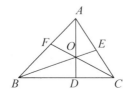

【例1】(2014.10.20)三条长度分别为 a,b,c 的线段能构成一个三角形.

(1) $a+b>c$;

(2) $b-c<a$.

【例2】(2008.10.5)如图所示,若三角形 ABC 的面积为1,三角形 AEC,DEC,BED 的面积相等,则三角形 AED 的面积等于( ).

A. $\dfrac{1}{3}$ B. $\dfrac{1}{6}$ C. $\dfrac{1}{5}$ D. $\dfrac{1}{4}$ E. $\dfrac{2}{5}$

【例3】(2008.10.18) $PQ \cdot RS = 12$.

(1)如图, $QR \cdot PR = 12$;

(2)如图, $PQ = 5$.

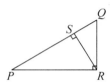

【例4】(2017.2)已知 $\triangle ABC$ 和 $\triangle A'B'C'$ 满足 $AB:A'B'=AC:A'C'=2:3$, $\angle A+\angle A'=\pi$,则 $\triangle ABC$ 和 $\triangle A'B'C'$ 的面积比为( ).

A. $\sqrt{2}:\sqrt{3}$ B. $\sqrt{3}:\sqrt{5}$ C. $2:3$ D. $2:5$ E. $4:9$

【例5】三角形 ABC 的重心是 O,已知 $S_{\triangle AOB}=3$,则三角形 ABC 的面积为( ).

A. 9   B. 4   C. 6   D. 12   E. 15

【例6】直角三角形的一条直角边的长度等于斜边长的一半,则它的外接圆面积与内切圆面积的比值为( ).

A. 9   B. 4   C. $\sqrt{26}$ D. $1+\sqrt{3}$ E. $4+2\sqrt{3}$

【例7】图中大三角形被分成了5个小三角形,面积分别为 $40,30,35,x,y$,则 $x=$( ).

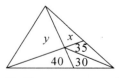

A. 72   B. 70   C. 68   D. 66   E. 64

【例8】在 $\triangle ABC$ 中, D,E 分别是 AB,AC 上的点,其中三角形 ABC 的面积为1,则 $\triangle ADE$ 的面积为 $\dfrac{1}{6}$.

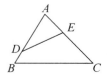

(1) $EC = 2AE$.

(2) $AD = DB$.

【例9】（2013.10.7）如图，$AB = AC = 5, BC = 6, E$ 是 BC 的中点，$EF \perp AC$. 则 $EF = $（   ）.

A. 1.2 　　　　　B. 2　　　　　C. 2.2　　　　　D. 2.4　　　　　E. 2.5

考点 34　四边形

1. 平行四边形

两对对边分别平行的四边形称为平行四边形.

性质：

(1) 平行四边形的对边相等，对角相等，对角线互相平分.

(2) 一对对边平行且相等的四边形是平行四边形.

(3) 平行四边形的面积为底乘高 $S = ah$；周长 $C = 2(a + b)$（其中 a, b 分别为平行四边形两边长，以 a 为底边的高为 h）.

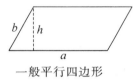

一般平行四边形　　　　　菱形

注意：四边相等的四边形一定是四边相等的平行四边形，即菱形. 菱形对角线互相垂直且平分顶角. 菱形周长 $C = 4a$，菱形面积 $S = \dfrac{1}{2} l_1 l_2$（l_1, l_2 为两对角线长）.

2. 矩形

内角都是直角的四边形称为矩形（长方形）.

性质：

(1) 两对角线相等且互相平分，即 $AC = BD = 2AE = 2EC = 2BE = 2DE$.

(2) 矩形的面积等于长乘宽，即 $S = ab$.

(3) 四边相等的矩形称为正方形，正方形对角线相互垂直且平分顶角，$S = a^2$.

3. 梯形

只有一对对边平行的四边形称为梯形，平行的两边称为梯形的上底与下底，梯形两腰中点的连线 MN 称为梯形的中位线.

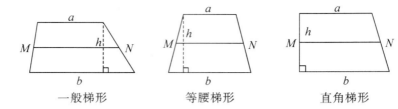

一般梯形　　　　　等腰梯形　　　　　直角梯形

性质:

(1) 梯形的中位线: $MN = \dfrac{1}{2}(a+b)$.

(2) 梯形的面积等于中位线与高的乘积,即 $S = \dfrac{1}{2}(a+b)h$.

(3) 梯形蝴蝶定理:梯形蝴蝶定理是一个平面几何中的重要定理,由于该定理的几何图形形状奇特,形似蝴蝶,所以以蝴蝶来命名.

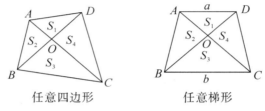

任意四边形　　　　任意梯形

任意四边形 $ABCD$ 中, $S_1 : S_2 = S_4 : S_3 (S_1 \times S_3 = S_2 \times S_4)$.

任意梯形 $ABCD$ 中, $\begin{cases} S_1 : S_3 = a^2 : b^2 \\ S_1 : S_3 : S_2 : S_4 = a^2 : b^2 : ab : ab \end{cases}$.

等腰梯形:两腰长度相等(或两底角相等)的梯形.

性质:

(1) 等腰梯形的两条腰相等;

(2) 等腰梯形在同一底上的两个底角相等;

(3) 等腰梯形的两条对角线相等;

(4) 等腰梯形中,若两对角线互相垂直,则该梯形的高与中位线长度相等.

直角梯形:有一个角是直角的梯形.

【例10】(2014.10.6)如图所示,在平行四边形 $ABCD$ 中, $\angle ABC$ 的平分线交 AD 于 E, $\angle BED = 150°$,则 $\angle A$ 的大小为(　　).

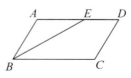

A. $100°$　　　　B. $110°$　　　　C. $120°$　　　　D. $130°$　　　　E. $150°$

【例11】(2012.10.3)若菱形两条对角线的长分别为 6 和 8,则这个菱形的周长与面积分别为(　　).

A. 14;24　　　　B. 14;48　　　　C. 20;12　　　　D. 20;24　　　　E. 20;48

【例12】(2015.8)如图所示,梯形 $ABCD$ 的上底和下底分别为 5,7, E 为 AC 与 BD 的交点, MN 过点 E 且平行于 AD,则 $MN = ($ 　　$)$.

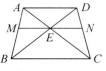

A. $\dfrac{26}{5}$ B. $\dfrac{11}{2}$ C. $\dfrac{35}{6}$ D. $\dfrac{36}{7}$ E. $\dfrac{40}{7}$

【例13】(2012.1.14)如图,三个边长为1的正方形所覆盖区域(实线所围)的面积为(　　).

A. $3-\sqrt{2}$ B. $3-\dfrac{3}{4}\sqrt{2}$ C. $3-\sqrt{3}$ D. $3-\dfrac{\sqrt{3}}{2}$ E. $3-\dfrac{3}{4}\sqrt{3}$

考点 35　圆与扇形

一、圆

1. 圆的定义

平面上到一定点 O 的距离为定值 r 的点的集合称为圆心为 O,半径为 r 的圆.

圆的直径 $d=2r$;圆的周长 $C=2\pi r$;圆的面积 $S=\pi r^2=\dfrac{1}{4}\pi d^2$.

2. 弦和弧

设 A,B 为圆 O 上两点,线段 AB 称为圆 O 的一条弦,经过圆心 O 的弦也称为此圆的直径,是圆 O 中最长的弦.

 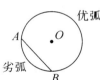

圆周上界于 A,B 两点之间的部分称为弧,一条弦所对应的弧有两条.若 AB 为直径,则弧为半圆;如 AB 非直径,则其中大于半圆的一条弧称为优弧,小于半圆的一条弧称为劣弧.

3. 角的弧度

与半径等长的圆弧所对的角为 1 弧度.

度与弧度的换算关系:1 弧度 $=\dfrac{180°}{\pi}$,$1°=\dfrac{\pi}{180}$ 弧度.

常用的弧度角:

$360°=2\pi,180°=\pi,90°=\dfrac{\pi}{2},60°=\dfrac{\pi}{3},45°=\dfrac{\pi}{4},30°=\dfrac{\pi}{6}$.

4. 与圆有关的角

(1)圆心角.

若圆 O 上有两点 A,B,则连接 OA,OB 所成的角 $\angle AOB$ 称为一个圆心角.

(2)圆周角.

连接圆上一点 C 和弦的两个端点 A,B 所形成的角 $\angle ACB$ 叫圆周角.弦 AB 所对圆周角是

弦 AB 所对圆心角的 $\dfrac{1}{2}$,如下图:

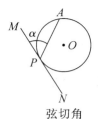

圆心角与圆周角　　　　弦切角

直径对应的圆心角为 π,圆周角为 $\dfrac{\pi}{2}$.

(3)弦切角.

设 M,N 为圆 O 的切线,切点为 P,PA 为圆 O 的弦,称 $\angle APM$ 为 AP 所对的弦切角. AP 所对弦切角的大小与其所对圆周角大小相同.

(4)等弧对等角(圆周角、圆心角).

(5)圆的切线在切点处与半径垂直.

(6)从圆外一点所作圆的两根切线相等,即 $AB=AC$.

5.弦心距

设 AB 为圆 O 的弦,若 M 为 AB 的中点,则过 M 的直径 N_1N 垂直于 AB.

圆心 O 和弦 AB 的距离称为弦心距,即 OM. 如图所示:

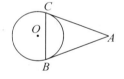

6.垂径定理

垂径定理是数学平面几何(圆)中的一个定理,它通俗的表达是:垂直于弦的直径平分弦且平分这条弦所对的两条弧.数学表达为:如图,直径 DC 垂直于弦 AB,则 $AE=EB$,弧 AD 等于弧 BD(包括优弧与劣弧),半圆 CAD=半圆 CBD.

一条直线,在下列 5 条中只要具备其中任意两条作为条件,就可以推出其他三条结论.称为知二得三(知二推三).

(1)平分弦所对的优弧.

(2)平分弦所对的劣弧(前两条合起来就是:平分弦所对的两条弧).

(3)平分弦(不是直径).

(4)垂直于弦.

(5)过圆心(或直径).

二、扇形

扇形弧长：$l = r\theta = \dfrac{\alpha}{360°} \times 2\pi r$，其中 θ 为扇形角的弧度数，α 为扇形角的角度，r 为扇形半径．

扇形面积：$S = \dfrac{\alpha}{360°} \times \pi r^2 = \dfrac{1}{2} lr$，$\alpha$ 为扇形角的角度，r 为扇形半径．

弓形面积：$S = S_{扇} - S_{\triangle AOB}$．

三、阴影部分求面积

(1) 常用割补法，将不规则的图形转化为规则图形．
(2) 找到图形之间的等量关系．
(3) 也可以采用尺子测量（非常手段）．

【例14】（2015.4）如图所示，BC 是半圆直径，且 $BC = 4$，$\angle ABC = 30°$，则图中阴影部分的面积为（　　）．

A. $\dfrac{4}{3}\pi - \sqrt{3}$　　B. $\dfrac{4}{3}\pi - 2\sqrt{3}$　　C. $\dfrac{4}{3}\pi + \sqrt{3}$

D. $\dfrac{4}{3}\pi + 2\sqrt{3}$　　E. 以上选项均不正确

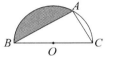

【例15】（2012.10.8）如图，AB 是半圆 O 的直径，AC 是弦．若 $|AB| = 6$，$\angle ACO = \dfrac{\pi}{6}$，则弧 BC 的长度为（　　）．

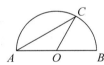

A. $\dfrac{\pi}{3}$　　　　B. π　　　　C. 2π　　　　D. 1　　　　E. 2

【例16】（2007.10.15）如图：正方形 $ABCD$ 四条边与圆 O 相切，而正方形 $EFGH$ 是圆 O 的内接正方形．已知正方形 $ABCD$ 的面积为 1，则正方形 $EFGH$ 的面积是（　　）．

A. $\dfrac{2}{3}$　　　　B. $\dfrac{1}{2}$　　　　C. $\dfrac{\sqrt{2}}{2}$　　　　D. $\dfrac{\sqrt{2}}{3}$　　　　E. $\dfrac{1}{4}$

【例17】（1999.10.10）半圆 ADB 以 C 为圆心，半径为 1，且 $CD \perp AB$，分别延长 BD 和 AD 至 E 和 F，使得圆弧 AE 和 BF 分别以 B 和 A 为圆心，则图中阴影部分的面积为（　　）．

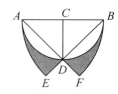

A. $\dfrac{\pi}{2}-\dfrac{1}{2}$　　　B. $(1-\sqrt{2})\pi$　　　C. $\dfrac{\pi}{2}-1$　　　D. $\dfrac{3\pi}{2}-2$　　　E. $\pi-1$

【例18】(2011.1.9)如下图所示,四边形 $ABCD$ 是边长为1的正方形,弧 AOB,BOC,COD,DOA 均为半圆,则阴影部分的面积为(　　).

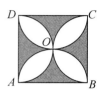

A. $\dfrac{1}{2}$　　　B. $\dfrac{\pi}{2}$　　　C. $1-\dfrac{\pi}{4}$　　　D. $\dfrac{\pi}{2}-1$　　　E. $2-\dfrac{\pi}{2}$

第二节　立体几何

考点 36　长方体与正方体

1. 长方体

若长方体三条边长分别为 a,b,c,则

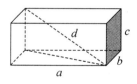

(1)体积 $V=abc$.

(2)全面积 $F=2(ab+ac+bc)$.

(3)体对角线 $d=\sqrt{a^2+b^2+c^2}$.

2. 正方体

当长方体的三条边长相等时,称该长方体为正方体,设边长为 a,则

(1)体积 $V=a^3$.

(2)全面积 $F=6a^2$.

(3)体对角线 $d=\sqrt{a^2+a^2+a^2}=\sqrt{3}\,a$.

【例19】长方体所有的棱长之和为 28.

(1)长方体的体对角线长为 $2\sqrt{6}$;

(2)长方体的表面积为 25.

【例20】(1997.10.9)一个长方体,长与宽之比是 2:1,宽与高之比是 3:2,若长方体的全部棱长之和是 220 厘米,则长方体的体积是(　　).

A.2880 立方厘米　　　　　　B.7200 立方厘米　　　　　　C.4600 立方厘米

D.4500 立方厘米　　　　　　E.3600 立方厘米

【例21】长方体三个面的面积为 6,8,12,则此长方体的体积为(　　).

A.12　　　　B.18　　　　C.24　　　　D.36　　　　E.48

考点 37　圆柱体

设圆柱体的高为 h,底面半径为 r,则

(1)体积 $V = \pi r^2 h$.

(2)侧面积 $S = 2\pi rh$.

(3)全面积 $F = 2\pi r^2 + 2\pi rh$.

【例22】(2015.7)有一根圆柱形铁管,管壁厚度为 0.1 米,内径为 1.8 米,长度为 2 米,若将该铁管熔化后浇铸成正方体,则该正方体的体积为(　　)(单位:m³;π≈3.14).

A.0.38　　　　B.0.59　　　　C.1.19　　　　D.5.09　　　　E.6.28

【例23】(2018.14)如图,圆柱体的底面半径为 2,高为 3,垂直于底面的平面截圆柱体所得截面为矩形 $ABCD$,若弦 AB 所对的圆心角是 $\dfrac{\pi}{3}$,则截掉部分(较小部分)的体积为(　　).

A.$\pi - 3$　　　B.$2\pi - 6$　　　C.$\pi - \dfrac{3\sqrt{3}}{2}$　　　D.$2\pi - 3\sqrt{3}$　　　E.$\pi - \sqrt{3}$

【例24】(1999.1.9)一个两头密封的圆柱形水桶,水平横放时桶内有水部分占水桶一头圆周长的

$\dfrac{1}{4}$,则水桶直立时水的高度和桶的高度之比值是( ).

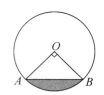

A. $\dfrac{1}{4}$ B. $\dfrac{1}{4}-\dfrac{1}{\pi}$ C. $\dfrac{1}{4}-\dfrac{1}{2\pi}$ D. $\dfrac{1}{8}$ E. $\dfrac{\pi}{4}$

考点 38　球体

1. 球体

设球体的半径是 r,则

(1)体积 $V=\dfrac{4}{3}\pi r^3$.

(2)表面积 $S=4\pi r^2$.

2. 组合体问题

组合体问题的关键是找到等量关系,常见以下等量关系:

(1)长方体、正方体、圆柱体的外接球.

　　长方体外接球的直径＝长方体的体对角线长;

　　正方体外接球的直径＝正方体的体对角线长;

　　圆柱体外接球的直径＝圆柱体的体对角线长.

(2)正方体的内切球.

　　内切球直径＝正方体的棱长.

(3)圆柱体的内切球.

　　内切球的直径＝圆柱体的高;

　　内切球的横切面＝圆柱体的底面.

【例25】(2013.1.11)将体积为 4π 立方厘米和 32π 立方厘米的两个实心金属球熔化后铸成一个实心大球,则大球的表面积为( )平方厘米.

A. 32π　　　　B. 36π　　　　C. 38π　　　　D. 40π　　　　E. 42π

【例26】(2011.1.4)现有一个半径为 R 的球体,拟用刨床将其加工成正方体,则能加工的最大正方体的体积是( ).

A. $\dfrac{8}{3}R^3$　　B. $\dfrac{8\sqrt{3}}{9}R^3$　　C. $\dfrac{4}{3}R^3$　　D. $\dfrac{1}{3}R^3$　　E. $\dfrac{\sqrt{3}}{9}R^3$

第三节 解析几何

考点 39 点与直角坐标系

1. 点的坐标

在同一个平面上互相垂直且有公共原点的两条数轴构成平面直角坐标系,简称直角坐标系.

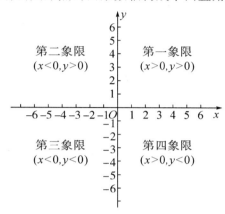

在平面直角坐标系中,每一个点都对应着一个坐标(a,b);同样,对任意的两个数a,b,都有一个平面上的点,以(a,b)为坐标,a代表平面直角坐标系中的横坐标(x轴),b代表着平面直角坐标系中的纵坐标(y轴).

2. 两点间距离公式

点$P_1(x_1,y_1)$与点$P_2(x_2,y_2)$之间的距离$d=\sqrt{(x_1-x_2)^2+(y_1-y_2)^2}$,特别地,点$P(x,y)$到坐标原点的距离$d=\sqrt{x^2+y^2}$.

3. 中点公式

设$A(x_1,y_1)$与$B(x_2,y_2)$的中点为$C(x_0,y_0)$,则$x_0=\dfrac{x_1+x_2}{2},y_0=\dfrac{y_1+y_2}{2}$.

【例27】 平面直角坐标系中,已知三点$A(2,8),B(4,6),C(1,2),C$到AB中点的距离为( ).

A. 2   B. 3   C. $\sqrt{29}$ D. $\sqrt{33}$ E. $\sqrt{26}$

考点 40 直线

1. 倾斜角和斜率

倾斜角:一条直线l向上的方向与x轴的正方向所成的最小正角,叫作这条直线的倾斜角α. 特殊地,当直线l和x轴平行时,倾斜角为$0°$,故倾斜角的范围为$[0°,180°)$.

通常将不垂直于x轴的直线的倾斜角的正切值叫作此直线的斜率,常用k表示,即$k=\tan\alpha(\alpha\neq 90°)$;垂直于$x$轴的直线没有斜率. 常见倾斜角与斜率值:

α	0°	30°	45°	60°	120°	135°	150°
$\tan\alpha$	0	$\dfrac{\sqrt{3}}{3}$	1	$\sqrt{3}$	$-\sqrt{3}$	-1	$-\dfrac{\sqrt{3}}{3}$

过点 $P_1(x_1,y_1)$ 与点 $P_2(x_2,y_2)$ 的直线的斜率公式为 $k=\dfrac{y_1-y_2}{x_1-x_2}(x_1\neq x_2)$.

2. 直线的方程

(1)点斜式:已知直线过点(x_0,y_0),斜率为k,则直线的方程为 $y-y_0=k(x-x_0)$.

(2)斜截式:已知直线过点$(0,b)$,斜率为k,则直线的方程为 $y=kx+b$,b 为直线在 y 轴上的纵截距.

(3)两点式:已知直线过点 $P_1(x_1,y_1)$ 与点 $P_2(x_2,y_2)(x_1\neq x_2)$,则直线方程为 $\dfrac{y-y_1}{x-x_1}=\dfrac{y_2-y_1}{x_2-x_1}$.

(4)截距式:已知直线过点 $A(a,0)$ 和 $B(0,b)(a\neq 0,b\neq 0)$,则直线的方程为 $\dfrac{x}{a}+\dfrac{y}{b}=1$,$a$,$b$ 分别为直线 l 的横截距和纵截距.

(5)一般式:$Ax+By+C=0(A,B$ 不同时为 $0)$.

① 若 $A=0$,方程为水平直线:$y=-\dfrac{C}{B}$.

② 若 $B=0$,方程为竖直直线:$x=-\dfrac{C}{A}$.

③ 若 $C=0$,直线过原点$(0,0)$.

④ 若 $B\neq 0$,方程可改写为 $y=-\dfrac{A}{B}x-\dfrac{C}{B}$,此时的斜率为 $k=-\dfrac{A}{B}$;纵截距为 $y=-\dfrac{C}{B}$,横截距为 $x=-\dfrac{C}{A}$.

3. 点与直线的关系

(1)点在直线上.

点的坐标满足直线的方程.

(2)点到直线的距离公式.

若直线 l 的方程为 $Ax+By+C=0$,点(x_0,y_0)到 l 的距离为 $d=\dfrac{|Ax_0+By_0+C|}{\sqrt{A^2+B^2}}$.

(3)两点关于直线对称.

已知直线 $l:Ax+By+C=0$,求点 $P_1(x_1,y_1)$ 关于直线 l 的对称点 $P_2(x_2,y_2)$.有两个关系:线段 P_1P_2 的中点在对称轴 l 上;线段 P_1P_2 与直线 l 互相垂直.可得方程组

$$\begin{cases} A\left(\dfrac{x_1+x_2}{2}\right)+B\left(\dfrac{y_1+y_2}{2}\right)+C=0 \\ \dfrac{y_1-y_2}{x_1-x_2}\cdot\left(-\dfrac{A}{B}\right)=-1 \end{cases}$$

即可求得点 P_1 关于 l 对称的点 P_2 的坐标 (x_2,y_2)，其中 B 不为 0，$x_1 \neq x_2$.

4. 直线与直线的位置关系

(1) 平行.

①斜截式：若两条直线的方程分别为 $l_1:y=k_1x+b_1$，$l_2:y=k_2x+b_2$，则 $l_1 /\!/ l_2 \Leftrightarrow k_1=k_2, b_1 \neq b_2$.

②一般式：$l_1:A_1x+B_1y+C_1=0$，$l_2:A_2x+B_2y+C_2=0$，则 $l_1 /\!/ l_2 \Leftrightarrow \dfrac{A_1}{A_2}=\dfrac{B_1}{B_2}\neq \dfrac{C_1}{C_2}$.

③两平行直线之间的距离.

若两条平行直线的方程为 $l_1:Ax+By+C_1=0$，$l_2:Ax+By+C_2=0$，则其距离为 $d=\dfrac{|C_1-C_2|}{\sqrt{A^2+B^2}}$.

(2) 相交.

①相交与交点：设两条直线方程 $l_1:A_1x+B_1y+C_1=0$，$l_2:A_2x+B_2y+C_2=0$，如果 $A_1B_2-A_2B_1\neq 0$ 或 $\dfrac{A_1}{A_2}\neq \dfrac{B_1}{B_2}$，则直线 l_1,l_2 相交.

方程组 $\begin{cases}A_1x+B_1y+C_1=0\\ A_2x+B_2y+C_2=0\end{cases}$，有唯一的一组解，为其交点坐标.

②夹角公式：若两条直线 $l_1:y=k_1x+b_1$，$l_2:y=k_2x+b_2$，且两条直线不是互相垂直的，则两条直线的夹角 α 满足：$\tan\alpha=\left|\dfrac{k_1-k_2}{1+k_1k_2}\right|$.

(3) 垂直.

若两条直线互相垂直，有如下两种情况：

①其中一条直线的斜率为 0，另外一条直线的斜率不存在，即一条直线平行 x 轴，一条直线平行 y 轴.

②两条直线的斜率都存在，且斜率的乘积等于 -1.

若两条直线方程 $l_1:A_1x+B_1y+C_1=0$，$l_2:A_2x+B_2y+C_2=0$ 互相垂直，则有 $k_1k_2=-1 \Leftrightarrow \dfrac{A_1}{B_1}\cdot\dfrac{A_2}{B_2}=-1 \Leftrightarrow A_1A_2+B_1B_2=0$.

(4) 直线关于直线对称.

求直线 $l_1:A_1x+B_1y+C_1=0$ 关于直线 $l:Ax+By+C=0$ 的对称直线，采用以下办法.

第一步：求直线 l_1 和 l 的交点 P.

第二步：在直线 l_1 上任取一点 Q，求 Q 关于直线 l 的对称点 Q_1.

第三步：利用直线的两点式方程，求出 PQ_1 的方程，即为所求直线方程.

5. 过定点问题

(1) 过两条直线交点的直线系方程.

若两条直线方程 $l_1:A_1x+B_1y+C_1=0$，$l_2:A_2x+B_2y+C_2=0$ 相交，则过这两条直线交点的直线系方程为 $(A_1x+B_1y+C_1)\lambda+A_2x+B_2y+C_2=0$，反之，$(A_1x+B_1y+C_1)\lambda+A_2x+B_2y+C_2=0$ 的图像必过直线 $A_1x+B_1y+C_1=0$ 和 $A_2x+B_2y+C_2=0$ 的交点.

(2)过定点问题的解法.

方法一:先整理成形如 $a\lambda+b=0$ 的形式,再令 $a=0,b=0$.

方法二:直接把 λ 取特殊值,如 $0,1$,代入,组成方程组,即可求解.

6. 常用的对称关系

设点坐标为 (x,y):

(1)关于 x 轴对称的对称点的坐标为 $(x,-y)$;

(2)关于 y 轴对称的对称点的坐标为 $(-x,y)$;

(3)关于原点对称的对称点的坐标为 $(-x,-y)$;

(4)关于点 (a,b) 对称的对称点的坐标为 $(2a-x,2b-y)$;

(5)关于直线 $y=x$ 对称的对称点的坐标为 (y,x);

(6)关于直线 $y=-x$ 对称的对称点的坐标为 $(-y,-x)$;

(7)关于直线 $y=x+m$ 对称的对称点的坐标为 $(y-m,x+m)$;

(8)关于直线 $y=-x+m$ 对称的对称点的坐标为 $(m-y,m-x)$.

【例28】(1998.1.11)设正方形 $ABCD$ 如图所示,其中 $A(2,1),B(3,2)$,则边 CD 所在的直线方程是( ).

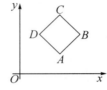

A. $y=-x-1$ B. $y=x+1$ C. $y=x-2$ D. $y=2x+2$ E. $y=-x+2$

【例29】(2008.1.24) $a=-4$.

(1)点 $A(1,0)$ 关于直线 $x-y+1=0$ 的对称点是 $A_1\left(\dfrac{a}{4},-\dfrac{a}{2}\right)$;

(2)直线 $l_1:(2+a)x+5y=1$ 与直线 $l_2:ax+(2+a)y=2$ 垂直.

【例30】方程 $(a-1)x-y+2a+1=0(a\in\mathbf{R})$ 所表示的直线( ).

A. 恒过定点 $(-2,3)$ B. 恒过定点 $(2,3)$ C. 恒过点 $(-2,3)$ 和 $(2,3)$

D. 都是平行直线   E. 以上选项均不正确

【例31】(2000.10.18)一抛物线以 y 轴为对称轴,且过 $\left(-1,\dfrac{1}{2}\right)$ 点及原点,一直线 l 过 $\left(1,\dfrac{5}{2}\right)$ 和 $\left(0,\dfrac{3}{2}\right)$ 点,则直线 l 被抛物线截得的线段的长度为( ).

A. $\sqrt{2}$ B. 2   C. $2\sqrt{2}$ D. 4   E. $4\sqrt{2}$

【例32】(2013.10.24)设直线 $y=x+b$ 分别在第一和第三象限与曲线 $y=\dfrac{4}{x}$ 相交于点 A 和点 B,则能确定 b 的值.

(1)已知以 AB 为对角线的正方形的面积;

(2)点 A 的横坐标小于纵坐标.

考点 41 圆

圆是平面内到定点的距离等于定长的点的集合.

1. 圆的方程

(1) 圆的标准方程：$(x-a)^2+(y-b)^2=r^2$，其中圆心为(a,b)，半径为r.

(2) 圆的一般方程：$x^2+y^2+Dx+Ey+F=0$，一般式成立的条件，D,E,F 必须使方程能化为圆的标准方程，即：$(x+\dfrac{D}{2})^2+(y+\dfrac{E}{2})^2=\dfrac{D^2+E^2-4F}{4}$.

① 当 $D^2+E^2-4F>0$ 时，方程表示一个圆，其圆心为 $(-\dfrac{D}{2},-\dfrac{E}{2})$，半径为 $\sqrt{\dfrac{D^2+E^2-4F}{4}}$.

② 当 $D^2+E^2-4F=0$ 时，方程表示一个点 $(-\dfrac{D}{2},-\dfrac{E}{2})$.

③ 当 $D^2+E^2-4F<0$ 时，方程无意义.

2. 点与圆的位置关系

(1) 设点 $P(x_0,y_0)$，圆 $(x-a)^2+(y-b)^2=r^2$.

① 点在圆内：$(x_0-a)^2+(y_0-b)^2<r^2$.

② 点在圆上：$(x_0-a)^2+(y_0-b)^2=r^2$.

③ 点在圆外：$(x_0-a)^2+(y_0-b)^2>r^2$.

(2) 圆外的点 $P(x_0,y_0)$ 到圆 $(x-a)^2+(y-b)^2=r^2$ 上的距离的最大值为 $d+r$，最小值为 $d-r$，d 为点 P 到圆心的距离 $d=\sqrt{(b-y_0)^2+(a-x_0)^2}$.

3. 直线与圆的关系

(1) 直线与圆的位置关系. 直线 $l:Ax+By+C=0$，圆 $O:(x-a)^2+(y-b)^2=r^2$，d 为圆心 (a,b) 到直线 l 的距离.

直线与圆位置关系	图形	成立条件（几何表示）	成立条件（代数式表示）
直线与圆相离		$d>r$	方程组 $\begin{cases} Ax+By+C=0 \\ (x-a)^2+(y-b)^2=r^2 \end{cases}$ 无实根，即 $\Delta<0$
直线与圆相切		$d=r$	方程组 $\begin{cases} Ax+By+C=0 \\ (x-a)^2+(y-b)^2=r^2 \end{cases}$ 有两个相等的实根，即 $\Delta=0$
直线与圆相交		$d<r$	方程组 $\begin{cases} Ax+By+C=0 \\ (x-a)^2+(y-b)^2=r^2 \end{cases}$ 有两个不等的实根，即 $\Delta>0$

(2) 圆的切线方程.

①过圆 $x^2+y^2=r^2$ 上的一点 $P(x_0,y_0)$ 作圆的切线,则切线方程为 $x_0x+y_0y=r^2$;过圆 $(x-a)^2+(y-b)^2=r^2$ 上的一点 $P(x_0,y_0)$ 作圆的切线,则切线方程为 $(x-a)(x_0-a)+(y-b)(y_0-b)=r^2$;若 P 在圆外,则上述方程为过点 P 作圆的两条切线所形成的两个切点所在的直线的方程.

②若切线的斜率为 k,可设切线方程为 $y=kx+b$,利用圆心到直线的距离等于半径,确定 b.

(3) 圆上的点到直线距离的最值. 直线 $l:Ax+By+C=0$,圆 $O:(x-a)^2+(y-b)^2=r^2$,圆上的点到直线距离的最大值为 $d+r$,最小值为 $d-r$,d 为圆心到直线的距离 $d=\dfrac{|Aa+Bb+C|}{\sqrt{A^2+B^2}}$.

4. 圆与圆的位置关系

(1) 两圆的位置关系.

设圆 $O_1:(x-a_1)^2+(y-b_1)^2=r_1^2$,圆 $O_2:(x-a_2)^2+(y-b_2)^2=r_2^2$,其中 $r_1>r_2$,d 为圆心 (a_1,b_1) 与 (a_2,b_2) 的圆心距,则有如下所示关系:

两圆位置关系	图形	成立条件(几何表示)	公共内切线条数	公共外切线条数
外离		$d>r_1+r_2$	2	2
外切		$d=r_1+r_2$	1	2
相交		$r_2-r_1<d<r_1+r_2$	0	2
内切		$d=r_1-r_2$	0	1
内含		$d<r_1-r_2$	0	0

(2) 公共弦直线方程.

当两个圆相交时,两个交点的连线叫公共弦.若圆 $C_1:(x-a_1)^2+(y-b_1)^2=r_1^2$ 或 $x^2+y^2+D_1x+E_1y+F_1=0$;圆 $C_2:(x-a_2)^2+(y-b_2)^2=r_2^2$ 或 $x^2+y^2+D_2x+E_2y+F_2=0$,则过两圆交点的直线方程为:$(x-a_1)^2+(y-b_1)^2-(x-a_2)^2-(y-b_2)^2=r_1^2-r_2^2$ 或 $(D_1$

$-D_2)x+(E_1-E_2)y+F_1-F_2=0$,这是"两相交圆方程相减得公共弦方程"的方法.

【例33】(2016.10)圆 $x^2+y^2-6x+4y=0$ 上到原点距离最远的点是(   ).
A.$(-3,2)$ B.$(3,-2)$ C.$(6,4)$ D.$(-6,4)$ E.$(6,-4)$

【例34】(2010.10.23)直线 $y=k(x+2)$ 是圆 $x^2+y^2=1$ 的一条切线.
(1)$k=-\frac{\sqrt{3}}{3}$;(2)$k=\frac{\sqrt{3}}{3}$.

【例35】(2011.1.21)直线 $ax+by+3=0$ 被圆 $(x-2)^2+(y-1)^2=4$ 截得的线段的长度为 $2\sqrt{3}$.
(1)$a=0,b=-1$;(2)$a=-1,b=0$.

【例36】(2009.10.24)圆 $(x-3)^2+(y-4)^2=25$ 与圆 $(x-1)^2+(y-2)^2=r^2$ 相切.
(1)$r=5\pm2\sqrt{3}$;(2)$r=5\pm2\sqrt{2}$.

本章练习题

1. 已知三角形 ABC 的三个顶点的坐标分别为$(0,2),(-2,4),(5,0)$,则这个三角形的重心坐标为(   ).
A.$(1,2)$ B.$(1,3)$ C.$(-1,2)$ D.$(0,1)$ E.$(1,-1)$

2. 在 y 轴的截距为-3,且与直线 $2x+y+3=0$ 垂直的直线的方程是(   ).
A.$x-2y-6=0$ B.$2x-y+3=0$ C.$x-2y+3=0$ D.$x+2y+6=0$ E.$x-2y-3=0$

3. 直线 $l_1:y=1,l_2:x-y-7=0$ 分别与直线 l 交于 P,Q 两点,若 PQ 的中点为$(1,-1)$,则直线 l 的斜率是(   ).
A.$\frac{2}{3}$ B.$\frac{3}{2}$ C.$-\frac{4}{3}$ D.$-\frac{3}{4}$ E.$-\frac{2}{3}$

4. 过点 $A(2,0)$向圆 $x^2+y^2=1$ 作两条切线 AM 和 AN,如下图所示,则两切线和弧 MN 所围成的面积(图中阴影部分)为(   ).

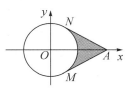

A.$1-\frac{\pi}{3}$ B.$1-\frac{\pi}{6}$ C.$\frac{\sqrt{3}}{2}-\frac{\pi}{6}$ D.$\sqrt{3}-\frac{\pi}{6}$ E.$\sqrt{3}-\frac{\pi}{3}$

5. 如下图所示,长方形 $ABCD$ 的两条边分别为 8 米和 6 米,四边形 $OEFG$ 的面积是 4 平方米,则阴影部分的面积为(   ).

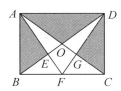

A.32 平方米   B.28 平方米   C.24 平方米   D.20 平方米   E.16 平方米

6. 如下图所示,一块面积为 400 平方米的正方形土地被分割成甲、乙、丙、丁四个小长方形区域作为不同的功能区域,它们的面积分别为 128,192,48 和 32 平方米. 乙的左下角划出一块正方形区域(阴影)作为公共区域,这块小正方形的面积为( )平方米.

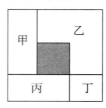

A. 16　　　　　B. 17　　　　　C. 18　　　　　D. 19　　　　　E. 20

7. P 是以 a 为边长的正方形, P_1 是以 P 的四边中点为顶点的正方形, P_2 是以 P_1 的四边中点为顶点的正方形, P_i 是以 P_{i-1} 的四边中点为顶点的正方形, 则 P_6 的面积是( ).

A. $\dfrac{a^2}{16}$　　B. $\dfrac{a^2}{32}$　　C. $\dfrac{a^2}{40}$　　D. $\dfrac{a^2}{48}$　　E. $\dfrac{a^2}{64}$

8. 圆柱体的表面积为其侧面积的 2 倍,底面圆的周长为 4π,则高为( ).

A. 1　　　　　B. 2　　　　　C. 3　　　　　D. 4　　　　　E. 5

9. 点 $A(1,-1)$ 关于直线 $x+y=1$ 的对称点 A' 是( ).

A. $(2,0)$　　B. $(1,2)$　　C. $(-1,0)$　　D. $(0,-2)$　　E. $(-1,1)$

10. 已知平行四边形两条邻边所在的直线方程是 $x+y-1=0,3x-y+4=0$,它的对角线的交点是 $M(3,3)$,则这个平行四边形其他两条边所在的直线方程为( ).

A. $3x-y-15=0, x+y-11=0$　　　　B. $3x-y-16=0, x+y-11=0$

C. $3x-y+1=0, x+y-8=0$　　　　D. $3x-y-11=0, x+y-16=0$

E. $3x-y+1=0, x+y-11=0$

11. 若圆 $C:(x+1)^2+(y-1)^2=1$ 与 x 轴交于 A 点,与 y 轴交于 B 点,则与此圆相切于劣弧 AB 的中点 M(注:小于半圆的弧称为劣弧)的切线方程是( ).

A. $y=x+2-\sqrt{2}$　　　　B. $y=x+1-\dfrac{1}{\sqrt{2}}$　　　　C. $y=x-1+\dfrac{1}{\sqrt{2}}$

D. $y=x-2+\sqrt{2}$　　　　E. $y=x+1-\sqrt{2}$

12. 设 P 是圆 $x^2+y^2=2$ 上的一点,该圆在点 P 的切线平行于直线 $x+y+2=0$,则点 P 的坐标为( ).

A. $(-1,1)$　　B. $(1,-1)$　　C. $(0,\sqrt{2})$　　D. $(\sqrt{2},0)$　　E. $(1,1)$

13. 已知圆 $C_1:(x+1)^2+(y-3)^2=9$,圆 $C_2:x^2+y^2-4x+2y-11=0$,则两圆公共弦长为( ).

A. $\dfrac{24}{5}$　　B. $\dfrac{22}{5}$　　C. 4　　D. $\dfrac{18}{5}$　　E. $\dfrac{16}{5}$

14. 圆 $(x-3)^2+(y+2)^2=4$ 关于 y 轴的对称图形的方程为( ).

A. $(x-3)^2+(y-2)^2=4$　　　　B. $(x+3)^2+(y+2)^2=4$

C. $(x+3)^2+(y-2)^2=4$　　　　D. $(3-x)^2+(y+2)^2=4$

E. $(3-x)^2+(y-2)^2=4$

15. 如图,矩形 ABCD 中,E 在 AD 上,且 EF⊥EC,EF=EC,DE=2,矩形的周长为16,则 AE 的长是(   ).

A. 3　　　　B. 4　　　　C. 5　　　　D. 7　　　　E. 8

16. 如图,周长为 68 的矩形 ABCD 被分成 7 个全等的矩形,则矩形 ABCD 的面积为(   ).

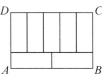

A. 98　　　　B. 96　　　　C. 280　　　　D. 284　　　　E. 152

17. 如图所示,以长 4 cm、宽 2 cm 的矩形的长边为直径作一个半圆,则图中阴影部分的面积为(   )cm².

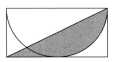

A. $\dfrac{1}{4}$　　　　B. $\dfrac{1}{2}$　　　　C. π　　　　D. $\dfrac{3}{2}$　　　　E. 2

18. 两相似三角形△ABC 与△DEF 的对应的中位线之比为 3:2,若 $S_{\triangle ABC}=a+3$,$S_{\triangle DEF}=a-3$,则 $a=$(   ).

A. 15　　　　B. $\dfrac{109}{15}$　　　　C. $\dfrac{39}{5}$　　　　D. 8　　　　E. 2

19. 如下图所示,△ABC 是直角三角形,四边形 IBFD 和四边形 HFGE 都是正方形,已知 AI=1,IB=4,则正方形 HFGE 的面积等于(   ).

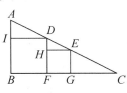

A. $10\dfrac{16}{25}$　　　　B. $10\dfrac{9}{16}$　　　　C. $10\dfrac{6}{25}$　　　　D. $10\dfrac{5}{16}$　　　　E. $10\dfrac{9}{25}$

20. 如下图所示,△ABC 中,ED 平行于 BC,BE 和 CD 交于 F 点,且 $S_{\triangle EFC}=3S_{\triangle DEF}$,求 $S_{\triangle ADE}:S_{\triangle ABC}=$(   ).

A. 1:6　　　　B. 1:9　　　　C. 2:9　　　　D. 1:8　　　　E. 1:4

21. 如下图所示,已知 AB=12 cm,且阴影部分甲的面积比阴影部分乙的面积大 15.48 cm²,则

BC 的长是( )cm.($\pi=3.14$)

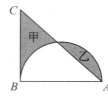

A.12　　　　B.10　　　　C.8　　　　D.6　　　　E.4

22. 如下图所示,在直角 $\triangle ABC$ 中,$\angle C=90°$,$|AC|=4$,$|BC|=2$,分别以 AC,BC 为直径画半圆,则图中阴影部分的面积为( ).

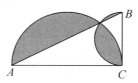

A.$2\pi-1$　　B.$3\pi-2$　　C.$3\pi-4$　　D.$\dfrac{5}{2}\pi-3$　　E.$\dfrac{5}{2}\pi-4$

23. 如下图所示,正方形 $ABCD$ 的边长为10,以 AB 为直径在正方形内画圆,以 AD 为半径画圆与对角线 BD 相交,则图中阴影部分的面积为( ).

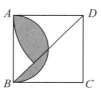

A.12.5π　　B.25　　C.$50-12.5\pi$　　D.$25\pi-50$　　E.$50\pi-50$

24. 长方体的一个顶点上三条棱的长分别是 a,b,c,若长方体所有棱长的和是24,一条对角线(体对角线)长度为5,体积是2,则 $\dfrac{1}{a}+\dfrac{1}{b}+\dfrac{1}{c}=$( ).

A.$\dfrac{11}{4}$　　B.$\dfrac{4}{11}$　　C.$\dfrac{11}{2}$　　D.$\dfrac{2}{11}$　　E.3

25. 甲乙两个圆柱体,甲的底面周长是乙的两倍,甲的高是乙的一半,则甲的体积是乙的( ).

A.一半　　B.一倍　　C.两倍　　D.三倍　　E.四倍

26. 某圆柱形量杯内装满了水,把一根 12 厘米长的玻璃棒(体积不计)放进杯内,调整玻璃棒,则玻璃棒最少露出水面 2 厘米,最多露出水面 4 厘米,则该圆柱形量杯的容量是( )立方厘米.

A.36π　　B.72π　　C.144π　　D.288π　　E.576π

27. 圆柱体上下两个底面积之和与它的侧面积相等,则该圆柱体底面半径 r 和高 h 之间的关系为( ).

A.$r=h$　　B.$r=2h$　　C.$r=3h$　　D.$2r=3h$　　E.$r=4h$

28. 棱长为1的正方体,其内切球、外接球的体积分别为( ).

A.$\dfrac{1}{6}\pi$、$\dfrac{\sqrt{2}}{3}\pi$　　B.$\dfrac{1}{6}\pi$、$\dfrac{\sqrt{3}}{2}\pi$　　C.$\dfrac{4}{3}\pi$、$\dfrac{8\sqrt{2}}{3}\pi$　　D.$\dfrac{4}{3}\pi$、$\dfrac{\sqrt{3}}{2}\pi$　　E.$\dfrac{4}{3}\pi$、$4\sqrt{3}\pi$

29. 半径为1的球,其内接正方体、外切正方体的表面积分别为( ).

A. 4、24 B. 4、48 C. 8、24 D. 8、48 E. 16、24

30. 如果一个圆柱的底面直径和高都与一个球的直径相等,则圆柱和球的体积比为( ).
   A. 1∶2 B. 3∶1 C. 3∶2 D. 2∶3 E. 2∶1

31. 长方体中,共顶点的三条棱的长分别为3、4、5,且它的八个顶点都在同一球面上,则这个球的表面积是( ).
   A. 25π B. 50π C. 75π D. 100π E. 250π

32. 将表面积为 36π、64π、100π 的三个实心金属球熔成一个实心金属大球,则该大球的表面积为( ).
   A. 121π B. 144π C. 169π D. 196π E. 225π

33. 已知半径为 5 的球被两个平行平面所截得的两个截面的周长分别为 6π 和 8π,则这两个截面间的距离等于( ).
   A. 1 B. 7 C. 5 或 9 D. 1 或 7 E. 9

34. 直线 $7x+3y-21=0$ 上到两坐标轴距离相等的点的个数是( ).
   A. 0 B. 1 C. 2 D. 3 E. 4

35. 由曲线 $|x|+|y|=1$ 所围成的图形的面积为( ).
   A. 1 B. $\sqrt{2}$ C. 2 D. $\sqrt{3}$ E. $2\sqrt{2}$

36. 过圆 $x^2+y^2-8x-2y+12=0$ 内的点 $P(3,0)$ 的最长的弦的直线方程是( ).
   A. $y=\dfrac{1}{3}x$ B. $x-2y-3=0$ C. $x-y-3=0$ D. $2x-y-6=0$ E. $x+y-3=0$

37. 已知 $A(5,2a-1)$,$B(a+1,a-4)$,当 $|AB|$ 取最小值时,实数 a 的值是( ).
   A. $-\dfrac{7}{2}$ B. $-\dfrac{1}{2}$ C. $\dfrac{1}{2}$ D. $\dfrac{7}{2}$ E. $\dfrac{2}{3}$

38. 若直线 $x+y=r$ 与圆 $x^2+y^2=r(r>0)$ 相切,则实数 r 的值等于( ).
   A. $\dfrac{\sqrt{2}}{2}$ B. 1 C. -2 D. 2 E. $\dfrac{1}{2}$

39. 直线 $(3-a)x+(2a-1)y+7=0$ 和 $(2a+1)x+(a+5)y-6=0$ 互相垂直,则 $a=$( ).
   A. $-\dfrac{1}{8}$ B. $\dfrac{1}{2}$ C. $\dfrac{1}{5}$ D. $\dfrac{1}{7}$ E. $\dfrac{1}{8}$

40. 已知两直线 $3x+2y-3=0$ 与 $6x+my+1=0$ 互相平行,则它们之间的距离为( ).
   A. 4 B. $\dfrac{12}{\sqrt{13}}$ C. $\dfrac{5}{2\sqrt{13}}$ D. $\dfrac{7}{2\sqrt{13}}$ E. $\dfrac{4}{\sqrt{13}}$

41. 圆 $x^2+y^2-4x-5=0$ 的弦 AB 以点 $P(3,1)$ 为中点,则直线 AB 的方程是( ).
   A. $x-3y=0$ B. $x+y-4=0$ C. $3x-y-8=0$ D. $x+2y-5=0$ E. $2x+y-7=0$

42. 圆 $(x-a)^2+(y-2)^2=4(a>0)$ 及直线 $x-y+3=0$,当直线被圆截得的弦长为 $2\sqrt{3}$ 时,$a=$( ).
   A. $\sqrt{2}$ B. $2-\sqrt{2}$ C. $\sqrt{2}-1$ D. $-\sqrt{2}-1$ E. $\pm\sqrt{2}-1$

43. 如下图所示,等腰梯形的上底与腰均为 x,下底为 $x+10$,则 $x=13$.
   (1)该梯形的上底与下底之比为 13∶23;(2)该梯形的面积为 216.

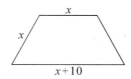

44. 两直线 l_1, l_2 相交,则它们相交所成的角的平分线方程为 $2x+16y+13=0$ 或 $56x-7y+39=0$.

(1) l_1 方程为 $4x-3y+1=0$; (2) l_2 方程为 $12x+5y+13=0$.

45. 直线 l 是圆 $x^2-2x+y^2+4y=0$ 的一条切线.

(1) l: $x-2y=0$; (2) l: $2x-y=0$.

参考答案

例题参考答案

【例1】答案 E. 三角形两边之和大于第三边必须同时满足 $\begin{cases} a+b>c \\ a+c>b \\ b+c>a \end{cases}$,所以条件(1)和条件(2)单独都不充分,联合条件(1)和条件(2)仍然缺少一个条件 $b+c>a$,也不充分. 故选 E.

【例2】答案 B. $S_{\triangle AEC}=S_{\triangle DEC}=S_{\triangle BED} \Rightarrow S_{\triangle BED}=\dfrac{1}{3}$.

$S_{\triangle BED}=S_{\triangle DEC} \Rightarrow BD=\dfrac{1}{2}BC \Rightarrow S_{\triangle ABD}=\dfrac{1}{2}$,所以 $S_{\triangle AED}=S_{\triangle ABD}-S_{\triangle BED}=\dfrac{1}{2}-\dfrac{1}{3}=\dfrac{1}{6}$.

【例3】答案 A. 条件(1):根据直角三角形面积公式得 $QR \cdot PR=PQ \cdot RS=2S_{\triangle PQR}$,所以条件(1)可以推出结论. 条件(2)显然无法推出结论. 故选 A.

【例4】答案 E. $S=\dfrac{1}{2}ab\sin C$(两边乘以夹角的正弦值),$S_{\triangle ABC}=\dfrac{1}{2}AB \cdot AC \cdot \sin A$,$S_{\triangle A'B'C'}$

$=\dfrac{1}{2}A'B' \cdot A'C' \cdot \sin A'$,因为 $\angle A+\angle A'=\pi$,所以 $\sin A=\sin A'$(互补正弦相等),又因为

$AB:A'B'=AC:A'C'=2:3$,所以 $\dfrac{S_{\triangle ABC}}{S_{\triangle A'B'C'}}=\left(\dfrac{2}{3}\right)^2=\dfrac{4}{9}$,所以选 E.

特殊技巧法——特值代入法.

$\triangle ABC$ 和 $\triangle A'B'C'$,满足 $AB:A'B'=AC:A'C'=2:3$, $\angle A+\angle A'=\pi$.

所以令: $AB=AC=2$, $A'B'=A'C'=3$, $\angle A=\angle A'=\dfrac{\pi}{2}$.

所以 $S_{\triangle ABC}=\dfrac{1}{2} \cdot AB \cdot AC=2$, $S_{\triangle A'B'C'}=\dfrac{1}{2} \cdot A'B' \cdot A'C'=\dfrac{9}{2}$.

所以 $\dfrac{S_{\triangle ABC}}{S_{\triangle A'B'C'}}=\dfrac{2}{\dfrac{9}{2}}=\dfrac{4}{9}$，所以选 E．

【例5】答案 A．因为重心与三角形的三个顶点构成的三个三角形的面积相等，故 $S_{\triangle ABC}=3S_{\triangle AOB}=9$．

【例6】答案 E．设三角形三条边长为 $1,2,\sqrt{3}$，故其面积为 $S=\dfrac{1}{2}\times 1\times \sqrt{3}=\dfrac{\sqrt{3}}{2}$，故内切圆的半径为 $r=\dfrac{2S}{a+b+c}=\dfrac{1}{\sqrt{3}+1}$，外接圆的半径 $R=\dfrac{abc}{4S}=1$，所以面积比 $=\dfrac{\pi\times 1^2}{\pi\times(\dfrac{1}{1+\sqrt{3}})^2}=4+2\sqrt{3}$．

【例7】答案 B．根据三角形燕尾定理可得：$\dfrac{y}{x+35}=\dfrac{4}{3}$，$\dfrac{y}{70}=\dfrac{x}{35}\Rightarrow x=70$．

【例8】答案 C．此题可应用鸟头定理（共角定理），单独显然都不充分，直接考虑联立，所以 $\dfrac{S_{\triangle ADE}}{S_{\triangle ABC}}=\dfrac{AD\cdot AE}{AB\cdot AC}=\dfrac{1}{6}$．

【例9】答案 D．如图所示，连接 AE，得 $AE\perp BC$，在 $\text{Rt}\triangle AEC$ 中，$AE=\sqrt{AC^2-EC^2}=4$．由等面积法可得 $S_{\triangle AEC}=\dfrac{AE\times EC}{2}=\dfrac{EF\times AC}{2}$，解得 $EF=2.4$．故选 D．

【例10】答案 C．$\angle BED=150°\Rightarrow \angle AEB=\angle EBC=180°-150°=30°$，又因为 BE 平分 $\angle ABC$，所以 $\angle ABE=30°$，所以 $\angle A=180°-\angle ABE-\angle AEB=120°$．故选 C．

【例11】答案 D．菱形对角线互相垂直且平分，故该菱形边长为 $\sqrt{3^2+4^2}=5$，所以该菱形周长为 $5\times 4=20$，菱形面积 $=6\times 8\div 2=24$．故选 D．

【例12】答案 C．

$\triangle ADE\backsim \triangle CBE\Rightarrow \dfrac{DE}{BE}=\dfrac{5}{7}\Rightarrow \begin{cases}\dfrac{BE}{BD}=\dfrac{7}{12}\\ \dfrac{DE}{BD}=\dfrac{5}{12}\end{cases}$

$\triangle BME\backsim \triangle BAD\Rightarrow \dfrac{ME}{AD}=\dfrac{BE}{BD}=\dfrac{7}{12}$

$\triangle DNE\backsim \triangle DBC\Rightarrow \dfrac{NE}{BC}=\dfrac{DE}{BD}=\dfrac{5}{12}$

$$MN = ME + NE = AD \cdot \frac{7}{12} + BC \cdot \frac{5}{12} = \frac{35}{6}.$$

【例13】答案 E.

观察可知,$\begin{cases} S_{实} = 3S_{正方形} - 2S_{正三角形} - 3S_{等腰三角形} \\ S_{正三角形} = 3S_{等腰三角形} \\ S_{实} = 3S_{正方形} - 3S_{正三角形} = 3 - \frac{3}{4}\sqrt{3} \end{cases}$

【例14】答案 A. BC 的中点为 O,连接 AO. $\angle ABC = 30°$,显然有 $\angle AOB = 120°$,故阴影部分的面积为 $S = S_{扇形AOB} - S_{\triangle AOB} = \frac{1}{3}\pi \times 2^2 - \frac{1}{2} \times 2 \times 2 \times \sin 120° = \frac{4}{3}\pi - \sqrt{3}$. (对三角函数不熟悉,也可作垂线,形成 $30°$ 直角三角形求解)

【例15】答案 B. $\angle COB = \angle CAO + \angle ACO = 2\angle ACO = 60°$,所以弧 $BC = \pi \cdot 6 \cdot \frac{60°}{360°} = \pi$. 故选 B.

【例16】答案 B. 正方形 $EFGH$ 的对角线等于圆的直径,也等于正方形 $ABCD$ 的边长. 因为正方形面积 $= \frac{1}{2}$ 对角线的平方,所以正方形 $EFGH$ 的面积 $= \frac{1}{2} \times 1^2 = \frac{1}{2}$. 故选 B.

【例17】答案 C. $S_{阴影BFD} = S_{扇形ABF} - S_{扇形BCD} - S_{\triangle ACD} = \frac{1}{8} \cdot \pi \cdot 2^2 - \frac{1}{4} \cdot \pi \cdot 1^2 - \frac{1}{2} \cdot 1 \cdot 1 = \frac{\pi}{4} - \frac{1}{2}$. 故所求阴影部分面积 $= 2\left(\frac{\pi}{4} - \frac{1}{2}\right) = \frac{\pi}{2} - 1$. 故选 C.

【例18】答案 E.

方法一:连接 OA,OB 可得一个三角形,可知半圆面积减去三角形面积,等于一片叶子的面积,即一片叶子的面积为 $\frac{1}{2}\pi r^2 - \frac{1}{2} \times 1 \times \frac{1}{2} = \frac{1}{8}\pi - \frac{1}{4}$,因此四片叶子的面积为 $4 \times \left(\frac{1}{8}\pi - \frac{1}{4}\right)$,所以 $S_{阴} = 1 - 4\left(\frac{1}{8}\pi - \frac{1}{4}\right) = 2 - \frac{\pi}{2}$.

方法二:4 个半圆的面积 $-$ 正方形面积 $= 4$ 片叶子的面积. 所以 4 片叶子的面积 $= 4 \times \frac{1}{2}\pi r^2 - 1 = \frac{1}{2}\pi - 1$,所以 $S_{阴} = 1 - \left(\frac{1}{2}\pi - 1\right) = 2 - \frac{\pi}{2}$.

【例19】答案 C. 设长方体棱长为 a,b,c,单独都不能成立,联合条件(1)和(2)得:
$\begin{cases} a^2 + b^2 + c^2 = 24 \\ 2(ab + bc + ac) = 25 \end{cases} \Rightarrow (a+b+c)^2 = a^2 + b^2 + c^2 + 2(ab + bc + ac) = 49 \Rightarrow a+b+c = 7$,则棱长之和为 $4(a+b+c) = 28$,故联立后充分.

【例20】答案 D. 根据题意,长:宽:高 $= 6:3:2$. 长方体有 12 条棱,共计 4 组长宽高,所以长十宽十高＝220÷4＝55(厘米).所以长方体的长为 55÷(6+3+2)×6＝30(厘米),同理宽为 15 厘米,高为 10 厘米,所以该长方体的体积是 30×15×10＝4500(立方厘米).故选 D.

【例21】答案 C.设长方体棱长为 a,b,c 得：

$$\begin{cases} ab=6 \\ ac=8 \\ bc=12 \end{cases} \Rightarrow \begin{cases} a=2 \\ b=3 \\ c=4 \end{cases} \Rightarrow V=abc=24.$$

【例22】答案 C.内管半径为 $\frac{1.8}{2}=0.9$,外管半径为 $0.9+0.1=1$.

所以正方体体积为：$\pi×1^2×2-\pi×0.9^2×2=0.38\pi≈1.19$,所以选 C.

【例23】答案 D.由题意可得,$S=\frac{4\pi}{6}-\frac{1}{2}×2×2×\frac{\sqrt{3}}{2}=\frac{2\pi}{3}-\sqrt{3}$.

$V=3S=2\pi-3\sqrt{3}$,所以选 D.

【例24】答案 C.设桶高为 h,水桶直立时水高为 l,由题意可知劣弧 AB 所对的圆心角为 $90°$,故图中阴影部分的面积为 $S_{阴}=\frac{1}{4}\pi r^2-\frac{1}{2}r^2$,由于桶内水的体积不变,故 $V_{水}=\pi r^2 l=S_{阴}·h$

$=(\frac{1}{4}\pi r^2-\frac{1}{2}r^2)h \Rightarrow \frac{l}{h}=\frac{1}{4}-\frac{1}{2\pi}$.

【例25】答案 B.设大球的半径为 R,则 $V=\frac{4}{3}\pi R^3=4\pi+32\pi \Rightarrow R=3$,故表面积 $S=4\pi R^2=36\pi$.

【例26】答案 B.球体的内接正方体,正方体的体对角线与球体的直径相等,所以 $2R=\sqrt{3}a \Rightarrow a$

$=\frac{2}{\sqrt{3}}R \Rightarrow V=a^3=\frac{8\sqrt{3}}{9}R^3$.

【例27】答案 C.AB 中点的坐标为 $x=\frac{2+4}{2}=3,y=\frac{8+6}{2}=7$,$C$ 到 AB 中点的距离 $d=$

$\sqrt{(1-3)^2+(2-7)^2}=\sqrt{4+25}=\sqrt{29}$.

【例28】答案 B.由题意可得,AB 所在直线方程是 $y=x-1$,又因为 $ABCD$ 是正方形,所以 $AB // CD$,所以 CD 所在直线方程是 $y=x+b$ 的形式.观察选项并结合图像.故选 B.

【例29】答案 A.条件(1):点 (x,y) 关于直线 $x-y+c=0$ 的对称点的坐标为 $(y-c,x+c)$;所以点 $A(1,0)$ 关于直线 $x-y+1=0$ 的对称点为 $(-1,2)$,故 $a=-4$,条件(1)充分.条件(2):两条直线垂直,则 $(2+a)a+5(2+a)=0 \Rightarrow (2+a)(a+5)=0 \Rightarrow a=-2,a=-5$,条件(2)不充分.

【例30】答案 A.

方法一：直线 $(a-1)x-y+2a+1=0(a \in \mathbf{R})$,可以理解为两条直线 $a(x+2)=0$ 与 $x+y-1$ $=0$ 所成的直线系,恒过两直线的交点 $(-2,3)$.

103

方法二：令 $a=1$,可得 $y=3$;再令 $a=0$,即 $-x-y+1=0$,可得 $x=-2$,可知直线恒过点 $(-2,3)$.

方法三：恒过某点,意味着与 a 无关,观察当 $x=-2$ 时,关于 a 的项抵消,此时 $y=3$,所以直线恒过点 $(-2,3)$.

【例31】答案 E. 设抛物线方程为 $y=ax^2+bx+c$,因为 y 轴为对称轴,所以 $b=0$. 又因为抛物线过原点,所以 $c=0$. 故该抛物线方程为 $y=ax^2$,将 $\left(-1,\dfrac{1}{2}\right)$ 代入,得抛物线方程为 $y=\dfrac{1}{2}x^2$. 直线 l 过点 $\left(1,\dfrac{5}{2}\right)$ 和点 $\left(0,\dfrac{3}{2}\right)$,可求得直线的方程为 $y=x+\dfrac{3}{2}$. 联立方程 $\begin{cases} y=\dfrac{1}{2}x^2 \\ y=x+\dfrac{3}{2} \end{cases}$,化简得 $x^2-2x-3=0$. 求出两交点坐标为 $\left(3,\dfrac{9}{2}\right)$ 和 $\left(-1,\dfrac{1}{2}\right)$,两点距离为 $4\sqrt{2}$. 故选 E.

【例32】答案 C. 直线 $y=x+b$ 和曲线 $y=\dfrac{4}{x}$ 相交得到 $y=x+b=\dfrac{4}{x}\Rightarrow x^2+bx-4=0$,则方程的两根有：$x_1+x_2=-b$,$x_1x_2=-4$. 设点 $A(x_1,x_1+b)$,$B(x_2,x_2+b)$,则 $AB=\sqrt{(x_1-x_2)^2+[x_1+b-(x_2+b)]^2}=\sqrt{2}\sqrt{(x_1-x_2)^2}=\sqrt{2}\sqrt{(x_1+x_2)^2-4x_1x_2}=\sqrt{2}\sqrt{b^2+16}$. 对于条件(1),$b$ 有两个值,不能确定 b;对于(2),A 的横坐标小于纵坐标,$b>0$,显然联合(1)(2)可以确定 b 的值,如下草图可以加深理解.

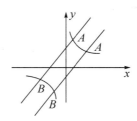

【例33】答案 E. 圆 $x^2+y^2-6x+4y=(x-3)^2+(y+2)^2-13$,圆心 $(3,-2)$ 且过 $(0,0)$ 点,到原点最远的点一定是过 $(0,0)$ 与 $(3,-2)$ 延长线与圆相交的点,观察答案可得 $(6,-4)$,所以选 E.

【例34】答案 D. 将直线方程化为一般式为 $kx-y+2k=0$. 直线与圆相切说明圆心到直线的距离等于半径,得 $\dfrac{|2k|}{\sqrt{k^2+1}}=1$. 解得 $k=\pm\dfrac{\sqrt{3}}{3}$. 所以,条件(1)和条件(2)都充分.

【例35】答案 B. 条件(1)：将 $a=0$,$b=-1$ 代入直线方程,得 $-y+3=0$,$y=3$. 圆心到直线的距离为 2,直线与圆相切,所以条件(1)不充分. 条件(2)：将 $a=-1$,$b=0$ 代入直线方程,得 $-x+3=0$,$x=3$. 圆心到直线的距离为 1,弦长 $2\sqrt{r^2-d^2}=2\sqrt{3}$,所以条件(2)充分.

【例36】答案 B. 两圆的圆心距 d 等于 $\sqrt{(3-1)^2+(4-2)^2}=2\sqrt{2}$. 若两圆外切,圆心距等于两圆半径之和,$d=5+r=2\sqrt{2}$,$r=2\sqrt{2}-5<0$,不成立;若两圆内切,圆心距等于两圆半径之差,$d$

$=|5-r|=2\sqrt{2}, r=5\pm 2\sqrt{2}$,所以条件(1)不充分,条件(2)充分.

练习题参考答案

1. 答案 A. 横坐标为 $\dfrac{x_1+x_2+x_3}{3}=\dfrac{0-2+5}{3}=1$;纵坐标为 $\dfrac{y_1+y_2+y_3}{3}=\dfrac{2+4+0}{3}=2$. 故重心坐标为 $(1,2)$.

2. 答案 A. 与直线 $2x+y+3=0$ 垂直的直线的斜率为 $\dfrac{1}{2}$,故设此直线为 $y=\dfrac{1}{2}x+b$,此直线在 y 轴的截距为 -3,故 $b=-3$. 所以直线方程为 $y=\dfrac{1}{2}x-3$,即 $x-2y-6=0$.

3. 答案 E. 设 $P(x_1,1), Q(x_2,x_2-7)$,则 $\begin{cases}\dfrac{x_1+x_2}{2}=1\\ \dfrac{1+x_2-7}{2}=-1\end{cases}\Rightarrow\begin{cases}x_1=-2\\ x_2=4\end{cases}$,所以 $P(-2,1), Q(4,-3)$,则 l 的斜率为 $\dfrac{-3-1}{4+2}=-\dfrac{2}{3}$.

4. 答案 E. 连接 ON,则 $ON\perp AN$, $|ON|=1, |OA|=2$,则 $|AN|=\sqrt{3}$, $\angle AON=\dfrac{\pi}{3}$. 阴影面积 $S=2\times(\dfrac{1}{2}\times 1\times\sqrt{3}-\dfrac{\pi}{6}\times 1^2)=\sqrt{3}-\dfrac{\pi}{3}$.

5. 答案 B.
$S_{阴影}=S_{矩形ABCD}-S_{\triangle ACF}-S_{\triangle DBF}+S_{四边形OEFG}$
$=8\times 6-\dfrac{1}{2}\times|BF|\times|AB|-\dfrac{1}{2}\times|CF|\times|AB|+4$
$=48-\dfrac{1}{2}\times|BC|\times|AB|+4$
$=48-24+4=28$.

6. 答案 A. 大正方形的面积为 400 平方米,所以边长为 20 米. 丙和丁的面积之和为 80 平方米,所以丙和丁的宽为 4 米. 所以丙的长为 12 米,甲的长为 16 米. 所以甲的宽为 $\dfrac{128}{16}=8$(米),所以小正方形的边长为 $12-8=4$(米),面积为 $4\times 4=16$(平方米).

7. 答案 E. P_1 的边长为 $\dfrac{\sqrt{2}}{2}a$,所以 P_1 的面积为 $(\dfrac{\sqrt{2}}{2}a)^2=\dfrac{1}{2}a^2$. 所以从 P_1 开始,各个正方形的面积组成首项 $\dfrac{1}{2}a^2$,公比为 $\dfrac{1}{2}$ 的等比数列. P_6 的面积为 $\dfrac{1}{2}a^2\times(\dfrac{1}{2})^5=\dfrac{1}{64}a^2$.

8. 答案 B. 底面周长 $=4\pi\Rightarrow r=2$,设高 $h\Rightarrow\dfrac{2\pi r^2+2\pi rh}{2\pi rh}=\dfrac{r+h}{h}=2\Rightarrow h=2$.

9. 答案 A. 设对称点 A' 的坐标为 (x_0,y_0),则 $\begin{cases}\dfrac{y_0+1}{x_0-1}=1\\ \dfrac{1+x_0}{2}+\dfrac{-1+y_0}{2}=1\end{cases}\Rightarrow\begin{cases}x_0=2\\ y_0=0\end{cases}$

10. 答案 B. 方法一：设与 $x+y-1=0$ 相对的边方程为 $x+y+c=0$，由平行四边形的中心到对边的距离相等，可得 $\dfrac{|3+3-1|}{\sqrt{1+1}}=\dfrac{|3+3+c|}{\sqrt{1+1}}$，解得 $|6+c|=5$，可得 $c=-1$（舍去）或 -11，所以此边的方程为 $x+y-11=0$.

同样方法可以求出另外一边的方程为 $3x-y-16=0$.

方法二：设这个平行四边形的四个顶点分别为 A,B,C,D，解方程组 $\begin{cases} x+y=1 \\ 3x-y=-4 \end{cases}$，解得 $A\left(-\dfrac{3}{4},\dfrac{7}{4}\right)$. 设此平行四边形未知的两条边的交点坐标 $C(x,y)$，对角线的交点 $M(3,3)$ 是 AC 的中点，所以 $\dfrac{x+(-\dfrac{3}{4})}{2}=3,\dfrac{y+\dfrac{7}{4}}{2}=3$，解得 $x=\dfrac{27}{4},y=\dfrac{17}{4}$，即 C 点的坐标为 $\left(\dfrac{27}{4},\dfrac{17}{4}\right)$. 设未知的两条边所在的直线方程分别为 $x+y+a=0,3x-y+b=0$，把 C 点坐标分别代入上述两个方程，得 $a=-11,b=-16$，所以，两条边的方程分别为 $3x-y-16=0,x+y-11=0$.

11. 答案 A. 画图像可知此切线的斜率为 1，设切线的方程为 $y=x+b$，圆心 $(-1,1)$ 到切线的距离等于 1，即 $\dfrac{|-1-1+b|}{\sqrt{1^2+1^2}}=1 \Rightarrow |b-2|=\sqrt{2}$. 所以 $b=2+\sqrt{2}$（舍去）或 $b=2-\sqrt{2}$，故切线方程为 $y=x+2-\sqrt{2}$.

12. 答案 E. 设过点 P 的切线为 $x+y+C=0$，圆心到直线的距离等于半径，则有 $\dfrac{|C|}{\sqrt{1+1}}=\sqrt{2}$，解得 $C=2$ 或 $C=-2$，显然，过点 P 的切线应为 $x+y-2=0$，联立圆和直线的方程，得 $\begin{cases} x+y-2=0 \\ x^2+y^2=2 \end{cases}$，解得 $x=1,y=1$.

13. 答案 A. 方法一：圆 C_1 的方程可化为 $x^2+y^2+2x-6y+1=0$.

求解 $\begin{cases} x^2+y^2+2x-6y+1=0 \\ x^2+y^2-4x+2y-11=0 \end{cases}$，解得两圆交点 $\begin{cases} x_1=2 \\ y_1=3 \end{cases}$，

或 $\begin{cases} x_2=-\dfrac{46}{25} \\ y_2=\dfrac{3}{25} \end{cases}$，两交点的距离即为公共弦长，即 $\sqrt{\left(\dfrac{96}{25}\right)^2+\left(\dfrac{72}{25}\right)^2}=\dfrac{24}{5}$.

方法二：两个圆的方程相减，即为两个圆的公共弦所在直线的方程，故两圆的公共弦所在直线方程为 $(x^2+y^2+2x-6y+1)-(x^2+y^2-4x+2y-11)=0$.

化简得 $3x-4y+6=0$. 圆 C_1 到交点弦的距离 $d=\dfrac{|3\times(-1)-4\times 3+6|}{\sqrt{3^2+(-4)^2}}=\dfrac{9}{5}$，故交点弦长 $l=2\sqrt{r^2-d^2}=2\sqrt{3^2-\left(\dfrac{9}{5}\right)^2}=\dfrac{24}{5}$.

14. 答案 B. 圆的对称图形还是圆，并且半径不变. 圆心是原来的圆心 $(3,-2)$ 关于 y 轴的对称点 $(-3,-2)$. 根据圆的标准方程，可得对称图形的方程为 $(x+3)^2+(y+2)^2=4$.

15. 答案 A. 由 $\angle A = \angle D$, $\angle AEF = \angle DCE$, $EF = EC$ 可得, $\triangle AEF \cong \triangle DCE$, 所以 $DC = AE$, 由矩形的周长为 16 可得, $AE + ED + DC = 8$, 可得 $AE = 3$.

16. 答案 C. 设小矩形的长为 y, 宽为 x, 则 $\begin{cases} 6x + y = 34 \\ 3y + x = 34 \end{cases} \Rightarrow \begin{cases} x = 4 \\ y = 10 \end{cases}$, 所以矩形 $ABCD$ 的面积为 $(10 + 10) \times (10 + 4) = 280$.

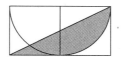

17. 答案 C. 如图所示, 根据对称性可知左下角阴影三角形的面积等于右上角空白三角形的面积, 故整个阴影部分的面积恰为四分之一圆的面积, 即 $S = \dfrac{1}{4} \times \pi \times 2^2 = \pi$.

18. 答案 C. 相似三角形的面积比为相似比的平方, 对应中线也是相似比的一种, 所以 $\dfrac{S_{\triangle ABC}}{S_{\triangle DEF}} = \dfrac{a+3}{a-3} = \left(\dfrac{3}{2}\right)^2 \Rightarrow a = \dfrac{39}{5}$.

19. 答案 C. 设 $DH = x$, 则 $\triangle AID \sim \triangle DHE$, 所以 $\dfrac{AI}{DH} = \dfrac{ID}{HE} \Rightarrow \dfrac{1}{x} = \dfrac{4}{4-x} \Rightarrow x = \dfrac{4}{5}$, 正方形 $HFGE$ 面积等于 $\left(4 - \dfrac{4}{5}\right)^2 = 10\dfrac{6}{25}$.

20. 答案 B. 设 $S_{\triangle DEF} = x$, 则 $S_{\triangle EFC} = 3x$, $S_{\triangle DBF} = 3x$, 所以 $S_{\triangle BCF} = 9x$ 可得, 所以 $\dfrac{S_{\triangle DEF}}{S_{\triangle BCF}} = \dfrac{1}{9} = \left(\dfrac{DE}{BC}\right)^2$, 而 $\triangle ADE \sim \triangle ABC$, 故 $\dfrac{S_{\triangle ADE}}{S_{\triangle ABC}} = \left(\dfrac{DE}{BC}\right)^2 = \dfrac{1}{9}$.

21. 答案 A.

设空白部分面积为 x, 则 $\begin{cases} 甲 - 乙 = 15.48 \\ 甲 + x = \dfrac{1}{2} |AB| \times |BC| \\ 乙 + x = \dfrac{1}{2} \pi \times 6^2 \end{cases} \Rightarrow |BC| = 12$.

22. 答案 E. $S_{半圆 AC} + S_{半圆 BC} - S_{\triangle ABC} = \dfrac{1}{2} \pi \cdot 2^2 + \dfrac{1}{2} \pi \cdot 1^2 - \dfrac{1}{2} \cdot 4 \cdot 2 = \dfrac{5}{2}\pi - 4$.

23. 答案 D.

$S_{半圆 AB} + \dfrac{1}{4} S_{半圆 AD} - S_{\triangle ABD} = \dfrac{1}{2} \pi \cdot 5^2 + \dfrac{1}{8} \pi \cdot 10^2 - \dfrac{1}{2} \cdot 10^2 = 25\pi - 50$.

24. 答案 A. 根据题意有 $\begin{cases} 4(a+b+c) = 24 \\ \sqrt{a^2+b^2+c^2} = 5 \\ abc = 2 \end{cases}$, 故: $\dfrac{1}{a} + \dfrac{1}{b} + \dfrac{1}{c} = \dfrac{ab+bc+ac}{abc} = \dfrac{1}{2abc}[(a+b+c)^2 - (a^2+b^2+c^2)] = \dfrac{1}{2 \times 2}(6^2 - 5^2) = \dfrac{11}{4}$.

25. 答案 C. 甲的底面周长是乙的两倍, 故甲的底面面积是乙的四倍; 又甲的高是乙的一半, 故根

圆柱体的体积公式 $V=Sh$ 可知甲的体积是乙的两倍.

26. 答案 B. 根据题干试验可知圆柱形量杯的高为 8 厘米,其轴截面的对角线长为 10 厘米,故量杯的底面直径长 6 厘米,因此该量杯的容量 $V=Sh=\pi\times 3^2\times 8=72\pi$(立方厘米).

27. 答案 A. 根据题意有 $2\pi r^2=2\pi rh\Rightarrow r=h$.

28. 答案 B. 正方体的内切球直径为其边长 1,故其体积 $V_1=\dfrac{4}{3}\pi\times(\dfrac{1}{2})^3=\dfrac{1}{6}\pi$;正方体的外接球直径为其对角线长 $\sqrt{3}$,故其体积为 $V_2=\dfrac{4}{3}\pi\times(\dfrac{\sqrt{3}}{2})^3=\dfrac{\sqrt{3}}{2}\pi$.

29. 答案 C. 球内接正方体的体对角线长为其直径 2,故该正方体的边长为 $\dfrac{2}{\sqrt{3}}$,其表面积 $S_1=6\times(\dfrac{2}{\sqrt{3}})^2=8$;球外切正方体的边长为其直径 2,故该正方体的表面积为 $S_2=6\times(2)^2=24$.

30. 答案 C. 设圆柱的底面半径为 r,则圆柱与球的体积比 $\dfrac{V_1}{V_2}=\dfrac{\pi r^2\cdot 2r}{\dfrac{4}{3}\pi r^3}=\dfrac{3}{2}$.

31. 答案 B. 长方体外接球的直径为其体对角线,故该球的表面积 $S=4\pi r^2=\pi d^2=\pi(3^2+4^2+5^2)=50\pi$.

32. 答案 B. 易知三个小球的半径分别为 3、4、5,故大球的体积为 $\dfrac{4}{3}\pi(3^3+4^3+5^3)=\dfrac{4}{3}\pi\times 216$,可得大球的半径为 6,其表面积为 $4\pi\times 6^2=144\pi$.

33. 答案 D. 易知两个截面的半径分别为 3 和 4,所属平面与与之平行的大圆之间的距离为 4 和 3,故两个平面间的距离为 1(同侧)或 7(异侧).

34. 答案 C. 到两坐标轴相等的点,意味着与直线 $y=x$ 和 $y=-x$ 都要有交点.由直线方程可知该方程经过第一、二、四象限,所以到两坐标轴距离相等的点只能在第一和第四象限,所以有两个.

35. 答案 C. 由图像知曲线 $|x|+|y|=1$ 所围成的图形的面积是 2.

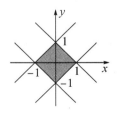

36. 答案 C. 经过圆内的一点最长的弦是经过该点的直径,由圆的方程 $x^2+y^2-8x-2y+12=0$ $\Rightarrow(x-4)^2+(y-1)^2=5$,所以该直线方程经过 $(3,0)$ 和 $(4,1)$ 两点,所以根据两点式可以求出该直线方程是 $x-y-3=0$.

37. 答案 C. $|AB|=\sqrt{(a+1-5)^2+(a-4-2a+1)^2}=\sqrt{2(a-\dfrac{1}{2})^2+\dfrac{49}{2}}$,所以当 $a=\dfrac{1}{2}$ 时,$|AB|$ 取最小值.

38. 答案 D. 由题意可得,圆心到直线的距离等于圆的半径,即 $\dfrac{|-r|}{\sqrt{1^2+1^2}}=\sqrt{r}\Rightarrow r=2$.

39. 答案 D. 由题意知 $(3-a)(2a+1)+(2a-1)(a+5)=0\Rightarrow a=\dfrac{1}{7}$.

40. 答案 D. 由题意知,$\dfrac{3}{6}=\dfrac{2}{m}\Rightarrow m=4$,在直线 $3x+2y-3=0$ 上任意取一点 $(1,0)$,则该点到直线 $6x+4y+1=0$ 的距离为 $\dfrac{|6+1|}{\sqrt{6^2+4^2}}=\dfrac{7}{2\sqrt{13}}$.

41. 答案 B. 圆 $x^2+y^2-4x-5=0\Rightarrow(x-2)^2+y^2=9$,圆心 O 为 (x_0,y_0),连接 OP,则 $OP\perp AB$,OP 的斜率为 1,所以直线 AB 的斜率为 -1,由点斜式可知直线 AB 的方程为 $x+y-4=0$.

42. 答案 C. 由题,圆心 $(a,2)$,$r=2$.

圆心到直线的距离 $d=\dfrac{|a-2+3|}{\sqrt{1^2+1^2}}=\sqrt{r^2-(\sqrt{3})^2}=1\Rightarrow a=\pm\sqrt{2}-1$(舍负).

43. 答案 D. 条件(1):$\dfrac{x}{x+10}=\dfrac{13}{23}$,解得 $x=13$,充分.

条件(2):$\dfrac{x+x+10}{2}\times\sqrt{x^2-25}=216$,解得 $x=13$,充分.

44. 答案 C. 显然条件(1)和条件(2)单独均不充分,联立两个条件.

设 (x,y) 为角平分线上的点,则点 (x,y) 到直线距离相等,有 $\dfrac{|4x-3y+1|}{\sqrt{4^2+3^2}}=\dfrac{|12x+5y+13|}{\sqrt{12^2+5^2}}$,

即 $13\times(4x-3y+1)=\pm5\times(12x+5y+13)$,化简,可得 $2x+16y+13=0$ 或 $56x-7y+39=0$,可见联立两个条件充分.

45. 答案 A. 圆 $x^2-2x+y^2+4y=0$ 的圆心为 $(1,-2)$,半径为 $\sqrt{5}$. 条件(1):圆心到直线的距离为 $\dfrac{|1-2\times(-2)|}{\sqrt{1+4}}=\sqrt{5}$,所以条件(1)充分. 条件(2):圆心到直线的距离为 $\dfrac{|2-(-2)|}{\sqrt{1+4}}=\dfrac{4}{\sqrt{5}}$,所以条件(2)不充分.

第六章 排列组合与概率数据

第一节 排列组合原理

考点 42　加法和乘法原理

1. 分类计数原理（加法原理）

如果完成一件事有 n 类办法，只要选择其中一类办法中的任何一种方法，就可以完成这件事，若第一类办法中有 m_1 种不同的方法，第二类办法中有 m_2 种不同的方法，…，第 n 类办法中有 m_n 种不同的方法，那么完成这件事共有 $N=m_1+m_2+\cdots+m_n$ 种不同的方法.

2. 分步计数原理（乘法原理）

如果完成一件事，必须依次连续地完成 n 个步骤，这件事才能完成，若完成第一个步骤有 m_1 种不同的方法，完成第二个步骤有 m_2 种不同的方法，…，完成第 n 个步骤有 m_n 种不同的方法，那么完成这件事共有 $N=m_1\cdot m_2\cdot\cdots\cdot m_n$ 种不同的方法.

【例1】从甲地到乙地，可以乘火车，也可以乘汽车，还可以乘轮船.一天中，火车有 4 班，汽车有 2 班，轮船有 3 班，那么一天中乘坐这些交通工具从甲地到乙地共有多少种不同的走法？

【例2】如图，由 A 村去 B 村的道路有 2 条，由 B 村去 C 村的道路有 3 条，从 A 村经 B 村去 C 村时，共有多少种不同的走法？

【例3】（2007.10.7）有 5 人报名参加 3 项不同的培训，每人都只报一项，则不同的报法有（　　）种.

　　A.243　　　　B.125　　　　C.81　　　　D.60　　　　E.以上选项均不正确

考点 43　排列数、组合数

一、排列与排列数

1. 排列数定义

从 n 个不同元素中取出 $m(m\leqslant n)$ 个元素的所有排列的种数，称为从 n 个不同元素中取出 m 个不同元素的排列数，记作 P_n^m 或 A_n^m，当 $m=n$ 时，即从 n 个不同元素中取出 n 个元素的排列，叫作 n 个元素的全排列，也叫 n 的阶乘，用符号 $n!$ 表示.

2. 排列数公式

(1) 规定 $A_n^0 = 1$.

(2) $A_n^m = n(n-1)(n-2)\cdots(n-m+1) = \dfrac{n!}{(n-m)!}$.

(3) $A_n^n = n(n-1)(n-2)\cdots 3 \times 2 \times 1 = n!$.

(4) $A_n^m = A_n^k \cdot A_{n-k}^{m-k} (m \geqslant k)$.

二、组合与组合数

1. 组合数定义

从 n 个不同元素中任取 $m(m \leqslant n)$ 个元素的所有不同组合的个数,叫作从 n 个不同元素中任取 m 个元素的组合数,用符号 C_n^m 表示.

2. 组合数公式

(1) 规定 $C_n^0 = C_n^n = 1$.

(2) $C_n^m = \dfrac{A_n^m}{m!} = \dfrac{n(n-1)\cdots(n-m+1)}{m(m-1)\cdots 2 \times 1}$,则 $A_n^m = C_n^m \cdot A_m^m$.

(3) $C_n^m = C_n^{n-m}$.

三、组合与排列的联系和区别

条件	组合数	排列数	备注
1	n 个不同的元素	n 个不同的元素	相同
2	任取 m 个	任取 m 个	相同
3	并为一组,不讲究顺序	并为一组后,排序	关键区别

从上面的分析可以看出,排列的过程包含了分组的步骤,分组不要求组内元素排序,而排列在选取元素后(实质就是在分组),还要求组内元素按一定顺序排列,这从两者的公式联系中有所体现.

简单排列组合问题以及两个原理的应用.

(1) 分清组合与排列的区别:只要求每个组里的元素不同,是组合问题;若对顺序有要求,则是排列问题.

(2) 解决这类问题的关键是准确分组与排列、分类与分步.

① 排列问题,先分组,再排列;

② 分类问题,先分类,再分步,最后相加.

【例4】(2010.10.24) $C_{31}^{4n-1} = C_{31}^{n+7}$.

(1) $n^2 - 7n + 12 = 0$;(2) $n^2 - 10n + 24 = 0$.

【例5】(2012.1.5)某商店经营 15 种商品,每次在橱窗内陈列 5 种,若每次陈列的商品不完全相同,则最多可陈列( )种.

A. 3000　　　　B. 3003　　　　C. 4000　　　　D. 4003　　　　E. 4300

【例6】某商店经营15种商品,每次在橱窗内陈列5种,若每次陈列的商品不完全相同,则按不同顺序的陈列方式有(　　)种.

A. 360 360　　　B. 160 160　　　C. 4000　　　　D. 4003　　　　E. 4300

【例7】某区乒乓球的队员有11人是甲学校学生,4人是乙学校学生,5人是丙学校学生,现从这20人中随机选出2人配对双打,则此2人不属于同一学校的所有选法共有(　　)种.

A. 91　　　　　B. 119　　　　　C. 190　　　　　D. 200　　　　　E. 210

四、排列组合解题总体思考原则

排列组合不同于前述所有数学内容,重在考查考生的思维方式.其知识点并不复杂,复杂的是在不同场景下到底是只选择排列,还是只选择组合,又或者排列和组合都需要.要理解这个问题,考生需要建立一些宏观思维,否则在遇到排列组合的各类问题时很容易出错,有时即使做对了,也显得很牵强,无法理解到问题的本质,不能举一反三.

1. 分类讨论思想

分类讨论的核心思想就是加法原理,当场景适用的对象有多种可能性时,我们可以将这些可能性一一罗列出来,分情况讨论,最后用加法原理相加.分类讨论的思想,往往可以把复杂问题简单化,能直观地理解解题思路.分类讨论思想要注意,在讨论时,要穷尽所有的可能情况,比如上述的【例7】.

2. 先取后排思想

先取后排的核心思想是乘法原理,为了解决问题,我们需要将问题细化为第一步干什么,第二步干什么,第三步……第一步的可能方案数是 m,第二步的可能方案数是 n,因此解决问题的方案数为 m 乘以 n.

一般"先取""后排"."先取"指的是先选取元素或者位置,此时用组合思维 C_n^m,如【例5】【例6】,先从15个商品(元素)中选取5个,故第一步:C_{15}^5.取出这5个元素后,那么到底要不要排呢?此时,我们根据题意,【例5】没有强调顺序,故无须再排列,【例6】强调了"按不同顺序",所以选取的5个元素之间还需要全排,故第二步:A_5^5.所以【例6】的答案是:$C_{15}^5 A_5^5$.

注意:"先选取"是针对不同元素而言,如果元素都一样,那不管取多少就只有1种方法.

3. 逆向思维

这类题目题干的问法一般带有明显的不确定性,也是近年来常考的一类题型,如问"至多、至少",题干高度不确定性,为考生设置障碍,此时正难则反,我们不妨试着从"总数－反面数"进行思考.

排列组合如果厘不清问题的分析思路,盲目搞题海战术,会事倍功半;如果各种问题思路分析清楚了,则事半功倍.请大家带着上述重要的朴素思路学习下列内容.

第二节　排列组合各类问题

考点 44　特殊与万能元素问题

1. 特殊元素、特殊要求问题

某个元素"在与不在"(A 一定要在/一定不在……)，我们将其当作特殊元素. 不在某个特殊的位置，意味着只能安排在剩余的位置，这类问题的思考同逻辑考试中的分组类题目的思维方式一致. 我们首要思路是先组合排列特殊元素，然后再考虑正常元素. 一般采用特殊元素优先法/特殊位置优先法/占位法.

2. 万能元素问题

万能元素是指一个元素同时具备多种属性(甲既会 A 也会 B，全能人)，一般按照选与不选万能元素来展开讨论分类.

【例8】 已知，甲、乙、丙、丁、戊、己 6 人排队.

(1) 甲不在排头，有多少种不同的排队方法？(　　)

　　A. 120　　　　B. 240　　　　C. 400　　　　D. 500　　　　E. 600

(2) 甲不在排头并且乙不在排尾，有多少种不同的排队方法？(　　)

　　A. 128　　　　B. 256　　　　C. 380　　　　D. 504　　　　E. 600

【例9】 6 张卡片上写着 1,2,3,4,5,6，从中任取 3 张卡片，其中 6 能当 9 用，则能组成无重复数字的 3 位数的个数是(　　)个.

　　A. 108　　　　B. 120　　　　C. 160　　　　D. 180　　　　E. 200

考点 45　相邻与不相邻问题

1. 相邻问题——捆绑法

(1) 捆绑后，要注意捆绑在一起的元素是否有排序要求；

(2) 捆绑后，将其视为一个元素.

2. 不相邻问题——插空法

(1) 先将无要求的元素排好；

(2) 选出所需空位；

(3) 将要求不相邻的元素放入空位.

注意：先在无要求元素间插空，然后选不相邻元素将其填满，不能弄反.

3. 看电影相邻与不相邻问题

(1) 相邻问题.

现有一排座位有 n 把椅子，m 个不同元素去坐，要求元素相邻，用"既绑元素又绑椅子法"，也可以"穷举法"数一下，共有 $C_{n-m+1}^1 A_m^m$ 种不同坐法.

(2)不相邻问题.

现有一排座位有 n 把椅子,m 个不同元素去坐,要求元素不相邻,用"搬着椅子去插空法",共有 A_{n-m+1}^m 种不同坐法.

【例10】已知,甲、乙、丙、丁、戊、己 6 人排队.

(1)甲乙两人相邻时,有多少种不同的排队方法?(　　)

  A. 120   B. 240   C. 360   D. 480   E. 300

(2)甲乙两人不相邻时,有多少种不同的排队方法?(　　)

  A. 120   B. 240   C. 360   D. 480   E. 300

【例11】3 个人去看电影,已知一排有 9 个椅子.

(1)3 个人相邻,不同的坐法有多少种?(　　)

  A. 32   B. 40   C. 42   D. 48   E. 50

(2)3 个人均不相邻,不同的坐法有多少种?(　　)

  A. 100   B. 150   C. 200   D. 210   E. 300

考点 46　定序与重复除序问题

1. 定序除序

当把 n 个元素进行排序的时候,其中若有 m 个元素是按照一定顺序定序的时候,要把这 m 个元素的顺序除掉,有多少就除多少,即:$\dfrac{A_n^n}{A_m^m}$.

2. 重复元素除序

当把 n 个元素进行排序的时候,对于这 n 个元素中的 m 个相同的元素的排列问题,可先将这 m 个元素与其他元素一同进行排列,然后用总的排列数除以这 m 个元素的全排列数(此时视为不重复元素),即:$\dfrac{A_n^n}{A_m^m}$.

【例12】甲、乙、丙、丁、戊、己 6 人排队,甲始终在乙的前面(可相邻也可不相邻),有多少种不同的排队方法?(　　)

  A. 320   B. 360   C. 420   D. 480   E. 500

【例13】已知,用 2 个 A,3 个 B,4 个 C,排成一个九位单词,有多少种方法?(　　)

  A. 1260   B. 960   C. 1200   D. 980   E. 1000

考点 47　相同元素分配问题

相同元素的分配问题采用隔板法.

将 n 个"相同的"元素分给 m 个对象,每个对象"至少分一个"的分法如下:

把这 n 个元素排成一排,中间有 $n-1$ 个空,挑出 $m-1$ 个空放上隔板,自然就分成了 m 组,所以分法一共有 C_{n-1}^{m-1} 种,这种方法称为隔板法.

要使用隔板法需要满足以下条件:

(1)所要分的元素必须完全相同.

(2)所要分的元素必须完全分完.

(3)每个对象至少分到1个元素.

【例14】(2009.10.14)若将10只相同的球随机放入编号1、2、3、4的四个盒子中,则每个盒子不空的投放方法有( )种.

A.72　　　　　B.84　　　　　C.96　　　　　D.108　　　　　E.120

考点 48　成双成对问题

出题方式:从鞋子、手套、夫妻中选出几个,要求成对或者不成对.

解题技巧:无论是不是要求成对,第一步都先按成对的来选,若要求不成对,再从不同的几对里面各选一个即可.

【例15】从6双不同的鞋子中任取4只,则其中没有成双鞋子的取法有( )种.

A.96　　　　　B.120　　　　　C.240　　　　　D.480　　　　　E.560

考点 49　分房问题

分房问题,很多同学喜欢记公式,其实完全没有必要,仔细想想题干的意思,弄清楚要分多少步完成,每步有多少种方案,运用加法和乘法原理就能快速列式.

n个不同人(不能重复使用元素),住进m个店(可以重复使用元素),那么第一,第二,…,第n个人都有m种选择,则总共排列种数是m^n个.

【例16】把6名实习生分配到7个车间实习,共有多少种不同的分法?( )

A. A_7^6　　　　B. C_7^6　　　　C. 6^7　　　　D. 7^6　　　　E. A_6^6

【例17】某7层大楼一楼电梯上来7名乘客,他们到各自的一层下电梯,则下电梯的方法有多少种?( )

A. A_7^6　　　　B. C_7^6　　　　C. 6^7　　　　D. 7^6　　　　E. A_6^6

考点 50　错排问题

出题方式为:编号为$1,2,3,\cdots,n$的小球,放入编号为$1,2,3,\cdots,n$的盒子,每个盒子放一个,要求小球与盒子不同号.

此类问题不需要自己去做,直接记住下述结论即可:

(1)$n=2$时,有1种方法.

(2)$n=3$时,有2种方法.

(3)$n=4$时,有9种方法.

(4)$n=5$时,有44种方法.

【例18】四个人相互写贺年卡,自己收不到自己贺年卡的情况有( )种。
A. 15　　　　　B. 9　　　　　C. 13　　　　　D. 10　　　　　E. 30

考点 51　不同元素分组与分配问题

注意不同元素分组与分配问题与考点 47 的区别.

1. 均匀分组与不均匀分组

如果组与组之间的元素个数相同,称为均匀分组;否则,称为不均匀分组.

2. 小组有名称与小组无名称

只是分组即可,则小组无名称;如分为 A 组、B 组、C 组,或种子队、非种子队,等等,则小组有名称.

3. 均匀分组＋小组排列的问题

这类问题我们分解成两步,第一,先分组,如果有分成相同的小组,则一律消序(若有 m 组元素个数相等,就要除以 A_m^m);第二,分成相同的小组后,再考虑是不是需要排序.

①如果组与组相同或者没有交代组与组之间的情况,则分完组即可,无须排列;
②如果组与组不同,则还需再排列.

大家要具体体会什么时候小组相同,什么时候不相同.

【例19】从 10 个人中选一些人,分成三组,在以下要求下,分别有多少种不同的方法?

(1)每组人数分别为 2、3、4. ( )
　　A. 2520　　　B. 12 600　　　C. 14 500　　　D. 6000　　　E. 13 000

(2)每组人数分别为 2、2、3. ( )
　　A. 2520　　　B. 12 600　　　C. 14 500　　　D. 6000　　　E. 13 000

(3)分成 A 组 2 人,B 组 3 人,C 组 4 人. ( )
　　A. 2520　　　B. 12 600　　　C. 14 500　　　D. 6000　　　E. 13 000

(4)分成 A 组 2 人,B 组 2 人,C 组 3 人. ( )
　　A. 2520　　　B. 12 600　　　C. 25 200　　　D. 28 400　　　E. 23 000

(5)每组人数分别为 2、3、4,去参加不同的劳动. ( )
　　A. 12 600　　　B. 25 200　　　C. 37 800　　　D. 75 600　　　E. 96 000

(6)每组人数分别为 2、2、3,去参加不同的劳动. ( )
　　A. 9600　　　B. 19 200　　　C. 28 800　　　D. 75 600　　　E. 57 600

考点 52　正难则反问题

正难则反问题就是逆向思维问题.

题干往往表达否定的词或者最低限度的词,正面求解如比较困难,可用反向逆向思维考虑,往往会迎刃而解,也常称为剔除法.

(1)否定词:不能. 逆向思维:用所有情况减去能的情况.

(2)不多于、不少于、至多、至少,逆向思维:用所有情况减去反面的情况.

【例20】一批产品共 12 件,其中有 4 件次品,8 件正品,现从中随机选取 6 件,至少有 2 件次品有几种情况?(   )

  A.648   B.672   C.655   D.660   E.670

【例21】(1999.1.7)加工某产品需要经过 5 个工种,其中某一个工种不能最后加工,试问可安排几种工序?(   )

  A.96   B.102   C.112   D.92   E.86

考点 53　二项式定理

$(a+b)^n = C_n^0 a^n + C_n^1 a^{n-1}b + \cdots + C_n^k a^{n-k}b^k + \cdots + C_n^{n-1}ab^{n-1} + C_n^n b^n$,其中第 $k+1$ 项为 $T_{k+1} = C_n^k a^{n-k}b^k$,称为通项. 若令 $a=b=1 \Rightarrow C_n^0 + C_n^1 + C_n^2 + \cdots + C_n^n = 2^n$.

$C_n^0, C_n^1, C_n^2, \cdots, C_n^n$ 称为展开式中的二项式系数,二项式系数具有以下性质:

(1) $C_n^0 + C_n^2 + C_n^4 + \cdots + C_n^n = 2^{n-1}$($n$ 为偶数);

(2) $C_n^1 + C_n^3 + C_n^5 + \cdots + C_n^n = 2^{n-1}$($n$ 为奇数);

(3) n 为偶数时中项的系数最大,n 为奇数时中间两项的系数等值且最大.

二项式的系数表达不用死记硬背,本质上仍旧是排列组合问题.

二项式不是考试的重点,历年考试只考过一两次.

【例22】(2005)$(x+2)^{10}(x^3-2x)$ 的展开式中 x^{11} 项的系数是(   ).

  A.98   B.132   C.178   D.186   E.以上结论均不正确

第三节　概率

一、随机试验与事件

1. 随机试验

所谓的随机试验是指具有以下 3 个特点的试验:

(1)可以在相同条件下重复进行.

(2)每次试验的可能结果可以不止一个,并且能事先明确试验的所有可能结果.

(3)进行一次试验之前不能确定哪一个结果会出现.

某个随机试验所有可能的结果的集合称为样本空间,记为 S;试验的每个结果,称为样本点.

2. 事件

样本空间 S 的子集称为随机事件,简称事件.

由一个样本点组成的单个元素的集合,称为基本事件.

如果一个事件,在每次试验中它是必然发生的,称为必然事件,记作 Ω. 如果一个事件,在每次试验中都不可能发生,称为不可能事件,记作 ϕ.

例如:掷一个 6 点的骰子,这就叫作随机试验. 其中本次试验出现的所有结果(1,2,3,4,5,6)就是样本空间,出现的某次结果,比如 1 点,就是样本点.

如果用事件 A 表示掷出奇数点时,那么事件 A 就叫作随机事件;

如果用事件 B 表示掷出的点不超过 6,那么事件 B 就叫作必然事件;

如果用事件 C 表示掷出的点超过 6,那么事件 C 就叫作不可能事件.

二、事件的关系与运算

1. 和事件

事件 $A \cup B$ 称为事件 A 与事件 B 的和事件,当且仅当 A,B 至少有一个发生时,事件 $A \cup B$ 发生.(逻辑中的相容选言命题)

2. 差事件

事件 $A-B$ 称为事件 A 与事件 B 的差事件,即事件 A 发生并且事件 B 不发生,$A \cap \overline{B}$.

3. 积事件

事件 $A \cap B$ 称为事件 A 与事件 B 的积事件,当且仅当 A,B 同时发生时,事件 $A \cap B$ 发生,$A \cap B$ 有时也记为 AB.(逻辑中的联言命题)

4. 互斥事件

如果 $A \cap B = \phi$,则称事件 A 和事件 B 互不相容,或互斥,即指事件 A 与 B 不能同时发生,基本事件是两两互不相容的.(逻辑中的反对关系)

5. 对立事件

如果 $A \cup B = S$,且 $A \cap B = \phi$,称事件 A 与事件 B 互为对立事件,此时,$\overline{A} = B$,$\overline{B} = A$;在每次试验中,事件 A 与 B 必有一个且仅有一个发生.(逻辑中的矛盾关系)

三、概率的概念和性质

大量重复进行同一试验时,事件 A 发生的频率总是接近某个常数,在它附近摆动,这个常数是事件 A 的概率 $P(A)$.

事件 A 的概率 $P(A)$ 具有以下性质:

(1)对于每一个事件 A,$0 \leqslant P(A) \leqslant 1$.

(2)对于不可能事件 $P(\phi) = 0$.

(3)对于必然事件 $P(\Omega) = 1$.

(4)对任意的两事件 A,B 有

$P(A \cup B) = P(A) + P(B) - P(A \cap B)$.

例如,掷一个 6 点的骰子,对于出现的每一个基本事件(1,2,3,4,5,6),其概率是大于 0 小于 1 的,$P(7) = 0$,$P(1) + P(2) + P(3) + P(4) + P(5) + P(6) = 1$.

考点 54 古典概型

如果试验的样本空间只包含有限个基本事件,而且试验中每个基本事件发生的可能性相同,这种试验称为古典概型.

对古典概型,如果样本空间 S 中基本事件的总数是 n,而事件 A 包含的基本事件数为 m,那么事件 A 的概率是 $P(A) = \dfrac{m}{n}$.

例如,掷一个6点的骰子,基本事件的总数是6(1,2,3,4,5,6),我们定义事件 A 为偶次点数,那么出现偶次点数的基本事件数是3(2,4,6),则

$P(偶次点数)=\frac{3}{6}=\frac{1}{2}$,观察分母与分子,得出概率的本质其实就是排列组合.

【例23】 一批产品有10个正品和2个次品,任意抽取两次,每次抽一个,抽出后不再放回,第二次抽出的是次品的概率是（　　）.

A. $\frac{5}{33}$　　　　B. $\frac{1}{66}$　　　　C. $\frac{1}{10}$　　　　D. $\frac{1}{6}$　　　　E. $\frac{2}{9}$

【例24】 (2014.1.13)在某项活动中,将3男3女6名志愿者随机地分成甲、乙、丙三组,每组2人,则每组志愿者都是异性的概率为（　　）.

A. $\frac{1}{9}$　　　　B. $\frac{1}{15}$　　　　C. $\frac{1}{10}$　　　　D. $\frac{1}{5}$　　　　E. $\frac{2}{5}$

【例25】 (2008.10.6)若以连续掷两枚骰子分别得到的点数 a 与 b 作为点 M 的坐标,则点 M 落入圆 $x^2+y^2=18$ 内(不含圆周)的概率是（　　）.

A. $\frac{7}{36}$　　　　B. $\frac{2}{9}$　　　　C. $\frac{1}{4}$　　　　D. $\frac{5}{18}$　　　　E. $\frac{11}{36}$

【例26】 (2021.11)将2个红球与1个白球随机地放入甲乙丙三个盒子中,则乙盒中至少有一个红球的概率为（　　）.

A. $\frac{1}{9}$　　　　B. $\frac{8}{27}$　　　　C. $\frac{4}{9}$　　　　D. $\frac{5}{9}$　　　　E. $\frac{17}{27}$

考点 55　独立事件

设 A,B 是两个事件,如果事件 A 的发生和事件 B 的发生互不影响,则称两个事件是相互独立的.

(1)对于相互独立的事件 A 和 B,A,B 同时发生的概率为它们各自发生的概率的乘积:$P(AB)=P(A)\times P(B)=P(A)P(B)$.

(2)独立事件 A,B 至少发生一个的概率为1−(A,B 同时不发生的概率):
$P(A\cup B)=1-P(\overline{A})P(\overline{B})$.

(3)独立事件 A,B 至多发生一个的概率为1−(A,B 同时发生的概率):
$P(\overline{A}\cup\overline{B})=1-P(A)P(B)$.

独立事件公式的本质,仍然是正难则反的逆向思维.

【例27】 甲乙两人各独立投篮一次,如两人投中的概率分别是0.6和0.5.计算:

(1)两人都投中的概率是多少?（　　）

　　A. 0.8　　　　B. 0.2　　　　C. 0.3　　　　D. 0.4　　　　E. 0.5

(2)恰有一人投中的概率是多少?（　　）

　　A. 0.8　　　　B. 0.2　　　　C. 0.3　　　　D. 0.4　　　　E. 0.5

(3)至少有一人投中的概率是多少?（　　）

A. 0.8　　　　B. 0.2　　　　C. 0.3　　　　D. 0.4　　　　E. 0.5

【例28】一出租车司机从饭店到火车站途中有6个交通岗,假设他在各交通岗遇到红灯这一事件是相互独立的,并且概率为$\frac{1}{3}$.那么这位司机遇到红灯前,已经通过了2个交通岗的概率是(　　).

A. $\frac{1}{6}$　　　　B. $\frac{4}{9}$　　　　C. $\frac{4}{27}$　　　　D. $\frac{5}{9}$　　　　E. $\frac{17}{27}$

考点56　伯努利概型

进行n次相同试验,如果每次试验的条件相同,且每个试验相互独立,则称这n次独立重复试验为伯努利试验.

n重伯努利试验:在n次独立重复试验中,若每次试验的结果只有两种可能,即事件A发生或不发生,且每次试验中A事件发生的概率都相同,则这样的试验称作n重伯努利试验.

在伯努利试验中,设事件A发生的概率为P,则在n次试验中事件A恰好发生$k(0 \leqslant k \leqslant n)$次的概率为$P_n(k)=C_n^k P^k(1-P)^{n-k}(k=0,1,2,3,\cdots,n)$,此公式不用死记,理解即可.

【例29】某射击手射击1次,射中目标的概率是0.9,则他射击4次恰好射中目标3次的概率约为(　　).

A. 0.38　　　　B. 0.29　　　　C. 0.41　　　　D. 0.62　　　　E. 0.78

【例30】(2008.10.28)张三射击10次,命中靶子7次的概率是$\frac{15}{128}$.

(1)张三打靶命中率为0.2;(2)张三打靶命中率为0.5.

【例31】(2008.1.15)某乒乓球男子单打决赛在甲乙两选手间进行比赛,用7局4胜制,已知每局比赛甲选手战胜乙选手的概率为0.7,则甲选手以4:1战胜乙的概率是(　　).

A. 0.84×0.7^3　　B. 0.7×0.7^3　　C. 0.3×0.7^3　　D. 0.9×0.7^3　　E. 不确定

第四节　数据分析

考点57　方差与标准差

1. 极差

极差是指一组数据中最大数据与最小数据的差.极差越大,表示这组数据越分散.

2. 方差

方差是各个数据与平均数之差的平方的平均数.

公式:$S^2=\frac{1}{n}[(x_1-\bar{x})^2+(x_2-\bar{x})^2+(x_3-\bar{x})^2+\cdots+(x_n-\bar{x})^2]$.

数据 1,2,3,4,5 的方差是：$\frac{1}{5}[(1-3)^2+(2-3)^2+(3-3)^2+(4-3)^2+(5-3)^2]=2$.

数据 8,9,10,11,12 的方差是：$\frac{1}{5}[(8-10)^2+(9-10)^2+(10-10)^2+(11-10)^2+(12-10)^2]=2$.

(1)连续 5 个整数的方差都是 2；
(2)一组数据中每个数据增加相同数后的方差不变；
(3)每个数据都扩大相同倍数后方差变为平方倍.

3. 标准差

标准差是方差的算术平方根，它与方差一起用来表示一组数据的波动情况.

公式：$\sigma=\sqrt{S^2}=\sqrt{\frac{1}{n}[(x_1-\bar{x})^2+(x_2-\bar{x})^2+(x_3-\bar{x})^2+\cdots+(x_n-\bar{x})^2]}$.

一般而言，一组数据的极差、方差或标准差越小，这组数据就越稳定.

【例32】为选拔奥运会射击运动员，举行一次选拔赛，甲乙丙各打 10 发子弹，命中的环数如下：

甲：10,10,9,10,9,9,9,9,9,9.

乙：10,10,10,9,10,8,8,10,10,8.

丙：10,9,8,10,8,9,10,9,9,9.

根据这次成绩应该选拔谁去参加比赛？（　　）

A. 甲　　　　　B. 乙　　　　　C. 丙　　　　　D. 乙和丙　　　　　E. 无法确定

【例33】(2016.21)设两组数据 $S_1:3,4,5,6,7$ 和 $S_2:4,5,6,7,a$，则能确定 a 的值.

(1)两组数的平均值相等；(2)两组数的方差相等.

考点 58　数据的图表

数据的图例表示方法

1. 直方图

(1)定义：把数据分为若干个小组，每组的组距保持一致，并在直角坐标系的横轴上标出每组的位置（以组距作为底），计算每组所包含的数据个数（频数），以该组的"$\frac{频率}{组距}$"为高作矩形，这样得出若干个矩形构成的图叫作直方图.

(2)定义所包含的要点：

①组距的确定：一般是人为确定，不能太大也不能太小.

②组数的确定：组数 $=\frac{极差}{组距}$.

③每组频率的确定：频率 $=\frac{频数}{数据总数}=$ 每组所确定的矩形面积.

④频率直方图下的总面积等于 1（各个矩形面积之和等于 1）.

⑤分组时要遵循"不重不漏"的原则："不重"是指某一个数据只能分在其中的某一组，不能在其他组中出现；"不漏"是指组别能够穷尽，即在所分的全部组别中每项数据都能分在

其中的某一组,不能遗漏.

【注意】

(1)分组时采用左闭右开的区间表示.例如某数据分组时,其中的两组分别为[227,290)和[290,353),这样290这个数据就只存在于第二个区间中了,避免290同时属于两个区间的情况发生.

(2)众数:一组样本中,出现次数最多的那个数叫众数.

(3)中位数:一组样本中,按大小顺序排列后,最中间的那个数(或者最中间两个数的平均数)叫中位数.

2. 饼图

饼图是一个划分为几个扇形的圆形统计图表,用于描述量、频率或百分比之间的相对关系.在饼图中,每个扇区的弧长(以及圆心角和面积)大小为其所表示的数量的比例,这些扇区合在一起刚好是一个完整的圆形,顾名思义,这些扇区拼成了一个切开的饼形图案.其所用公式为:某部分所占的百分比等于对应扇形所占整个圆周的比例.

【例34】某工厂对一批产品进行了抽样检测,如图所示是根据抽样检测后的产品净重(单位:克)数据绘制的频率分布直方图,其中产品净重的范围是[96,106],样本数据分组为[96,98),[98,100),[100,102),[102,104),[104,106),已知样本中产品净重小于100克的个数是36,则样本中净重大于或等于98克并且小于104克的产品个数是(   ).

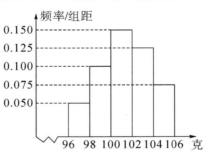

A. 90   B. 75   C. 60   D. 45   E. 30

【例35】在一次捐款活动中,某班50名同学每人拿出自己的零花钱,有捐5元、10元、20元的,还有捐50元和100元的.下图统计图反映了不同捐款数的人数比例,则该班同学平均每人捐款(   )元.

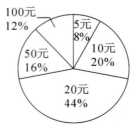

A. 32.2   B. 33   C. 33.5   D. 34   E. 31.2

本章练习题

1. 3个人争夺4项比赛的冠军,没有并列冠军,则不同的夺冠可能有( )种.
A. 4^3 B. 3^4 C. 4×3 D. 2×3 E.以上选项均不正确

2. 公路AB上各站之间共有90种不同的车票.
(1)公路AB上有10个车站,每两站之间都有往返车票;
(2)公路AB上有9个车站,每两站之间都有往返车票.

3. 现有3名男生和2名女生参加面试,则面试的排序方法有24种.
(1)第一位面试的是女生;
(2)第二位面试的是指定的某位男生.

4. 3个3口之家一起观看演出,他们购买了同一排的9张连座票,则每一家都坐在一起的不同坐法有( ).
A. $(3!)^2$ 种   B. $(3!)^3$ 种   C. $3 \times (3!)^3$ 种   D. $(3!)^4$ 种   E. $9!$ 种

5. 有两排座位,前排6个座,后排7个座.若安排2人就座,规定前排中间2个座位不能坐,且此2人始终不能相邻而坐,则不同的坐法种数为( ).
A. 92   B. 93   C. 94   D. 95   E. 96

6. 有5位老师,分别是5个班的班主任,期末考试时,每个老师监考一个班,且不能监考自己任班主任的班级,则不同的监考方案有( ).
A. 6种   B. 9种   C. 24种   D. 36种   E. 44种

7. 有5名同学争夺3项比赛的冠军,若每项只设一名冠军,则获得冠军的可能情况有( ).
A. 3^5 种   B. 5^3 种   C. 124种   D. 130种   E. 160种

8. 从五双不同的鞋子中任取两只,恰好能凑成一双的概率为( ).
A. $\dfrac{1}{5}$ B. $\dfrac{1}{6}$ C. $\dfrac{1}{7}$ D. $\dfrac{1}{8}$ E. $\dfrac{1}{9}$

9. 某地有一种植物1年生长的高度如下表所示:

高度	[10,20)	[20,30)	[30,40)	[40,50)	[50,60)
棵数	20	30	80	40	30

则该植物1年生长在[30,40)内的概率为( ).
A. 0.80   B. 0.65   C. 0.40   D. 0.35   E. 0.25

10. 某公司共有员工100人,其中女员工30人.现在要选出3名男员工分别担任甲、乙、丙三个部门的经理,同时选出3名女员工分别担任上述3个部门的副经理,不同的选择方案有( )种.
A. A_{100}^6 B. C_{100}^6 C. $C_{70}^3 C_{30}^3$ D. $A_{70}^3 A_{30}^3$ E. 都不对

11. 有甲,乙,丙三项工作任务,甲需2人承担,乙和丙各需1人承担.现从10人中选派4人承担这3项任务,不同的选派方法共有( )种.

A. 1260　　　　B. 2025　　　　C. 2520　　　　D. 5040　　　　E. 6040

12. 要从5男4女9人中任选三人参加活动,至少有一名女性的不同选择方法有(　　)种.
A. 64　　　　B. 74　　　　C. 84　　　　D. 94　　　　E. 104

13. 从4台甲型和5台乙型电视机中任取3台,要求其中至少有甲型与乙型电视机各一台,则不同的取法有(　　)种.
A. 140　　　　B. 80　　　　C. 70　　　　D. 35　　　　E. 30

14. 把5名辅导员分派到3个学科小组辅导课外科技活动,每个小组至少有1名辅导员的分派方法有(　　).
A. 140种　　　　B. 84种　　　　C. 70种　　　　D. 150种　　　　E. 25种

15. 从5个不同的黑球和2个不同的白球中,任选3个球放入3个不同的盒子中,每盒1球,其中至多有1个白球的不同方法共有(　　)种.
A. 160　　　　B. 165　　　　C. 172　　　　D. 180　　　　E. 182

16. 有6位老师,分别是6个班的班主任,期末考试时,每个老师监考一个班,恰好只有2位老师监考自己所在的班,则不同的监考方法有(　　).
A. 135种　　　　B. 90种　　　　C. 240种　　　　D. 120种　　　　E. 84种

17. 由数字0,1,2,3,4,5组成没有重复数字的6位数,其中个位数小于十位数字的6位数有(　　)个.
A. 240　　　　B. 280　　　　C. 300　　　　D. 600　　　　E. 720

18. 有11名翻译人员,其中5名英语翻译员,4名日语翻译员,另外两人英语、日语都精通,从中选出4人组成英语翻译组,4人组成日语翻译组,则不同的分配方案有(　　).
A. 160　　　　B. 185　　　　C. 195　　　　D. 240　　　　E. 360

19. 某学生要邀请10位同学中的4位参加一项活动,其中有2位同学要么都请,要么都不请,则不同的邀请方法有(　　)种.
A. 48　　　　B. 60　　　　C. 72　　　　D. 98　　　　E. 120

20. 信号兵把红旗与白旗从上到下挂在旗杆上表示信号,现有3面红旗、2面白旗,把这5面旗都挂上去,可表示不同信号的种数是(　　).
A. 10种　　　　B. 15种　　　　C. 20种　　　　D. 30种　　　　E. 40种

21. 10双不同的鞋子,从中任意取出4只,4只鞋子恰有1双的取法有(　　)种.
A. 450　　　　B. 960　　　　C. 1440　　　　D. 480　　　　E. 1200

22. 在1,2,3,4,5,6中,任选两个数,其中一个数是另一个数的2倍的概率为(　　).
A. $\dfrac{2}{3}$　　　　B. $\dfrac{1}{5}$　　　　C. $\dfrac{1}{3}$　　　　D. $\dfrac{1}{8}$　　　　E. $\dfrac{1}{4}$

23. 甲、乙两同学投掷一枚骰子,用字母分别表示两人各投掷一次的点数,满足关于x的方程$x^2+px+q=0$有实数解的概率为(　　).
A. $\dfrac{19}{36}$　　　　B. $\dfrac{7}{36}$　　　　C. $\dfrac{5}{36}$　　　　D. $\dfrac{1}{36}$　　　　E. $\dfrac{1}{18}$

24. 一个袋中共装有形状一样的小球6个,其中红球1个、黄球2个、绿球3个,现在有放回地取球3次,记取到红球得1分、取到黄球得0分、取到绿球得-1分,则3次取球总得分为0分的概率为(　　).

A. $\dfrac{1}{6}$ 　　B. $\dfrac{1}{27}$ 　　C. $\dfrac{1}{36}$ 　　D. $\dfrac{11}{54}$ 　　E. $\dfrac{11}{27}$

25. 设3次独立重复试验中,事件A发生的概率相等,若A至少发生一次的概率为$\dfrac{19}{27}$,则事件A发生的概率为(　　).

A. $\dfrac{1}{9}$ 　　B. $\dfrac{2}{9}$ 　　C. $\dfrac{1}{3}$ 　　D. $\dfrac{4}{9}$ 　　E. $\dfrac{2}{3}$

26. 某射手进行射击训练,假设每次射击击中目标的概率为$\dfrac{1}{2}$,且每次射击的结果互不影响,则在n次射击中至少射中5次的概率为$\dfrac{15}{16}$.

(1) $n=6$;(2) $n=7$.

27. 对某批电子产品进行质量检查,每次检查后放回,在连续检查三次时至少有一次是次品的概率是0.271.

(1) 该产品的合格率是0.8;(2) 该产品的次品率是0.1.

28. 5人入住3间房间,则恰好无空房的概率是(　　).

A. $\dfrac{10}{9}$ 　　B. $\dfrac{9}{10}$ 　　C. $\dfrac{25}{27}$ 　　D. $\dfrac{50}{81}$ 　　E. $\dfrac{100}{243}$

29. 在$(1-x^3)(1+x)^{10}$的展开式中,x^5的系数等于(　　).

A. -297 　　B. -252 　　C. 297 　　D. 207 　　E. 328

30. 在$(x^2+1)(x-2)^7$的展开式中,x^3的系数等于(　　).

A. -1008 　　B. 1008 　　C. 504 　　D. -504 　　E. 328

参考答案

例题参考答案

【例1】分析:从甲地到乙地有3类方法:第一类方法是乘火车,有4种方法;第二类方法是乘汽车,有2种方法;第三类方法是乘轮船,有3种方法;所以,从甲地到乙地共$4+2+3=9$种方法.

【例2】分析:从A村经B村去C村有2步:

第一步:由A村去B村,有2种方法;

第二步:由B村去C村,有3种方法.

所以从A村经B村去C村共有$2\times3=6$种不同的方法.

【例3】答案 A. 乘法原理,完成此事共分为 5 步.第一步:第一个人有 3 种选择.第二步:第二个人有 3 种选择……依次类推,每个人都有 3 种选择,所以不同的报法有 $3\times3\times3\times3\times3=3^5=243$(种).

【例4】答案 E. $C_n^m=C_n^{n-m}\Rightarrow 4n-1=n+7,4n-1=31-n-7\Rightarrow n=5,n=\dfrac{8}{3}$(舍去).条件(1):$n^2-7n+12=0\Rightarrow n=3$ 或 $n=4$,条件(1)不充分.条件(2):$n^2-10n+24=0\Rightarrow n=4$ 或 $n=6$,条件(2)不充分.联立条件(1)和条件(2),$n=4$,显然也不充分.

【例5】答案 B. 只要求商品不同,是组合问题,故 $C_{15}^5=\dfrac{15\times14\times13\times12\times11}{5\times4\times3\times2\times1}=3003$.

【例6】答案 A. 不仅要求 5 个商品不同,还要求商品的陈列顺序不同,是组合排列问题,故 $A_{15}^5=C_{15}^5 A_5^5=\dfrac{15\times14\times13\times12\times11}{5\times4\times3\times2\times1}\cdot(5\times4\times3\times2\times1)=360\,360$(先分组,再排列).

【例7】答案 B. 要满足 2 人不属于同一学校,有三种分类方法:甲乙/甲丙/乙丙. $C_{11}^1 C_4^1+C_{11}^1 C_5^1+C_4^1 C_5^1=119$(先分类,再分步,最后相加).

【例8】答案 (1) E;(2) D.

假设 6 人一字排开,排入如下格子:

排头					排尾

(1)方法一:特殊元素优先法.

第一步:甲有特殊要求,让甲先排,甲除了排头外有 5 个格可以选,即 C_5^1.

第二步:余下 5 人,有 5 个位置可选,没有任何要求,故可任意排,即 A_5^5.

故不同的排队方法有 $C_5^1 A_5^5=600$ 种.

方法二:特殊位置优先法.

第一步:排头有特殊要求,先让排头选人,除了甲以外都可以选,故有 C_5^1.

第二步:余下 5 个位置,还有 5 个人可选,没有任何要求,故可任意排 A_5^5.

故不同的排队方法有 $C_5^1 A_5^5=600$ 种.

(2)特殊元素优先法.

有两个特殊元素:甲和乙.先让甲挑位置,甲不能在排头,故甲可以选排尾和中间的 4 个位置.这时,如果甲占了排尾,则乙就变成了没有要求的元素;如果甲占了中间 4 个位置中的一个,则乙还有特殊要求:不能在排尾.故按照甲的位置分为两类.

第一类:甲在排尾,其他人没有任何要求,即 A_5^5.

第二类:甲从中间 4 个位置中选 1 个位置,即 C_4^1;再让乙选,不能在排尾,不能在甲占的位置,故还有 4 个位置可选,即 C_4^1;余下的 4 个人任意排,即 A_4^4;故应为 $C_4^1 C_4^1 A_4^4$.

加法原理,不同排队方法有 $A_5^5+C_4^1 C_4^1 A_4^4=504$ 种.

【例9】答案 D. 分为三类.第一类:无 6 和 9,则其余 5 个数选 3 个任意排,即 A_5^3.第二类:有 6,则 1,

2,3,4,5 中选 2 个,再与 6 一起任意排,即 $C_5^2 A_3^3$. 第三类:有 9,则 1,2,3,4,5 中选 2 个,再与 9 一起任意排,即 $C_5^2 A_3^3$. 故总个数为 $A_5^3 + C_5^2 A_3^3 + C_5^2 A_3^3 = 180$ 个.

【例10】答案(1)B;(2)D.

(1)相邻问题用捆绑法.

第一步:甲乙两人必须相邻,将甲乙两人捆起来,当一个元素处理,则此时有 5 个元素,可以任意排,即 A_5^5.

第二步:甲乙两人排一下序,即 A_2^2.

根据乘法原理,不同排队方法有 $A_5^5 A_2^2 = 240$ 种.

(2)不相邻问题用插空法.

第一步:除甲乙外的 4 个人排队,即 A_4^4.

第二步:4 人中间有 5 个空,挑两个空让甲乙两人排进去,两人必不相邻,即 $C_5^2 A_2^2$.

根据乘法原理,不同排队方法有 $A_4^4 C_5^2 A_2^2 = 480$ 种.

【例11】答案(1)C;(2)D.

(1)方法一:既绑元素又绑椅子法.

第一步:3 个人相邻,将 3 个人捆绑,变成 1 个大元素.本来有 9 个椅子,绑起 3 个看作 1 把椅子,故共 7 把椅子,其中 1 把可坐 3 人,从 7 个椅子里面挑 1 把给 3 个人坐,即 C_7^1.

第二步:3 个人排序,即 A_3^3.

根据乘法原理,则不同的坐法有 $C_7^1 A_3^3 = 42$ 种.

方法二:穷举法.

| 1 | 2 | 3 | 4 | 5 | 6 | 7 | 8 | 9 |

如上表所示,设这 9 个椅子的编号从左到右依次为 1~9,则三个人相邻显然有以下组合:123,234,345,456,567,678,789. 从这 7 种组合里面挑一种,即 C_7^1;3 个人排序,即 A_3^3;根据乘法原理,则不同的坐法有 $C_7^1 A_3^3 = 42$ 种.

(2)搬着椅子去插空法.

第一步:先把 6 把空椅子排成一排,只有 1 种方法.

第二步:每个人自带一把椅子,坐到 6 把空椅子两边的 7 个空里,故有 $C_7^3 A_3^3$.

根据乘法原理,则不同的坐法有 $1 \times C_7^3 A_3^3 = 210$ 种.

【例12】答案 B. 定序消序法.

第一步:6 个人任意排,即 A_6^6.

第二步:因为甲始终在乙的前面,所以单看甲乙两人时,两人只有一种顺序,但是 6 个人任意排时,甲乙两人有 A_2^2 种排序,故需要消掉两人的顺序,用乘法原理的逆运算,即用除法,则有 $\dfrac{A_6^6}{A_2^2}$.

故不同排队方法有 $\dfrac{A_6^6}{A_2^2}=360$ 种.

如果有三人定序,则除以 A_3^3,以此类推.

【例13】 答案 A. 重复元素消序法.

第一步,9 个元素先全排列 A_9^9,重复元素的排列有重复;

第二步,消序,2 个 A 重复 A_2^2,3 个 B 重复 A_3^3,4 个 C 重复 A_4^4.

根据乘法原理,有 $\dfrac{A_9^9}{A_2^2 A_3^3 A_4^4}=1260$ 种.

【例14】 答案 B. 10 个球排成一排,中间形成 9 个空,任选 3 个空放上隔板,自然分为 4 组,每组放入一个盒子,故不同的分法有 $C_9^3=84$ 种.

10 个球　○　○　○　○　○　○　○　○　○　○

9 个空　　△　△　△　△　△　△　△　△　△

【例15】 答案 C.

第一步,从 6 双中选出 4 双鞋子,有 C_6^4;

第二步,从 4 双鞋子中各选 1 只,有 $C_2^1 C_2^1 C_2^1 C_2^1$.

故不同的取法有 $C_6^4 C_2^1 C_2^1 C_2^1 C_2^1=240$ 种.

【例16】 答案 D. 总共 6 步分完,每步有 7 种方法,总共有 $7\times 7\times 7\times 7\times 7\times 7=7^6$ 种.

【例17】 答案 C. 既然在一楼坐电梯,那么不可能有在一楼下的,只可能在 2 到 7 层楼总共 6 种楼层下. 7 个人分 7 步下完,每步有 6 种方案,总共有 $6\times 6\times 6\times 6\times 6\times 6\times 6=6^7$ 种.

【例18】 答案 B. 4 个错排为 9 种.(需要记忆 1~5 个错排的结论)

【例19】 答案 (1)B;(2)B;(3)B;(4)C;(5)D;(6)D.

(1) 不均匀分组,无须消序,分组后,组与组名称不明确,无须排序,$C_{10}^2 C_8^3 C_5^4=12\,600$;

(2) 两组均匀分组要消序,小组无名字(所有组一样),无须排列,即 $\dfrac{C_{10}^2 C_8^2 C_6^3}{A_2^2}=12\,600$;

(3) 不均匀分组,无须消序,此时 A,B,C 组已固定为不同的人数,虽然小组不同,但都不涉及相同的分组,所以只有一种排列,无须全排,即 $C_{10}^2 C_8^3 C_5^4=12\,600$;

(4) 均匀分组后,需消序,消序后需排列,即 $\dfrac{C_{10}^2 C_8^2 C_6^3}{A_2^2}\cdot A_2^2=C_{10}^2 C_8^2 C_6^3=25\,200$;

　　注意:此时 A 组和 B 组人数相同,两个人数为 2 的小组面对 A,B 两个人数同为 2 的不同组名,需要全排列.

(5) 第一步,不均匀分组,$C_{10}^2 C_8^3 C_5^4$;第二步,安排劳动,A_3^3;故有 $C_{10}^2 C_8^3 C_5^4 A_3^3=75\,600$;

(6) 第一步,存在均匀分组需消序,$\dfrac{C_{10}^2 C_8^2 C_6^3}{A_2^2}$;第二步,安排劳动,$A_3^3$;故有 $\dfrac{C_{10}^2 C_8^2 C_6^3}{A_2^2}\cdot A_3^3=75\,600$.

　　注意:不同的劳动,意味着分成不同的组,所以需要全排列.

【例20】答案 B. 随机选取 6 件减去(0 件次品 6 件正品＋1 件次品 5 件正品).

$C_{12}^6 - C_8^6 - C_4^1 C_8^5 = 672$ 种.

【例21】答案 A. 全部的减去某一个工种在最后加工的情况：$A_5^5 - A_4^4 = 96$ 种.

【例22】答案 C. $(x^3 - 2x)$ 因式中有 3 次项和 1 次项，由乘法原理可知 $(x+2)^{10}$ 因式中需要有 8 次项和 10 次项与其相乘，才能得到 11 次项，因此有：

$$C_{10}^8 \cdot 2^2 + C_{10}^{10} \cdot 2^0 \cdot (-2) = 178$$

【例23】答案 D. 应用古典概型计算，分别计算出总样本个数和事件 A 的样本个数. 总样本个数：$C_{12}^1 C_{11}^1$. 事件 A（第二次抽出次品）的样本个数：$C_{10}^1 C_2^1 + C_2^1 C_1^1$（分第一次抽正品或次品两种情况讨论）. 则概率 $P(A) = \dfrac{C_{10}^1 C_2^1 + C_2^1 C_1^1}{C_{12}^1 C_{11}^1} = \dfrac{1}{6}$.

【例24】答案 E. 总样本数：$\dfrac{C_6^2 C_4^2 C_2^2}{A_3^3} \cdot A_3^3 = C_6^2 C_4^2 C_2^2$. 平均分组消序后对应甲乙丙三个不同的组，进行全排列. 甲组从 3 男 3 女中各选 1 名，乙组从余下的 2 男 2 女中各选 1 名，余下的 2 人作为丙组，$C_3^1 C_3^1 C_2^1 C_2^1 C_1^1 C_1^1$.

则每组志愿者都是异性的概率为 $P = \dfrac{C_3^1 C_3^1 C_2^1 C_2^1 C_1^1 C_1^1}{C_6^2 C_4^2 C_2^2} = \dfrac{2}{5}$.

【例25】答案 D. 点 M 落入圆 $x^2 + y^2 = 18$ 内，即 $a^2 + b^2 < 18$，则 $(a,b) = (1,1)$、$(1,2)$、$(1,3)$、$(1,4)$、$(2,1)$、$(2,2)$、$(2,3)$、$(3,1)$、$(3,2)$、$(4,1)$，共计 10 种，所以，落在圆内的概率 $P = \dfrac{10}{C_6^1 C_6^1} = \dfrac{10}{36} = \dfrac{5}{18}$.

【例26】答案 D.

方法一：直接分类讨论.

三个球放入三个盒子中，分三步，每步有三种方法，总数为：$3 \times 3 \times 3$. 乙盒中至少有一个红球，分两种情况：①乙盒中有 1 个红球，$C_2^1 C_2^1 C_3^1$（第一步，两个红球中挑一个放入乙盒中；第二步，另外一个红球选取甲丙中放入；第三步，白球选取甲乙丙中放入）；②乙盒中有两个红球，C_3^1（此时红球的位置已定，白球选取甲乙丙中放入）. $P = \dfrac{C_2^1 C_2^1 C_3^1 + C_3^1}{3 \times 3 \times 3} = \dfrac{15}{27} = \dfrac{5}{9}$.

方法二：至多、至少问题，符合正难则反，采用逆向思维. 先求出乙盒中不放红球的概率，然后用 1－乙盒中不放红球的概率.

乙盒中不放红球的数，$C_2^1 C_2^1 C_3^1$（第一步，一个红球选取甲丙中放入；第二步，另一个红球选取甲丙中放入；第三步，白球选取甲乙丙中放入），则 $P = 1 - \dfrac{C_2^1 C_2^1 C_3^1}{3 \times 3 \times 3} = 1 - \dfrac{12}{27} = \dfrac{5}{9}$.

【例27】答案 (1) C；(2) E；(3) A.

A 事件：甲投篮一次命中；B 事件：乙投篮一次命中.

(1)两人都投中的概率:$P(AB)=P(A)\times P(B)=0.6\times 0.5=0.3$.

(2)恰有一人投中的概率.

① 甲中乙不中:$P(A\bar{B})=P(A)\times P(\bar{B})=0.6\times(1-0.5)=0.3$.

② 乙中甲不中:$P(\bar{A}B)=P(\bar{A})\times P(B)=(1-0.6)\times 0.5=0.2$.

恰有一人投中的概率:$0.3+0.2=0.5$.

(3)至少有一人投中的概率:$P(A\cup B)=1-P(\bar{A})P(\bar{B})=1-(1-0.6)(1-0.5)=0.8$.

【例28】答案 C. 第一、第二个交通岗未遇到红灯,在第三个交通岗遇到红灯,故 $P=(1-\frac{1}{3})(1-\frac{1}{3})\times\frac{1}{3}=\frac{4}{27}$.

【例29】答案 B. 直接套公式:$P_4(3)=C_4^3 P^3(1-P)^{4-3}=4\times 0.9^3\times 0.1\approx 0.29$. 理解公式,4 次中选取 3 次命中目标,所以有 C_4^3,每一次命中的概率是 P,所以有 P^3,剩余那一次是未中目标的,所以有 $(1-P)$.

【例30】答案 B. 条件(1):$P=C_{10}^7\times 0.2^7\times(1-0.2)^3\neq\frac{15}{128}$;条件(2):$P=C_{10}^7\times 0.5^7\times(1-0.5)^3=\frac{15}{128}$.

【例31】答案 A. 一共打了五局,第 5 局肯定是甲获胜,则在前四局中,甲胜 3 局,乙胜 1 局,故甲选手以 4:1 战胜乙的概率 $P=C_4^3\times 0.7^3\times 0.3\times 0.7=0.84\times 0.7^3$.

【例32】答案 A. $\bar{x}_\text{甲}=9.3,\bar{x}_\text{乙}=9.3,\bar{x}_\text{丙}=9.1$,先淘汰丙. $S_\text{甲}^2=0.21,S_\text{乙}^2=0.81$,说明乙的成绩没有甲稳定,所以应该选拔甲参加比赛. 此题也可以直接观察甲的数据波动小于乙的数据波动.

【例33】答案 A. 条件(1)$\bar{x}_2=\bar{x}_1\Rightarrow\frac{4+5+6+7+a}{5}=\frac{3+4+5+6+7}{5}=5\Rightarrow a=3$,能确定 a;条件(2) $S_2^2=S_1^2\Rightarrow\frac{1}{5}[(3-5)^2+(4-5)^2+(5-5)^2+(6-5)^2+(7-5)^2]=2,S_2^2=\frac{1}{5}[4^2+5^2+6^2+7^2+a^2]-(\frac{4+5+6+7+a}{5})^2=2\Rightarrow a=3$ 或 8,不能确定.

【例34】答案 A. 产品净重小于 100 克的频率为 $2\times 0.05+2\times 0.1=0.3$.

频数=频率×数据总数,所以数据总数=频数/频率=$\frac{36}{0.3}=120$.

所以$[98,104)$的频数=频率×数据总数=$120\times 2\times(0.1+0.15+0.125)=90$.

【例35】答案 E.

平均每人捐款=$100\times 0.12+5\times 0.08+10\times 0.2+20\times 0.44+50\times 0.16=31.2$.

练习题参考答案

1. 答案 B. 每个冠军都有 3 个人可选,故夺冠可能有 3^4 种. 注意易错点:如果人去选冠军,可能会有两个人都想当某个项目的冠军,与题干没有并列冠军相矛盾,故必须是冠军去选人.

2. 答案 A. 每两站之间只有单程票,总组合数;每两站之间有往返票,则产生了顺序的区别,用排列数. 条件(1):车票种数为 $A_{10}^2=90$,充分. 条件(2):车票种数为 $A_9^2=72$,不充分.

3. 答案B.条件(1):从两个女生中选1名排第一位面试,余下的4人任意排,故不同的排法有 $C_2^1 A_4^4 = 48$,条件(1)不充分.条件(2):除第二位面试的男生外,4个人任意排,故不同的排法有 $A_4^4 = 24$,条件(2)充分.

4. 答案D.将3个3口之家分别捆绑看作3个大元素,则这3个大元素的排列方法有 A_3^3 种;3个3口之家分别进行全排列,有 $A_3^3 A_3^3 A_3^3$ 种,故不同的坐法有 $A_3^3 A_3^3 A_3^3 A_3^3 = (3!)^4$ 种.

5. 答案C.将题干的位置画表格如下:

		X	X			
1	2	3	4	5	6	7

方法一:正难则反.可坐的11个座位任意坐,即 A_{11}^2;同在前排相邻,即 $C_2^1 A_2^2$;同在后排相邻,座位有6种组合(12,23,34,45,56,67),选一种组合,然后两人排列,即 $C_6^1 A_2^2$;故不同的坐法种数为 $A_{11}^2 - C_2^1 A_2^2 - C_6^1 A_2^2 = 94$ 种.

方法二:(1)两人一前一后 $C_4^1 C_7^1 A_2^2$;(2)都坐前 $C_2^2 C_2^1 A_2^2$;(3)都坐后 $C_6^2 A_2^2$,此时采用插空法,2人插入5个座位的6个空隙中.故 $C_4^1 C_7^1 A_2^2 + C_2^2 C_2^1 A_2^2 + C_6^2 A_2^2 = 94$ 种.

6. 答案E.不能对号入座问题,根据结论,直接选44.

7. 答案B.第一项冠军有5种选择,第二项冠军有5种选择,第三项冠军有5种选择,故最后有 5^3 种选择.

8. 答案E.分母:10只取2只 $C_{10}^2 = 45$.分子:2只成一双有5种.概率为 $\dfrac{1}{9}$.

9. 答案C.易知概率为 $\dfrac{80}{20+30+80+40+30} = 0.40$.

10. 答案D.先选出3名男员工分配给甲乙丙有 A_{70}^3,再选出3名女员工分配给甲乙丙有 A_{30}^3,结果为 $A_{70}^3 A_{30}^3$.

11. 答案C.先从10人中选出4人 $C_{10}^4 = 210$,然后将这4人分组,$\dfrac{C_4^2 C_2^1 C_1^1}{A_2^2}$,涉及平均分组需消序,乙和丙人数相同,组名不同,故需全排,A_2^2,根据乘法原理则有:$C_{10}^4 \cdot \dfrac{C_4^2 C_2^1 C_1^1}{A_2^2} \cdot A_2^2 = 2520$.

12. 答案B.9人中选三人参加活动 $C_9^3 = 84$,至少一名女性对立面为选出三人都是男性 $C_5^3 = 10$,结果为 $84 - 10 = 74$.

13. 答案C.分两类,第一类甲型1台,乙型2台:$C_4^1 C_5^2 = 40$.第二类甲型2台,乙型1台:$C_4^2 C_5^1 = 30$,结果为 $40 + 30 = 70$.

14. 答案D.第一种情况:1,1,3分组 $\dfrac{C_5^1 C_4^1 C_3^3}{2!}$,3组辅导员对号3小组 A_3^3.第二种情况:2,2,1分组 $\dfrac{C_5^2 C_3^2 C_1^1}{2!}$,3组辅导员对号3小组 A_3^3.所以总计:$\dfrac{C_5^1 C_4^1 C_3^3}{2!} \times A_3^3 + \dfrac{C_5^2 C_3^2 C_1^1}{2!} \times A_3^3 = 150$.

15. 答案D.第一种情况:没有白球 $C_5^3 A_3^3$.第二种情况:有1个白球 $C_2^1 C_5^2 A_3^3$,共有 $C_5^3 A_3^3 + C_2^1 C_5^2 A_3^3 = 180$.

16. 答案A.从6个老师里选2个监考自己的班 C_6^2,剩余4班全错排列,共9种,所以 $9 C_6^2 = 135$.

17. 答案C.首位不能为0,有5种选择,末两位由于十位大于个位,顺序已经定住,从剩余5个数里选 2 个,不需排序 C_5^2(或者理解为定序消序 $\frac{C_5^2 A_2^2}{A_2^2}$),其余 3 个数随意排 A_3^3,所以 $5C_5^2 A_3^3 = 300$.

18. 答案 B. 对万能元素的使用分三种情况:①2 人都当日语;②2 人中 1 人当日语,1 人当英语;③2 人都当英语.由加法原理得:$C_6^4 C_4^4 + C_6^3 C_3^2 C_4^3 + C_6^2 C_2^2 C_4^4 = 185$.

19. 答案 D.第一种情况:都请,从剩余 8 人中选 2 人 C_8^2.第二种情况:都不请,从剩余 8 人中选 4 人 C_8^4.$C_8^2 + C_8^4 = 98$.

20. 答案 A.3 面红旗没顺序,2 面白旗没顺序,所以 $\frac{A_5^5}{3! \, 2!} = 10$.

21. 答案 C.从 10 双中选 1 双 C_{10}^1,从剩下 9 双中选 2 双,每双各选 1 只 $C_9^2 C_2^1 C_2^1$,所以 $C_{10}^1 \cdot C_9^2 C_2^1 C_2^1 = 1440$.

22. 答案 B.分母:从 6 个数里选 2 个 C_6^2.分子:满足条件的有 1 和 2,2 和 4,3 和 6,共 3 种.$\frac{3}{C_6^2} = \frac{1}{5}$.

23. 答案 A.$\triangle = p^2 - 4q \geqslant 0$,当 $p = 6$ 时,$q = 1,2,3,4,5,6$;当 $p = 5$ 时,$q = 1,2,3,4,5,6$;当 $p = 4$ 时,$q = 1,2,3,4$;当 $p = 3$ 时,$q = 1,2$;当 $p = 2$ 时,$q = 1$,共 19 种,所以 $\frac{19}{6 \times 6} = \frac{19}{36}$.

24. 答案 D.第一种情况:0,0,0,3 次都取黄球 $(\frac{2}{6})^3 = \frac{1}{27}$.第二种情况:1,0,-1,这三种得分顺序可以全排列,$\frac{1}{6} \times \frac{2}{6} \times \frac{3}{6} \times A_3^3 = \frac{1}{6}$.两种情况总计:$\frac{1}{6} + \frac{1}{27} = \frac{11}{54}$.

25. 答案 C.$1 - (1-p)^3 = \frac{19}{27} \Rightarrow p = \frac{1}{3}$.

26. 答案 E.条件(1):$C_6^5 \times (\frac{1}{2})^5 \times (\frac{1}{2}) + (\frac{1}{2})^6 = \frac{7}{64}$,不充分.条件(2):$C_7^5 \times (\frac{1}{2})^5 \times (\frac{1}{2})^2 + C_7^6 \times (\frac{1}{2})^6 \times (\frac{1}{2}) + (\frac{1}{2})^7 = \frac{29}{128}$,不充分.不能联合.

27. 答案 B.条件(1):$1 - 0.8 \times 0.8 \times 0.8 = 0.488$,不充分.条件(2):$1 - 0.9 \times 0.9 \times 0.9 = 0.271$,充分.

28. 答案 D.分母:5 人住 3 房 $3^5 = 243$.分子:无空房分组为 1、1、3 或 1、2、2 再分到 3 房 $(\frac{C_5^1 C_4^1 C_3^3}{2!} + \frac{C_5^1 C_4^2 C_2^2}{2!}) \times 3! = 150$.概率为 $\frac{150}{243} = \frac{50}{81}$.

29. 答案 D.原式 $= (1+x)^{10} - x^3(1+x)^{10}$,$(1+x)^{10}$ 中 x^5 的系数 C_{10}^5,x^2 的系数 C_{10}^2,则原式展开式中 x^5 的系数等于 $C_{10}^5 - C_{10}^2 = 207$.

30. 答案 B.原式 $= x^2(x-2)^7 + (x-2)^7$,$(x-2)^7$ 中 x 的系数 $C_7^1(-2)^6$,x^3 的系数 $C_7^3(-2)^4$,则原式展开式中 x^3 的系数等于 $C_7^1(-2)^6 + C_7^3(-2)^4 = 1008$.

第七章 应用题

考点 59 算术问题

1. 简单算术问题

此类问题相对简单,属于应用题当中的基础题,一般位于试卷的前几题.

2. 不定方程问题

(1) 列方程,整理成 $x = \dfrac{c-by}{a}$,再代入选项验证或穷举法.

(2) 列方程,整理成 $(a \pm n)(b \pm n) = n^2$,再用因式分解法.

【例1】某公司投资一个项目,已知上半年完成了预算的 $\dfrac{1}{3}$,下半年完成了剩余部分的 $\dfrac{2}{3}$,此时还有 8000 万元投资未完成,则该项目的预算为( )亿元.

A. 3   B. 3.6   C. 3.9   D. 4.5   E. 5.1

【例2】(2010.1.18)售出一件甲商品比售出一件乙商品利润要高.

(1) 售出 5 件甲商品、4 件乙商品共获利 50 元;

(2) 售出 4 件甲商品、5 件乙商品共获利 47 元.

【例3】(2010.10.8)一次考试有 20 道题,做对一题得 8 分,做错一题扣 5 分,不做不计分.某同学共得 13 分,则该同学没做的题数是( ).

A. 4   B. 6   C. 7   D. 8   E. 9

考点 60 平均值问题

如果某一整体可以按照某个标准分为两类,已知这两类各自的值,以及整体的均值,求这两类对象的数量时,可用十字交叉法.

【例4】某部门在一次联欢活动中共设了 26 个奖,奖品均价为 280 元,其中一等奖单价为 400 元,其他奖品均价为 270 元,一等奖的个数为( ).

A. 4   B. 6   C. 7   D. 8   E. 2

考点 61 比例问题

1. 简单比例问题

(1) 连比数问题.

若甲:乙 $= a:b$,乙:丙 $= c:d$,则甲:乙:丙 $= ac:bc:bd$.

(2)常用特值法.

(3)常用倍数法,利用整除的原理来解题.

2. 利润问题

利润＝销售额－总成本;单位利润＝售价－单位成本;

利润率＝$\dfrac{利润}{成本}\times 100\%$.

3. 增长率问题

设基础数量为 a,平均增长率为 x,增长了 n 期(n 年、n 月、n 周等),期末值设为 b,则有 $b=a(1+x)^n$.

【例5】某产品有一等品、二等品和不合格品三种,若在一批产品中一等品件数和二等品件数的比是 5∶3,二等品件数和不合格件数的比是 4∶1,则该产品的不合格率约为(   ).

A. 7.2%　　　B. 8%　　　C. 8.6%　　　D. 9.2%　　　E. 10%

【例6】(2009.10.2)某人在市场上买猪肉,小贩称得肉重为 4 斤.但此人不放心,拿出一个自备的 100 克重的砝码,将肉和砝码放在一起让小贩用原秤复称,结果重量为 4.25 斤.由此可知顾客应要求小贩补猪肉(   )两.

A. 3　　　B. 6　　　C. 4　　　D. 7　　　E. 8

【例7】A 企业的职工人数今年比前年增加了 30%.

(1) A 企业的职工人数去年比前年减少了 20%;

(2) A 企业的职工人数今年比去年增加了 50%.

考点 62　行程问题

1. 一般行程问题

(1)基本等量关系:路程＝速度×时间.

(2)相遇:甲的速度×时间＋乙的速度×时间＝距离之和.

(3)追及:追及时间＝追及距离÷速度差.

(4)迟到:实际时间－迟到时间＝计划时间.

(5)早到:实际时间＋早到时间＝计划时间.

2. 相对速度问题

(1)迎面而来,速度相加;同向而去,速度相减.

(2)航行问题的常用等量关系.

顺水行程＝(船速＋水速)×顺水时间;

逆水行程＝(船速－水速)×逆水时间;

顺水速度＝船速＋水速;

逆水速度＝船速－水速;

静水速度＝(顺水速度＋逆水速度)÷2;

水速＝(顺水速度－逆水速度)÷2.

3. 火车问题

火车问题一般需要考虑车身的长度,例如:

(1)火车穿过隧道.

　　火车通过的距离＝车长＋隧道长.

(2)快车超过慢车.

　　相对速度＝快车速度－慢车速度(同向而去,速度相减).

　　相对距离＝快车长度＋慢车长度.

(3)两车相对而行.

　　相对速度＝快车速度＋慢车速度(迎面而来,速度相加).

　　从相遇到离开的距离为两车长度之和.

【例8】甲、乙、丙三人进行百米赛跑(假设他们速度不变),当甲到达终点时,乙距离终点还有 10 米,丙距离终点还有 16 米,当乙到达终点时,丙距离终点还差(　　)米.

A. $\dfrac{22}{3}$　　　B. $\dfrac{20}{3}$　　　C. $\dfrac{15}{3}$　　　D. $\dfrac{10}{3}$　　　E. 以上都不对

【例9】(2013.10.6)老王上午 8:00 骑自行车离家去办公楼开会.若每分钟骑行 150 米,则他会迟到 5 分钟;若每分钟骑行 210 米,则他会提前 5 分钟.会议开始的时间是(　　).

A. 8:20　　　B. 8:30　　　C. 8:45　　　D. 9:00　　　E. 9:10

【例10】(2011.1.1)已知船在静水中的速度为 28 千米/时,河水的流速为 2 千米/时,则此船在相距 78 千米的两地间往返一次所需时间是(　　)小时.

A. 5.9　　　B. 5.6　　　C. 5.4　　　D. 4.4　　　E. 4.0

【例11】(2005.1.2)一支队伍排成长度为 800 米的队列行军,速度为 80 米/分.队首的通讯员以 3 倍于行军的速度跑步到队尾,花 1 分钟传达首长命令后,立即以同样的速度跑回到队首.在这往返全过程中通讯员所花费的时间为(　　)分钟.

A. 6.5　　　B. 7.5　　　C. 8.0　　　D. 8.5　　　E. 10.0

【例12】(1999.10.3)一列火车长 75 米,通过 525 米长的桥梁需要 40 秒,若以同样的速度穿过 300 米的隧道,则需要(　　).

A. 20 秒　　　B. 约 23 秒　　　C. 25 秒　　　D. 约 27 秒　　　E. 约 28 秒

考点 63　工程问题

1. 一般工程问题

(1)基本等量关系:工作效率＝$\dfrac{工作量}{工作时间}$.

(2)常用的等量关系:各部分的工作量之和＝总工作量＝1.

2. 给水排水问题

等量关系：原有水量＋进水量＝排水量＋余水量．

【例13】 完成某项任务，甲单独做需 4 天，乙单独做需 6 天，丙单独做需 8 天．先甲、乙、丙三人依次一日一轮换地工作，则完成该项任务共需的天数为（　　）．

A. $6\frac{2}{3}$　　　　B. $5\frac{1}{3}$　　　　C. 6　　　　D. $4\frac{2}{3}$　　　　E. 4

【例14】 甲、乙两队修一条公路，甲单独施工需要 40 天完成，乙单独施工需要 24 天完成，现在两队同时从两端开始施工，在距离公路中点 7.5 千米处会合完工，则公路长度为（　　）千米．

A. 60　　　　B. 70　　　　C. 80　　　　D. 90　　　　E. 100

【例15】 一艘轮船发生漏水事故．当漏进水 600 桶时，两部抽水机开始排水，甲机每分钟能排水 20 桶，乙机每分钟能排水 16 桶，经 50 分钟刚好将水全部排完．每分钟漏进的水有（　　）桶．

A. 12　　　　B. 18　　　　C. 24　　　　D. 30　　　　E. 40

【例16】 管径相同的三条不同管道甲、乙、丙可同时向某基地容积为 1000 立方米的油罐供油．丙管道的供油速度比甲管道供油速度大．

（1）甲、乙同时供油 10 天可注满油罐；

（2）乙、丙同时供油 5 天可注满油罐．

考点 64　浓度问题

1. 一般溶液问题

（1）溶质守恒定律．

无论如何倒来倒去，溶质的量保持不变．

若添加了溶质（如纯药液），水的量没变，则把水看作溶质，把纯药液看作溶剂．

（2）溶液质量＝溶质质量＋水的质量，溶液质量＝溶质质量＋溶剂的质量．

（3）浓度 ＝ $\frac{溶质}{溶液}\times 100\%$．

2. 溶液配比问题

将不同浓度的两种溶液，配成另外一种浓度的溶液，使用十字交叉法．

【例17】 (2008.1.8) 若用浓度为 30% 和 20% 的甲、乙两种食盐溶液配成浓度为 24% 的食盐溶液 500 克，则甲、乙两种溶液各取（　　）．

A. 180 克，320 克　　　　B. 185 克，315 克　　　　C. 190 克，310 克

D. 195 克，305 克　　　　E. 200 克，300 克

【例18】 (2011.10.2) 含盐 12.5% 的盐水 40 千克蒸发掉部分水分变成了含盐 20% 的盐水，蒸发掉

的水分的重量为( )千克.

A. 19　　　　B. 18　　　　C. 17　　　　D. 16　　　　E. 15

考点 65　集合问题

1. 二饼图

如图所示,公式:$A \cup B = A + B - A \cap B$.

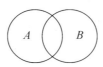

2. 三饼图

如图所示,公式:$A \cup B \cup C = A + B + C - A \cap B - A \cap C - B \cap C + A \cap B \cap C$.

【例19】 某单位有 90 人,其中 65 人参加外语培训,72 人参加计算机培训,已知参加外语培训而未参加计算机培训的有 8 人,则参加计算机培训而未参加外语培训的人数是( ).

A. 5　　　　B. 8　　　　C. 10　　　　D. 12　　　　E. 15

【例20】 (2008.10.9)某班同学参加智力竞赛,共有 A,B,C 三题,每题或得 0 分或得满分.竞赛结果无人得 0 分,三题全部答对的有 1 人,答对两题的有 15 人.答对 A 题的人数和答对 B 题的人数之和为 29 人,答对 A 题的人数和答对 C 题的人数之和为 25 人,答对 B 题的人数和答对 C 题的人数之和为 20 人,那么该班的人数为( )人.

A. 20　　　　B. 25　　　　C. 30　　　　D. 35　　　　E. 40

【例21】 某年级先后举行数理化三科竞赛,学生中至少参加一科的:数学 203 人,物理 179 人,化学 165 人.参加两科的:数学、物理 143 人,数学、化学 116 人,物理、化学 97 人.三科都参加的有 89 人.则参加竞赛的学生总人数为( )人.

A. 280　　　　B. 250　　　　C. 300　　　　D. 350　　　　E. 400

考点 66　最值问题

1. 一般最值问题

(1)化为一元二次函数求最值;

(2)化为均值不等式求最值;

(3)极值法.

2. 线性规划问题

一般采用:"先看边界后取整数"法.

第一步:将不等式直接取等号,求得未知数的解.

第二步：若所求解为整数，则此整数解即为方程的解；若所求解为小数，则取其左右相邻的整数，验证是否符合题意即可.

3. 其他最值问题

【例22】(2003.10.27)已知某厂生产 x 件产品的成本为 $C=25\,000+200x+\dfrac{1}{40}x^2$ 元，若产品以每件 500 元售出，则使利润最大的产量是(　　).

A. 2000 件　　B. 3000 件　　C. 4000 件　　D. 5000 件　　E. 6000 件

【例23】某单位用 2160 万元购得一块空地，计划在该空地上建造一栋至少 10 层、每层 2000 平方米的楼房. 经测算，如果将楼房建为 $x(x\geq 10)$ 层，则每平方米的平均建筑费用为 $560+48x$（单位：元）. 为了使楼房每平方米的平均综合费用最少，该楼房应建为(　　)层.（注：平均综合费用＝平均建筑费用＋平均购地费用，平均购地费用＝购地总费用/建筑总面积）

A. 10　　B. 12　　C. 13　　D. 15　　E. 16

【例24】某公司每天至少要运送 270 吨货物. 公司有载重为 6 吨的 A 型卡车和载重为 10 吨的 B 型卡车，A 型卡车每天可往返 4 次，B 型卡车可往返 3 次，A 型卡车每天花费 300 元，B 型卡车每天花费 500 元，若最多可以调用 10 辆车，则该公司每天花费最少为(　　).

A. 2560 元　　B. 2800 元　　C. 3500 元　　D. 4000 元　　E. 4800 元

【例25】(2013.1.23)某单位年终共发了 100 万元奖金，奖金金额分别是一等奖 1.5 万元、二等奖 1 万元、三等奖 0.5 万元，该单位至少有 100 人.

(1) 获二等奖的人数最多；(2) 获三等奖的人数最多.

考点 67　分段计费问题

分段计费问题的基本原理为分段求和.

【例26】2016 年 1 月 1 日起，某市全面推行农村合作医疗，农民每年每人只拿出 10 元就可以享受合作医疗，某人住院报销了 805 元，则花费了(　　)元.

住院费(元)	报销率(%)
不超过 3000	15
3000～4000	25
4000～5000	30
5000～10 000	35
10 000～20 000	40

A. 3220　　B. 4183　　C. 4350　　D. 4500　　E. 以上均不对

本章练习题

1. 将价值 200 元的甲原料与价值 480 元的乙原料配成一种新原料，若新原料每千克的售价分别比甲、乙原料每千克的售价少 3 元和多 1 元，则新原料的售价是(　　)元.

A. 15　　　　B. 16　　　　C. 17　　　　D. 18　　　　E. 19

2. 企业今年人均成本是去年的 60%.

(1) 甲企业今年总成本比去年减少 25%,比去年员工人数增加 25%;

(2) 甲企业今年总成本比去年减少 28%,比去年员工人数增加 20%.

3. 某公司的员工中,拥有本科毕业证、计算机等级证、汽车驾驶证的人数分别为 130,110,90. 又知只有一种证的人数为 140,三证齐全的人数为 30,则恰有双证的人数为(　　).

A. 45　　　　B. 50　　　　C. 52　　　　D. 65　　　　E. 100

4. 从一根圆柱形钢材上截取 160 cm 长的一段,截取部分的重量正好是原来重量的 80%,则剩下部分的长度为(　　).

A. 120 cm　　B. 80 cm　　C. 40 cm　　D. 20 cm　　E. 10 cm

5. 某年级 60 名学生中,有 30 人参加合唱团、45 人参加运动队,其中参加合唱团而未参加运动队的有 8 人,则参加运动队而未参加合唱团的有(　　).

A. 15 人　　B. 22 人　　C. 23 人　　D. 30 人　　E. 37 人

6. 已知一张桌子的价钱是一把椅子的 10 倍,又知一张桌子比一把椅子多 288 元,一张桌子和一把椅子各多少元?(　　)

A. 310,31　　B. 320,32　　C. 330,33　　D. 300,30　　E. 340,34

7. 甲乙二人从两地同时相对而行,经过 4 小时,在距离中点 4 千米处相遇. 甲比乙速度快,甲每小时比乙快多少千米?(　　)

A. 1　　　　B. 2　　　　C. 3　　　　D. 4　　　　E. 5

8. 甲乙两辆客车上午 8 时同时从两个车站出发,相向而行,经过一段时间,两车同时到达一条河的两岸. 由于河上的桥正在维修,车辆禁止通行,两车需交换乘客,然后按原路返回各自出发的车站,到站时已是下午 2 点. 甲车每小时行 40 千米,乙车每小时行 45 千米,两地相距多少千米?(交换乘客的时间略去不计)(　　)

A. 235　　　B. 240　　　C. 245　　　D. 250　　　E. 255

9. 学校组织两个课外兴趣小组去郊外活动. 第一小组每小时走 4.5 千米,第二小组每小时走 3.5 千米. 两组同时出发 1 小时后,第一小组停下来参观一个果园,用了 1 小时,再去追第二小组. 多长时间能追上第二小组?(　　)

A. 2.1 小时　B. 2.3 小时　C. 2.5 小时　D. 2.7 小时　E. 2.9 小时

10. 甲、乙两队共同修一条长 400 米的公路,甲队从东往西修 4 天,乙队从西往东修 5 天,正好修完,甲队比乙队每天多修 10 米. 甲、乙两队每天共修多少米?(　　)

A. 86　　　　B. 87　　　　C. 88　　　　D. 89　　　　E. 90

11. 一列快车和一列慢车,同时分别从甲乙两地相对开出. 快车每小时行 75 千米,慢车每小时行 65 千米,相遇时快车比慢车多行了 40 千米,甲乙两地相距多少千米?(　　)

A. 540　　　B. 545　　　C. 550　　　D. 555　　　E. 560

12. 某玻璃厂托运玻璃 250 箱,合同规定每箱运费 20 元,如果损坏一箱,不但不付运费还要赔偿 100 元. 运后结算时,共付运费 4400 元. 托运中损坏了多少箱玻璃?(　　)

A. 6　　　　　　B. 5　　　　　　C. 4　　　　　　D. 3　　　　　　E. 2

13. 一中队和二中队要到距公司 20 千米的地方去春游.第一中队步行每小时行 4 千米,第二中队骑自行车,每小时行 12 千米.第一中队先出发 2 小时后,第二中队再出发,第二中队出发后几小时才能追上一中队?（　　）

A. 5　　　　　　B. 4　　　　　　C. 3　　　　　　D. 2　　　　　　E. 1

14. 李强骑自行车从甲地到乙地,每小时行 12 千米,5 小时到达,从乙地返回甲地时因逆风多用 1 小时,返回时平均每小时行多少千米?（　　）

A. 7　　　　　　B. 8　　　　　　C. 9　　　　　　D. 10　　　　　E. 11

15. 学校举办语文、数学双科竞赛,三年级一班有 59 人,参加语文竞赛的有 36 人,参加数学竞赛的有 38 人,一科也没参加的有 5 人.双科都参加的有多少人?（　　）

A. 20　　　　　B. 21　　　　　C. 22　　　　　D. 23　　　　　E. 24

16. 父亲今年 45 岁,5 年前父亲的年龄是儿子的 4 倍,今年儿子多少岁?（　　）

A. 12　　　　　B. 13　　　　　C. 14　　　　　D. 15　　　　　E. 16

17. 光明小学举办数学知识竞赛,一共 20 题.答对一题得 5 分,答错一题扣 3 分,不答得 0 分.小丽得了 79 分,她答对几题?答错几题?有几题没答?（　　）

A. 17,2,1　　　B. 17,1,2　　　C. 16,2,2　　　D. 16,3,1　　　E. 15,2,3

18. 园林绿化队要栽一批树苗,第一天栽了总数的 15%,第二天栽了 133 棵,这时剩下的与已栽的棵数的比是 3：5.这批树苗一共有多少棵?（　　）

A. 280　　　　B. 290　　　　C. 300　　　　D. 310　　　　E. 320

19. 一列火车长 600 米,通过一条长 1150 米的隧道,已知火车的速度是每分钟 700 米,问火车通过隧道需要几分钟?（　　）

A. 2　　　　　　B. 2.5　　　　　C. 3　　　　　　D. 3.5　　　　　E. 4

20. 小明从家里到学校,如果每分钟走 50 米,则正好到上课时间;如果每分钟走 60 米,则离上课时间还有 2 分钟.问小明从家里到学校有多远?（　　）

A. 560　　　　B. 570　　　　C. 580　　　　D. 590　　　　E. 600

21. 有一周长 600 米的环形跑道,甲、乙二人同时、同地、同向而行,甲每分钟跑 300 米,乙每分钟跑 400 米,经过几分钟二人第一次相遇?（　　）

A. 4　　　　　　B. 5　　　　　　C. 6　　　　　　D. 7　　　　　　E. 8

22. 有一个长方形纸板,如果只把长增加 2 厘米,面积就增加 8 平方厘米;如果只把宽增加 2 厘米,面积就增加 12 平方厘米.这个长方形纸板原来的面积是多少?（　　）

A. 24　　　　　B. 23　　　　　C. 22　　　　　D. 21　　　　　E. 20

23. 甲乙两人同时从相距 135 千米的两地相对而行,经过 3 小时相遇.甲的速度是乙的 2 倍,甲乙两人每小时各行多少千米?（　　）

A. 30,15　　　B. 32,16　　　C. 38,19　　　D. 40,20　　　E. 42,21

24. 盒子里有同样数目的黑球和白球.每次取出 8 个黑球和 5 个白球,取出几次以后,黑球没有了,白球还剩 12 个.一共取了几次?盒子里共有多少个球?（　　）

140

A. 4,64　　　　B. 3,60　　　　C. 4,62　　　　D. 3,62　　　　E. 4,60

25. 上午6时从汽车站同时发出1路和2路公共汽车,1路车每隔12分钟发一次,2路车每隔18分钟发一次,则下次同时发车时间为(　　).

A. 6时33分　　B. 6时34分　　C. 6时35分　　D. 6时36分　　E. 6时37分

26. 父亲今年45岁,儿子今年15岁,多少年前父亲的年龄是儿子年龄的11倍?(　　)

A. 11　　　　B. 12　　　　C. 13　　　　D. 14　　　　E. 15

27. 王老师有一盒铅笔,如平均分给2名同学余1支,平均分给3名同学余2支,平均分给4名同学余3支,平均分给5名同学余4支.问这盒铅笔最少有多少支?(　　)

A. 56　　　　B. 57　　　　C. 58　　　　D. 59　　　　E. 60

28. 已知盐水若干千克,第一次加入一定量的水后,盐水浓度变为6%,第二次加入同样多的水后,盐水浓度变为4%,第三次再加入同样多的水后盐水浓度是多少?(　　)

A. 3%　　　　B. 2.5%　　　C. 2%　　　　D. 1.8%　　　E. 3.5%

29. 两个相同的瓶子装满某种化学溶液,一个瓶子中溶质与水的体积比是3:1,另一个瓶子中质与水的体积比是4:1,若把两瓶化学溶液混合,则混合后的溶质和水的体积之比是(　　).

A. 31:9　　　B. 7:2　　　　C. 31:40　　　D. 20:11　　　E. 5:11

30. 一瓶浓度为80%的酒精溶液倒出$\frac{1}{4}$后用水加满,再倒出$\frac{1}{3}$后仍用水加满,再倒出$\frac{1}{5}$后还用水加满,这时瓶中酒精溶液浓度为(　　).

A. 30%　　　B. 35%　　　C. 32%　　　D. 50%　　　E. 60%

参考答案

例题参考答案

【例1】答案 B. 设项目的预算为 x,下半年完成量为 $(1-\frac{1}{3})\times\frac{2}{3}=\frac{4}{9}$,根据题意得 $x(1-\frac{1}{3}-\frac{4}{9})=0.8\Rightarrow x=3.6$.

【例2】答案 C. 设甲商品的利润为 x 元,乙商品的利润为 y 元.

方法一:条件(1)和条件(2)单独显然不充分,联立两个条件,得 $\begin{cases}5x+4y=50\\4x+5y=47\end{cases}\Rightarrow x-y=3$,甲商品的利润比乙商品多3元,两个条件联合充分.

方法二:此题还可以使用逻辑推理法.

联合条件(1)和条件(2),同样是9件商品,甲商品多则利润多,说明甲的利润比乙高.因此选 C.

【例3】答案 C. 设该同学做对的题目数为 x,做错的题目数为 y,则没做的题目数为 $20-x-y$,根据题意可得 $8x-5y=13\Rightarrow y=\frac{8x-13}{5}$,而且 x,y 满足 $0\leqslant x+y\leqslant 20$,穷举法可知 $x=6,y=7$.所以没做的题目数为 $20-x-y=7$.

【例4】答案 E.

方法一：设一等奖的个数为 x 个，则其他奖品个数为 $(26-x)$ 个，根据题意得 $280 \times 26 = 400x + 270(26-x) \Rightarrow x = 2$.

方法二：十字交叉法：

一等奖：400　　　　　　　10

　　　　　　　　280

其他奖：270　　　　　　　120

所以，一等奖个数/其他奖个数 $= \dfrac{10}{120} = \dfrac{2}{24}$，则一等奖的个数为 2.

【例5】答案 C.

方法一：设二等品的件数为 x，则一等品的件数为 $\dfrac{5}{3}x$，不合格品的件数为 $\dfrac{1}{4}x$，所以总件数为 $\dfrac{5}{3}x + x + \dfrac{1}{4}x = \dfrac{35}{12}x$，不合格率为 $\left(\dfrac{1}{4}x\right) \div \left(\dfrac{35}{12}x\right) \times 100\% \approx 8.6\%$.

方法二：此题也可以用最小公倍数法。取二等品的两个数字的最小公倍数 12，得一等品：二等品：不合格品 $= 20:12:3$，所以不合格率为 $\dfrac{3}{20+12+3} \times 100\% \approx 8.6\%$.

【例6】答案 E. 设猪肉的实际重量为 x 斤，100 克 $= 0.2$ 斤，根据题意有 $\dfrac{x}{4} = \dfrac{x+0.2}{4.25} \Rightarrow x = 3.2$，所以应补猪肉的重量为 $4 - 3.2 = 0.8$ 斤，即 8 两.

【例7】答案 E.

方法一：条件(1)和条件(2)单独显然不充分，联合两个条件.

设 A 企业前年的职工人数为 a.

由条件(1)，去年的职工人数为 $a(1-20\%) = \dfrac{4}{5}a$;

由条件(2)，今年的职工人数为 $(1+50\%) \times \dfrac{4}{5}a = \dfrac{6}{5}a$.

故 A 企业的职工人数今年比前年增加 $\dfrac{\dfrac{6}{5}a - a}{a} \times 100\% = 20\%$，联合也不充分.

方法二：此题也可以使用特值法.

设前年的职工为 100 人，则去年为 80 人，今年为 120 人，增加 20%. 因此选 E.

【例8】答案 B. 设乙到达终点时，丙距离终点还差 x 米，则有

乙速：丙速 $= \dfrac{100-10}{t_1} : \dfrac{100-16}{t_1} = \dfrac{100}{t_2} : \dfrac{100-x}{t_2} \Rightarrow x = \dfrac{20}{3}$.

【例9】答案 B. 设准时到需要的时间为 t，则根据路程不变，得 $150(t+5) = 210(t-5) \Rightarrow t = 30$，所以会议开始的时间为 8:30.

【例10】答案 B. 由题意知,顺水速度为 28+2=30 千米/时,逆水速度为 28-2=26 千米/时. 则往返一次的时间为 $\frac{78}{30}+\frac{78}{26}=5.6$(小时).

【例11】答案 D. 从首到尾(迎面而来,速度相加)所花时间 $\frac{800}{3\times80+80}=2.5$(分钟);从尾到首(同向而去,速度相减)所花时间 $\frac{800}{3\times80-80}=5$(分钟);

一共花时间为 $2.5+5+1=8.5$(分钟).

【例12】答案 C. 设通过 300 米的隧道需要 t 秒,根据速度不变,得 $\frac{75+525}{40}=\frac{75+300}{t}$,解得 $t=25$.

【例13】答案 B. 甲、乙、丙的工作效率分别为 $\frac{1}{4}$、$\frac{1}{6}$、$\frac{1}{8}$.

通分可得:甲、乙、丙的工作效率分别为 $\frac{6}{24}$、$\frac{4}{24}$、$\frac{3}{24}$.

第一轮:甲、乙、丙各做一天,共完成 $\frac{6}{24}+\frac{4}{24}+\frac{3}{24}=\frac{13}{24}$.

第二轮:甲、乙各做一天,共完成 $\frac{6}{24}+\frac{4}{24}=\frac{10}{24}$.

则余下工作为 $1-\frac{13}{24}-\frac{10}{24}=\frac{1}{24}$,由丙完成,需要 $\frac{1}{3}$ 天,所以任务共需 $5\frac{1}{3}$ 天.

【例14】答案 A.

方法一:设时间为 t 天,工程总量为 1.

则甲队每天完成量$\left(\frac{1}{40}\right)$,乙队$\left(\frac{1}{24}\right)$,则列方程 $\frac{1}{40}t+\frac{1}{24}t=1$,得出 $t=15$. 此时再求工程量,设其为 x,因为甲干得慢,所以该点离甲近,甲干的加上 7.5 是一半工程量,所以 $\left(\frac{1}{2}-\frac{1}{40}\times15\right)x=7.5$,解得 $x=60$.

方法二:甲、乙施工进度比为 24∶40,即 3∶5,中点处为 4∶4,可见会合处离中点距离是全程的 $\frac{1}{8}$,$7.5\times8=60$.

【例15】答案 C. 设进水量每分钟 x 桶,由题意可得 $600+50x=(20+16)\times50 \Rightarrow x=24$.

【例16】答案 C. 两个条件单独显然不充分,联立之. 设甲、乙、丙三条管道的供油效率分别为 x,y,z,由条件(1):$x+y=\frac{1}{10} \Rightarrow x=\frac{1}{10}-y$.

由条件(2):$y+z=\frac{1}{5} \Rightarrow z=\frac{1}{5}-y$,显然 $z>x$,联立两个条件充分.

此题也可以使用逻辑推理法. 联立两个条件可知,乙和甲一起供油比乙和丙一起供油要慢,可见甲比丙要慢.

【例17】答案 E.

方法一：设甲 x 克，乙 y 克，

则 $\begin{cases} 30\%x+20\%y=500\times24\% \\ x+y=500 \end{cases} \Rightarrow \begin{cases} x=200 \\ y=300 \end{cases}$

方法二：此题也可以使用十字交叉法．

甲　　30%　　　　　　　　　　4%

　　　　　　新溶液 24%

乙　　20%　　　　　　　　　　6%

所以，甲：乙 $=4\%:6\%=2:3$，故甲溶液为 200 克，乙溶液为 300 克．

【例18】答案 E．设蒸发掉的水分重量为 x，根据题意有 $40\times12.5\%=(40-x)\times20\%\Rightarrow x=15$．

【例19】答案 E．画图如下：

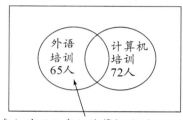

参加外语不参加计算机培训的8人

故参加外语培训且参加计算机培训的有 $65-8=57$（人）．

参加计算机培训而未参加外语培训的人数有 $72-57=15$（人）．

【例20】答案 A．画图如下：设答对 A,B,C 三道题的人数分别为 x,y,z，根据题意得

$\begin{cases} x+y=29 \\ x+z=25 \\ y+z=20 \end{cases} \Rightarrow x+y+z=37$．答对2题的人计算了2次，多计算15；答对3题的人计算了3次，

多计算2；故总人数为 $37-15-2=20$（人）．

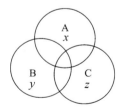

【例21】答案 A．直接套用公式得：

$A\cup B\cup C=A+B+C-A\cap B-A\cap C-B\cap C+A\cap B\cap C=203+179+165-143-116-97+89=280$．

【例22】答案 E．总利润为 $y=500x-C=-\dfrac{1}{40}x^2+300x-25\,000$，当 $x=-\dfrac{300}{2(-\dfrac{1}{40})}=6000$ 时，y

有最大值，故最大利润产量为 6000 件．

【例23】答案 D．设楼房每平方米的平均综合费为 $f(x)$ 元，则 $f(x)=(560+48x)+\dfrac{2160\times10\,000}{2000x}$

$=560+48x+\dfrac{10\,800}{x}\geqslant 560+2\sqrt{48x\cdot\dfrac{10\,800}{x}}=2000$,当 $48x=\dfrac{10\,800}{x}\Rightarrow x=15$,$f(x)$ 取最小值.

【例24】答案 D.设用 A 型卡车 x 辆,B 型卡车 y 辆,根据题意有

$\begin{cases}x+y\leqslant 10\\24x+30y\geqslant 270\end{cases}\Rightarrow\begin{cases}x+y\leqslant 10\\4x+5y\geqslant 45\end{cases}$,目标函数为 $z=300x+500y$,用先取边后取整数法,将不等式取等号得,

$\begin{cases}x+y=10\\4x+5y=45\end{cases}\Rightarrow\begin{cases}x=5\\y=5\end{cases}$,故每天最少花费为 $z_{\min}=300\times 5+500\times 5=4000(元)$.

【例25】答案 B.获一等奖的有 x 人,获二等奖的有 y 人,获三等奖的有 z 人,则奖金:$1.5x+1y+0.5z=100$①.人数:$x+y+z\geqslant 100$②.将①式代入②式得,$x+y+z\geqslant 1.5x+1y+0.5z$ $\Rightarrow x\leqslant z$.

即只需证明获一等奖的人数小于等于获三等奖的人数即可.

条件(1):获二等奖的人数最多,获一等奖的人数可能比获三等奖的人数多,不充分.条件(2):获三等奖的人数最多,则获一等奖的人数少于获三等奖的人数,充分.

【例26】答案 C.若总花费 3000 元,则报销为 $3000\times 15\%=450$;总花费 4000 元,则报销 $450+1000\times 25\%=700$.设总花费为 x 元,则 $3000\times 15\%+1000\times 25\%+(x-4000)\cdot 30\%=805$,解得 $x=4350$.

练习题参考答案

1.答案 C.设新原料的售价为 x 元,则甲、乙两种原料的售价分别为 $x+3$、$x-1$ 元,根据题意,得 $\dfrac{200}{x+3}+\dfrac{480}{x-1}=\dfrac{680}{x}\Rightarrow x=17$.

2.答案 D.设企业去年的人数为 100 人,总成本为 100 元,则人均成本为 1 元/人.条件(1):今年总成本减少 25%,为 75 元,人数增加 25%,为 125 人.则人均成本 $\dfrac{75}{125}=0.6$,所以今年人均成本是去年的 60%,条件(1)充分.条件(2):今年总成本减少 28%,为 72 元,人数增加 20%,为 120 人,则人均成本:$\dfrac{72}{120}=0.6$,所以今年人均成本是去年的 60%,条件(2)充分.

3.答案 B.

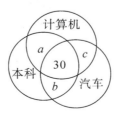

本科单证:$130-30-a-b$.

计算机单证:$110-30-a-c$.

汽车单证:$90-30-c-b$.

$(130-30-a-b)+(110-30-a-c)+(90-30-c-b)=140 \Rightarrow a+b+c=50$.

4. 答案 C. 总量$=\dfrac{\text{部分量}}{\text{部分量所占比例}}=\dfrac{160}{80\%}=200$,则剩下长度为$(200-160)$ cm$=40$ cm.

5. 答案 C. 如图所示:参加合唱团且参加运动队的有$30-8=22$(人).

   参加运动队而未参加合唱团的有$45-22=23$(人).

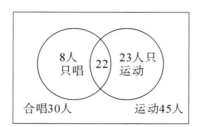

6. 答案 B. 由已知条件可知,一张桌子比一把椅子多的288元,正好是一把椅子价钱的$(10-1)$倍,由此可求得一把椅子的价钱.再根据椅子的价钱,就可求得一张桌子的价钱.一把椅子的价钱:$288\div(10-1)=32$(元).一张桌子的价钱:$32\times10=320$(元).

7. 答案 B. 根据距离中点4千米相遇和甲比乙速度快,可知甲比乙多走4×2千米,又知经过4小时相遇,即可求甲比乙每小时快多少千米.$4\times2\div4=2$(千米).

8. 答案 E. 根据已知两车上午8时从两站出发,下午2点返回原车站,可求出两车所行驶的时间.根据两车的速度和行驶的时间可求两车行驶的总路程.下午2点是14时.往返时间:$14-8=6$(时).两地间路程:$(40+45)\times6\div2=255$(千米).

9. 答案 C. 第一小组停下来参观果园时间,第二小组多行了$[3.5-(4.5-3.5)]$千米,也就是第一组要追赶的路程.又知第一组每小时比第二组快$(4.5-3.5)$千米,由此便可求出追赶的时间.第一组追赶第二组的路程:$3.5-(4.5-3.5)=3.5-1=2.5$(千米).第一组追赶第二组所用时间:$2.5\div(4.5-3.5)=2.5\div1=2.5$(小时).

10. 答案 E. 根据甲队每天比乙队多修10米,可以这样考虑:如果把甲队修的4天看作和乙队4天修的同样多,那么总长度就减少4个10米,这时的长度相当于乙$(4+5)$天修的.由此可求出乙队每天修的米数,进而再求两队每天共修的米数.乙每天修的米数:$(400-10\times4)\div(4+5)=40$(米).甲乙两队每天共修的米数:$40\times2+10=90$(米).

11. 答案 E. 根据已知的两车的速度可求速度差,根据两车的速度差及快车比慢车多行的路程,可求出两车行驶的时间,进而求出甲乙两地的路程.$(75+65)\times[40\div(75-65)]=140\times[40\div10]=140\times4=560$(千米).

12. 答案 B. 根据已知托运玻璃250箱,每箱运费20元,可求出应付运费总钱数.根据每损坏一箱,不但不付运费还要赔偿100元的条件可知,应付的钱数和实际付的钱数的差里有几个$(100+20)$元,就是损坏几箱.$(20\times250-4400)\div(100+20)=600\div120=5$(箱).

13. 答案 E. 因第一中队早出发 2 小时,比第二中队先行(4×2)千米,而每小时第二中队比第一中队多行(12−4)千米,由此即可求第二中队追上第一中队的时间. 4×2÷(12−4)=4×2÷8=1(时).

14. 答案 D. 由每小时行 12 千米,5 小时到达可求出两地的路程,即返回时所行的路程. 由去时 5 小时到达和返回时多用 1 小时,可求出返回时所用时间. 12×5÷(5+1)=10(千米).

15. 答案 A. 参加语文竞赛的 36 人中有参加数学竞赛的,同样参加数学竞赛的 38 人中也有参加语文竞赛的,如果把两者加起来,那么既参加语文竞赛又参加数学竞赛的人数就统计了两次,所以将参加语文竞赛的人数加上参加数学竞赛的人数再加上一科也没参加的人数减去全班人数就是双科都参加的人数. 36+38+5−59=20(人).

16. 答案 D. 5 年前父亲的年龄是(45−5)岁,儿子的年龄是(45−5)÷4 岁,再加上 5 就是今年儿子的年龄. (45−5)÷4+5=10+5=15(岁).

17. 答案 A. 20 题全答对得 100 分,答错一题将失去(5+3)分,而不答仅失去 5 分. 小丽共失去(100−79)分. 再根据(100−79)÷8=2(题)……5(分),分析答对、答错和没答的题数. (5×20−79)÷8=2(题)……5(分),20−2−1=17(题).

18. 答案 A. 总棵数 = $\dfrac{部分量}{部分量所占比例}$ = $\dfrac{133}{\dfrac{5}{8}-15\%}$ =280.

19. 答案 B. 火车通过隧道是指从车头进入隧道到车尾离开隧道,所行的路程正好是车身与隧道长度之和. (600+1150)÷700=1750÷700=2.5(分).

20. 答案 E. 在每分钟走 50 米的到校时间内按两种速度走,相差的路程是(60×2)米,又知每分钟相差(60−50)米,这就可求出小明按每分钟 50 米的到校时间. 60×2÷(60−50)=12(分),50×12=600(米).

21. 答案 C. 由已知条件可知,二人第一次相遇时,乙比甲多跑一周,即 600 米,又知乙每分钟比甲多跑(400−300)米,即可求第一次相遇时经过的时间. 600÷(400−300)=600÷100=6(分).

22. 答案 A. 由"只把宽增加 2 厘米,面积就增加 12 平方厘米",可求出原来的长是(12÷2)厘米,同理原来的宽就是(8÷2)厘米,求出长和宽,就能求出原来的面积. (12÷2)×(8÷2)=24(平方厘米).

23. 答案 A. 由题意知,甲乙速度和是(135÷3)千米,这个速度和是乙的速度的(2+1)倍. 135÷3÷(2+1)=15(千米),15×2=30(千米).

24. 答案 A. 两种球的数目相等,黑球取完时,白球还剩 12 个,说明黑球多取了 12 个,而每次多取(8−5)个,可求出一共取了几次. 12÷(8−5)=4(次),8×4+5×4+12=64(个),或 8×4×2=64(个).

25. 答案 D. 1 路和 2 路下次同时发车时,所经过的时间必须既是 12 分的倍数,又是 18 分的倍数,也就是它们的最小公倍数. 12 和 18 的最小公倍数是 36,6 时+36 分=6 时 36 分.

26. 答案 B. 父、子年龄的差是(45－15)岁,当父亲的年龄是儿子年龄的 11 倍时,这个差正好是儿子年龄的(11－1)倍,由此可求出儿子多少岁时,父亲是儿子年龄的 11 倍. 又知今年儿子 15 岁,两个岁数的差就是所求的问题. (45－15)÷(11－1)＝3(岁),15－3＝12(年).

27. 答案 D. 根据题意,可以将题中的条件转化为:平均分给 2 名同学、3 名同学、4 名同学、5 名同学都少一支,因此,求出 2、3、4、5 的最小公倍数再减去 1 就是要求的问题. 2、3、4、5 的最小公倍数是 60,60－1＝59(支).

28. 答案 A. 在不断加水的过程中,溶质的质量是没有变的,假设溶质质量 12,第一次加水之后溶液的质量＝12÷6%＝200,第二次加水之后,溶液质量＝12÷4%＝300,溶液质量从 200 变化到 300,证明加了 100 的水,第三次加入同样多的水之后,溶液质量变为 400,浓度＝溶质÷溶液＝12÷400＝3%.

29. 答案 A. 题目中给出的是溶质和水的体积之比,并没有给出具体的质量,两个容器是相同的,也就是总体积是一样的. 第一个瓶子溶质与水的体积之比是 3∶1,整个瓶子被分成了 4 份,第二个瓶子被分成 5 份,所以特值瓶子的体积为 20,则第一个瓶子中,溶质体积 15,水体积 5,第二个瓶子溶质体积 16,水体积 4,两瓶溶液混合后,溶质与水的体积之比＝(15＋16)∶(5＋4)＝31∶9.

28 和 29 两道题目都是运用比例关系结合特值法来做题的,特值的时候,我们都是针对一个不变的量,或者是相同的量进行特值的. 特值的方法都是找到相关量的最小公倍数. 一般题干中出现分数、比例、倍数、百分数的时候,而且没有给出具体数值,我们都可以考虑特值的办法,把未知量特值成已知量,便于我们理解和计算,从而提高我们的答题速度.

30. 答案 C. 假设刚开始溶液质量为 100,溶液倒出 $\frac{1}{4}$,还剩下 $\frac{3}{4}$,溶质还剩原来的 $\frac{3}{4}$,加满水再倒出 $\frac{1}{3}$ 后,溶质在第一次 $\frac{3}{4}$ 的基础上,剩 $\frac{2}{3}$,同理第三次倒出 $\frac{1}{5}$,还剩下 $\frac{4}{5}$,最终溶质质量为 $80 \times \frac{3}{4} \times \frac{2}{3} \times \frac{4}{5} = 32$,浓度为 32%.

MBA EMBA MPA MPAcc
管理类联考辅导教材

数学 | 逻辑 | 写作 | 英语二

主 编　谭耀华
编 委　数学组　子　骞　韩一凡　陈思宇　齐心怡
　　　　逻辑组　赵小帅　郝天宇　刘峻熙　何瑞阳
　　　　写作组　蒋飞飞　于紫阳　孙晨曦　王　伟
　　　　英语组　刘镯梦　张　宁　郭小燕　苏　晨

（林晨陪你考研系列）

中国·武汉

图书在版编目(CIP)数据

管理类联考辅导教材.数学、逻辑、写作、英语二/谭耀华主编.—武汉:华中科技大学出版社,2023.12
ISBN 978-7-5772-0307-2

Ⅰ.①管… Ⅱ.①谭… Ⅲ.①管理学-研究生-入学考试-自学参考资料 Ⅳ.①C93

中国国家版本馆 CIP 数据核字(2023)第 246780 号

管理类联考辅导教材(数学、逻辑、写作、英语二)

谭耀华 主编

Guanlilei Liankao Fudao Jiaocai(Shuxue,Luoji,Xiezuo,Yingyu Er)

策划编辑:江　畅
责任编辑:江　畅
封面设计:孢　子
责任监印:朱　玢
出版发行:华中科技大学出版社(中国·武汉)　　电话:(027)81321913
　　　　　武汉市东湖新技术开发区华工科技园　　邮编:430223
录　　排:武汉创易图文工作室
印　　刷:武汉市洪林印务有限公司
开　　本:787mm×1092mm　1/16
印　　张:40.75
字　　数:1043 千字
版　　次:2023 年 12 月第 1 版第 1 次印刷
定　　价:206.00 元(含数学、逻辑、写作、英语二)

本书若有印装质量问题,请向出版社营销中心调换
全国免费服务热线:400-6679-118　竭诚为您服务
版权所有　侵权必究

尊敬的考生们：

您好！非常感谢您选择林晨陪你考研！

林晨陪你考研专注于 MBA、MEM、MPA、MPAcc 等管理类联考专业提前面试、笔试、复试定制化培训服务近十年，积累了丰富的教学资源和经验，打造了一套完善的教学体系和服务流程。发展至今，林晨陪你考研已拥有一批专业化优秀的师资团队，并逐步在武汉、上海、北京、广州、深圳等地成立运营中心，为您提供全方位的管理类联考备考服务，目前学员已遍布全国大江南北。我们的教学目标是：帮助您找到适合自己的专业和院校，提高您的专业素养和综合能力，提高您的面试技能和沟通能力，实现您的考研愿望，助力您的职业规划。

这套《管理类联考辅导教材》是林晨陪你考研教研团队经过多年的教学和研究，结合最新的考试大纲和真题，针对管理类联考笔试精心编写而成的。这套教材涵盖了管理类联考的四个科目——数学、逻辑、写作和英语二，每个科目都有详细的知识点讲解、典型例题分析、模拟练习题和答案解析，以及考试技巧和注意事项。这套教材旨在帮助您全面掌握管理类联考的基础知识和应试技能，提高您的解题速度和准确率，增强您的信心和竞争力。

管理类联考是一项全国性的选拔型的研究生入学考试，它不仅考查您的专业知识和能力，还考查您的综合素质和逻辑思维。要想在这样的考试中取得优异的成绩，您需要付出艰苦的努力和持之以恒的坚持。除了努力，您还需要有正确的方法和指导。这就是林晨陪你考研团队为您提供的这套教材和相应培训服务的价值所在。我们希望通过这套教材以及服务，能够为您的考研之路提供一盏明灯，让您能够在茫茫的知识海洋中找到方向，避免走弯路，节省时间和精力，达到事半功倍的效果。

最后，林晨陪你考研团队衷心地祝愿您在管理类联考中取得优异的成绩，顺利进入自己心仪的院校，开启自己的研究生学习之旅，为自己的未来和社会的发展做出贡献！我们相信，只要您有明确的目标，有坚定的信心，有正确的方法，有专业的团队为您服务，您就一定能够克服所有的困难，战胜所有的挑战，实现您的考研梦想，走向您的理想人生！

林晨陪你考研团队
2023 年 12 月

更多关于 MBA、MEM、MPA、MPAcc 等管理类联考专业择校、提前面试、笔试、复试资讯，可以全网关注我们的自媒体：视频号/微信公众号/小红书/微博——林晨陪你考研，也可以登录林晨陪你考研官网 www.linchenkaoyan.com 查阅，还可以直接与我们的老师进行一对一的沟通交流，我们的联系方式是：13545149501（微信同号）。

目录

考试大纲 1

绪论 4

第一章 概念 8

第一节 概念的基本知识 8

考点 1 概念的内涵与外延 8

考点 2 集合概念与非集合概念 10

考点 3 概念间的关系与文氏图 11

第二节 概念的定义与划分 13

考点 4 定义与划分的规则 14

本章练习题 16

参考答案 17

例题参考答案 17

练习题参考答案 18

第二章 简单命题推理 19

第一节 直言命题 21

考点 5 直言命题的形式和对当关系 21

考点 6 直言命题负命题变形 26

考点 7 直言命题的推理规则 28

第二节 模态命题 32

考点 8 模态命题的形式和对当关系 32

考点 9 模态命题负命题变形 35

考点 10 直言模态命题负命题变形 35

第三节 关系命题 36

考点 11 关系命题的传递性与对称性 36

本章练习题 37

参考答案 43

例题参考答案 43

练习题参考答案 46

第三章 复合命题推理 49

第一节 联言与选言命题 49

考点 12 联言命题的形式和推理 49

考点 13 相容选言命题的形式和推理 51

| 考点 14   不相容选言命题的形式和推理 ································· 53
| 考点 15   联言与选言命题的负命题 ····································· 55
| 第二节   假言命题 ··· 56
| 考点 16   假言命题的形式 ··· 56
| 考点 17   假言命题的推理 ··· 60
| 考点 18   假言命题的负命题 ·· 62
| 第三节   复合命题间的推理 ·· 63
| 考点 19   "或"与"→"互推 ·· 63
| 考点 20   "且"推"或"；"要么"推"或" ······························· 64
| 考点 21   二难推理 ··· 65
| 考点 22   复合命题等价互推 ·· 67
| 第四节   负命题 ··· 69
| 考点 23   负命题的总结 ··· 69
| 本章练习题 ··· 70
| 参考答案 ·· 77
| 例题参考答案 ··· 77
| 练习题参考答案 ··· 82

第四章   综合推理 ·· 86
| 考点 24   排除法 ·· 88
| 考点 25   假设法 ·· 89
| 考点 26   图表法 ·· 91
| 考点 27   突破口法 ··· 93
| 本章练习题 ··· 96
| 参考答案 ·· 103
| 例题参考答案 ··· 103
| 练习题参考答案 ··· 107

第五章   论证逻辑 ·· 111
| 第一节   论证基础 ··· 112
| 考点 28   论证识别 ··· 114
| 第二节   论证三要素的评价 ·· 116
| 考点 29   论证的假设 ·· 116
| 考点 30   论证的削弱与支持 ·· 120
| 第三节   论证模型的评价 ·· 122
| 考点 31   演绎推理与论证 ·· 122

考点 32　归纳推理与论证 ·· 123
　　考点 33　类比推理与论证 ·· 125
　　考点 34　因果推理与论证 ·· 126
　　考点 35　求因果五法 ·· 129
　　考点 36　措施目的论证 ··· 133
　　考点 37　数字型论证 ·· 135
第四节　逻辑谬误 ··· 137
　　考点 38　逻辑谬误 ··· 137
本章练习题 ·· 142
参考答案 ··· 150
　　例题参考答案 ··· 150
　　练习题参考答案 ·· 153

考试大纲

Ⅰ.考试性质

管理类综合能力考试是为高等院校和科研院所招收专业学位硕士研究生(主要包括 MBA/MPA/MPAcc/MEM/MTA 等专业联考)而设置的具有选拔性质的全国联考科目,其目的是科学、公平、有效地测试考生是否具备攻读专业学位所必需的基本素质、一般能力和培养潜能,评价的标准是高等学校本科毕业生所能达到的及格或及格以上水平,以利于各高等院校和科研院所在专业上择优选拔,确保专业学位硕士研究生的招生质量。

Ⅱ.考查目标

1. 具有运用数学基础知识、基本方法分析和解决问题的能力。
2. 具有较强的分析、推理、论证等逻辑思维能力。
3. 具有较强的文字材料理解能力、分析能力以及书面表达能力。

Ⅲ.考试形式和试卷结构

一、试卷满分及考试时间

试卷满分为 200 分,考试时间为 180 分钟。

二、答题方式

闭卷笔试,不允许使用计算器。

三、试卷内容与题型结构

1. 数学基础 75 分,分为以下两种题型:
   (1)问题求解 15 小题,每小题 3 分,共 45 分。
   (2)条件充分性判断 10 小题,每小题 3 分,共 30 分。
2. 逻辑推理 30 小题,每小题 2 分,共 60 分。
3. 写作 2 小题,其中论证有效性分析 30 分,论说文 35 分,共 65 分。

Ⅳ.考查内容

一、数学基础

综合能力考试中的数学基础部分主要考查考生的运算能力、逻辑推理能力、空间想象能力和数据处理能力,通过问题求解和条件充分性判断两种形式来测试。

(一)算数

1. 整数
   (1)整数及其运算
   (2)整除、公倍数、公约数
   (3)奇数、偶数
   (4)质数、合数
2. 分数、小数、百分数
3. 比与比例
4. 数轴与绝对值

(二)代数
  1．整式
    (1)整式及其运算
    (2)整式的因式与因式分解
  2．分式及其运算
  3．函数
    (1)集合
    (2)一元二次函数及其图像
    (3)指数函数、对数函数
  4．代数方程
    (1)一元一次方程
    (2)一元二次方程
    (3)二元一次方程组
  5．不等式
    (1)不等式的性质
    (2)均值不等式
    (3)不等式求解
    一元一次不等式(组)，一元二次不等式，简单绝对值不等式，简单分式不等式。
  6．数列、等差数列、等比数列

(三)几何
  1．平面图形
    (1)三角形
    (2)四边形(矩形、平行四边形、梯形)
    (3)圆与扇形
  2．空间几何体
    (1)长方体
    (2)柱体
    (3)球体
  3．平面解析几何
    (1)平面直角坐标系
    (2)直线方程与圆的方程
    (3)两点间距离公式与点到直线的距离公式

(四)数据分析
  1．计数原理
    (1)加法原理、乘法原理
    (2)排列与排列数
    (3)组合与组合数
  2．数据描述
    (1)平均值

        (2)方差与标准差
        (3)数据的图表表示(直方图、饼图、数表)
    3．概率
        (1)事件及其简单运算
        (2)加法公式
        (3)乘法公式
        (4)古典概型
        (5)伯努利概率

二、逻辑推理
    管理类综合能力考试中的逻辑推理部分主要考查考生对各种信息的理解、分析和综合,以及相应的判断、推理、论证等逻辑思维能力,不考查逻辑学的专业知识。试题题材涉及自然、社会和人文等各个领域,但不考查相关领域的专业知识。
(一)概念 1．概念的种类 2．概念之间的关系 3．定义 4．划分
(二)判断 1．判断的种类 2．判断之间的关系
(三)推理 1．演绎推理 2．归纳推理 3．类比推理 4．综合推理
(四)论证
    1．论证方式分析
    2．论证评价
        (1)加强 (2)削弱 (3)解释 (4)其他
    3．谬误识别
        (1)混淆概念 (2)转移论题 (3)自相矛盾 (4)模棱两可 (5)不当类比
        (6)以偏概全 (7)其他谬误

三、中文写作
    综合能力考试中的写作部分主要考查考生的分析论证能力和文字表达能力,通过论证有效性分析和论说文两种形式来测试。
    1．论证有效性分析
    论证有效性分析试题的题干为一篇有缺陷的论证,要求考生分析其中存在的问题,选择若干要点,评论该论证的有效性。
    本类试题的分析要点是:论证中的概念是否明确,判断是否准确,推理是否严密,论证是否充分等。
    文章要求分析得当,理由充分,结构严谨,语言得体。
    2．论说文
    论说文的考试形式有两种:命题作文、基于文字材料的自由命题作文。每次考试为其中一种形式。要求考生在准确、全面地理解题意的基础上,对命题或材料所给观点进行分析,表明自己的观点并加以论证。
    文章要求思想健康,观点明确,论证充足,论证严密,结构合理,语言流畅。

绪论

逻辑和英语、数学等传统科目相比,我们从来没有在应试教育基础阶段系统地学习过,这个特点会对我们备考逻辑以及考场上应考逻辑产生较大的影响。

一、逻辑考试的发展

逻辑科目历史上出现了一系列变化。以 199 管理类联考为例,从 1997 年到 1999 年处于比较原始的状态,那个阶段逻辑题目与现在差异较大,从 1999 年以后到 2002 年大量地借鉴了 GMAT(美国、英国、澳大利亚等国家的高校都采用 GMAT 考试成绩来评估申请入学者是否适合于在商业、经济和管理等专业的研究生阶段学习,以决定是否录取)和 GRE(美国研究生入学考试)题目的一些风格,2003 年第一次出现综合能力考试,2003 年以前逻辑题并不是像现在这样 30 道题,而是 25 道题。2003 年往后直至 2009 年一直处于比较稳定的阶段。从 2010 年开始又进入到一个新的阶段,2010 年是我国专硕发展的大年,2010 年 MBA 综合试卷由原来只有一个专业使用变为了七个专业共用(会计硕士(MPAcc)、图书情报硕士(MLIS)、工商管理硕士(MBA)、公共管理硕士(MPA)、旅游管理硕士(MTA)、工程管理硕士(MEM)和审计硕士(MAud)),所以考试名称也由 MBA 综合能力变为了管理类综合能力,考试的命题权也由 MBA 教育指导委员会收归到了教育部考试中心。2010 到 2014 年,每年有两次考试,2015 年后每年只有 1 次考试,一直延续至今。

二、近几年来逻辑主要考查内容

逻辑有三个部分,考查目的也与我们常规的考查方式不同。

第一部分是形式逻辑。题目给出一段文字,考试中需通过关键词辨别文字背后的"逻辑公式",根据"逻辑公式"推理出正确答案。在以前的考试中是三个部分里分值比重最大的一部分,大概占到总分值的一半,在近几年的考试中已有缩减。

第二部分是论证逻辑。这部分没有公式可以依赖,考查的是独立思考、独立判断的能力,题目给考生一段论证文字,需要考生快速地读懂题干的论证结构和论证过程,并根据题干结构选择正确答案。与形式逻辑相比,论证逻辑最大的区别在于结论的成立不是必然的,需要考生从不同的角度思考论证的可靠性,因此这一部分的题型主要有削弱题、支持题、假设题、评价题、解释题等。

第三部分是综合推理。综合推理与形式逻辑相关度较高,个别题目像日常生活接触的智力测验。常见的题型是排序、分组、匹配以及一些数学逻辑推理题,比重最高的年份题目达到 12 题之多,这部分的内容要引起我们的重视。考生不要被综合推理中"综合"二字所吓倒,其实用到的知识点与形式逻辑相差不大,只不过考查形式较为综合而已。从近五年的趋势可以看出,出题人明显在增加综合推理的题目,推理的题型越来越综合,这加大了逻辑考试的难度。随着报考人数逐年增多,逻辑考试命题的特点越来越具有选拔性。

三、逻辑考试的特点

1. 大纲:不考查专业领域知识

管理类联考逻辑试题选材几乎涵盖了思维科学、自然科学、社会科学和日常生活的各个领域。这也不难理解,因为人的所有活动范围,都离不开思维的活动,有思维的地方就有逻辑存在,都可以考查逻辑思维,所以都可以成为逻辑试题的素材。逻辑试题所涉及的领域尽管很宽,但不考查某一领域的专业知识。因此,考生不需要任何的预备知识,只要对试题所涉及领域的知识具有常识的水平,就具备了解题的基本条件。例如下题:

血液中的高浓度脂肪蛋白含量增多,就会增加人体阻止吸收过多的胆固醇的能力,从而降低血液中的胆固醇。有些人通过有规律的体育锻炼和减肥,能明显地增加血液中高浓度脂肪蛋白的含量。

以下哪项,作为结论从上述题干中推出最为恰当?(　　)

A. 有些人通过有规律的体育锻炼降低了血液中的胆固醇,则这些人一定是胖子。

B. 常进行体育锻炼的人,特别是胖子,随着年龄的增长,血液中出现高胆固醇的风险越来越大。

C. 体育锻炼和减肥是降低血液中高胆固醇的最有效的方法。

D. 有些人可以通过有规律的体育锻炼和减肥来降低血液中的胆固醇。

E. 标准体重的人只需要通过有规律的体育锻炼就能降低血液中的胆固醇。

上例涉及生物学、医学领域的内容,并出现"高浓度脂肪蛋白""胆固醇"这样的专业名词,虽然我们不具备这些领域的基本知识,不了解这些专业名词的确切含义,但是并不妨碍我们理解题意,因为该题所要考核的是关于推理的思维能力。对题干进行整理,即可得出这样两个前提:①血液中高浓度脂肪蛋白含量增多(A)→降低血液中的胆固醇(B);②有些人通过有规律的体育锻炼和减肥(C)→增加血液中高浓度脂肪蛋白的含量(A)。从这两个前提出发,利用逻辑链的串联:C→A→B,得到C→B,即可得出结论:有些人可以通过有规律的体育锻炼和减肥来降低血液中的胆固醇,选项 D 可以推出。选项 C 如作为结论则超出了前提所断定的范围,是不是最有效,题干并未给出这方面的信息。选项 A、B、E 均不适合作为结论,因为它们与前提之间没有必然的联系。

由此可见,管理类联考逻辑试题所涉及的各个领域知识,只不过提供考题的背景材料,对这些背景材料进行逻辑推理才是逻辑思维的本质。逻辑考试注重思维的形式和本质。

2. 大纲:不考查逻辑学专业知识

逻辑学专业学习中有大量晦涩难懂的术语,如"析取""强析取""蕴涵""反蕴涵"等,传统的逻辑学知识还涉及三段论的周延不周延、换质换量等复杂的学术知识,这些专业术语的学习需要一定时间的学习沉淀,而这都不是大纲考查的重点,或者说根本不会涉及,大纲只会以常识性的文字材料考查逻辑背后的思维形式和本质。而本书在编写过程中也不会涉及晦涩难懂的学术名词,尽量以通俗易懂的讲解让考生花最少的时间通过考试。

3. 题量大、时间紧

管理类联考逻辑考试的阅读量相当大,30 道题的阅读量在 7000 字左右。而与此同时,考试的时间极其有限,整个综合能力考试的时间是 180 分钟,逻辑选择题[60 分(30 题,每题 2 分)]占综合能力考试总分值(200 分)的 30%,那么逻辑考试所得的时间应该是 180 分钟乘以 30%,即

54分钟,其中每道题的解题时间平均不到2分钟,建议考生对逻辑选择题答题时间控制在50分钟以内。事实上,减去考场上其他各种因素所损耗的时间,真正能用作读题、解题的时间更少。另外,再加上部分题目的知识背景相对陌生,题目中又设下一些关键词语和文字陷阱,而这些文字要点比较隐蔽,致使考生快速读完后不能迅速理解题目意思,可能还要重复阅读和理解,此后,再对各选项进行阅读理解或重复阅读,就使得解题的时间更加紧张。

综上逻辑考试特点,考生必须通过有针对性的训练和学习,谙熟题目可能的考点和常见出题套路,提高做题的熟练程度,才能取得满意的成绩。

四、逻辑考试的复习方法

1. 避免复习误区,掌握正确方法

误区一:抛弃逻辑理论,随心解题。

逻辑这门学科很少有同学在日常生活中去关注,大部分同学是在考研学习中才正式认识逻辑。我们日常生活中虽然有逻辑,但其与学科意义上的逻辑或多或少有些区别,所以在解题之前,需要将逻辑的理论知识进行系统学习,而很多同学学习完理论之后在解题时,仍然用惯用的日常逻辑思维去解题而忽略理论本身,这种情况下很容易导致解题错误。

误区二:纯粹题海战术。

很多同学会认为一味刷题可以提升做题的正确率,刷题在某种程度上可以提升做题速度和正确率,但是一定是建立在对理论知识融会贯通的前提下才可以实现,要做到理论结合实际,且将题目归类。谈及归类就涉及逻辑考试中出现的各种题型,在解题时,需要将题型判定出来,然后用相对应的解题思路和技巧去解题。

总之,逻辑的学习除了要对试题内容及题型有所了解之外,还要对各种题型的解题技巧和方法有所掌握,再加上持之以恒的学习和训练,这样,最终才能有一个好的收获。

2. 真题是最好的选择

在复习逻辑的过程中,真题是最好的选择。逻辑题只有掌握了基础知识,并且做到一定题量之后才能够谈技巧。否则,纯粹以技巧代替知识的做法,都会是无本之木、无水之源,所以研究真题是提高逻辑成绩必须经历的阶段。真题质量比任何题目都要高,以真题为训练基础,在真题中形成自己的解题方法,在真题中寻找今后的命题规律。在研究真题的过程中一定要仔细分析题目和答案,逻辑题目的陷阱和解题方法很多要慢慢领悟。只有在真题的精练中,同学们才能通过分析题目,掌握出题人的出题思路,找出快速解题的技巧,答题速度和能力就会在潜移默化中提高。

本书的例题讲解和练习题大部分源于历年考试真题中有代表性的题目。

3. 复习备考的三个层次

(1)夯实考点。

大家在最初学习逻辑的时候,不必过分追求技巧,先把逻辑考点理解透彻。忽略考点而一味强调技巧完全是舍本逐末,更不要相信所谓的纯技巧就能得高分。做题技巧固然重要,但是我们必须是在把基本考点练习到位的情况下才能去使用它,只有这样,同学们在遇到新题、难题的时候才能回归到最基本的分析方法,即使没有技巧,也能做对题目。

(2)追求做题正确率。

在第二层次的学习中同学们要按照题目的类型进行解题训练,不仅能把握各类试题的命题规律,而且能更快更好地培养同学们实际解题的感觉。这样答案就在你眼中变得非常明显,而且每个答案都会有充足的理由。这时的复习中,同学们做题不要图快,找有详细解析的题目进行练习,把每一个题目和选项研究明白透彻。当然,第一和第二层次的复习可以,也应该同时进行,将基础知识用于解题,在解题中强化基本功、强化基础知识。

(3)追求熟练程度。

同学们在提高答题正确率的基础上,需要的是提高做题速度。在做对的前提下,别人两三分钟做出来的题目,你只需要30秒,那么你便在考试上先人一步了。同学们在基本达到第一、第二层次的基础上,要追求更高的层次,那就是要追求熟练程度,反复做真题。其实逻辑考试涉及的知识点并不多,在一个星期之内就可以掌握。熟悉这些基本知识,掌握必要的基本功是解题的基础,考试中部分试题会直接考核这些知识点。基本知识掌握牢固,在判断出题目的考点后,立即可以运用这些知识找出正确答案,有的时候连题目的内容都不必全部看完。在复杂一些的题目中,熟练掌握基本概念能够明显地提高解题速度。复习到最后阶段,同学们要力求在50分钟内又好又快地完成30道题目。这样,才能在考场上应对自如。

第一章　概念

概念是反映对象本质属性的思维形式。概念是思维形式最基本的组成单位,是构成命题、推理的基本要素。

概念需要借助于语词才能传达,语词是语言的形式。概念是语词的思想内容,而语词是表达概念所依赖的物质形式。

语词分为实词和虚词,实词一般具有实在意义,表达一种概念;而虚词没有实在意义,一般不表达概念。但是有些虚词也是表达概念的,如连词"如果……那么""只有……才""并且""或者"等。这些虚词反映了事物之间的某种关系,因此表达概念。同一个概念可以用不同的语词表达。

如:"北京"和"中国的首都","父亲"和"爸爸","医生"和"大夫"。

同一个语词也可以表达不同的概念。

如:"老虎不老"中的"老"表达不同的概念。

第一节　概念的基本知识

考点1　概念的内涵与外延

一、概念的内涵与外延

概念有两个基本的逻辑特征:内涵和外延。(这是本书第一个抽象词汇的描述,也是最后一个,考生不用紧张。)

概念的内涵:指这个概念的含义,即该概念所反映的事物对象所特有的本质属性,用来明确概念"是什么"。

概念的外延:指这个概念所反映的事物对象的范围,即具有概念所反映的本质属性的事物对象,用来明确概念"有哪些"。

例如:"商品"这个概念的内涵是为交换而生产的产品;外延是指古今中外的、各种性质的、各种用途的、在人们之间进行交换的产品。

再如:正奇数是一个概念,它的内涵是不能被2整除的正整数,它的外延是1、3、5、7……

【例1】(1)以下哪些属于概念的内涵?(　　)

(2)以下哪些属于概念的外延?(　　)

A.国家是阶级统治的工具,是统治阶级对被统治阶级实行专政的暴力组织。

B. 中国、美国、法国、罗马帝国、波斯国、巴比伦王国等曾在世界上存在的一切国家。

C. 车是陆地上有轮子的交通工具。

D. 常见的车有火车、汽车、马车、三轮车……

二、概念内涵和外延的关系

任何概念都有内涵和外延，概念的内涵规定了概念的外延，概念的外延也影响着概念的内涵。一个概念的内涵越多（即一个概念所反映的事物的特性越多），那么，这个概念的外延就越少（即这个概念所指的事物的数量就越少，因为限制条件过多）；反之，如果一个概念的内涵越少，那么，这个概念的外延就越多。

例如："三角形"的内涵是指由不在同一直线上的三条线段首尾顺次连接所组成的封闭图形，其外延是等腰三角形、等边三角形、直角三角形、锐角三角形、钝角三角形等。再加一条内涵"三条边相等"，那么外延就只有等边三角形了。

内涵与外延的关系可用下图直观表示：

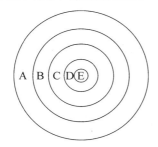

A. 人
B. 男人
C. 青年男人
D. 高个子青年男人
E. 有才华的高个子青年男人

三、概念的种类

（1）根据概念外延的数量不同，可以将概念分为单独概念、普遍概念、空概念。

①单独概念即反映独一无二的思维对象的概念。

如："上海交通大学""世界第一高峰""联合国"等。

②普遍概念是外延至少包含两个对象的概念。

如："三角形""动物""中国人"等。

③空概念是指外延不包括任何对象的概念。

如："上帝""永动机""神"等。

（2）根据概念所反映的对象的性质不同，可以将概念分为实体概念、属性概念与关系概念。

①实体概念是反映具体事物的概念。

如："书""大海""电视"。

②属性概念是反映事物属性的概念。

如："拥挤""华丽""可爱"。

③关系概念是反映事物之间各种关系的概念。

如："大于""在……之上"。

（3）根据概念所反映的对象是否具有某种属性，可以将概念分为肯定概念与否定概念。

①肯定概念是反映对象具有某种属性的概念，也称为正概念。

例如:"金属""党员""合理"等。

②否定概念是反映对象不具有某种属性的概念,也称为负概念。

例如:"非金属""非党员""不合理"等。

在汉语中,否定概念一般用带有"非""不""无""没"等否定性的词或词组表示。

(4)根据概念所反映的对象是否为一个不可分割的集合体,可以将概念分为集合概念与非集合概念。

集合概念反映一类事物的整体性,集合体内的个体构成了集合体的各组成部分。集合体所有的属性,其组成部分的个体不一定具有。构成集合体的个别对象不必然具有集合体的性质。

例如:"森林""联合国""人类"等。

非集合概念就是反映一类事物的共同属性的概念,一般指类概念。构成类概念的个体对象称为分子,类和分子的关系,就是每一个分子都要具有类的性质。构成非集合体的对象必然具备该非集合体的性质。

例如:牛有四条腿,这里的"牛"就是非集合概念。

一个语词是否表达集合概念需要根据该语词被使用的具体语境来区别。同一个语词在不同的语言环境中表达的概念是不同的,有时在集合意义下使用,表达一个集合概念;有时则在非集合意义下使用,表达一个非集合概念。

例如,"张三是人,人是善良的,所以,张三是善良的"。在这个推理中,"人"表达的概念就不相同。在"张三是人"这个命题中,"人"是非集合概念,而在"人是善良的"这个命题中,"人"是集合概念,所以这个推理是不正确的。

考点2 集合概念与非集合概念

集合概念与非集合概念的区分

判定集合概念与非集合概念的方法是:在这句话前加"每一个",若句意发生变化,则该概念为集合概念;若句意不发生变化,则该概念是非集合概念。

如:"中国人是勤劳的",加"每一个"后,变为"每一个中国人是勤劳的",很明显句意发生了改变,因为并不是每一个中国人都是勤劳的,因此"中国人是勤劳的"中"中国人"是集合概念。

如:"牛有四条腿"中"牛"是非集合概念,因为加"每一个"后,变为"每一个牛有四条腿",句意不发生改变。

【例2】以下属于集合概念的是(　　　　),属于非集合概念的是(　　　　)。

A. 中国人是勤劳的。

B. 中国人是具有中国国籍的人。

C. 青年是最有朝气的社会力量。

D. 青年应该努力工作。

E. 人有两条腿。

考点 3　概念间的关系与文氏图

概念的外延表现为一个个具体的对象,因此我们可以用表示集合的图形来表示不同概念的外延关系,这种直观的图示称为文氏图,也叫欧拉图。

概念间的关系分为相容和不相容,其中相容关系分为同一、包含、交叉关系;不相容关系也称全异关系,分为矛盾、反对关系。

1. 同一关系

如果两个概念的外延完全重合,则这两个概念之间的关系是同一关系。如"北京"和"中华人民共和国首都",两者都指的是我们生活的这个城市,它们之间是同一关系。

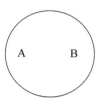

A:中华人民共和国首都
B:北京

2. 包含关系

如果两个概念之间,一个概念的外延完全包含在另一个概念的外延之中,而且仅仅成为另一个概念外延的一部分,则这两个概念之间的关系是包含关系,也称属种关系。如"笔"和"圆珠笔"是包含(属种)关系,"圆珠笔"和"笔"是包含于(种属)关系。

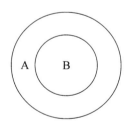

A:笔
B:圆珠笔

包含关系中蕴含了推理关系:假设一个个体属于 B,那么它一定属于 A。我们用数学思维理解一下:$C>1 \rightarrow C>0$。

在数学条件充分性判断题中,我们会经常遇到"小范围推大范围"这一术语。

3. 交叉关系

如果两个概念的外延有且只有一部分重合,则这两个概念之间的关系是交叉关系。如"共青团员"和"中学生",有些中学生是共青团员,有些中学生不是共青团员;同样有些共青团员是中学生,有些共青团员不是中学生,因此"共青团员"和"中学生"之间是交叉关系。

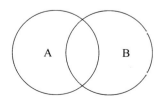

A:共青团员
B:中学生

4. 矛盾关系

如果两个概念的外延完全不同,并且它们的外延之和等于其属概念的外延,则这两个概念之间的关系是矛盾关系。如"核国家"和"无核国家",两者的外延互相排斥,并且它们的外延之和恰恰等于上一级概念"国家"的外延,因此这两个概念之间是矛盾关系。

A:核国家
B:无核国家

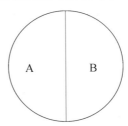

5. 反对关系

如果两个概念的外延完全不同,并且它们的外延之和小于其属概念的外延,则这两个概念之间的关系是反对关系。如"导体"和"绝缘体",两者的外延互相排斥,并且它们的外延之和小于其上一级概念外延之和,在两者之间还存在"半导体"的概念,因此"导体"和"绝缘体"之间是反对关系。

A:导体
B:绝缘体
C:半导体

矛盾关系与反对关系的区别

区别	矛盾关系	反对关系
1	相交是空集,相并是全集	相交是空集,相并非全集
2	否定必肯定,肯定必否定	否定不确定,肯定必否定

矛盾关系和反对关系,我们在简单命题的对当关系中还会碰到。

【例3】指出下列概念间的关系。

(1)女青年教师和青年女教师　　　　　(2)学生和小学生
(3)中国人和北京人　　　　　　　　　(4)男人和老人
(5)马和白马　　　　　　　　　　　　(6)教授和科学家
(7)2的倍数和3的倍数　　　　　　　　(8)机动车和非机动车
(9)广东人和非广东人　　　　　　　　(10)黑和白
(11)湖北人和湖南人　　　　　　　　　(12)朋友和敌人
(13)中国和北京　　　　　　　　　　　(14)志愿者和大学生
(15)土豆和马铃薯　　　　　　　　　　(16)中共党员和法官

A. 同一关系　　B. 包含关系　　C. 交叉关系　　D. 矛盾关系　　E. 反对关系

【例4】(2012.1.41)概念 A 与概念 B 之间有交叉关系,当且仅当,(1)存在对象 x,x 既属于 A 又属于 B;(2)存在对象 y,y 属于 A 但是不属于 B;(3)存在对象 z,z 属于 B 但是不属于 A。

根据上述定义,以下哪项中画横线的两个概念之间有交叉关系?（　　）

A．国画按题材分主要有<u>人物画</u>、花鸟画、山水画等;按技法分主要有<u>工笔画</u>和写意画等。

B．《盗梦空间》除了是<u>最佳影片</u>的有力争夺者外,它在<u>技术类奖项</u>的争夺中也将有所斩获。

C．洛邑小学 30 岁的<u>食堂总经理</u>为了改善伙食,在食堂放了几个意见本,征求<u>学生们</u>的意见。

D．在微波炉清洁剂中加入<u>漂白剂</u>,就会释放出<u>氯气</u>。

E．<u>高校教师</u>包括<u>教授</u>、副教授、讲师和助教等。

第二节　概念的定义与划分

一、什么是定义

定义(下定义):是指揭示概念的内涵的逻辑方法。

定义由被定义项(Ds)、定义项(Dp)和定义联项三部分组成。其形式是:Ds 就是 Dp。

被定义项(Ds):其内涵需要解释的词项。

定义项(Dp):用来揭示定义项内涵的词项。

定义联项:联结被定义项和定义项的词项,常用"是""就是""即""所谓……,是指……""——(破折号)"表示。

皇帝是中国帝制时期最高统治者的称号。

被定义项:皇帝。

定义联项:是。

定义项:中国帝制时期最高统治者的称号。

二、什么是划分

(1)划分是明确概念外延的逻辑方法。它通过把概念所反映的思维对象依一定的性质分为若干个小类来达到明确概念外延的目的。

　划分一定将属概念分为下位的各个种概念。

(2)划分由三部分组成:母项、子项和划分根据。

　划分不能用于单独概念。

　例如：中国。

　划分与分解有本质区别,交通大学可划分为上交大、西交大、北交大等,但不可划分为电力学院、机械学院、管理学院、人文学院等。

考点 4　定义与划分的规则

一、定义的规则

(1) 定义项的外延和被定义项的外延必须全同。否则,就会犯定义过宽或定义过窄的错误。

例如:

笔是用来写字的工具。(定义过窄)

商品就是劳动产品。(定义过宽)

人是两足独立行走的动物。(定义过宽)

(2) 定义项不能直接或间接地包含被定义项。否则,就会犯同语反复或循环定义的错误。

例如:

麻醉是麻醉剂所起的作用。(同语反复)

原因就是引起结果出现的现象。结果就是原因引起的现象。(循环定义)

甲:什么是生命? 乙:生命是有机体的新陈代谢。

甲:什么是有机体? 乙:有机体是有生命的个体。(循环定义)

(3) 定义联项是用来联结被定义项和定义项的词项。定义联项应该是肯定的。否则,就犯了否定定义的错误。

例如:

无机物不是含碳的化合物。(否定定义)

商品不是供生产者本人消费的产品。(否定定义)

(4) 定义项应当比被定义项更清楚确切,不能使用含混言辞或比喻。

例如:

儿童是祖国的花朵。(用比喻代替定义)

【例5】(2010.1.42) 在某次思维训练课上,张老师提出"尚左数"这一概念的定义:在连续排列的一组数字中,如果一个数字左边的数字都比其大(或无数字),且其右边的数字都比其小(或无数字),则称这个数字为尚左数。根据张老师的定义,在 8、9、7、6、4、5、3、2 这组数字中,以下哪一项包含了该组数字中所有的尚左数?(　　)

A. 4、5、7 和 9

B. 3、6、7 和 8

C. 2、3、6 和 8

D. 2、3、6 和 7

E. 5、6、7 和 8

【例6】(1999.1.50)如今,人们经常讨论职工下岗的问题,但也常常弄不清"下岗职工"的准确定义。国家统计局(1997)261号统计报表的填表说明中对"下岗职工"的说明是:下岗职工是指由于企业的生产和经营状况等原因,已经离开本人的生产和工作岗位,并已不在本单位从事其他工作,但仍与用人单位保留劳动关系的人员。按照以上划分标准,以下哪项所述的人员可以称为下岗职工?(　　)

A. 赵大大原来在汽车制造厂工作,半年前辞去工作,开了一个汽车修理铺。

B. 钱二萍原来是某咨询公司的办公室秘书。最近,公司以经营困难为由,解除了她的工作合同,她只能在家做家务。

C. 张三枫原来在手表厂工作,因长期疾病不能工作,经批准提前办理了退休手续。

D. 李四喜原来在某服装厂工作,长期请病假。其实他的身体并不差,目前在家里开了个缝纫铺。

E. 王五伯原来在电视机厂工作,今年53岁。去年工厂因产品积压,人员富余,让50岁以上的人回家休息,等55岁时再办正式退休手续。

二、划分的规则

划分规则	常见错误	举例
各子项的外延之和等于母项的外延	划分过宽 划分不全	划分过宽:如文学作品包括小说、诗歌、散文、戏剧、音乐、雕塑。 划分不全:如刑罚的主刑可分为管制、有期徒刑、无期徒刑、死刑
子项间不得相容	子项相容	我班的同学有来自北方的、南方的、浙江的,还有杭州的
每一次划分只能按同一标准进行	多标准划分	大学生可以分为男生、女生、理科生、文科生

【例7】(1997.1.45)我最爱阅读外国文学作品,英国的、法国的、古典的,我都爱读。上述陈述在逻辑上犯了哪项错误?(　　)

A. 划分外国文学作品的标准混乱,前者是按国别划分的,后者是按时代划分的。

B. 外国文学作品,没有分是诗歌、小说还是戏剧。

C. 没有说最喜好什么。

D. 没有说是外文原版还是翻译本。

E. 在"古典的"后面,没有紧接着指出"现代的"。

【例8】(2010.1.53)参加某国际学术研讨会的60名学者中,亚裔学者31人,博士33人,非亚裔学者中无博士学位的有4人。根据上述陈述,参加此次国际研讨会的亚裔博士有几人?(　　)

A. 1人。　　B. 2人。　　C. 4人。　　D. 7人。　　E. 8人。

本章练习题

【题01】在黑、蓝、黄、白四种由深至浅排列的涂料中,一种涂料只能被它自身或者比它颜色更深的涂料所覆盖。若上述断定为真,则以下哪一项确切地概括了能被蓝色覆盖的颜色?(　　)

Ⅰ.这种颜色不是蓝色。

Ⅱ.这种颜色不是黑色。

Ⅲ.这种颜色不如蓝色深。

A. 只有Ⅰ。　　B. 只有Ⅱ。　　C. 只有Ⅲ。　　D. 只有Ⅰ和Ⅱ。　　E. Ⅰ、Ⅱ和Ⅲ。

【题02】"男女"和"阴阳"似乎指的是同一种区分标准,但实际上,"男人和女人"区分人的性别特征,"阴柔和阳刚"区分人的行为特征。按照"男女"的性别特征,正常人分为两个不重叠的部分;按照"阴阳"的行为特征,正常人分为两个重叠部分。以下各项都符合题干的含义,除了(　　)

A. 人的性别特征不能决定人的行为特征。

B. 女人的行为,不一定具有阴柔的特征。

C. 男人的行为,不一定具有阳刚的特征。

D. 同一个人的行为,可以既有阴柔又有阳刚的特征。

E. 一个人的同一个行为,可以既有阴柔又有阳刚的特征。

【题03】类比推理是指根据两个对象在一系列方面是相同的,而且已知其中一个对象还具有其他属性,由此推出另一个对象也具有相同的其他属性的结论。根据上述定义,下列属于类比推理的是:(　　)

A. 水星、金星、地球、火星、木星都是沿椭圆形轨道绕太阳运行的,所以,所有的太阳系大行星都是沿椭圆形轨道绕太阳运行的。

B. 美国加利福尼亚州与我国南方地区的自然环境相似,在我国南方地区适合种植柑橘,所以在美国加利福尼亚州也适合种植柑橘。

C. 只有建立必要的规章制度,生产才能顺利进行。A工厂的生产没有顺利进行,所以,该工厂一定没有建立起必要的规章制度。

D. 我们反对一切不正之风,以权谋私是不正之风,所以,我们反对以权谋私。

E. 科学家们利用鱼的沉浮原理制造出了潜艇。

【题04】某单位有90人,其中有65人参加外语培训,72人参加计算机培训,已知参加外语培训而没参加计算机培训的有8人,则参加计算机培训而没参加外语培训的人数为(　　)。

A. 5　　　　B. 8　　　　C. 10　　　　D. 12　　　　E. 15

【题05】陈先生要举办一个亲朋好友的聚会。他出面邀请了他父亲的姐夫、他姐夫的父亲、他哥哥的岳母、他岳母的哥哥。陈先生最少出面邀请了几个客人?(　　)

A. 未邀请客人　　B. 1个客人　　C. 2个客人　　D. 3个客人　　E. 4个客人

【题06】在某校新当选的校学生会的七名委员中,有一个大连人,两个北方人,一个福州人,两个特长生(即有特殊专长的学生),三个贫困生(即有特殊经济困难的学生)。假设上述介绍涉及了该学生会中的所有委员,则以下各项关于该学生会委员的断定都与题干不矛盾,除了(   )

A. 两个特长生都是贫困生。

B. 贫困生不都是南方人。

C. 特长生都是南方人。

D. 大连人是特长生。

E. 福州人不是贫困生。

【题07】某家饭店中,一桌人边用餐边谈生意,其中,一个人是哈尔滨人,两个人是北方人,一个人是广东人,两个人只做电脑生意,三个人只做服装生意。如果以上介绍涉及餐桌上所有的人,那么这一桌最少可能是几个人?最多可能是几个人?(   )

A. 最少可能是3人,最多可能是8人。

B. 最少可能是5人,最多可能是8人。

C. 最少可能是5人,最多可能是9人。

D. 最少可能是3人,最多可能是9人。

E. 不能确定。

参考答案

例题参考答案

【例1】(1)AC;(2)BD。

(1)A选项表述了国家这个概念,表达了国家是什么,属于概念的内涵;C选项表述了车的概念,也属于概念的内涵;(2)B选项列举了国家有哪些,属于概念的外延;D选项列举了车有哪些,属于概念的外延。

【例2】属于集合概念的是(AC),属于非集合概念的是(BDE)。

在概念前加"每一个",看句意是否发生变化。A选项,每一个中国人是勤劳的。句意发生变化,具体到每个中国人,还是有懒惰的,集合概念。B选项,每一个中国人是具有中国国籍的人。句意不发生变化,中国人都具有中国国籍,非集合概念。C选项,每一个青年是最有朝气的社会力量。句意发生变化,具体到每个青年,还是有没有朝气的,集合概念。D选项,每一个青年应该努力工作。句意不发生变化,每一个青年就应该努力工作,非集合概念。E选项,每一个人有两条腿。句意不发生变化,每个人都有两条腿,非集合概念。

【例3】(1)A;(2)B;(3)B;(4)C;(5)B;(6)C;(7)C;(8)D;(9)D;(10)E;(11)E;(12)E;(13)B;(14)C;(15)A;(16)C。

【例4】答案A。题干是关于交叉关系的严格定义。选项A中"人物画"和"工笔画"两个概念之间存在的是交叉关系。选项B中《盗梦空间》与"最佳影片"之间是包含关系。选项C中,"食堂总经理"与"学生们"之间是反对关系。选项D中,"微波炉清洁剂"与"氯气"之间是反对关系。选项E中,"高校教师"和"教授"之间是包含关系。

【例5】答案D。直接根据定义验证即可。首先8和9都不能满足,7和6都满足,4不满足,5不满足,因为 4 比 5 小,2 和 3 也都满足。故满足的有 2,3,6,7。因此正确答案选择 D。

【例6】答案 E。由题干可知:下岗职工是指由于企业的生产和经营状况等原因,已经离开本人的生产和工作岗位,并已不在本单位从事其他工作,但仍与用人单位保留劳动关系的人员。E 选项符合题干描述的情况。故 E 选项正确。

【例7】答案 A。英国、法国是按国别分类的,后面古典是按时代划分的,划分的标准不统一。

【例8】答案 E。由 60 名学者中,亚裔学者 31 人,可得:非亚裔学者 60－31＝29(人)。由非亚裔学者中无博士学位的有 4 人,可得:非亚裔学者中有博士学位的有 29－4＝25(人)。由博士共有 33 人,可得:亚裔博士有 33－25＝8(人)。

练习题参考答案

【题01】答案 B。根据颜色之间"覆盖"的定义,"能被蓝色覆盖的颜色"包括蓝色、黄色和白色。"这种颜色不是黑色",则颜色或者是蓝色或者是黄色或者是白色,所以 Ⅱ 概括准确;"这种颜色不是蓝色",可能包含黑色;"这种颜色不如蓝色深",不包括蓝色,所以 Ⅰ 和 Ⅲ 概括不准确。综上,本题选 B。

【题02】答案 E。根据题干所述,人可以分成男人和女人,而男人和女人都可以同时具备阴阳两种行为特征,即性别特征不能决定人的行为特征,女人不一定具有阴柔特征,男人不一定具有阳刚特征,或者说同一个人的行为可以同时具有阴柔和阳刚的特征,因此排除 A、B、C、D,答案选 E。

【题03】答案 B。题干定位为:A 与 B 具有共同属性 C,然后 B 另外具有 D 属性,由此推出 A 也具有这一属性。答案选 B。

【题04】答案 E。

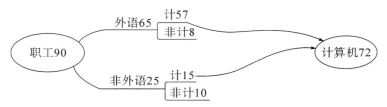

【题05】答案 C。题干中一共提及四个身份,三个为男性,一个为女性。由于三个男性亲属间不存在血缘亲属关系(如父亲和儿子、哥哥和弟弟等),仅是由婚姻构成的亲属关系,故身份可以重合。

【题06】答案 A。根据题干的信息可知:大连人包含于北方人;福州人和北方人是全异关系。若两个特长生都是贫困生,则最多有两个北方人(包括大连人),一个福州人,三个贫困生(包括两个特长生),共有 6 个人,与题干矛盾,因此 A 项是不可能的,其他选项都是可能的。

【题07】答案 B。"最多"即每两个概念之间互相排斥,但一个哈尔滨人不可能被北方人排斥出来,所以最多应为(2＋1＋2＋3)人＝8 人。"最少"即每两个概念之间尽可能互相重合,于是 2 个北方人完全可以属于做电脑生意的或者做服装生意的,1 个广东人也可以属于做电脑生意的或者做服装生意的,但是 2 个做电脑生意的和 3 个做服装生意的不可能互相重合,所以最少应为(2＋3)人＝5 人。

第二章　简单命题推理

一、命题、语句与判断

(1)命题是反映事物情况的思想。思想是看不见、摸不着的,只有通过语句才能表达出来。命题最根本的属性就是有真假性。

例如:

①杜甫是伟大的诗人。

②实践是检验真理的唯一标准。

③有一个自然数大于所有自然数。

④如果物体受到摩擦,那物体就会发热。

⑤一个人只有贪污,才会犯罪。

以上五句表达思想,为命题,有真假之分。

⑥小张的弟弟考上大学了吗?

⑦请把门关上!

⑧祝你新年快乐!

以上三句就不表达任何命题,不反映事物的情况,没有真假。

(2)同一命题可以用不同的语句来表达,同一语句可以表达不同的命题。如:

⑨如果马儿不吃草,那么马儿就跑不好。

⑩只有马儿吃了草,马儿才能跑得好。

以上两句话在逻辑上代表同一意思。(学习复言命题后很容易理解)

⑪小张的这幅肖像画挺传神。

该语句既可以指"小张画的这幅肖像画挺传神",也可以指"别人画小张的这幅肖像画很传神"。该语句不能表达特定的意思,因此不是命题。

(3)命题和判断。所谓判断,就是被断定者断定了的命题。但在一般的应用上,判断和命题经常等同看待。命题有真假,判断有对错。

二、简单命题与复合命题

一般,我们将含有逻辑连词的命题称为复合命题,如上文中的④⑤,不含逻辑连词的命题称为简单命题,如①②③。命题的种类详见下图：

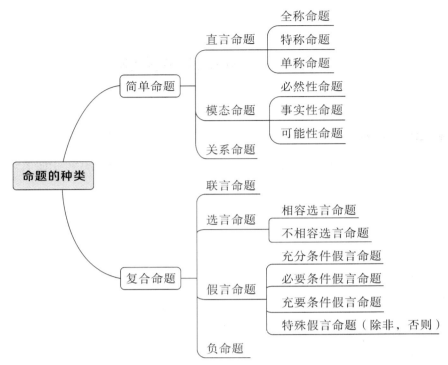

负命题是一种特殊的复合命题,它是依附于命题而存在的,是否定一个命题(既可以是简单命题,也可以是复合命题)得到的命题。负命题的标志词是否定词。

例如：并非 A、并不是 A、并无 A、并没有 A 这种事、A 是假的、某人不同意 A、A 的矛盾命题等都是表达 A 的负命题,我们用逻辑符号"非"或"¬"表示。

只要是命题,就一定并且只存在真和假两种状态。如果命题为真,则负命题为假,如果命题为假,则负命题为真,所以否定负命题就等价于原命题。

非(非 A)＝A,与中文习惯中的双重否定等于肯定的意思一致。

A	非 A	非(非 A)
真	假	真
假	真	假

三、命题的逻辑符号表示

联结词是判定命题逻辑关系的重要标志,逻辑上的联结词主要有以下四种逻辑关系：

非,or,∀,and。

"非","反、否定"的意思,在逻辑学中用符号表示为"¬"(负命题,也称矛盾命题)；

"or","或者"的意思,在逻辑学中用符号表示为"∨"(相容选言命题)；

"∀","要么(二者取其一)"的意思(不相容选言命题)。

"and","且"的意思，在逻辑学中用符号表示为"∧"（联言命题）。

本书中常见的逻辑符号归纳：

符号	含义	解释	举例
→	推出符号	A→B,意味着如果A为真,则B也为真	如果爱我,就抱我 ＝爱我→抱我
＝	等价符号	A→B＝非B→非A,意味着(A→B)和(非B→非A)同真同假	如果爱我,就抱我 ＝如果不抱我,就不爱我
↔	充要条件符号	A↔B,意味着如果A为真,则B也为真；如果B为真，则A也为真	爱我的唯一条件就是抱我 ＝爱我↔抱我
非	否定符号	陈述A为真时,则非A为假；陈述A为假时,则非A为真	不抱我＝非抱我 非不抱我＝抱我
or	或	A or B,意味着A和B至少一个为真	你来或者他来＝你来 or 他来
and	且	A and B,意味着A和B都为真	鱼和熊掌兼得＝鱼 and 熊掌
∀	要么	A∀B,意味着A和B有且只有一个为真	要么生,要么死＝生∀死

四、"→"的意义与使用规则

"→"代表推理关系，A→B,B←A,都代表A推出B的意思，A是B的充分条件。充分条件的意思是，如果A成立，则B一定成立，有A一定有B；如果事件A发生，则事件B一定发生；如果A为真，则B一定为真。

如：如果$x=1$,则$x>0$。我们可以这样表示：$x=1→x>0$。

顺着箭头的方向，我们把箭头前的A称为前件，把箭头后的B称为后件。A→B,B←A,这两个逻辑关系是一样的，因为顺着箭头的方向，前件一致，后件也一致。

"→"不同于"非""or""∀""and"四个符号，后者都为复合命题的表达，"→"既可以表达简单命题，也可以表达复合命题。表达简单命题时，箭头的前件和后件表示概念；表达复合命题时，箭头的前件和后件表示命题。

在本书中，我们用"→"来理解假言推理、三段论、换质换位推理等复杂的逻辑推理知识。"→"是逻辑考试中重要的逻辑符号，逻辑考试主要考查的就是根据一些命题的真假，判断是否能推出另外一些命题的真假。关于"→"的使用规则，本书在简单命题和复言命题均会详细讲述。

第一节　直言命题

考点 5　直言命题的形式和对当关系

一、直言命题的结构组成

直言命题是反映对象具有或不具有某种性质的命题，又称性质命题。直言命题都是由四个部分组成的。

例如：有的花是有毒的。

(1) 主项，即表示命题对象的概念，如上例中的"花"。

(2) 谓项，即表示命题对象具有或不具有的性质的概念，如上例中的"有毒"。

(3) 联项，即联结主项与谓项的概念。联项分为肯定联项与否定联项，即"是"与"不是"。要说明的是，在汉语自然表达中，我们常常会省略肯定联项"是"，或者根本就没有这个"是"，只要表达的是肯定的意思，那就是肯定命题。

例如："情况很好"。这个命题虽然没有"是"这个字，但它仍然是肯定命题，联项为肯定联项"是"。

(4) 量项，即表示命题中主项数量范围的概念。命题的量项一般有三种：

① 全部主项：所有，一般表示为"全称"；

② 部分主项：有的，一般表示为"特称"；

③ 明确的一个对象：某个，一般表示为"单称"。

特别注意：特称量项"有的""有些"表示在一类事物中有对象具有或不具有某种性质，"有的"只代表"至少有一个"的意思，有可能是代表"所有的"，到底是多少数量，并没有做出明确的表示。因此，在管理类联考逻辑应试中，特称量项"有些""有的"的意思仅仅是"至少有一个"，即 $0<有的\leq 100\%$。

二、直言命题的标准形式

直言命题类型	标准结构形式	举例	有多少数量的A是B
全称肯定	所有的A是B	所有的鸟是珍贵的	100%
全称否定	所有的A不是B	所有的迷信不是科学	0
特称肯定	有的A是B	有的学生来自北京	$0<,\leq 100\%$
特称否定	有的A不是B	有的运动员不是大学生	$0\leq,<100\%$
单称肯定	这个A是B	张三是好人	
单称否定	这个A不是B	张三不是好人	

三、直言命题的非标准形式

在中文日常语言中，直言命题的表达形式并不是那么规范的，存在着大量不规范的、非标准的表达方式。考试在考查直言命题的特征和直言命题间的关系时，需要把不规范的、非标准的直言命题变换为规范的、标准的直言命题表达形式。

1. 量词非标准

表示"全称"的词："所有、任何、凡是、每一个、都、一切、全部"；

表示"特称"的词："有的、有些、部分、大多数、极少数、至少有一个、百分数(50%)"；

表示"单称"的词："某个、这个"等明确的一个对象。

要注意：有的＝至少有一个；

部分、大多数、极少数、百分数(50%)→有的，推理方向正确；

有的→部分、大多数、极少数、百分数(50%)，推理方向错误；

部分、大多数、极少数、百分数(50%)≠有的。

2. 量词的特殊位置

"全称命题"和"特称命题"的量词"所有""有的",修饰主项,而不是宾语。

老王读完所有书店的书。(单称命题)主项是具体对象"老王"。

所有书店的书被老王读完。(全称命题)主项是"书店的书","所有"修饰主项。

3. 出现量词+"都"

所有的鸟都会飞=所有的鸟会飞=鸟都会飞;有的鸟都会飞=有的鸟会飞。

"都"碰到量词起加强语气的作用,"都"单独存在时,表示"所有"的意思。

四、直言命题的对当关系

具有相同的主项和谓项的直言命题之间在真假方面存在必然的制约关系,这种关系称为真假对当关系,可以分为:矛盾关系、上反对关系、下反对关系、推理关系。

从直言命题的结构形式可以看出:其实就是讨论两个概念"A"和"B"之间的外延数量交集,因此,直言命题的对当关系我们也可以用概念间外延关系的思路理解。

标准结构形式	概念间关系	文氏图
所有的 A 是 B	A 被 B 包含、A 和 B 同一	(AB) (A B)
所有的 A 不是 B	A 和 B 全异	(B)(A) (A│B)
有的 A 是 B	A 被 B 包含、A 和 B 同一、B 被 A 包含、A 和 B 相交	(A)(B) (AB) (A B) (B A)
有的 A 不是 B	B 被 A 包含、A 和 B 相交、A 和 B 全异	(A)(B) (B)(A) (A│B) (B)A

想证明直言命题的对当关系有两种方法。第一种:可以将概念间关系一一讨论,然后总结归纳;第二种:采用数学中集合数量的关系证明,这里因为不是考试的范围,我们不展开讲述。

为方便理解直言命题的对当关系,这里我们引入六角逻辑方阵图:

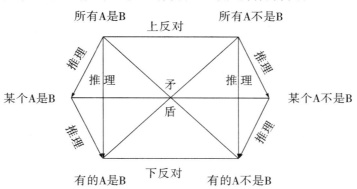

1. 矛盾关系

处于逻辑方阵图中的对角线上的命题是矛盾关系,二者必有一真一假,具有矛盾关系的两个命题不能同真(必有一假),也不能同假(必有一真)。不能同真,就是说当其中一个命题真时,另一个命题必假;不能同假,就是说当其中一个命题假时,另一个命题必真。有如下三组矛盾关系:

(1)"所有 A 是 B"与"有的 A 不是 B"。

(2)"所有 A 不是 B"与"有的 A 是 B"。

(3)"某个 A 是 B"与"某个 A 不是 B"。

例如:"我们班所有同学考试都及格"与"我们班有些同学考试不及格"二者必有一真一假,"我们班所有同学考试都不及格"与"我们班有些同学考试及格了"二者必有一真一假,"张三考试及格了"与"张三考试不及格"二者也必有一真一假。

2. 上反对关系

处于逻辑方阵图上端的两个命题:"所有 A 是 B"与"所有 A 不是 B"具有上反对关系,二者至少一假,不可能同真,但是可以同假。不能同真,就是说当其中一个命题真时,另一个命题必假;可以同假,就是说当其中一个命题假时,另一个命题的真假情况不能确定,即可真可假。

例如:"我们班所有同学考试都及格了"与"我们班所有同学考试都不及格"不可能同时为真,至少一假,可以同假,具有上反对关系。

3. 下反对关系

处于逻辑方阵图下端的两个命题:"有的 A 是 B"与"有的 A 不是 B"具有下反对关系,二者至少一真,不可能同假,但是可以同真。不能同假,就是说当其中一个命题假时,另一个命题必真;可以同真,就是说当其中一个命题真时,另一个命题的真假情况不能确定,即可真可假。

例如:"我们班有些同学考试及格"与"我们班有些同学考试不及格"不可能同时为假,至少一真,可以同真,具有下反对关系。

关于上反对和下反对关系的理解:

(1)背景:我们班的同学有来自北京的,有来自上海的。

我们班所有的同学都是北京的。(假)　　我们班所有的同学都不是北京的。(假)

我们班有的同学是北京的。(真)　　　　我们班有的同学不是北京的。(真)

此时,处于上反对关系的两个命题同假,处于下反对关系的两个命题同真。

(2)背景:我们班的同学都是来自北京的。

我们班所有的同学都是北京的。(真)　　我们班所有的同学都不是北京的。(假)

我们班有的同学是北京的。(真)　　　　我们班有的同学不是北京的。(假)

此时,处于上反对关系的两个命题一真一假,处于下反对关系的两个命题一真一假。

(3)背景:我们班的同学都是来自上海的。

我们班所有的同学都是北京的。(假)　　我们班所有的同学都不是北京的。(真)

我们班有的同学是北京的。(假)　　　　我们班有的同学不是北京的。(真)

此时,处于上反对关系的两个命题一假一真,处于下反对关系的两个命题一假一真。

4. 推理关系

处于逻辑方阵图左边上中下的三个命题与右边上中下的三个命题之间有推理关系如下:

(1)"所有A是B"→"某个A是B"→"有的A是B"。
(2)"所有A不是B"→"某个A不是B"→"有的A不是B"。
(3)"有的A是B"为假→"某个A是B"为假→"所有A是B"为假。
(4)"有的A不是B"为假→"某个A不是B"为假→"所有A不是B"为假。
注:(3)与(4)由"→"的逆否规则得来(本书后面有所讲述)。

例如:当"所有同学考上了"为真时,"有些同学考上了"也必然为真;而当"有些同学考上了"为假时,"所有同学考上了"必然为假。但是,当"所有同学考上了"为假时,"有些同学考上了"的真假情况不能确定;当"有些同学考上了"为真时,"所有同学考上了"的真假情况也不能确定。

对于直言命题的对当关系,我们只需简记以下规则:
(1)对角线矛盾关系("所有是"与"有的不是","所有不是"与"有的是","某个是"与"某个不是");
(2)两个"所有"至少一假,两个"有的"至少一真;
(3)上真推下真,下假推上假。

【例1】知道直言命题中一个命题的真假,判断其他命题的真假。

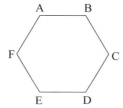

	A	B	C	D	E	F
A 真						
A 假						
B 真						
B 假						
C 真						
C 假						
D 真						
D 假						
E 真						
E 假						
F 真						
F 假						

【例2】培光街道发现有保姆未办暂住证。如果上述断定为真,则以下哪项不确定真假?(　　)

Ⅰ.培光街道所有保姆都未办暂住证。

Ⅱ.培光街道所有保姆都办了暂住证。

Ⅲ.培光街道有保姆办了暂住证。

Ⅳ.培光街道的保姆陈秀英办了暂住证。

A. Ⅰ、Ⅱ、Ⅲ和Ⅳ
B. 仅Ⅰ、Ⅲ和Ⅳ
C. 仅Ⅰ
D. 仅Ⅰ和Ⅳ
E. 仅Ⅳ

【例3】已知"有的千里马是生而知之者"为真,则以下哪项不确定真假?（　　）
Ⅰ. 有些千里马不是生而知之者。
Ⅱ. 所有千里马都是生而知之者。
Ⅲ. 所有千里马都不是生而知之者。
Ⅳ. 张三这个千里马是生而知之者。
Ⅴ. 张三这个千里马不是生而知之者。

A. Ⅰ、Ⅱ、Ⅲ
B. Ⅰ、Ⅱ、Ⅲ和Ⅳ
C. Ⅰ、Ⅱ、Ⅳ和Ⅴ
D. Ⅰ、Ⅱ、Ⅳ
E. 仅Ⅳ

【例4】(2005.10.19)张经理在公司大会结束后宣布:"此次提出的方案得到一致赞同,全体通过。"会后,小陈就此事进行了调查,发现张经理所言并非事实。如果小陈的发现为真,以下哪项也必然为真?（　　）

A. 有少数人未发表意见。
B. 有些人赞同,有些人反对。
C. 大家都不赞同。
D. 至少有人赞同。
E. 至少有人不赞同。

【例5】(1997.1.36)某律师事务所共有12名工作人员。①有人会使用计算机;②有人不会使用计算机;③所长不会使用计算机。上述三个判断中只有一个是真的。以下哪项正确表示了该律师事务所会使用计算机的人数?（　　）

A. 12人都会使用。
B. 12人没人会使用。
C. 仅有一人不会使用。
D. 仅有一人会使用。
E. 不能确定。

考点6　直言命题负命题变形

直言命题的负命题（矛盾命题）

1. 常规形式

在直言命题前加上否定词"不"或"并非"等,或者表达否定直言命题的意思,即可得到该直言命题的负命题(矛盾命题)。

(1)设命题 C＝所有 A 是 B,则非 C 为命题 C 的矛盾命题,非 C＝有的 A 不是 B(由直言命题的对当关系可知,下同),观察"非 C"与"C"的变化,非 C 在去掉否定词后,将"所有"变"有的","是"变"不是"("肯定"变"否定")。

(2)设命题 C＝所有 A 不是 B,则非 C＝有的 A 是 B,观察"非 C"与"C"的变化,非 C 在去掉否定词后,将"所有"变"有的","不是"变"是"("否定"变"肯定")。

(3)设命题 C＝有的 A 是 B,则非 C＝所有 A 不是 B,观察"非 C"与"C"的变化,非 C 在去掉否定词后,将"有的"变"所有","是"变"不是"("肯定"变"否定")。

(4)设命题 C＝有的 A 不是 B,则非 C＝所有 A 是 B,观察"非 C"与"C"的变化,非 C 在去掉否定词后,将"有的"变"所有","不是"变"是"("否定"变"肯定")。

以上四点可用下面的变换规则表示。

"否定词"在直言命题之前＝去掉前面的"否定词",再将直言命题进行如下变化:

"肯定"变"否定","否定"变"肯定";

"所有"变"有的","有的"变"所有"。

因此直言命题负命题的等价命题变换规则,是指去掉直言命题之前的否定词后,直言命题的量项和联项按如下方式进行变换:

"所有"与"有的"变换,"肯定"与"否定"变换。

2. 特殊形式

(1)"都不是"＝"所有……不……"。

(2)"不是都"＝"不＋所有"＝"有的……不……"。

(3)"不都是"＝"不＋所有"＝"有的……不……"。

注意:在汉语言表达中,我们一般省略"是"。

【例6】写出下列命题的等价命题。

(1)并非所有的飞机都在天上飞。

(2)并非所有的飞机都不在天上飞。

(3)并非有的飞机在天上飞。

(4)并非有的飞机不在天上飞。

(5)鸟不都会飞。

(6)并非鸟不都会飞。

(7)并非鸟都会飞。

(8)并非鸟都不会飞。

(9)没有鸟不会飞。

【例7】(2000.10.7)通过调查得知,并非所有个体商贩都有偷税、逃税行为。如果上述调查的结论是真实的,则以下哪项一定为真?(　　)

A.所有的个体商贩都没有偷税、逃税行为。

B.多数个体商贩都有偷税、逃税行为。

C.并非有的个体商贩没有偷税、逃税行为。

D. 并非有的个体商贩有偷税、逃税行为。

E. 有的个体商贩确实没有偷税、逃税行为。

考点 7　直言命题的推理规则

一、直言命题的"→"表达

"→"代表推理关系，A→B，B←A，都是代表 A 推出 B 的意思，A 是 B 的充分条件，充分条件的意思是，如果 A 成立，则 B 一定成立，有 A 一定有 B。顺着箭头的方向，我们把箭头前的 A 称为前件，把箭头后的 B 称为后件。A→B，B←A，这两个逻辑关系是一样的，前件一致，后件也一致。A 和 B 可以是一个命题，也可以是一个概念。因此我们可以将直言命题用"→"表示。

直言命题类型	标准结构形式	"→"表达	"→"含义
全称肯定	所有的 A 是 B	A→B	有 A 一定有 B
全称否定	所有的 A 不是 B	A→非 B	有 A 一定无 B
特称肯定	有的 A 是 B	有的 A→B	存在 A 是 B
特称否定	有的 A 不是 B	有的 A→非 B	存在 A 不是 B
单称肯定	这个 A 是 B	这个 A→B	这个 A 一定有 B
单称否定	这个 A 不是 B	这个 A→非 B	这个 A 一定无 B

注意：当表示单称命题的时候，A 是指某一个具体的个体。

如：张三是优秀的，可以表示为：张三→优秀。

从直言命题的结构形式看，其实就是概念 A 和概念 B 之间的数量关系。因此对于直言命题的"→"表达，我们可以结合文氏图来理解：

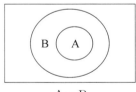
A→B

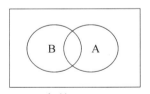
有的 A→B

如果在 A 的圈内，就满足 A 为真。所有的 A 是 B 意味着在 A 的圈内就一定在 B 的圈内，所以存在让 A 为真的元素，那么就存在一定让 B 为真的元素，记为"A→B"。如果 A 与 B 相交，那么存在某些属于 A 的元素让 B 也成立，记为"有的 A→B"。同样的，其他种类的直言命题也可以这样理解。

当使用"→"表达直言命题的逻辑关系后，我们就有以下使用规则：

二、直言命题的推理规则

（一）换位规则

逆否规则：一个命题成立，那么它的逆否命题同时成立，且与原命题是等价命题。"逆"代表箭头反向,"否"代表箭头的前件和后件加"非"。等价的意思是:A→B(A 能推出 B)成立,则非 B→非 A(非 B 能推出非 A)成立。两者推理的真实性相等。

1. 全称命题可逆否换位,但不能直接换位

如下图,如果在 A 的圈内,就满足 A 为真,在圈外就满足 A 为假。当 A 被 B 包含时,则 A→B。在 A 的圈内(A 为真),一定在 B 的圈内(B 为真)。同理,满足在非 B 的圈内,则一定在非 A 的圈内,此时非 B→非 A。

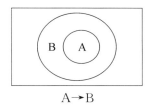
A→B

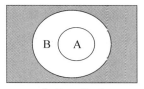
非 B→非 A

全称命题用"→"表示时,只可逆否,不可直接换位。

(1)所有的 A 是 B:A→B=非 B→非 A。

(2)所有的 A 不是 B:A→非 B=B→非 A。

2. 特称命题可直接换位,但不能逆否换位

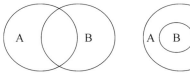

"有的 A 是 B"的含义是"存在 A 是 B 这种情况",从文氏图的角度,意味着 A 和 B 有交集,有以上四种表达方式,存在 A 是 B 这种情况,显然也存在 B 是 A 这种情况。那么我们可以得到结论:有的 A→B=有的 B→A。同理,"有的 A 不是 B"等价于"有的 A 是非 B"。因此,有的 A→非 B=有的非 B→A。"="的意思代表着"真假性等价"。

注意:有的不能逆否!举一个反例。

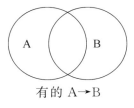
有的 A→B

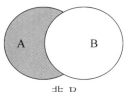
非 B

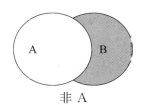
非 A

此时可以看出,非 B 与非 A 并没有交集。所以"有的 A→B"并不能得到"有的非 B→非 A"。

特称命题用"→"表示时,直接换位,不能逆否。

(1)有的 A 是 B:有的 A→B=有的 B→A。

(2)有的 A 不是 B:有的 A→非 B=有的非 B→A。

(二)箭头串联规则

箭头串联规则又称为逻辑链规则。如果 A 能推出 B,B 能推出 C,则 A 一定能推出 C。即,若 A→B,B→C,则 A→C(A→B→C)。逆否规则的箭头串联也同样成立,即,非 C→非 B→非 A。

1. 全称命题用"→"串联时,概念相同规则

直言命题在进行箭头串联规则应用时,必须保证首尾的概念完全相同(概念的外延和内涵一致),才能串联,否则就会得出错误的结论。

如：

①好人应该有好报,张三是好人,判断张三是否应该有好报？

两个"好人"的概念内涵和外延一致,都是非集合概念,好人→好报,张三→好人,串联后得：张三→好报。所以张三应该有好报。

②中国人是勤劳的,张三是中国人,判断张三是否勤劳？

两个"中国人"概念不一致,前一个"中国人"是集合概念,后一个"中国人"是非集合概念,"→"不能串联,所以张三是否勤劳,我们并不能判断。

判断集合概念和非集合概念的方法,见第一章考点2集合概念与非集合概念。

2. 特称命题用"→"串联时,"有的"首位规则

特称命题用"→"串联时,"有的"必须放在首位,"有的"首位规则是针对箭头串联规则的一种特殊情况,有的 A→B,B→C 则能串联：有的 A→B→C,得到：有的 A→C。

为什么 A→有的 B,有的 B→C,不能串联得到 A→C 呢？同样我们举反例理解一下：

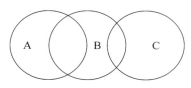

此外,全称命题为真时,可判断特称命题为真。

(A→B)→(有的 A→B)=(有的 B→A)

(A→非 B)→(有的 A→非 B)=(有的非 B→A)

特称命题为真时,若与全称命题不构成矛盾关系,则无法判断全称命题的真假。

三、直言命题的综合推理

直言命题的综合推理,有以下几种形式：

(1)前提：A→B,B→C。结论：A→C。

(2)前提：A→B,有的 C→A。结论：有的 C→B。

(3)前提：A→B,有的 C→非 B。结论：有的 C→非 A。

(4)前提：A→B,B→C,有的 D→A。结论：有的 D→A→B→C。

(5)前提：A→B,B→C,有的 D→非 C。结论：有的 D→非 C→非 B→非 A。

(6)前提：A→B,A→C。结论：有的 B→C。

【例8】所有的运动员都是身体健康的人。这句话如果为真,判断下面命题的真假：

(1)身体健康的人都是运动员。

(2)有些身体健康的人不是运动员。

(3)有些身体健康的人是运动员。

(4)任何身体健康的人都不是运动员。

(5)所有的运动员都不是身体健康的人。

(6)不是身体健康的人就肯定不是运动员。

【例9】已知"有的诡辩者是心术不正的人"为真,请判断以下命题的真假。

(1)有的心术不正的人是诡辩者。

(2)有的心术不正的人不是诡辩者。

(3)所有心术不正的人都是诡辩者。

(4)所有心术不正的人都不是诡辩者。

(5)李明是诡辩者,是心术不正的人。

【例10】(1998.1.44)在某住宅小区的居民中,大多数中老年教员都办理了人寿保险,所有买了四居室以上住房的居民都办理了财产保险,而所有办理了人寿保险的都没办理财产保险。

如果上述断定为真,则以下哪项关于该小区居民的断定必定为真?(　　)

Ⅰ.有的中老年教员买了四居室以上的住房。

Ⅱ.有的中老年教员没办理财产保险。

Ⅲ.买了四居室以上住房的居民都没办理人寿保险。

A.全部　　　　B.仅Ⅰ和Ⅱ　　　　C.仅Ⅱ和Ⅲ　　　　D.仅Ⅰ和Ⅲ　　　　E.仅Ⅱ

【例11】(2006.1.24)大多数独生子女都有以自我为中心的倾向,有些非独生子女同样有以自我为中心的倾向。以自我为中心倾向的产生有各种原因,但有一个共同原因是缺乏父母的正确引导。

如果上述断定为真,则以下哪项也一定为真?(　　)

A.每个缺乏父母正确引导的家庭都有独生子女。

B.有些缺乏父母正确引导的家庭有不止一个子女。

C.有些家庭虽然缺乏父母的正确引导,但子女并不以自我为中心。

D.大多数缺乏父母正确引导的家庭都有独生子女。

E.缺乏父母正确引导的多子女家庭,少于缺乏父母正确引导的独生子女家庭。

【例12】(1997.1.3)有些导演留着大胡子,所以有些留着大胡子的人是大嗓门。要使这一论断成立,必须补充以下哪项为前提?(　　)

A.有些导演是大嗓门。

B.所有大嗓门都是导演。

C.所有导演都是大嗓门。

D.有些大嗓门不是导演。

E.所有导演都不是大嗓门。

第二节 模态命题

考点 8　模态命题的形式和对当关系

一、什么是模态命题

模态命题就是陈述事物情况的必然性或可能性的命题。有些事物情况的存在或不存在是必然的,有些事物情况的存在或不存在是可能的,陈述这种必然性或可能性的命题就是模态命题。模态命题反映人们对客观事物认识的程度。

例如:(1)违反客观规律必然要受到客观规律的惩罚。(2)辩护人的意见可能是对的。模态命题都含有"必然"或"可能"等模态词。代表"必然"的词还有"一定、肯定、必定"等。代表"可能"的词还有"大概、也许"等。

二、模态命题的形式

既然是命题,就是表示某种判断。根据模态词的不同,模态命题大致可以分为四种,如下表所示:

模态命题类型	标准结构形式	举例	可能程度
必然肯定	必然 A	你们必然会考上	发生 A(你们考上)概率＝100%
必然否定	必然非 A	明天必然不会下雨	发生 A(明天下雨)概率＝0
可能肯定	可能 A	她可能爱你	0＜发生 A(她爱你)概率≤100%
可能否定	可能非 A	她可能不爱你	0≤发生 A(她爱你)概率＜100%
事实肯定	A	他很优秀	A 成为事实
事实否定	非 A	他不会回家了	非 A 成为事实

"事件 A 必然发生"和"事件 A 事实发生"并不等价。

"事件 A 必然发生"的意思是事件 A 发生的概率为百分之百,但这并不代表事件 A 已经发生了。比如"水必然会结冰"这句话为真,并不代表"水已经结冰"。同样,实事 A 已经发生,但这件事发生的概率未必就是 1,因为"可能 A"也是有可能发生成为事实的。比如"我中奖了"这件事已经发生,但我中奖这件事的概率不是恒为 1。

三、模态命题的对当关系

以上六种命题也可以用逻辑方阵图来表示出它们类似直言命题对当关系的那样一种真假关系。

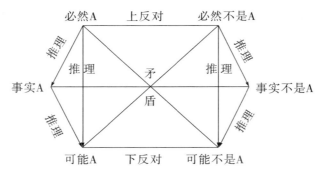

1. 矛盾关系

处于逻辑方阵图中的对角线上的命题是矛盾关系,二者必有一真一假,具有矛盾关系的两个命题不能同真(必有一假),也不能同假(必有一真)。不能同真,就是说当其中一个命题真时,另一个命题必假;不能同假,就是说当其中一个命题假时,另一个命题必真。有如下三组矛盾关系:

(1)"必然 A"与"可能不是 A"。

(2)"必然不是 A"与"可能 A"。

(3)"事实 A"与"事实不是 A"。

例如:"今天必然下雨"与"今天可能不下雨"二者必有一真一假,"今天必然不下雨"与"今天可能下雨"二者必有一真一假,"今天下雨"与"今天没下雨"二者也必有一真一假。

2. 上反对关系

处于逻辑方阵图上端的两个命题:"必然 A"与"必然不是 A"具有上反对关系,二者至少一假,不可能同真,但是可以同假。不能同真,就是说当其中一个命题真时,另一个命题必假;可以同假,就是说当其中一个命题假时,另一个命题的真假情况不能确定,即可真可假。

例如:"今天必然下雨"与"今天必然不下雨"不可能同时为真,必有一假,可以同假,具有上反对关系。

3. 下反对关系

处于逻辑方阵图下端的两个命题:"可能 A"与"可能不是 A"具有下反对关系,二者至少一真,不可能同假,但是可以同真。不能同假,就是说当其中一个命题假时,另一个命题必真;可以同真,就是说当其中一个命题真时,另一个命题的真假情况不能确定,即可真可假。

例如:"今天可能下雨"与"今天可能不下雨"不可能同时为假,必有一真,可以同真,具有下反对关系。

4. 推理关系

处于逻辑方阵图左边上中下的三个命题与右边上中下的三个命题之间有推理关系如下:

(1)"必然 A"→"事实 A"→"可能 A"。

(2)"必然不是 A"→"事实不是 A"→"可能不是 A"。

例如,根据箭头指向规则:

当"今天必然下雨"为真时,"今天下雨了"为真,"今天可能下雨"为真。

当"今天下雨了"为真时,"今天可能下雨"为真,"今天必然下雨"可真可假。

当"今天可能下雨"为真时,"今天下雨了""今天必然下雨"可真可假。

当"今天必然不下雨"为真时,"今天没下雨"为真,"今天可能不下雨"为真。

当"今天没下雨"为真时,"今天可能不下雨"为真,"今天必然不下雨"可真可假。

当"今天可能不下雨"为真时,"今天没下雨""今天必然不下雨"可真可假。

(3)"可能 A"为假→"事实 A"为假→"必然 A"为假。

(4)"可能不是 A"为假→"事实不是 A"为假→"必然不是 A"为假。

注:(3)与(4)由"→"的逆否规则得来。

例如,根据箭头指向规则:

当"今天可能下雨"为假时,"今天下雨了"为假,"今天必然下雨"为假。

当"今天可能不下雨"为假时,"今天没下雨"为假,"今天必然不下雨"为假。

对于模态命题的对当关系,与直言命题一样记忆:

(1)对角线矛盾关系("必然是"与"可能不是","必然不是"与"可能是","事实是"与"事实不是");

(2)两个"必然"至少一假,两个"可能"至少一真;

(3)上真推下真,下假推上假。

【例13】已知"他必然会回家"为真,判断以下命题的真假。

(1)他必然不会回家。

(2)他可能会回家。

(3)他可能不会回家。

(4)他回家了。

(5)他没回家。

【例14】小王、小李、小张准备去爬山。天气预报说,今天可能下雨。围绕天气预报,三个人争论起来。

小王说:"今天可能下雨,那并不排斥今天也可能不下雨,我们还是去爬山吧。"

小李说:"今天可能下雨,那就表明今天要下雨,我们还是不去爬山了。"

小张说:"今天可能下雨,只是表明今天下雨不具有必然性,去不去爬山由你们决定。"

对天气预报的理解,三个人中(　　)。

A. 小王和小张正确,小李不正确

B. 小王正确,小李和小张不正确

C. 小李正确,小王和小张不正确

D. 小张正确,小王和小李不正确

E. 小李和小张正确,小王不正确

【例15】(2007.10.35)在宏达杯足球联赛前,四个球迷有如下预测:

甲:红队必然不能夺冠。

乙:红队可能夺冠。

丙:如果蓝队夺冠,那么黄队是第三名。

丁:冠军是蓝队。

如果四人的断定中只有一个断定为假,可推出以下哪项结论?(　　)

A. 冠军是红队。

B. 甲的断定为假。

C. 乙的断定为真。

D. 黄队是第三名。

E. 丁的断定为假。

考点 9　模态命题负命题变形

模态命题的负命题（矛盾命题）

在模态命题前加"不"或"并非"，即可得到负命题（矛盾命题），利用逻辑方阵图，我们可以理解负命题的等价命题，也即"必然"与"可能"变换，"肯定"与"否定"变换，如下：

(1)"并非必然（是）"等价于"可能不（是）"。

(2)"并非必然不（是）"等价于"可能（是）"。

(3)"并非可能（是）"等价于"必然不（是）"。

(4)"并非可能不（是）"等价于"必然（是）"。

以上四点可用下面的规律表示。

"不"+"原命题"=去掉前面的"不"，再将"原命题"进行如下变化：

肯定变否定，否定变肯定，必然变可能，可能变必然。

实际中还要注意"一定"等于"不可能不"，"不一定"等于"可能不"，"不可能"等于"一定不"。总而言之就是模态词+肯定和否定的变换。

你一定爱我＝你不可能不爱我；

你不一定爱我＝你可能不爱我；

你不可能爱我＝你一定不爱我。

以上变换依然是复合模态命题负命题变形规则。

【例16】 最近一段时期，有关发生地震的传言很多。一天傍晚，小明问在院子里乘凉的爷爷："爷爷，他们都说明天要地震了。"爷爷说："根据我的观察，明天不必然地震。"小明说："那您的意思是明天肯定不会地震了。"爷爷说："不对。"小明陷入了迷惑。以下哪句话与爷爷的话最接近？（　　）

A. 明天必然不地震。

B. 明天可能地震。

C. 明天可能不地震。

D. 明天不可能地震。

E. 明天不可能不地震。

考点 10　直言模态命题负命题变形

直言模态命题，也称模态直言命题，指将模态命题与直言命题相结合，所构成的新命题，如"有的 A 不一定是 B"或"可能所有 A 都是 B"等。涉及直言模态命题的题目，几乎都是考查该命题负命题的等价命题。

直言模态命题的综合推理一般涉及否定词后的变换，其主要在于"非"后面的变换规则："必然"与"可能"互变，"所有"与"有的"互变，"肯定"与"否定"互变。

注意：

第一,肯定与否定的互变针对联项,对修饰主项和谓项的肯定词和否定词不起作用;

第二,变换规则仅限于否定词后的变换,否定词之前保持不变。

有的人不可能会爱一个不爱自己的人=有的人一定不会爱一个不爱自己的人。

这里面"有的"在否定词"不"之前,所以不用变。"不爱自己的人"中的"不"属于谓项,所以不用变。

【例17】(2008.1.58)人都不可能不犯错误,不一定所有人都会犯严重错误。由此可以推出(　　)。

A. 有的人可能会犯错误,但有的人可能不犯严重错误

B. 有的人可能会犯错误,但所有的人都可能不犯严重错误

C. 所有人一定会犯错误,但有的人可能不犯严重错误

D. 所有人一定会犯错误,但所有的人都可能不犯严重错误

E. 所有人可能会犯错误,但有的人一定不犯严重错误

第三节　关系命题

关系命题就是断定事物与事物之间关系的命题。如:"张三是李四的老师""姚明比我高""织女爱牛郎"等都是关系命题。

考点 11　关系命题的传递性与对称性

一、关系命题的传递性

关系命题的传递性是指当事物对象 A 和 B 具有某种关系 R,并且 B 与 C 也具有这种关系 R 时,A 与 C 是否也具有这种关系 R。

1. 传递关系

当事物对象 A 和 B 具有某种关系 R,并且 B 与 C 也具有这种关系 R 时,A 与 C 一定具有这种关系 R。

例:大于、小于、早于、等于、平行、在……以北。

2. 反传递关系

当事物对象 A 和 B 具有某种关系 R,并且 B 与 C 也具有这种关系 R 时,A 与 C 一定没有这种关系 R。

例:是……表哥、比……小一岁、比……长一米。

3. 非传递关系

当事物对象 A 和 B 具有某种关系 R,并且 B 与 C 也具有这种关系 R 时,A 与 C 不一定具有这种关系 R。

例:喜欢、爱、认识、相邻、帮助、欢迎、尊重。

这类动词在汉语言表达中,常常可以用"被动语句"表达。如,张三爱李四=李四被张三爱,张三尊重李四=李四被张三尊重=李四受到张三的尊重,张三欢迎李四=李四被张三欢迎=李

四受到张三的欢迎。被动表达在考试中出现过,考生要注意理解。

二、关系命题的对称性

关系命题的对称性是指当事物对象 A 和 B 具有某种关系 R 时,B 与 A 是否也具有这种关系 R。

1. 对称关系

当事物对象 A 与 B 具有某种关系 R 时,B 与 A 也一定有关系 R。

例:是同学、等于、相邻、在……附近、离……不远、相矛盾、相对立。

2. 反对称关系

当事物对象 A 与 B 具有某种关系 R 时,B 与 A 一定没有关系 R。

例:大于、小于、多于、早于、在……之上、是……父亲。

3. 非对称关系

当事物对象 A 与 B 具有某种关系 R 时,B 与 A 不一定具有关系 R。

例:喜欢、爱、认识、理解、信任、帮助、赞成。

【例18】(2010.1.46)相互尊重是相互理解的基础,相互理解是相互信任的前提;在人与人的相互交往中,自重、自信也是非常重要的,没有一个人尊重不自重的人,没有一个人信任他所不尊重的人。以上陈述可以推出以下哪项结论?(   )

A. 不自重的人也不被任何人信任。

B. 相互信任才能相互尊重。

C. 不自信的人也不自重。

D. 不自信的人也不被任何人信任。

E. 不自信的人也不受任何人尊重。

【例19】(2002.1.45)甘蓝比菠菜更有营养。但是,因为绿芥蓝比莴苣更有营养,所以甘蓝比莴苣更有营养。以下各项作为新的前提分别加入题干的前提中,都能使题干的推理成立,除了(   )

A. 甘蓝与绿芥蓝同样有营养。

B. 菠菜比莴苣更有营养。

C. 菠菜比绿芥蓝更有营养。

D. 菠菜与绿芥蓝同样有营养。

E. 绿芥蓝比甘蓝更有营养。

本章练习题

【题01】这个单位已发现有育龄职工违纪超生。如果上述断定是真的,则在下述三个断定中不能确定真假的是(   )

Ⅰ. 这个单位没有育龄职工不违纪超生。

Ⅱ. 这个单位有的育龄职工没违纪超生。

Ⅲ.这个单位所有的育龄职工都未违纪超生。

A.只有Ⅰ和Ⅱ。

B.Ⅰ、Ⅱ和Ⅲ。

C.只有Ⅰ和Ⅲ。

D.只有Ⅱ。

E.只有Ⅰ。

【题02】所有参加此次运动会的选手都是身体强壮的运动员,所有身体强壮的运动员都是很少生病的,但是有一些身体不适的选手参加了此次运动会。

以下哪项不能从上述前提中得出?（   ）

A.有些身体不适的选手是很少生病的。

B.很少生病的选手都参加了此次运动会。

C.有些很少生病的选手感到身体不适。

D.有些身体强壮的运动员感到身体不适。

E.参加此次运动会的选手都是很少生病的。

【题03】某高校2011年秋季入学的学生中有些是免费的师范生。所有的免费师范生都是家境贫寒的。凡家境贫寒的学生都参加了勤工助学活动。如果以上陈述为真,则以下各项必然为真,除了（   ）

A.2011年秋季入学的学生中有人家境贫寒。

B.凡没有参加勤工助学活动的学生都不是免费师范生。

C.有些参加勤工助学活动的学生是2011年秋季入学的。

D.有些参加勤工助学活动的学生不是免费师范生。

E.凡家境富裕的学生都不是免费师范生。

【题04】在中国北部有这样两个村落,赵村所有的人都是白天祭祀祖先,李庄所有的人都是晚上才祭祀祖先。我们确信没有既在白天也在晚上祭祀祖先的人。我们也知道李明是晚上祭祀祖先的人。依据以上信息,能断定以下哪项是对李明身份的正确判断?（   ）

A.李明是赵村的人。

B.李明不是赵村的人。

C.李明是李庄的人。

D.李明不是李庄的人。

E.李明既不是赵村人,也不是李庄人。

【题05】所有校学生会委员都参加了大学生电影评论协会。张珊、李斯和王武都是校学生会委员,大学生电影评论协会不吸收大学一年级学生参加。

如果上述断定为真,则以下哪项一定为真?（   ）

Ⅰ.张珊、李斯和王武都不是大学一年级学生。

Ⅱ.所有校学生会委员都不是大学一年级学生。

Ⅲ.有些大学生电影评论协会的成员不是校学生会委员。

A. 只有Ⅰ。　　B. 只有Ⅱ。　　C. Ⅰ、Ⅱ和Ⅲ。　　D. 只有Ⅰ和Ⅱ。　　E. 以上都不对。

【题06】小明、小红、小丽、小强、小梅五人去听音乐会。他们五人在同一排且座位相连,其中只有一个座位最靠近走廊。如果小强想坐在最靠近走廊的座位上,小丽想跟小明紧挨着,小红不想跟小丽紧挨着,小梅想跟小丽紧挨着,但不想跟小强或小明紧挨着。以下哪项排序符合上述五人的意愿?(　　)

A. 小明、小梅、小丽、小红、小强。

B. 小强、小红、小明、小丽、小梅。

C. 小强、小梅、小红、小丽、小明。

D. 小明、小红、小梅、小丽、小强。

E. 小强、小丽、小梅、小明、小红。

【题07】有四个外表看起来没有分别的小球,它们的重量可能有所不同。取一个天平,将甲、乙归为一组,丙、丁归为另一组,分别放在天平的两边,天平是基本平衡的。将乙和丁对调一下,甲、丁一边明显要比乙、丙一边重得多。奇怪的是,在天平一边放上甲、丙,而另一边刚放上乙,还没有来得及放上丁时,天平就压向了乙一边。请你判断,这四个球中由重到轻的顺序是什么?(　　)

A. 丁、乙、甲、丙。　B. 丁、乙、丙、甲。　C. 乙、丙、丁、甲。　D. 乙、甲、丁、丙。　E. 丁、甲、丙、乙。

【题08】有些"空降兵"一进厂就当了领导。在该厂的整顿改造中,所有的北京籍员工都支持张三当选厂长,所有的领导都反对张三当选厂长。

如果上述断定为真,则以下哪项关于该厂的断定也为真?(　　)

A. 所有的"空降兵"都是北京籍。

B. 有些北京籍员工是领导。

C. 有些"空降兵"不是北京籍。

D. 并非所有北京籍员工都是"空降兵"。

E. 某些领导是北京籍。

【题09】某登山旅游小组成员互相帮助,建立了深厚的友谊,后加入的李佳已经获得了其他成员的多次救助,但是他尚未救助过任何人,救助过李佳的人均曾被王玥救助过,赵欣救助过小组的所有成员,王玥救助过的人也曾被陈蕃救助过。

根据以上陈述,可以得出以下哪项结论?(　　)

A. 陈蕃救助过赵欣。

B. 王玥救助过李佳。

C. 王玥救助过陈蕃。

D. 陈蕃救助过李佳。

E. 王玥没有救助过李佳。

【题10】本问题发生在一所学校内。学校的教授中有一些是足球迷。学校的预算委员会的成员们一致要求把学校的足球场改建为一个科贸写字楼,以改善学校收入状况。所有的足球迷都反对将学校的足球场改建成科贸写字楼。如果作为上面陈述的补充,明确以下条件:所有的学

校教授都是足球迷,那么下列哪项一定不可能是真的?(　　)

A. 有的学校教授不是学校预算委员会的成员。

B. 学校预算委员会的成员中有的是学校教授。

C. 并不是所有的足球迷都是学校教授。

D. 所有的学校教授都反对将学校的足球场改建为科贸写字楼。

E. 有的足球迷不是学校预算委员会的成员。

【题11】某次认知能力测试,刘强得了118分,蒋明的得分比王丽高,张华和刘强得分之和大于蒋明和王丽的得分之和,刘强的得分比周梅高;此次测试120分以上为优秀,五人之中有两人没有达到优秀。以下哪项由高到低的得分排列符合题干的信息?(　　)

A. 张华、王丽、周梅、蒋明、刘强。

B. 张华、蒋明、王丽、刘强、周梅。

C. 张华、蒋明、刘强、王丽、周梅。

D. 蒋明、张华、王丽、刘强、周梅。

E. 蒋明、王丽、张华、刘强、周梅。

【题12】不必然任何经济发展都导致生态恶化,但不可能有不阻碍经济发展的生态恶化。

以下哪项最为准确地表达了题干的含义?(　　)

A. 任何经济发展都不必然导致生态恶化,但任何生态恶化都必然阻碍经济发展。

B. 有的经济发展可能导致生态恶化,而任何生态恶化都可能阻碍经济发展。

C. 有的经济发展可能不导致生态恶化,但任何生态恶化都可能阻碍经济发展。

D. 有的经济发展可能不导致生态恶化,但任何生态恶化都必然阻碍经济发展。

E. 任何经济发展都可能不导致生态恶化,但有的生态恶化必然阻碍经济发展。

【题13】常春藤通常指美国东部的八所大学。常春藤一词一直以来是美国名校的代名词,这八所大学不仅历史悠久、治学严谨,而且教学质量极高。这些学校的毕业生大多成为社会精英,他们中的大多数人年薪超过20万美元,有很多政界领袖来自常春藤,更有为数众多的科学家毕业于常春藤。

根据以上陈述,关于常春藤毕业生可以得出以下哪项?(　　)

A. 有些社会精英年薪超过20万美元。

B. 有些政界领袖年薪不足20万美元。

C. 有些科学家年薪超过20万美元。

D. 有些政界领袖是社会精英。

E. 有些科学家成为政界领袖。

【题14】所有爱斯基摩土著人都是穿黑衣服的,所有的北婆罗洲土著人都是穿白衣服的,没有穿白衣服又穿黑衣服的人,H是穿白衣服的。基于以上事实,下列哪个判断必为真?(　　)

A. H是北婆罗洲土著人。

B. H不是爱斯基摩土著人。

C. H不是北婆罗洲土著人。

D. H 是爱斯基摩土著人。

E. H 既不是爱斯基摩土著人,也不是北婆罗洲土著人。

【题15】课间休息的时候,大家都在热烈讨论今年 MBA 考试录取问题。一个叫金燕西的同学说:"我们班不会有人考不上 MBA"。另一个叫冷清秋的同学说"未必"。冷清秋的真正意思是什么?(   )

A. 所有人都必然考上 MBA。

B. 所有人都可能考不上 MBA。

C. 有人考不上 MBA。

D. 所有人都可能考上 MBA。

E. 有人可能考不上 MBA。

【题16】在国际大赛中,即使是优秀的运动员,也有人不必然不失误。当然,并非所有的优秀运动员都可能失误。以下哪项与上述意思最接近?(   )

A. 优秀运动员都可能失误,其中有的优秀运动员不可能不失误。

B. 有的优秀运动员可能失误,有的优秀运动员可能不失误。

C. 有的优秀运动员可能失误,有的优秀运动员不可能失误。

D. 有的优秀运动员可能不失误,有的优秀运动员不可能失误。

E. 有的优秀运动员一定失误,有的优秀运动员一定不失误。

【题17】某专家针对后半年的房价作出预测:房价可能上涨。以下哪项和专家意思相同?(   )

A. 房价不可能不上涨。

B. 房价不一定上涨。

C. 房价也可能维持原状。

D. 房价上涨的可能性很小。

E. 房价不一定不上涨。

【题18】在上次考试中,老师出了一道非常古怪的难题,有 86% 的考生不及格。这次考试之前,王见明预测说:"根据上次考试情况,这次考试不一定会出那种难题了。"胡思明说:"这就是说这次考试肯定不出那种难题了。太好了!"王见明说:"我不是那个意思。"下面哪句话与王见明说的意思相似?(   )

A. 这次考试老师不可能不出那种难题。

B. 这次考试老师必定不出那种难题了。

C. 这次考试老师可能不出那种难题了。

D. 这次考试老师不可能出那种难题了。

E. 这次考试不一定不出那种难题了。

【题19】不可能所有的证人都说实话。如果上述命题是真的,那么以下哪个命题必然是真的?(   )

A. 所有证人一定都不说实话。

B. 有的证人说实话。

C. 有的证人不说实话。

D. 刑事案件的证人都说实话。

E. 刑事案件的某些证人都不说实话。

【题20】在市场预测中,专家说:"明年电脑不降价是不可能的。"以下哪项和专家所说的等价?(   )

A. 明年电脑一定降价。

B. 明年电脑可能降价。

C. 不可能预测明年电脑是否降价。

D. 明年电脑可能不降价。

E. 明年电脑一定不降价。

【题21】某些经济学家是大学数学系的毕业生。因此,某些大学数学系的毕业生是对企业经营很有研究的人。下列哪项如果为真,则能够保证上述论断正确?(   )

A. 某些经济学家专攻经济学的某一领域,对企业经营没有太多的研究。

B. 某些对企业经营很有研究的经济学家不是大学数学系毕业的。

C. 所有对企业经营很有研究的人都是经济学家。

D. 某些经济学家不是大学数学系的毕业生,而是学经济学的。

E. 所有的经济学家都是对企业经营很有研究的人。

【题22】赵甲、钱乙、孙丙、李丁都在大学本科期间学习过逻辑,四个人就以下四个推理展开讨论:

Ⅰ. 凡是正派人都是光明磊落的,所以,不光明磊落的人都不是正派人。

Ⅱ. 所有生物都是有机物,所以,有些无机物不是生物。

Ⅲ. 不劳动者不得食,所以,有些不得食者是不劳动者。

Ⅳ. 有些工艺品不是不出售的,所以,有些出售的不是非工艺品。

赵甲说:四个推理不都是有效的。

钱乙说:四个推理不都是不有效的。

孙丙说:四个推理没有一个是不有效的。

李丁说:四个推理没有一个是有效的。

如果上述陈述为真,以下哪项一定为真?(   )

A. 赵甲和李丁的话是对的。

B. 赵甲和钱乙的话是对的。

C. 钱乙和孙丙的话是对的。

D. 四个人都是对的。

E. 四个人都不对。

【题23】有人说:"哺乳动物都是胎生的"。以下哪项最能驳斥以上判断?(   )

A. 也许有的非哺乳动物是胎生的。

B. 可能有的哺乳动物不是胎生的。

C. 没有见到过非胎生的哺乳动物。

D. 非胎生的动物不大可能是哺乳动物。

E. 鸭嘴兽是哺乳动物,但不是胎生的。

【题24】 宏达超市的所有商品都是合格产品。有些贴有蓝箭商标的商品不是合格产品。

如果以上两个命题为真,则以下哪个命题能确定真假?(　　)

(1)贴有蓝箭商标的商品都是宏达超市的商品。

(2)贴有蓝箭商标的商品都不是宏达超市的商品。

(3)有些贴有蓝箭商标的商品是合格产品。

A. 只有(1)　　　B. 只有(2)　　　C. 只有(3)　　　D. 只有(1)和(3)　　E. 都是

【题25】 所有安徽来京打工人员,都办理了暂住证;所有办理了暂住证的人员,都获得了就业许可证;有些安徽来京打工人员当上了门卫;有些业余武术学校的学员也当上了门卫;所有的业余武术学校的学员都未获得就业许可证。

如果上述断定都是真的,则除了以下哪项,其余的断定也必定是真的?(　　)

A. 所有安徽来京打工人员都获得了就业许可证。

B. 没有一个业余武术学校的学员办理了暂住证。

C. 有些安徽来京打工人员是业余武术学校的学员。

D. 有些门卫没有就业许可证。

E. 有些门卫有就业许可证。

参考答案

例题参考答案

【例1】 由逻辑方阵图中推理关系可知:

	A	B	C	D	E	F
A 真		×	×	×	√	√
A 假		?	?	√	?	?
B 真	×		√	√	×	×
B 假	?		?	?	√	?
C 真	×	?		√	?	×
C 假	?	×		?	√	√
D 真	×	?	?		?	?
D 假	√	×	×		√	√
E 真	?	×	?	?		?
E 假	×	√	√	√		×
F 真	?	×	×	?	√	
F 假	×	?	√	√	?	

"√"代表为"真","×"代表为"假","?"代表不能确定真假,即可真可假。对于直言命题间的

真假判断,首先的思路是"找矛盾关系",因为矛盾关系最直接,其次是"找反对关系"。

【例2】答案 B。

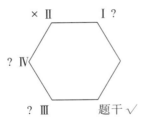

题干与Ⅰ构成了上下推理关系,上真推下真,下假推上假,下真并不能推出上的真假,所以Ⅰ项的真假不定。Ⅱ与题干构成了对角线矛盾关系,矛盾关系此真彼假,所以Ⅱ项为假。Ⅲ项和题干构成了下反对关系,两者必有一真,其中一个为真,另外一个不能确定真假,所以Ⅲ项真假不定。Ⅳ为单称命题,题干无法推出Ⅳ的真假。所以Ⅰ、Ⅲ、Ⅳ,均不能确定真假,答案选 B。

【例3】答案 C。利用六角方阵图的位置关系,可以快速判断命题间的真假关系。

Ⅰ不确定;Ⅱ不确定;Ⅲ假;Ⅳ和Ⅴ不确定。

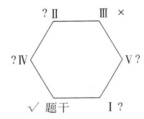

【例4】答案 E。题干中张经理说的是一个全称肯定命题,否定全称肯定命题,就要找相应的特称矛盾命题"并非所有人都赞同"="有人不赞同",即 E 项成立。其余各项都不必然真。

【例5】答案 A。因为Ⅰ和Ⅱ是下反对关系,故至少一真;又因为只有一真,故Ⅲ一定为假,即:所长会,由此可判断Ⅰ为真,Ⅱ为假。Ⅱ为假,意味着Ⅱ的矛盾命题为真,即:所有人会使用计算机。故 A 选项正确。

【例6】根据负命题规则进行转换:

(1)有的飞机不在天上飞。

(2)有的飞机在天上飞。

(3)所有飞机不在天上飞。

(4)所有飞机在天上飞。

(5)"都"="所有",有的鸟不会飞。

(6)双重否定抵消掉,鸟都会飞。

(7)有的鸟不会飞。

(8)有的鸟会飞。

(9)"没"为否定词,"有"代表"有的"。"没有"=非+有的鸟不会飞=所有的鸟会飞。

【例7】答案 E。由题干可得:并非所有个体商贩都有偷税、逃税行为=有的个体商贩没有偷税、逃税行为,即 E 选项。故 E 选项正确。

【例8】用 A＝运动员,B＝身体健康。

题干:A→B。(1)B→A;(2)有的 B→非 A;(3)有的 B→A;(4)B→非 A;(5)A→非 B;(6)非 B→非 A。

(1)全称命题不能直接换位,因此真假不能确定;

(2)与题干不构成矛盾关系,也不构成推理关系,换位、逆否都不行,故真假不能确定;

(3)A→B 能推出有的 A→B,有的 A→B＝有的 B→A,为真;

(4)B→非 A＝A→非 B,这与题干构成上反对关系,为假;

(5)与题干构成上反对关系,也可以看作是(4)的逆否,真假性与(4)等价,所以为假;

(6)与题干逆否,A→B＝非 B→非 A,为真。

注意:直言命题间判断真假需要把握两点:一是根据对当关系判断,二是根据推理规则判断。

【例9】(1)"有的"换位:有的诡辩者是心术不正的人＝有的心术不正的人是诡辩者,所以(1)为真;

(2)下反对关系,可同真也可一真一假,无法判断,不能确定真假;

(3)"有的是"与"所有是"不构成矛盾关系,下真不能推出上真,因此不能确定真假;

(4)"有的"换位:有的诡辩者是心术不正的人＝有的心术不正的人是诡辩者,构成对角线矛盾关系,故(4)为假;

(5)李明未必包含在有的诡辩者中,所以(5)不能确定真假。

【例10】答案 C。首先将题干符号化表达:①有的老→人;②四→财;③人→非财。由①③可得:有的老→人→非财,结合②逆否,进一步可得:有的老→人→非财→非四。选项Ⅰ无法确定真假,选项Ⅱ为真,选项Ⅲ逆否等价于:人→非四,可以推出。故Ⅱ和Ⅲ为真,答案选 C。

【例11】答案 B。首先将题干符号化表达:①有的独→自;②有的非独→自;③自→缺。可得:有的独→缺,有的非独→缺,换位后可得:有的缺→非独,答案选 B。此题要注意,"大多数"可以推"有的",但是"有的"不能推"大多数",所以 D 不对。

【例12】答案 C。已知前提:有的导演→大胡子;已知结论:有的大胡子→大嗓门;将已知前提换位,得到:有的大胡子→导演,把"导演"补充进逻辑链,得到:有的大胡子→导演→大嗓门。故,需要补充的前提是:导演→大嗓门。

【例13】画逻辑方阵图,标注各命题位置,判断真假。

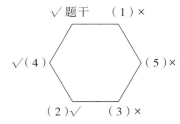

(1)上反对关系,必有一假,一个为真,另一个必然为假,为假;

(2)推理关系,上真推下真,为真;

(3)对角线矛盾关系,此真彼假,为假;

(4)推理关系,上真推下真,为真;

(5)与(4)为矛盾关系,(4)为真,则(5)为假。

【例14】答案 A。根据题干所说天气预报说"今天可能下雨"知"今天可能不下雨"真假不定,所以小王的说法正确。小张说的"今天下雨不具有必然性"可以理解为"不必然今天下雨＝今天可能不下雨",可以推出小张的说法也正确。小李说"今天可能下雨"就表明"今天要下雨",理解不正确。选A。

【例15】答案D。甲和乙的断定互相矛盾,必有一真一假。由条件,只有一个断定为假,因此,丙与丁的断定为真。由此可推出:黄队是第三名。

【例16】答案C。根据模态命题的对应关系,不必然A等价于可能非A。故选C。

【例17】答案C。题干中人都不可能不犯错误,等同于:所有人一定会犯错误;不一定所有人都会犯严重错误,等同于:可能有的人不犯严重错误。注意"都"单独存在时表示"所有","都"遇到"所有"只起到加强语气的作用,可以删除。

【例18】答案A。题干"没有一个人尊重不自重的人＝所有人不尊重不自重的人(注意'不自重的人'属于谓项,不用变肯定。没有一个人……＝没(否定词)＋有一个人(有的)＝所有人不……),不尊重→不自重。没有一个人信任他所不尊重的人＝所有人不信任他所不尊重的人,不信任→不尊重",串联得到"不信任→不尊重→不自重",也即所有人不信任不自重的人＝不自重的人不被所有人(任何人)信任＝不自重的人不受到所有人(任何人)信任。

【例19】答案E。题干信息,已知:(1)甘蓝＞菠菜;(2)绿芥蓝＞莴苣。结论:(3)甘蓝＞莴苣。A,甘蓝＝绿芥蓝＞莴苣,结论成立;B,甘蓝＞菠菜＞莴苣,结论成立;C,甘蓝＞菠菜＞绿芥蓝＞莴苣,结论成立;D,甘蓝＞菠菜＝绿芥蓝＞莴苣,结论成立;E,绿芥蓝＞甘蓝,绿芥蓝＞莴苣,但是甘蓝与莴苣之间的关系并不能确定。

练习题参考答案

【题01】答案A。由题干可知:这个单位已发现有育龄职工违纪超生。Ⅰ:这个单位没有育龄职工不违纪超生＝这个单位的育龄职工都违纪超生,真假不定;Ⅱ:这个单位有的育龄职工没违纪超生,与题干命题构成下反对关系,故至少有一真,真假不定;Ⅲ:这个单位所有的育龄职工都未违纪超生,与题干构成矛盾关系,故必然为假。故A选项正确。

【题02】答案B。将题干符号化:①参加运动会→身体强壮;②身体强壮→很少生病;③有的身体不适→参加运动会。箭头串联后有:有的身体不适→参加运动会→身体强壮→很少生病。所以A选项,有些身体不适→很少生病,能推出;B选项肯后不能推肯前,是不能必然推出的;C选项,有些很少生病→身体不适＝有些身体不适→很少生病,利用有的互换规则,能推出;D选项,有些身体强壮→身体不适,利用有的互换规则,能推出;E选项,参加运动会→很少生病,能推出。

【题03】答案D。将题干符号化:①有些2011入学→免费师范生;②免费师范生→家境贫寒;③家境贫寒→勤工助学。箭头串联后有:有些2011入学→免费师范生→家境贫寒→勤工助学。A选项,有些2011入学→家境贫寒,能推出;B选项,非勤工助学→非免费师范生,逆否,能推出;C选项,有些勤工助学→2011入学,有的互换后,可以推出;D选项,有些勤工助学→非免费师范生,不能推出;E选项,家境富裕＝非家境贫寒,非家境贫寒→非免费师范生,可以推出。

【题04】答案B。由题干可知:(1)赵村→白天祭祀祖先;(2)李庄→晚上祭祀祖先;(3)李明→晚上祭祀祖先(非白天祭祀祖先)。将(1)逆否和(3)串联后可知,李明不是白天祭祀祖先的人,所以李明不是赵村的人。故B选项正确。

【题05】答案D。将题干符号化:①委员→协会;②张李王→委员;③协会→非一年级。箭头串联后有:张李王→委员→协会→非一年级。选项Ⅰ、Ⅱ正确;选项Ⅲ,有些协会→非委员,无法推出。

【题06】答案B。选项充分,排除法。题干要求找符合五人意愿的选项,给出的第一个条件是"小强想靠近走廊",据此无法排除任何选项。根据第二个条件"丽、明相邻",排除A、D、E项。根据第三个条件"红、丽不相邻",从剩下的选项中排除C项。

【题07】答案A。根据题意可知:(1)甲+乙=丙+丁;(2)甲+丁>丙+乙;(3)乙>甲+丙。由条件(1)可排除B、D、E。由条件(1)+(2)可得:甲>丙,再结合条件(3)可知:乙>甲>丙。再看条件(1),丁和最小的丙相加等于甲加乙,所以丁>乙>甲>丙。

【题08】答案C。将题干信息整理如下:①有的"空降兵"→领导。②北京籍→支持张三,等价于:反对张三→非北京籍。③领导→反对张三。①③②串联可得:④有的"空降兵"→领导→反对张三→非北京籍。可以推出:有些"空降兵"不是北京籍,故C选项为真。

【题09】答案A。将题干符号化:①救助李佳→被王玥救助过→被陈蓉救助过;②赵欣救助过小组的所有成员。由②可知赵欣救助过李佳,所以结合①可知赵欣被陈蓉救助过。因此A正确。

【题10】答案B。结合题干新增条件:所有的学校教授→足球迷→反对将学校的足球场改建成科贸写字楼→不是学校的预算委员会的成员。B选项:学校预算委员会的成员中有的是学校教授,与上述结论相矛盾,故必然为假。故B选项正确。

【题11】答案B。由刘强得了118分,刘强的得分比周梅高,120分以上为优秀,得刘强和周梅不是优秀。由五人之中有两人没有达到优秀,得其余三人为优秀。由张华和刘强得分之和大于蒋明和王丽的得分之和,得张华在这四人中排第一,蒋明和王丽列二、三位,刘强排第四。又蒋明的得分比王丽高,故蒋明第二,王丽第三。故得分由高到低的排列是:张华、蒋明、王丽、刘强、周梅。

【题12】答案D。"必然"与"可能"互换,"所有"与"有的"互换,"肯定"与"否定"互换。题干可表达为:可能有的经济发展不会导致生态恶化,但必然所有生态恶化阻碍经济发展。

【题13】答案A。根据"这些学校的毕业生大多成为社会精英,他们中的大多数人年薪超过20万美元",两个"大多",说明"社会精英"与"年薪超过20万美元"之间有交集,得出"有些社会精英年薪超过20万美元",故正确答案为A。

【题14】答案B。由题干可得:
(1)爱斯基摩土著人→黑衣服=非黑衣服→非爱斯基摩土著人;
(2)北婆罗洲土著人→白衣服;
(3)H是穿白衣服的。
结合(2)、(3)推不出任何信息;结合(1)、(3)可得:H没穿黑衣服,所以不是爱斯基摩土著人。故B选项正确。

【题15】答案E。本题需要先将金燕西的话进行等价变换,"我们班不会有人考不上MBA"等价于"我们班所有人都能考上MBA"。要理解冷清秋的意思,就要把她说的"未必"加在整个句子的前面,即:未必我们班所有人都能考上MBA,即,可能我们班有的人考不上MBA。对照选项,本题应该选E。

【题16】答案C。题干断定:①优秀的运动员,也有人不必然不失误;②并非所有的优秀运动员都可能失误。由①可得:有些优秀的运动员可能失误。由②可得:有些优秀运动员必然不失误,必然不=不可能。

【题17】答案 E。可能=不一定不。A 项的意思为"房价必然上涨";B 项的意思为"房价可能不上涨",与专家的意思为下反对关系,意思并不相同;E 项的意思为"房价可能上涨",答案为 E。

【题18】答案 C。题干中王见明的观点是"老师不一定会出那种难题了",这个命题等价于"老师可能不会出那种难题了","不一定"等价于"可能不",即选项 C。选项 A 中的"不可能不"等价于"必然",与题干中王见明的观点不同;选项 B 中的"必定不"等价于"不可能",这个观点是题干中胡思明的观点;选项 D 中的"不可能"等价于"必定不",与选项 B 一致。

【题19】答案 C。从不可能所有的证人都说实话,可以推出必然不是所有的证人都说实话,进而推出结论:必然有些证人不说实话。必然 A→事实 A,所以选 C。

【题20】答案 A。题干的命题是"不可能明年电脑不降价",是一个"不可能不"形式的命题,等价于"必然",即"必然明年电脑降价",必然=一定,即选项 A。选项 B 虽然可由题干推出为真,但并不与题干等价。选项 C 与题干不符。选项 D 与题干命题是矛盾关系,不同真不同假。选项 E 与题干是上反对关系。

【题21】答案 E。已知前提:有的经济学家→数学系毕业生;已知结论:有的数学系毕业生→对企业经营有研究;将其拆分,得到:有的数学系毕业生→( )→对企业经营有研究。将已知前提换位,得到:有的数学系毕业生→经济学家,把"经济学家"补充进逻辑链,得到:有的数学系毕业生→经济学家→对企业经营有研究。故,需要补充的前提是:经济学家→对企业经营有研究。

【题22】答案 C。题干符号化表达为,Ⅰ:正派人→光明磊落,非光明磊落→非正派人,逆否规则,推理正确;Ⅱ:生物→有机物,有些无机物→非生物,所有推有的,有的能互换,推理正确;Ⅲ:非劳动→非得食,有些非得食→非劳动,推理正确,原理同Ⅱ;Ⅳ:有些工艺品→出售,有些出售→工艺品,有的互换,推理正确。所以四个推理均正确。由此可知,钱乙和孙丙的论述为真,答案选 C。

【题23】答案 E。要反驳某一个命题,也就是要确定某一个命题是假的。题干中是一个全称肯定命题,根据对当关系,其矛盾命题为:有的哺乳动物不是胎生的。如果选项 E 为真,那么可以推出:有的哺乳动物不是胎生的。选项 C 和 D 都支持题干;A 对题干没有提出质疑;根据 B 选项并不能推出:有的哺乳动物不是胎生的,可能 A 不能推出事实 A。

【题24】答案 A。题干符号化表达为,①宏达→合格;②有的蓝箭→非合格;将①逆否串联;③有的蓝箭→非合格→非宏达。(1)与③为矛盾关系,所以(1)为假;(1)与(2)为上反对关系,必有一假,其中一个为假,另一个真假不定;(3)与②是下反对关系,必有一真,其中一个为真,另一个真假不定。所以本题答案选 A。

【题25】答案 C。题干符号化表达为,①安徽来京打工→暂住证→就业许可证,A 为真;②有安徽来京打工→门卫=有门卫→安徽来京打工→暂住证→就业许可证,E 为真;③有业余武术学校的学员→门卫=有门卫→业余武术学校的学员;④业余武术学校的学员→非就业许可证→非暂住证→非安徽来京打工,B 为真;③④联立:有门卫→业余武术学校的学员→非就业许可证→非暂住证→非安徽来京打工,D 为真。答案选 C。

第三章　复合命题推理

复合命题是两个或多个简单命题通过逻辑联结词所构成的命题。复合命题是相对于简单命题而言的,形式上复杂一些,但知识点较简单命题容易理解,也是考试的重点内容。在联考逻辑考试中,经常会考查复合命题的矛盾、推理及其变形,其中假言命题在联考逻辑考试中考查得最多。

第一节　联言与选言命题

考点 12　联言命题的形式和推理

一、定义和表现形式

联言命题是断定几种事物同时存在的复合命题,标准式是"A 并且 B",逻辑符号用"and"表示"且",符号化表达为"A and B",A 和 B 表示联言命题的支命题。

注意:"A and B"与"B and A"表达的逻辑意思一样,支命题可以交换位置。

例:小王和小明都考上了大学。这个命题表示两种情况同时存在:

(1)小王考上了大学;(2)小明考上了大学。

(1)和(2)称为该复合命题的支命题。

二、联言命题常见联结词

(1)表示并列关系:和,且,并且,同时,兼得,既……又,一边……一边,有时省略,只用逗号;

(2)表示递进关系:不仅……而且,不但……还;

(3)表示转折关系:但是,虽然……但是,却。

语义	联结词	例句	符号化
并列	A 和 B	小王和小明都很好	小王 and 小明
	A 且 B	他慈祥且友善	慈祥 and 友善
	A 并且 B	他很丑并且懒	丑 and 懒
	A 同时 B	他到站了同时她来接了	他到站 and 她来接
	AB 兼得	美貌与智慧兼得	美貌 and 智慧
	既 A 又 B	她对他既爱又恨	爱 and 恨
	一边 A 一边 B	他一边聊天,一边工作	聊天 and 工作
	无联结词	他高富帅	高 and 富 and 帅

续表

语义	联结词	例句	符号化
递进	不仅A而且B	他不仅勤奋,而且努力	勤奋 and 努力
递进	不但A还B	他不但能力不行还态度差	能力不行 and 态度差
转折	A但是B	他有钱但是不敢乱花	有钱 and 不乱花
转折	虽然A但是B	虽然他很努力,但是还是失败	努力 and 失败
转折	A却B	他成功了,过程却很艰辛	成功 and 艰辛

注意:

(1)表示转折关系的语义,在形式逻辑中的意思等于"并且";但在论证逻辑中,一般强调转折后命题的内容。

(2)符号化的表达以加快我们的答题速度为前提,考生可根据自己的答题速度和习惯进行符号化表达,上例中的符号化表达只是参考,下同。(符号化的表达在专业逻辑术语中称为"刻画逻辑形式")

三、联言命题与支命题的真假

A and B 为真的意思是 A、B 都发生了。一个联言命题是真的,当且仅当它所有的支命题都是真的(都发生了)。也就是说,只要有一个支命题是假的(没有发生),联言命题就是假的。

(1)若 A and B 为真,表明 A 和 B 都为真;

(2)若 A and B 为假,表明 A 和 B 不是都为真,A、B 至少有一个为假;

(3)若 A 和 B 都为真,则 A and B 为真;

(4)若 A 和 B 有一假或者二者都为假,则 A and B 为假。

联言命题的真假特点可总结为:一假则假,全真则真。

从支命题真假推联言命题真假

已知 A	已知 B	则 A and B
真	真	真
真	假	假
假	真	假
假	假	假

从联言命题真假推支命题真假

已知 A and B	则 A	则 B
真	真	真
假	不确定	不确定

当 A and B 为假时,有三种情况:A 真 B 假,A 假 B 真,A 假 B 假,因此不确定 A 和 B 的真假。

【例1】 根据联言命题的真假性质判断以下命题的真假。

(1)如果 A 是真的,那么 A 且 B?

(2)如果 A 是假的,那么 A 且 B?
(3)如果非 A 是真的,那么 A 且 B?
(4)如果非 A 是假的,那么 A 且 B?
(5)如果 A 且 B 是真的,那么 A? B?
(6)如果 A 且 B 是假的,那么 A? B?
(7)如果 A 且 B 是假的,A 是真的,那么 B?
(8)如果 A 且 B 是假的,A 是假的,那么 B?

考点 13　相容选言命题的形式和推理

选言命题分为相容选言命题和不相容选言命题。"相容"的意思是支命题可以同真,"不相容"的意思是支命题不能同真。考试中的题目以相容选言命题的考查居多。

一、定义和表现形式

相容选言命题是反映若干事物情况至少有一种存在,也可能都存在的命题。用"or"表示"至少有一个",A or B 就表示相容选言命题,读作"A 或 B"。

注意:"A or B"与"B or A"表达的逻辑意思一样,支命题可以交换位置。

若"A or B"为真,则表示有三种可能性:

(1)A 真 B 假;
(2)B 真 A 假;
(3)A 和 B 都真。

注意:此处形式逻辑中的"或者"的意思与日常中文中的"或者"理解不一致。

例如:或者张三是英语老师,或者李四是英语老师。

它的含义是:"张三是英语老师"和"李四是英语老师"这两个事件,至少发生一个,也可能两个都发生。符号化表示:张三 or 李四。而生活中"或者"的含义,往往不包括两者都发生的情况。

二、相容选言命题常见联结词

或,或者,至少有一个,可能……也可能,不是……就是,也许……也许。再次强调,此处形式逻辑中的"或者"的意思与日常中文中的"或者"理解不一致。当只存在两个事件时,"至多有一个"="至少有一个不"。

联结词	例句	符号化
A 或 B	小王去过北京或上海	北京 or 上海
或者 A,或者 B	或者小王去,或者小李去	小王去 or 小李去
A、B 至少有一个	小王和小李至少有一个去	小王去 or 小李去
A、B 至多有一个	小王和小李至多有一个去	小王不去 or 小李不去
可能 A,也可能 B	最匹配的人可能是张三,也可能是李四	张三 or 李四
不是 A,就是 B	夜空最亮的星不是北极星就是天王星	北极星 or 天王星
也许 A,也许 B	他也许在追悔过去,也许在展望未来	追悔过去 or 展望未来

三、相容选言命题的真假

(1) 若 A or B 为真,则有三种可能:A 真 B 假,A 假 B 真,A 真 B 真;

(2) 若 A or B 为假,则 A、B 均不为真,即 A 假 and B 假,也即非 A and 非 B;

(3) 若 A、B 至少有一个为真,则 A or B 为真;

(4) 若 A、B 均为假,则 A or B 为假。

相容选言命题的真假特点可总结为:一真则真,全假则假。

从支命题真假推相容选言命题真假

已知 A	已知 B	则 A or B
真	真	真
真	假	真
假	真	真
假	假	假

从相容选言命题真假推支命题真假

已知 A or B	则 A	则 B
真	不确定	不确定
假	假	假

当 A or B 为真时,有三种情况:A 真 B 假,A 假 B 真,A 真 B 真,因此并不能确定支命题的真假。

四、相容选言命题的重要推理规则

(1) 否定必肯定:相容选言命题为真,否定其中一个支命题,能推出另外一个支命题为真;

(2) 肯定不确定:相容选言命题为真,肯定其中一个支命题,不能确定另外一个支命题的真假。

【例2】 根据相容选言命题的真假性质判断以下命题的真假。

(1) 如果 A 是真的,那么 A or B?

(2) 如果 A 是假的,那么 A or B?

(3) 如果非 A 是真的,那么 A or B?

(4) 如果非 A 是假的,那么 A or B?

(5) 如果 A or B 是真的,那么 A? B?

(6) 如果 A or B 是假的,那么 A? B?

(7) 如果 A or B 是真的,A 是真的,那么 B?

(8) 如果 A or B 是真的,A 是假的,那么 B?

【例3】 (1998.1.1) 某单位要从 100 名报名者中挑选 20 名献血者进行体检。最不可能被挑选上的是 1993 年以来已经献过血,或是 1995 年以来在献血体检中不合格的人。

如果上述断定是真的,则以下哪项所言及的报名者最有可能被选上?(　　)

A. 小张 1995 年献过血,他的血型是 O 型,医用价值最高。

B. 小王是区献血标兵,近年来每年献血,这次她坚决要求献血。

C. 小刘 1996 年报名献血,因"澳抗"阳性体检不合格,这次出具了"澳抗"转阴的证明,并坚决要求献血。

D. 大陈最近一次献血是在1992年,他因公伤截肢,血管中流动着义务献血者的血。他说他比任何人都有理由献血。

E. 老孙1993年因体检不合格未能献血,1995年体检合格献血。

【例4】(2012.1.29)王涛和周波是理科(1)班学生,他们是无话不说的好朋友。他们发现班里每一个人或者喜欢物理,或者喜欢化学。王涛喜欢物理,周波不喜欢化学。

根据以上陈述,以下哪项必定为真?（　　）

Ⅰ. 周波喜欢物理。

Ⅱ. 王涛不喜欢化学。

Ⅲ. 理科(1)班不喜欢物理的人喜欢化学。

Ⅳ. 理科(1)班一半人喜欢物理,一半人喜欢化学。

A. 仅Ⅰ。

B. 仅Ⅲ。

C. 仅Ⅰ、Ⅱ。

D. 仅Ⅰ、Ⅲ。

E. 仅Ⅱ、Ⅲ、Ⅳ。

考点 14　不相容选言命题的形式和推理

一、定义和表现形式

不相容选言命题是只能有一个支命题为真的选言命题。注意"只能"意味着支命题不能同时为真,这是不相容选言命题与相容选言命题的根本区别。如"这条裤子要么是小王穿,要么是小李穿",意味着:这条裤子只能是一个人穿,可能小王穿,也可能小李穿,并且只能是一个人穿,小王和小李不可能同时穿这条裤子。不相容选言命题用逻辑符号"∀"表示,上例可以符号化表示为:小王穿∀小李穿。A∀B就表示不相容选言命题,读作"A 要么 B"。

注意:"A∀B"与"B∀A"表达的逻辑意思一样,支命题可以交换位置。

若 A∀B 为真,表示两种可能情况:(1)A 真 B 假;(2)A 假 B 真。

二、不相容选言命题常见联结词

要么……要么;或者……或者……＋二者必居其一;相容选言联结词＋两种不可能同时为真。

联结词	例句	符号化
要么 A,要么 B	面对敌人,要么生,要么死	生∀死
或者 A,或者 B,二者必居其一	明天或者下雨,或者下雪,二者必居其一	下雨∀下雪
或者 A,或者 B,两者不可能同真	或者小王去,或者小明去,但不能都去	小王去∀小明去

三、不相容选言命题的真假

(1)若 A∀B 为真,表明有 A 真 B 假、A 假 B 真两种形式,即 A、B 只有一真;

(2)若 A∀B 为假,表明有 A 和 B 同时为真、A 和 B 同时为假两种形式;

(3)若 A、B 一真一假,则 A∀B 为真;

(4)若 A、B 同真或者同假,则 A∀B 为假。

不相容选言命题的真假特点可总结为:一真一假为真,同真同假为假。

从支命题真假推不相容选言命题真假

已知 A	已知 B	则 A∀B
真	真	假
真	假	真
假	真	真
假	假	假

从不相容选言命题真假推支命题真假

已知 A∀B	则 A	则 B
真	不确定	不确定
假	不确定	不确定

当 A∀B 为真时,有两种情况:A 真 B 假,A 假 B 真,因此并不能确定支命题的真假;

当 A∀B 为假时,有两种情况:A 真 B 真,A 假 B 假,因此并不能确定支命题的真假。

四、不相容选言命题的重要推理规则

(1)否定必肯定:不相容选言命题为真,则否定其中一个支命题,能推出另外一个支命题为真;

(2)肯定必否定:不相容选言命题为真,则肯定其中一个支命题,能推出另外一个支命题为假。

【例5】根据不相容选言命题的真假性质判断以下命题的真假。

(1)如果 A 是真的,那么 A∀B?

(2)如果 A 是假的,那么 A∀B?

(3)如果非 A 是真的,那么 A∀B?

(4)如果非 A 是假的,那么 A∀B?

(5)如果 A∀B 是真的,那么 A? B?

(6)如果 A∀B 是假的,那么 A? B?

(7)如果 A∀B 是真的,A 是真的,那么 B?

(8)如果 A∀B 是真的,A 是假的,那么 B?

【例6】(2010.10.38)某山区发生了较大面积的森林病虫害。在讨论农药的使用时,老许提出:"要么使用甲胺磷等化学农药,要么使用生物农药。前者过去曾用过,价钱便宜,杀虫效果好,但毒性大;后者未曾使用过,效果不确定,价格贵。"

从老许的提议中,不可能推出的结论是( )。

A. 如果使用化学农药,那么就不使用生物农药

B. 或者使用化学农药,或者使用生物农药,两者必居其一

C. 如果不使用化学农药,那么就使用生物农药

D. 化学农药比生物农药好,应该优先考虑使用

E. 化学农药和生物农药是两种不同的农药,两类农药不要同时使用

考点 15 联言与选言命题的负命题

矛盾命题、负命题、否命题都是表达一个命题的矛盾关系的意思。

1. 联言命题的负命题

由联言命题的真值表可知:A and B 的矛盾关系是非(A and B),由上文可知,A and B 为假时,有三种情况:(1)非 A and B;(2)非 B and A;(3)非 A and 非 B。用中文表达就是:A 和 B 至少有一个为假。因此可得联言命题的矛盾命题是相容选言命题,即:

非(A and B)=非 A or 非 B。

2. 相容选言命题的负命题

由相容选言命题的真值表可知,当相容选言命题为假时,其所有的支命题必须都为假。因此可得相容选言命题的矛盾命题是联言命题,即:

非(A or B)=非 A and 非 B。

3. 不相容选言命题的负命题

由不相容选言命题的真值表可知,当不相容选言命题为假时,其所有的支命题要么同真要么同假。因此可得不相容选言命题的矛盾命题是:

非(A ∀ B)=(非 A and 非 B)or(A and B)。

【例7】 班里的同学在讨论此次考试的成绩。小王说:"我认为我这次英语和数学成绩肯定都在 70 分以上。"如果小王说的不是事实,那么以下哪项必然为真?( )

A. 小王英语成绩不会在 70 分以上。

B. 小王数学成绩不会在 70 分以上或者小王英语成绩不会在 70 分以上。

C. 小王数学成绩不会在 70 分以上。

D. 小王数学成绩在 70 分以上或者小王英语成绩在 70 分以上。

E. 小王英语成绩会在 70 分以上。

【例8】 (2004.1.1)不可能宏达公司和亚鹏公司都没有中标。以下哪项最为准确地表达了上述断定的意思?( )

A. 宏达公司和亚鹏公司可能都中标。

B. 宏达公司和亚鹏公司至少有一个可能中标。

C. 宏达公司和亚鹏公司必然都中标。

D. 宏达公司和亚鹏公司至少有一个必然中标。

E. 如果宏达公司中标,那么亚鹏公司不可能中标。

【例9】(2006.10.2)并非蔡经理负责研发或者负责销售。如果上述陈述为真,以下哪项陈述一定为真?(　　)

A. 蔡经理既不负责研发也不负责销售。

B. 蔡经理负责销售但不负责研发。

C. 蔡经理负责研发但不负责销售。

D. 如果蔡经理不负责销售,那么他负责研发。

E. 如果蔡经理负责销售,那么他不负责研发。

【例10】某个体户严重违反了经营条例,执法人员向他宣布:"要么罚款,要么停业,二者必居其一。"他说:"我不同意。"如果他坚持自己意见的话,以下哪一项断定是他在逻辑上必须同意的?(　　)

A. 罚款但不停业。

B. 停业但不罚款。

C. 既不罚款又不停业。

D. 如果既不罚款又不停业办不到的话,就必须接受既罚款又停业。

E. 或者不罚款,或者不停业。

第二节　假言命题

假言命题又称条件命题,它是断定一个事物情况的存在是另一个事物情况存在的基础的命题。其中"假"是指假设。假言命题的本质是表示事物间的推理关系,通常用逻辑箭头"→"表示两个事物的推理关系。假言命题可以分为四类:充分条件假言命题、必要条件假言命题、充要条件假言命题以及特殊假言命题(除非……否则……)。

考点 16　假言命题的形式

定义和表现形式

1. 充分条件假言命题(A→B)

   (1) 符号 A→B,读作 A 推 B。

   (2) 逻辑含义:事物 A 是事物 B 的充分条件,是指有 A 一定有 B,但无 A 未必无 B;假如事件 A 发生了,则事件 B 一定发生;如果 A 为真,则 B 一定为真。

   例如:如果天下雨,那么地上湿。它的意思是如果"天下雨"这件事发生了,那么"地上湿"这件事情一定发生。我们用符号:"下雨→地湿"来表示。

   (3) 常用联结词:如果……那么,只要……就,……就,……必须……,为了……一定,……离不开……,……就……,……是……,所有……都……等。

(4) 推理关系:前推后。

(5) 例句:

联结词	例句	符号化
如果A那么B	如果你去,那么我去	你去→我去
只要A就B	只要你来,我就来	你来→我来
A必须B	要想致富,必须先修路	致富→修路
一A就B	一看到他,我就想吐	看他→我吐
A离不开B	鱼离不开水	鱼→水
A就B	不是生,就是死	不生→死
省略关键词	你牛,你来	你牛→你来

注意:

(1) 假言命题判断的是A和B之间的推理关系的真假,并没有直接断定A和B这两个条件在事实上是否一定存在(只是假如A发生,那么B一定发生,A到底发生没有,并不知道)。假言命题为真,并不能判断支命题是真还是假。

例如:如果地球毁灭,那么人类将消失。逻辑表达为:地球毁灭→人类消失,至于"地球毁灭"这件事到底发生没有,并不影响上述逻辑推理成立。

(2) 考试时,若无法确定语句是否为充分条件,可尝试用联结词"如果……那么"进行转换,如果转换后语意不发生变化,就是充分条件。

2. 必要条件假言命题(B→A)

(1) 符号 B→A,读作 B 推 A。

(2) 逻辑含义:A 对于 B 来说是不可或缺的条件;没有条件 A,就不会产生 B 这个结果;如果 A 不发生,那么 B 一定不发生。反之,如果 B 为真,则 A 一定为真,也称 A 是 B 的必要条件。

(3) 常用联结词:只有……才,……才,必要条件,先决条件,前提,基础,除非……才。

(4) 推理关系:后推前。

(5) 例句:

联结词	例句	符号化
只有A才B	只有社会主义才能救中国	救中国→社会主义
A才B	山无棱,天地合,才敢与君绝	与君绝→山无棱,天地合
A是B的必要条件	努力是成功的必要条件	成功→努力
A是B的先决条件	有水是能生存的先决条件	生存→有水
A是B的前提	坚持是取得好成绩的前提	好成绩→坚持
A是B的基础	教育是成才的基础	成才→教育
除非A才B	除非你有户口,你才有买房资格	有买房资格→有户口

注意:考试时,若无法确定语句是否为必要条件,可尝试用联结词"只有……才"进行转换,

如果转换后语意不发生变化，就是必要条件。

3. 充要条件假言命题（A↔B）

(1) 符号 A↔B，读作 A 当且仅当 B。

(2) 逻辑含义：事件 A 对于事件 B 来说既是充分的又是必要的。若事件 A 发生，则事件 B 一定发生；若事件 A 不发生，则事件 B 也不发生。反之，若事件 B 发生，则事件 A 一定发生；若事件 B 不发生，则事件 A 也不发生。

如果 A 为真，则 B 一定为真；如果 B 为真，则 A 一定为真。反之，如果 A 为假，则 B 一定为假；如果 B 为假，则 A 一定为假。A 是 B 的充分条件，也是 B 的必要条件，即 A 是 B 的充要条件，A 的真假性等价于 B 的真假性，即要么两者同真，要么两者同假。

(3) 常用联结词：当且仅当，唯一条件。

(4) 推理关系：前后互推。

(5) 例句：

联结词	例句	符号化
A 当且仅当 B	当且仅当一个数能被 2 整除，这个数才是偶数	被 2 整除↔偶数
A 是 B 的唯一条件	实践是检验真理的唯一条件	实践↔检验真理

4. 特殊假言命题（除非……否则）

在形式逻辑中，还有一个比较重要的联结词"除非……否则"，在真题中也很常见，其推理的逻辑关系很容易弄混。

联结词	推理规则	例句	符号化
除非 A，否则 B	非 A→B	除非天下雨，否则我出门不打伞	非下雨→不打伞
A，否则 B	非 A→B	天下雨，否则我出门不打伞	非下雨→不打伞
B，除非 A	非 A→B	出门不打伞，除非天下雨	非下雨→不打伞
除非 A，才 B	B→A	除非地球爆炸，我才会考上清华	考上清华→地球爆炸
若 A，除非 B	A→B	若要人不知，除非己莫为	人不知→己莫为

上述联结词的推理方式要在理解的基础上进行记忆。

(1) 除非 A，否则 B＝非 A→B。

例：除非地球爆炸，否则我们不放假。

表达的意思是地球爆炸是我们放假的必要条件，如果地球不爆炸，我们就不会放假，即：非爆炸→不放假。

总结：去掉"除"和"否则"，箭头向右。

(2) A，否则 B＝（除非）A，否则 B＝非 A→B。此联结词省略了"除非"，与上述"除非 A，否则 B"表达同样的逻辑关系。

总结：补齐"除非"，再去掉"除"和"否则"，箭头向右。

(3) B，除非 A＝（否则）B，除非 A＝除非 A，否则 B＝非 A→B。此联结词省略了"否则"，加上

"否则"再调整语序之后,与上述"除非 A,否则 B"表达同样的逻辑关系。

总结:补齐"否则",再去掉"除"和"否则",箭头向右。

(4)除非 A,才 B＝只有 A,才 B＝B→A。此联结词中的"除非"没有含义("除"代表否定,"非"也代表否定,双重否定在于肯定),可以忽略,等价于"只有 A,才 B"。

总结:"除非"碰上"才",去掉"除非"。

(5)若 A,除非 B＝若 A,那么 B＝A→B。此联结词中的"除非"没有含义,可以忽略,等价于"如果 A,那么 B"。

总结:"除非"碰上"若",去掉"除非"。

从以上假言命题种类可知,箭头的方向表示推理的方向,A→B 中 A 和 B 的位置不能调换,也即 A→B≠B→A,两者表达了完全不一样的逻辑关系。另外,从目前考试的发展趋势来看,假言命题中的前件和后件通常嵌套着联言命题和选言命题。

【例11】 写出下列语句的逻辑推理关系。

(1)除非小区中有住户家中发现白蚁,否则任何小区都不能免费领取高效杀蚁灵。

(2)如果秦川考试及格了,那么钱华、孙旭和沈捕肯定也及格了。

(3)如果郑玲选修法语,那么吴小东、李明和赵雄也将选修法语。

(4)任何在高速公路上运行的交通工具的时速必须超过 60 公里,我的汽车只有逢双日才被允许在高速公路上驾驶。

(5)如果甲是经理或乙不是经理,那么丙是经理。

(6)要重振女排的雄风,关键是要发扬拼搏精神,如果没有拼搏精神,战术技术的训练发挥再好,也不可能在超级强手面前取得突破性的成功。

(7)如果你犯了法,你就会受到法律制裁;如果你受到法律制裁,别人就会看不起你;如果别人看不起你,你就无法受到尊重;而只有得到别人的尊重,你才能过得舒心。

(8)足球比赛从来是以结果论英雄。在足球比赛中,你不是赢家就是输家;在球迷的眼里,你要么是勇敢者,要么是懦弱者。由于所有的赢家在球迷眼里都是勇敢者,所以每个输家在球迷眼里都是懦弱者。

(9)一个社会是公正的,则以下两个条件必须满足:第一,有健全的法律;第二,贫富差异是允许的。

(10)大嘴鲈鱼只在有鲦鱼出现的河中长有浮藻的水域里生活,漠亚河中没有大嘴鲈鱼。

(11)张教授:利益并非只是物质利益,应该把信用、声誉、情感甚至某种喜好等都归入利益的范畴。根据这种"利益"的广义理解,如果每一个体在不损害他人利益的前提下,尽可能满足其自身的利益需求,那么由这些个体组成的社会就是一个良善的社会。

(12)某次学术会议的主办方发出会议通知:只有论文通过审核才能收到会议主办方发出的邀请函,本次学术会议只欢迎持有主办邀请函的科研院所的学者参加。

(13)若要人不知,除非己莫为;若要人不闻,除非己莫言。

(14)人民既是历史的创造者,也是历史的见证者;既是历史的"剧中人",又是历史的"剧作者"。离开人民,文艺就会变成无根的浮萍、无病的呻吟、无魂的躯壳。观照人民的生活、命运、情感,表达人民的心愿、心情、心声,我们的作品才会在人民中传之久远。

(15)生态文明建设事关社会发展方式和人民福祉。只有实行最严格的制度、最严密的法治,才能为生态文明建设提供可靠保障;如果要实行最严格的制度、最严密的法治,就要建立责任追究制度。

考点 17　假言命题的推理

假言命题"→"三大推理规则

1. 逆否规则

逆否命题的真假性等价于原命题的真假性。

"A→B"等价于"非 A←非 B","A←B"等价于"非 A→非 B"。其中,"逆"代表箭头反向,"否"代表"并非"的意思。即:A→B=非 B→非 A,B→A=非 A→非 B。

例:如果天下雨,那么地上湿。

逻辑关系为"下雨"→"地上湿",由此可知"非地上湿→非下雨"也为真,即如果地上没湿,那么就没下雨。

2. 箭头指向规则

(1)只有箭头指向的逻辑表达才为真,没有箭头指向的逻辑表达不能确定真假。

已知:如果 A,那么 B。逻辑表达为 A→B,则以下箭头指向的逻辑判断:

非 B→非 A	A→非 B	非 A→B	B→非 A	非 A→B	B→A	非 A→非 B
为真(逆否)	不确定	不确定	不确定	不确定	不确定	不确定

从上表可以看出,A→B 的逻辑表达为真时,只有逆否命题的逻辑表达为真,其他的箭头指向均不能确定真假。

例如:已知:如果天下雨,那么地上湿。

如果天没下雨,那么地上湿吗? 未知,因为上述推理只是断定天下雨的时候,地上会湿,至于天没有下雨的时候,地上是否会湿并没有进行断定,所以无法推知。

如果地上湿了,是否天上一定下雨呢? 未知,因为上述推理只是断定在地上没湿的时候,天上一定没下雨(逆否规则),至于地上湿了,天是否下雨,没有进行断推,所以无法推知。

(2)肯前推肯后,否后推否前,肯后而前不知,否前而后不知。

A→B,沿着箭头的方向,把箭头前的 A 称为"前件",把箭头后的 B 称为"后件"。

箭头指向规则的另外一种理解形式为:A→B=非 B→非 A,如果 A 肯定发生了,那么 B 一定发生;如果非 B 肯定发生了,那么非 A 一定发生;如果 B 肯定发生了,那么 A 是否发生并不清楚;如果非 A 肯定发生了,那么 B 是否发生并不清楚。

请考生注意,本书已多次强调:A→B=非 B→非 A 逻辑成立,并不代表事实上的 A 和 B 成立。

①已知:A→B 逻辑真,并且事实 A 真,结论:事实 B 真,称为:肯前推肯后;

②已知:A→B 逻辑真,并且事实 A 假,结论:不确定 B 真假,称为:否前而后不知;

③已知:A→B 逻辑真,并且事实 B 真,结论:不确定 A 真假,称为:肯后而前不知;

④已知:A→B 逻辑真,并且事实 B 假,结论:事实 A 假,称为:否后推否前。

箭头指向规则,本质上还是原命题与逆否命题的引申应用。

3. 箭头串联规则:A→B,B→C,可得 A→B→C

当题干信息较多时,通常可以使用箭头串联规则将逻辑关系进行整理,得到最终的结论。需要注意的是箭头串联规则同样适用于逆否规则,即 A→B,B→C,可得 A→B→C,也可得非 C→非 B→非 A。

【例12】写出下面命题的逆否命题。

(1) A→B。

(2) B→A。

(3) 非 A→B。

(4) 非 B→A。

(5) A→非 B。

(6) 非 A→非 B。

(7) A→B and C。

(8) 非 A or B→C。

(9) A→B or C。

(10) A and B→C and D。

(11) A or B→C and D。

(12) A or B→C or D。

以上公式推理都是从定义出发,无须记忆。大家可以据此推理,试着写出【例 11】的逆否命题。

【例13】(2009.10.27)林斌一周工作五天,除非这周内有法定休假日。上周林斌工作了六天。如果上述断定为真,以下哪项一定为真?(   )

A. 上周可能有也可能没有法定休假日。

B. 上周林斌至少有一天在法定工作日工作。

C. 上周一定有法定休假日。

D. 上周一定没有法定休假日。

E. 以上各项都不一定为真。

【例14】(2012.1.34)只有通过身份认证的人才允许上公司内网,如果没有良好的业绩就不可能通过身份认证,张辉有良好的业绩而王纬没有良好的业绩。如果上述断定为真,则以下哪一项一定为真?(   )

A. 允许张辉上公司内网。

B. 不允许王纬上公司内网。

C. 张辉通过身份认证。

D. 有良好的业绩,就允许上公司内网。

E. 没有通过身份认证,就说明没有良好的业绩。

考点 18　假言命题的负命题

假言命题的负命题（矛盾命题）

1. 充分条件假言命题的负命题

先看一个实例,妈妈说:"如果你考了 100 分,我就给你买礼物。"这句话在什么时候是假的呢？很显然在你考了 100 分,但是妈妈没给你买礼物的时候是假的。有了 A 但是没有得到 B,因此充分条件假言命题 A→B 的矛盾命题是 A and 非 B。

2. 必要条件假言命题的负命题

例如,只有天地合,才敢与君绝。这句话在什么时候是假的呢？显然,天地没有合,也与君绝了是假的。没有必要条件 A,B 也能成立,因此必要条件假言命题 B→A 的负命题是 B and 非 A。前述假言命题的本质就是条件命题,给定一个条件命题（箭头方向的前件）,能推理出另外一个命题（箭头方向的后件）。因此假言命题的矛盾命题本质就是：给定一个条件命题,而不能推出另外一个命题。

综合 1 和 2,得到假言命题负命题的形式：前件为真,后件为假。简称"前真 and 后假",注意是"and",不是"前真→后假",用公式表示为：非（A→B）= A and 非 B。

3. 充要条件假言命题的负命题

要掌握充要条件假言命题的推理,需理解充要条件表示 A 是 B 的充分条件且 A 是 B 的必要条件,即：A↔B =（B→A）and（A→B）,因此 A↔B 的矛盾命题是：非（(B→A) and (A→B)）= 非（B→A）or 非（A→B）=（B and 非 A）or（A and 非 B）。

【例15】(2006.1.1) 小张承诺："如果天不下雨,我一定去听音乐会。"以下哪项如果为真,说明小张没有兑现承诺？（　　）

Ⅰ. 天没下雨,小张没去听音乐会。
Ⅱ. 天下雨,小张去听了音乐会。
Ⅲ. 天下雨,小张没去听音乐会。

A. 仅Ⅰ。　　B. 仅Ⅱ。　　C. 仅Ⅲ。　　D. 仅Ⅰ和Ⅱ。　　E. Ⅰ、Ⅱ和Ⅲ。

【例16】(2012.1.37) 2010 年上海世博会盛况空前,200 多个国家场馆和企业主题馆让人目不暇接。大学生王刚决定在学校放暑假的第二天前往世博会参观。前一天晚上,他特别上网查看各位网友对相关热门场馆选择的建议,其中最吸引王刚的有三条：

(1)如果参观沙特馆,就不参观石油馆。
(2)石油馆和中国国家馆择一参观。
(3)中国国家馆和石油馆不都参观。

实际上,第二天王刚的世博会行程非常紧凑,他没有接受上述三条建议中的任何一条。关于王刚所参观的热门场馆,以下哪项描述正确？（　　）

A. 参观沙特馆、石油馆,没有参观中国国家馆。
B. 沙特馆、石油馆、中国国家馆都参观了。
C. 沙特馆、石油馆、中国国家馆都没有参观。

D. 没有参观沙特馆,参观石油馆和中国国家馆。
E. 没有参观石油馆,参观沙特馆、中国国家馆。

【例17】(2011.1.34)某集团公司有四个部门,分别生产冰箱、彩电、电脑和手机。根据前三个季度的数据统计,四个部门经理对 2010 年全年的赢利情况作了如下预测:
(1)冰箱部门经理:今年手机部门会赢利。
(2)彩电部门经理:如果冰箱部门今年赢利,那么彩电部门就不会赢利。
(3)电脑部门经理:如果手机部门今年没赢利,那么电脑部门也没赢利。
(4)手机部门经理:今年冰箱和彩电部门都会赢利。
全年数据统计完成后,发现上述四个预测只有一个符合事实。关于该公司各部门的全年赢利情况,以下除哪项外,均可能为真?(   )
A. 彩电部门赢利,冰箱部门没赢利。
B. 冰箱部门赢利,电脑部门没赢利。
C. 电脑部门赢利,彩电部门没赢利。
D. 冰箱部门和彩电部门都没赢利。
E. 冰箱部门和电脑部门都赢利。

第三节 复合命题间的推理

考点 19 "或"与"→"互推

1. "or"变"→"

在介绍相容选言命题时,我们从定义出发得到重要的推理规则:

否定必肯定:相容选言命题为真,否定其中一个支命题,能推出另外一个支命题为真。

这个推理规则的内涵就是假言命题:

A or B 为真,如果非 A,则 B;如果非 B,则 A。即:A or B = 非 A→B = 非 B→A;也即,"or"变"→":左边加"非"推右边,右边加"非"推左边。非 A→B = 非 B→A,也可以从逆否规则解释。

如:小王去或者小李去,用逻辑符号表示:王去 or 李去 = 非王去→李去 = 非李去→王去。

2. "→"变"or"

前面我们已经了解过,命题一定有真假,那么 A、非 A 必定一真一假。我们分开讨论:

(1)当 A 为真时,A→B,由假言命题的推理规则,可得:B 为真,则(非 A or B)为真(相容选言命题其中一个支命题为真,则该选言命题为真);

(2)当 A 为假,即非 A 为真时,同样可以得到(非 A or B)为真。

综上所述,A→B = 非 A or B。也即,"→"变"or":前非后不变。

需要注意的是,公式中的"="是指命题的真假性等价。

以上证明的过程,不需要理解记忆,只要牢牢记住以下变化结论:

"→"变"or":前非后不变;

"or"变"→":左边加"非"推右边,右边加"非"推左边。

【例18】(2009.1.34)对本届奥运会所有奖牌获得者进行了尿样化验,没有发现兴奋剂使用者。如果以上陈述为假,则以下哪项一定为真?(　　)

Ⅰ.或者有的奖牌获得者没有化验尿样,或者在奖牌获得者中发现了兴奋剂使用者。

Ⅱ.虽然有的奖牌获得者没有化验尿样,但还是发现了兴奋剂使用者。

Ⅲ.如果对所有奖牌获得者进行了尿样化验,则一定发现了兴奋剂使用者。

A.只有Ⅰ。　　B.只有Ⅱ。　　C.只有Ⅲ。　　D.只有Ⅰ和Ⅲ。　　E.只有Ⅰ和Ⅱ。

【例19】将下面的"or"的逻辑转化为逻辑"→"。

(1) A or B。

(2) 非 A or B。

(3) A or 非 B。

(4) 非 A or 非 B。

(5) A or (B and C)。

(6) 非 A or (B and C)。

(7) A or B or C。

(8) (A and B) or (C and D)。

【例20】将下面的"→"的逻辑转化为逻辑"or"。

(1) A→B。

(2) B→A。

(3) 非 A→B。

(4) 非 B→A。

(5) A→非 B。

(6) 非 A→非 B。

(7) A→B and C。

(8) 非 A or B→C。

(9) A→B or C。

(10) A and B→C and D。

考点 20　"且"推"或";"要么"推"或"

"and"与"or"以及"or"与"∀"的推理

根据联言命题、相容和不相容选言命题的真值表可知,

(1) 若 A and B 为真,A 为真,B 为真,则 A or B 肯定为真,记为:且→或。

(A and B)→(A or B)

(2) 若 A∀B 为真,则 A 和 B 必有一真,所以 A or B 肯定为真,记为:要么→或。

(A∀B)→(A or B)

将上述使用"→"逆否规则后:

(3)非或→非且,非(A or B)→非(A and B)。

(4)非或→非要么,非(A or B)→非(A∀B)。

注意:"且→或,要么→或"符合箭头指向规则:

A and B 为真,则 A or B 为真(肯前推肯后);A∀B 为真,则 A or B 为真(肯前推肯后);A or B 为真,则 A and B 真假不定,A∀B 真假不定(肯后前不定)。

【例21】关于这次谁能够当选最优员工,大家纷纷表述自己的观点。张经理猜测,这次要么是小李当选,要么是小王当选。陈经理猜测,或者是小李当选,或者是小王当选。事实上,这两个经理只有一个经理猜对了。那么可以得到下面哪个选项?(　　)

A. 小王当选,小李没当选。

B. 小王没当选,小李当选。

C. 小王、小李都当选了。

D. 小王、小李都没当选。

E. 不能确定当选的情况。

【例22】已知,张三或者能力强,或者品行不好,此话为假,以下哪项为真?哪项为假?

A. 张三或者能力不强,或者品行不好。

B. 张三或者能力不强,或者品行好。

C. 张三或者能力强,或者品行不好。

D. 张三或者能力强,或者品行好。

E. 张三能力不强,品行也不好。

F. 张三能力不强,品行好。

G. 张三能力强,品行不好。

H. 张三能力强,品行好。

I. 如果张三能力强,则品行不好。

J. 如果张三能力强,则品行好。

K. 如果张三能力不强,则品行不好。

L. 如果张三能力不强,则品行好。

M. 如果张三品行好,则能力不强。

N. 如果张三品行好,则能力强。

O. 如果张三品行不好,则能力不强。

P. 如果张三品行不好,则能力强。

考点 21　二难推理

二难推理,又叫假言选言推理,顾名思义,就是假言命题和选言命题相互结合的一种推理结构。这是一种比较特殊的推理模式,和联言、选言、假言推理相比,它的组成结构相对复杂。我们的重点就在于必须正确掌握二难推理的四种基本形式。

(1)形式一:题干已知 A→B;非 A→B;A∀非 A,结论:B 恒成立。

显然这种形式中,前两句是以假言命题的形式展开的,而第三句是以一个不相容选言命题的形式展开的,由此构成了二难推理的基本结构。前两句假言命题的后件是相同的,而前件中的 A 与非 A,恰好构成了矛盾关系,也就是说,互为矛盾的两个命题必然存在一真一假,A 与非 A 一定有其中之一会发生,所以 B 一定会发生。

形式一也可以用箭头的串联规则理解:

非 A→B=非 B→A,而 A→B,因此串联:非 B→A→B,也即非 B→B,矛盾命题推出原命题为真,假设反证:如果非 B 为真,则 B 也为真,互为矛盾命题的两个命题不可能都为真,所以前件非 B 不能成立,所以 B 成立。

例:当我活着的时候,我女神不爱我;当我死了的时候,我女神不爱我;我无非就是活着或者死了,至少发生一个,由此我们得到结论,女神不爱我恒成立。

(2)形式二:题干已知 A→B;A→非 B;B∨非 B,结论:非 A 恒成立。

这种形式与上一种形式非常类似,只不过前两句假言命题的前件相同,后件构成了 B 和非 B 这样一组互为矛盾,必然存在一真一假的关系,构成了二难推理。

例:我花钱了会让我开心,花钱又让我不开心,无非就是开心或者不开心,这两种状态还要至少发生一种,那么为了避免我花钱造成开心、不开心两难的情况,只能不花钱,也即不花钱恒成立,可以解决这个问题。

形式二也可以用箭头的串联规则理解:

A→非 B=B→非 A,而 A→B,因此串联:A→B→非 A,也即 A→非 A,原命题推出矛盾命题为真。假设反证:如果 A 为真,则非 A 也为真,互为矛盾命题的两个命题不可能都为真,所以前件 A 不能成立,所以非 A 成立。

形式一和形式二本质上是一样的。

(3)形式三:题干已知 A→B;C→D;A or C,结论:B or D。

在这种形式中,A or C,意味着 A 和 C 至少有一个成立,根据箭头的推理规则,那么 B 和 D 也至少有一个成立。

例:如果我发工资了,我就给我女朋友买手机;如果我发年终奖了,我就给我女朋友买单反;已知年终奖和工资至少会发放一种,那么我女朋友可能得到什么礼物?也就是手机和单反至少获得一个。

(4)形式四:题干已知 A→B;C→D;A and C,结论:B and D。

在这种形式中,A and C,意味着 A 和 C 都成立,根据箭头的推理规则,那么 B 和 D 也都成立。

例:如果我发工资了,我就给我女朋友买手机;如果我发年终奖了,我就给我女朋友买单反;已知我既发了年终奖,又发了工资,那么我女朋友可能得到什么礼物?也就是手机和单反都可以获得。

【例23】某市要建花园或者修池塘,有下列四种假设:修了池塘就要架桥,架桥就不能建花园,建花园必须植树,植树必须架桥。据此不能推出的是(　　)

A.最后有池塘。

B. 最后一定有桥。

C. 最后可能有花园。

D. 池塘和花园不能同时存在。

E. 以上不全对。

【例24】(2009.1.47)在潮湿的气候中仙人掌很难成活,在寒冷的气候中柑橘很难生长。在某省的大部分地区,仙人掌和柑橘至少有一种不难成活、生长。

如果上述断定为真,则以下哪项一定为假?(　　)

A. 该省的小部分地区既潮湿又寒冷。

B. 该省的大部分地区炎热。

C. 该省的大部分地区潮湿。

D. 该省的某些地区既不寒冷也不潮湿。

E. 柑橘在该省的所有地区都无法生长。

【例25】(2009.10.30)小李考上了清华,或者小孙未考上北大。如果小张考上了北大,则小孙也考上了北大;如果小张未考上北大,则小李考上了清华。如果上述断定为真,则以下哪项一定为真?(　　)

A. 小李考上了清华。

B. 小张考上了北大。

C. 小李未考上清华。

D. 小张未考上北大。

E. 以上断定都不一定为真。

考点 22　复合命题等价互推

X>2是X>1的充分条件,那么就意味着,X>1是X>2的必要条件,也就是说,A是B的充分条件,那么B就是A的必要条件,因此充分条件和必要条件是可以相互转化的。对于应试而言,考生只需要熟记标志联结词,找到A和B,即可快速解题。

如果X>2,那么X>1(A:X>2;B:X>1),也就意味着大于2的数一定大于1,即A→B;不大于1的数一定不大于2,即非B→非A。因此假言命题"如果A,那么B=只有B,才A"含有两个等价的必然推理:A→B=非B→非A(逆否规则)。

在形式逻辑上,表达A→B的逻辑,有很多种形式:

(1)如果A,那么B;

(2)如果A,则B;

(3)只要A,就B;

(4)除非不A,否则B;

(5)所有的A都是B;

(6)B是A的基础;

(7) B 是 A 的必要条件;

(8) 只有 B,才 A;

(9) 必须有 B,才能有 A;

(10) 如果不 B,那么不 A;

(11) 只要不 B,就不 A;

(12) 没有 B,就没有 A;

(13) 除非 B,否则不 A;

(14) 或者不 A,或者 B;

(15) 并非(A and 非 B);

(16) 非(有的 A 不是 B)。

【例26】(2009.10.47)任何国家,只有稳定,才能发展。以下各项都符合题干的条件,除了(　　)

A. 任何国家,如果得到发展,则一定稳定。

B. 任何国家,除非稳定,否则不能发展。

C. 任何国家,不可能稳定但不发展。

D. 任何国家,或者稳定,或者不发展。

E. 任何国家,不可能发展但不稳定。

【例27】(2007.1.28)除非不把理论当作教条,否则就会束缚思想。以下各项都表达了与题干相同的含义,除了(　　)

A. 如果不把理论当作教条,就不会束缚思想。

B. 如果把理论当作教条,就会束缚思想。

C. 只有束缚思想,才会把理论当作教条。

D. 只有不把理论当作教条,才不会束缚思想。

E. 除非束缚思想,否则不会把理论当作教条。

【例28】(2013.10.51)某科研单位2013年新招聘的研究人员,或者是具有副高以上职称的"引进人才",或者是具有北京户籍的应届毕业的博士研究生。应届毕业的博士研究生都居住在博士后公寓中,"引进人才"都居住在"牡丹园"小区。关于该单位2013年新招聘的研究人员,以下哪项判断是正确的?(　　)

A. 居住在博士后公寓的都没有副高以上职称。

B. 具有博士学位的都是具有北京户籍的。

C. 居住在"牡丹园"小区的都没有博士学位。

D. 非应届毕业的博士研究生都居住在"牡丹园"小区。

E. 有些具有副高以上职称的"引进人才"也具有博士学位。

第四节　负命题

考点 23　负命题的总结

一、负命题的形式

负命题是一种特殊的复合命题,它是依附于命题而存在的,是否定一个命题(既可以是简单命题,也可以是复合命题)得到的命题。负命题的标志词是否定词。例如:并非 A、并不是 A、并无 A、并没有 A 这种事、A 是假的、某人不同意 A、A 的矛盾命题等都是表达 A 的负命题。我们用逻辑符号"非"表示。

例:
① 并非一切金属都是固体。
② 并不是所有的人都能辩证地思考。
③ 并非有的金属不是导体。
注意:负命题、矛盾命题、否命题都是一个意思。

二、负命题与原命题的关系

只要是命题,就一定存在真和假两种状态,所以否定负命题就等价于原命题的真假。
非(非 A)＝A,与中文习惯中的双重否定在于肯定的意思一致。

A	非 A	非(非 A)
真	假	真
假	真	假

负命题与原命题的关系是矛盾关系。二者一定一真一假,如果原命题为真,则负命题就为假;如果原命题为假,则负命题就为真。

三、负命题与逆否命题的关系

逆否命题是箭头的推理规则,逆否命题与原命题等价,即 A→B＝非 B→非 A。
负命题:非(A→B)＝A and 非 B。
负命题与逆否命题是矛盾关系。因为逆否命题与原命题等价,原命题与负命题是矛盾关系,所以逆否命题与负命题也是矛盾关系。

四、负命题的总结归纳

命题种类	原命题	负命题
直言命题	所有的 A 是 B	有的 A 不是 B
	所有的 A 不是 B	有的 A 是 B
	有的 A 是 B	所有的 A 不是 B
	有的 A 不是 B	所有的 A 是 B
	这个 A 是 B	这个 A 不是 B
	这个 A 不是 B	这个 A 是 B

续表

命题种类	原命题	负命题
模态命题	可能 A	不可能 A＝必然不 A
	必然 A	不必然 A＝可能不 A
联言命题	A and B	非 A or 非 B
相容选言命题	A or B	非 A and 非 B
不相容选言命题	A∀B	(A and B)or(非 A and 非 B)
假言命题	A→B	A and 非 B

【例29】写出以下命题的负命题。

(1)所有来了深圳的人都是深圳人。

(2)只有参加高考,才能改变人生。

(3)小明既喜欢狗又喜欢猫。

(4)有些物体是静止不变的。

(5)如果他是企业家,那么他或者是富二代,或者是拆二代。

(6)只有有天赋和勤奋,才能考上清华。

(7)小王承诺:"如果我中了 500 万,我一定给你买房。"

(8)只有有责任感的人才能受到尊重。

(9)刮风又下雨就能阻挡他们前进的步伐。

(10)有些人不知道天高地厚。

(11)并非人都不会遇到困难。

(12)并非老人和小孩都受到保护。

本章练习题

【题01】已知王后美丽且贤惠为假,以下必然为真的是(　　)

A. 王后美丽,但是不贤惠。

B. 如果王后不贤惠,那么她一定美丽。

C. 王后贤惠,但是不美丽。

D. 王后不贤惠且不美丽。

E. 如果王后美丽,那么她一定不贤惠。

【题02】德国经济在席卷全球的金融危机当中受到的冲击与其他发达国家相比较小,主要原因是德国经济建立在先进制造业的基础上,德国的机械装备和汽车制造业保持了很强的竞争力。一些人根据德国的例子得出结论:只有具备强大的制造业竞争力,一个国家的经济才有高度的稳定性。如果以下各项为真,那么哪项能够质疑上述结论?(　　)

A. 某国制造业不发达,该国经济一直动荡不安。

B. 有些制造业不发达的国家在金融危机中受影响较小。

C. 有些国家保持长期经济稳定,却没有发达的制造业。

D. 有些国家制造业很发达,但经济并没有长期保持稳定。

E. 如果一个国家经济有高度的稳定性,那么不具备强大的制造业竞争力。

【题03】如果鱼和熊掌不可兼得是不可改变的事实,则以下哪项也一定是事实?(　　　)

A. 鱼可得但熊掌不可得。

B. 熊掌可得但鱼不可得。

C. 鱼和熊掌皆不可得。

D. 如果鱼不可得,则熊掌可得。

E. 如果鱼可得,则熊掌不可得。

【题04】如果你犯了法,你就会受到法律制裁;如果你受到法律制裁,别人就会看不起你;如果别人看不起你,你就无法受到尊重;而只有得到别人的尊重,你才能过得舒心。从上述叙述中,可以推出下列哪一个结论?(　　　)

A. 你不犯法,日子就会过得舒心。

B. 你犯了法,日子就不会过得舒心。

C. 你日子过得不舒心,证明你犯了法。

D. 你日子过得舒心,表明你看得起别人。

E. 如果别人看得起你,你日子就能过得舒心。

【题05】某汽车司机违章驾驶,交警向他宣布处理决定:"要么扣留驾驶执照三个月,要么罚款1000元。"司机说:"我不同意。"如果司机坚持己见,那么,以下哪项实际上是他必须同意的?(　　　)

A. 扣照但不罚款。

B. 罚款但不扣照。

C. 既不罚款也不扣照。

D. 如果做不到既不罚款也不扣照,那么必须接受既罚款又扣照。

E. 既罚款又扣照。

【题06】总经理:"我主张小王和小孙两人中至少提拔一人。"董事长:"我不同意。"以下哪项最为准确地表达了董事长的意思?(　　　)

A. 小王和小孙两人中至多提拔一人。

B. 小王、小孙都不提拔。

C. 小王、小孙都得提拔。

D. 如果提拔小王,则也得提拔小孙。

E. 小王和小孙两人,或者都提拔,或者都不提拔。

【题07】小陈并非既懂英语又懂法语。

如果上述断定为真,那么下述哪项断定必定为真?(　　　)

(1)小陈懂英语但不懂法语。

(2)小陈懂法语但不懂英语。

(3)小陈或者不懂英语,或者不懂法语。

(4)如果小陈懂英语,那么他一定不懂法语。

(5)小陈要是不懂法语的话,那么他就一定懂英语。

A.(1)和(2)。

B.(4)。

C.(4)和(5)。

D.(3)和(4)。

E.(1)(2)(3)(4)。

【题08】某班学生全都是足球迷。在2019年亚洲杯足球赛期间,所有支持伊拉克队的学生都不支持日本队,凡是支持伊拉克队的学生也都不支持韩国队。有些支持泰国队的学生支持伊拉克队,有些支持泰国队的学生支持日本队,有些支持泰国队的学生支持韩国队。

如果以上陈述为真,则以下哪一项关于该班学生的陈述必然为真?(　　)

A.有些支持日本队的学生既不支持韩国队,也不支持泰国队。

B.有些支持泰国队的学生既不支持日本队,也不支持韩国队。

C.所有支持泰国队的学生或支持伊拉克队,或支持日本队,或支持韩国队。

D.有些支持韩国队的学生支持日本队。

E.有些支持日本队的学生支持韩国队。

【题09】要么张三不去北京,要么李四不去北京。如果上述判断为真,那么以下哪项必为真?(　　)

A.如果张三不去北京,那么李四去北京。

B.如果张三去北京,那么李四也去北京。

C.只有张三去北京,李四才去北京。

D.只有张三不去北京,李四才不去北京。

E.无法判断。

【题10】在报考研究生的应届生中,除非学习成绩名列前三位,并且有两位教授推荐,否则不能成为免试推荐生。

以下哪项如果为真,说明上述决定没有得到贯彻?(　　)

Ⅰ.余涌学习成绩名列第一,并且有两位教授推荐,但未能成为免试推荐生。

Ⅱ.方宁成为免试推荐生,但只有一位教授推荐。

Ⅲ.王宜成为免试推荐生,但学习成绩不在前三名。

A.只有Ⅰ。　　B.只有Ⅰ和Ⅱ。　　C.只有Ⅱ和Ⅲ。　　D.Ⅰ、Ⅱ和Ⅲ。　　E.以上都不是。

【题11】如果风很大,我们就会放飞风筝。如果天空不晴朗,我们就不会放飞风筝。如果天气很暖和,我们就会放飞风筝。假定上面的陈述属实,如果我们现在正在放飞风筝,则下面的哪项也必定是真的?(　　)

1.风很大。2.天空晴朗。3.天气暖和。

A.仅1。

B. 仅1和2。

C. 仅3。

D. 仅2。

E. 仅2和3。

【题12】有人说:"只有肯花大价钱的足球俱乐部才进得了中超足球联赛。"如果以上命题是真的,可能出现的情况是(　　)

1. 某足球俱乐部花了大价钱,没有进中超。

2. 某足球俱乐部没有花大价钱,进了中超。

3. 某足球俱乐部没有花大价钱,没有进中超。

4. 某足球俱乐部花了大价钱,进了中超。

A. 仅4。

B. 仅1、3。

C. 仅3、4。

D. 仅2、3、4。

E. 仅1、3、4。

【题13】在《反省的生命》一书中,诺齐克写道:"我不会像苏格拉底一样,说未经反省的生命是不值得过的——那是过分严苛了。但是,如果我们的人生是由深思熟虑的反省所引导,那么它就是我们为自己活的生命,而不是别人的。从这个意义上说,未经反省的生命是不完整的生命。"以下各项都能从诺齐克的陈述中推出,除了(　　)

A. 诺齐克认为,完整的生命都是经过反省的生命。

B. 诺齐克认为,未经反省的生命不是完整的生命。

C. 诺齐克认为,值得过的生命都是经过反省的生命。

D. 诺齐克认为,只有为自己活的生命才是完整的生命。

E. 诺齐克认为,反省和生命的价值之间有关系。

【题14】要使中国足球队真正能跻身世界强队之列,至少必须解决两个关键问题:一是提高队员的基本体能;二是讲究科学训练。不切实解决这两点,即使临战时拼搏精神发挥得再好,也不可能取得突破性进展。

下列诸项都表达了上述议论的原意,除了(　　)

A. 只有提高队员的基本体能和讲究科学训练,才能取得突破性进展。

B. 除非提高队员的基本体能和讲究科学训练,否则不能取得突破性进展。

C. 如果取得了突破性进展,说明一定提高了队员的基本体能并且讲究了科学训练。

D. 如果不能提高队员的基本体能,即使讲究了科学训练,也不可能取得突破性进展。

E. 只要提高了队员的基本体能和讲究了科学训练,再加上临战时拼搏精神发挥得好,一定能取得突破性进展。

【题15】张竞说:"只有正式代表才可以发言。"

刘强说:"不对! 李贵也是正式代表,但他并没有发言。"

刘强的回答是把张竞的话错误地理解为以下哪项？（　　）

A. 所有发言的人都是正式代表。

B. 李贵要发言。

C. 所有正式代表都发言了。

D. 没有正式代表发言。

E. 李贵不是正式代表。

【题16】企业要建设科技创新中心，就要推进与高校、科研院所的合作，这样才能激发自主创新的活力。一个企业只有搭建服务科技创新发展战略的平台、科技创新与经济发展对接的平台以及聚集创新人才的平台，才能催生重大科技成果。

根据上述信息，可以得出以下哪项？（　　）

A. 如果企业搭建科技创新与经济发展对接的平台，就能激发自主创新的活力。

B. 如果企业搭建了服务科技创新发展战略的平台，就能催生重大科技成果。

C. 能否推进与高校、科研院所的合作决定企业是否具有自主创新的活力。

D. 如果企业没有搭建聚集创新人才的平台，就无法催生重大科技成果。

E. 如果企业推进与高校、科研院所的合作，就能激发其自主创新的活力。

【题17】生态文明建设事关社会发展方式和人民福利。只有实行最严格的制度、最严密的法治，才能为生态文明建设提供可靠保障；如果实行最严格的制度、最严密的法治，就要建立责任追究制度，对那些不顾生态环境盲目决策并造成严重后果者，追究其相应的责任。根据上述信息，可以得出以下哪项？（　　）

A. 如果对那些不顾生态环境盲目决策并造成严重后果者追究相应责任，就能为生态文明建设提供可靠保障。

B. 实行最严格的制度和最严密的法治是生态文明建设的重要目标。

C. 如果不建立责任追究制度，就不能为生态文明建设提供可靠保障。

D. 只有筑牢生态环境的制度保护墙，才能造福于民。

E. 如果建立责任追究制度，就要实行最严格的制度、最严密的法治。

【题18】人民既是历史的创造者，也是历史的见证者；既是历史的"剧中人"，也是历史的"剧作者"。离开人民，文艺就会变成无根的浮萍、无病的呻吟、无魂的躯壳。观照人民的生活、命运、情感，表达人民的心愿、心情、心声，我们的作品才会在人民中传之久远。

根据以上陈述，可以得出以下哪项？（　　）

A. 只有不离开人民，文艺才不会变成无根的浮萍、无病的呻吟、无魂的躯壳。

B. 历史的创造者都不是历史的"剧中人"。

C. 历史的创造者都是历史的见证者。

D. 历史的"剧中人"都是历史的"剧作者"。

E. 我们的作品只要表达人民的心愿、心情、心声，就会在人民中传之久远。

【题19】除非调查，否则就没有发言权。以下各项都符合题干的断定，除了（　　）

A. 如果调查，就一定有发言权。

B. 只有调查,才有发言权。

C. 没有调查,就没有发言权。

D. 如果有发言权,则一定做过调查。

E. 或者调查,或者没有发言权。

【题20】如果他勇于承担责任,那么他就一定会直面媒体,而不是选择逃避;如果他没有责任,那么他就一定会聘请律师,捍卫自己的尊严。可是事实上,他不仅没有聘请律师,现在逃得连人影都不见了。根据以上陈述,可以得出以下哪项结论?(　　)

A. 即使他没有责任,也不应该选择逃避。

B. 虽然他选择了逃避,但是他可能没有责任。

C. 如果他有责任,那么他应该勇于承担责任。

D. 如果他不敢承担责任,那么说明他责任很大。

E. 他不仅有责任,而且他没有勇气承担责任。

【题21】一项产品要成功占领市场,必须既有合格的质量,又有必要的包装;一项产品,不具备足够的技术投入,合格的质量和必要的包装难以两全;而只有足够的资金投入,才能保证足够的技术投入。

以下哪项结论可以从题干的断定中推出?(　　)

(1)一项成功占领市场的产品,其中不可能不包含足够的技术投入。

(2)一项资金投入不足但质量合格的产品,一定缺少必要的包装。

(3)一项产品,只要既有合格的质量,又有必要的包装,就一定能成功占领市场。

A. 仅(1)。

B. 仅(2)。

C. 仅(3)。

D. (1)(2)。

E. (1)(2)(3)。

【题22】正是因为有了第二味觉,哺乳动物才能够边吃边呼吸。很明显,边吃边呼吸对保持哺乳动物高效率的新陈代谢是必要的。以下哪种哺乳动物的发现,最能削弱以上的断言?(　　)

A. 有高效率的新陈代谢和边吃边呼吸的能力的哺乳动物。

B. 有低效率的新陈代谢和边吃边呼吸的能力的哺乳动物。

C. 有低效率的新陈代谢但没有边吃边呼吸能力的哺乳动物。

D. 有高效率的新陈代谢但没有第二味觉的哺乳动物。

E. 有低效率的新陈代谢和第二味觉的哺乳动物。

【题23】东山市威达建材广场每家商店的门边都设有垃圾桶。这些垃圾桶的颜色是绿色或红色。如果上述断定为真,则以下哪项一定为真?(　　)

Ⅰ. 东山市有一些垃圾桶是绿色的。

Ⅱ. 如果东山市的一家商店门边没有垃圾桶,那么这家商店不在威达建材广场。

Ⅲ. 如果东山市的一家商店门边有一个红色垃圾桶,那么这家商店在威达建材广场。

A. 只有Ⅰ。 B. 只有Ⅱ。 C. 只有Ⅰ和Ⅱ。 D. 只有Ⅰ和Ⅲ。 E. Ⅰ、Ⅱ和Ⅲ。

【题24】如果秦川考试及格了,那么钱华、孙旭和沈楠肯定也都及格了。

如果上述断定是真的,那么以下哪项也是真的?(　　)

A. 如果秦川考试没有及格,那么钱华、孙旭、沈楠中至少有一人没有及格。

B. 如果秦川考试没有及格,那么钱华、孙旭、沈楠都没有及格。

C. 如果钱华、孙旭、沈楠考试都及格了,那么秦川也肯定及格了。

D. 如果沈楠没有及格,那么钱华和孙旭不会都及格。

E. 如果孙旭没有及格,那么秦川和沈楠不会都及格。

【题25】人生之路不可能事事尽如人意。对于人们来说,实现个人利益最大化、成全所有人和问心无愧不可能都做到。如果上述断定为真,以下哪项不可能是假的?(　　)

A. 如果能够实现个人利益最大化,那么就不能够做到问心无愧。

B. 如果成全所有人和问心无愧都没有做到,那么就能够实现个人利益最大化。

C. 如果没有实现个人利益最大化,那么成全所有人和问心无愧至少有一个能够做到。

D. 如果能够实现个人利益最大化,那么成全所有人和问心无愧都没有做到。

E. 如果实现个人利益最大化和问心无愧都能做到,那么就不可能成全所有人。

【题26】宏达汽车公司生产的小轿车都安装了驾驶员安全气囊。在安装驾驶员安全气囊的小轿车中,有50%安装了乘客安全气囊。只有安装乘客安全气囊的小轿车才会同时安装减小冲击力的安全杠和防碎玻璃。如果上述断定为真,并且事实上李先生从宏达汽车公司购进的一辆小轿车中装有防碎玻璃,则以下哪项断定一定为真?(　　)

Ⅰ. 这辆车一定装有安全杠。

Ⅱ. 这辆车一定装有乘客安全气囊。

Ⅲ. 这辆车一定装有驾驶员安全气囊。

A. 只有Ⅰ。 B. 只有Ⅱ。 C. 只有Ⅲ。 D. 只有Ⅰ和Ⅱ。 E. Ⅰ、Ⅱ和Ⅲ。

【题27】如果鸿图公司的亏损进一步加大,那么是胡经理不称职;如果没有丝毫撤换胡经理的意向,那么胡经理就是称职的;如果公司的领导班子不能团结一心,那么是胡经理不称职。

如果上述断定为真,并且事实上胡经理不称职,那么以下哪项一定为真?(　　)

A. 公司的亏损进一步加大了。

B. 出现了撤换胡经理的意向。

C. 公司的领导班子不能团结一心。

D. 公司的亏损进一步加大,并且出现撤换胡经理的意向。

E. 领导班子不能团结一心,并且出现撤换胡经理的意向。

【题28】甲班考试结束后,几位老师在一起议论。

张老师说:"班长和学习委员都能得优秀。"

李老师说:"除非生活委员得优秀,否则体育委员不能得优秀。"

陈老师说:"我看班长和学习委员两人中至少有一人不能得优秀。"

郭老师说:"我看生活委员不能得优秀,但体育委员可得优秀。"

基于以上断定,可推出以下哪项一定为真?(　　)

A. 四位老师中有且只有一位老师的断定为真。

B. 四位老师中有且只有两位老师的断定为真。

C. 四位老师的断定都可能为真。

D. 四位老师的断定都可能为假。

E. 题干的条件不足以推出确定的结论。

【题29】一天,小方、小林做完数学题后发现答案不一样。小方说:"如果我的不对,那你的就对了。"小林说:"我看你的不对,我的也不对。"旁边的小刚看了看他们两人的答案后说:"小林的答案错了。"这时数学老师刚好走过来,听到了他们的谈话,并查看了他们的运算结果后说:"刚才你们三个人所说的话中只有一句是真的。"请问:下述说法中哪一个是正确的?(　　)

A. 小方说的是真话,小林的答案对了。

B. 小刚说的是真话,小林的答案错了。

C. 小林说对了,小方和小林的答案都不对。

D. 小林说错了,小方的答案是对的。

E. 小刚说对了,小林和小方的答案都不对。

【题30】联欢晚会上,小李表演了一段豫剧,主持人夸奖道:"小李豫剧表演得那么好,他一定是河南人。"以下哪项是主持人的话不包含的意思?(　　)

A. 不是河南人,豫剧不可能唱得那么好。

B. 只有豫剧唱得好,才是河南人。

C. 只要豫剧唱得像小李那样好,就是河南人。

D. 除非小李是河南人,否则豫剧不可能唱得那么好。

E. 他是河南人,除非豫剧唱得不好。

参考答案

例题参考答案

【例1】(1)不确定。A虽然为真,但B的真假不知道,只有A和B都为真时,A and B才为真。

(2)假。只要有一个支命题为假,则联言命题就为假。

(3)假。此命题等价于(2),因为非A为真,则非(非A)＝A为假。

(4)不确定。此命题等价于(1),因为非A为假,则非(非A)＝A为真。

(5)A、B均为真。联言命题为真,则支命题全真。

(6)不确定。联言命题为假,则支命题至少有一假,但不确定是哪个支命题一定为假。

(7)假。两个支命题的联言命题为假,其中一个支命题为真,那么另一个支命题一定为假。

(8)不确定。其中一个支命题为假已经能满足联言命题为假,至于另一个支命题可真可假。

【例2】(1)真。只要支命题至少有一个为真,相容选言命题就为真。

(2)不确定。一个支命题为假,另一个支命题真假不定,无法判断相容选言命题的真假。

(3)不确定。此命题等价于(2),因为非 A 为真,则非(非 A)＝A 为假。

(4)真。此命题等价于(1),因为非 A 为假,则非(非 A)＝A 为真。

(5)不确定。相容选言命题为真,意味着支命题至少有一个为真,具体谁真不知。

(6)假、假。相容选言命题为假,则支命题全部为假。

(7)不确定。A 真可以推出相容选言命题为真,至于 B 的真假无法确定。

(8)真。要满足 A 或 B 是真必须至少一个支命题为真,现在 A 为假,那必须 B 为真。

【例3】答案 D。题干中断定了一个相容选言命题,这个命题为真,则支命题至少一个为真,即"1993 年以来献过血的人"和"1995 年以来在献血体检中不合格的人",只要满足其中一个条件,就属于最不可能被挑选上的人。五个选项中,只有 D 项大陈一个人都不能满足,不属于最不可能被挑选上的人,所以最有可能被挑选上。所以,正确答案是 D。

【例4】答案 D。题干信息:物理 or 化学,王涛→物理,周波→非化学,可以得出:周波喜欢物理,王涛有可能喜欢化学,理科(1)班的同学如果不喜欢物理,则一定喜欢化学。所以Ⅰ和Ⅲ必定为真,Ⅱ可能为真。至于有多少人喜欢物理,有多少人喜欢化学,题干并未给出信息,所以Ⅳ也无法判断其真假。

【例5】(1)不确定。支命题要一真一假,不相容选言命题才为真,而支命题 B 的真假不知。

(2)不确定。支命题要一真一假,不相容选言命题才为真,而支命题 B 的真假不知。

(3)不确定。此命题等价于(2),因为非 A 为真,则非(非 A)＝A 为假。

(4)不确定。此命题等价于(1),因为非 A 为假,则非(非 A)＝A 为真。

(5)不确定。不相容选言命题为真,意味着支命题一真一假,具体谁真谁假不知。

(6)不确定。不相容选言命题为假,意味着支命题同真同假,具体谁真谁假不知。

(7)假。不相容选言命题为真,意味着支命题一真一假,A 真 B 必假。

(8)真。不相容选言命题为真,意味着支命题一真一假,A 假 B 必真。

【例6】答案 D。题干信息:化学∀生物。根据不相容选言命题的特点可知,化学农药和生物农药只能二选一,ABCE,均是表达这一意思,与题干信息一致。D 选项中的化学农药比生物农药好的结论在题干中未体现。

【例7】答案 B。题干信息:英 and 数,该信息不是事实,即非(英 and 数)＝非英 or 非数,则说明数学和英语至少有一门不在 70 分以上,有三种情况。

A 选项可能为真,只是三种情况中的一种,不是必然为真。

B 选项"或者"表示"至少有一个"的意思,正确。

C 选项可能为真,只是三种情况中的一种,不是必然为真。

D 选项可能为真,联言命题为假,有可能其中一个支命题为真,另一个支命题为假。

E 选项可能为真,但不确定英语成绩是否在 70 分以上。

【例8】答案 D。由题干可得:不可能(非宏达中标 and 非亚鹏中标)＝必然(宏达中标 or 亚鹏中标),即至少有一个中标,与 D 选项一致。故 D 选项正确。

【例9】答案 A。由题干可得:非(研发 or 销售)＝不研发 and 不销售,故 A 正确。

【例10】答案 D。题干信息:执法人员:罚款∀停业,个体户:非(罚款∀停业)＝(非罚款 and 非停业)or(罚款 and 停业)＝非((非罚款 and 非停业)→(罚款 and 停业)。

【例11】(1)非白蚁→非免费;

(2)秦→钱 and 孙 and 沈;

(3)郑→吴 and 李 and 赵;

(4)工具→超 60,被允许→双日;

(5)甲 or 非乙→丙;

(6)雄风→拼搏,非拼搏→非突破;

(7)犯法→受制裁,受制裁→看不起,看不起→非受尊重,舒心→受尊重;

(8)非赢→输,勇∀懦,赢→勇,输→懦;

(9)公正→法律 and 允许;

(10)鲈鱼出现→鲦鱼 and 浮藻,漠亚河→非鲈鱼;

(11)非损害 and 满足→良善;

(12)邀请函→审核,欢迎→邀请函;

(13)人不知→己莫为,人不闻→己莫言;

(14)创造者 and 见证者,剧中人 and 剧作者,非人民→躯壳,久远→观照 and 表达;

(15)保障→制度 and 法治;制度 and 法治→追究。

注意:以上"→"前后的文字,考生可根据自己的理解进行删减。

【例12】(1)A→B＝非 B→非 A。

(2)B→A＝非 A→非 B。

(3)非 A→B＝非 B→A。

(4)非 B→A＝非 A→B。

(5)A→非 B＝B→非 A。

(6)非 A→非 B＝B→A。

(7)A→B and C＝非 B or 非 C→非 A。

(8)非 A or B→C＝非 C→A and 非 B。

(9)A→B or C＝非 B and 非 C→非 A。

(10)A and B→C and D＝非 C or 非 D→非 A or 非 B。

(11)A or B→C and D＝非 C or 非 D→非 A and 非 B。

(12)A or B→C or D＝非 C and 非 D→非 A and 非 B。

【例13】答案C。题干"林斌一周工作五天,除非这周内有法定休假日"可以表示为非休假日→一周五天。"上周林斌工作了六天"否定后件,否后推否前,即"上周一定有法定休假日"。故C选项正确。

【例14】答案B。由题干可得:(1)内网→认证＝非认证→非内网;(2)非业绩→非认证;由(1)、(2)串联可得:(3)非业绩→非认证→非内网;张辉有良好的业绩,无法推出任何信息;王纬无良好的业绩,由(3)可得:非业绩→非内网,所以王纬不允许上内网。故答案为B选项。

【例15】答案A。由题干可得:天不下雨→去听音乐会;矛盾命题为:天不下雨 and 没去听音乐会。

故Ⅰ可以说明没有兑现承诺。故 A 选项正确。

【例16】答案 B。由题干可得：(1)沙特→非石油；(2)石油∀中国；(3)非中国 or 非石油，再由没有接受上述三条建议可知三条建议均为假，得出以下结论：

(1)沙特 and 石油。

(2)石油、中国都参观或者石油、中国都不参观。

(3)中国 and 石油。

从以上三个推理可知三个馆都会参观，因此答案是 B 选项。

【例17】答案 B。由题干可知：(2)和(4)互相矛盾。故(1)和(3)均为假话。所以：对(1)加非得：手机部门没有赢利；对(3)加非得：手机部门没赢利，电脑部门赢利了；所以 B 选项的电脑部门没有赢利，是不可能为真的。故 B 选项正确。

【例18】答案 D。非(所有获奖者都化验尿样 and 没有发现兴奋剂使用者)＝非所有获奖者都化验尿样 or 发现兴奋剂使用者＝有的获奖者未化验尿样 or 发现兴奋剂使用者＝所有获奖者都化验尿样→发现兴奋剂使用者＝未发现兴奋剂使用者→有的获奖者未化验尿样。

所以Ⅰ、Ⅲ为真，Ⅱ真假不定。故 D 选项正确。

【例19】(1)A or B＝非 A→B＝非 B→A。

(2)非 A or B＝A→B＝非 B→非 A。

(3)A or 非 B＝非 A→非 B＝B→A。

(4)非 A or 非 B＝A→非 B＝B→非 A。

(5)A or(B and C)＝非 A→B and C＝非 B or 非 C→A。

(6)非 A or(B and C)＝A→B and C＝非 B or 非 C→非 A。

(7)A or B or C＝非 A→B or C＝非 B→A or C＝非 C→A or B。

A or B or C＝非 B and 非 C→A＝非 A and 非 C→B＝非 A and 非 B→C。

(8)(A and B)or(C and D)＝非 A or 非 B→C and D＝非 C or 非 D→A and B。

【例20】(1)A→B＝非 A or B。

(2)B→A＝非 B or A。

(3)非 A→B＝A or B。

(4)非 B→A＝B or A。

(5)A→非 B＝非 A or 非 B。

(6)非 A→非 B＝A or 非 B。

(7)A→B and C＝非 A or B and C。

(8)非 A or B→C＝A and 非 B or C。

(9)A→B or C＝非 A or B or C。

(10)A and B→C and D＝(非 A or 非 B)or(C and D)。

【例21】答案 C。根据题干可以得到下面两个逻辑：

张经理猜测：小李∀小王(不相容选言命题)；

陈经理猜测：小李 or 小王(相容选言命题)。

如果张经理的猜测为真,那么陈经理的猜测一定也同时为真,与题干中只有一个人猜对的条件矛盾,所以张经理的猜测一定是假话,而陈经理的猜测为真话。仅有小李和小王同时当选,才能满足陈经理的话为真,而张经理的话为假,所以选择 C 选项。

【例22】答案:一定为真的是:ABDFIJLMOP;一定为假的是:CEGHKN。

题干逻辑表达:非(能力强 or 品行不好)＝非能力强 and 品行好。此题考查的是联言命题、选言命题、假言命题之间的转换。要注意联言命题一假则假,全真则真,相容选言命题一真则真,全假则假。

A. 张三或者能力不强,或者品行不好。(非能力强 or 非品行好,为真)

B. 张三或者能力不强,或者品行好。(非能力强 or 品行好,为真)

C. 张三或者能力强,或者品行不好。(能力强 or 非品行好,为假)

D. 张三或者能力强,或者品行好。(能力强 or 品行好,为真)

E. 张三能力不强,品行也不好。(非能力强 and 非品行好,为假)

F. 张三能力不强,品行好。(非能力强 and 品行好,为真)

G. 张三能力强,品行不好。(能力强 and 非品行好,为假)

H. 张三能力强,品行好。(能力强 and 品行好,为假)

I. 如果张三能力强,则品行不好。(能力强→非品行好＝非能力强 or 非品行好,为真)

J. 如果张三能力强,则品行好。(能力强→品行好＝非能力强 or 品行好,为真)

K. 如果张三能力不强,则品行不好。(非能力强→非品行好＝能力强 or 非品行好,为假)

L. 如果张三能力不强,则品行好。(非能力强→品行好＝能力强 or 品行好,为真)

M. 如果张三品行好,则能力不强。(品行好→非能力强＝非品行好 or 非能力强,为真)

N. 如果张三品行好,则能力强。(品行好→能力强＝非品行好 or 能力强,为假)

O. 如果张三品行不好,则能力不强。(非品行好→非能力强＝品行好 or 非能力强,为真)

P. 如果张三品行不好,则能力强。(非品行好→能力强＝品行好 or 能力强,为真)

【例23】答案 C。首先写出题干的逻辑表述如下:

①修池塘→架桥→非花园。②花园→植树→架桥。③建花园或修池塘。

串联:花园→植树→架桥→非花园,由二难推理得:非花园。再由③可得:非花园→池塘,由①得出:架桥,综上 C 不能推出。

【例24】答案 A。由题干可知:仙人掌成活的条件是不潮湿,柑橘生长的条件是不寒冷。在某省的大部分地区,仙人掌和柑橘至少有一种不难成活、生长,因此可推断,该省大部分地区不潮湿或不寒冷,则只有小部分地区既潮湿又寒冷。故 A 选项正确。

【例25】答案 A。由题干可得:(1)小李清华 or 非小孙北大;(2)小张北大→小孙北大;(3)非小张北大→小李清华。由(1)(2)可得:小张北大→小孙北大→小李清华,又由(3)可得:非小张北大→小李清华,故小张或者考上,或者没考上,都能推出小李考上清华。故 A 选项正确。

【例26】答案 C。由题干可知:发展→稳定。A 选项:发展→稳定;B 选项:非稳定→非发展,即,发展→稳定;C 选项:非(稳定 and 非发展)＝非稳定 or 发展＝稳定→发展;D 选项:稳定 or 非发展＝非稳定→非发展＝发展→稳定;E 选项:非(发展 and 非稳定)＝非发展 or 稳定＝发展→

稳定。故 C 选项正确。

【例27】答案 A。由题干可得：非不把理论当教条→束缚思想；即：把理论当教条→束缚思想。A 选项：不把理论当教条→非束缚思想，与题干逻辑关系不一致。故 A 正确。

【例28】答案 D。由题干可得：

(1)引进人才 or 应届毕业＝非应届毕业→引进人才＝非引进人才→应届毕业。

(2)应届毕业→博士后公寓，引进人才→"牡丹园"小区。

A 选项，居住在博士后公寓的都没有副高以上职称，不一定为真。

B 选项，具有博士学位的都是具有北京户籍的，不一定为真。

C 选项，居住在"牡丹园"小区的都没有博士学位，不一定为真。

D 选项，根据题干可知：非应届博士即为引进人才，而引进人才都居住在"牡丹园"小区。一定为真。

E 选项，题干中无博士学位的条件限制，故不能判断真假。

故 D 选项正确。

【例29】

编号	联结词符号化	负命题	负命题结果
(1)	A 都是 B	有的 A 不是 B	有的来了深圳的人不是深圳人
(2)	B→A	B and 非 A	改变了人生，却没有参加高考
(3)	A and B	非 A or 非 B	小明不喜欢狗或者不喜欢猫
(4)	有些 A 是 B	所有的 A 不是 B	所有的物体不是静止不变的
(5)	A→B or C	A and 非(B or C)＝ A and 非 B and 非 C	他是企业家，但他既不是富二代，也不是拆二代
(6)	C→A and B	C and 非(A and B)＝ C and 非 A or 非 B	考上了清华，或者没有天赋或者不勤奋
(7)	A→B	A and 非 B	小王中了 500 万，但没有给你买房
(8)	B→A	B and 非 A	没有责任感的人，也受到了尊重
(9)	A and B→C	A and B and 非 C	刮风又下雨并未阻挡他们前进的步伐
(10)	有的 A 不是 B	所有的 A 是 B	所有的人知道天高地厚
(11)	不都不	都不	人都不会遇到困难
(12)	不都	都	老人和小孩都受到保护

练习题参考答案

【题01】答案 E。美丽且贤惠为假，说明其中至少一个为假，若美丽为真，则一定可以得到不贤惠，故答案为 E。也可以用"or"与"→"的转换解题。非（美丽 and 贤惠）＝非美丽 or 非贤惠＝美丽→非贤惠＝贤惠→非美丽。

【题02】答案 C。题干信息：①经济稳定→制造业竞争力。A 选项：非制造业发达 and 非经济稳定，与①不是矛盾关系，无法质疑；B 选项：非制造业发达 and 影响小，与①不是矛盾关系，无法质疑；C 选项：经济稳定 and 非制造业竞争力，与①是矛盾关系，可以质疑；D 选项：制造业发达

and 非经济稳定,与①不是矛盾关系,无法质疑;E 选项:经济稳定→非制造业竞争力,与①不是矛盾关系,无法质疑。故正确答案为 C 选项。

【题03】答案 E。A 表示"鱼可得",B 表示"熊掌可得",则题干断定的是非(A and B)=非 A or 非 B=A→非 B=B→非 A。选项 E 与题干等值,即鱼和熊掌不可兼得,意思是说,鱼和熊掌中至少有一个得不到,如果你得到了鱼,则熊掌一定得不到。

【题04】答案 B。犯法→制裁,制裁→看不起,看不起→非受尊重,舒心→受尊重。串联:舒心→受尊重→非看不起→非制裁→非犯法。B 选项:犯法→非舒心=舒心→非犯法,答案选 B。E 选项:看得起→舒心,即非看不起→舒心,题干只能推出:舒心→非看不起。

【题05】答案 D。考查不相容选言命题的负命题。由题目信息知,交警的意见是"扣留驾驶执照三个月"∀"罚款 1000 元",司机的意见是上述命题的负命题,等价于(非扣留驾驶执照三个月 and 非罚款 1000 元)or(扣留驾驶执照三个月 and 罚款 1000 元),根据非 A or 非 B=A→非 B=B→非 A 公式,选项 D 符合。

【题06】答案 B。本题考查选言命题的负命题。非(王 or 孙)→非王 and 非孙。

【题07】答案 D。题目信息可以化简为:非(英语 and 法语)=非英语 or 非法语。选项(1)(2)都可以排除;选项(3)符合题意,入选;选项(4)变换之后变成"非英语 or 非法语",符合题目推理,入选;选项(5)变换之后变成"法语 or 英语",不符合题目推理,排除。

【题08】答案 B。题干中有以下信息:①支持伊拉克→非支持日本。②支持伊拉克→非支持韩国。③有的支持泰国→支持伊拉克。④有的支持泰国→非支持日本。⑤有的支持泰国→支持韩国。由①②得:⑥支持伊拉克→非支持韩国 and 非支持日本。由③⑥得:有的支持泰国→非支持韩国 and 非支持日本。故有:有的支持泰国→非支持韩国 and 非支持日本,即 B 选项为真。

【题09】答案 A。题干的意思是张三与李四只能一个人不去北京,A 选项是不相容选言推理的肯定否定式,是必然为真的,其余选项都不一定为真,排除。

【题10】答案 C。题干断定:非(学习成绩名列前三 and 两位教授推荐)→非成为免试推荐生。要说明决定没有得到贯彻,就要寻找其负命题:前真 and 后假,即:非(学习成绩名列前三 and 两位教授推荐)and 成为免试推荐生,Ⅱ和Ⅲ符合这个要求。

【题11】答案 D。题目信息可以化简:①风很大→放飞风筝;②天空不晴朗→不放飞风筝;③天气暖和→放飞风筝。题目提供的信息还有"现在正在放飞风筝",肯后前不知,因此"风很大"和"天气暖和"不一定为真;将②逆否可得:放飞风筝→天空晴朗,肯前推肯后,所以"天空晴朗"一定为真。因此,必为真的只有选项2。

【题12】答案 E。题目信息化表达:进中超→花钱=没花钱→没进中超,题干的矛盾命题为前真后假:进中超 and 没花钱。命题 1,花钱 and 没进中超是可能出现的情况,因此可以选。命题 2,没花钱 and 进中超,与题干信息相矛盾,是不可能为真的,排除。命题 3,没花钱 and 没进中超,可以入选。命题 4,花钱 and 进中超,可以入选。

【题13】答案 C。符号化表示为:①非反省→非完整=完整→反省。因此,选项 A,B 符合其说法,排除。诺齐克还认为,如果我们的人生是由深思熟虑的反省所引导,那么它就是我们为自己活的生命。②反省→为自己活。由①②串联：完整→反省→为自己活，D项符合，排除；选项E，可以从一系列推理中判断反省和生命的价值间是有关系的，排除；C项是苏格拉底说的，从诺齐克的陈述中推不出来，答案为C。

【题14】答案E。题干断定：非（提高队员的基本体能 and 讲究科学训练）→非取得突破性进展＝取得突破性进展→提高队员的基本体能 and 讲究科学训练。选项A＝取得突破性进展→提高队员的基本体能 and 讲究科学训练；选项B＝取得突破性进展→提高队员的基本体能 and 讲究科学训练；选项C＝取得突破性进展→提高队员的基本体能 and 讲究科学训练；选项D＝非提高队员的基本体能→非取得突破性进展；选项E＝提高队员的基本体能 and 讲究科学训练→取得突破性进展。只有选项E与题干断定的原意不相符。故选E。

【题15】答案C。符号化表达，张竞：发言→代表；刘强：代表 and 非发言，刘强否定的是代表→发言。显然，题干中刘强的回答是错误地理解成选项C这样的假言命题。

【题16】答案D。题干中"一个企业只有搭建服务科技创新发展战略的平台、科技创新与经济发展对接的平台以及聚集创新人才的平台，才能催生重大科技成果"可以符号化表达为：催生→搭建服务平台 and 科创平台 and 聚集平台，逆否命题：非搭建服务平台 or 非科创平台 or 非聚集平台→非催生，答案选D。

【题17】答案C。符号化表达为：提供保障→实行制度和法治→建立责任追究制度。C项是其逆否命题。

【题18】答案A。A项是题干中"离开人民，文艺就会变成无根的浮萍、无病的呻吟、无魂的躯壳"这句话的等价命题。

【题19】答案A。题干断定，非调查→非发言权＝发言权→调查。A项逻辑表达为：调查→发言权，与题干不符。其余选项均与题干相符合。

【题20】答案E。题干符号化表达为：①承担→直面 and 非逃避＝非（直面 and 非逃避）→非承担＝非直面 or 逃避→非承担；②非责任→聘律师＝非聘律师→责任。事实：非聘律师 and 逃避，肯前推肯后，所以有：责任 and 非承担，答案选E。

【题21】答案D。题干符号化：①占领市场→质量 and 包装；②非技术投入→非（质量 and 包装）＝（质量 and 包装）→技术投入；③技术投入→资金。将①②③串联：占领市场→质量 and 包装→技术投入→资金。(1)的推理主线是：占领市场→技术投入，符合题干的推理方向，所以正确。(2)的推理主线是：非资金 and 质量→非包装；由于题干推理的逆否命题可以是：非资金→非包装 or 非质量，而非包装 or 非质量＝包装→非质量＝质量→非包装，(2)可以推出。(3)的推理主线是：质量 and 包装→占领市场，不符合题干的推理方向，所以不一定正确。

【题22】答案D。题干符号化表达为：边吃边呼吸→第二味觉，新陈代谢→边吃边呼吸。串联：新陈代谢→边吃边呼吸→第二味觉。D项推理形式是：新陈代谢 and 非第二味觉，与题干推理构成矛盾关系，最能削弱题干。

【题23】答案B。题干：东山市威达建材广场每家商店的门边→有垃圾桶→绿色 or 红色。Ⅰ，题干已知的是"垃圾桶的颜色是绿色或红色"，不表示一定有绿色垃圾桶。Ⅱ是题干的逆否命题，成立。Ⅲ，肯后不能推出肯前，所以结论推不出来。

【题24】答案 E。题干信息为：秦川→钱华 and 孙旭 and 沈楠＝非钱华 or 非孙旭 or 非沈楠→非秦川。如果孙旭没及格，则由条件可推出秦川没及格，因此，秦川和沈楠不会都及格。选项 E 是题干的一个推论，其余各项均不能从题干中推出。故选 E。

【题25】答案 E。题干＝非（利益最大化 and 成全所有人 and 问心无愧）＝非利益最大化 or 非成全所有人 or 非问心无愧。"or"可以与"→"转换，否定其中两个命题可以得到第三个命题为真。A 选项，利益最大化→非问心无愧，只否定了其中一个命题（注意：否定"非利益最大化"＝利益最大化），无法判断其他命题的真假；B 选项，（非成全所有人 and 非问心无愧）→利益最大化＝非（成全所有人 or 问心无愧）→利益最大化＝非利益最大化→成全所有人 or 问心无愧，不一定为真；C 选项，非利益最大化→成全所有人 or 问心无愧，不一定正确；D 选项，利益最大化→非成全所有人 and 问心无愧，不一定正确；E 选项，利益最大化 and 问心无愧→非成全所有人，正确。

【题26】答案 C。题干符号化：①宏达汽车公司生产的小轿车→安装了驾驶员安全气囊。②安装减小冲击力的安全杠 and 防碎玻璃→安装乘客安全气囊。李先生从宏达汽车公司购进的一辆小轿车中装有防碎玻璃。由①肯前推肯后，也就是一定安装了驾驶员安全气囊；由②无法推出是否安装了乘客安全气囊。因此答案选 C。

【题27】答案 B。题干信息：①鸿图公司的亏损进一步加大→胡经理不称职。②没有撤换胡经理的意向→胡经理称职。③领导班子不能团结一心→胡经理不称职。④胡经理不称职（事实）。将④代入①和③，可知肯后前不知；将④代入②，可知否后推否前，也就是出现撤换胡经理的意向。故可知答案选 B。

【题28】答案 B。将题干信息符号化：
张老师：班长优秀 and 学习委员优秀。
李老师：非生活委员优秀→非体育委员优秀，等价于：生活委员优秀 or 非体育委员优秀。
陈老师：非班长优秀 or 非学习委员优秀。
郭老师：非生活委员优秀 and 体育委员优秀。
找矛盾：张老师与陈老师的话互相矛盾，李老师与郭老师的话互相矛盾，而互相矛盾的两个断定必为一真一假，因此四位老师中有且只有两位老师的断定为真，即 B 项正确。

【题29】答案 A。题干信息符号化：小方：非小方→小林＝小方 or 小林。小林：非小方 and 非小林。小刚：非小林。小方和小林的话矛盾，必有一真一假。又已知三人中只有一人的话为真，故小刚的话为假，所以小林的答案对了。故小方的话为真，小林的话为假，即 A 项为正确选项。

【题30】答案 B。题干信息：①豫剧→河南人＝非河南人→非豫剧。A 选项：非河南人→非豫剧，与①逻辑关系一致；B 选项：河南人→豫剧，与①逻辑关系不一致；C 选项：豫剧→河南人，与①逻辑关系一致；D 选项：非河南人→非豫剧，与①逻辑关系一致；E 选项：除非豫剧唱得不好，否则他是河南人＝非非豫剧→河南人＝豫剧→河南人，与①逻辑关系一致。故正确答案为 B 选项。

第四章 综合推理

2013年管理类联考大纲把推理分为演绎推理、归纳推理、类比推理及综合推理四类,并没有明确写出综合推理到底是哪些推理方式的综合,但从2013年及之后的考题可以看出,综合推理主要是各种演绎推理(形式逻辑)的综合应用,题干中条件众多,可考核多个知识点,可考核考生对逻辑知识的综合应用。管理类联考中出现的综合推理题目主要可以归纳为四类:排序型综合推理题、分组型综合推理题、匹配对应型综合推理题以及数字综合推理题。本章主要对这四类题目的基本解题方法进行讲解。

综合推理的题目灵活多变,按题目条件的确定与不确定性质可以分为两大类:有确定条件题目和无确定条件题目。

一般我们认为,表示确定信息的条件有:①表示单独的事实事件;②联言命题;③全称直言命题。表示不确定信息的条件有:①选言命题;②假言命题。

当题干有确定条件时,我们优先从确定条件下手,顺藤摸瓜,一般可快速找到正确答案,这类题目难度较低。当题干无确定条件,我们一般会采用排除法、假设法、图表法、突破口法、数字法。

主要方法	逻辑思路	适用情况
排除法	排除不符合题干要求或与题目内容不符合的选项,从而选出正确答案	①题干信息不充分,正向推理困难; ②选项信息充分; ③问题要求选择可能真的选项
假设法	做一个或一些假设,然后根据已知条件分析,如果出现与题目条件相矛盾的情况,说明假设不成立,可以做另一个或另外一些假设	①题干信息不确定,无从下手时; ②推理不知所措时
图表法	把抽象复杂的条件有针对性地用图表的形式表示出来的方法。通过图表,条件之间的关系就清楚地表现出来,从而降低了分析和解决问题的难度	①题干信息多而杂; ②题干信息间关系交错复杂

续表

主要方法	逻辑思路	适用情况
突破口法	①从确定为真的条件突破。当题干中出现与确定条件相关的其他条件时,通常可以从这个条件入手解题; ②从重复元素、同性元素、剩余元素、特殊元素突破	经常与排除法、假设法、图表法一起联合使用
数字法	利用数学方程、不等式、数字规律等技巧解题	题干涉及数字计算、比较、推理等

需要注意的是,在具体解题的过程中,往往涉及多种方法的综合运用。

纵观最近几年的真题,出现了一种新的命题趋势,就是假言命题＋数量关系,因此我们在做题时要深刻理解数量关系之间的矛盾。有的考生能理解综合推理的基本方法和思路,但是无法读懂命题的逻辑关系,又或者无法理解命题中的数量对应关系,导致无从下手。另外在做综合推理题目时,我们要时刻牢记"逆向思维",从一个已知条件,要立马能想到隐含的反面信息,这在例题讲解中会一一体现。

【例1】明确下列命题的含义,并明确数量对应关系。

(1)不是张三和李四。

(2)不是张三或李四。

(3)不是张三,也不是李四。

(4)并非甲、乙、丙、丁至多有三人不在北京。

(5)并非甲、乙、丙、丁至多有三人在北京。

(6)并非甲、乙、丙、丁至少有三人不在北京。

(7)并非甲、乙、丙、丁至少有三人在北京。

(8)并非北区或东区要种植水杉或者银杏。

(9)并非甲或乙至少有一个项目入选观演建筑或工业建筑。

【例2】写出下面的逆否命题,并明确前件和后件的数量关系。

(1)如果周四或周六放映悬疑片,则周五放映战争片。

(2)若甲乙和丙车中至少有2辆车在"东沟"停靠,则这3辆车均在"西山"停靠。

(3)若乙车或丙车至少有一辆车在"北阳"停靠,则它们均在"东沟"停靠。

(4)若第4学年至少选修甲丙丁中的一门课程,则第一学年仅选修戊辛两门课程。

(5)若甲或乙至少有一个项目入选观演建筑或工业建筑,则乙丙入选的项目均是观演建筑和工业建筑。

(6)若甲、丙、丁中至少有1人选择陆老师,则只有戊选择陈老师。

(7)若甲、丙、壬、癸中至多有3人是数学专业,则丁、庚、辛3人都是化学专业。

考点 24　排除法

排除法是最有效、最直接的解题方法,不需要进行太多的推理,只需要根据题干信息,将与题干信息不一致的选项排除,剩下的就是正确答案。适合排除法的题目特征:
① 选项充分。选项中已经将排序关系或匹配关系完整给出。
② 直接推理有难度。根据题干信息虽然可以推出真实情况,但推理较复杂,或很难推出答案。
③ 问题中有"可能"。如果题目问题是"以下哪项可能为真",那么只需要将不可能为真的(与题干信息矛盾的)排除即可。如果题目问题是"以下哪项可能为假",那么只需要将不可能为假的(符合题干信息的)排除即可。

【例3】(2014.1.29)在某次考试中,有 3 个关于北京旅游景点的问题,要求考生每题选择某个景点的名称作为唯一答案。其中 6 位考生关于上述 3 个问题的答案依次如下:
第一位考生:天坛、天坛、天安门;
第二位考生:天安门、天安门、天坛;
第三位考生:故宫、故宫、天坛;
第四位考生:天坛、天安门、故宫;
第五位考生:天安门、故宫、天安门;
第六位考生:故宫、天安门、故宫。
考试结果表明每位考生都至少答对其中 1 道题。
根据以上陈述,可知这 3 个问题的答案依次是:(　　)
A. 天坛、故宫、天坛。
B. 故宫、天安门、天安门。
C. 天安门、故宫、天坛。
D. 天坛、天坛、故宫。
E. 故宫、故宫、天坛。

【例4】(2017.52)六一节快到了,幼儿园老师为班上的小明、小雷、小刚、小芳、小花等 5 名小朋友准备了红、橙、黄、绿、青、蓝、紫等 7 份礼物。已知所有礼物都送了出去,每份礼物只能由一人获得,每人最多获得两份礼物。另外,礼物派送还需满足如下要求:
① 如果小明收到橙色礼物,则小芳会收到蓝色礼物;
② 如果小雷没有收到红色礼物,则小芳不会收到蓝色礼物;
③ 如果小刚没有收到黄色礼物,则小花不会收到紫色礼物;
④ 没有人既能收到黄色礼物,又能收到绿色礼物;
⑤ 小明只收到橙色礼物,而小花只收到紫色礼物。
根据上述信息,以下哪项可能为真?(　　)
A. 小明和小芳都收到两份礼物。
B. 小雷和小刚都收到两份礼物。
C. 小刚和小花都收到两份礼物。

D. 小芳和小花都收到两份礼物。

E. 小明和小雷都收到两份礼物。

【例5】(1999.1.15)曙光机械厂、华业机械厂、祥瑞机械厂都在新宁市辖区。它们既是同一工业局下属的兄弟厂,在市场上也是竞争对手。在市场需求的五种机械产品中,

(1)曙光机械厂擅长生产产品1、产品2和产品4;

(2)华业机械厂擅长生产产品2、产品3和产品5;

(3)祥瑞机械厂擅长生产产品3和产品5;

(4)如果两个厂生产同样的产品,一方面是规模不经济,另一方面是会产生恶性内部竞争;

(5)如果一个厂生产三种产品,在人力和设备上也有问题。

为了发挥好地区经济合作的优势,工业局召集三个厂的领导对各自的生产产品做了调整,做出了满意的决策。

以下哪项最可能是这几个厂的产品选择方案?(　　)

A. 曙光机械厂生产产品1和产品5,华业机械厂只生产产品2。

B. 曙光机械厂生产产品1和产品2,华业机械厂生产产品3和产品5。

C. 华业机械厂生产产品2和产品3,祥瑞机械厂只生产产品4。

D. 华业机械厂生产产品2和产品5,祥瑞机械厂生产产品3和产品4。

E. 祥瑞机械厂生产产品3和产品5,华业机械厂只生产产品2。

【例6】(2021.33)某电影节设有"最佳故事片""最佳男主角""最佳女主角""最佳编剧""最佳导演"等多个奖项,颁奖前,有专业人士预测如下:

(1)若甲或乙获得"最佳导演",则"最佳女主角"和"最佳编剧"将在丙和丁中产生;

(2)只有影片P或影片Q获得"最佳故事片",其片中的主角才能获得"最佳男主角"或"最佳女主角";

(3)"最佳导演"和"最佳故事片"不会来自同一部影片。

以下哪项颁奖结果与上述预测不一致?(　　)

A. 乙没有获得"最佳导演","最佳男主角"来自影片Q。

B. 丙获得"最佳女主角","最佳编剧"来自影片P。

C. 丁获得"最佳编剧","最佳女主角"来自影片P。

D. "最佳女主角""最佳导演"都来自影片P。

E. 甲获得"最佳导演","最佳编剧"来自影片Q。

考点 25　假设法

假设法适用于题干信息不确定,无法找到入手点,需要分情况讨论的题目。通常会分为2到3种可能的情况,分别进行假设并分析,选出正确答案。

假设法是在错综复杂的信息中理清楚思路的最基础的方法,也是训练条理清晰的逻辑思维必不可少过程。在进行推理之前一定要非常清楚常见的假设模型,具体内容如下。

1. 反证法

假设 A 为真,推理出矛盾,则 A 为假。

例如:假设张三是男生,推出了张三是女生,即推出结论和假设相矛盾,说明假设不成立,进一步说明张三是女生。

2. 二难推理恒真

假设 A 为真可以得到 B,假设非 A 为真也能得到 B,则 B 为真。(此时 A 的真假不确定)

例如:如果小王喜欢奶茶,那么小李喜欢可乐。如果小李不喜欢可乐,则小王喜欢奶茶。

符号化表达:王奶茶→李可乐;非李可乐→王奶茶=非王奶茶→李可乐。由此可得出结论:小李喜欢可乐。

3. 分情况讨论

假设存在的可能性有多种情况,第一种情况可以推出 A 为真,第二种情况也可以推出 A 为真,第三种情况也可以推出 A 为真。由此可以得到结论:A 为真。

例如:当 $a>0$ 时,$x=1$;当 $-1 \leqslant a \leqslant 0$ 时,$x=1$;当 $a<-1$ 时,$x=1$。由此,x 恒等于 1。

【例7】赵、钱、孙、李、吴、郑、王七名保安每周轮流值夜班。就值夜班而言,已知如下信息:

(1)赵比孙晚 1 天;

(2)李比吴晚 2 天;

(3)钱比王早 3 天;

(4)郑在钱、孙之间,并且是在星期四。

根据上述题干,下面哪一项关于值夜班的选项是真的?(　　)

A. 吴在星期日。

B. 李在星期二。

C. 钱在星期二。

D. 孙在星期五。

E. 赵在星期六。

【例8】某水产公司测试了一种新研制的饲料,将其投至混养 A、B、C、D、E、F 六种鱼的大池塘中开展养殖,并观察不同鱼种对该饲料的适应情况。经过一个月之后有如下发现:

(1)A、B 两种鱼只有一种适应;

(2)B、C 两种鱼要么都适应,要么都不适应;

(3)C、D 两种鱼至少有一种适应;

(4)A、D 两种鱼只有一种适应;

(5)D、E、F 三种鱼当中只有两种鱼适应。

根据以上信息,可知共有几种鱼适应该饲料?(　　)

A. 2 种。

B. 3 种。

C. 4 种。

D. 5 种。

E. 无法确定。

【例9】(2020.39)因业务需要,某公司欲将甲、乙、丙、丁、戊、己、庚 7 个部门合并到丑、寅、卯 3 个子公司。已知:

(1)一个部门只能合并到一个子公司。

(2)若丁和丙中至少有一个未合并到丑公司,则戊和甲均合并到丑公司。

(3)若甲、己、庚中至少有一个未合并到卯公司,则戊合并到寅公司且丙合并到卯公司。

根据上述信息,可以得出以下哪项?(　　)

A. 甲、丁均合并到丑公司。

B. 乙、戊均合并到寅公司。

C. 乙、丙均合并到寅公司。

D. 丁、丙均合并到丑公司。

E. 庚、戊均合并到卯公司。

【例10】有一对非常奇怪的谎言兄弟,哥哥上午说实话,下午说谎话;而弟弟正好与哥哥相反,上午是谎话连篇,一句实话都没有,而下午却说大实话。路人问:"你们哪个是哥哥?"胖子说:"我是哥哥。"瘦子也说:"我是哥哥。"路人又问:"现在几点了?"胖子说快要到中午了,瘦子说现在已经过了中午了。

请问以下哪项一定为真?(　　)

A. 现在是下午。

B. 胖子是哥哥。

C. 瘦子是哥哥。

D. 无法确定谁是哥哥。

E. 瘦子此时说真话。

【例11】甲、乙、丙、丁四人的车的颜色为白色、银色、蓝色和红色。在问到他们各自车的颜色时,

甲说:"乙的车不是白色的。"

乙说:"丙的车是红色的。"

丙说:"丁的车不是蓝色的。"

丁说:"甲、乙、丙三人中有一个人的车是红色的。而且只有这个人说的是实话。"

如果丁说的是实话,那么以下说法正确的是:(　　)

A. 甲的车是白色的,乙的车是银色的。

B. 乙的车是蓝色的,丙的车是红色的。

C. 丙的车是白色的,丁的车是蓝色的。

D. 丁的车是银色的,甲的车是红色的。

E. 甲的车是红色的,乙的车是白色的。

考点 26　图表法

当题干给出多类元素之间的相互关系,且多类元素间的关系也都非常确定,但很难直接进行

排除时,可以使用图表法。另外,在涉及位置关系时,经常需要使用画图法。图表法的优点在于直观,缺点在于耗时,因此建议考生如果能直接推理出答案的,可以不采用图表法。

1. 列表法

列表法就是将题干中叙述的关系用表格表示,理清元素之间的关系,从而得出答案的方法。列表法主要适用于只有两类主要元素的题目。有的题目虽然给出了多于两类的元素,但只存在两类关键元素,可以列表格,其他的元素虽然不在表格中体现,却是联系这两类元素的纽带,根据它们,我们可以得出更多的信息,从而将题目解答出来。

2. 画图法

当题目中涉及的主要元素超过两类,表格已经不能够表示清楚时,或者涉及位置关系时,便可通过画图的方式来理清关系。

3. 运用图表法的解题步骤

(1)将题干元素分类。

阅读题干,了解题目内容,将所给条件进行初步划分,将其用表格或图的形式画出来。

(2)填入确定条件。

将题干给出的一些确定条件依次填入图表中。

(3)推理得出答案。

【例12】大学毕业的张、王、李、赵 4 人应聘到了同一家大型公司,每人负责一项工作,其中一人做行政管理,一人做销售,一人做研发,另一人做安保。已知:

①张不做行政管理,也不做安保;

②王不做行政管理,也不做研发;

③如果张没有做研发,那么赵也没有做行政管理;

④李不做行政管理,也不做安保;

⑤赵不做研发,也不做安保。

由此可以推出(　　)

A. 张做销售,李做研发。　　　　　　B. 赵做研发,李做销售。

C. 李做销售,张做研发。　　　　　　D. 李做研发,赵做安保。

E. 张做销售,李做安保。

【例13】(2016.48)在编号壹、贰、叁、肆的 4 个盒子中装有绿茶、红茶、花茶和白茶 4 种茶,每只盒子只装一种茶,每种茶只装在一个盒子中,已知:

(1)装绿茶和红茶的盒子在壹、贰、叁号范围之内。

(2)装红茶和花茶的盒子在贰、叁、肆号范围之内。

(3)装白茶的盒子在壹、叁号范围之内。

根据以上陈述,可以得出以下哪项?(　　)

A. 绿茶装在壹号盒子中。

B. 红茶装在贰号盒子中。

C. 白茶装在叁号盒子中。

D. 花茶装在肆号盒子中。

E. 绿茶装在叁号盒子中。

【例14】(2022.37)宋、李、王、吴4人均订阅了《人民日报》《光明日报》《参考消息》《文汇报》中的两种报纸,每种报纸均有两人订阅,且各人订阅的均不完全相同。另外,还知道:
(1) 如果吴至少订阅了《光明日报》《参考消息》中的一种,则李订阅了《人民日报》而王未订阅《光明日报》;
(2) 如果李、王两人中至多有一人订阅了《文汇报》,则宋、吴均订阅了《人民日报》。
如果李订阅了《人民日报》,则可以得出以下哪项?(　　)
A. 宋订阅了《文汇报》。　　　　　B. 宋订阅了《人民日报》。
C. 王订阅了《参考消息》。　　　　D. 吴订阅了《参考消息》。
E. 吴订阅了《人民日报》。

【例15】(2014.1.47)某小区业主委员会的4名成员晨桦、建国、向明和嘉媛坐在一张方桌前(每边各坐一人)讨论小区大门旁的绿化方案。4人的职业各不相同,每个人的职业分别是高校教师、软件工程师、园艺师或邮递员之中的一种。已知:晨桦是软件工程师,他坐在建国的左手边;向明坐在高校教师的右手边;坐在建国对面的嘉媛不是邮递员。
根据以上信息,可以得出以下哪项?(　　)
A. 嘉媛是高校教师,向明是园艺师。
B. 向明是邮递员,嘉媛是园艺师。
C. 建国是邮递员,嘉媛是园艺师。
D. 建国是高校教师,向明是园艺师。
E. 嘉媛是园艺师,向明是高校教师。

【例16】某天,3个少年小张、小王和小李在不同地点各捡到了一枚硬币。且已知下面的信息:
①小李捡到的硬币面值比在公园捡到的那个要大,在公园捡到硬币的人年纪比小李大。
②小张捡到了一枚面值为2角的硬币,但不是在停车场捡到的。
③6岁小孩是在人行道上捡到那枚硬币的。
三人年龄:5岁、6岁、7岁。
面值:5分、1角、2角。
地点:公园、人行道、停车场。
下面关于5分硬币的发现者或发现地点的说法正确的一项是(　　)
A. 人行道。　　B. 公园。　　C. 停车场。　　D. 小李。　　E. 小张。

考点27　突破口法

所谓突破口法就是快速找到解题切入点的方法,一般来说有以下四类元素,考生在做题时需要注意,如果我们考虑用这样的元素做突破口切入,往往会大幅提高做题速度。

1. 重复元素

如果同一个条件或同一类内容,在题干中被反复提及、重复出现,我们称为重复元素。这个重复元素通常就是解题的关键,可以此作为突破口来解题。

2. 同性元素:具有同类性质的元素

所谓同性元素是指题干所给出的信息条件完全一致,具有同等性,如 A 和 B 是一对同性元素,那么意味着 A 推理出来的性质,B 同样具有;B 推理出来的性质,A 也同样有。根据同性元素的特性,可以快速排除一些选项。

3. 剩余元素(逆向思维)

题干的条件并未提及的那个元素就是剩余元素。在推理过程中,往往根据已知条件,可以排除若干元素对象,那么剩余的那个元素可能会隐含着确定信息,此时关注隐含的剩余元素,往往会柳暗花明。剩余元素往往和逆向思维结合在一起,是命题人特别喜欢考的点。

4. 唯一元素

唯一元素:当题干出现一个明显区别于其他条件的条件时,通常可以从这一条件入手解题。如题干出现了"只""仅仅"或者有别于其他元素的唯一特征等。

【例17】某个团队去西藏旅游,除拉萨市之外还有 6 个城市或景区可供选择:E 市、F 市、G 湖、H 山、I 峰、J 湖。考虑时间、经费、高原环境、人员身体状况等因素,有如下相关条件:

(1)G 湖和 J 湖中至少要去一处。

(2)如果不去 E 市或者不去 F 市,则不能去 G 湖游览。

(3)如果不去 E 市,也就不能去 H 山游览。

(4)只有越过 I 峰,才能到达 J 湖。

如果由于气候原因,这个团队不去 I 峰,以下哪项一定为真?(　　)

A. 该团去 E 市和 J 湖游览。

B. 该团去 E 市而不去 F 市游览。

C. 该团去 G 湖和 H 山游览。

D. 该团去 F 市和 G 湖游览。

E. 该团去 G 湖不去 F 市。

【例18】(2017.53)某民乐小组拟购买几种乐器,购买要求如下:

(1)二胡、箫至多购买一种;

(2)笛子、二胡和古筝至少购买一种;

(3)箫、古筝、唢呐至少购买两种;

(4)如果购买箫,则不购买笛子。

根据以上要求,可以得出以下哪项?(　　)

A. 至多购买了 3 种乐器。

B. 箫、笛子至少购买了一种。

C. 至少要购买 3 种乐器。

D. 古筝、二胡至少购买一种。

E. 一定要购买唢呐。

【例19】几位同学对物理竞赛的名次进行猜测。小钟说:"小华第三,小任第五。"小华说:"小闽第五,小宫第四。"小任说:"小钟第一,小闽第四。"小闽说:"小任第一,小华第二。"小宫说:"小钟第三,小闽第四。"已知本次竞赛没有并列名次,并且每个名次都有人猜对。

那么,具体名次应该是(　　)
A. 小华第一、小钟第二、小任第三、小闽第四、小宫第五。
B. 小闽第一、小任第二、小华第三、小宫第四、小钟第五。
C. 小任第一、小华第二、小钟第三、小宫第四、小闽第五。
D. 小任第一、小闽第二、小钟第三、小宫第四、小华第五。
E. 小华第一、小任第二、小钟第三、小闽第四、小宫第五。

【例20】(2021.37)甲、乙、丙、丁、戊5人是某校美学专业2019级研究生,第一学期结束后,他们在张、陆、陈3位教授中选择导师,每人只选择1人作为导师,每位导师都有1至2人选择,并且得知:

(1)选择陆老师的研究生比选择张老师的研究生多;
(2)若丙、丁中至少有1人选择张老师,则乙选择陈老师;
(3)若甲、丙、丁中至少有1人选择陆老师,则只有戊选择陈老师。

根据以上信息,可以得出以下哪项?(　　)
A. 甲选择陆老师。
B. 乙选择张老师。
C. 丁、戊选择陆老师。
D. 乙、丙选择陈老师。
E. 丙、丁选择陈老师。

【例21】(2016.44)皇家园林依中轴线布局,从前到后依次排列着七个庭院。这七个庭院分别以汉字"日""月""金""木""水""火""土"来命名。已知:

(1)"日"字庭院不是最前面的那个庭院;
(2)"火"字庭院和"土"字庭院相邻;
(3)"金""月"两庭院间隔的庭院数与"木""水"两庭院间隔的庭院数相同。

如果第二个庭院是"土"字庭院,可以得出以下哪项?(　　)
A. 第七个庭院是"水"字庭院。
B. 第五个庭院是"木"字庭院。
C. 第四个庭院是"金"字庭院。
D. 第三个庭院是"月"字庭院。
E. 第一个庭院是"火"字庭院。

【例22～24】题基于以下共同的题干:有个在写遗嘱的人有5个可能继承者S、T、U、V和W。遗产分为7块土地,编为1～7号。7块土地将按以下条件分配:

①没有1块地可以合分,没有1个继承者可继承3块以上土地。
②谁继承了2号地,就不能继承其他地。
③没有1个继承者可以既继承3号地,又继承4号地。
④如果S继承了1块地或数块地,那么U就不能继承。

⑤如果S继承2号地,那么T必须继承4号地。

⑥W必须继承6号地,而不能继承3号地。

【例22】如果S继承了2号地,那么谁必须继承3号地?(　　)

A.S。　　　　B.T。　　　　C.U。　　　　D.V。　　　　E.W。

【例23】如果S继承了2号地,其他3位继承者各继承两块地,那么三人当中没人能同时继承下列哪两块地?(　　)

A.1号地和3号地。　　　　　　B.1号地和6号地。

C.1号地和7号地。　　　　　　D.4号地和5号地。

E.6号地和7号地。

【例24】如果U和V都没有继承土地,谁一定继承了三块土地?(　　)

A.只有S继承了三块地。

B.只有T继承了三块地。

C.只有W继承了三块地。

D.S和T每人都继承了三块地。

E.S和W每人都继承了三块地。

本章练习题

【题01】北京冬奥会短道速滑比赛中,甲、乙、丙、丁、戊、己、庚、辛共8名运动员进入了半决赛。经过半决赛的角逐,其中会有4名进入决赛。最终,半决赛的比赛结果如下:

(1)如果己进入决赛,则戊也进入决赛。

(2)如果丁进入决赛,则己也进入决赛。

(3)只要丙、庚、辛中至少有1人进入决赛,则己也进入决赛。

根据以上信息,可以得出以下哪项?(　　)

A.甲进入了决赛。　　　　B.乙进入了决赛。　　　　C.丙进入了决赛。

D.戊进入了决赛。　　　　E.辛进入了决赛。

【题02】甲、乙、丙、丁和戊5人到赵村、李村、陈村、王村4村驻村考察,每人只去一个村,每个村至少去一人。已知:

(1)若甲或乙至少有1人去赵村,则丁去王村且戊不去王村。

(2)若乙去赵村或丁去王村,则戊去王村而甲不去陈村。

(3)若丁、戊并非都去王村,则甲去赵村。

根据以上陈述,可以得出下列哪项?(　　)

A.甲去李村,乙去赵村。　　　　　　B.乙去陈村,丙去赵村。

C.丙去赵村,丁去李村。　　　　　　D.丁去赵村,戊去王村。

E.乙去陈村,丁去赵村。

【题03～04】因工作需要,某单位决定从本单位的3位女性(小王、小李、小孙)和5位男性(小

张、小金、小吴、小孟、小余)中选出4人组建谈判小组参与一次重要谈判,选择条件如下:

(1)小组成员既要有女性,也要有男性;

(2)小张与小王不能都入选;

(3)小李与小孙不能都入选;

(4)如果选小金,则不选小吴。

【题03】如果小王和小吴都不入选,可以得出以下哪项?(　　)

A. 或者选小余,或者选小孟。

B. 或者选小金,或者选小孙。

C. 如果选小李,那么选小张。

D. 如果选小孙,那么选小金。

E. 或者不选小孙,或者不选小金。

【题04】如果小张一定要入选,可以得出以下哪项?(　　)

A. 如果选小吴,则选小余。

B. 如果选小金,则选小孟。

C. 要么选小余,要么选小孟。

D. 要么选小李,要么选小孙。

E. 或者选小吴,或者选小余。

【题05】美佳、新月、海奇三家商店在美食一条街毗邻而立。已知,三家店中两家销售茶叶、两家销售水果、两家销售糕点、两家销售调味品;每家都销售上述4类商品中的2~3种。另外,还知道:

(1)如果美佳销售水果,则海奇也销售水果。

(2)如果海奇销售水果,则它也销售糕点。

(3)如果美佳销售糕点,则新月也销售糕点。

如果美佳不销售调味品,则可以得出以下哪项?(　　)

A. 海奇不销售水果。　　B. 新月销售水果。　　C. 美佳不销售水果。

D. 海奇销售茶叶。　　E. 新月销售茶叶。

【题06~10】6个钉子——P、Q、R、S、T和U放在7个不同的洞中,每一个钉子所占据的洞与其他钉子的都不一样。这些洞按从左到右的顺序从1到7编号,且沿一条直线均匀分布。钉子的放置仅需遵循以下条件:

(1)P和Q之间的距离与R和S之间的距离相同;

(2)T和U相邻,但先后位置不定;

(3)最左边的那个洞不能是空的。

【题06】下面哪一项对钉子从1到7的排列与题目中所给出的条件相一致?(　　)

A. Q,空洞,P,T,U,S,R。

B. Q,R,空洞,S,P,U,T。

C. S,T,Q,R,U,空洞,P。

D. S,R,U,T,P,Q,空洞。

E. S,R,U,T,P,空洞,Q。

【题07】若 U 在 2 号洞,则下面哪一项一定正确?（   ）

A. P 在洞 3。　　B. Q 在洞 4。　　C. T 在洞 1。　　D. S 在洞 7。　　E. S 在洞 6。

【题08】若 U、P 和 R 分别在 5 号、6 号和 7 号洞,则下面哪一项一定正确?（   ）

A. S 在洞 1。　　B. S 在洞 2。　　C. Q 在洞 2。　　D. Q 在洞 3。　　E. Q 在洞 4。

【题09】若 P 和 R 分别在 1 号和 3 号洞,则空洞一定是:（   ）

A. 2 或 4。　　B. 2 或 6。　　C. 4 或 5。　　D. 5 或 7。　　E. 5 或 6。

【题10】若 P 和 Q 分别在 2 号和 4 号洞,则下面哪一项可能正确?（   ）

A. R 在洞 3。　　B. R 在洞 5。　　C. S 在洞 6。　　D. U 在洞 1。　　E. U 在洞 2。

【题11】智能实验室开发了三个能简单回答问题的机器人,起名为天使、魔鬼、常人,天使从不说假话,魔鬼从不说真话,常人既说真话也说假话。它们被贴上 A、B、C 三个标记,但忘了标记和名字的对应。试验者希望通过它们对问题的回答来辨别它们。三个机器人对于问题"A 是谁?"分别做了以下回答:A 的回答是"我是常人",B 的回答是"A 是魔鬼",C 的回答是"A 是天使"。

根据这些回答,以下哪项为真?（   ）

A. A 是天使,B 是魔鬼,C 是常人。

B. A 是天使,B 是常人,C 是魔鬼。

C. A 是魔鬼,B 是天使,C 是常人。

D. A 是常人,B 是天使,C 是魔鬼。

E. A 是常人,B 是魔鬼,C 是天使。

【题12】希拉里饭店有 3 位客人甲、乙、丙,已知:(1)他们分别来自巴黎、纽约、东京;(2)他们也分别去这 3 个城市,但每一个都不是去他们所来自的城市;(3)饭店分别为他们代购了去这 3 个城市的飞机票;(4)来自东京的甲不去纽约。根据以上条件,请确定下面哪一个选项可能为真?（   ）

A. 乙去巴黎,丙去纽约。

B. 甲去巴黎,乙去纽约。

C. 丙去巴黎,乙去东京。

D. 乙去东京,丙去巴黎。

E. 丙去东京,甲去纽约。

【题13】International House 住进了四名留学生 A、B、C、D,他们的国籍各不相同,分别来自英、法、德、美四个国家。而且他们入学前的职业也各不相同,现已知德国人是医生,美国人年龄最小且是警察,C 比德国人年纪大,B 是法官且与英国人是好朋友,D 从未学过医。请问:C 是哪国人?（   ）

A. 英国人。　　B. 法国人。　　C. 德国人。　　D. 美国人。　　E. 无法确定。

【题14】某学校要从甲、乙、丙、丁、戊、己、庚七名学生中挑选四人组成一个辩论队,去参加全市的

辩论比赛。根据平时的训练情况,挑选必须满足下列条件:

(1)如果戊参加,则丙也要参加;

(2)除非乙参加,否则庚不参加;

(3)甲和乙中至少有一人参加,但不能都参加;

(4)戊和己中至少有一人参加,但不能都参加。

根据以上陈述,以下哪些学生一定会参加辩论比赛?(　　)

A. 乙或庚,或者二人都参加。

B. 戊或庚,或者二人都参加。

C. 丙或丁,或者二人都参加。

D. 丙或戊,或者二人都参加。

E. 甲或丁,或者二人都参加。

【题15】M、P、Q是同一个学校的学生,他们三人的老师A、B、C也都是这家学校的老师。知情者介绍说:"A的学生是P的好友,并在三个学生中最年轻,Q的年龄比C的学生大。"

依据该人提供的情况,我们可以推出的三个组合是:(　　)

A. M—A,P—B,Q—C。

B. M—B,P—A,Q—C。

C. M—C,P—B,Q—A。

D. M—A,P—C,Q—B。

E. M—B,P—C,Q—A。

【题16】甲、乙和丙,一位是山东人,一位是河南人,一位是湖北人。现在只知道:丙比湖北人年龄大,甲和河南人不同岁,河南人比乙年龄小。

由以上陈述可以推知下列哪项?(　　)

A. 甲不是湖北人。

B. 河南人比甲年龄小。

C. 河南人比山东人年龄大。

D. 湖北人年龄最小。

E. 乙比湖北人年龄小。

【题17】小杨、小方和小孙在一起,一位是经理,一位是教师,一位是医生。小孙比医生年龄大,小杨和教师不同岁,教师比小方年龄小。根据上述资料可以推理出的结论是以下哪项?(　　)

A. 小杨是经理,小方是教师,小孙是医生。

B. 小杨是教师,小方是经理,小孙是医生。

C. 小杨是教师,小方是医生,小孙是经理。

D. 小杨是医生,小方是经理,小孙是教师。

E. 小杨是医生,小方是教师,小孙是经理。

【题18】某宿舍住着四个留学生,分别来自美国、加拿大、韩国和日本。他们分别在中文、国际金融和法律三个系就学,其中:

(1)日本留学生单独在国际金融系。

(2)韩国留学生不在中文系。

(3)美国留学生和另外某个留学生同在某个系。

(4)加拿大留学生不和美国留学生同在一个系。

根据以上条件,可以推出下列哪项?(   )

A. 美国留学生在中文系。

B. 美国留学生在国际金融系。

C. 韩国留学生在法律系。

D. 美国留学生不在法律系。

E. 加拿大留学生不在中文系。

【题19】在一列国际列车上,来自英、意、日、德四国的甲、乙、丙、丁四位旅客恰好相聚在某个车厢中。他们每人除了会说本国语言外,还会说其他三国语言中的一种,有一种语言三个人都会说。这四位旅客交谈的有关情况如下:

(1)乙不会说英语,当甲与丙交谈时,他却能为他们翻译;

(2)甲是日本人,丁不会说日语,但他俩却能毫无困难地交谈;

(3)乙、丙、丁三人找不到一种共同的语言进行交谈;

(4)在四人中,没有一人既能用日语交谈,又能用意大利语交谈。

据此,可以推出三个人都会说的那种语言是(   )

A. 日语。   B. 德语。   C. 英语。   D. 意大利语。   E. 无法确定。

【题20】张山、李思、王武三个男同学各有一个妹妹,六个人一起进行男女混合双打羽毛球赛。比赛规定,兄妹两人不能搭伴。已知,第一盘对局的情况是张山和冬雨对王武和唯唯;第二盘对局的情况是王武和春春对张山和李思的妹妹。请根据题干的条件,确定以下哪项为真?(   )

A. 张山和春春、李思和唯唯、王武和冬雨各是兄妹。

B. 张山和唯唯、李思和春春、王武和冬雨各是兄妹。

C. 张山和冬雨、李思和唯唯、王武和春春各是兄妹。

D. 张山和春春、李思和冬雨、王武和唯唯各是兄妹。

E. 张山和唯唯、李思和冬雨、王武和春春各是兄妹。

【题21~22】一位医生为病人列出运动项目。从P、Q、R、S、T、U、V、W中选择,病人每天必须做五个不同的练习。除了第一天以外,任一天的练习中,三个练习必须与前一天的相同。每天的运动安排必须符合下列条件:

(1)P入选则V不入选。

(2)Q入选则T入选,且T安排在Q之后。

(3)R入选则V入选,且V安排在R之后。

(4)第五个位置一定是S或U。

【题21】下列哪一项在任意一天符合条件的安排中一定正确?(   )

A. P 不能安排在第三位。

B. Q 不能安排在第三位。

C. T 不能安排在第三位。

D. R 不能安排在第四位。

E. U 不能安排在第二位。

【题22】假如病人选择第一天的练习中有 R、W,下列哪一个可以是其他三个练习?(　　)

A. P、T、U。

B. Q、S、V。

C. Q、T、V。

D. T、S、V。

E. V、Q、P。

【题23】李娜心中的白马王子是高个子、相貌英俊、博士。她认识王威、吴刚、李强、刘大伟 4 位男士,其中有一位符合她所要求的全部条件。

(1)4 位男士中,有 3 个高个子,2 名博士,1 人长相英俊;

(2)王威和吴刚都是博士;

(3)刘大伟和李强身高相同;

(4)李强和王威并非都是高个子。

请问谁符合李娜要求的全部条件?(　　)

A. 刘大伟。　　　B. 李强。　　　C. 吴刚。　　　D. 王威。　　　E. 李强和刘大伟。

【题24】在某学院人力部门公开招聘的招录考试中,共有甲、乙、丙、丁、戊、己、庚 7 人报名。根据统计,7 人的最高学历分别是本科和研究生,其中研究生毕业的有 3 人;女性 3 人。已知如下信息:

(1)甲、乙、丙的学历层次相同;

(2)己、庚的学历层次不同;

(3)戊、己、庚的性别相同;

(4)甲、丁的性别不同;

(5)最终录用了一名女研究生。

根据以上陈述,可以得出以下哪项?(　　)

A. 甲是男研究生。　　　　　　B. 己是女研究生。

C. 庚不是男研究生。　　　　　D. 丙是男研究生。

E. 丁是女研究生。

【题25】炅炅、磊磊和华华三个同学共报名六门注册会计师考试课程:会计、税法、经济法、财务管理、审计、公司战略。每人报名两门,且三人报的科目不相同。他们的情况如下:

(1)报名经济法的同学和报名税法的同学是室友。

(2)华华最年轻。

(3)炅炅经常和报名财务管理的同学与报名税法的同学交流学习心得。

(4)报名财务管理的同学的年纪比报名会计的同学年纪大。

(5)华华、报名审计的同学和报名会计的同学经常一起下自习去吃晚饭。

根据以上条件,请判断以下哪项是正确的?(　　)

A. 炅炅报名会计和审计。　　　　B. 华华报名经济法和财务管理。

C. 磊磊报名公司战略和经济法。　D. 华华报名税法和公司战略。

E. 炅炅报名经济法和审计。

【题26～28】一个委员会工作两年,每年都由4人组成,其中2名成员来自下面4位法官:F、G、H和I,另外2名成员来自下面3位科学家:V、Y和Z。每一年,该委员会有1名成员做主席。在第一年做主席的成员在第二年必须退出该委员会。在第二年做主席的人在第一年必须是该委员会的成员。该委员会成员必须满足下面的条件:

G和V不能在同一年成为该委员会的成员。

H和Y不能在同一年成为该委员会的成员。

每一年,I和V中有且只有一位做该委员会的成员。

【题26】如果V在第一年做该委员会主席,下面哪一选项列出了在第二年必须做该委员会成员的两个人?(　　)

A. G和Y。　　B. V和Y。　　C. H和I。　　D. I和Y。　　E. G和I。

【题27】如果H在第一年做主席,下面哪一位能够在第二年做主席?(　　)

A. F。　　　　B. G。　　　　C. Y。　　　　D. I。　　　　E. H。

【题28】下面哪项一定为真?(　　)

A. H在第一年是该委员会委员。

B. F在第二年是该委员会委员。

C. I在两年之内都是该委员会委员。

D. Z在第二年是该委员会委员。

E. H在两年内都是该委员会委员。

【题29～30】某省围棋队教练从E、F、G、H、J、K和M这7名队员中挑选4名参加职业联赛,挑选必须符合下列条件:

(1)E或F有一人参加,但二人不能都参加。

(2)J或K有一人参加,但二人不能都参加。

(3)如果J参加,则G参加。

(4)除非F参加,否则M不参加。

【题29】以下哪项列出的四名队员可以共同参加比赛?(　　)

A. E、F、H、K。　B. E、G、J、M。　C. E、H、J、M。　D. F、H、K、M。　E. E、F、G、K。

【题30】以下哪项列出的队员一定会参加比赛?(　　)

A. F或M,或者二者兼具。　　　　B. G或H,或者二者兼具。

C. H或J,或者二者兼具。　　　　D. J或M,或者二者兼具。

E. K或M,或者二者兼具。

参考答案

例题参考答案

【例1】(1)(2)(3)＝非张三 and 非李四。

(4)非(甲、乙、丙、丁不在北京的人数≤3)＝甲、乙、丙、丁不在北京的人数>3,即甲、乙、丙、丁都不在北京。

(5)非(甲、乙、丙、丁在北京的人数≤3)＝甲、乙、丙、丁在北京的人数>3,即甲、乙、丙、丁都在北京。

(6)非(甲、乙、丙、丁不在北京的人数≥3)＝甲、乙、丙、丁不在北京的人数<3,即有三种情况:有2人不在北京;有1人不在北京;有0人不在北京。

(7)非(甲、乙、丙、丁在北京的人数≥3)＝甲、乙、丙、丁在北京的人数<3,即有三种情况:有2人在北京;有1人在北京;有0人在北京。

(8)并非北区或东区要种植水杉或者银杏＝非[(北区种植水杉 or 银杏)or(东区种植水杉 or 银杏)]＝(北区不种植水杉 and 银杏)and(东区不种植水杉 and 银杏)。

(9)并非甲或乙至少有一个项目入选观演建筑或工业建筑＝非(甲入选观演建筑 or 乙入选观演建筑 or 甲入选工业建筑 or 乙入选工业建筑)＝甲不入选观演建筑 and 乙不入选观演建筑 and 甲不入选工业建筑 and 乙不入选工业建筑。

【例2】(1)周五不放战争片→周四不放悬疑片 and 周六不放悬疑片。

(2)这三辆车(甲、乙、丙)至少有一辆不在"西山"停靠→甲乙和丙车中至多有1辆车在"东沟"停靠。

(3)它们(乙、丙)至少有一辆不在"东沟"停靠→乙车不在"北阳"停靠 and 丙车不在"北阳"停靠。

(4)第一学年不是仅选修戊、辛两门课程→第4学年不选甲、丙、丁课程。

(5)乙、丙入选的项目至少有一个不是观演建筑和工业建筑→(甲不入选观演建筑 and 工业建筑)and(乙不入选观演建筑 and 工业建筑)。

(6)不只戊选择陈老师→甲不选陆老师 and 丙不选陆老师 and 丁不选陆老师。

(7)丁、庚、辛3人至少有一个不是化学专业→甲是数学专业 and 丙是数学专业 and 壬是数学专业 and 癸是数学专业。

【例3】答案 B。这道题的每个选项都已经把3个问题的答案依次排列好了,所以这道题属于分析推理题中选项信息充分的试题,所以考生要优先使用排除法,即把选项代入题干进行排除。A项,第六位考生一个都没答对;B项满足题干要求;C项,第一位考生和第四位考生一个都没答对;D项,第二位考生、第三位考生和第五位考生一个都没答对;E项,第一位考生和第四位考生一个都没答对。

【例4】答案 B。问题为哪项"可能为真",说明从题干信息无法推出确定的情况,只能采用排除法,将与题干信息矛盾的排除掉。由⑤可知,小明和小花都只收到一份礼物,不可能收到两份礼物,排除 ACDE 选项。故正确答案为 B 选项。

【例5】答案 E。条件众多,正面直接推理有难度,选项充分且题干问的是"可能真",考虑用代入排除法。A 选项代入题干,由条件(1)可得:曙光机械厂不会满意。B 选项代入题干,由条件(3)可得:会有两个厂生产一样的产品,不符合条件(4)。C 选项代入题干,由条件(3)可得:祥瑞机械厂不会满意。D 选项代入题干,由条件(3)可得:祥瑞机械厂不擅长生产产品4,祥瑞机械厂不会满意。E 选项代入没有产生矛盾,故正确答案为 E。

【例6】答案 D。问题问"不一致",故考虑选项代入找矛盾。D 项,必然为假,该项代入题干,结合条件(2)可得影片 P 获得"最佳故事片",又因为"最佳导演"也来自影片 P,该项和条件(3)矛盾,故该项和上述预测不一致。综上所述,D 项正确。

【例7】答案 C。特殊信息为(3)(4)。由于从题干信息得不出确定结果,因此从特殊信息入手假设。由于郑在周四,因此钱与王的关系只能有两种情况:钱周二王周五或钱周三王周六。假设钱周三王周六,则根据(1),赵和孙只能分别在周二和周一;根据(2),李和吴只能分别在周日和周五,此时郑不在钱、孙之间,与(4)矛盾。因此该假设不成立,钱只能在周二,答案选 C。

【例8】答案 C。D 是重复最多的元素。由于含有 D 鱼的信息之间彼此孤立,由此出发推理无法得出确定结果,因此从该信息入手假设。假设 D 鱼不适应该饲料,则根据(4)可得 A 鱼适应,结合(1)可得 B 鱼不适应,再结合(2)可得 C 鱼不适应,此时不符合条件(3),说明假设不成立,即 D 鱼适应该饲料。由此推知,根据(4)可得 A 鱼不适应,结合(1)可得 B 鱼适应,结合(2)可得 C 鱼适应,再结合(5)可知 E、F 两种鱼当中有一种适应,共计四种鱼适应,答案选 C。

【例9】答案 D。观察重复元素,条件(2)后件可以推出条件(3)前件,因此条件(2)和条件(3)可以串联,也即:(非丁丑 or 非丙丑)→(戊丑 and 甲丑)→(非甲卯 or 非己卯 or 非庚卯)→(戊寅 and 丙卯),此时发现,假设(非丁丑 or 非丙丑)成立,则出现戊丑和戊寅的矛盾情况(一个部门只能合并到一个子公司),故(非丁丑 or 非丙丑)一定不成立,其否命题成立,也即 D 选项为答案。

【例10】答案 B。假设路人提问是在上午。

哥哥:我是哥哥(真话)。弟弟:我是哥哥(假话)。

假设路人提问是在下午。

哥哥:我是弟弟(假话)。弟弟:我是弟弟(真话)。

因此符合题意的只可能是:路人在上午提问,并且胖子是哥哥,瘦子是弟弟,现在是上午。

【例11】答案 C。①甲:乙非白。②乙:丙红。③丙:丁非蓝。④丁:甲、乙、丙只有一个红,且开红车车主说真话。根据题干可知:丁说真话且红车车主说真话。那么我们就能得到一个确定的信息,那就是红色车主说真话。提到红色的是条件②乙:丙红。所以首先假设乙真,则知丙车为红色也为真,又已知只有红色车主为真话,而乙没有开红色车,所以假设有矛盾,假设错误,则乙为假,推出丙的车不是红色,并且乙的车也不是红色。丙的车不是红色即丙的话为假,得到丁非蓝为假,所以丁车为蓝色。乙、丙、丁三人车都不是红色,所以红色车主只能是甲,甲话为真,即乙车不是白色为真,所以乙车为银色,丙车为白色。所以选 C 选项。

【例12】答案 C。此题涉及四个人的姓氏和职业两类信息的对应,可用列表法表示。根据题干信息,确定有对应关系的打"√",确定无对应关系的打"×",可得下表。由表我们立即可得赵做行政管理,王做安保;再结合条件③可知,张做研发,则李做销售。故答案选C。此题也可以尝试不画表格直接推理。

	行政管理	销售	研发	安保
张	×			×
王	×		×	
李	×			×
赵			×	×

【例13】答案D。题干给出4种茶和4个盒子,"每只盒子只装一种茶,每种茶只装在一个盒子中",证明茶和盒子是一一对应的关系,接着给出3个限定条件,以推出匹配关系,这里需要注意对题干条件的利用。首先,对题干条件进行转换:①绿茶和红茶不在肆号盒子里。②红茶和花茶不在壹号盒子里。③白茶不在贰号和肆号盒子里。此题如果不转换题干条件,而是正向运用的话会比较复杂,需要对可能的情况进行讨论,所以一定要学会这种转换的思路,当题干的信息是一个范围,是不确定的,应转换为确定信息再进行推理。
其次,画表,并在表里对上述信息进行标注,如下表所列:

	壹	贰	叁	肆
绿茶				×
红茶	×			×
花茶	×			
白茶		×		×

由图可知,肆号盒子里不是绿茶,不是红茶,也不是白茶,所以花茶在肆号盒子里。故正确答案为D选项。

【例14】答案C。由确定条件"李订阅了《人民日报》"→不可能宋、吴均订阅了《人民日报》→(条件2)李和王订阅《文汇报》→宋、吴不订阅《文汇报》→宋、吴在《人民日报》《光明日报》《参考消息》中选两种→吴至少订阅了《光明日报》《参考消息》中的一种→(条件1)李订阅了《人民日报》而王未订阅《光明日报》。此时因为对应关系较多,我们画一下图表:

	人	光	参	文
宋		√		×
李	√	×	×	√
王		×		√
吴		√		

又因各人订阅的均不完全相同→王不可能订阅《人民日报》(如果订阅就与李完全一致),所以王一定订阅《参考消息》。宋、吴与《人民日报》《参考消息》错排。答案选C。

【例15】答案B。题干中建国出现两次,因此建国是切入点,建国左边是软件工程师晨桦,对面有嘉媛,因此建国的右边坐的是向明,向明坐在高校教师右边,所以建国是高校教师,现在只有嘉媛和向明的职业不定,又因为嘉媛不是邮递员,所以向明是邮递员,嘉媛是园艺师,故选 B。此题可简单画一个方位图。

晨桦(软件工程师)

建国(高校教师)　　　　　　　　　　　嘉媛(不是邮递员,是园艺师)

向明(邮递员)

【例16】答案 B。由②得到:小张捡到的 2 角地点在公园或者人行道。由①可知:捡到 2 角的地点不可能在公园,所以小张捡到 2 角的地点只能是在人行道。小李捡到钱的地点不可能在公园,不可能在人行道,只可能在停车场,因此小王捡到钱的地点在公园。又由①可知,小李捡到的硬币值为 1 角,小王捡到的硬币值为 5 分。推理过程中,可以画如下多维表格:

人物	硬币面值	地点	年龄
张	2 角	非停,非公,人	6
王	5 分	公	
李	1 角	非公,非人,停	

【例17】答案 D。明确题干信息:①去 G 湖 or 去 J 湖;②不去 E 市 or 不去 F 市→不去 G 湖;③不去 E 市→不去 H 山;④去 J 湖→去 I 峰;⑤这个团队不去 I 峰。

应从信息⑤入手(只有条件⑤是确定的情况),由不去 I 峰,根据条件④可知不去 J 湖。按照重复元素继续推理下去:①条件不去 J 湖,就要去 G 湖,由条件②,去 E 市 and 去 F 市,最后结果,该团去 G 湖、E 市和 F 市,不去 I 峰和 J 湖,是否去 H 山无法确定。

【例18】答案 D。观察可以发现题干信息没有确定的信息,选项代入也不容易,故可以考虑从重复出现的信息出发,当题干重复的信息不止一个时,从重复最多的一个下手。观察可以发现箫重复次数最多,可以采用假设法,分情况讨论如下:①假设购买箫,代入(1)(4)可得不买二胡且不买笛子,代入(2)可得买古筝。②假设不购买箫,代入(3)可得购买古筝和唢呐。综上,不管是不是购买箫都一定要购买古筝,二难推理形式之一。考生注意当古筝一定买时,不管二胡是否购买,D 选项"古筝、二胡至少购买一种"都一定为真,相容选言命题,只要其中一个支命题为真,则该相容选言命题就为真。

【例19】答案 C。题干是五个人对应五个名次,存在一一对应的关系。题干描述本次竞赛没有并列名次,并且每个名次都有人猜对,说明哪个名次只有一位同学在猜,那么这个名次一定正确。题干中第二名只被猜了一次,这是个唯一元素,所以小华第二一定是对的。采用排除法,故本题选 C。

【例20】答案 E。第一步,因为每位导师都有 1~2 人选择,故结合(1)可知有 2 人选择陆老师,有 1 人选择张老师,又因为共有 5 个研究生,故 2 人选择陈老师。第二步,观察条件(2)(3),"只"有戊选择陈老师,这是个特殊元素,这个后件明显不对,故可以逆否,甲、丙、丁不选陆老师,逆向思维剩余元素可知乙、戊选陆老师,否定了条件(2)的后件,逆否得丙、丁不选张老师,丙、丁又不能选陆老师,逆向思维剩余元素可知丙、丁选择陈老师,答案 E。

【例21】答案E。由于"火"与"土"相邻,因此,当"土2"时,"火1"或者"火3",但是"土2火3"再考虑"日不是1",这时候,条件(3)无法满足,所以"火"不能是3,故"火只能是1",答案选E。快选技巧:"金""月""木""水"是同性元素,排除ABCD,选E。

【例22】答案D。已有确定条件,S继承2号地。由②得:S不能继承其他地块。由④得:U不能继承。由⑤得:T继承4号地。由③得:T不能继承3号地。由⑥得:W必须继承6号地,不能继承3号地。综上,3号地只能V继承,选D。

【例23】答案C。第(1)问的结论可以与第(2)问共用:V将继承3号地,由此剩下的只能是1、5、7号三块地。根据题意T、V、W三人每人两块地。1、5、7号三块地与3、4、6号三块地配对,不可能出现1号地与7号地搭配的情况,故选C。

【例24】答案E。根据题意只能由S、T、W三人来继承七块地,而其中有一人继承2号地后就不可再继承其他地,因此,不可能只有一人继承三块地。由此看来ABC都是错的。根据⑥,W必须继承6号地,由此可以推断,他不可能2号地,他必须是继承三块地的两人中的其中之一;而且T也不可能继承三块地,因为假设S继承了2号地,则4号地只能给T,而W不能继承3号地,这块地又得给T,这就违反了已知条件③。因此只有E是对的。

练习题参考答案

【题01】答案D。方法一,逻辑链串联,即丙、庚、辛中至少有1人进入决赛→己进入决赛→戊进入决赛;丁进入决赛→己进入决赛→戊进入决赛。若戊不进入决赛,则己、丁、丙、庚、辛也不进入,与题干矛盾,故本题选D。

方法二,己出现两次,次数最多,选为突破口。假设己(入决赛),则戊,未出现矛盾,转而假设非己(入决赛)。假设非己,则丙、庚、辛都不进入,这样,其余四人甲、乙、丁、戊必入。综上,无论己入不入决赛,都有戊入,故本题选D。

【题02】答案B。三个条件可以拼接成链,即丁、戊并非都去王村→甲去赵村→甲或乙至少有1人去赵村→丁去王村且戊不去王村→丁去王村→乙去赵村或丁去王村→戊去王村而甲不去陈村→戊去王村。所以丁、戊并非都去王村→丁去王村且戊去王村。这说明前件必假(否则就会出现矛盾),因而丁王且戊王,排除CE。戊王→非甲赵,非乙赵,这样只能是丙去赵,因而排除ADE。综上,本题选B。

【题03】答案A。3女:王女,李女,孙女。5男:张男,金男,吴男,孟男,余男。题干:8(=3+5)选4,即四人不能入选,王、吴已占据两个未选名额,而条件(3)中李和孙至少占一个未选名额。这样,余、孟两人就最多一人未选(即至少一人当选),故本题选A。

【题04】答案D。从确定信息找重复元素可得:张→非王。条件(3)可知孙、李两人至少一人未选,因为王不当选,且至少要有一位女性,所以,要么孙要么李当选。故本题选D。

【题05】答案E。美佳不销售调味品,说明另外两家新月、海奇必销售调味品。由条件(1)可得海奇销售水果,否则的话,美佳也不销售水果,就有两家不销售水果,与题干矛盾。同理由条件(3)可得新月销售糕点。海奇销售水果结合条件(2)可得海奇销售糕点,这样,海奇就不销售茶叶(否则它就是销售四种商品了),这样就可以得到新月销售茶叶,故本题选E。此题可采用图表法快速解题。

【题06】答案 D。因为 P 和 Q 之间的距离与 R 和 S 之间的距离相同,ABCE 都排除。

【题07】答案 C。U 在 2 号洞时,因为 T 和 U 相邻,可知 T 在 1 号洞或 3 号洞。当 T 在 1 号洞时,只要在 3,4,5,6,7 这 5 个位置中安排 P 和 Q 之间的距离与 R 和 S 之间的距离相同,一个空洞即可,C 正确。

【题08】答案 B。若 U、P 和 R 分别在 5 号、6 号和 7 号洞,根据 T 和 U 相邻可知 T 一定在 4 号洞,P 和 R 相邻时,因为 P 和 Q 之间的距离与 R 和 S 之间的距离相同,可知 Q 和 S 也一定相邻,因为 1 号洞不能空,所以 Q 必定在 1 号洞,S 必定在 2 号洞。

【题09】答案 D。P 和 R 分别在 1 号和 3 号洞时,因为 P 和 Q 之间的距离与 R 和 S 之间的距离相同,所以 Q 和 S 将占据 2 号和 4 号或 4 号和 6 号洞。如果 Q 和 S 占据 2 号和 4 号洞,剩下的 3 个洞是 5、6、7 号,因为 T、U 相邻,则 T、U 既可占 5、6 号,也可占 6、7 号,可见 5 号和 7 号必有一个是空洞;如果 Q 和 S 占据 4 号和 6 号洞,则剩下的三个洞是 2 号、5 号和 7 号,这样就满足不了 T、U 相邻的条件。因此空洞一定是 5 号洞或 7 号洞。

【题10】答案 A。当 P 在 2 号洞,R 在 4 号洞时,T、U 既可在 5 号和 6 号洞,也可在 6 号和 7 号洞,相应地,R 在 1 号洞、S 在 3 号洞,或 R 在 3 号洞、S 在 5 号洞都是符合条件的。所以 A 可能是正确的。

【题11】答案 C。此题可将假设法与排除法结合使用。A、B 选项:如果 A 是天使,那么他不可能回答"我是常人",与题干信息矛盾,排除。C 选项:A 是魔鬼,说假话,可能会回答"我是常人";B 是天使,说真话,会回答"A 是魔鬼";C 是常人,可真可假,不需考虑,与题干信息不矛盾,正确。D 选项:A 是常人,可真可假,不需考虑,如果 B 是天使,说真话,应该回答"A 是常人",矛盾,排除。E 选项:A 是常人,可真可假,不需考虑;如果 C 是天使,说真话,应该回答"A 是常人",矛盾,排除。故正确答案为 C 选项。

【题12】答案 B。由条件(4):来自东京的甲不去纽约,可以得到:甲不去东京,甲也不去纽约,所以甲去巴黎。进而得到:丙和乙不去巴黎。因此排除 ACDE。

【题13】答案 A。

题干给出四个人的国籍、年龄、职业三个维度的信息,需要进行匹配,可以采用图表法解题:√、×。(也可以尝试不用图表法)

医生	法官	警察		A	B	C	D
			英	×	×	√	×
	√		法	×	×	×	
√	×	×	德	√	×	×	×
×	×	√	美 (年龄最小)	×	×	×	√

①德国人是医生,美国人是警察。

②C 比德国人年龄大,美国人年龄最小,可知年龄顺序为:C>德国人>美国人。所以 C 既不是德国人也不是美国人。

③B是法官,而且与英国人是好朋友,说明B不是英国人,不是德国人,也不是美国人;可知B是法国人。

④因为B是法国人,所以其他人都不是法国人。

⑤综合以上分析可知,C是英国人。故正确答案为A选项。

【题14】答案C。由条件(3)和条件(4)可得甲、乙、戊、己四人有两人不参加,此时只剩下一个未参加的名额给另外三人(丙、丁、庚)中某一人,因而C选项必真,故选C。

【题15】答案D。选项信息充分采用排除法。由于"A的学生是P的好友",所以P和A不可能是一对师生,所以B选项排除;由于"Q的年龄比C的学生大",所以Q和C不可能是一对师生,A选项排除,又因为A的学生在三个学生中最年轻,Q的年龄比C的学生大,可以得到A的学生不是Q,所以,A的学生是M,选项中只有A项和D项M和A是一对师生,而A项已经排除,所以D选项为正确选项。

【题16】答案D。"甲和河南人不同岁,河南人比乙年龄小",所以河南人是丙;"丙比湖北人年龄大"所以我们可以形成如下式子:(X)(乙)>(河南人)(丙)>(湖北人)(Y),由此我们可以选到D。且X只能是山东人,Y只能是甲。即(山东人)(乙)>(河南人)(丙)>(湖北人)(甲)。

【题17】答案D。因为教师不是小杨,也不是小方,所以是小孙;又因为小孙比小方小,比医生大,所以医生是小杨,经理是小方。故D选项正确。

【题18】答案C。重复次数最多的元素是美国留学生,可以以此为突破口。由(1)和(3)可知,美国留学生不和日本留学生在同一个系。又由(4)可知,美国留学生和韩国留学生在同一个系。由(1)和(2)可知,韩国留学生学法律,因此,美国留学生学法律,加拿大留学生学中文。故正确答案为C。

【题19】答案B。分析四个条件,会发现条件(1)和条件(3)均涉及乙和丙,可以此作为突破口。由条件(1)可知,甲和丙没有共同会的语言;又根据条件(3)可知,乙、丙、丁三人没有共同会的语言。所以,可以推出同时会说一种语言的三个人不能是(甲、丙、乙),(甲、丙、丁),(乙、丙、丁),则只能是(甲、乙、丁)。进而根据条件(1)可知,乙不会英语;根据条件(2)可知丁不会日语;根据条件(2)和(4)可知,甲不会意大利语,故三个人都会的语言是德语,故答案选B。

【题20】答案A。由第一盘对局可知:张山的妹妹不是冬雨,王武的妹妹不是唯唯。由第二盘对局可知:王武的妹妹不是春春,李思的妹妹也不是春春。因此,王武的妹妹是冬雨。故李思的妹妹不是冬雨,也不是春春,只能是唯唯。综上,张山的妹妹是春春,选A。

【题21】答案D。题干已知下列信息:(1)P→非V;(2)Q→T,T在Q之后;(3)R→V,V在R之后;(4)S5或U5。D项,采用假设法,若R安排在第四位,根据题干信息(3)可知,V只能安排在第五位,则与题干信息(4)矛盾,故R不能安排在第四位。其余各项采用假设法均不与题干矛盾。

【题22】答案D。A项,根据题干信息(1)、(3)可得,R→V→非P,与题干矛盾。B项,根据题干信息(2)可得,Q→T,此项没有T,故与题干矛盾。C项,与题干信息(4)矛盾。D项,与题干信息不矛盾,可以为真。E项,与题干信息(4)矛盾。故D项正确。

【题23】答案C。根据条件(1)排除ABE选项,条件(4)可知有三种情况。第一,李强和王威都不是高个子,此时与条件(1)矛盾;第二,王威是高个子,李强不是,此时有条件(3),高个子最多有两人,与条件(1)矛盾,所以只可能是第三种情况,李强是高个子,王威不是,所以排除 D 选项,答案选 C。

【题24】答案 E。根据条件(2)可知,己、庚两人的学历层次一个是本科,一个是研究生。又根据条件(1)可知,甲、乙、丙再加上己、庚两人中的一个,学历层次相同。因为研究生有 3 人,故,甲、乙、丙的学历必然是本科,丁、戊是研究生。同理,根据条件(4)可知,甲、丁二人一男一女,又根据条件(3)可知戊、己、庚与甲和丁中的一人性别相同,而女性有 3 人,故,戊、己、庚必然为男性,剩余的乙、丙为女性。最后,根据条件(5),可知录用的为一名女研究生,学历上可以排除甲、乙、丙,性别上可以排除戊、己、庚。因此,女研究生为丁。答案为 E。

【题25】答案 D。整理题干信息:
①报名税法和经济法的不是同一人。
②报名财管和税法的不是同一人,炅炅没有报名财管和税法。
③报名财管和会计的不是同一人,报名财管的同学>报名会计的同学。
④报名审计和会计的不是同一人,华华没有报名审计和会计。
⑤华华年纪最小,所以华华没有报名财管。

画表格:

	会计	税法	经济法	财管	审计	战略
炅炅	√	×	√	×	×	×
磊磊	×	×	×	√	√	×
华华	×	√	×	×	×	√

【题26】答案 D。整理题干信息:①F、G、H、I 选 2 剩 2;②V、Y、Z 中选 2 剩 1;③第一年主席→第二年退出委员会;④第二年主席→第一年是委员;⑤G、V 不同年;⑥H、Y 不同年;⑦I 和 V 中有且只有一位。附加确定条件:V 在第一年做主席,由③可知,第二年 V 不是委员,由②可知,第二年 Y、Z 是委员,由⑦可知,第二年 I 是委员。所以答案 D。

【题27】答案 A。
本题要求选择"可以"在第二年做主席的,故应该用排除法。从附加确定信息入手,"H 在第一年做主席",由③可知,第二年没有 H,排除选项 E;由②⑥可知,第一年没有 Y,有 V、Z,由⑤⑦可知,第一年没 G、I;再根据信息④,可排除 BCD 选项,答案为 A。

【题28】答案 D。本题无附加确定信息,难度较大。本题中重复最多的元素是"V",则从"V"入手:假设某年有"V",由⑤可知,没 G,由⑦可知,没 I,此时由①可知,有 H,由⑥可知,没 Y,由②可知,有 Z;假设某年没有"V",由②可知,有 Z。综上,无论这一年是否有 V,都有 Z。故每年 Z 都是委员。答案为 D。

【题29】答案 D。题干信息:①要么 E 要么 F;②要么 J 要么 K;③非 J or G;④非 M or F。采用排除法:A 选项不符合条件①;B 选项不符合条件④;C 选项不符合条件③;D 选项不符合条件①。故答案 D。

【题30】答案 B。在 E、F、H、J 和 M 中选 4 名剩下 3 名,其中 E、F 选一剩一,J、K 中选一剩一,故 G、H、M 中选二剩一,可知 G、H 中至少一人入选。答案 B。

第五章 论证逻辑

一、论证逻辑解题的三个维度

(1)从论证三要素的角度出发。

(2)从论证模型的角度出发。

(3)从题型的特征出发。

　　本书考点篇主要从前两个维度,也即从论证三要素以及论证模型的角度出发去理解论证、评价论证。题型特征的维度,我们放在题型篇。

二、论证逻辑解题的五个原则

1. 问题先于题干原则

　　先看问题再读题干陈述。根据试题中问法的不同可以分成几大类,是支持、假设、削弱、质疑还是解释等,如果是削弱和支持,是否有"最"字?是否是反问?如"除了"等字眼,等等,因此阅读题干前,先看问题,根据问题判断属于哪一类题型,再带着问题阅读题干陈述部分可以很快理清思路,找出正确答案。

2. 优先识别论证和模型原则

　　在读完题目后,要迅速判断题型,根据题型快速识别题干中的论据和结论,并体会两者的论证关系。在识别论据、结论的同时,如还能识别模型(归纳、类比、因果、措施目的、数字等),则可以按模型思路快速寻找答案。

　　在考试中,有的题目并不一定表现出明显的模型特征,此时,我们就要借助后面三条原则进行解题。

3. 相关性优先原则

　　相关性优先原则指的是论证逻辑总是优先考虑和题干话题最相关的选项。所谓话题相关是指,正确答案的主语、关键动词、核心定义等要尽量与题干保持一致。在比较两个或者若干选项的时候优先选和题干话题最相关的选项,能不引申,就尽量不引申。

4. 力度判断原则

　　论证逻辑中,当题干提问涉及"最"字时,如最能削弱、最能支持、最能解释,等等,往往涉及选项中力度的比较。一般我们根据力度词进行比较。

　　力度比较角度一般从如下几个角度出发。

(1)范围:范围越大的选项力度越大。强力度词:都、大部分、大多数。弱力度词:有的、部分、少部分、某个等。

(2) 程度：选项表达的程度也会影响选项的。强力度词：唯一、只、仅、经常、十分。弱力度词：偶尔、有时候等。

(3) 模态：选项的模态也会影响选项的力度。强力度词：一定、必然。弱力度词：可能、也许、大概等。

需力度从强的题型：削弱题型、支持题型、解释题型。

需力度从弱的题型：假设题型、结论题型。

5. 相对最好原则

论证中的推理过程是或然性推理，在考试题目中，有可能有多个选择项对论证的评价起到相同的作用，但正确答案只有一个，这就要涉及选项之间的比较，要做到差中选优，优中选强，选择"相对最好"的那个作为正确答案，也许正确答案也不太严谨，但是只要比其他选项更好就可以了。

第一节　论证基础

1. 什么是论证

论证是通过一些已知为真的命题（论据），去证明另一命题真假的过程（结论）。论证有三个要素构成。

(1) 论据：论证过程中使用的已知为真的命题，也称为前提。

(2) 结论：被证明的命题，也称为论点、论题等。

(3) 论证过程：论据到结论的支持关系。有时也称论证关系。论据和结论是显示在题干中的，而论证过程是抽象的要素，隐藏在题干中的，需要我们分析。

例如：

①他是有钱人。

②他在市中心买了一套豪宅，因此，他是有钱人。

在本例中①不是论证，②是论证，其中论据是"他在市中心买了一套豪宅"，结论是"他是有钱人"，其隐含的论证过程为"买豪宅"与"有钱人"之间的支持关系。

2. 论证的规则

(1) 关于论题的规则。

①论题必须明确。论题必须清楚、明确，违反这个规则就要犯"论题模糊"的逻辑错误。

②论题必须保持同一。在同一个论证过程中，只能有一个论题，并且在整个论证过程中保持不变，始终围绕论题进行论证。违反这个规则就要犯"转移论题"的逻辑错误。

(2) 关于论据的规则。

①论据必须是真实的。

论据必须是已知为真的命题，论据的真实性是论题真实性的基础，如果论据虚假或不确定真假,就无法必然地从论据推出论题。如果以虚假的命题作为论据,就会犯"虚假论据"或"虚假理由"的逻辑错误。

②论据的真实性不能依赖于论题的真实性。

论题的真实性就是从论据的真实性推出来的,如果论据的真实性反过来还要靠论题来论证,说明论据的真实性尚未确认,无法论证论题的真实性。这样就会犯"循环论证"的逻辑错误。

(3)关于论证过程的规则。

论证过程的规则是:论据必须能正确地推出论题,即论据和论题之间有必然的联系。违反该规则就会犯"推不出"的逻辑错误,"推不出"的错误比较复杂。这里介绍几种常见的情形:

①违反推理规则。违反推理规则是指推理形式无效。

②论据与论题不相干。论据与论题不相干指论据和论题没有内在联系。

③论据不充分。论据不充分指论据虽然是真实的,也是与论题有关系的,但是还不足以能推出论题来。

3. 论证方法

根据证明过程的不同,论证方法分为直接论证和间接论证。

(1)直接论证。

直接论证法是用论据的真实性从正面直接推出论题的真实性的证明方法。大部分的论证都是直接论证。根据推理形式的不同,常见直接论证方法分为演绎论证、归纳论证、类比论证、因果论证等。

(2)间接论证。

间接论证法是通过论证与论题相关的其他论题的假,从而确立论题为真的证明方法。间接论证法又包括反证法和选言证法。

①反证法。

反证法的论证模式是:要证明 A,先假设 A 不成立,得到矛盾,从而证明 A 为真。也称为归谬法。

王戎 7 岁时,与小伙伴们外出游玩,看到路边的李子树上结满了果子。小伙伴们纷纷去摘取果子。只有王戎站在原地不动,伙伴问他为什么不去摘? 王戎回答说:"树在道边而多子,此必苦李。"小伙伴摘取一个尝了一下,果然是苦李。

王戎是怎么知道李子是苦的呢? 他运用反证法:如果是甜的,路边的李子早就被人摘完了。

②选言证法。

选言证法的论证模式是:A 或者 B,不是 A,因此,是 B。通俗地讲就是排除法,即排除一部分可能,从而间接地肯定是余下可能的方法。

这件事或者小王做的或者小李做的,小王没有做,那么就是小李做的。

【例1】(2009.10.52)松鼠在树干中打洞吮食树木的浆液。因为树木的浆液成分主要是水加上一些糖分,所以松鼠的目标是水或糖分。又因为树木周边并不缺少水源,松鼠不必费那么大劲打洞取水。因此,松鼠打洞的目的是摄取糖分。以下哪项最为恰当地概括了上述论证方法?(　　)

A. 通过否定两种可能性中的一种,求肯定另一种。

B. 通过某种特例,来概括一般性的结论。

C. 在已知现象与未知现象之间进行类比。

D. 通过反例否定一般性的结论。

E. 通过否定某种现象存在的必要条件,来断定此种现象不存在。

考点 28　论证识别

一、论证识别

1. 用关键词构建论证

识别论据的关键词有:由于、因为、因为这个原因、因为这个事实、鉴于、由以下材料的支撑、因为证据是、研究显示、得益于、依靠于……

识别结论的关键词有:因此、表明、由此可知、由此得出、由此推出、因此可以断定、谈论的重点是、显示出、证明、告诉我们、问题的实质是、意味着、说明……

在行文中,表示结论的语句一般放在首句或者尾句。

注意:考试所给的题干除了论据和结论之外还会出现一部分内容是背景信息,所以能准确剔除背景信息,定位论据和结论是做论证题目的第一步。

背景信息作用:

①引入话题,不至于很突兀(一般开头);

②补充专业领域常识,下定义;

③对结论做进一步的解释和说明(一般结尾);

④出干扰选项。

例:①碎片化时代人们的注意力很难持久。②让用户在邮件页面停留更长时间已经成为营销者不断努力的方向。③随着富媒体化的逐步流行,邮件逐步从单一静态向动态转变,个性化邮件的特性也逐步凸显。④GIF 制作简单,兼容性强,在邮件中可以增加视觉冲击力。⑤因此,在邮件中插入 GIF 动态图片,更能吸引用户的目光,增加用户的点击率。

结论:⑤(由关键词"因此"可知)。

论据:④。

背景信息:①②③。

论证过程:④→⑤,GIF 具备了一些优势,可以推出邮件中插入 GIF 能吸引目光,增加点击率。

2. 用"事实"和"评价"构建论证

有的时候,论证者并没有提供明确的论证结构词,我们需要利用"事实→评价"来构建论证过程。其中事实一般由以下几种类型构成:

①事例(文中常出现,例如……);

②数据;

③定义;

④背景信息;

⑤证据。

评价则是根据事实得出的观点,往往带有语气副词。

例:小张考上了清华,他一定是很努力学习的。

论据:小张考上清华。

结论:他一定努力学习。

论证过程:上清华→努力学习。

注意:"一定"代表着推测的语气词,意味着是评价的语句,所以判断为结论。

例:小张考上了清华,他学习很努力。

无法识别论证,无法识别到底谁是论据,谁是结论?

3. 多层次的论证识别

结论一般是一个命题,而论据可能是一个命题,也可能是多个命题构成的命题集,这些论据之间也包含着论证过程。

例:星星公司今年应该为该公司基层员工加薪,因为基层员工平均工资不到3000元,所以他们工资待遇较低,并且星星公司高层管理人员今年都进行了加薪。

基层员工平均工资不到3000元①→工资待遇低②→应该为基层员工加薪③←高层管理人员加薪④

这个论证的推理结构如上,③为最终的结论,通常称为主结论。②是①推出的结论,同时②又是③的论据,我们把②称为子结论。论证子结论②的论证称为子论证,论证主结论③的论证称为主论证。

考试时也会有少部分的题目涉及多层次的论证,这个时候考试多围绕主论证设计题目。

二、分析题干论证的方法

①寻找论证的核心词(多为主语、宾语)。

②注意论证的范围(多为状语,时间范围和空间范围)。

③注意论证的动词。

④注意转折词(转折词后为重点内容)。

⑤注意绝对化词。

⑥注意细节词(对象变化等)。

【练习】分析下列材料中的论证,分别找出论证和结论。

(1) 20世纪50年代以来,人类丢弃了多达10亿吨塑料,这种垃圾可能存在数百年甚至数千年。近日,一个科研小组在亚马逊雨林中发现一种名为内生菌的真菌,它能降解普通的聚氨酯塑料。科研人员认为利用这种真菌的特性,将有望帮助人类消除塑料垃圾所带来的威胁。

(2) 有医学研究显示,行为痴呆症患者大脑组织中往往含有过量的铝。同时有化学研究表明,一种硅化合物可以吸收铝。陈医生据此认为,可以用这种硅化合物治疗行为痴呆症。

(3) 最近发现，19 世纪 80 年代保存的海鸟标本的羽毛中，汞的含量仅为目前同一品种活鸟的羽毛汞含量的一半。由于海鸟羽毛中的汞含量的积累是海鸟吃鱼所导致，这就表明现在海鱼中汞的含量比 100 年前要高。

(4) 交管局要求司机在通过某特定路段时，在白天也要像晚上一样使用大灯，结果发现这条路上的年事故发生率比从前降低了 15%。他们得出结论说，在全市范围内都推行该项规定会同样地降低事故发生率。

(5) 由于含糖饮料的卡路里含量高，容易导致肥胖，因此无糖饮料开始流行，经过一段时期的调查，李教授认为，无糖饮料尽管卡路里含量低，但并不意味它不会导致体重增加，因为无糖饮料可能导致人们对于甜食的高度偏爱，这意味着可能食用更多的含糖类食物。而且无糖饮料几乎没什么营养，喝得过多就限制了其他健康饮品的摄入，比如茶和果汁等。

(6) 我不能送你去车站，因为我没有车，而且我还要加班，因而今天很忙。

第二节 论证三要素的评价

一、逻辑考试中的论证

论证是从论据证明结论的过程，这种证明有可能是必然性的，有可能是或然性的。必然性是指论据能完全证明结论成立，只要论据为真，那么结论一定成立。或然性是指论据并不能完全证明结论成立，即使论据为真，结论也不一定成立，这样的论证通常是存在漏洞的。

考试中的论证逻辑通常以或然性论证为主，因此就有了削弱题、支持题、解释题、评价题等。

让题干论证成立的题型：假设题、支持题、解释题、推论题。

让题干论证不成立的题型：削弱题。

对题干论证保持中立的题型：评价题、类似题。

二、论证评价的力度比较

①针对论证过程的评价。

②针对结论的评价。

③针对论据的评价。

④针对背景信息的评价。

评价力度大小排序：①＞②＞③＞④。

考试 90% 以上题型针对论证过程的评价。

考点 29　论证的假设

1. 假设的含义

论证总是在特定的环境下做出的。有一些论证者预先隐藏为真的条件，它并不在论证中以明显的形式出现，但论证的成立却离不开它。在论证过程中，其往往被省略。事实上，一个论证的成立，有很多隐含的假设条件，要想面面俱到列出论证成立的隐含假设非常难也很烦琐。有时候往往对同样一件事，不同的人还有不同的看法，大部分的原因就是每个人思想中的隐含假设不一样。仁者见仁，智者见智。一千个读者，就有一千个哈姆雷特。

(1) 小王是北方人,因此,小王爱吃面条。

隐含假设:北方人爱吃面条。

(2) 我买到了明天上午九点前去纽约的飞机票,所以我一定能赶上明天下午三点在纽约的会。

隐含假设:

①我明天上午九点前到达机场。

②飞机没有晚点。

③下飞机后明天下午三点前我到达会场。

④会议没有被提前召开。

⑤明天天气适合飞机启航,不会停机。

⑥明天纽约没有疫情,不会封城。

⑦明天纽约不会发地震。

(3) 富人都养牛。

甲结论:要致富,先养牛!

乙结论:要养牛,先变富!

隐含假设:

甲:养牛是致富的原因。

乙:致富是养牛的原因。

2. 假设的四个特征

论证的假设考查方式,往往是题干给出一个有缺陷的论证,让我们选择让论证成立的假设项。由上文可知,补充论证的假设是为了让题干论证进一步成立,而对一个有缺陷论证补充的假设项,往往呈现以下四个特征:

(1) 直接建立联系(搭桥)。

这类假设项的思路主要是直接在题干的论据和论点间建立联系,其通常在论据到论点的论证过程中有关键词的跳跃。这类假设项只需直接建立起论据和结论中关键词之间的联系就行了,俗称"搭桥法"。

(2) 间接建立联系(补充必要条件)。

题干在论证论据到结论的过程中,结论的成立往往需要隐含的多个必要条件,但题干的论据中只提及某一些条件,需要补充一些其他的必要条件才能成立,而这些需要补充的条件可能并未在题干中提及,此时这类假设项的关键词很有可能不体现在论据和结论中。寻找这类假设项,往往有一定的难度。我们一般采用"结论推出法"和"取非法"进行处理。其中"取非法"是假设题型中考试的难点。

①"取非法"具体操作如下:

第一步,将选项取"非",也即"先否定选项"。

第二步,代入题干,如果题干的结论一定不成立,则该选项一定是题干成立的必要条件,也就是题干论证成立所需要的隐含假设;如果题干的结论不一定不成立,则该选项不是题干成立的必要条件,也就不是题干论证成立所需要的隐含假设。

②"结论推出法"与"取非法"原理如下。

"结论推出法"原理:如果题干结论成立,那必然能推出其成立的必要条件也成立,即结论成立→必要条件成立。

"取非法"原理:"取非法"原理与"结论推出法"原理本质上是一样的,只不过将"结论推出法"原理进行逆否规则应用而已。

结论成立→必要条件成立=非必要条件成立→非结论成立。

其含义是:将选项取非后,代入题干,若结论一定不成立,则该选项就是让题干论证成立的隐含假设(必要条件)。

注意:考试时,优先考虑"搭桥法"假设情况,当无法确定选项时,再考虑"取非法"假设情况,"取非法"是假设题型中考试的难点,也是逻辑逆向思维的体现之一。

(3) 不能过度假设。

假设是让论证成立的最低要求,假设的力度不能超过题干,否则就犯了过度假设的错误。假设补充的是必要条件,所谓"必要"就是必须要有的条件,也即让论证成立的最低要求的条件。

过度假设是一种逻辑谬误,也是考试中假设题型常见的干扰项,过度假设干扰项一般有以下两种:

①过度扩大需要假设的范围,比如题干主体讨论的是大学生,选项的主体是所有青年。题干讨论的主体是某班学生,选项的主体却是所有学校。扩大了主体范围的假设,都是过度假设。

②过度扩大了假设需要的条件,比如题干只要一般好就可以了,但选项却说绝对好才行。这类干扰性假设中,往往出现了力度很强的词语,如"唯一""仅仅""只是"等。

(4) 假设一定是支持,但支持不一定是假设。

假设一定是支持,支持不一定是假设。支持论证成立的方向有很多,其中包括补充隐含假设,但是不是每一个支持项都是论证的假设项。简单理解一下,就是假设项是支持项的子集。因此所有假设题的方法,全部适用于支持题。

【例2】(2014.1.39)长期以来,人们认为地球是已知唯一能支持生命存在的星球,不过这一情况开始出现改观。科学家近期指出,在其他恒星周围,可能还存在着更加宜居的行星。他们尝试用崭新的方法开展地外生命搜索,即搜寻放射性元素钍和铀。行星内部含有这些元素越多,其内部温度就会越高,这在一定程度上有助于行星的板块运动,而板块运动有助于维系行星表面的水体,因此板块运动可被视为行星存在宜居环境的标志之一。

以下哪项最可能是科学家的假设?(　　)

A. 行星如能维系水体,就可能存在生命。

B. 行星板块运动都是由放射性元素钍和铀驱动的。

C. 行星内部温度越高,越有助于它的板块运动。

D. 没有水的行星也可能存在生命。

E. 虽然尚未证实,但地外生命一定存在。

【例3】(2006.1.14)免疫研究室的钟教授说:"生命科学院从前的研究生那种勤奋精神越来越不多见了,因为我发现目前在我的研究生中,起早摸黑做实验的人越来越少了。"

钟教授的论证基于以下哪项假设?(　　)

A. 现在生命科学院的研究生需要从事的实验外活动越来越多。

B. 对于生命科学院的研究生来说,只有起早摸黑才能确保完成实验任务。

C. 研究生是否起早摸黑做实验是他们勤奋与否的一个重要标准。

D. 钟教授的研究生做实验不勤奋是由于钟教授没有足够的科研经费。

E. 现在的年轻人并不热衷于实验室工作。

【例4】(2015.36)美国扁桃仁于20世纪70年代出口到我国,当时被误译为"美国大杏仁"。这种误译导致大多数消费者根本不知道扁桃仁、杏仁是两种完全不同的产品。对此,我国林业专家一再努力澄清,但学界的声音很难传达到相关企业和民众中,因此,必须制定林果的统一标准,这样才能还相关产品以本来面目。以下哪项是上述论证的假设?(　　)

A. 美国扁桃仁和中国大杏仁的外形很相似。

B. 我国相关企业和大众并不认可我国林果专家意见。

C. 进口商品名称的误译会扰乱我国企业正常对外贸易。

D. 长期以来,我国没有林果的统一标准。

E. "美国大杏仁"在中国市场上销量超过中国杏仁。

【例5】(2010.10.44)1979年,在非洲摩西地区发现有一只大象在觅食时进入赖登山的一个山洞。不久,其他的大象也开始进入洞穴,以后几年进入山洞集聚成为整个大象群的常规活动。1979年之前,摩西地区没有发现大象进入山洞,山洞内没有大象的踪迹。到2006年,整个大象群在洞穴内或附近度过其大部分的冬季。由此可见,大象能够接受和传授新的行为,而这并不是由遗传基因所决定的。

以下哪项是上述论述的假设?(　　)

A. 大象的基因突变可以发生在相对短的时间跨度,如数十年。

B. 大象群在数十年前出现的新的行为不是由遗传基因预先决定的。

C. 大象新的行为模式易于成为固定的方式,一般都会延续几代。

D. 大象的群体行为不受遗传影响,而是大象群内个体间互相模仿的结果。

E. 某一新的行为模式只有在一定数量的动物群内成为固定的模式,才可以推断出发生了基因突变。

【例6】计划委员会决定支持重新开发城市西区的计划,并且发布一篇报告指出,这种重新开发是可行的。王小名是计划委员会的一员,而且从委员会建立之初就是其中一员,所以王小名不可能反对这一重新开发西区的计划。

以下哪一个问题的答案最能帮助我们重新判断上述观点的正确性?(　　)

A. 这篇可行性报告是否由独立的顾问委员会成员撰写的?

B. 委员会的决定是否需要全体通过?

C. 王小名是否也在其他委员会任职,而这些委员会不涉及规划、开发等问题?
D. 委员会发布报告是定期的还是有开发问题需要裁决的?
E. 其他委员会成员,作为该委员会成员的历史有王小名的长吗?

考点 30　论证的削弱与支持

一、论证的削弱与支持

削弱与支持是论证的正反两面,削弱是让论证不成立,支持是让论证成立。从论证的三要素(论据、结论、论证过程)出发,论证的削弱与支持的基本方法有以下三种:

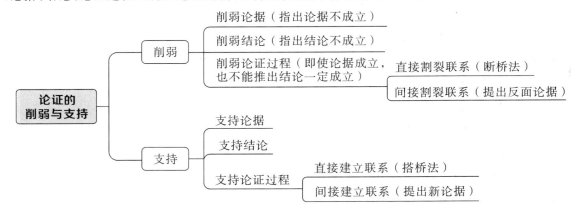

1. 削弱与支持论据

削弱论据就是只指出论据不成立,支持论据就是只指出论据成立。

2. 削弱与支持结论

削弱结论就是只指出结论不成立,支持结论就是指出结论成立。

3. 削弱与支持论证过程

削弱论证过程指出即使论据成立,也不能推出结论就一定成立。其中考试中常见的削弱论证过程的方法有两种,一种是直接割裂论据和结论之间的联系,俗称"断桥法";另一种是间接割裂论据和结论之间的联系,往往通过提供一些反面论据来证明即使论据成立,也不能推出结论就一定成立。

支持论证过程,主要是建立起论据和结论之间的联系,指出论据的成立可以推出结论也成立。考试中常见的支持论证过程的方法有两种,一种是直接建立论据和结论之间的联系,俗称"搭桥法";另一种是间接建立论据和结论之间的联系,往往通过提供一些新论据来证明论据成立,确实可以推出结论成立。

例:她眼睛大,看来这所学校的女孩很美。

削弱论据:她眼睛跟周杰伦眼睛一样,根本就不大。

支持论据:她的眼睛像海底明亮的黑珍珠一般又圆又大。

削弱结论:这所学校的女孩并不是很美。

支持结论:这所学校是艺术类院校,因为表演的需要,所以形象一般都很美。

削弱论证过程1:她的眼睛太大以至于脸部不协调,让人感觉不到美。(断桥)

削弱论证过程2:她皮肤很黑,难以称为美女。(反面论据)

削弱论证过程3:她不代表这所学校的所有女孩,这是以偏概全。(逻辑谬误)

支持论证过程1:眼睛大的人就很美。(搭桥)

支持论证过程2:她肤白貌美大长腿,形象上佳。(新论据)

支持论证过程3:这所学校的女孩一般就是她这个样子。(无逻辑谬误)

一般我们认为削弱与支持的力度:论证过程＞结论＞论据。在做题时,我们优先分析论证过程,考试大纲要求注重对考生的思维过程进行考查,因此考试出题的重点放在论证过程上,因为论证过程强调的是论据到结论的过程,容易考查考生的逻辑思维。

二、论证假设与支持的区别

1. 假设一定是支持,但支持不一定是假设

论证的假设重在完善论据到结论的推理过程,建立起论据与结论之间的联系,是直接支持题干的论证过程。而论证的支持则有多种选择,可以支持论据,可以支持结论,还可以支持论证过程,而且支持的力度可强可弱,但假设力度不能强于题干。

因此假设题型的所有思路都适用于支持题型的思路,反过来则不行。

小张是个赶时髦的人,所以,小李不喜欢他。

假设选项:小李不喜欢赶时髦的人。(建立论据与结论的联系,没有补充新论据)

支持选项:小李觉得小张不踏实。(补充新论据)

2. 假设是使论证成立的最低要求

前文已述,支持也可能是针对论证过程,但不是所有构建论据和结论间的关系支持都是假设。假设是让论据到结论成立的最低要求。

例:北京大学的录取分数线是260分,因此,小王一定能被北京大学录取。

①小王的分数不低于260。

②小王的分数超过261。

②是过度假设,只能当支持项,不能当假设项。

【例7】张三一直是大人们所说的好学生,为此产生了很大的心理压力。张三这次考试成绩很好,所以,张三能拿奖状。最能削弱题干论证的是(　　)

A. 成绩好未必能拿奖状。

B. 张三并没有像希望的那样拿到奖状。

C. 张三这次考试没发挥好,考试成绩不及格。

D. 张三心理压力日积月累产生的心理问题,反过来会对学习有影响。

E. 张三的同学李四成绩也很好,但是没有拿到奖状。

【例8】(2013.10.38)一脸"萌"相的康恩莱维,看似与其他新生儿并无两样。但因为是全球首例经新一代基因测序技术筛查后的试管婴儿,他的问世,受到了专家学者的关注。前不久,英国伦敦召开的"欧洲人类生殖和胚胎学会年会"上,这则新闻引爆全场。而普通人也由此认为,人类或许迎来了"定制宝宝"的时代。

以下哪项如果为真,最能反驳上述普通人的观点?(　　)

A. "人工"的基因筛查不排除会有漏洞,自然受孕中,大自然优胜劣汰准则似乎更为奥妙、有效。

B. 筛查基因主要是避免生殖缺陷,这一技术为人类优生优育带来契机;至于"定制宝宝",更多涉及克隆概念,两者不能混淆。

C. "定制宝宝"在全球范围内尚无尝试,这一概念也挑战最具有争议的人类生殖伦理。

D. 生物技术飞速发展,"定制宝宝"的时代可能尚未热身就已经被别的时代所取代。

E. 从近代科技发展史可见,技术的发展往往快于人类的认知,有时技术会走得更远,偏离人类认知的轨道。

【例9】(2000.10.3)据调查,临海市有24%的家庭拥有电脑,但拥有电脑的家庭中的12%每周编写程序两小时以上,23%的在一小时至两小时之间,其余的每周都不到一小时。可见,临海市大部分购买电脑的家庭并没有充分利用他们的家庭电脑。

以下哪项如果为真,则最能构成对上述结论的疑问?(　　)

A. 过多地使用电脑会对眼睛产生危害,对孕妇也会产生有害辐射。

B. 许多人购买电脑是为了进行文字处理,而不是编写程序。

C. 在许多调查中,不少被调查的对象经常夸大他们的电脑知识。

D. 临海市电脑培训中心在提高家用电脑拥有者的编程能力方面起到了重要作用。

E. 家庭电脑的普及和充分利用需要一个过程,不可操之过急。

论证是一个广义的概念,指的是通过论据得到结论的过程,在这个过程中实际上会涉及一些具体的模型。根据历年逻辑考试题中出现论证的常见论证方式,我们总结了以下论证模型:归纳论证、类比论证、因果论证、措施目的论证、数字论证等模型。考试中部分论证逻辑题源于以上论证模型。因此,为了更高效率地备考,我们需要学会从论证成立与不成立的两个角度去评价这些论证模型。

第三节　论证模型的评价

考点31　演绎推理与论证

演绎推理是由一般到特殊的推理方法,与"归纳推理"相对。推论前提与结论之间的联系是必然的,是一种必然性推理。也就是说,演绎推理是从一般性的前提出发,通过推导,得出具体陈述或个别结论的过程。只要前提真,并且推理形式有效,则演绎推理结论必真。因此,演绎推理是必然性推理。演绎推理指的就是本书中形式逻辑部分,除此之外理科定理公式的应用也都属于演绎推理的范畴。

【例10】(2003.1.1)一个足球教练这样教导他的队员:"足球比赛从来是以结果论英雄的。在足球比赛中,你不是赢家就是输家;在球迷的眼里,你要么是勇者,要么是懦弱者。由于所有的赢家在球迷眼里都是勇敢者,所以每个输家在球迷眼里都是懦弱者。"为使上述足球教练的论证成立,以下哪项是必须假设的?(　　)

A. 在球迷们看来,球场上勇敢者必胜。
B. 球迷具有区分勇敢和懦弱的准确判断力。
C. 球迷眼中的勇敢者,不一定是真正的勇敢者。
D. 即使在球场上,输赢也不是区别勇敢者和懦弱者的唯一标准。
E. 在足球比赛中,赢家一定是勇敢者。

【例11】(2015.33)当企业处于蓬勃上升时期,往往紧张而忙碌,没有时间和精力去设计和修建"琼楼玉宇";当企业所有的重要工作都已经完成,其时间和精力就开始集中在修建办公大楼上。所以,如果一个企业的办公大楼设计得越完美,装饰得越豪华,则该企业离解体的时间就越近;当某个企业的大楼设计和建造趋向完美之际,它的存在就逐渐失去意义。这就是所谓的"办公大楼法则"。

以下哪项如果为真,最能质疑上述观点?(　　)

A. 某企业的办公大楼修建得美轮美奂,入住后该企业的事业蒸蒸日上。
B. 一个企业如果将时间和精力都耗费在修建办公大楼上,则对其他重要工作就投入不足了。
C. 建造豪华的办公大楼,往往会加大企业的运营成本,损害其实际收益。
D. 企业办公大楼越破旧企业就越有活力和生机。
E. 建造豪华的办公大楼并不需要企业提供太多的时间和精力。

考点 32　归纳推理与论证

1. 归纳推理

归纳推理可分为完全归纳推理和不完全归纳推理。考试多是考核不完全归纳推理。完全归纳推理是根据对某类事物的全部个别对象的考查,发现它们每一个都具有某种性质,因而得出结论:该类事物都具有某种性质。完全归纳推理得出的结论是必然的。

(1)完全归纳法。

　　熊婆婆只有三个儿子,熊大不是有出息的,熊二不是有出息的,熊三不是有出息的,所以,熊婆婆的孩子都不是有出息的。

(2)不完全归纳法。

　　不完全归纳推理的特点是:结论所断定的知识范围超出了前提所断定的范围,前提与结论之间的联系是或然的,是或然性推理。

　　水稻可以进行光合作用,

　　松树可以进行光合作用,

　　小草可以进行光合作用……

　　水稻、松树、小草等都是绿色植物,

　　所以,绿色植物都可以进行光合作用。

　　在进行不完全归纳推理时,如果只是根据部分事实,就推出一般性结论,就会犯以偏概全的逻辑错误。

　　归纳推理与演绎推理的区别在于:演绎推理是从一般性的前提推出一个特殊性的结论,即从一般过渡到特殊;而归纳推理则是从一些特殊性的前提推出一个一般性的结论,即从特殊过渡到一般。

根据考试要求,本书逻辑体系中所指的归纳,均指不完全归纳。

2. 归纳论证

归纳论证是用归纳推理从个别性的前提推出一般性的结论的论证。归纳论证是否成立的关键在于:样本是否具有代表性?

(1)样本的选取具有代表性。

样本的数量选取要符合全体数量的分布,并且是随机选取,调查人员不得进行主观上的筛选;其次根据总体数量,样本的选取必须达到某一具体的数量,样本的数量要尽可能多。

(2)样本的调查问卷要有代表性。

归纳论证往往采用问卷调查、抽样统计的形式展开。一个问卷的调查内容,不能有存在主观倾向性或者诱导性的问卷调查,调查机构与被调查人不能有利益关系,应该保持中立。

否则,最后得出的结论都会犯以偏概全的谬误。

3. 归纳论证的削弱与支持

削弱题干那就是要指出题干有以偏概全的逻辑漏洞,支持题干那就是要指出题干没有以偏概全的逻辑漏洞。

归纳论证削弱	归纳论证支持
样本没有代表性/以偏概全	样本有代表性

【例12】(2001.10.2)为了估计当前人们对管理基本知识掌握的水平,《管理者》杂志为读者开展了一次管理知识有奖答卷活动。答卷评分后发现,60%的参加者对于管理基本知识掌握的水平很高,30%左右的参加者也表现出了一定的水平。《管理者》杂志因此得出结论,目前社会群众对于管理基本知识的掌握还是不错的。以下哪项如果为真,则最能削弱以上结论?( )

A. 管理基本知识的范围很广,仅凭一次答卷就得出结论未免过于草率。

B. 管理基本知识的掌握与管理水平的真正提高还有相当的差距。

C. 并非所有的《管理者》的读者都参加了此次答卷活动。

D. 从定价、发行渠道等方面看,《管理者》的读者主要集中在高学历知识阶层。

E. 可能有几位杂志社的工作人员的亲戚也参加了此次答卷,并获了奖。

【例13】(2010.1.27)为了调查当前人们的识字水平,其实验者列举了20个词语,请30位文化人士识读,这些人的文化程度都在大专以上。识读结果显示,多数人只读对3到5个词语,极少数人读对15个以上,甚至有人全部读错。其中,"蹒跚"的辨识率最高,30人中19人读对;"呱呱坠地"所有人都读错。20个词语的整体误读率接近80%。该实验者由此得出,当前人们的识字水平并没有提高,甚至有所下降。以下哪项如果为真,最能对该实验者的结论构成质疑?( )

A. 实验者选取的20个词语不具有代表性。

B. 实验者选取的30位识读者均没有博士学位。

C. 实验者选取的20个词语在网络流行语言中不常用。
D. "呱呱坠地"这个词的读音有些大学老师也经常读错。
E. 实验者选取的30位识读者中约有50%大学成绩不佳。

考点 33　类比推理与论证

1. 类比推理

类比推理是根据两个或两类对象在某些属性上相同,推断出它们在另外的属性上(这一属性已经为类比的一个对象所具有,另一个类比的对象那里尚未发现)也相同的一种推理。

类比推理的结构可表示如下:

A 有属性(A)(B)(C)d。

B 有属性(A)(B)(C)。

所以 B 有属性 d。

类比推理具有以下特点:

(1)类比推理是从个别到个别或一般到一般的推理。

(2)类比推理结论所断定的范围超出了前提所断定的范围,是一种或然性推理。

为了提高类比推理结论的可靠性,应该做到:

(1)前提中进行类比的事物对象之间的相同或相似属性要尽量多。

(2)前提中所提供的相同属性与所推出属性之间的联系应尽可能密切。

(3)注意类比对象之间的差异。

运用类比推理时,前提中提供的相同属性或相似属性与推出属性不具有密切的联系,相同或相似的属性不是本质的属性,就犯了"不当类比"的逻辑错误。

例如:

基督教神学家们曾用机械类比来"证明"上帝的存在。在他们看来,宇宙是由许多部分构成的一个和谐的整体,正如同钟表是由许多部分构成的和谐整体一样,而钟表有一个创造者,所以,宇宙也有一个创造者——上帝。

这就是把两类根本性质不同的对象,按其表面相似之处,机械地加以类比。

2. 类比论证

类比论证是运用类比推理,根据两个或两类事物对象在一系列属性上相同或相似,推出它们在其他属性上也相同或相似的论证。类比论证属于或然性论证。

类比论证的论据:一个或一类。

类比论证的结论:另一个或另一类。

类比论证也可以理解为相同推相同的论证。

3. 类比论证的削弱与支持

类比论证的评价主要考虑与推出属性相关的属性是否相同。论证成立,必须假设相关属性相同;支持类比论证通常也是说明相关属性相同;削弱类比论证通常说明相关属性不相同。

类比论证削弱	类比论证支持
相关属性不相同	相关属性相同

【例14】(2009.1.26)某中学发现有学生课余用扑克玩带有赌博性质的游戏,因此规定学生不得带扑克进入学校。不过即使是硬币,也可以用作赌具,但禁止学生带硬币进入学校是不可思议的。因此,禁止学生带扑克进学校是荒谬的。

以下哪项如果为真,最能削弱上述论证?(　　)

A. 禁止带扑克进学校不能阻止学生在校外赌博。

B. 硬币作为赌具远不如扑克方便。

C. 很难查明学生是否带扑克进学校。

D. 赌博不但败坏校风,而且影响学生学习成绩。

E. 有的学生玩扑克不涉及赌博。

【例15】(1999.10.46)前年引进美国大片《廊桥遗梦》,仅仅在滨州市放映了一周时间,各影剧院的总票房收入就达到800万元。这一次滨州市又引进了《泰坦尼克号》,准备连续放映10天,1000万元的票房收入应该能够突破。

上述推断最可能隐含了以下哪项假设?(　　)

A. 滨州市很多人因为映期时间短都没有看上《廊桥遗梦》,这一次可以得到补偿。

B. 这一次各影剧院普遍更新了设备,音响效果比以前有很大改善。

C. 这两部片子都是艺术精品,预计每天的上座率、票价等非常类似。

D. 连续放映10天是以往比较少见的映期安排,可以吸引更多的观众。

E. 灾难片加上爱情片,《泰坦尼克号》的影响力和票房号召力是巨大的。

考点34　因果推理与论证

因果论证是根据客观事物之间具有的因果联系规律进行的论证。因果论证是或然性的论证。因果论证主要有果到因的论证和因到果的论证两种。

常见表示因果关系的标志词有:引起……;导致……;造成……;保护……;影响……;有利于……;有助于……;……得益于……;越……越……。

1. 果到因的论证

果到因的论证就是从结果推原因的论证,即根据事物的结果,推断形成结果的原因的论证。

果到因的论证的论据:结果B。

果到因的论证的结论:原因A。

从结果到原因的论证可靠性主要取决于:

(1)有无其他的原因能更好地解释题干中出现的结果B?(是否另有他因?)

(2)A和B因果关联程度如何?(是否有因无果、无因有果?)

(3)谁是原因?谁是结果?(是否因果倒置?)

例如:小王成绩很好,所以他一定很努力学习。该论证是果到因的论证,即题干隐含的因果关系为"努力学习是成绩很好的原因"。论证是否成立,要看①努力学习和成绩提高的关系;②有无其他原因导致小王成绩提高;③努力学习是否需要以成绩很好作为前提条件,即是否犯了因果倒置的错误;④小王如果不努力学习,成绩是否也会很好?

2. 果到因的削弱与支持

削弱	支持
因果倒置	并非因果倒置
有因无果	有因有果
无因有果	无因无果
因果无关	因果相关
另有他因	排除他因

注意:在多因一果时,另有他因的削弱力度较其他几种弱。但考试不会让考生去比较上述几种削弱方法的力度大小。

【例16】(2014.1.26)随着光纤网络带来的网速大幅度提高,高速下载电影、在线看大片等都不再是困扰我们的问题。即使在社会生产力发展水平较低的国家,人们也可以通过网络随时随地获得最快的信息、最贴心的服务和最佳体验。有专家据此认为:光纤网络将大幅提高人们的生活质量。

以下哪项如果为真,最能质疑该专家的观点?(　　)

A. 网络上所获得的贴心服务和美妙体验有时是虚幻的。

B. 即使没有光纤网络,同样可以创造高品质的生活。

C. 随着高速网络的普及,相关上网费用也随之增加。

D. 人们生活质量的提高仅决定于社会生产力的发展水平。

E. 快捷的网络服务可能使人们将大量时间消耗在娱乐上。

【例17】(2015.48)自闭症会影响社会交往、语言交流和兴趣爱好等方面的行为。研究人员发现,实验鼠体内神经连接蛋白的蛋白质如果合成过多,会导致自闭症。由此他们认为,自闭症与神经连接蛋白质合成量具有重要关联。

以下哪项如果为真,最能支持上述观点?(　　)

A. 生活在群体之中的实验鼠较之独处的实验鼠患自闭症的比例要小。

B. 雄性实验鼠患自闭症的比例是雌性实验鼠的5倍。

C. 抑制神经连接蛋白的蛋白质合成可缓解实验鼠的自闭症状。

D. 如果将实验鼠控制蛋白合成的关键基因去除,其体内的神经连接蛋白就会增加。

E. 神经连接蛋白正常的老年实验鼠患自闭症的比例很低。

【例18】(2005.1.27)一项关于婚姻状况的调查显示,那些起居时间明显不同的夫妻之间,虽然每天相处的时间相对较少,但每月爆发激烈争吵的次数,比起那些起居时间基本相同的夫妻明显要多。因此,为了维护良好的夫妻关系,夫妻之间应当注意尽量保持基本相同的起居规律。

以下哪项如果为真,最能削弱上述论证?(　　)

A. 夫妻间不发生激烈争吵,不一定关系就好。

B. 夫妻闹矛盾时,一方往往用不同时起居的方式以示不满。

C. 个人的起居时间一般随季节变化。

D. 起居时间的明显变化会影响人的情绪和健康。

E. 起居时间的不同很少是夫妻间争吵的直接原因。

【例19】(2006.1.17)对常兴市23家老人院的一项评估显示,爱慈老人院在疾病治疗水平方面受到的评价相当低,而在其他不少方面评价不错。虽然各老人院的规模大致相当,但爱慈老人院医生与住院老人的比率在常兴市的老人院中几乎是最小的。因此,医生数量不足是造成爱慈老人院在疾病治疗水平方面评价偏低的原因。以下哪项如果为真,最能加强上述论证?(　　)

A. 和祥老人院也在常兴市,对其疾病治疗水平的评价比爱慈老人院还要低。

B. 爱慈老人院的医务护理人员比常兴市其他老人院都要多。

C. 爱慈老人院的医生发表的相关学术文章很少。

D. 爱慈老人院位于常兴市的市郊。

E. 爱慈老人院某些医生的医术一般。

3. 因到果的论证

因到果的论证是从原因到结果的论证,即根据前提或原因来推断结果的论证。

因到果的论证的论据:原因A。

因到果的论证的结论:结果B。

这种论证的可靠程度主要取决于:

(1) A和B因果联系的密切程度如何?(是否因果相关?)

(2) 是否存在会干预或抵消结果B发生的因素?(是否存在他因让结果不成立?)

例如:失业率下降了,因此,股票会上涨。该论证是否成立首先要考虑失业率下降和股票上涨之间是否有这种因果联系。其次要考虑除了失业率以外,还有什么原因或因素会影响股票的涨跌,这些因素是如何变化的。

在解题时,对于因果论证A→B,许多同学分不清是因到果还是果到因的论证,即分不清因和果,可以按照下面方法分辨。①按A和B时间先后顺序。先发生的为原因,后发生的为结果。②区分A和B是否发生,因到果论证中的原因发生了,结果一般还没有发生;果到因论证中的结果是已经发生,推出原因也发生了。

4. 因到果的削弱与支持

削弱	支持
另有他因,使推测结果不成立	排除他因,推测结果成立
因果无关	因果相关

注意:

(1)"另有他因"和"干扰项:无关选项"都是在选项中出现了题干中没有提及的新内容。如果这个新内容可以造成题干中的结果,则称为另有他因。但是如果这个新内容和题干中的论据不相关,也不能造成题干中的结果,则称为无关选项。

(2)因果关系不能当形式逻辑的假言命题理解,"无因有果"是削弱关系,但在假言命题中"前假后真",假言命题也为真。

【例20】(2007.10.55)李教授:目前的专利事务所,工作人员很少有科技专业背景,但专利审理往往要涉及专业科技知识;由于本所现有的专利律师没有一位具有生物学的学历和工作经验,因此难以处理有关生物方面的专利。以下哪项如果为真,最能削弱李教授的结论?(　　)

A. 大部分科技专利事务所涉及专利政策和一般科技知识不需要太多的专门技术知识。
B. 生物学专家对专利工作不感兴趣,因此专利事务所很少与生物学专家打交道。
C. 既熟悉生物知识,又熟悉专利法规的人才十分缺乏。
D. 技术专家很难有机会成为本专业以外的行家。
E. 专利律师的收入和声望不及高科技领域的专家,因此难以吸引他们加入。

考点 35　求因果五法

探求现象因果联系的方法,一般是指求因果五法,也叫"穆勒五法"。其基本思路是:考查被研究现象出现的一些场合,在它的先行现象或经常伴随的现象中寻找它的可能的原因,然后有选择地安排某些事例或实验,根据因果关系的描述特点,排除一些不相干的现象或假设,最后得到比较可靠的结论。求因果五法都是由果推因的论证方式。

1. 求同法

求同法:发现某一现象出现在几种不同的场合,而在这些场合里,只有一个条件是相同的(其他条件均不相同),此时推断这个相同条件就是各个场合出现的那个共同现象的原因。

其论证模型如下表:

场合	现象 A	现象 B	结论
场合一	发生	发生	
场合二	发生	发生	A 和 B 有因果关系
场合三	发生	发生	

某人晚上看了两小时书,喝了几杯浓茶,结果失眠了;第二天他同样看书,抽了许多烟,也失眠了;第三天他也看了两小时书,喝了大量咖啡,也失眠了。看来晚上看书容易引起失眠。

场合	现象 A	现象 B	结论
第一天	看书	失眠	
第二天	看书	失眠	看书导致失眠
第三天	看书	失眠	

应用求同法所得到的认识(即找出的原因)并不都是正确的。因为在各种不同场合里存在的共同条件可能不止一个,而作为真正原因的某一共同条件可能正好被忽视了。因此,通过求同法所得到的认识,应当通过实践或用其他方法去进一步检验。

求同法的削弱和支持与果推因的削弱与支持一致。

2. 求异法

求异法也称差异法,指如果某一现象在一种场合下出现,而另一场合下不出现,但在这两种场合里,其他条件都相同,只有一个条件不同(在某现象出现的场合里有这个条件,而在某现象不出现的那一场合里则没有这个条件),那么推断,这唯一不同的条件就是某现象产生的原因。

求异法一般可分为两种情况:

(1)两类对象做横向对比。

场合	现象 A	现象 B	结论
对象一	发生	发生	A 和 B 有因果关系
对象二	没有	没有	

老王经常锻炼,身体素质很好;老李不经常锻炼身体,身体素质很差。因此,锻炼身体能使身体素质变好。

场合	现象 A	现象 B	结论
老王	经常锻炼	身体素质好	锻炼身体能使
老李	不经常锻炼身体	身体素质差	身体素质变好

(2)同一对象做纵向对比。

这类对比,通常是对同一对象在某因素出现前和出现后的情况进行纵向对比。

场合	现象 A	现象 B	结论
同一对象	发生	发生	A 和 B 有因果关系
同一对象	没有	没有	

老王以前经常锻炼,身体素质很好;老王现在不经常锻炼身体,身体素质很差。因此,锻炼身体能使身体素质变好。

场合	现象 A	现象 B	结论
老王	经常锻炼	身体素质好	经常锻炼身体能
老王	不经常锻炼身体	身体素质差	使身体素质变好

求异法常见模型的削弱与支持。

第一,从比较对象之间的差异出发;

削弱:对象比较之前有其他差异,比较起点不一致(另有他因导致差异)。

支持:对象比较之前没有其他差异,比较起点一致(没有他因)。

第二,运用求异法推出的因果关系,削弱与支持的方法同果到因的论证。

3. 求同求异并用法

求同求异并用法是指考查两组事例,一组是由被研究现象出现的若干场合组成的,称之为正事例组;一组是由被研究现象不出现的若干场合组成的,称之为负事例组。如果在正事例组的各场合中只有一个共同的情况并且它在负事例组的各场合中又都不存在,那么,这个情况就是被研究现象的原因。

正面场合	现象A	现象B	结论
对象一	发生	发生	
对象二	发生	发生	
……	……	……	
负面场合	现象A	现象B	A和B有因果关系
对象一	没有	没有	
对象二	没有	没有	
……	……	……	

下面是求同求异并用法的一个例子:

在一组密封的有空气的玻璃罩内,放一组老鼠,老鼠神态自若;然后抽净罩内空气,老鼠们马上窒息,随即死亡。两个场合中,密封的玻璃罩、老鼠等情况均相同,唯一不同的是是否有空气。有空气老鼠活动正常,无空气老鼠窒息死亡。于是得出结论:没有空气是老鼠死亡的原因。

正面场合	现象A	现象B	结论
老鼠1	有空气	没死	
老鼠2	有空气	没死	
老鼠3	有空气	没死	
……	……	……	
负面场合	现象A	现象B	没有空气是老鼠死亡的原因
老鼠1	无空气	死	
老鼠2	无空气	死	
老鼠3	无空气	死	
……	……	……	

求同求异法接近于必然性推理,在医学上的双盲试验即来源于此原理。

4. 共变法

共变法是指:在其他条件不变的情况下,如果一个现象发生变化,另一个现象就随之发生变化,那么,前一现象就是后一现象的原因或部分原因。

现象A	现象B	结论
变化	和现象A同步变化	A和B有因果关系

在日常生活和生产实践中,共变法被人们广泛地使用在许多仪表上,如气压表、水表以及电表等都是根据共变法的道理制成的。

应用共变法时要注意只有在其他因素保持不变时,才能确定两种现象的因果联系。

支持共变法的方法:指出两个共变现象之间的实质性相关。

削弱共变法的方法:指出两个看似共变的现象之间没有实质性相关。

共变法的削弱和支持与果推因的削弱与支持一致。

5. 剩余法

所谓剩余法指的是:如果某一复合现象是由另一复合原因所引起的,那么,把其中确认有因果联系的部分减去,则剩下的部分也必然有因果联系。

已知结果	已知原因	结论
A、B、C、D	a 导致 A,b 导致 B,c 导致 C	存在某个原因 d 导致 D

1846 年前,天文学家观察到天王星在其轨道上运行时,有四处发生偏离,他们已知,三处偏离是因为受到了其他已知行星的引力所致,而另一处偏离原因不明。于是,科学家们认定,剩下的该处偏离也应是另一未知行星的引力所引起的。根据这一假定,天文学家们运用天体力学理论,计算了未知行星的轨道。结果于 1846 年 9 月 18 日,天文学家用望远镜在与计算相差不到一度之处发现了这颗未知行星——海王星。

剩余法的削弱和支持与果推因的削弱与支持一致。

【例21】(2010.1.30)化学课上,张老师演示了两个同时进行的教学实验:一个实验是 $KClO_3$ 加热后有 O_2 缓慢产生,另一个实验是 $KClO_3$ 加热后迅速撒入少量 MnO_2,这时立即有大量的 O_2 产生。张老师由此指出:MnO_2 是 O_2 快速产生的原因。以下哪项与张老师得出结论的方法类似?(　　)

A. 同一品牌的化妆品价格越高卖得越火。由此可见,消费者喜欢价格高的化妆品。

B. 居里夫人在沥青矿物中提取放射性元素时发现,从一定量的沥青矿物中提取的全部纯铀的放射性强度比同等数量的沥青矿物中放射性强度低数倍。她据此推断,沥青矿物中还存在其他放射性更强的元素。

C. 统计分析发现,30 岁至 60 岁之间,年纪越大胆子越小,有理由相信:岁月是勇敢的腐蚀剂。

D. 将闹钟放在玻璃罩里,使它打铃,可以听到铃声;然后把玻璃罩里的空气抽空,再使闹钟打铃,就听不到铃声了。由此可见,空气是声音传播的介质。

E. 人们通过对绿藻、蓝藻、红藻的大量观察,发现结构简单、无根叶是藻类植物的主要特征。

【例22】(2000.1.15)光线的照射,有助于缓解冬季抑郁症。研究人员曾对 9 名患者进行研究。他们均因冬天白天变短而患上了冬季抑郁症。研究人员让患者在清早和傍晚各受 3 小时伴有花香的强光照射,一周之内,7 名患者完全摆脱了抑郁,另外两人也表现出了显著好转。由于光照会诱使身体误以为夏季已经来临,这样便治好了冬季抑郁症。

以下哪项如果为真,最能削弱上述论证的结论?(　　)

A. 研究人员在强光照射时有意使用花香伴随,对于改善患上冬季抑郁症的患者的适应性有不小的作用。

B. 9 名患者中最先痊愈的 3 位均为女性,而对男性的治疗效果较为迟缓。

C. 该实验均在北半球的温带气候中,无法区分南北半球的实验差异,但也无法预先排除

D. 强光照射对于皮肤的损害已经得到专门研究的证实,其中夏季比起冬季的危害性更大。

E. 每天 6 小时的非工作状态,改变了患者原来的生活环境,改善了他们的心态,这是对抑郁症患者的一种主要影响。

【例23】(2008.10.34)在村庄东西两块玉米地中,东面的地施过磷酸钙单质肥料,西面的地则没有。结果,东面的地亩产玉米 300 公斤,西面的地亩产仅 150 公斤。因此,东面的地比西面的地产量高的原因是由于施用了过磷酸钙单质肥料。

以下哪项如果为真,最能削弱上述论证?(　　)

A. 给东面地施用的过磷酸钙是过期的肥料。

B. 北面的地施用过硫酸钾单质化肥,亩产玉米 220 公斤。

C. 每块地种植了不同种类的四种玉米。

D. 两块地的田间管理无明显不同。

E. 东面和西面两块地的土质不同。

【例24】(2004.10.14)在一项试验中,第一组被试验者摄取了大量的维生素 B7,第二组则没有吃维生素 B7。结果发现,吃维生素 B7 的人比没有吃维生素 B7 的人记忆力差。这一试验说明,人造维生素 B7 中所含的某种成分会影响人的记忆能力。

以下哪项如果为真,最能支持上述结论?(　　)

A. 在上述试验中,第一组被试验者吃的维生素 B7 大大超出日常生活中维生素 B7 的摄入量。

B. 上述维生素 B7 中所含的该种成分也存在于大多数日常食物中。

C. 第一组被试验者摄取的维生素 B7 的数量没有超出卫生部门规定的安全范围。

D. 两组被试验者的记忆在试验前是相当的。

E. 两组被试验者的人数相等。

【例25】(1998.1.3)为了祛除脸上的黄褐斑,李小姐在今年夏秋之交开始严格按使用说明使用艾利雅祛斑霜,但经过整个秋季三个月的疗程,她脸上的黄褐斑毫不见少,由此可见艾利雅祛斑霜是完全无效的。以下哪项如果是真的,最能削弱上述结论?(　　)

A. 艾利雅祛斑霜价格昂贵。

B. 艾利雅祛斑霜获得了国家专利。

C. 艾利雅祛斑霜有技术合格证书。

D. 艾利雅祛斑霜是中外合资生产的,生产质量是信得过的。

E. 如果不使用艾利雅祛斑霜,李小姐脸上的黄褐斑会更多。

考点 36　措施目的论证

1. 措施目的论证

措施目的论证是指为了达到目的 B,建议应该采取 A 措施(计划、建议、方法等)的论证。

措施目的论证的一般形式为:B 是一个目标,行为 A 是产生 B 的条件,因此,为了达到目的 B,建议应该采取措施 A。

常见的标志词有:"方法""目的""为了""计划""建议""提议"等。

措施目的论证是或然性的论证,此类论证成立可靠程度主要取决于:

(1) 措施是否可行。措施是否可行是指所具有的资源或条件能否确保措施执行下去。

(2) 措施是否能够达到目的。措施是否能达到目的是指执行该措施后能否达到预期的目标或效果。

(3) 措施是否有意义。措施是否有意义是指执行该措施所带来的利是否大于弊,采取该措施是否会带来严重的负面后果,有无必要采取该措施。

2. 措施目的论证的削弱与支持

削弱	支持
措施不可行	措施可行
措施不能达到目的	措施能达到目的
措施无意义(弊大于利)	措施有意义(利大于弊)

【例26】(2005.1.11)也许令许多经常不刷牙的人感到意外的是,这种不良习惯已使他们成为易患口腔癌的高危人群。为了帮助这部分人早期发现口腔癌,市卫生部门发行了一个小册子、教人们如何使用一些简单的家用照明工具,如台灯、手电等,进行每周一次的口腔自检。

以下哪项,如果为真,最能对上述小册子的效果提出质疑?( )

A. 有些口腔疾病的病症靠自检难以发现。

B. 预防口腔癌的方案因人而异。

C. 经常刷牙的人也可能患口腔癌。

D. 口腔自检的可靠性不如在医院所做的专门检查。

E. 经常不刷牙的人不大可能做每周一次的口腔自检。

【例27】(2000.10.39)目前,港南市主要干道上自行车道的标准宽度为单侧3米。很长一段时期以来,很多骑自行车的人经常在机动车道上抢道骑行。在对自行车违章执法还比较困难的现阶段,这种情况的存在严重地影响了交通,助长了人们对交通法规的漠视。有人向市政府提出,应当将自行车道拓宽为 3.5 米,给骑自行车的人一个更宽松的车道以便消除自行车抢道的违章现象。

下列哪项如果为真,最能削弱上述论点?( )

A. 拓宽自行车道的费用较高,此项建议可行性较差。

B. 自行车道宽了,机动车走起来不方便,许多乘坐公共交通工具的人会很有意见。

C. 拓宽自行车道的办法对于机动车的违章问题没有什么作用。

D. 当自行车道拓宽到 3.5 米以后,人们仍会在缩小后的机动车道上抢道违章。

E. 自行车车道拓宽,自行车车速加快,交通事故可能增多。

【例28】(2005.10.9)当航空事故发生后,乘客必须尽快地撤离飞机,因为在事故中泄漏的瓦斯对人体有毒,并且随时可能发生爆炸。为了避免因吸入瓦斯造成死亡,安全专家建议在飞机上为乘客提供防毒面罩,用以防止瓦斯的吸入。

以下哪项如果为真,最能质疑上述安全专家的建议?( )

A. 防毒面罩只能阻止瓦斯的吸入,但不能防止瓦斯的爆炸。

B. 防毒面罩的价格相当昂贵。

C. 使用防毒面罩并不是阻止吸入瓦斯的唯一方式。

D. 在大多数航空事故中,乘客是死于瓦斯中毒而不是瓦斯的爆炸。

E. 使用防毒面罩延长了乘客撤离机舱的时间。

考点 37　数字型论证

数字型论证的本质是因果关系,只不过这种因果关系用数学的逻辑更好理解,因此将其总结在一起。

1. 百分比模型

因为有 m% 的 A 都是 B,所以得出结论:B 能够导致 A,或者 B 是 A 的原因。需要看 B 在总量中的占比 n%:

当 n<m 时,是支持作用;当 n≥m 是削弱作用。

例如:60% 的一本过线者都来自重点班,所以重点班提升升学率。论证要成立,需要看重点班在所有考生中的比例,假设所有考生中重点班的比例是 20%,那么意味着从概率的角度:每 100 个考生中有 20 人来自重点班。也就是说从概率的角度来说①~⑤分析都是合理的。

①100 个男生中有 20 人来自重点班。

②100 个女生中有 20 人来自重点班。

③100 个体重肥胖考生中有 20 人来自重点班。

④100 个体重偏瘦考生中有 20 人来自重点班。

⑤100 个一本过线考生中有 20 人来自重点班。

现在 60% 的一本过线者都来自重点班,也就是说从概率的角度意味着:100 个一本过线考生中有 60 人来自重点班,这与⑤冲突,说明重点班与一本过线有相关性。

	重点班	非重点班	结论
一本过线	60%	40%	
所有人	<60%	>40%	支持
所有人	≥60%	≤40%	削弱

2. 比例模型

比例模型通常有以下几种情况:

(1)根据比例推分子或者分母(根据比例推绝对数)。

例如:20 岁的人中大学生的比例在提高。因此,现在 20 岁的大学生比之前多。

(2)根据分子或者分母推比例(根据绝对数推比例)。

例如:现在大学生中喜欢喝奶茶的人变多了。因此,大学生中喜欢喝奶茶的比例在提高。

(3)绝对数与比例之间的误用。

时间	白天	夜晚
车流量/次	10 000	100 000
交通事故/起	3	7
发生交通事故的概率	0.03%	0.007%

①夜晚发生交通事故的次数多于白天,所以夜晚比白天更易发生交通事故。

②交通事故中70%发生在夜间,所以夜晚比白天更易发生交通事故。

此例中①和②判断是否更容易发生事故需要使用"发生交通事故的概率"这个指标的大小。比例模型的评价角度评价比例模型的关键要素就是找到论证过程中忽略的数量。因为比例=分子/分母,所以,只要找到被忽略的量,就能找到其关键问题。

例如上述两个(1)和(2)例子,都忽略了总人数的变化。

3. 平均值模型

(1) 平均值模型就是根据平均值来判断某个个体的值,或者误认为平均水平能够代表整体水平。

例如:我和马化腾的平均资产是300亿美金。因此,我很有钱。

(2) 平均值模型的评价角度对于一个平均值模型,最关键的问题就是,如果最大值太大或者最小值太小,则会极大地影响平均值的大小。

【例29】(2001.1.9)针对当时建筑施工中工伤事故频发的严峻形势,国家有关部门颁布了《建筑业安全生产实施细则》。但是,在《细则》颁布实施两年间,覆盖全国的统计显示,在建筑施工中伤亡职工的数量每年仍有增加。这说明,《细则》并没有得到有效的实施。以下哪项如果为真,最能削弱上述论证?(　　)

A. 在《细则》颁布后的两年中,施工中的建筑项目的数量有了大的增长。

B. 严格实施《细则》,将不可避免地提高建筑业的生产成本。

C. 在题干所提及的统计结果中,在事故中死亡职工的数量较《细则》颁布前有所下降。

D.《细则》实施后,对工伤职工的补偿金和抚恤金的标准较前有所提高。

E. 在《细则》颁布后的两年中,在建筑业施工的职工数量有了很大的增长。

【例30】(2005.1.17)某校的一项抽样调查显示:该校经常泡网吧的学生中家庭经济条件优越的占80%。因此家庭条件优越是学生泡网吧的重要原因。

以下哪项如果为真,最能削弱上述论证?(　　)

A. 该校位于高档社区住宅附近且学生9成以上家庭条件优越。

B. 经过清理整顿,该校周围网吧符合规范。

C. 有的家庭条件优越的学生并不泡网吧。

D. 家庭条件优越的家长并不赞成学生泡网吧。

E. 被抽样调查的学生占全校学生的30%。

【例31】(2011.1.33)受多元文化和价值观的冲击,甲国居民的离婚率明显上升。最近一项调查表明,甲国的平均婚姻存续时间为8年。张先生为此感慨,现在像钻石婚、金婚、白头偕老这样的美丽故事已经很难得,人们淳朴的爱情婚姻观一去不复返了。以下哪项如果为真,最可能表明张先生的理解不确切?(　　)

A. 现在有不少闪婚一族,他们经常在很短的时间里结婚又离婚。

B. 婚姻存续时间长并不意味着婚姻的质量高。

C. 过去的婚姻主要由父母包办,现在主要是自由恋爱。

D. 尽管婚姻存续时间短,但年轻人谈恋爱的时间比以前增加很多。

E. 婚姻是爱情的坟墓，美丽感人的故事更多体现在恋爱中。

第四节　逻辑谬误

考点 38　逻辑谬误

逻辑谬误是指在论证过程中违反思维规律或逻辑规则而引发的逻辑错误。

一、概念型谬误

1. 偷换概念

偷换概念是在论证中把不同的概念当作同一概念来使用的错误。偷换概念通常是一种不正当论证的诡辩手法，它或是利用同一语词在不同意义上的使用，或是利用两个词在语义上的相似或部分相同，来达到混淆概念的目的。

偷换概念无论是在论证逻辑选择题中还是中文写作中均大量存在，是考官非常喜欢设置的干扰项。

虎是动物，所以老虎是老的动物。

偷换概念：前一个"老"是专属名词，后一个"老"是指"年龄大小"。

2. 合成与分解谬误

合成与分解谬误的本质是集合体概念误用，非集合体概念（类概念）性质必然为组成类的每个分子所具有，但集合体具有的性质不必然为组成集合体的每个个体所具有，根据集合体具有或不具有某种性质，不当地断定组成集合体的个体也同样具有或不具有此种性质，这种谬误称为集合体误用。

一天，某乙指责甲："你整日游手好闲，好吃懒做，怎么行？"甲狡辩曰："难道你不知道吗？中国人民是勤劳的，我是中国人民，我怎么会懒呢？"

其实，在句子"中国人民是勤劳的"中的"中国人民"是一个集体概念，它并不是确指某一个中国人，而是全体中国人民构成的整体。而在"我是中国人民"这句中的"中国人民"，它是一个类概念，即我是中国人民当中的一员的意思。虽然上述两句话中都有词语"中国人民"，但它们的意思却是不一样的。概念不统一，随意变换某一概念的内涵与外延，逻辑上肯定就会产生谬误。

集合概念与非集合概念的判别方法见本书【考点 2：集合概念与非集合概念】。

合成谬误：指把整体的各个部分或集合的元素所具有的属性、特征误推为整体或集合的属性或特征的错误。合成谬误可以看作"小到大"。就是由"部分有"误推到"整体有"，由"集合的元素有"误推到"集合体有"。

例：组成这台机器的零件都很小，因此这台机器也很小。

分解谬误：把整体或集合所具有的属性误推为该整体的每一部分或集合的每个元素也具有该属性的错误。分解谬误可以看作"大到小"。就是由"整体有"误推到"部分有"，由"集合有"误推到"集合的元素所有"。

例：这个班是优秀班集体，因此这个班的每一个同学都很优秀。

3. 循环定义

在定义一个概念时,如果在定义项中直接包含被定义项,此种逻辑谬误称为"同语反复";如果在定义项中间接包含被定义项,称为"循环定义"。

甲:什么是战争? 乙:战争是和平的中断。

甲:什么是和平? 乙:和平是战争的中断。

4. 自相矛盾

有一些概念内涵和外延非常清楚,非此即彼的概念外延同时存在时,就犯了自相矛盾的错误。相互矛盾的两个命题,必然为一真一假,相互反对的两个命题,至少一假。同时肯定两个矛盾或反对的命题就犯了自相矛盾的错误。

一个黄昏的清晨,一个年轻的老人,手持一把锋利的钝刀,杀死了一个活蹦乱跳的死人。

这栋大楼漆黑一片,唯有一盏灯亮着。

我承认万事万物都有矛盾,但是我认为我们公司没有矛盾。

5. 两不可

相互矛盾的两个命题,必然为一真一假。同时否定了矛盾的双方,就犯了模棱两可的错误,也叫"两不可"。

这道题会的敲1,这道题不会的敲2,小明既没有敲1,也没有敲2。

小明否定了矛盾的双方,犯了模棱两可的错误。

6. 非黑即白

黑色和白色是反对关系,而不是矛盾关系。因为除了黑色和白色外,还有其他颜色,所以不是黑色并不代表一定就是白色。

小明不是个优秀的学生,那他一定是个差学生。

不爱运动的人都是书呆子。

二、条件关系型谬误

1. 强置充分条件

强置充分条件就是误把不充分的条件当作充分条件来使用,认为只要有了A,一定会有B。这类错误的句子中常出现"一定""就""必然"等绝对化词句。

此类谬误在逻辑真题中出现较少,但是在论证有效性分析真题里面大量出现。

例如:(2015年管理类联考论证有效性分析真题)我国部分行业出现生产过剩,并不是真正的生产过剩。道理很简单,在市场经济条件下,生产过剩实际上只是一种假象。只要生产企业开拓市场、刺激需求,就能扩大销售,生产过剩马上就可以化解。

谬误分析:材料认为"只要生产企业开拓市场、刺激需求,就能扩大销售,生产过剩马上就可以化解",过于绝对化。是否能够扩大销售,不仅要看生产企业有没有开拓市场,还要受消费者需求、市场竞争状况等多种因素的影响。如果某种产品的市场已经饱和,则未必能扩大销售。即使这些努力能够扩大销售,但如果这种销售的扩大不足以解决供过于求的问题,也就无法"化解生产过剩的问题"。

2. 强置必要条件

只有有 A 才会有 B，没有 A 就一定没有 B，过于绝对。A 并非 B 的必要条件。这类错误的句子中常出现"只有……才……""唯一""必须"等绝对化词句。

例如：(2010 年 MBA 联考论证有效性分析真题)市场营销也是如此，如果希望推动人们接受某种新商品，应当首先影响引领时尚的文体明星。如果位于时尚高端的消费者对于某种新商品不接受，该商品一定会遭遇失败。

谬误分析："位于时尚高端的消费者"接受某种商品，可能影响普通消费者，但前者并非后者的必要条件。高端消费者与普通消费者的消费需求和消费能力显然是有很大差别的，可能高端消费者更注重品牌和品位，普通消费者更注重实用和价格。所以，高端消费者不接受的产品，可能普通消费者反而非常喜欢。

3. 充分条件与必要条件误用

论据不充分即从论据不足以推出结论，论据不是充分的，常见的是误把必要条件当作充分条件。

例如：只要我有钱，我才会买房。我有钱了，所以我一定会买房。

有钱是买房的必要条件，不是充分条件。因此，我有钱推不出我一定买房这个结论。

三、论证型谬误

1. 循环论证

论据的真实性在先，论点的真实性在后，如果论据的真实性依赖于论点的真实性，就犯了"循环论证"的错误。

例如：因为爱，所以爱。

2. 论据推不出结论

论证的重要规则是要求从论据出发能合乎逻辑地推出论点，即论据和论点之间要有必然的联系。违反这条规则就会犯"推不出"的逻辑错误。有以下几种常见情况。

①推理形式不正确。

推理形式不正确即从论据不能必然推出论题。

例如：所有的聪明人都有一个好爸爸，他有一个好爸爸，所以他一定很聪明。

②论据和论点不相干。

论据和论点不相干即论据和论点在内容上毫无关系。

例如：我们学校学生这学期开始穿校服了，学生们这学期的考试分数也有进步。所以，穿校服能提高学生们的学习成绩。

③虚假论据。

论据不真实，称为虚假论据。

例如：他很守诚信，是个靠谱的人。但实际上他欠钱不还。

3. 以偏概全

样本太小不能满足样本容量方面的要求，而使样本缺乏代表性，由此，不足以概括出代表总体特征的结论，此时就犯了以偏概全的错误。

小王从小学习刻苦,但大学毕业后五年了至今未买房,拖家带口生活艰辛;小张从小逃课不学习,偶然机会买彩票中了1000万元,在大城市买了房,日子红红火火,滋润无比。

结论:读书无用,上大学更没用,人生要靠运气。

4. 不当类比

类比推理是根据事物A具有某种属性,推出事物B也具有此种属性。为使此种推理可靠,进行类比的事物必须具有某种相关的共同本质性规定。如果此种本质性规定不一致,所做的类比称为"不当类比"。

著名相声演员郭德纲曾经代言减肥茶,被消费者举报减肥茶无效,还被央视3·15晚会曝光,认定为是虚假广告。但郭德纲对此不服,提出多条反驳意见,其中一条是:有人质疑广告上写着迅速抹平大肚子,说不灵。郭德纲说:"呵,你那是矫情。方便面袋上印着大虾肉块,也没见人上方便面厂上吊去;藏秘排油广告画上还有四个藏族姑娘呢,您也要?"

这里用的是类比推理,最后郭德纲还推出买减肥茶要送姑娘这样荒谬的结论。听起来是挺逗的,细一分析,逻辑上大有问题。因为减肥茶的最核心价值是"迅速抹平大肚子",失去了减肥这个核心价值,减肥茶就毫无意义;而方便面的核心内容是面,袋上印着的大虾肉块则只是辅料,没了辅料或是辅料缩了水,方便面的核心内容还是在的。至于说藏秘排油广告画上还有四个藏族姑娘,这四个姑娘不是减肥茶的核心内容,甚至连减肥茶的组成部分都不是,只能算一个背景罢了。所以郭德纲这样的类比是不恰当的。

5. 因果倒置与强拉因果

① 因果倒置。

事件的原因和结果总是紧密联系的,呈现相关的关系。因此,事件B本来是事件A的原因,往往会被误认为事件A是事件B的原因,这就犯了因果倒置的逻辑错误。

《统计陷阱》这本书里面提到了一个案例:美国某州的麻风病患者全国最多、比例全国最高,因此许多人得出结论"这个州的气候一定是很容易得麻风病。"但其实恰好相反,这个州的气候是全国最有利于麻风病患者治愈的,所以全国的麻风病患者都会来这里治疗,所以这个州的麻风病患者才是全国最多、比例全国最高。

② 强拉因果。

把没有因果关系的两个事件,误认为有因果关系,就犯了强置因果的逻辑谬误。

因果关系具有时间上的先后性和空间上的一致性,但具有这两个性质的两个事物之间未必有因果关系。仅仅依据两个事物之间具有时间上的先后性和空间上的一致性,就认为二者之间有因果关系,就犯了以先后为因果的逻辑谬误,这是强置因果的常见表现。

例如:我能考高分是因为考试前我抱了佛脚。

四、诉诸型谬误

1. 诉诸权威

诉诸权威是"以人为据"的一种特殊表现。它以权威人士的只言片语为论据来肯定一个论题,或以权威人士从未提出过某命题为论据来否定一个论题。

因为进化论是达尔文提出来的,所以进化论是正确的。

因为许多有名的科学家都信主,所以主是存在的。

2. 诉诸人身

诉诸人身是指用论证者自身或别人在人身或处境上的优势作为论据来论证某一个命题的真理性。论据与论题之间只具有心理上的相关性,并不具有逻辑上的相关性。

某人在研究机关工作,所以他写的文章一定有学术价值。

3. 诉诸众人

诉诸大众亦称"诉诸众人"。一种借助流行的见解、公众的热情、群体的利益或者习惯的行为方式等手段来使人接受其论题的论证方式。由于这种论证并不以事实为基础,或者并没有根据论据和论题之间的关系来证明论题,因而在逻辑上是不成立的。

《战国策·魏策二》记载有这样一则故事:三个人谎报市上有虎,于是听者就信以为真。成语"三人成虎"所揭示的正是诉诸大众的谬误。

4. 诉诸无知

诉诸无知的意思是当人们断定事物是正确时,只是因为它还没有被证明是错误的,或断定事物是错时,只因它还没有被证明是正确的,都属诉诸无知的意思。本质上是把无知当成已知。

以下有两种最常见的诉诸无知的方式:

①某件事没有被解释,或没有被明确解释,所以它就不是真实的。

②诉诸无知是一种逻辑,当一个假设没有被足够证据证实,所以另一个假设就是正确的。

战国时,庄子和朋友惠施在濠水一座桥上散步。庄子看水里的鱼说:"鲦鱼在水里很悠然自得,是鱼的快乐。"惠子说:"你又不是鱼,怎知道鱼的快乐?"庄子说:"你也不是我,怎知道我不知道鱼快乐呢?"

世界上有鬼,因为没有人能证明没有鬼。

世界上没有鬼,因为没有人能证明有鬼。

5. 诉诸情感

诉诸情感是一种非形式谬误,系指借由操纵人们的情感,而非有效的逻辑,以求赢得争论的论证方式。

不转不是中国人。

抵制日货就砸日本车。

使用恐吓,不转十次就什么什么的。

小王上有老下有小,不能辞退小王。

【例32】(2012.1.42)小李将自家护栏边的绿地毁坏,种上了黄瓜。小区物业人员发现后,提醒小李:护栏边的绿地是公共绿地,属于小区的所有人。物业为此下发了整改通知书,要求小李限期恢复绿地。小李对此辩称:"我难道不是小区的人吗?护栏边的绿地既然属于小区的所有人,当然也属于我。因此,我有权在自己的土地上种瓜。"以下哪项论证,和小李的错误最为相似?(　　)

A. 所有人都要为他的错误行为负责,小梁没有对他的错误行为负责,所以小梁的这次行为没有错误。

B. 所有参展的兰花在这次博览会上被订购一空,李阳花大价钱买了一盆花,由此可见,李阳买的必定是兰花。

C. 没有人能够一天读完大仲马的所有作品,没有人能够一天读完《三个火枪手》,因此,《三个火枪手》是大仲马的作品之一。

D. 所有莫尔碧骑士组成的军队在当时的欧洲是不可战胜的,翼雅王是莫尔碧骑士之一,所以翼雅王在当时的欧洲是不可战胜的。

E. 任何一个人都不可能掌握当今世界的所有知识,地心说不是当今世界的知识,因此,有些人可以掌握地心说。

【例33】(2011.1.38)公达律师事务所以为刑事案件的被告进行有效辩护而著称,成功率达90%以上。老余是一位以专门为离婚案件的当事人成功辩护而著称的律师。因此,老余不可能是公达律师事务所的成员。以下哪项最为确切地指出了上述论证的漏洞?(　　)

A. 公达律师事务所具有的特征,其成员不一定具有。

B. 没有确切指出老余为离婚案件的当事人辩护的成功率。

C. 没有确切指出老余为刑事案件的当事人辩护的成功率。

D. 没有提供公达律师事务所统计数据的来源。

E. 老余具有的特征,其所在工作单位不一定具有。

本章练习题

【题01】在两块试验菜圃里每块种上相同数量的西红柿苗。给第一块菜圃加入镁盐但不给第二块加,第一块菜圃产出了20磅西红柿,第二块菜圃产出了10磅。因为除了水以外没有向这两块菜圃加入其他任何东西,第一块菜圃较高的产量必然是由于镁盐。下面哪个,如果正确,最严重地削弱了以上的论证?(　　)

A. 少量的镁盐从第一块菜圃渗入了第二块菜圃。

B. 第三块菜圃加入了一种高氮肥料,但没有加镁盐,产出了15磅西红柿。

C. 在每块菜圃中以相同份额种植了四种不同的西红柿。

D. 有些与西红柿竞争生长的野草不能忍受土壤里大量的镁盐。

E. 这两块试验菜圃的土质和日照量不同。

【题02】"万物生长靠太阳",这是多少年来人们从实际生活中总结出来的一个公认的事实,然而,近年来科学家研究发现:月球对地球的影响远远大于太阳;孕育地球生命的力量,来自月球而非太阳。

以下哪项不能作为上述论断的证据?(　　)

A. 在月照下,植物生长快且长得好,月照特别是对几厘米高、发芽不久的植物如向日葵、玉米等最有利。

B. 当花枝因损伤出现严重伤口时,月照能清除伤口中那些不能再生长的纤维组织,加快新陈代谢,使伤口愈合。

C. 植物只有靠太阳光才能进行光合作用,动物也只有在阳光下才能茁壮成长。

D. 月球在地球形成之初,影响地球产生了一个巨大磁场,屏蔽来自太空的宇宙射线对地球的侵袭。

E. 科学家在太平洋加拉帕斯群岛附近的深海海底,发现并采集了红色的蠕虫、张着壳的蛤、白色的蟹等,这可能与月照有关。

【题03】2005年打捞公司在南川岛海域调查沉船时意外发现一艘载有中国瓷器的古代沉船,该沉船位于海底的沉积层上。据调查,南川岛海底沉积层在公元1000年形成,因此,水下考古人员认为,此沉船不可能是公元850年开往南川岛的"征服号"沉船。

以下哪项如果为真,最严重地弱化上述论证?(　　)

A. 在南川岛海底沉积层发现的沉船可能是搁在海底礁盘数百年后才落到沉积层上的。

B. 历史学家发现,"征服号"既未到达其目的地,也未返回其出发的港口。

C. 通过碳素技术测定,在南川岛海底沉积层发现的沉船是在公元800年建造的。

D. 经检查发现,"征服号"船的设计有问题,出海数周内肯定会沉船。

E. 公元700年—900年某些失传的中国瓷器在南川岛海底沉船中发现。

【题04】统计数据表明,近年来,民用航空飞行的安全性有很大提高。例如:某国2008年每飞行100万次发生恶性事故的次数为0.2次,而1989年为1.4次。从这些年的统计数字看,民用航空恶性事故发生率总体呈下降趋势。由此看出,乘飞机出行越来越安全。

以下哪项不能加强上述结论?(　　)

A. 近年来,飞机事故中"死里逃生"的概率比以前提高了。

B. 各大航空公司越来越注意对机组人员的安全培训。

C. 民用航空的空中交通控制系统更加完善。

D. 避免"机鸟互撞"的技术与措施日臻完善。

E. 虽然飞机坠毁很可怕,但从统计数字上讲,驾车仍然要危险得多。

【题05】今年4月以来,国内房价快速上涨,房地产开发商疯狂竞购土地,北京一块地拍卖出40.6亿元的天价,成为新"地王"。7月份,在北京、上海、广州、深圳诞生的8个"地王",几乎都是上市公司或控股公司购得。国内外的经验都表明,房价并非只涨不跌。所以,一旦房价下跌,这些开发公司将承受巨额亏损。

如果以下陈述为真,哪一项能够最严重地削弱上述结论?(　　)

A. 自然资源部调查数据显示,我国地价在房价中所占比例平均为23.2%。

B. 2003年—2009上半年,开发商闲置土地占已购得土地面积的57%。

C. 开发商拿下土地后不开发或退地,最多损失几千万元的竞买资金和地价首付利息。

D. 高地价推高房价,带动房地产公司股价上涨,公司趁股价在高位时融资,已获巨额资金。

E. 从全球范围来看,房价长期是上涨的。

【题06】一份关于酸雨的报告总结说,大多数森林没有被酸雨损害。而反对者坚持应总结为大多数森林没有显示出明显的被酸雨损害的症状,如不正常的落叶、生长速度的减慢或者更高的死亡率。下面哪项如果正确,最能支持反对者的观点?(　　)

A. 目前该地区的一些森林正在被酸雨损害。

B. 酸雨造成的损害程度在不同森林之间具有差异。

C. 酸雨可能正在造成症状尚未明显的损害。

D. 报告没有把酸雨对此地区森林的损害与其他地区做比较。

E. 当地环保部门为了推卸责任,影响了该报告的总结结论。

【题07】在过去两年中,有5架F717飞机坠毁。针对F717存在设计问题的说法,该飞机制造商反驳说:调查表明,每一次事故都是由于飞行员操作失误造成的。

飞机制造商的上述反驳基于以下哪一项假设?(　　)

A. 在F717飞机的设计中,不存在任何会导致飞行员操作失误的设计缺陷。

B. 调查人员能够分辨出,飞机坠毁是由于设计方面的错误,还是由于制造方面的缺陷。

C. 有关F717飞机设计有问题的说法并没有明确指出任何具体的设计错误。

D. 过去两年间,商业飞行的空难事故并不都是由飞行员操作失误造成的。

E. 飞行员一般不会出现操作失误的安全情况。

【题08】一家石油公司进行了一项石油溢出对环境的影响的调查,并得出结论:接触过石油溢出的水鸟有95%的存活率。这项调查基于:被送到石油溢出地附近兽医诊所看病的水鸟,20只受石油溢出影响的水鸟只有一只死亡。以下哪项最能质疑题干的结论?(　　)

A. 许多受影响但是存活的水鸟受到了严重的伤害。

B. 那些受影响而死亡的水鸟比一般的同类鸟要大。

C. 大部分受影响的水鸟都接触过水面上漂浮的石油。

D. 在重新接触石油后,很少量受影响的水鸟被重新送到诊所。

E. 只有那些看起来有很大存活率的水鸟才能被带到兽医站。

【题09】近些年来,西方舆论界流行一种论调,认为来自中国的巨大需求造成了石油、粮食、钢铁等原材料价格暴涨。

如果以下哪项陈述为真,能够对上述论点提出最大的质疑?(　　)

A. 由于农业技术特别是杂交水稻的推广,中国已经极大地提高了农作物产量。

B. 今年7—9月间,来自中国的需求仍在增长,但国际市场的石油价格重挫近三分之一。

C. 美国的大投资家囤积居奇,大量购买石油产品和石油期货。

D. 随着印度经济的发展,其国人对粮食产品的需求日渐增加。

E. 中国对大宗原材料的需求影响着国际定价。

【题10】在球类比赛中,利用回放决定判罚是错误的。因为无论有多少台摄像机跟踪拍摄场上比赛,都难免会漏掉一些犯规动作。要对所发生的一切明察秋毫是不可能的。以下哪一项论证的缺陷与上述论证的最相似?(　　)

A. 知识就是美德,因为没人故意作恶。

B. 我们不该要警察,因为他们不能阻止一切犯罪活动。

C. 试婚不是不道德的,因为任何买衣服的人都可以试穿。

D. 信念不能创造实在,因为把某事当成真的并不能使之成为真的。

E. 我们离不开水,因为它是我们生命的一部分。

【题11】陈华图便宜花50元买了双旅游鞋,不到一个月鞋底就掉了。不久,他按照市价的一半买了件皮夹克,结果发现原来是仿羊皮的。于是他得出结论:便宜无好货。

陈华得出结论的思维方法,与下列哪项最为类似?(　　)

A. 李京是语文教师,他仔细地批改了每一篇作文,得出结论:全班同学文字表达能力普遍有提高。

B. 王江检验一批产品,第一件合格,第二件是次品,得出结论:这批产品不全合格。

C. 王强邻居的小男孩,头发有两个旋,脾气很犟;王强的小侄子,头发也有两个旋,脾气也很犟。王强因此得出结论:头发有两个旋的孩子,脾气很犟。

D. 李文认为头发有两个旋的孩子很犟,因此得出结论:自己的孩子脾气不犟是因为头发只有一个旋。

E. 所有的白领都穿着时尚,张三是白领,所以张三穿着时尚。

【题12】福田石油公司连续两年在全球500家最大公司按净利润总额的排名中位列第一,其主要原因是该公司比其他公司有更多的国际业务。

下列哪项如果为真,则最能支持上述说法?(　　)

A. 与福田公司规模相当但国际业务少的石油公司的利润都比福田石油公司低。

B. 历史上全球500家大公司的净利润冠军都是石油公司。

C. 近两年全球最大的500家公司都在努力开拓国际业务。

D. 近两年来石油和成品油的价格都很稳定,是石油公司发展的好机会。

E. 福田石油公司是英国和荷兰两国共同拥有的。

【题13】去年,和羊毛的批发价不同,棉花的批发价大幅度地下跌。因此,虽然目前商店中棉织品的零售价还没有下跌,但它肯定会下跌。以下哪项如果为真,最能削弱上述论证?(　　)

A. 去年由于引进新的工艺,棉织品的生产加工成本普遍上升。

B. 去年,羊毛批发价的上涨幅度,小于棉花批发价的下跌幅度。

C. 棉织品比羊毛制品更受消费者的欢迎。

D. 零售价的变动一般都滞后于批发价的变动。

E. 目前商店中羊毛制品的零售价没有大的变动。

【题14】一些恐龙的头盖骨和骨盆骨与所有现代鸟类的头盖骨和骨盆骨有许多相同特征。虽然不是所有的恐龙都有这些特征,但一些科学家声称,所有具有这些特征的动物都是恐龙。

如果上面的陈述和科学家的声明都是正确的,下列哪项也一定正确?(　　)

A. 鸟类与恐龙的相似之处要多于鸟类与其他动物的相似之处。

B. 一些古代恐龙与现代鸟类是没有区别的。

C. 所有动物,如果它们的头盖骨和现代鸟类的头盖骨具有相同特征,那么它们的骨盆骨也一定和现代鸟类的骨盆骨具有相同特征。

D. 现代鸟类是恐龙。

E. 所有的恐龙都是鸟类。

【题15】急性视网膜坏死综合征是由病毒引起的眼部炎症综合征。急性视网膜坏死综合征患者大多数临床表现反复出现,相关的症状体征时有时无,药物治疗效果不佳。这说明,此病是无法治愈的。

上述论证假设反复出现急性视网膜坏死综合征症状体征的患者:(　　)

A. 没有重新感染过病毒。

B. 没有采取防止病毒感染的措施。

C. 对病毒的药物治疗特别抗药。

D. 可能患有其他相关疾病。

E. 不可能完全根治这种疾病。

【题16】最近,国家新闻出版总署等八大部委联合宣布,"网络游戏防沉迷系统"及配套的《网络游戏防沉迷系统实名认证方案》将于今年正式实施,未成年人玩网络游戏超过5小时,经验值和收益将计为0。这一方案的实施,将有效地防止未成年人沉迷于网络游戏。

以下哪项说法如果正确,能够最有力地削弱上述结论?(　　)

A. "网络游戏防沉迷系统"的推出,意味着未成年人玩网络游戏得到了主管部门的允许,从而可以从秘密走向公开化。

B. 除网络游戏外,还有单机游戏、电视机上玩的PS游戏等,"网络游戏防沉迷系统"可能会使很多未成年玩家转向这些游戏。

C. 许多未成年人只是偶尔玩玩网络游戏,"网络游戏防沉迷系统"对他们并无作用。

D. "网络游戏防沉迷系统"对成年人不起作用,未成年人会冒用成年人身份或利用网上一些生成假身份证号码的工具登录网络游戏。

E. 社会舆论并不看好"网络游戏防沉迷系统"。

【题17】为了降低犯罪率,政府决定更加严厉地对待监狱中的犯人,让监狱的生活环境变得不那么舒适。其中的一项政策是取消了监狱中的犯人可以报考函授大学或大专的机会。张教授宣称,实际上这个政策反而违背了政府的初衷,因为刑满释放后,在监狱中通过函授大学学习的人的再次犯罪的概率要远比其他出狱的犯人低得多。

以下哪一个选项是张教授结论成立需要的假设:(　　)

A. 如果在监狱不再能够进行函授大学的学习,犯罪分子会怀恨在心。

B. 选择函授上大学的人出狱以后再犯罪的概率,要比从来没进过监狱的人的犯罪率低。

C. 在监狱选择上函授大学的人,如果没有上函授大学,出狱后犯罪率并不会比其他犯人低。

D. 通过函授上大学的犯人出狱以后的犯罪率,要低于通过函授上大专的犯人出狱以后的犯罪率。

E. 政府的初衷其实是只想要让群众知道,他们在为降低犯罪率做出努力。

【题18】莫大伟到吉安公司上班的第一天,就被公司职工自由散漫的表现所震惊。莫大伟由此得出结论:吉安公司是一个管理失效的公司,吉安公司的员工都缺乏工作积极性和责任心。

以下哪项如果为真,最能削弱上述论证?(　　)

A. 当领导不在时,公司的员工会表现出自由散漫。

B. 吉安公司的员工超过2万人,遍布该省的十多个城市。
C. 莫大伟大学刚毕业就到吉安公司,对校门外的生活不适应。
D. 吉安公司的员工和领导的表现完全不一样。
E. 莫大伟上班的这一天刚好是节假日后的第一个工作日。

【题19】相比那些不踢足球的大学生,经常踢足球的大学生的身体普遍健康些。由此可见,足球运动能锻炼身体,增进身体健康。以下哪项为真,最能削弱上述论断?(　　)
A. 大学生踢足球是出于兴趣爱好,不是为了锻炼身体。
B. 身体不太好的大学生一般不参加激烈的足球运动。
C. 足球运动有一定的危险性,容易使人受伤。
D. 研究表明,长跑比踢足球更能达到锻炼身体的目的。
E. 年轻人都喜欢通过踢足球锻炼身体。

【题20】某高校本科生毕业论文中被发现有违反学术规范行为的人次在近10年来明显增多,这说明当代大学生在学术道德方面的素质越来越差。
以下哪项如果为真,将会明显削弱上述结论?(　　)
A. 互联网的强大功能为学术不端行为带来了极大的便利。
B. 高校没有对大学生进行学术道德方面的相关教育。
C. 近10年来大学本科毕业生的数量大幅增加。
D. 仍有三十名大学本科生的毕业论文被评为省优秀论文。
E. 高校课外实践时间增多影响了论文的写作时间。

【题21】目前,从全球看,艾滋病毒感染者人数在工业化国家趋于稳定或略有下降,在发展中国家却持续快速增长。到2000年,估计全球的艾滋病毒感染者将达到4000万~1.1亿人,其中60%将集中在发展中国家。因此,到22世纪初,与发达国家相比,发展中国家将有更多的人死于艾滋病。
以下哪项,如果为真,最能削弱上述论证?(　　)
A. 发达国家艾滋病的传播方式以同性恋和吸毒为主,发展中国家则以异性途径为主。没有证据说明异性途径比同性恋或吸毒更利于艾滋病的传播。
B. 到22世纪初,艾滋病感染者将集中地从欧美转移到亚洲。
C. 发达国家的艾滋病感染者从感染到发病的平均时间要短于发展中国家的,而从发病到死亡的时间只有发展中国家的1/2。
D. 中医在预防和治疗艾滋病方面的进展越来越受到世界的瞩目,这种进展在22世纪初估计将会有重大突破。
E. 世纪之交,世界卫生组织将对发展中国家的医疗保健,包括艾滋病的防治投入更多的关注和经济支持。

【题22】有关部委负责人表示,今年将在部分地区进行试点,为全面清理"小产权房"做制度和政策准备。要求各地对农村集体土地进行确权登记发证,凡是"小产权房"均不予确认登记,不受法律保护。因此,河西村的这片新建房屋均不受法律保护。

以下哪项如果为真,最能削弱上述论证?(　　)

A. 河西村的这片新建房屋已经得到相关部门的默许。

B. 河西村的这片新建房屋都是"小产权房"。

C. 河西村的这片新建房屋均建在农村集体土地。

D. 河西村的这片新建房屋有些不建在农村集体土地。

E. 河西村的这片新建房屋有些不是"小产权房"。

【题23】在过去的十年中,美国年龄在 85 岁或以上的人口数开始大量增长。出现这一趋势的主要原因是这些人在脆弱的孩提时期受到了美国良好的健康医疗照顾。下面哪个,如果正确,最严重地削弱了上面的解释?(　　)

A. 在美国,年龄在 85 岁或 85 岁以上的人中,有 75% 的人其父母的寿命小于 65 岁。

B. 在美国,现在 85 岁的人代表的年龄组的出生人数少于比这一年龄组大一点和小一点的年龄组。

C. 在美国,年龄在 85 岁以上的人中,有 35% 需要 24 小时护理。

D. 美国很多 85 岁以上的人是在 20 岁或 20 岁以后才移民到美国的。

E. 由于联邦政府用于怀孕妇女和儿童的医疗护理的资金减少,美国公民的寿命有可能会缩短。

【题24】Y 国反对开发泥煤的人认为,这样做会改变被开发地区的生态平衡,从而使这些地区的饮用水受到污染。这一观点难以成立。不妨以爱尔兰为例,这个国家泥煤已开采了半个世纪,水源并没有受到污染。因此,Y 国可以放心地开采。

以下哪项如果为真,能够最强地支持题干的论证?(　　)

A. 数个世纪以来,所有地区的生态环境都处于或大或小的变动之中,某些植物或动物种群从这种变动中获益。

B. 爱尔兰含泥煤地区的原始生态面貌与 Y 国未开采地区的原始生态面貌基本一样。

C. 未来几年中 Y 国的水资源污染的最大威胁,来自纺织和化工产业的迅速发展。

D. Y 国的泥煤资源,远远大于其他常年开采泥煤的国家。

E. 泥煤的开采,将使 Y 国的经济发展获得巨大利益。

【题25】在新一年的电影节的影片评比上,准备打破过去的只有一部最佳影片的限制,而按照历史片、爱情片等几种专门的类型分别评选最佳影片,这样可以使电影工作者的工作能够得到更为公平的对待,也可以使观众和电影爱好者对电影的优劣有更多的发言权。

根据上述信息,这种评比制度的改革隐含了以下哪项假设?(　　)

A. 划分影片类型,对于规范影片拍摄有重要的指导作用。

B. 每一部影片都可以按照这几种专门的类型来进行分类,没有遗漏。

C. 观众和电影爱好者在进行电影评论时喜欢进行类型的划分。

D. 按照类型来进行影片的划分,不会使有些冷门题材的影片被忽视。

E. 过去因为只有一部最佳影片,影响了电影工作者参加电影节评比的积极性。

【题26】评估专业领域中的工作成绩是在实际的工作中进行的。医生可以自由地查阅医书,律师可以参考法典和案例,物理学家和工程师可以随时翻阅他们的参考手册。因此,学生在考试的时候为什么就不可以看他们的课本呢?

以下哪项最能恰当地指出上述论证中所存在的漏洞?(　　)

A. 所引证的事例不足以支持评估专业领域中的工作成绩是在实际的工作中进行的这个一般的概括。

B. 没有考虑到这样的可能性:即使采纳了文中的建议也不会显著地提高大多数学生的考试成绩。

C. 忽视了这样的事实:专业人士在上学时考试也不准许看课本。

D. 忽视了这样的事实:与学生不同的是专业人士要花费数年的时间研究一个专业对象。

E. 没有考虑这种可能性:在专业领域与在学校中的评估目的截然不同。

【题27】一般认为,剑乳齿象是从北美洲迁入南美洲。剑乳齿象的显著特征是具有笔直的长剑形门齿,腭骨较短。臼齿的齿冠隆起,齿板数目为7至8个,且形似乳状突脊,剑乳齿象因此得名。剑乳齿象的牙齿比较复杂,这表明它能吃草,在南美洲的许多地方都有证据显示史前人类捕捉过剑乳齿象。由此可以推测,剑乳齿象的灭绝可能与人类的过度捕杀有密切关系。以下哪项如果为真,最能反驳上述结论?(　　)

A. 史前动物之间经常发生大规模相互捕杀的现象。

B. 剑乳齿象在遇到人类攻击时缺乏自我保护能力。

C. 剑乳齿象也存在由南美洲进入北美洲的回迁现象。

D. 由于人类活动范围的扩大,大型食草动物难以生存。

E. 幼年剑乳齿象的牙齿结构比较简单,自我生存能力弱。

【题28】湖队是不可能进入决赛的。如果湖队进入决赛,那么太阳就从西边出来了。

以下哪项与上述论证方式最相似?(　　)

A. 今天天气不冷。如果冷,湖面怎么不结冰了?

B. 语言是不能创造物质财富的。若语言能够创造物质财富,则夸夸其谈的人就是世界上最富有的了。

C. 草木之生也柔脆,其死也枯槁。故坚强者也死之徒,柔弱者生之徒。

D. 天上是不会掉馅饼的。如果你不相信这一点,那上当受骗是迟早的事。

E. 古典音乐不流行。如果流行,那就说明大众的音乐欣赏水平大大提高了。

【题29】人们一直认为管理者的决策都是逐步推理,而不是凭直觉。但是最近一项研究表明,高层管理者比中低层管理者更多地使用直觉决策,这就证实了直觉其实比精心的、有条理的推理更有效。

以上结论是建立在以下哪项假设基础之上的?(　　)

A. 有条理的、逐步的推理对于许多日常管理决策是不适用的。

B. 高层管理者制订决策时,有能力凭直觉决策或者有条理、逐步分析推理决策。

C. 中低层管理者采用有条理决策和直觉决策时同样简单。

D. 高层管理者在多数情况下采用直觉决策。

E. 高层管理者的决策比中低层管理者的决策更有效。

【题30】一项研究把一群有慢性抑郁症的人与另一群在其他方面一致,但没有抑郁症的人进行对比,发现抑郁群体中有明显更多的免疫系统失调。根据研究人员的说法,这些结果强有力地支持了精神状况会影响身体对传染病的抵抗能力的说法。

下面哪个,如果正确,对研究人员的解释提出最严重的质疑?(　　)

A. 这些研究人员的观点不过是民间故事和文学中类似主题的重复。

B. 有慢性抑郁症的人在防止接触传染方面绝不比他人粗心。

C. 免疫系统失调导致许多有这种问题的人患上慢性抑郁症。

D. 以前没有抑郁症的人可能非常迅速地变得抑郁。

E. 很频繁地发生传染病可能来源于过多地接触而非由于免疫系统失调。

参考答案

例题参考答案

【例1】答案 A。由题干可得,论据:(1)松鼠的目标是水或糖分;(2)树木周边并不缺少水源,松鼠不必费那么大劲打洞取水。结论:松鼠打洞的目的是摄取糖分。A 选项正确,题干是通过否定两种可能性中的一种来间接地肯定另一种,属于选言证法。其余各项均和题干论证无关。故 A 选项正确。

【例2】答案 A。前提:板块运动→维系行星表面水体。结论:板块运动→宜居标志。因此,需要在"水体"和"宜居"之间建立关系,选择 A 选项。

【例3】答案 C。论据:我的研究生中,起早摸黑做实验的人越来越少了。结论:生命科学院从前的研究生那种勤奋精神越来越不多见了。C 项是题干的论证必须假设的,建立起起早做实验与勤奋精神之间的联系,搭桥。其余选项均不是题干的论证必须假设的。

【例4】答案 D。结论:必须制定林果的统一标准。选项 D:如果有统一标准,则无须制定,因此是必要假设。其他选项和题干无关。

【例5】答案 B。题干的论证:大象群居山洞的情况是变化的,因此,大象能够接受新行为不是由遗传基因决定的。A 项削弱题干,说明遗传基因起了作用。要想保证大象接受和传授新行为能力是后天形成的,还必须保证大象的基因中没有出现几十年后新行为的基因,如果存在类似基因,则说明大象的行为依然是由基因决定的不是后天形成的,因此,正确答案为 B。验证:假设 B 项不成立,则说明新行为都是由遗传基因预先决定的,则结论不成立。C、E 项与题干无关。D 项过度假设,不必保证大象的群体行为不受遗传影响,只需保证大象能够接受新行为不是由遗传基因决定的即可。

【例6】答案 B。题干中通过"计划委员会支持开发西区的计划"和"王小名是计划委员会的成员",来论证"王小名不可能反对重新开发西区的计划"这一论点,关键还要看委员会的决定是否需要委员会的每一个成员都同意。如果需,则题干论证就是正确的;如果不需要,则题干论证就是不正确的。显然,选项 B 刚好起到了评价题干的作用。其他选项都起不到这样的作用。

【例7】答案 A。A项割裂论证过程,B项削弱结论,C项削弱论据,D项削弱背景信息,E项是无关选项,故最强的削弱为选项A。

【例8】答案 B。论据:经新一代基因测序技术筛查后的试管婴儿诞生。结论:人类或许迎来了"定制宝宝"的时代。A项,题干并未涉及基因筛查和自然受孕的优劣比较,是无关项。B项,说明"定制宝宝"与基因筛查两者之间的区别,由论据无法推出结论。C项,诉诸无知,无法削弱。D项,无法说明"定制宝宝"不成立,"可能"一词较弱,反驳力度不如B项。E项,过于发散,无关选项,没有谈到"基因"与"定制宝宝"。

【例9】答案 B。论据:在拥有电脑的家庭中编写程序的家庭所占比例低。结论:大部分购买电脑的家庭并没有充分利用他们的家庭电脑。B项,表明购买电脑的主要用途是娱乐,所以即使调查显示用电脑编程的时间短,也无法证明大部分家庭没有充分利用电脑,论据不足以推出结论。其他选项均为无关选项。

【例10】答案 A。由题干可得,论据:(1)不是赢家→就是输家;(2)要么是勇者,要么是懦弱者;(3)赢家→勇者。结论:输家→懦弱者。A选项:勇者→赢家=不是赢家→不是勇者;联立(1)、(2),输家就是懦弱者。建立了论据与结论的联系,故需要假设。故A选项正确。

【例11】答案 A。本题是削弱题但涉及的是假言命题的知识点。题干观点断定:如果一个企业的办公大楼设计得越完美,装饰得越豪华,则该企业离解体的时间就越近,即办公大楼修得越完美→该企业越接近解体。A选项满足前真and后假,与题干的断定是矛盾关系,属最强的削弱。

【例12】答案 D。由题干可得,论据:调查中,《管理者》杂志读者均表现出一定的管理基础知识水平。结论:社会群众对管理知识掌握得还不错。D选项指出以偏概全,《管理者》的读者主要是高学历者,故这些样本相对于目前的社会群众来说,不具有代表性。因此,无论统计结果是什么,都不能直接反映总体情况。故D选项正确。

【例13】答案 A。题干根据20个词语、30位人士识读结果推出当前人们的识字水平,论证采用了归纳推理,削弱归纳推理构成的论证一般说明样本对象数量少、样本不具有代表性。A项说明20个词语不具有代表性,削弱了该归纳论证。

【例14】答案 B。本题进行削弱的方式,就是指出"不当类比"。选项B指出,扑克牌和硬币在"用作赌具"这个属性上存在非常显著的差异——潜台词就是此二者放在一起进行类比推理是缺乏有效性的。因此,不能因为"禁止带硬币进校以杜绝赌博"这种方式行不通,就得出结论说,"禁止学生带扑克进校以杜绝赌博"这种方式也不合理,这就有力地削弱了题干论证。

【例15】答案 C。题干中依据放映《廊桥遗梦》的收入推断《泰坦尼克号》的收入,必须假设两部影片在关键方面是类似的,类比才是有效的,因此C项就是必须假设的。

【例16】答案 D。题干要求的削弱专家的观点,而专家的观点就是说光纤网络会大幅度提高人们的生活质量,由果推因。A项与题干信息无关。B项偷换概念,"高品质生活"与"提高生活质量"不同。C项也属于无关选项。D项"仅决定"表明另有他因,割裂原来的因果关系。E项是无关选项,故不选。答案选D。

【例17】答案 C。题干由蛋白质合成过多导致自闭症推出自闭症与蛋白质合成量具有重要关联,而

C 选项说抑制蛋白质的合成,自闭症可缓解,无因无果,这就有力加强了题干的观点。A、B、D、E 因为都没有把蛋白质合成量与自闭症关联起来,所以不能支持。

【例18】答案 B。题干是对比推因果的论证,根据起居相同和起居不同的两组夫妻的对比推出起居不同是闹矛盾的原因,B 选项说明夫妻闹矛盾是起居不同的原因,说明题干因果倒置。E 项说很少是直接原因,也可能是间接原因,不能否定题干中因果联系。

【例19】答案 B。题干的论证形式为:前提是医生数量不足,得出结论爱慈老人院在疾病治疗水平方面评价偏低。B 项是排除他因,指出并非医务护理人员数量过少导致爱慈老人院在疾病治疗水平方面评价偏低。E 项是另有他因,某些医生医术一般,是医生医术的原因而不是数量的原因,削弱了题干。其余三项均与题干论证无关。

【例20】答案 A。题干根据"现有的专利律师没有一位具有生物学的学历和工作经验",推出"难以处理有关生物方面的专利"。这是一个因到果的论证。A 选项说明生物学的学历和工作经验与处理生物方面的专利没有必然的因果联系。

【例21】答案 D。张老师通过对比有无 MnO_2 的情况下,O_2 产生的速度快慢不同,从而得出 MnO_2 是 O_2 快速产生的原因这一结论。D 项通过对比是否存在空气的情况下,能否听到铃声的结果不同,从而得出空气是声音传播的介质这一结论。与张老师得出结论的方法类似,都是通过对比一个事物是否存在对某一现象是否发生产生影响,从而得出二者之间存在的关系。其他各项都不是使用这种方法。故答案选 D。

【例22】答案 E。研究人员得出结论的方法就是求同法。选项 A 谈到的是"适应性"问题,题干话题未涉及;选项 B、C、D 与该结论不相干,均不能削弱题干。E 项对题干的实验进行了另一种解释,如果这种解释成立,也就是说,如果事实上使患者痊愈或好转的原因,是每天六小时的非工作状态,改善了他们的心态(正是这种心态是导致忧郁的主因),那么,就可得出结论,光线照射的增加和冬季抑郁症缓解之间的联系只是一种表面的非实质性的联系。这就有力地削弱了题干的结论。

【例23】答案 E。题干根据不同推不同,削弱就是要找两者不相同之处(另有他因),所以在这道题要找东、西面两块地的不同之处。选项 ABCD 都没谈到二者不同,排除。选项 E 表明,东面和西面两块地的土质不同。这就说明了存在其他因素影响论证,能有效地削弱题干,故选 E。

【例24】答案 D。题干采用求异法,根据第一组和第二组的差异对比,推出 B7 的某种成分会影响人的记忆能力。论证成立要求两组对象具有可比性,即除了题干中 B7 维生素摄入量不同外,其他与推出结论相关因素应该相同。D 选项说明比较的对象试验前记忆力相当,支持题干论证。

【例25】答案 E。E 项构造一个求异法对比,题干指出,使用了祛斑霜,但是黄斑并没有减少,推出祛斑霜没有效果。那么如果没有使用祛斑霜会更差,则是支持祛斑霜有效,如果没有使用祛斑霜不会更差,则是对祛斑霜有效的支持。

【例26】答案 E。对于"不刷牙的人可能患口腔癌"的建议是"进行每周一次的口腔自检",但由于 E 选项中的信息"经常不刷牙的人不大可能做每周一次的口腔自检",所以上述措施不可行。

【例27】答案 D。论点的主旨是说如果拓宽了自行车道,自行车就不会再抢道,隐含着说自行车抢道的原因是因为自行车道窄。选项D说明自行车道拓宽到3.5米的措施达不到目的。

【例28】答案E。如果选项E为真，说明为乘客提供防毒面罩的做法，虽然有利于避免因吸入瓦斯造成的死亡，却会因延长撤离机舱的时间而增加在瓦斯爆炸中伤亡的危险。也就是说，提供防毒面罩的做法是得不偿失的，措施无意义。

【例29】答案E。论据：在建筑施工中伤亡职工的数量每年仍有增加。结论：《细则》并没有得到有效的实施。E选项指出若职工总数量增长很多，则即便伤亡职工数量增加，未必会使整体伤亡率上升，最能削弱题干。故E选项正确。

【例30】答案A。要削弱论证，就要指出学生中家庭经济条件优越在所有样本中的比例超过80%，就说明家庭条件优越不是泡网吧的重要原因。E选项没有强调样本是否具有代表性。

【例31】答案A。平均值只反映数字的集中程度，不反映数据的分布广度。如100对婚龄为1年和17对婚龄为50年的人平均婚龄为8年。闪婚闪离的人越多，婚姻存续时间短的人就越多，削弱了张先生的理解。B选项诉诸无知，其他选项均与论证无关。

【例32】答案D。题干中小李辩论中的推理是："护栏边的绿地既然属于小区的所有人，我是小区的人，所以护栏边的绿地也属于我。"，"小区的所有人"是一个集合概念，但"我是小区的人"，我只是这个整体的组成，是一个非集合概念。所以，整体所具有的性质，其组成部分不一定具有，因此，从整体具有某种性质就推出组成它的个体也必然具有，存在逻辑错误。选项D中，从"莫尔碧骑士组成的军队"这个整体具有"不可战胜"的性质，推出这个整体的构成个体"翼雅王"也具有同样的性质，也犯了同样的错误。选项B中，"参展的兰花"不是集合概念，也就不存在类似题干的漏洞。

【例33】答案A。由"老余不具有公达律师事务所的特征"推出"老余不是公达律师事务所的成员"，忽视了公达律师事务所主要特征与个人成员之间的可能区别，整体所具有的性质，其个体不一定具有。A项，确切地指出了题干论证的漏洞。

练习题参考答案

【题01】答案E。题干采用求异法，根据两块地的差异推出产量和镁盐之间因果联系。论证要成立，必须说明除了是否有镁盐外，其他与推出结论密切相关的因素是相同或没有较大差异的。E选项说明两块实验菜圃的土质和日照量不同，说明两块地不具有可比性，从而削弱题干的论证过程。

【题02】答案C。首先要注意到本题问的是"以下哪项不能作为上述论断的证据"。题干的论断是"月球对地球的影响远远大于太阳"，不能作为其论据的选项就是要说明"太阳对地球的影响具有决定意义（即太阳对地球的影响大于月球）"，而选项C正是表达了这个意思。

【题03】答案A。题干：发现沉船沉积层形成于公元1000年→此沉船不可能是公元850年南川岛的"征服号"沉船。题干暗含了一个假设：沉积层的年代和沉船的年代相同。A削弱隐含假设，沉积层和沉船的年代可能不同，与假设矛盾。B是无关选项。C不能削弱，因为公元800年建造，不代表公元850年不能行驶。D是无关选项。E不能削弱，因为公元700年—900年某些失传的中国瓷器，可能是后人带到船上，不代表沉船时间。

【题04】答案E。题干：民用航空恶性事故发生率总体呈下降趋势→乘飞机出行越来越安全。

ABCD 四项均补充新论据,说明飞机安全,支持题干。E 项,无关选项,驾车的安全性与飞机的安全性无关。

【题05】答案 D。题干的推理为:房价下跌→开发公司将巨额亏损。那么只要引入开发商不亏损的其他原因,都可以削弱题干中的结论。D 选项指出,开发商已经通过融资赚到了巨额资金,即使地价下跌也已经获得利润。C 选项也能一定程度地质疑,意思是,开发商只是亏损一部分,不见得巨额亏损。但是相比 D 选项,力度弱一点。所以 D 选项最能质疑题干的结论。

【题06】答案 C。题干中反对者的论点是"大多数森林没有显示出明显的被酸雨损害的症状"。换句话也就是说"大多数森林被酸雨损害了,只是没有显示出明显的症状",题干强调的是"大多数森林"。A 选项强调的范围是"该地区",与题干中"大多数森林"不一致;B 选项强调的是"不同森林"之间具有差异性,题干中没有提到,是无关选项;D、E 选项强调"没有和其他地区做比较"和"环保部门影响",题干中没有涉及,显然也是无关选项。而 C 选项直接肯定了论点,起到了支持作用。

【题07】答案 A。题干的推理过程是因为飞机事故都是驾驶员造成的,所以飞机事故与制造商无关。那么,如果制造商设计的问题导致了驾驶员操作失误,就说明制造商与飞机事故有关,是对题干逻辑的质疑。而不会存在制造商设计的问题导致驾驶员操作失误,则是题干结论成立的前提假设。

【题08】答案 E。存活率=救活的鸟/接触石油溢出的鸟,题干分母数量大幅减少,使存活率虚高,因此得不出结论。

【题09】答案 B。本题属于因果关系中的有因无果,割裂因果关系。B 选项指出,巨大需求为真,原料价格没有上涨。

【题10】答案 B。题干的逻辑为:因为摄像机不可能拍到所有犯规动作→利用回放是错误的。一个措施不完美,但是依旧可以带来好处。用逻辑来描述就是,不能因为某事不完美,推出某事没有好处应该被取缔的。B 选项跟题干的错误一致。

【题11】答案 C。题干采用的是不完全归纳推理的方法,结论未必可靠。A 选项完全归纳推理,结论可靠;B 选项结论可靠;D 选项演绎推理;E 选项是三段论中概念的误用,虽然结论是不必然成立的,但思维过程并不是采用的归纳推理。C 项与题干一样,都采用了不完全归纳法进行推理。

【题12】答案 A。题干逻辑是:由果推因。福田石油利润排名第一(果)→因为有了更多的国际业务(因)。A 选项指出其他的石油公司没有国际业务同时利润低,用无因无果的方式支持了题干的逻辑。B 选项只是支持了结论,支持福田公司利润排名第一,但是没有支持题干从"更多国际业务"推出"利润排名第一"这个推理过程。

【题13】答案 A。题干的推理是批发价下跌→零售价会下跌,这是一个因到果的论证。A 选项说明生产加工成本上升,还有其他因素影响零售价是否下跌,削弱了题干。

【题14】答案 D。由题干知,一是所有现代鸟类的头盖骨和骨盆骨与一些恐龙的头盖骨和骨盆骨有许多相同特征;二是科学家声称,所有具有这些特征的动物都是恐龙。因此,可以推出现代鸟类是恐龙。

【题15】答案 A。题干的逻辑为:病症总是反复出现→该病无法治愈。我们采用取非法,取反代入的验证思路。对 A 选项取反,如果患者重新感染过病毒,那么说明第一次得病是被治愈的,之所以病症反复出现是因为第二次又得了这个病,该病无法被治愈的结论就无法成立了。取反代入让结论不能成立的选项,就是结论成立需要的假设。

【题16】答案 D。此题干的结论是上述方案的实施将有效防治未成年人沉迷网游,也就是:防沉迷方案的实施(因)→防止未成年人沉迷于网游(果)。我们需要讨论的是防沉迷方案是否防止未成年人沉迷网游,那么关于网游以外的游戏 B 选项就不是题干讨论的范畴。即使年轻人转去玩 PS 游戏,说明该政策对于不再"沉迷网络"还是有效的,不能削弱题干的结论。偶尔玩玩的未成年人本来就不沉迷于网络,该政策对"不沉迷于网游的年轻人"无效,不等于对于"沉迷网络的年轻人"也无效,所以 C 选项不能质疑题干的结论。D 选项为另有他因让结果不成立,即实施了方案,但是依旧无法防止未成年人沉迷。

【题17】答案 C。题目考查的是求异法中的同一对象的纵向比较。论据:参加函授的人出狱以后犯罪率低(参加函授会降低犯罪率)。结论:实际上这个政策反而违反了政府的初衷(并不会降低犯罪率)。C 选项指出:在监狱选择上函授大学的人,如果没有上函授大学,犯人出狱后并不会比其他犯人的犯罪率还低,通过对比说明上函授大学是能降低犯罪率的。所以 C 选项是通过构建求异法的对比思路支持了题干,是题干的假设。

【题18】答案 B。题干的结论是吉安公司的所有员工都缺乏工作积极性和责任心。得到结论的依据是莫大伟看到的周围的职工非常自由散漫。所以,推出结论的问题在于结论的主体,"吉安公司的所有员工"和论据的主体"莫大伟看到的职工"不同。B 选项就明确指出这点不同,既然吉安公司的员工超过 2 万人,遍布十多个城市,那莫大伟看到的那几个人自然就不能代表吉安公司的所有员工,从而质疑了题干的论证。E 选项的错误在于强调的是时间的不同,如果把题干的最后一句改成"莫大伟由此得出结论:吉安公司的员工在任何时候都缺乏工作积极性和责任心。"在这种问法的情况下,E 才能成为正确选项。

【题19】答案 B。通读题干,"由此可见"后面的为论点,体现了一个明显的因果联系:"足球运动"是"身体健康"的主要原因。要削弱这一论断,可以通过削弱两者间的因果链条来进行。B 项指出身体不好的大学生一般不参加激烈的足球运动,即"身体好"是"参加足球运动"的原因,也就说明题干的论断是"因果倒置",有力地削弱了题干论断。

【题20】答案 C。题干的结论是"说明"后面的内容,前面的为论据。两者之间存在因果联系,即"大学生在学术道德方面的素质越来越差"是"违反学术规范行为的人次的增多"的原因。A 项说明大学生的学术道德水平确实不好,加强了结论;B 项与题干论证无关;C 项说明违反学术规范行为的人数的增多是由于本科毕业生的数量增加,是"另有他因",从而削弱了结论;D 项是无关项,"有些论文被评为省优秀论文的事实"不能说明"大学生在学术道德方面的素质好"。

【题21】答案 C。若 C 项为真,则至二十一世纪初,发达国家的艾滋病感染者总人数虽然只占 40%,然而死亡速度却比发展中国家快一倍。这样,其死亡人数就未必比发展中国家少了。另有他因,从而有效地削弱了上述论证。此外,选项 A、B、D、E 为真时,也都分别能在一定程度上削弱上述论证,但都不如选项 C 更直接,更有力。故选 C。

【题22】答案 E。题干论据为：凡是"小产权房"均不予确认登记，不受法律保护。论点为：河西村的这片新建房屋均不受法律保护。即论据为"小产权房"→不受法律保护，简记 A→B；论点为河西村的新建房屋→不受法律保护，简记 C→B。若想建立两者之间的联系只需添加 C→A，削弱：C→非 A。即河西村的有些新建房屋不是"小产权房"。

【题23】答案 D。题干认为美国 85 岁以上人口大量增长的主要原因是这些人在孩提时期受到了美国良好的医疗照顾。D 选项说明很多 85 岁以上的人是在 20 岁或 20 岁以后才移民到美国的，根本没有享受美国良好医疗。另有他因，说明二者并无因果联系。

【题24】答案 B。考查类比论证。要使题干中的论证更有说服力，必须尽可能解除人们对水污染问题的担心。选项 B 为真，则可将爱尔兰与 Y 国的情况进行类比，从而推出"Y 国开采泥煤后水源也不会受到污染"的结论。从而在一定程度上（并不能绝对）解除人们对水污染问题的担心。其余选项都忽略了泥煤开采可能带来的水污染问题，故皆非正确选项。其中选项 A 将生态环境的变动视为自然而然的事情，选项 D 和 E 分别突出了 Y 国泥煤资源的富有和开采泥煤的巨大利益，均未提及水污染的问题。选项 C 虽然提到了水污染的问题，却没有具体讨论泥煤开采对水污染的影响。故正确选项是 B。

【题25】答案 B。B 选项说明措施可行。

【题26】答案 E。题干是在进行类比论证，犯有"不当类比"的逻辑错误。选项 E 恰当地指出了其错误，说明两者的相关属性不同。

【题27】答案 A。题干：人类过度捕杀→剑乳齿象的灭绝。A 另有他因，是动物间自相残杀导致剑乳齿象的灭绝，B 支持题干，说明人类很容易捕获，C 是无关选项，D 支持题干，E 削弱力度弱，幼年自我生存能力弱，不代表它们不能生存（如成年象抚育）。

【题28】答案 B。题干和 B 项的方法均为归谬法。其形式为：A 不能 B，如果 B，则得出一个荒谬的结论。A 项说不通，如果表述为"今天天气冷。如果不冷，湖面怎么结冰了？"则也为归谬法。

【题29】答案 E。假设 E 项为假，那么尽管高层管理者较多地使用直觉决策，但是由于这些决策并不比中低层管理者更有效，因而便无法说明直觉比精心的、有条理的推理更有效。可见 E 项正是题干中论证所依赖的假定之一。故选 E。此外，选项 A 不正确，因其与直觉无关，而结论是关于直觉的。选项 B 不正确，因为高层管理者有能力选择决策方式并不意味着其选择结果就一定有效。选项 C 不正确，因为没有涉及有效性问题，而结论是关于有效性的。选项 D 不正确，因为高层管理者在多数情况下采用直觉决策同样不能说明其决策结果一定有效。

【题30】答案 C。题干通过有慢性抑郁症和没有慢性抑郁症的两组人群的免疫系统失调情况进行对比，得出结论。该论证隐含的因果假设为"抑郁症是免疫系统失调的原因"。C 选项说明免疫系统失调导致许多有这种问题的人患上慢性抑郁症，说明题干犯了因果倒置的错误。

管理类联考辅导教材

数学 | 逻辑 | 写作 | 英语二

主 编　谭耀华
编 委　数学组　子　骞　韩一凡　陈思宇　齐心怡
　　　　逻辑组　赵小帅　郝天宇　刘峻熙　何瑞阳
　　　　写作组　蒋飞飞　于紫阳　孙晨曦　王　伟
　　　　英语组　刘镯梦　张　宁　郭小燕　苏　晨

（林晨陪你考研系列）

中国·武汉

图书在版编目(CIP)数据

管理类联考辅导教材.数学、逻辑、写作、英语二/谭耀华主编.—武汉:华中科技大学出版社,2023.12
ISBN 978-7-5772-0307-2

Ⅰ.①管… Ⅱ.①谭… Ⅲ.①管理学-研究生-入学考试-自学参考资料 Ⅳ.①C93

中国国家版本馆 CIP 数据核字(2023)第 246780 号

管理类联考辅导教材(数学、逻辑、写作、英语二) 谭耀华 主编

Guanlilei Liankao Fudao Jiaocai(Shuxue,Luoji,Xiezuo,Yingyu Er)

策划编辑：江　畅
责任编辑：江　畅
封面设计：孢　子
责任监印：朱　玢
出版发行：华中科技大学出版社(中国·武汉)　　电话：(027)81321913
　　　　　武汉市东湖新技术开发区华工科技园　　邮编：430223
录　　排：武汉创易图文工作室
印　　刷：武汉市洪林印务有限公司
开　　本：787mm×1092mm　1/16
印　　张：40.75
字　　数：1043 千字
版　　次：2023 年 12 月第 1 版第 1 次印刷
定　　价：206.00 元(含数学、逻辑、写作、英语二)

本书若有印装质量问题,请向出版社营销中心调换
全国免费服务热线：400-6679-118　　竭诚为您服务
版权所有　侵权必究

尊敬的考生们：

您好！非常感谢您选择林晨陪你考研！

林晨陪你考研专注于 MBA、MEM、MPA、MPAcc 等管理类联考专业提前面试、笔试、复试定制化培训服务近十年，积累了丰富的教学资源和经验，打造了一套完善的教学体系和服务流程。发展至今，林晨陪你考研已拥有一批专业化优秀的师资团队，并逐步在武汉、上海、北京、广州、深圳等地成立运营中心，为您提供全方位的管理类联考备考服务，目前学员已遍布全国大江南北。我们的教学目标是：帮助您找到适合自己的专业和院校，提高您的专业素养和综合能力，提高您的面试技能和沟通能力，实现您的考研愿望，助力您的职业规划。

这套《管理类联考辅导教材》是林晨陪你考研教研团队经过多年的教学和研究，结合最新的考试大纲和真题，针对管理类联考笔试精心编写而成的。这套教材涵盖了管理类联考的四个科目——数学、逻辑、写作和英语二，每个科目都有详细的知识点讲解、典型例题分析、模拟练习题和答案解析，以及考试技巧和注意事项。这套教材旨在帮助您全面掌握管理类联考的基础知识和应试技能，提高您的解题速度和准确率，增强您的信心和竞争力。

管理类联考是一项全国性的选拔型的研究生入学考试，它不仅考查您的专业知识和能力，还考查您的综合素质和逻辑思维。要想在这样的考试中取得优异的成绩，您需要付出艰苦的努力和持之以恒的坚持。除了努力，您还需要有正确的方法和指导。这就是林晨陪你考研团队为您提供的这套教材和相应培训服务的价值所在。我们希望通过这套教材以及服务，能够为您的考研之路提供一盏明灯，让您能够在茫茫的知识海洋中找到方向，避免走弯路，节省时间和精力，达到事半功倍的效果。

最后，林晨陪你考研团队衷心地祝愿您在管理类联考中取得优异的成绩，顺利进入自己心仪的院校，开启自己的研究生学习之旅，为自己的未来和社会的发展做出贡献！我们相信，只要您有明确的目标，有坚定的信心，有正确的方法，有专业的团队为您服务，您就一定能够克服所有的困难，战胜所有的挑战，实现您的考研梦想，走向您的理想人生！

林晨陪你考研团队
2023 年 12 月

更多关于 MBA、MEM、MPA、MPAcc 等管理类联考专业择校、提前面试、笔试、复试资讯，可以全网关注我们的自媒体：视频号/微信公众号/小红书/微博——林晨陪你考研，也可以登录林晨陪你考研官网 www.linchenkaoyan.com 查阅，还可以直接与我们的老师进行一对一的沟通交流，我们的联系方式是：13545149501(微信同号)。

上篇　联考写作技巧

- 第一章　前言 ······ 1
  - 一、大纲正文 ······ 1
  - 二、真题呈现 ······ 1
  - 三、评分标准 ······ 2
  - 四、考试时间分配 ······ 3
- 第二章　写作备考概述 ······ 4
  - 一、考查的本质 ······ 4
  - 二、写作备考的注意点 ······ 6
- 第三章　论证基础 ······ 8
  - 一、什么是论证？ ······ 8
  - 二、如何辨识论证？ ······ 9
- 第四章　论证有效性分析写作方法 ······ 12
  - 一、论证有效性分析大纲解读 ······ 12
  - 二、论证有效性分析识别的思路 ······ 13
  - 三、论证有效性分析的成文结构与评分标准 ······ 14
  - 四、论证有效性分析题目常见论证结构 ······ 15
  - 五、常见逻辑缺陷识别与标准写法 ······ 16
  - 六、逻辑缺陷的其他写法 ······ 41
  - 七、论证有效性分析成文时间分配 ······ 43
  - 八、论证有效性分析成文规范解析 ······ 44
- 第五章　论证有效性分析真题解析 ······ 47
  - 一、真题演练 ······ 47
  - 二、真题解析 ······ 49
- 第六章　论说文写作分析 ······ 56
  - 一、论说文考试大纲解读 ······ 56
  - 二、考试命题规律 ······ 58
  - 三、论说文写作常见问题及策略 ······ 60
- 第七章　论说文写作方法 ······ 62
  - 一、审题立意 ······ 62

二、论说文行文基本结构 82
　　三、论说文段落写法 88
第八章　论说文写作真题解析 96
　　一、真题精选精练 96
　　二、真题精解精析 97
附录　常见标点符号使用规则 101

下篇　联考写作素材

　　一、物质与精神 103
　　二、个人与环境（内因与外因） 104
　　三、善用人才 105
　　四、尊重与自重 106
　　五、学习知识 107
　　六、独立思考，有主见 109
　　七、自信 110
　　八、信念与信仰 110
　　九、惜时 111
　　十、天赋与勤奋 112
　　十一、修身立德 113
　　十二、自律 114
　　十三、"危"与"机"相互转化 114
　　十四、奉献 115
　　十五、责任与担当 116
　　十六、居安思危，远见 116
　　十七、模仿借鉴与创新 117
　　十八、认真、细心、踏实 118
　　十九、实干精神 119
　　二十、自省 119
　　二十一、主观能动性 120
　　二十二、勤俭朴素 121
　　二十三、变革 121
　　二十四、谦逊低调 122
　　二十五、乐观坚强 123
　　二十六、法制规矩 124
　　二十七、厚积薄发 124
　　二十八、诚信 125

目录

二十九、辩证思考（事物两面性） …… 126

三十、初心 …… 127

三十一、匠心 …… 127

三十二、程度与分寸 …… 127

三十三、舍与得 …… 128

三十四、原因与结果 …… 128

三十五、过程与结果 …… 129

三十六、目的与手段 …… 129

三十七、合作共赢 …… 130

三十八、主要与次要 …… 130

三十九、实践与认知 …… 131

四十、现象与本质 …… 131

四十一、量变与质变 …… 131

四十二、整体与局部 …… 132

四十三、对立与统一 …… 132

四十四、原则 …… 133

四十五、宽容 …… 133

四十六、目标与收益类——"经济人"假设 …… 133

四十七、成本与风险类——机会成本 …… 134

四十八、成本与风险类——边际成本与边际收益 …… 135

四十九、成本与风险类——沉没成本 …… 136

五十、成本与风险类——交易成本与科斯定理 …… 137

五十一、成本与风险类——规模效应 …… 139

五十二、成本与风险类——墨菲定律与海恩法则 …… 140

五十三、条件与约束类——信息不对称 …… 141

五十四、条件与约束类——瓶颈理论 …… 142

五十五、条件与约束类——公地悲剧 …… 143

五十六、条件与约束类——劣币驱逐良币 …… 144

五十七、方法与行动类——定位理论 …… 145

五十八、方法与行动类——路径依赖 …… 146

五十九、方法与行动类——强化理论 …… 147

六十、方法与行动类——内因与外因 …… 148

六十一、方法与行动类——量变质变规律 …… 149

上篇 联考写作技巧

论证有效性分析写作技巧　论说文写作技巧

第一章　前言

一、大纲正文

综合能力考试中的写作部分主要考查考生的分析论证能力和文字表达能力,通过论证有效性分析和论说文两种形式来测试。

1. 论证有效性分析

论证有效性分析试题的题干为一段有缺陷的论证,要求考生分析其中存在的论证缺陷,对缺陷进行反驳,选择若干要点,评论该论证的有效性。

本类试题的分析要点是:论证中的概念是否明确,判断是否准确,逻辑推理是否严密,论证条件是否充分等。

文章要求分析得当,理由充分,结构严谨,语言得体。

2. 论说文

论说文的考试形式有两种:一种是命题作文,一种是基于文字材料的自由命题作文。每次考试为其中一种形式。要求考生在准确、全面地理解题意的基础上,对命题或材料所给观点进行分析,表明自己的观点并加以论证。

文章要求:思想健康,观点明确,论据充足,论证严密,结构合理,语言流畅。

管理类联考和经济类联考的写作部分分值不同。

管理类联考:论证有效性分析 30 分,论说文 35 分,总计 65 分。

经济类联考:论证有效性分析 20 分,论说文 40 分,总计 60 分。

两者写作备考方法基本一致,本书对两类考试均适用。

二、真题呈现

以 2018 年管理类联考真题为例:

56.论证有效性分析:分析下述论证存在的缺陷和漏洞,选择若干要点,写一篇 600 字左右的文章,对该论证的有效性分析进行分析和评论。(论证有效性分析的一般要点是:概念特别是核心概念的界定和使用是否准确并前后一致,有无各种明显的逻辑错误,论证的论据是否成立并支持结论,结论成立的条件是否充分,等等。)

哈佛大学教授本杰明·史华慈(Benjamin I. Schwartz)在 20 世纪末指出,开始席卷一切的物质主义潮流将极大地冲击人类社会固有的价值观念,造成人类精神世界的空虚,这一论点值得商榷。

首先,按照唯物主义物质决定精神的基本原理,精神是物质在人类头脑中的反映。因此,物质丰富只会充实精神世界,物质主义潮流不可能造成人类精神世界的空虚。

其次,后物质主义理论认为:个人基本的物质生活条件一旦得到满足,就会把注意点转移到非物质方面。物质生活丰裕的人,往往会更注重精神生活,追求社会公平、个人尊严,等等。

还有,最近一项对某高校大学生的抽样调查表明,有69%的人认为物质生活丰富可以丰富人的精神生活,有22%的人认为物质生活和精神生活没有什么关系,只有9%的人认为物质生活丰富反而会降低人的精神追求。

总之,物质决定精神,社会物质生活水平的提高会促进人类精神世界的发展,担心物质生活的丰富会冲击人类的精神世界,这是杞人忧天罢了。

57.论说文:根据下述材料,写一篇700字左右的论说文,题目自拟。

有人说,机器人的使命,应该是帮助人类做那些人类做不了的事,而不是代替人类。技术变革会夺取一些人底端烦琐的工作岗位,最终也会创造更高端更人性化的就业机会。例如,历史上铁路的出现抢去了很多挑夫的工作,但又增加了千百万的铁路工人。人工智能也是一种技术变革,人工智能也将促进未来人类社会的发展,有人则不以为然。

三、评分标准

以管理类联考评分标准为例:

(1)论证有效性分析总分30分,从如下四个方面进行评分:

①根据分析评论的内容给分,占16分。需指出题干论证中所存在的若干漏洞,并加以适当的分析。一般,每指出一个漏洞得4分,所以在整体行文时,我们一般指出4个漏洞即可。

②按论证程度、文章结构与语言表达给分,占14分。分四类卷给分:

一类卷(12~14分):论证或反驳有力,结构严谨,条理清楚,语言精练流畅。

二类卷(8~11分):论证或反驳较为有力,结构尚完整,条理较清楚,语句较通顺,有少量语病。

三类卷(4~7分):有论证或反驳,结构不够完整,语言欠连贯,较多语病,分析评论缺乏说服力。

四类卷(0~3分):明显偏离题意,内容空洞,条理不清,语句严重不通。

③漏题扣2分,每3个错别字扣1分,重复的不计,至多扣2分。

④书面不整洁,标点不正确,酌情扣1~2分或者更多。

(2)论说文的评分按照内容、结构、语言三项综合评分,具体如下:

一类卷(30~35分):立意深刻,中心突出,结构完整,行文流畅。

二类卷(24~29分):中心明确,结构较完整,层次较清楚,语句通顺。

三类卷(18~23分):中心基本明确,结构尚完整,语句较通顺,有少量语病。

四类卷(11~17分):中心不太明确,结构不够完整,语句不通顺,有较多语病。

五类卷(0～10分):偏离题意,结构残缺,层次混乱,语句严重不通。

漏题扣2分。每三个错别字扣1分,重复的不计,扣满2分为止。卷面整洁清楚,标点正确,酌情加2分,但总分不得超过35分。

写作考试中对论说文的要求:

(1)准确、全面地理解题意。

(2)思想健康,中心明确,材料充实。

(3)语言规范连贯、得体。

(4)字体端正,文面整洁。

(5)结构完整,条理清楚。

四、考试时间分配

管理类联考综合有三个部分,即数学(75分)、逻辑(60分)、写作(65分),总计满分200分,考试时间3小时。其中数学、逻辑为客观题(选择题),写作为主观题。试卷结构的先后顺序为:数学、逻辑、写作。写作是试卷的最后部分,但这并不意味着,考试作答的顺序就必须按这个顺序来,在这里我们非常不建议将写作放在最后进行作答。因为,写作的得分讲究结构完整,若结构不完整,即使前面写得再好,也不会得很多分。考试的时间很紧张,把写作放在最后作答,作文写不完的风险非常大!此时的扣分很可能是5道以上的逻辑题,3道以上的数学题。作文写完和没写完的分数相差非常大,而如果我们把逻辑或者数学放在最后,即使没有做完,我们还有蒙对的可能性,不影响作答结构,涂几道选择题的答题卡只要几秒钟,但若作文结构没写完,则不是几秒钟能解决的!因此,我们建议考生作答的时间顺序为:

(1)进入考场后,先在数学和逻辑中挑自己擅长的一门先作答;

(2)遇到2分钟还不会的题目,果断放弃,进入下一题;

(3)在开考60分钟左右,进入写作环节;

(4)写作环节,25分钟完成论证有效性分析写作,35分钟完成论说文写作;

(5)进入最后一门作答;

(6)最后10分钟,涂答题卡;

(7)最后3分钟左右,开始蒙猜最后不会的题目。

第二章 写作备考概述

一、考查的本质

针对写作科目,管理类联考综合能力考试大纲(以下简称"大纲")做出如下阐述:

综合能力考试中的写作部分主要考查考生的分析论证能力和文字表达能力,通过论证有效性分析和论说文两种形式进行测试。

请大家注意一下大纲的措辞,我们通常会认为写作测试的是文字表达能力,但是大纲却将"分析论证能力"置于"文字表达能力"之前。这绝不仅仅是排列顺序的问题,而是契合了前文的考查目标。考查的第一顺位是分析论证能力,行文逻辑好不好,批判性思维用得对不对是首先需要去判断的,其次是文字表达能力,基本通畅的基础上再能够词句优美,精辟练达就更加完美。这就要求考生具有较强的文字材料理解能力、分析能力以及书面表达能力。

"文字材料理解能力"其实是信息摄入的过程,"分析能力"是信息加工的过程,"书面表达能力"是信息输出的过程,三者统称"信息处理"能力。

从信息的角度来理解,写作科目考查的是信息的输入、加工和输出,它是一个完整的过程。

1. 信息输入

在考试中,如果考生每个字都认真阅读,那大概率很难完成考卷取得好成绩,因为考试时间非常紧张。管理类联考考试首先强调的就是获取关键信息,排除冗余信息的能力,这二者同等重要。冗余信息给我们带来的干扰分成两种:第一种是"误导",本来不会往那个方向想,后面放一个冗余信息,说不定就会引得考生往那个方向想;第二种是"消耗",人的时间、精力都是有限的,冗余信息一多,考生的时间、精力就会被占用,考场上出现头晕脑涨。

区分冗余信息与关键信息,要学会"少数服从多数"以及逻辑关系判断,例如 2022 年的论说文真题,全文主要从流线型、呼吸系统等说明鸟类为适宜飞行的进化,多数是突出创新/变革/适者生存,这就是关键信息,也就是写作的主题,而飞行需要付出高能量代价,提到的"付出",是个"少数",可能会有同学联想到付出与回报的写作方向,显然这就是个冗余信息,是偏题了;另外,从逻辑关系上也可以判断,我们对文中的付出进行逻辑分析,付出高能量的表象,在逻辑上也是为了飞行的本质,进而进化了肌肉和呼吸系统,由此也可判定其为冗余信息。

除此之外,还需要考生有针对性地了解套路,强化练习,不仅要看还要练。

2. 信息加工

说到信息加工,我们不得不说说批判性思维这件事。批判性思维本质上是一种反省性思考。而信息加工是以批判性思维素养作为通用准则的,为什么会这样?因为管理类联考重实践,大家可能会问,既然管理类专业硕士不学某一个专门的技能,为什么说它重实践?因为这是管理类联考备考学习一种通用的思维方法,这种通用的思维方法对于我们认清事物的本质是很有帮助的,对于我们在实践中分析问题、解决问题是必要的。

提高批判性思维能力需要的不是记忆,而是训练。这种训练需要从两方面入手,第一是搞明白基本的理论和套路,第二是做好练习积累。对于管理类联考考生来说,日常生活就是备考。如果你可以把所学在日常生活中应用,你会更加深刻地认知生活当中很多现象,比如"金钱如粪土""朋友值千金"之类的俗话,比如加多宝为什么卖得贵还卖得好。

3. 信息输出

信息输出的本质是沟通,写作就是一种表达,也就是用书面的形式进行沟通。

有人说,这很简单嘛,我这人别的一般,沟通聊天我最在行了,侃大山三天三夜不带停的,这里大家要注意下,"聊天"这种表达形式不等于"沟通",在沟通中,对方收到什么比你输出什么更重要。喜欢聊天不等于表达出色。同时,管理类联考写作考查的是论证分析能力,文采是其次的,即使你写作功底一流也请保持警惕,只靠文笔很难过关——文采飞扬但低分的例子并不少见。

管理的本质是系统,是体系,是逻辑,而不是花里胡哨,所以文章的结构是基础,其次是文采。

4. 管理素养(底层素质)

对管理素养的考查,贯穿于整个管理类联考中。说到管理,有很多同学,尤其刚工作不久的新人就会说:我跟管理不沾边,从小都是被人管,也没当过班干部、学生会干部,怎么才能展现自己的管理素养呢?其实管理无处不在,写工作计划、完成目标任务、赶进度、开会、与人沟通协调等,都包含着管理的属性。

那么对于管理类联考考试来讲,我们可以从以下方面入手:

1)统筹规划能力

管理类联考考三个科目,为什么不是分开考,数学考一小时,逻辑考一小时,写作考一小时,多好!为什么一共是三小时?考验的就是你的统筹规划能力。题量大,时间紧,如何运用有限的时间资源尽可能地获取高分,这是考生所追求的目标。其中一科作答耗费的时间长,就一定会影响到其他两科的作答时间,进而影响分数,所以你得具备统筹规划的能力。通过训练,找到适宜自己的最佳时间规划,使总分最高。

2)决策能力

参加联考拿满分非常难,我们是要在有限的时间资源里,尽可能拿最高分。所以规定时间内如果做不出来某道题,就放弃,这叫战略性放弃!不要因此失彼,导致后面能做对的题目反而没时间做。所以,联考考查我们的第二个管理素养是决策能力。放弃总会让人心有不甘,备考了一年,付出了大量的时间、精力、代价!而到了考场上有一道题你不会做,你会放弃,那如果又一道题不会,你放弃不放弃?再有一道题不会,你放弃不放弃?

所以我们说这种放弃很难,因为你付出了大量的"沉没成本"。

沉没成本是经济学术语,是指为了达成一个目标要做的事和为此付出的成本。无论目标有没有实现,成本都收不回来,这就叫沉没成本。那么正确的决策方式是什么?是考虑机会成本。

机会成本也是个经济学术语。机会成本是指在面临多方案择一决策时,被舍弃的选项中的最高价值者,这就是本次决策的机会成本。当我们做决策时要考虑机会成本。比如现在我们在学习,这时候客户找你签一个大合同,二话不说去签字,这就是机会成本。如果做完一道题理论时间是2分钟,你考虑了3分钟还没想出来,不放弃意味着更多额外的时间消耗,做别的题目就没有时间了,你的机会成本太高。所以理性的决策者应该选择放弃。

3) 专注力管理

很多同学到模考阶段经常会感叹又粗心做错题了,其实也不必自责。粗心的本质是注意力分散。你不是故意粗心的,因为你的注意力被分散了,关键信息难免被错过。

注意力分散到底是什么原因造成的?有主观原因,也有客观原因。客观原因是幼年的习惯造成的影响,这里不做赘述;主观原因主要还是因为大脑对知识的概念理解不够透彻,对于知识点的整体框架的把握不够深刻。很多同学看文章上来不管三七二十一从上到下一顿猛看,结果往往是云里雾里不甚了了。所以建议大家,从上至下,标题、首尾段、每段首尾句先看一遍,了解大意,再就每个段落细化阅读了解深意。我们管综写作也要按照这个思路来。

4) 情绪控制(心态调整)

这个问题在备考过程中非常常见,提前面试没拿到优秀,整个笔试阶段就很丧气,没办法好好复习。笔试上午考得不行,下午就打退堂鼓,去都不去了。无论是考试还是工作,情绪管理能力都特别的重要,一朝忍不住,满盘皆输。想想你未来的职业目标是什么?这个职业目标只是在备考的时候喊一喊的吗?你是否具备一个优秀管理者的坚韧、不服输、不言弃的强大心理素质?备考的挫折,就是磨砺利剑的磨刀石。

5) 习文言之有物

管理类联考要求从管理视角思考问题,表达观点,这点大家不必担心,后续的课程我们会有相关的学习。

请大家注意:选择比努力更重要。如果答题定位错了,往往事倍功半,事情也很难如愿。管理类联考写作不是简单的背素材套模板,还需要有你对整体写作思路的掌握和推敲。

二、写作备考的注意点

(1)备考必须有针对性,不可托大。很多同学认为,从小到大一路考学,写作无数,早有自己的积累和习文风格,不需要额外准备。或者觉得看到写作就头疼,立马就想到中学的备考思路——买一本作文素材大全。如果还用类似思路备考,必然困难重重,因为管理类联考写作和中学不同,联考更强调逻辑思维能力和对事物本质的思考。

(2)训练的几个阶段。第一,基础夯实,拓展阅读。基础在于了解如何拓展写作,扩充基础的写作素材,掌握基础的分析思路。除了学习教材,也要多看社评,紧跟时事热点,比如央视网评、新京报评论等。第二,总结知识点和思路方向,在真题复盘中套用这个思路。第三,真题练习,近10年的写作真题自己模拟一遍,反复修改。第四,围绕真题开展拓展模拟测试,将所学所思迁移转化。

（3）光说不练假把式,很多同学意识到写作很重要,拿起素材一顿海背,说起来头头是道,但却迟迟不下笔。原因:做数学逻辑立竿见影,答案一对见分晓,提升快。写作缺乏标准,没有标准答案,不确定水平,进而缺乏有效的心理激励。

切记,你下笔的那一刻才是你真正进步的开始!

第三章 论证基础

一、什么是论证？

1. 定义

论证就是用若干事实证据和客观理由来证明某个思想或观点的过程。一个完整的论证包括三个要素：论点、论据和论证过程。

【例1】格格在开放大学2022年校花大赛评选中获得第一名（论据），因此，格格是个校花！（论点）。

注意：论证的话题必须遵循同一律。所谓"同一律"，也就是说在同一个论证中，思维要保持一致性，既不能偏离，也不能随意地扩大或缩小。如果前后概念表达意思不一致，则犯的错误是"混淆概念"；如果前后的论题意思表达不一致，则所犯错误就是"转移论题"。

2. 论点

论点是论证者所持的观点，也是结论。它代表了论证者对某一问题的看法、见解、主张、态度。它是整个论证过程的中心，担负着回答"论证什么"的任务，明确地表示着论证者赞成什么、反对什么。

缺少论证的观点不是论点！任何论点都必须有论据支持，并含有推理过程，否则只能说是观点！

【例2】格格是个校花！

这就只能算是观点，因为无论据支持。如果我们补充论据：

格格在大学期间，连续两年蝉联校花大赛冠军，是名副其实的校花。

这就构成了一个论证，因为有论据去支持。

3. 论据

论据是用来证明论点的理由和证据。它包括两大类：一是事实论据，二是理论论据。

事实论据是对客观事物真实的描述和概括，包括具体事例、概括事实、统计数字、亲身经历，等等。

理论论据是指那些来源于实践，并且已经被长期实践证明和检验过的，断定为正确的观点。它包括经典著作和权威言论，以及自然科学的原理、定律、公式等。

【例3】利益是社会发展的动力。经济学的创始人亚当·斯密提出了"经济人假设"，他认为，人是天然的利己者，人类的一切行为无非是为了满足自己的私利（理论论据）。然而，这种利己的本性却使人们能够努力工作、提高效率，从而促进了社会的发展。因此，"富"与"仁"非但不是对立的，"富"反而为"仁"提供了物质上的保障。然而，现实生活中却有大量的见利忘义、为富不仁之辈。这是因为诚信经营、以义取利意味着企业要真材实料、童叟无欺，这无疑会提高企业的生产经营成本。但市场上却存在信息不对称的现象，你的真材实料的好产品，未必能被消费者认识到,反而是那些偷工减料的商品,因为成本低、价格低而获得了竞争优势(事实论据)。

4.论证过程

论证过程一般分为直接论证和间接论证。

1)直接论证

直接论证即由一个或几个论据直接证明一个论点的正确性。

【例4】翠花貌美如花,温柔贤惠,上得厅堂,下得厨房(论据),因此,翠花真是完美妻子的典范(论点)。

2)间接论证:反证法

反证法是间接论证的一种方法,指通过论证与论点矛盾的观点(矛盾命题)不成立,来论证论点的真实性。

其基本结构是:原命题为A,先假设其不正确(非A),发现推出了矛盾,即非A不成立,所以,A成立。

【例5】小明7岁时,与小伙伴们外出游玩,看到路边的李子树上结满了果子。小伙伴们纷纷去摘取果子,只有小明原地不动。伙伴问他为什么不去摘,小明回答说:"树在道边而多子,此必苦李。"小伙伴摘取一个尝了一下,果然是苦李。

反证过程:李子在路边,假设甜,那么一定被摘走了,这和现实矛盾,所以李子必苦。

3)间接论证:排除法

排除法即已知几个论断中必有一真,排除其他几个论断为真的可能,从而确定论点为真。A或B成立,如果A不成立,则B成立。

【例6】人的正确思想从哪里来的?是从天上掉下来的吗?不是。是自己头脑里固有的吗?不是。人的正确思想,只能从社会实践中来,只能从生产斗争、阶级斗争和科学实验这三项实践中来。

5.隐含假设

如果在一个论证中存在虽然没有说明,但是论证要成立必须具备的前提条件,这个前提就是该论证的隐含假设。如果这个隐含假设不成立,该论证就不能成立。

【例7】李老师是个赶时髦的人,所以,张老师不喜欢他。

这个例子中,要使得张老师不喜欢李老师成立还需要一个隐含假设:张老师不喜欢赶时髦的人。寻找隐含假设可以很好地判断论据对结论的支持度有多大,有助于论证有效性分析的分析要点梳理。

注意:论证的假设必须存在,不论论证中是否明确表述,否则容易出现"不当假设"的错误。

二、如何辨识论证?

1.关键标志词

一般情况下,一个论证段落会有一些明显的标志词,用来提示语句间的关系,帮助读者理解语义及论证关系,我们据此认为它是一个论证。

【例1】(歌德)偏见缠住了人的性格,就无法克服,因为它们成了人本身的一部分,无论证据、常识还是理性都拿偏见毫无办法。

识别论据的关键词有:由于、因为、因为这个原因、因为这个事实、鉴于、由于以下材料的支撑、因为证据是、研究显示、得益于、依靠于……

识别结论的关键词有:因此、表明、由此可知、由此得出、由此推出、因此可以断定、谈论的重点是、显示出、证明、告诉我们、问题的实质是、意味着、说明……

在解析论证的过程中,标志词对于区别论据和结论特别重要。审题首先要抓取关键词,以此来判断:哪些陈述是由证据和理由表明其正当性的(结论),哪些陈述是作为前提支持结论的(论据)。在论证行文的过程中,非常建议大家使用标志词来帮助他人快速理清论证结构,获得较好的观感,获取高分。

问题:如果没有标志词还是论证吗?

2. 无标志词

并不是所有的论证都有标志词。此时,我们需要判断一个段落是否为论证,主要看它是否符合论证的定义,即是否存在用一些理由和证据来证明一个观点。

【例2】从今年开始,教育部、国家语委将在某些城市试点推出一项针对国人的汉语水平考试——"汉语能力测试(HNC)"。该测试主要考以汉语为母语的人的听、说、读、写四方面的综合能力,并按照难度分为各个等级,其中最低等级相当于小学四年级水平(扫盲水平),最高等级相当于大学中文专业毕业水平。考生不设职业、学历、年龄限制,可直接报考。(2011年经济类联考真题)

分析:本段并非论证,仅仅描述基本情况,并未对此发表观点。

【例3】国家统计局今日公布的2018年就业人员平均工资数据显示,2018年全国规模以上企业就业人员年平均工资为68 380元,比上年增长11%;2018年,城镇非私营单位就业人员年均工资为82 461元,比上年增长11%,增速比上年加快1个百分点,扣除价格因素,实际增长8.7%;城镇私营单位就业人员年平均工资为49 575元,比上年增长8.3%,增速比上年加快1.5个百分点,扣除价格因素,实际增长6.1%。

分析:虽提供了大量的数据且确实可以作为论据证明一些观点,但本段并未就此提出观点,因此并非论证。

【例4】这是一场艰难、复杂的审判。从10月26日至31日,51岁的重庆市渝强实业(集团)有限公司董事长、曾是重庆市人大代表的黎强被控"组织领导黑社会性质组织"等九项罪名……公诉机关为此案准备的预案长达50万字,证据案卷240多本,举证材料装满6个航空皮箱。每日的庭审从早上九时半延续到晚上九十点钟,最后一天更审至深夜十一点。

分析:虽然没有明确的结构提示词,但其提供了例证作为论据来证明一个观点,因此,是一个完整的论证。

一般来说,论证有效性分析大多数是单一论证,结构简单。但需要注意的是,并非必然论据在前结论在后,顺序是可能颠倒的,这个请注意甄别。常见情况下,论点常在段落的第一句话或者结尾,也有少数论证将论点放在段落的中间。

第四章　论证有效性分析写作方法

一、论证有效性分析大纲解读

大纲原文:论证有效性分析试题的题干为一段有缺陷的论证,要求考生分析其中存在的问题,选择若干要点,评论该论证的有效性。本类试题的分析要点是:论证中的概念是否明确,判断是否准确,推理是否严密,论证是否充分。文章要求分析得当,理由充分,结构严谨,语言得体。

56.分析下述论证中存在的缺陷和漏洞。选择若干要点,写一篇600字左右的文章,对该论证的有效性进行分析和评论。(论证有效性分析的一般要点是:概念特别是核心概念的界定和使用是否准确并前后一致,有无各种明显的逻辑错误,论证的论据是否成立并支持结论,结论成立的条件是否充分,等等。)

题干信息提示	论证有效性分析关键点	缺陷与漏洞
概念特别是核心概念的界定和使用是否准确并前后一致	概念	混淆/偷换概念
论证的论据是否成立	论据	论据不真实
论据是否支持结论,结论成立的条件是否充分	论证过程	论据推不出结论/论据不充分
有无各种明显的逻辑错误	其他逻辑谬误	以偏概全、不当类比、不当归因、自相矛盾、滑坡谬误等

对于如上文字应有如下思考:

注意1:论证有效性分析是一篇完整的论证。由于"论证"包含结论、论据和论证过程三个要素,所以,全面准确的论证有效性分析,首先应该是分析论证结构,找到论证,其次分析题干论证过程中所存在的逻辑问题,最后指出题干的结论并不能通过上述论证必然得出,因此结论也很可能不成立。

注意2:材料的论证是存在缺陷的,需要你去分辨。要求寻找论证过程中的缺陷,也即论据推结论过程中存在的缺陷。注意,题干中的其他非逻辑的缺陷,比如错别字、语法问题等都不是论证有效性分析需要关心的。

注意3:要求对论证的有效性进行分析。本文并不是辩论,不需要列出大量理由去驳斥对方,我们需要关注和评论的是该论证的有效性,也即主要对题干存在的逻辑错误进行分析。

注意4:题干中一般要点指明了分析的方向。提醒我们应该从哪些角度来寻找和分析题干的逻辑错误。

分析方向1:概念是组成命题的基本要素,指出论证过程中前后概念发生了变化。

分析方向2:论据不成立。在逻辑选择题的课程学习中,我们在学习论证逻辑削弱题型时,很少会对论据提出质疑,我们分析的重点应放在论证过程的分析,即使论据成立,也不能推出结论成立。

分析方向3:论证过程。即使论据成立,也不能推出结论成立。这种分析的侧重点在于对论证过程中的推理形式进行质疑,指出推理形式犯了某种逻辑谬误。

分析方向4:其他逻辑谬误。题干并未指出到底是哪些逻辑谬误,而逻辑谬误按不同的分类标准多达几十种,这里我们根据历年真题的高频考点,总结了常见的十种左右的逻辑谬误,在后面我们会一一展开讲解。

注意5:从上面的分析可以看出,论证有效性分析的分析对象并不直接是结论。也就是说我们不质疑结论的对错。结论的对错合理不合理,不在我们分析的范围内,我们只是从论证的角度指出,由此论据得到结论成立的过程是有瑕疵的,至于结论对错,我们并不关心,也不要提出自己的观点,这一点请考生务必要理解透彻!

注意6:其实纵观题干的信息提示,我们发现论证有效性分析主要就是针对逻辑谬误进行的。一般历年考题都存在8处左右的逻辑谬误,我们只需要选取其中的4处进行600字的写作分析即可,不需要一一列出所有的缺陷漏洞进行分析。近些年命题逐步成熟,缺陷数量也趋于稳定。数据如下:

年份	2012	2013	2014	2015	2016	2017	2018	2019	2020	2021	2022	2023	平均
材料字数	517	515	524	485	388	396	386	540	351	410	317	319	429
缺陷个数	8	8	7	10	10	8	8	7	6	7	6	6	7.6

二、论证有效性分析识别的思路

经过之前的学习,我们应该认识到论证有效性分析其实就是要找出题干论证中最主要的几个逻辑问题,用日常语言的方式来深入浅出地阐述这些逻辑何以不成立。可见,如何寻找重要的逻辑问题,是论证有效性分析写作的重要一步。那究竟怎样才能在考场上迅速准确地寻找到原文论证中主要的逻辑问题呢?

下面给出识别论证有效性分析中逻辑缺陷的思路,以帮助考生打开思路,提高寻找逻辑问题和分析阐述逻辑问题的能力。识别的基本思路如下。

1.分析基本概念

任务:分析核心概念,识别论证结构。

(1)分析题干论证过程涉及的核心概念,了解讨论范围;

(2)识别论据、论点与论证方式。

分析:核心概念的界定与使用。

(3)概念的界定是否清晰、准确?

(4)对同一概念的解释和运用前后是否一致?

2.分析推理

识别推理方法,找出推理关系,分析推理的有效性;论证运用了哪种推理类型?论证过程是否有效?推理方式是什么?

(1)演绎推理:推理是否符合规则?

(2)归纳推理:样本或事例是否有代表性?

(3)类比推理:类比的两个事物是否具有可比性,推理是否恰当?

(4)因果推理:是否正确使用了因果关系?

3.分析假设

找出推理的隐含前提。分析:论据、推理及假设是否符合逻辑要求?

(1)原论证是否依赖于某些假设条件?

(2)论证的假设成立吗?

4.分析论据

分析论据的真实性、可信性。

(1)如果论据虚假,则它对结论的支持作用是无效的。

(2)如果论据的真实性有待证实,则它对结论的支持作用值得怀疑。

(3)注意百分数、平均数、统计数据使用是否正确,是否符合逻辑。

三、论证有效性分析的成文结构与评分标准

1.选择缺陷,形成文章

一般而言,真题中所设置的缺陷有6到8处,考试时只需选择其中4处展开分析即可,若字数允许,也可以写5处(但不建议,因为受600字数限制,每处的分析将不会太饱满,影响得分点)。在选择逻辑缺陷时,为了行文结构和得分的有效性,请注意以下方面:

(1)首选最有把握的缺陷,保证得分,如果都比较有把握,那就找可写性最好的。

(2)缺陷选择不要过于集中,最好每段找1到2处,这样既保证了层次和美观性,也降低了找错缺陷的概率。

(3)从缺陷类型上看,首先,选择关于推理和概念的缺陷;其次,选择关于假设的缺陷;最后,选择关于论据的缺陷。优先质疑论证过程,而非论据或者论点本身。论点本身正确与否并不重要,材料的论证能否使论点成立才重要。

(4)尽可能写常见的缺陷,减少冷门专业用语,降低老师误判率。

(5)相同论点的缺陷可以写入一段,对文字功底有一定要求,慎重考虑使用。

文章行文结构如下(在本书后,还会具体展开讲):

段落	名称	内容	行数	字数
	题目	标题	1行	
第1段	首段	上述材料的论证存在多处不当,分析如下:	3行	60字
第2段	正文1	首先/第一,漏洞1分析	6行	120字
第3段	正文2	其次/第二,漏洞2分析	6行	120字
第4段	正文3	再次/第三,漏洞3分析	6行	120字
第5段	正文4	最后/第四,漏洞4分析	6行	120字
第6段	结尾	综上所述,材料中的结论难以成立	2行	40字

2.评分标准

论证有效性分析总分30分,从如下四个方面进行评分:

(1)根据分析评论的内容给分,占16分。需指出题干论证中所存在的若干漏洞,并加以适当的分析。

(2)按论证程度、文章结构与语言表达给分,占14分。分四类卷给分:

一类卷(12～14分):论证或反驳有力,结构严谨,条理清楚,语言精练流畅。

二类卷(8～11分):论证或反驳较为有力,结构尚完整,条理较清楚,语句较通顺,有少量语病。

三类卷(4～7分):有论证或反驳,结构不够完整,语言欠连贯,较多语病,分析评论缺乏说服力。

四类卷(0～3分):明显偏离题意,内容空洞,条理不清,语句严重不通。

(3)每3个错别字扣1分,重复的不计,至多扣2分。

(4)书面不整洁,标点不正确,酌情扣1～2分或者更多。

仔细分析评分标准,不难看出对漏洞的分析是全文的重中之重,对漏洞的分析占到16分,占到了满分的一半多。从赋分值也可以看出,基本上每分析一个漏洞得分为4分。因此,我们进行论证有效性分析的写作训练先从漏洞分析开始。

四、论证有效性分析题目常见论证结构

考试常考的论证结构有三种类型:①分推,一个论据推出多个结论;②合推,多个论据推出一个结论;③直推,一个论据推出一个结论。如下表所示:

分推			合推			直推		
论据	推理	结论	论据	推理	结论	论据	推理	结论
A	→	B_1	A_1	→	B	A_1	→	B_1
		B_2	A_2	→		A_2	→	B_2
		B_3	A_3	→		A_3	→	B_3
		……	……	→		……		……

【例1】在全球9家航空公司的140份订单得到确认后,世界最大的民用飞机制造商之一——空中客车公司2005年10月6日宣布,将在全球正式启动其全新的A350远程客机项目。中国、俄罗斯等国作为合作伙伴,也被邀请参与A350飞机的研发与生产过程,其中,中国将承担A350飞机5%的设计和制造工作。

这意味着未来空中客车公司每销售100架A350飞机,就将有5架由中国制造。这表明中国经过多年艰苦的努力,民用飞机研发与制造能力得到了系统的提升,获得了国际同行的认可;这也标志着中国已经可以在航空器设计与制造领域参与全球竞争,并占有一席之地。(2006年1月管理类联考真题)

分推		
论据	推理	结论
中国将承担 A350 飞机 5%的设计和制造工作	→	①每销售 100 架 A350 飞机,就将有 5 架由中国制造
		②研发与制造能力得到系统的提升,获得了国际同行的认可
		③在航空器设计与制造领域参与全球竞争,并占有一席之地

【例2】自古道"忠孝难以两全"。岳飞抗击金兵,常年征战沙场,未能在母亲膝下尽孝,却成千古传颂的英雄。反观《二十四孝》里的那些孝子,有哪个成就了名垂青史的功业?孔繁森撇下老母,远离家乡,公而忘私,殉职边疆,显然未尽孝道,但你能指责他是个不合格的官员吗?(2018年经济类联考真题)

合推		
论据	推理	结论
岳飞事例	→	忠孝难以两全
《二十四孝》事例	→	
孔繁森事例	→	

【例3】10月15日,2013年国家公务员考试开始报名,计划招录2万余人,创历年新高。但据预测,今年报名人数很可能接近200万人,招录比例或达90∶1,竞争强度也创历年之最。根据有关居民幸福感调查显示,国家机关党群组织、企事业单位负责人回答非常幸福的比例最高,可见,公务员是"高幸福感"职业。

有学者认为:迟迟难降温的"公务员热",其根本原因是中国传统的"官本位"思想。直到现在,很多年轻人都把当官作为最好的选择,把当官作为实现人生价值的最好途径。也有学者认为公务员热,竞争强,对于国家、社会、民族是好事情,这样可以提升国家行政管理人员的素质和工作作风。

直推		
论据	推理	结论
①国家机关党群组织、企事业单位负责人的观点	→	①公务员是"高幸福感"职业
②中国传统的"官本位"思想	→	②"公务员热"难以降温
③公务员热,竞争强	→	③提升国家行政管理人员的素质和工作作风

五、常见逻辑缺陷识别与标准写法

逻辑缺陷的识别写作属于论证有效性分析的正文部分,也是全文的核心部分。从评分标准(1)的内容,"根据分析评论的内容给分,占16分。需指出题干论证中所存在的若干漏洞,并加以适当的分析",我们可以提炼出写作的关键点:

第一关键点:指出题干论证存在的漏洞。

第二关键点:加以适当的分析。

我们将其再细化,从写作的要求上,分为四个步骤:

第一步:引用,即引用原文,写明质疑的对象(要简短)。

第二步:质疑,即表达质疑,指出原文存在逻辑谬误(要简短)。

第三步:分析,是段落的核心,是对材料中的逻辑谬误的具体分析说明(要清晰明确,这是重点)。

第四步:结论,推导小结,总结对材料论点的质疑(视情况取舍)。

在开始练习的阶段,我们可以参照这种基本写作思路进行训练,将总的字数控制在 120 字左右。

注意 1:第一步和第二步有时也可以联合起来一起写。

注意 2:如字数已超,则第四步可以省略不写。

注意 3:关于标点符号使用规则,详见本书"常见标点符号使用规则"。

1.混淆概念

混淆概念有三种表现形式:偷换概念、概念界定不清、偷换论题。

1)定义

偷换概念:是指论证过程中将几乎一样的概念进行偷换,实质上改变了概念的使用范围、所指对象等具体含义。

概念界定不清:对于一个概念来说,其内涵和外延必须是明确的、确定的。如果在论证过程中,没有对核心概念进行适当的界定,其内涵和外延有让人费解之处,就称为概念界定不清。

偷换论题:是指论证过程中将论题进行偷换,实质上改变了讨论的对象、范围及角度。

关键词:混淆概念的错误大多没有严格的逻辑标志词,但需要对材料中重复出现的相近名词保持警惕。混淆概念大部分情况针对名词。

2)基本写作思路

①文章中 A 和 B(引用)是两个不同的概念(引用);

②犯了偷换概念/概念界定不清/偷换论题的错误(质疑);

③指出 A、B 的区别(分析);

④总结评价观点(结论)。

3)例题

【例 1】首先,按照唯物主义物质决定精神的基本原理,精神是物质在人类头脑中的反映。因此,物质丰富只会充实精神世界,物质主义潮流不可能造成人类精神世界的空虚。(2018年管理类联考真题)

【参考答案】首先,文章中涉及的"物质"和"物质主义",这两个概念差异很大,犯了混淆概念的错误。"物质"是指不依赖于人们的意识的客观存在,而"物质主义"则是对物质享受的精神主张。因此,物质与精神的关系不能用于推断"物质主义潮流不可能造成人类精神世界的空虚"。

【例2】总之,物质决定精神,社会物质生活水平的提高会促进人类精神世界的发展,担心物质生活的丰富会冲击人类的精神世界,这是杞人忧天罢了。

【参考答案】其次,文章文首称"物质主义潮流",文末谈"物质生活丰富",偷换了概念。物质主义偏向对物质的崇拜和过度追求,属主观态度;物质生活丰富是人类辛勤创造的理所应当的物质财富,属客观事实,两者不一样。因此,物质生活冲击人类精神世界,并不一定是杞人忧天。(121字)

【例3】因为监察官也是人,也是好利恶害的,所以依靠监察官去制止其他官吏以权谋私就是让一部分以权谋私者去制止另一部分人以权谋私。结果只能使他们共谋私利。(2017年管理类联考真题)

【参考答案】再次,文章提到的"好利恶害"与"以权谋私"是两个不同的概念,概念界定不清。"好利恶害"属于人的本性,好利可以是正当之利,"好利恶害"是中性的,"以权谋私"是以错误做法以公权谋私利,是贬义的,两者不能混用。因此得出他们共谋私利的结论是站不住脚的。

4)**习题**

【练习题1】2014年管理类联考真题

另外,从本质上来说,权力平衡就是权力平等,因此这一制度本身蕴含着平等观念。平等观念一旦成为企业的管理理念,必将促成企业内部的和谐与稳定。

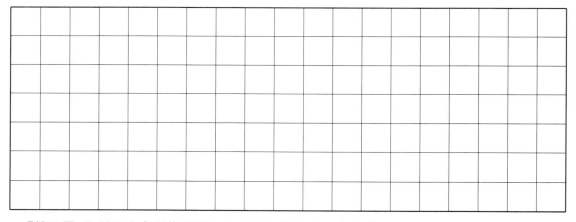

【练习题2】湿地生态系统是国土生态安全的重要组成部分。它可以保持水源、净化水质,还可以蓄洪防旱、调节气候,而且作为生态多样性最富集的地区之一,湿地还保护了许多珍贵的濒危野生动植物。这些功能让湿地成为关系国土安全的重要因素。

【练习题3】 2006年管理类联考真题

中国将承担A350飞机5％的设计和制造工作。这就意味着：未来空中客车公司每销售100架A350飞机，就将有5架由中国制造。

【参考答案】

【练习题1】 首先，材料"权力平衡就是权力平等"中"权力平衡"与"权力平等"二者显然不是相同的概念，犯了偷换概念的错误。"权力平衡"是指权力的动态制约关系达到均衡，而"权力平等"则是指权力的平均分配。不能因为权力平衡这一制度中蕴含着平等的观念，就认为二者是等同的。

【练习题2】 其次，文章混淆了"国土生态安全"与"国土安全"这两个概念。国土安全是指一个国家主权范围内的陆地、领海、领空等方面的安全不受侵犯；而国土生态安全则是指国土范围内的生态环境、物种的安全。显然，文章将这两个不同的概念混为一谈，因而其观点是经不起推敲的。

【练习题3】 最后，材料中"5％的设计和制造工作"与"100架飞机中有5架由中国制造"两个论题并不等同，犯了偷换论题的错误。前者是指完成一架飞机的工作量占比是5％，后者是指飞机销售量的占比为5％，由工作量的占比并不能必然推出销量的占比。因此，其观点是经不起推敲的。

2. 以偏概全

1) 定义

用少数论证多数，用小范围描述大范围，是造成以偏概全的常见原因。

关键词：圈出材料中主体名词，以偏概全大部分是名词范围不一致导致的逻辑漏洞。

2) **基本写作思路**

①"偏"不能反映/代表/概括/适合"全"(引用);

②犯了以偏概全的错误(质疑);

③"偏"忽略了"全"的哪些因素/条件/可能性(分析);

④总结评价观点(总结)。

3) **例题**

【例1】2018年管理类联考真题

还有,最近一项对某高校大学生的抽样调查表明,有69%的人认为物质生活丰富可以丰富人的精神生活,有22%的人认为物质生活和精神生活没有什么关系,只有9%的人认为物质生活丰富反而会降低人的精神追求。

【参考答案】首先,文章中某高校抽样调查结果并不能代表所有人的观点,犯了以偏概全的错误。首先,大学生只是部分人群,某高校更只是部分大学生,样本不具有代表性。其次,即使有少部分人群如此认为,但看法不等同于事实,不认为会如此不代表不会如此。因此得出的结论是不合理的。

4) **习题**

【练习题1】2004年管理类联考真题

去年,十大本土公关公司的平均雇员人数是十大外资公关公司的10%。可见,本土公关公司的员工工作效率更高。

【练习题2】2005年管理类联考真题

该公司去年在100家洋快餐店内进行的大量问卷调查结果显示,超过90%的中国消费者认为食用洋快餐对于个人的营养均衡有帮助。

【参考答案】

【练习题1】首先,"十大"本土公关公司不能反映全体"本土公关公司"的情况,有以偏概全之嫌。中国还有很多公关公司,它们的平均雇员人数有可能大大超过外资公司,如按文中推理,把平均雇员人数当作衡量员工工作效率的唯一因素,那么本土公关公司的员工效率很有可能低于外资公关公司。

【练习题2】其次,用"洋快餐店内"问卷调查反映全体消费者的观点,犯了以偏概全的错误,因为洋快餐店里的消费者大部分是接受洋快餐的,他们自然会做出有利于洋快餐的评价。但洋快餐店消费者只是全体消费者的一部分,并不能代表"超过90%的中国消费者",因而文中论证是经不起推敲的。

3. 不当类比

1) 定义

类比是根据两个或两类相关对象具有某些相似或相同的属性,从而推断它们在另外的属性上也相同或者相似。

关键词:论证对象发生了变化。圈出以下标志关键词:

①如、就像、就是、仿佛、和……一样、就像……一样等;

②好比说、也就是说;

③出现动物、植物等其他事物的举例;

④这个故事告诉我们。

2) 基本写作思路

①不能简单地将 A 和 B 进行比较(引用);

②犯了不当类比的错误(质疑);

③说明 A、B 的差异(分析);

④总结评价观点(结论)。

3) 例题

【例1】 2004 年 MBA 联考真题

有两个人在山间打猎,遇到一只凶猛的老虎。其中一个人扔下行囊,撒腿就跑。另一人朝他喊:"跑有什么用,你跑得过老虎吗?"头一个人边跑边说:"我不需要跑赢老虎,我只要跑赢你就够了!"

这个故事告诉我们,企业经营首先要考虑的是如何战胜竞争对手,因为顾客不是选择你,就是选择你的竞争者,所以只要在满足顾客需求方面比竞争者快一点,你就能够脱颖而战胜对手。想要跑得比老虎快,是企业战略幼稚的表现,追求过高的竞争目标会白白浪费企业的大量资源。

【参考答案】首先,将"老虎捕食"与"企业经营"简单地进行比较,这犯了不当类比的错误。老虎捕食不会选择人的胖瘦高矮,能饱餐一顿就行;而企业赢得竞争需要满足顾客的需求多种多样,如品牌、外观、质量等,老虎的情况不能类比顾客的情况。因此文章的论证是站不住脚的。

4)习题

【练习题1】2005年MBA联考真题

过去5年中,洋快餐在大城市中的网点数每年以40%的惊人速度增长,而在中国广大的中小城市和乡镇还有广阔的市场成长空间;照此速度发展下去,估计未来10年,洋快餐在中国饮食行业的市场占有率将超过20%,成为中国百姓饮食的重要选择。

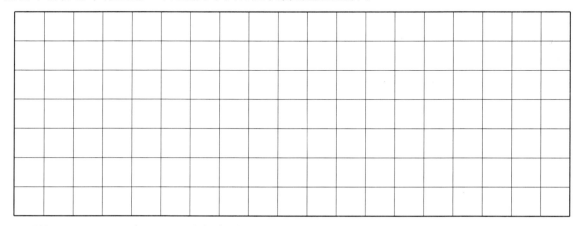

【练习题2】2005年MBA联考真题

换句话说,试图向某个未曾从事过管理工作的人传授管理学,不啻试图向一个从来没见过其他人类的人传授哲学。

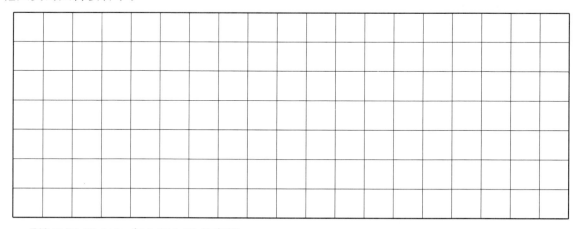

【练习题3】2010年MBA联考真题

猴群中存在着权威,而权威对于新鲜事物的态度直接影响群体接受新鲜事物的进程。市场营销也是如此,如果希望推动人们接受某种新商品,应当首先影响引领时尚的文体明星。如果位于时尚高端的消费者对于某种新商品不接受,该商品一定会遭遇失败。

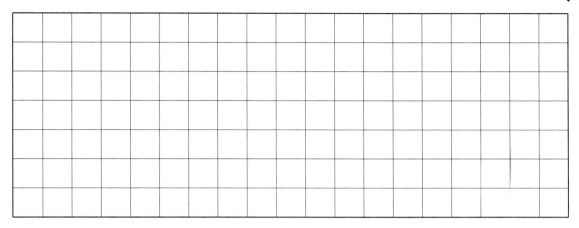

【练习题 4】 2012 年管理类联考真题

再变换一下视角,从一个更广泛的范围来看,我们人类自己也是大自然的一部分,既然我们的祖先是类人猿,而类人猿正像大熊猫、华南虎、藏羚羊、扬子鳄乃至银杏、水杉等一样,是整个自然生态中的有机组成部分,那为什么我们自己就不是了呢?

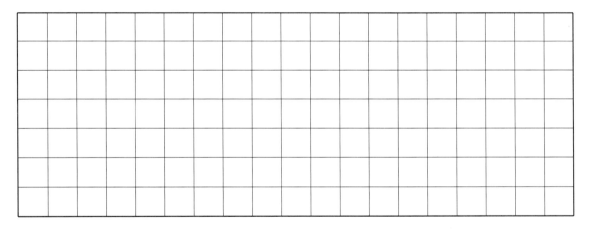

【参考答案】

【练习题 1】 首先,中小城市和乡镇经营环境与大城市不尽相同,存在不当类比的嫌疑。中小城市和乡镇消费者的消费理念、消费能力与大城市是不同的,因而,"洋快餐在大城市中的网点数每年以 40% 的惊人速度增长",不代表洋快餐也能在中小城市和乡镇取得快速增长。所以文章结论是不能令人信服的。

【练习题 2】 其次,不能简单地将传授"哲学"与"管理学"进行比较。没有见过其他人类的人缺乏对人类的认知,自然难以向其传授哲学;但没有从事过管理工作的人有可能从其他途径获得对管理的认识,甚至积累一定的管理经验,因此向其传授管理学是有可能的。所以文中的论证是站不住脚的。

【练习题 3】 再次,从猴群实验类比到市场营销,未必妥当。猴王对猴子的影响与文体明星对普通消费者的影响并不相同,猴群的需求和消费者的需求也不相同。猴子对糖果的需求可能仅仅是口味;而消费者对商品的需求则是复杂的,除了时尚外,还有如功能、价格、质量、包装、外观等诸多因素。

【练习题4】最后,材料由"我们的祖先类人猿是大自然的一部分",推论出"我们也是大自然的一部分"是不当类比。类人猿和人类虽有一定相似性,但区别也是不容忽视的。人类除了有自然属性外,还有类人猿所没有的复杂社会属性。所以,人类是大自然的一部分的观点并不能由材料的论据推出。

4. 过于绝对

1) 定义

真题中常见把不充分的条件当作充分条件来使用的错误,把不必要的条件当作必要条件,混淆充分条件和必要条件,甚至还出现一些过于绝对的词,语气显得十分强烈。认为只要有了A,一定会有B;只有有了A,才会有B;没有A,就一定没有B。在这类错误的句子中,常出现"一定""就""必然"等绝对化词句。

关键词:圈出"只要/只有/如果……就……;只有……才……;想要……必须……;一定、必然、仅仅、只是、唯一、必须"等,往往就是过于绝对的表现。

2) 基本写作思路

①条件不一定推出结论/结论不一定需要条件(引用);

②犯了过于绝对的错误(质疑);

③条件可能的其他结论/结论需要的其他条件(分析);

④总结评价观点(结论)。

3) 例题

【例1】2015年管理类联考真题

我国部分行业出现的生产过剩,并不是真正的生产过剩。道理很简单,在市场经济条件下,生产过剩实际上只是一种假象。只要生产企业开拓市场、刺激需求,就能扩大销售,生产过剩马上就可以化解。

【参考答案】再次,材料认为,企业"开拓市场、刺激需求",就一定能"扩大销售",过于绝对。企业开拓市场的行为是否能够扩大销售,还受消费者需求、市场竞争状况等多种因素的影响。如果某种产品的市场已经饱和,则未必能扩大销售。因此,仅靠刺激需求未必能够化解生产过剩的问题。

【例2】2011年管理类联考真题

如果你要从股市中赚钱，就必须低价买进股票，高价卖出股票，这是人人都明白的基本道理，但是，问题的关键在于如何判断股价的高低。只有正确地判断股价的高低，上述的基本道理才有意义，否则，就毫无实用价值。

【参考答案】首先，材料认为只有"低价买进股票，高价卖出股票"，才能"从股市中赚钱"，过于绝对。比如企业可以通过发行股票集资金再进行投资获益，券商可以通过为股民服务获利，股民则可以通过股票的分红、配股等方式获利。"低买高卖"显然不是"从股市中赚钱"的必要条件。

4）习题

【练习题1】2004年MBA联考真题

企业经营首先要考虑的是如何战胜竞争对手，因为顾客不是选择你，就是选择你的竞争者，所以只要在满足顾客需求方面比竞争者快一点，你就能够脱颖而出，战胜对手。

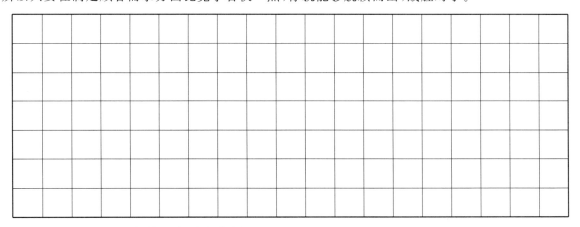

【练习题2】2013年管理类联考真题

既然一个国家的文化在国际上的影响力是该国软实力的重要组成部分，那么，要增强软实力，只需搞好本国的文化建设并向世人展示就可以了。

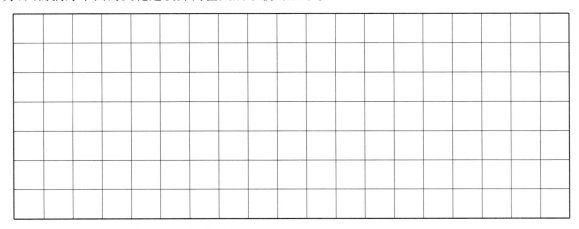

【练习题3】2006年MBA联考真题

媒体上频频出现的企业丑闻也让我们有足够的理由怀疑，是否该给大公司高管们支付那么高的报酬。企业高管拿高薪是因为他们的决策对企业的生存与发展至关重要,然而,当公司业绩下滑甚至亏损时,他们却不必支付罚金。正是这种无效的激励机制使得公司高管们朝着错误的方向越走越远。因此,只有建立有效的激励机制,才能杜绝企业丑闻的发生。

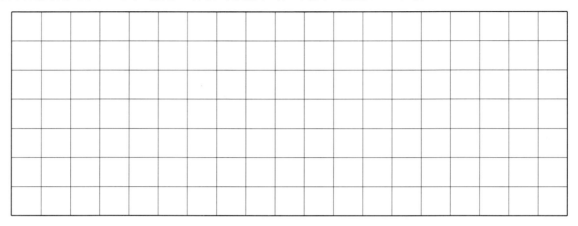

【练习题4】2007年MBA联考真题

经济学和物理学、数学一样,所讨论的都是非常专业化的问题。只有远离现实的诱惑,潜心于书斋,认真钻研学问,才可能成为真正意义上的经济学家,中国经济学家离这个境界太远了。在中国的经济学家中,你能找到为不同产业代言的人,西方从事经济学研究最优秀的人不是这样的,这样的人在西方只能受投资银行的雇用,从事产业经济学的研究。

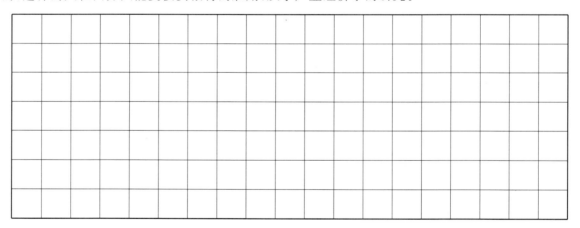

【练习题5】2011年MBA联考真题

纳税者只有承担了纳税义务,才能享受纳税者的权利。如果没有纳税,人们对国家就会失去主人翁的责任感,就不可能有强烈的公民意识,也就会失去或放弃监督政府部门的权利。所以,为了培养全国民众的公民意识,为了缩小贫富差距,为了建设和谐社会,我们应该适当地降低个税起征点。

【参考答案】

【练习题1】首先,文章认为"企业只要满足需求比竞争者早就能战胜对手",过于绝对。企业要战胜竞争对手,需要多方面的努力,如优化内部管理、理解国家政策、洞察市场变化、完善渠道管理等。仅靠在满足顾客需求比竞争对手快一点,恐怕难以保证战胜竞争对手。因此结论难以让人信服。

【练习题2】其次,文中提及"要增强软实力,只需搞好本国的文化建设并向世人展示就可以了",过于绝对。文化影响力是本国软实力的重要组成部分,但不是全部。所以,仅搞好文化建设,而不搞好教育、科技、卫生等影响软实力的因素,很难增强软实力。因此,文章的论证是有瑕疵的。

【练习题3】再次,文章提及"只有建立有效的激励机制,才能杜绝企业丑闻的发生"的表述过于绝对。通过其他方式,如法律的健全、舆论的监督等方式,也可以减少企业丑闻的发生。另外,再有效的措施恐怕也只能"减少"企业丑闻的发生,"杜绝"企业丑闻的发生恐怕只是一个美好的愿望。

【练习题4】然后,材料指出"只有远离现实的诱惑,潜心于书斋",才可能成为"真正意义上的经济学家",过于绝对。经济学家固然需要认真刻苦地读书,但是经济学作为一门济世之学,与实践的结合也是必需的。因此,只"远离现实"、闭门造车似的做学问,恐怕也难以成为"真正的经济学家"。

【练习题5】最后,材料认为"纳税者只有承担了纳税义务,才能享受纳税者的权利",过于绝对。因为"政治权利"和"监督政府部门的权利"是宪法赋予公民的基本权利,和纳税没有直接关系,难道说有些弱势群体不纳税,就不能享受公民的基本权利吗?因此,文章的论证有失偏颇。

5. 不当归因

1)定义

考试中,有时命题人会将某件事发生或导致的原因错误归因(强拉因果),或者绝对化地只与某一个原因关联(单一归因),但事实上可能还有其他原因(另有他因),甚至还有时将原因当结果,结果当原因(因果倒置)。在这里我们可以统称为"不当归因"。

关键词:圈出表示因果联系的关联词,比如"因此、因而、所以、故而……",还有部分动词也是表达因果关系的,如"导致、提高、影响、有助于、有利于"等。出现这些词时,我们往往就要质疑是不是犯了不当归因的错误。

2) **基本写作思路**

①文章因推不出果(引用);

②犯了不当归因的错误(质疑);

③分析否定原因(分析);

④总结评价结果(结论)。

3) **例题**

【例1】2008年MBA联考真题

中医在中国居于主导地位的时候,中国人的平均寿命只有三十岁左右,现代中国人的平均寿命约七十岁,完全拜现代医学之赐。

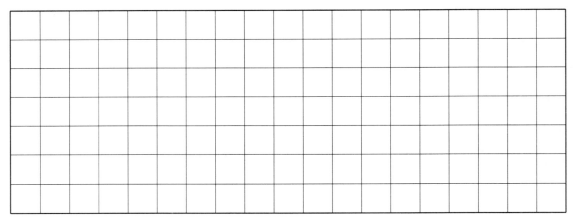

【参考答案】首先,材料把中国人人均寿命的提高,完全归因于现代医学的发展,存在不当。能够提高人均寿命的因素有很多,比如农业的发展带来的充足的营养、纺织业的发展使人摆脱衣不蔽体的境况、建筑业的发展带来的居住条件的改善,等等,未必仅仅是医学发展的功劳。

4) **习题**

【练习题1】2006年MBA联考真题

中国将承担A350飞机5%的设计和制造工作。这表明中国经过多年艰苦的努力,民用飞机研发与制造能力得到了系统的提升,获得了国际同行的认可。

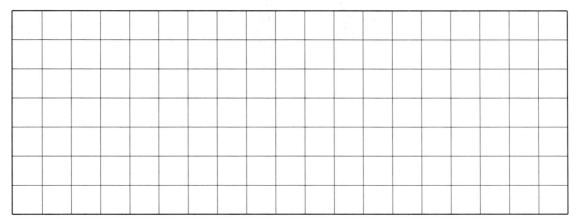

【练习题 2】 2010 年管理类联考真题

所谓"金砖四国"国际声望的上升,无不得益于它们的经济成就,无不得益于互联网技术的普及。

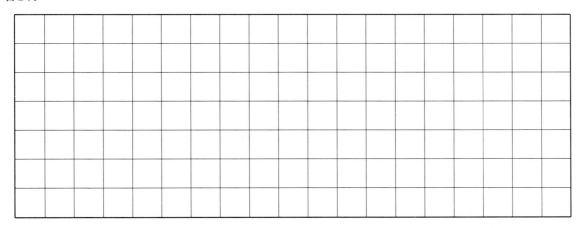

【参考答案】

【练习题 1】 首先,材料认为"中国承担 A350 飞机 5%的设计和制造工作"原因是"中国民用飞机研发制造能力得到提升",归因不当。这可能是空客公司想获取中国政府的支持,也可能是为了打入中国市场,还有可能是因为中国的制造成本低。所以,不一定就是中国民用飞机研发制造能力得到提升。

【练习题 2】 其次,文章认为金砖四国的"国际声望上升"唯一原因是"经济成就",犯了不当归因的错误。这有可能还有其他原因,如军事力量的提高、对国际事务参与能力的提高、科技文化卫生事业的发展,等等,并且,这些经济成就的取得也未必完全归因于"互联网技术的发展"。

6. 非黑即白

1)定义

黑色和白色是反对关系,而不是矛盾关系。因为,除了黑色和白色外,还有很多其他颜色,不是黑色也并不一定就是白色。所以,非黑即白就是误把反对关系当作矛盾关系,误认为否定一方,就肯定了另外一方,也称为非此即彼。

关键词:

①既然不是 A,那么就是 B;既然不能 A,就一定会 B;

②不可能是 A,因此就是 B;

③选择 A 总比选择 B 好得多;

④不应该选择 A,所以要选择 B;

⑤不能做到完美,所以干脆什么也不做。

2)**基本写作思路**

①指出文章……前提不能推出……结论,事物不止有这两个方面(引用);

②犯了非黑即白的错误(质疑);

③分析还存在其他可能性或方面(分析);

④总结评价(结论)。

3)**例题**

【例 1】2004 年 MBA 联考真题

这个故事告诉我们,企业经营首先要考虑的是如何战胜竞争对手,因为顾客不是选择你,就是选择你的竞争者,所以只要在满足顾客需求方面比竞争者快一点,你就能够脱颖而出,战胜对手。

【参考答案】首先,材料中"顾客不是选择你"并不能推出"就是选择你的竞争者",这犯了非黑即白的错误。顾客并非必须在企业和它的竞争者之间做出选择,如果顾客的需求在企业和它的竞争者那里得不到满足就可能会放弃购买,或者转向其他需求。因而文章的论证是难以让人信服的。

4)**习题**

【练习题 1】2008 年 MBA 联考真题

从科学角度讲,现代医学以生物学为基础,而生物学建立在物理、化学等学科基础之上。中医不以这些学科为基础,因此它与科学不兼容,只能说是伪科学。

【练习题 2】 2009 年 MBA 联考真题

大家都知道,五四运动有两面旗帜,一面是科学,一面是民主。人们也许没有想到,这面旗帜体现的是两种根本对立的原则。

【练习题 3】 2015 年管理类联考真题

生产过剩总比生产不足好。如果政府的干预使生产过剩变成了生产不足,问题就会更大。因为生产过剩未必会造成浪费,反而可以因此增加物资储备以应对不时之需。如果生产不足,就势必会造成供不应求的现象,让人们重新去过缺衣少食的日子,那就会影响社会的和谐与稳定。

【参考答案】

【练习题 1】 首先,以物理、化学等为基础的学科是科学,无法说明不以这些学科为基础的就与科学不兼容,就是伪科学,犯了非黑即白的错误。因为科学与伪科学并不是矛盾关系,人类的知识中还有很多非科学领域,如音乐、绘画、文学等。因此即使中医与科学不兼容,也不代表它是伪科学。

【练习题2】其次,材料认为科学和民主是"两种根本对立的原则",犯了非黑即白的错误。科学和民主确实并不等同,在某些情况下二者可能冲突,但这不等同于二者是相互矛盾、根本对立的。可能有既科学又民主的决策,也可能有既不科学也不民主的决策。因此,题干的论证有失偏颇。

【练习题3】再次,文章指出"政府的干预使生产过剩变成了生产不足",犯了非黑即白的错误。生产不足和生产过剩并非矛盾关系。即使生产不足有弊端,也不能反证生产过剩是好的。而且,政府对生产过剩的干预,是为了解决生产过剩问题,达到供需平衡,不见得会变成生产不足。

7. 自相矛盾

1) **定义**

两个相互矛盾的命题必有一真一假。不能两个都肯定,也不能两个都否定,否则就犯了"自相矛盾"的逻辑错误。

2) **基本写作思路**

①指出文章既承认A又否定B,其实B的本质也是A(引用);

②犯了自相矛盾的错误(质疑);

③分析A和B其实本质上是同一意思(分析);

④总结评价(结论)。

3) **例题**

【例1】2015年管理类联考真题

我们应该合理定位政府在经济运行中的作用,政府要有所为,有所不为。政府应该管好民生问题。至于生产过剩和生产不足,应该让市场自行调节,政府不必干预。

【参考答案】首先,材料一方面表示"政府应该管好民生问题",另一方面又说政府不必干预"生产过剩和生产不足",犯了自相矛盾的错误。因为生产过剩和生产不足恰恰会影响人们的生活水平,恰恰是民生问题,一方面要干预民生,一方面又不干预民生。所以材料的论证难以让人信服。

4) **习题**

【练习题1】2011年管理类联考真题

一般来说,要正确判断某一股票的价格高低,唯一的途径就是看它的历史表现。再说,股价的未来走势充满各种变数,它的涨和跌不是必然的,而是或然的。我们只能借助概率进行预测。

【参考答案】

【练习题1】首先,材料一方面认为,判断某一股票的价格"唯一的途径就是看它的历史表现",另一方面又认为"只能借助概率进行预测",犯了自相矛盾的错误。因为"唯一的途径"的意思就代表否定了其他的途径,而文章又承认了"借助概率"这一途径,因此文章的论证是有瑕疵的。

8. 滑坡谬误

1) 定义

所谓滑坡谬误就是论述者使用了一连串的推理,夸大了每个环节的因果关联程度,把不一定发生的事情说成一定发生的事情,最后往往得到不好的结果。滑坡谬误存在于两个或两个以上因果推导中,我们都知道,一个原因都未必导致一个结果,这样层层推导未必就会发生论述者推导的结果,因为其中存在了许多的不确定因素。

关键特征:连续出现三个或三个以上的推理,多数情况下我们可以判断为滑坡谬误。

【例】如果我的小孩上不了好的幼儿园,就上不了好的小学,上不了好的小学就上不了好的中学,上不了好的中学就上不了好的大学……最后他的人生就会一事无成。

2) 基本写作思路

①指出文章A未必能推出B,更不一定能推出C,进而也无法必然推出D(引用);

②犯了滑坡谬误的错误(质疑);

③分析其他可能性或方面,因为……,而且……,再者……(分析);

④总结评价(结论)。

3) 例题

【例1】2016年管理类联考真题

还有,一个人受教育程度越高,他的整体素质也就越高,适应能力就越强,当然也就越容易就业,大学生显然比其他社会群体更容易就业,再说大学生就业难就没有道理了。

【参考答案】文章中"受教育程度高"未必能推出"素质高",也不一定"适应能力强",也无法必然推出"越容易就业",有滑坡谬误之嫌。因为受教育程度是影响其整体素质、适应能力的一种因素,而且整体素质和适应能力也仅仅是影响就业的部分因素,如果用人单位无需求,能力再高也无济于事。

4）习题

【练习题1】2019年管理类联考真题

还有,选择越多,选择时产生失误的概率就越高,由于选择失误而产生的后悔就越多,因而产生的痛苦也就越多。

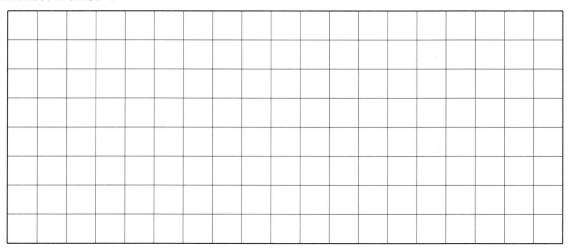

【参考答案】

【练习题1】首先,文章中"选择多"并不一定就"失误多",更不一定就"后悔多",进而无法必然推出"痛苦多",犯了滑坡谬误。因为选择时产生失误的概率并没有必然的因果联系。正是因为选择多,我们才能挑出更好的决策方案。而且选择多还可能会使我们做出更优决策,并不一定痛苦就多。

9. 数字谬误

1）定义

在考试中常常出现一些数字陷阱,由此产生的谬误称为数字谬误。主要有三类:

①平均值谬误:一个样本的平均值,不能代表每个个体的情况。反之,个体的情况,也无法说明平均状况。

②增长率谬误:根据基数和增长率,才能计算现值。反之,只知道基数或增长率,无法计算现值。

③比率谬误:根据分子和分母,才能计算比率。反之,只知道分子或分母,无法计算比率。

关键词:出现平均值、比例、比率等词语,此时应该思考是否会有数字谬误。

2）基本写作思路

①作者通过平均值、比率、增长率……数字的分析,并不一定得出……结论(引用);

②犯了数字谬误(质疑);

③分析数字特定的谬误(分析);

④总结评价(结论)。

3）例题

【例1】 2005年MBA联考真题

过去5年中，洋快餐在大城市中的网点数每年以40%的惊人速度增长，而在中国广大的中小城市和乡镇还有广阔的市场成长空间；照此速度发展下去，估计未来10年，洋快餐在中国饮食行业的市场占有率将超过20%，成为中国百姓饮食的重要选择。

【参考答案】 材料认为"洋快餐市场占有率将超20%"，依据是"过去5年大城市洋快餐网点数每年以40%的惊人速度增长"，存在数据谬误。首先，网点数增长并不代表销售额增长。其次，洋快餐的市场占有率还取决于其他餐饮形式的相对增长率，如其他餐饮成长更快，则洋快餐市场占有率反而会下降。

4）习题

【练习题1】 2004年MBA联考真题

目前，国内约有1000家专业公关公司。在不远的将来，若中国的人均公关费用达到日本的水平，中国公关市场的营业额将从25亿元增长到300亿元，平均每家公关公司就有3000万元左右的营业收入。这意味着一大批本土公关公司将胜过外资公司，成为世界级的公关公司。

【练习题2】 2004年MBA联考真题

目前，国内约有1000家专业公关公司。去年，规模最大的10家本土公关公司年营业收入平均增长30%，而规模最大的10家外资公关公司的年营业收入平均增长15%；本土公关公司的利润率平均为20%，外资公司为15%。十大本土公关公司的平均雇员人数是十大外资公关公司的10%。可见，本土公关公司利润水平高、收益能力强、员工的工作效率高，具有明显的优势。

【参考答案】

【练习题1】首先,文章中"营业额增长到300亿元",并不意味着"平均每家公司就有3000万元收入",存在数字谬误。因为随营业额增长,可能公司数量也会变,而此时平均每家公司的营业额未必正确。此外,销售额可能是由少数公司完成,无法说明有"一大批"本土公司将成为世界级的公关公司。

【练习题2】首先,文章将本土和外资公司年营业额平均增长率"15%"和"30%"对比,并不能断定本土公司收益能力强,因为假如本土公司年营业额平均只有10万元,而外资公司平均有1亿元,那么即使本土公关公司的增长率快,也难在短时间内超过外资公司。同理,利润率高也不代表利润水平高。

其次,材料试图用"平均利润率""平均增长""平均雇员数"等字眼,论证本土公关公司极具优势,欠妥当。因平均值不能代表个体情况,可能一家或少数几家公司的年营业收入增长80%,利润率为50%,而其他公司则增长较少甚至出现负增长。所以本土公关公司的优势难以令人信服。

10. 推断不当

1)定义

论证就是通过一个或一些论据,来证明一个论点的真实性。如果其论据虚假、论据不充分或者论证存在不当假设,那么就不能推出论点,逻辑上称为犯了"推不出"的逻辑谬误。简单地说,可以称之为推断不当。

另外,在因果关系中,如果我们根据目前的情况,推断未来会出现某个结果(执因索果),但这一推断存在问题,可称之为"结果推断不当"。这种题目的写法与"推不出"相同,因此,我们统称为"推断不当"。

还有,措施目的型的题目从本质上来说,也是执因索果。因为"目的"就是我们想要的一个结果,而措施是我们实现这个结果的手段。所以,措施达不到目的,本就是对未来的推断过于乐观,我们的目的(想要的结果)未必能实现。但是,这一类型的题目多出现在逻辑题以及经济类联考的写作中,管理类联考的论证有效性分析中出现次数较少。

2)基本写作思路

①材料由_____推出_____,并不恰当。然而其论据本身的成立性就值得怀疑,因为_____。(虚假论证型)

②材料由_____推出_____,存在不妥,因为这一论据不充分。材料的论点要想成立,还依赖于_____、_____、_____等因素。(论据不充分型)

③材料由_____推出_____存在不妥。因为这一论证依赖于一个隐含假设：_____。然而这一假设并不成立,因为_____。(不当假设型)

④材料由_____推出_____这一结果,存在不妥。由于_____、_____、_____等因素的存在,这一结果未必会发生。(结果推断不当型)

⑤材料试图通过_____(措施),达到_____(目的)。但是这项措施的可行性值得怀疑,因为_____。即使这项措施实施了,由于_____,也未必能产生预期效果。另外,这项措施会不会给_____带来不利的影响,也需论证。(措施目的型)

以上写作思路归根结底就是:引用＋质疑＋分析＋结论。

3)例题

【例1】2010年管理类联考真题

由于世界是平的,穷国可以和富国一样在同一平台上接收同样的最新信息,这样就大大促进了各国的经济发展,从而改善了它们的国际地位。

【参考答案】材料由"穷国和富国在同一平台上接收同样的最新信息",推出会"促进各国的经济发展,改善它们的国际地位",并不妥当。即使在同一平台上接收同样的信息,由于各国处理和运用信息的能力不同,信息对经济的影响就存在不同,因此不必然促进各国经济的发展,改善它们的国际地位。

4)习题

【练习题1】人类学家发现早在旧石器时代,人类就有了死后复生的信念。在发掘出的那个时代的古墓中,死者的身边有衣服、饰物和武器等陪葬物,这是最早的关于人类具有死后复生信念的证据。

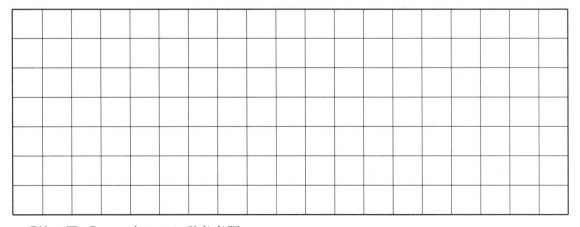

【练习题2】2006年MBA联考真题

美国是世界上经济最发达的国家,曝光的企业丑闻数量却比发展中国家多得多,这充分说明经济的发展不一定带来道德的进步。

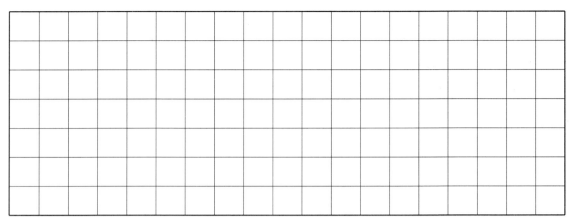

【练习题3】2008年MBA联考真题

中医在中国有几千年的历史,治好了很多人,怎么能说它是伪科学呢?人们为什么崇尚科学,是因为科学对人类有用。既然中医对人类有用,凭什么说它不是科学?

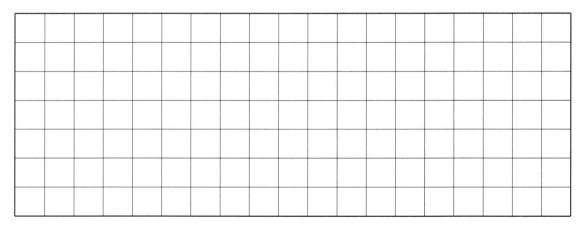

【练习题4】2005年MBA联考真题

已经喜爱上洋快餐的未成年人在未来成为更有消费能力的成年群体之后,洋快餐的市场需求会大幅度跃升。

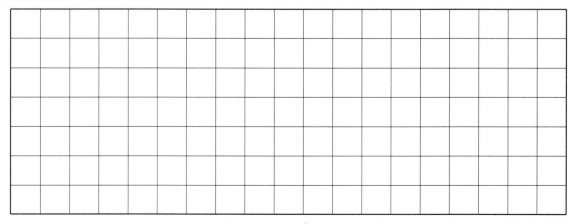

【练习题 5】 2010 年 MBA 联考真题

当然,猴群乐于接受糖这种好吃的东西;如果给猴王品尝苦涩的黄连,即使猴王希望其他猴子接受,猴群也不会干。因此,如果组织变革使某些组织成员吃尽苦头,组织领导者再努力也只能以失败而告终。

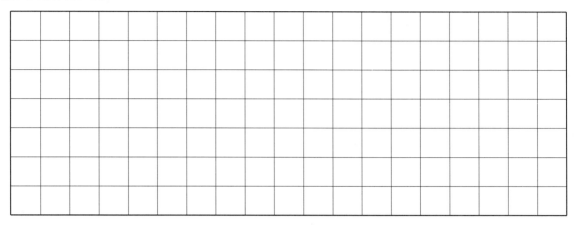

【练习题 6】 2012 年经济类联考真题

12 月 15 日,沈晗耀告诉《郑州晚报》记者,媒体"曲解"了他迁都的本意,他的设想是在中部与西部、南方和北方连接处的枢纽地区建设"新首都,培育符合市场经济规律的政策拉力",以此从根本上改变中国生产力分布失衡的状况,治疗北京日益严重的城市病,只是迁都后的一个"副作用"。

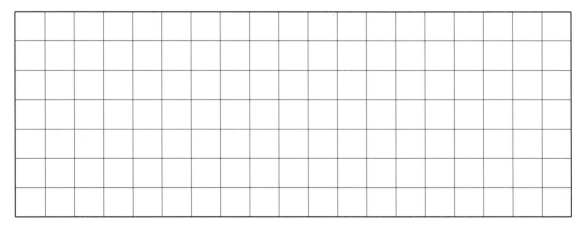

【练习题 7】 2016 年经济类联考真题

让双方再说一遍"我愿意",提高夫妻各自的责任感,从热恋的激情甜蜜到婚姻中的熟悉平淡,这似乎是大多数情感的必经过程。然而疲惫的情感却容易使婚姻进入"瓶颈"。经过一段时期的婚期考验后,在办理婚姻二次手续时再向对方说一声"我愿意",无疑更显真诚、更显实在、更多理性、更能感动对方,即使以前共同生活中有很多磕磕绊绊,但一句"我愿意"相信可以消除许多误会和猜疑;新婚时说的我愿意,有太多的感情冲动,而一段婚姻后再说的"我愿意",不光更具真情实意,更重要的还具有更强的责任感:你不对我负责,我到期就跟你说再见。

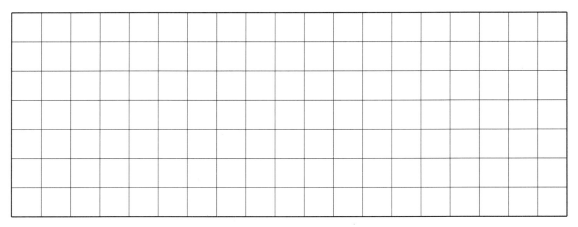

【参考答案】

【练习题1】首先,材料谈及"古墓中有衣服、饰物和武器等陪葬物",不能证明古人有"死后复生的信念"。陪葬物可能仅仅是死者生前的遗物,也可能是后人为缅怀死者而将物品放入墓穴,还有可能是人类认为死后可以进入"阴间"使用这些物品等。因此陪葬物不能证明古人相信死后可以复生。

【练习题2】其次,材料中"美国比发展中国家曝光的企业丑闻多",并不必然意味着其实际企业丑闻数量更多。这一结果可能由不同的媒体曝光度或自由度造成的,同一企业丑闻曝光的次数多,并不是企业丑闻的数量多。因此,无法推断出"经济的发展并不一定带来道德水准的提升"的结论。

【练习题3】再次,材料的作者主张"中医是科学",依赖于一个假设,即"对人类有用的都是科学",这一假设并不成立。对人类有用的并不一定都是科学,比如文学、艺术对人类都有用,但你能说文学和艺术是科学吗?所以仅仅依据中医对人类有用,并不能证明中医是科学。

【练习题4】再次,作者提出"已经喜爱上洋快餐的未成年人变成更具消费能力的成年群体之后",未必会导致"洋快餐的市场需求大幅度跃升"。因为,消费偏好不是固定不变的,未成年时期的嗜好不必然成年时也有,不然的话儿童玩具应该是世界上最畅销的产品。因此,文中的论证有缺陷。

【练习题5】最后,材料中"组织变革使某些组织成员吃尽苦头"未必能推出"该变革只能以失败告终"。因为若该项变革可以使得组织成员在变革后得到更加丰厚的回报,就算该项变革会带来暂时的痛苦,那么组织成员也可能会全力配合,以确保变革的成功。所以文中的结论难以让人信服。

【练习题6】首先,材料以"建设新首都"的措施,并不能"从根本上改变中国生产力分布失衡的状况"。生产力分布不均衡存在很多原因,如地理位置、自然资源、交通状况、人才储备、历史原因等,单靠建立新首都,并不能解决所有这些问题,所以很难从根本上改变生产力失衡的状况。

【练习题7】其次,材料中仅靠夫妻双方再说一遍"我愿意",就能消除夫妻之间的误会和猜疑,未免过于乐观。诸如子女教育问题、赡养老人问题、消费观念问题,等等,都会导致误会和猜疑。这么多复杂的问题,并不是一句"我愿意"就能解决的。因此文章的论证显然是荒谬的。

论证中的逻辑错误除了以上常见的几种错误外,还有诸如诉诸人身、诉诸情感、诉诸众人、诉诸权威、稻草人、循环论证等,因为在管理类联考写作中出现的频率不高,这里就不一一列出,考生只要能发现并准确地表达和分析,同样可以获得分数。

注意:不同的逻辑错误类型并不是不相容的,从不同的角度或者不同的理解方式出发,不同的逻辑错误之间其实是有交集的。得高分的关键在于正确的分析质疑,而并不是纠结逻辑错误具体是什么名字。考生如果遇到一个不能非常确定名称的逻辑错误,可以不用明确地写出具体的错误名称,只需要写出该推理有缺陷即可。

六、逻辑缺陷的其他写法

1. 其他参考结构——并列式

并列式质疑是指从两个不同的角度,用两个分析句,质疑同一个论点。表达结构:引用+质疑+分析1+并列词+分析2。

【例1】该报告指出,洋快餐在中国受到广大消费者,特别是少年儿童消费群体的喜爱。显然,那些认为洋快餐不利于健康的观点是站不住脚的。(2005年MBA联考真题)

【参考答案】仅由洋快餐受儿童群体的"喜爱"无法得出"洋快餐有利于健康"的结论。(引用+质疑)因为,孩子们并不具备判断洋快餐是否有利于健康的能力,他们的"喜爱"可能仅仅基于口味(分析1)。另外(并列词),被人喜爱的未必就是健康的,比如毒品也受到广大吸毒人士的"喜爱",难道毒品也是有利于健康的吗?(分析2)

2. 其他参考结构——让步式

如果一个论证的论据本身有问题,而且论据对论点的支持也有问题,那么我们可以先质疑论据的成立性,然后让步一下,表示即使论据成立,也无法证明论点的成立。写作方式参考如下:

材料的论据存在问题,因为＿＿＿＿＿＿。即使这一论据成立,也无法说明其论点成立,因为＿＿＿＿。

有一种情况,由一个论据推出了一个中间结论,然后又由中间结论推出了最终结论,也适用于此质疑手法。参考如下:

由材料的论据不能推出＿＿＿＿(中间结论),因为＿＿＿＿。即使这一中间结论成立,也无法推断＿＿＿＿(最终结论),因为＿＿＿＿。

【例2】只要生产企业开拓市场、刺激需求,就能扩大销售,生产过剩马上就可以化解。(2015年MBA联考真题)

【参考答案】"只要生产企业开拓市场、刺激需求,就能扩大销售"过于绝对。销售能否扩大还受市场竞争情况、消费者需求情况等多种因素的影响(质疑中间结论)而且,即使刺激需求能够扩大销售(让步),但如果销售扩大的程度不够,解决不了供过于求的问题,也无法化解生产过剩。(质疑最终结论)

3. 其他参考结构——递进式

如果论证是由一个论据推出了一个中间结论，然后又由中间结论推出了最终结论，还可以使用递进式质疑。参考如下：

由材料的论据不能推出……（中间结论），因为……。而且，由……（中间结论）推断……（最终结论）也存在问题，因为……

【同题参考答案】"产品的供求不可能达到绝对的平衡状态"并不代表"生产过剩是市场经济的常见现象"。因为，产品供求的不平衡，可能是由于供过于求，也可能是由于供不应求（质疑中间结论1）而且，"常见现象"与"客观规律"是不同的概念（递进质疑中间结论2），当然不能推出政府对生产过剩的干预是违背客观规律的结论。（递进质疑最终论点3）

注意：中间段落作为文章分析的核心，请同学们尽量减少原文的摘抄，多概括，少引用，分析的内容应该成为每一段论证的主体。如果引用过多，会给老师留下不会分析的印象，难以获得满意的分数。

4. 正文常用的词语

1) 过渡词

递进：而且……，况且……，更何况……

让步：即使……也……，就算……

并列：此外……，同时……，另外……

假设：假如……，另外一种可能……，考虑到……，如果……

2) 引入分析的词

因为……，可能……，或许……，也许……一般……，通常……，需要确定的是……，是否是主要（决定性）的因素，很可能真实情况是……，试想，如果实际情况是……

3) 表达质疑的词

可能不，未必，不一定，成问题，有待商榷，有些牵强，不敢苟同，难以必然成立，缺乏说服力，有失偏颇，尚需完善，有待证明，不太恰当，不太严谨，欠妥当，不足以，有点轻率，有些武断，难以让人信服，并不必然，并不意味着，并不代表……

请不要使用绝对化的词语或语言，避免陷入过于绝对的陷阱。

5. 关于缺陷分析的错误界定

在质疑部分，要不要指出逻辑错误的具体类型？有一些老师认为不用，也有一些老师说必须指出逻辑错误的类型，如类比不当、以偏概全、非黑即白、等等。我们依据"全国硕士研究生招生考试管理类专业学位联考综合能力考试大纲"给大家做个统一回答。

第一，考试大纲规定"不考查逻辑学的专业知识"。

第二，从考试大纲给出的参考答案来看，从来没有具体指出过逻辑错误的类型。

因此，"必须"指出逻辑错误的类型是对考试大纲的误读。因此，如果你对逻辑错误的定性有十足把握，并且这也是一种常见错误，大家都耳熟能详，不影响阅卷老师阅卷，那就可以写。否则,错误的定性会失分,还不如不写。

6. 论证有效性分析训练方法

(1)审题,根据下面要学的行文规则写出自己选择的逻辑缺陷。

(2)比照参考答案,先看哪些逻辑缺陷没找到,反思逻辑上为什么忽略了——提升自己的分析要点得分。

(3)虽然考纲上说"考生分析的内容如超出参考答案,只要言之有理,也可酌情给分",但是在实际训练中还是要尽量贴近答案的思路,强化规范自己的思维。一旦陷入"自己写的为什么不可以"这样的误区,可能会导致错误思维对练习的反复干扰,影响学习效率。初期请务必要坚持这样的训练方向,等到训练中后期,大家训练的技巧都比较纯熟了,语言组织也得心应手以后,就很容易看出学习初期的问题,可能是要点分析不到位,可能是语言表达不到位,要点找的不好写等,这时候的复盘反思确实是一个查漏补缺的好时机。

(4)寻找自己没想到,但是答案中提到的分析要点。要深究原因,为什么考试的时候没有想到呢?不断地寻找规律,总结套路。同时要试着把分析要点自己写下来,尽量向答案靠拢,自己组织语言,不要抄写。

(5)针对自己写出来、答案也提到的分析要点,要仔细比照自己和答案的语言,体会语言的运用方式,反复思考后,自己重新拿一张白纸尝试再写一遍,把思考内化。

(6)最终完成后,再次比照原文,关注语言和分析细节的差异。通过这样的训练,不断强化语言使用的规范,表达也会更加有效率。

刚开始一篇文章可能需要很长时间,但熟能生巧,只要训练过三四次,就会越来越熟练,这样才能有效训练各位的思辨分析能力。而且,一套真题并不是只做一遍就可以了,可以反复做,温故而知新。

七、论证有效性分析成文时间分配

通常来看,论证有效性分析写作可以分成这样几个部分:读材料,列提纲,写首段,写主体分析,写尾段,文章检查。我们把大致需要的时间罗列如下:

步骤	应试步骤	建议时间	主要内容
第1步	读材料(两遍)	4分钟	梳理文章的论证结构,圈出关键词,标记论证
第2步	列提纲	1分钟	选择4处漏洞,标记要分析的要点
第3步	写首段	1.5分钟	指出原论述中存在问题
第4步	写主体(分析)	16分钟	按段落依次分析原论述中的问题
第5步	写尾段	1.5分钟	总结分析
第6步	文章检查	1分钟	浏览全文,检查语句标点,表达无误

1. 读材料

1) 第一遍粗读,重在了解文章主旨(1分钟)

第一遍粗读的目的在于了解行文的整个论证结构,全文主旨是什么?分论点是什么?在这个过程中,对于明显的逻辑漏洞也可以顺手圈出,如过于绝对化的词、表示充分条件和必要条件的逻辑联结词、类比词,等等。

2) 第二遍细读,重在寻找逻辑谬误(3分钟)

第二遍细读是对材料的深度处理,重点在于寻找逻辑谬误。再次从头阅读原文,不是从头开始,而是在理解全文主旨的基础上全新出发。考生此次需要逐句审视,分析前后句的逻辑关系,分析句子的论证成分,哪个是论据,哪个是结论,哪句推理哪句等。然后,从这些论证的逻辑关系中找到逻辑谬误,比如概念问题、推理问题、论据问题等。

注意:此环节一定要在试卷上做标记,圈出关键词。

以上时间分配仅供参考,考生可根据写作熟练程度进行调配,在25分钟之内完成论证有效性分析写作。

2. 列提纲

经过前面的阅读分析,有的考生可能会找出超过4处的漏洞缺陷,此时要注意优先选择概念上的错误和论证推理过程中的错误。

八、论证有效性分析成文规范解析

了解了论证有效性分析基本的结构和时间分配,我们再向大家介绍一下比较经典的论证有效性分析六段式文章结构:

第一段:开头。
第二段:论证第一段,第一组论证中的逻辑缺陷。
第三段:论证第二段,第二组论证中的逻辑缺陷。
第四段:论证第三段,第三组论证中的逻辑缺陷。
第五段:论证第四段,第四组论证中的逻辑缺陷。
第六段:结尾总结。

段落	内容	行数	字数
	标题	1行	6到15字
第1段	首段	3行	约60字
第2段	论证第一段,第一组论证中的逻辑缺陷	6行	约120字
第3段	论证第二段,第二组论证中的逻辑缺陷	6行	约120字
第4段	论证第三段,第三组论证中的逻辑缺陷	6行	约120字
第5段	论证第四段,第四组论证中的逻辑缺陷	6行	约120字
第6段	结尾总结	2行	约40字

在进一步了解了行文结构之后,我们正式进入文章各环节的细节部分。

1. 拟题

1) 拟题的三种格式

通读材料,确定了材料的核心论点后,即拟出标题。常见的标题形式有以下三类:

①疑问式:找出全文核心论点,直接对论点发出质疑。

参考模板:材料论点+吗?也称为:后"吗"式(在不影响句子意思的情况下,问号可不用)。

《选拔官员不应以"孝"作为标准吗?》(2008年MBA联考真题)

《相对论能解决气候变化问题吗?》(2012年管理类联考真题)

《治堵必须要迁都吗?》(2012年经济类联考真题)

②未必式:找到全文的核心论点,中间用"未必"二字质疑即可。

《以"孝"选官未必不可》(2008年MBA联考真题)

《治堵未必要迁都》(2012年经济类联考真题)

③万能式:相对稳妥,但太普通,只能托底,不能加分。

《似是而非的论证(计划/报告)》

《如此论证未必可行》

《如此建议可行吗?》

《一份有待商榷的论证(计划/报告)》

《经不起推敲的论证(计划/报告)》

2) 拟题常见的问题

①漏写标题。

个别同学会在写完文章后再写标题,这种做法是要绝对禁止的。一是因为论证有效性分析的标题相当简单,二是这样容易漏写标题。漏写标题按照规定扣2分。

②标题过长。

很多同学拟的标题超过了14个字,这显然太长了。建议标题尽量不要超过12个字。

《政府真的不应该干预生产过剩和生产不足问题吗?》(21字,字数偏多)

《洋快餐一定会成为中国饮食行业的霸主吗?》(18字,字数偏多)

其实,只要你平时练习写作时,坚持使用每行20个字的标准作文纸,就可以避免此问题,毕竟如果一个标题有十七八个字,一行都快放不下了。

③提出观点。

论证有效性分析不是驳论文或论说文,只要求质疑论证过程,不允许提出自己的观点,也不应直接否定全文的主旨,全文重在批判论证。

《政府应该干预生产过剩问题》(提出了观点,不适宜做标题)

建议标题格式居中书写,美观大方!

2. 首段

论证有效性分析要求写一篇600字左右的文章,答题卡的写作部分会给每行20字的空格,600字也就是30行,篇幅十分有限。因此,论证有效性分析的首段必须简洁明了,才能在正文中写出更多的得分点。因此,建议将首段控制在3行以内。具体来说,首段有两项任务:

第一,用简洁明了的语言概括材料的论证,指出材料的论点;
第二,表达怀疑立场,指出材料的论证有逻辑缺陷。
基本写作套路:
　　上述材料的作者认为_____,然而其论证过程中存在多处不当,故其观点难以成立。
　　上述材料旨在说明_____,然而其论证存在多种谬误和漏洞,以致影响了其说服力。
　　上述材料试图论证_____,然而其论据有若干不妥之处,因此,其结论值得商榷。
　　升级版:(在你有能力说明白论据和论点的情况下)
　　上述材料的作者通过对_____的分析,得出_____的结论,然而其论证过程中存在多处不当,故其观点难以成立。

【例1】2015年管理类联考真题
【参考写法1】
　　上述材料旨在说明政府不必干预生产过剩,然而其论证存在多种谬误和漏洞,以致影响了其说服力。

【参考写法2】
　　上述材料试图论证生产过剩问题无须政府干预,然而其论据有若干不妥之处,因此,其结论值得商榷。

【参考写法3】
　　上述材料通过对生产过剩和生产不足的一系列分析,得出"这些问题市场会自动调节,政府不应干预"的结论。然而其论证存在多处不当,分析如下:

3. 正文二到五段
这部分的写法在前文中我们已经谈及,这里不再赘述。

4. 第六段结尾
收尾相对比较简单,只需要再次点题,说明题干的论证缺乏有效性,题干论证难以成立即可。
基本写作套路:
　　写法1:总之,材料存在诸多逻辑缺陷,_____结论难以成立。
　　写法2:综上所述,由于材料论证存在诸多不当之处,_____这一结论让人难以信服。
　　写法3:总之,材料犯了一系列的逻辑错误,难以推出_____这一结论。
　　写法4:总之,由于材料存在多处逻辑缺陷,结论难以成立。

第五章　论证有效性分析真题解析

一、真题演练

【练习题1】 2007年MBA联考真题

论证有效性分析：分析下述论证中存在的缺陷和漏洞，选择若干要点，写一篇600字左右的文章，对该论证的有效性进行分析和评论。（论证有效性分析的一般要点是：概念特别是核心概念的界定和使用是否准确并前后一致，有无各种明显的逻辑错误，论证的论据是否成立并支持结论，结论成立的条件是否充分，等等。）

每年的诺贝尔奖，特别是诺贝尔经济学奖公布后，都会在中国引起很大反响。诺贝尔经济学奖的得主是当之无愧的真正的经济学家。他们的研究成果都经过了实践的检验，为人类社会发展，特别是经济发展作出了杰出的贡献。每当看到诺贝尔经济学奖被西方人包揽，很多国人在羡慕之余，更期盼中国人有朝一日能够得到这一奖项。

然而，我们不得不面对的现状却是，中国的经济学还远远没有走到经济科学的门口，中国真正意义上的经济学家，最多不超过5个。

真正的经济学家需要坚持理性的精神。马克思·韦伯说："现代化的核心精神就是理性化，没有理性主义就不可能有现代化。"中国的经济学要向现代科学方向发展，必须把理性主义作为基本的框架。而中国经济学界太热闹了，什么人都可以说自己是个经济学家，什么问题他们都敢谈。有的经济学家今天评股市，明天讲汇率，争论不休，莫衷一是。有的经济学家热衷于担任一些大型公司的董事，或在电视上频频上镜，怎么可能做严肃的经济学研究？

经济学和物理学、数学一样，所讨论的都是非常专业化的问题。只有远离现实的诱惑潜心于书斋，认真钻研学问，才可能成为真正意义上的经济学家，中国经济学家离这个境界太远了。在中国的经济学家中，你能找到为不同产业代言的人，西方从事经济学研究最优秀的人不是这样的，这样的人在西方只能受投资银行的雇用，从事产业经济学的研究。

一个真正的经济学家，首先要把经济学当作一门科学来对待，必须保证学术研究的独立和严肃性，必须保持与"官场"和"商场"的距离，否则，不可能在经济学领域做出独立的研究成果。

说"中国真正意义上的经济学家，最多不超过5个"，听起来刻薄，但只要去看一看国际上经济学界那些最重要的学术刊物，有多少文章是来自中国国内的经济学家，就会知道这还是比较客观和宽容的一种评价。

【练习题2】 2008年MBA联考真题

论证有效性分析：分析下述论证中存在的缺陷和漏洞，选择若干要点，写一篇600字左右的文章，对该论证的有效性进行分析和评论。（论证有效性分析的一般要点是：概念特别是核心概念的界定和使用是否准确并前后一致，有无各种明显的逻辑错误，论证的论据是否成立并支持结论，结论成立的条件是否充分，等等。）

甲：有人以中医不为西方人普遍接受为由，否定中医的科学性，我不赞同。西方人普遍不能接受中医是因为他们不理解中国的传统文化。

乙：西医是以科学研究为根据的，科学研究的对象是普适的自然规律。因此，科学没有国界，科学的发展不受民族或文化因素的影响。把中医的科学地位归咎于西方科学界不认可中国文化，是荒唐的。

甲："科学没有国界"是一个广为流传的错误。如果科学真的没有国界，为什么外国制药公司会诉讼中国企业侵犯其知识产权呢？

乙：从科学角度讲，现代医学以生物学为基础，而生物学建立在物理、化学等学科基础之上。中医不以这些学科为基础，因此它与科学不兼容，只能说是伪科学。

甲：中医在中国有几千年的历史，治好了很多人，怎么能说它是伪科学呢？人们为什么崇尚科学，是因为科学对人类有用。既然中医对人类有用，凭什么说它不是科学？西医自然有长于中医的地方，中医也有长于西医之处。中医体现了对人体完整系统的把握，整体观念、系统思维，就是西医所欠缺的。

乙：我去医院看西医，人家用现代科技手段从头到脚给我检查一遍，怎么没有整体观念、系统思维呢？中医在中国居于主导地位的时候，中国人的平均寿命只有三十岁左右，现代中国人平均寿命约七十岁，完全拜现代医学之赐。

【练习题3】2010年MBA联考真题

论证有效性分析：分析下述论证中存在的缺陷和漏洞，选择若干要点，写一篇600字左右的文章，对该论证的有效性进行分析和评论。（论证有效性分析的一般要点是：概念特别是核心概念的界定和使用是否准确并前后一致，有无各种明显的逻辑错误，论证的论据是否成立并支持结论，结论成立的条件是否充分，等等。）

科学家在一个孤岛上的猴群中做了一个实验，将一种新口味的糖让猴群中地位最低的猴子品尝，等它认可后再让猴群其他成员品尝。花了大约20天，整个猴群才接受了这种糖。将另一种新口味的糖让猴群中地位最高的猴王品尝，等它认可后再让猴群其他成员品尝。2天之内，整个猴群就都接受了该种糖。看来，猴群中存在着权威，而权威对于新鲜事物的态度直接影响群体接受新鲜事物的进程。

市场营销也是如此，如果希望推动人们接受某种新商品，应当首先影响引领时尚的文体明星。如果位于时尚高端的消费者对于某种新商品不接受，该商品一定会遭遇失败。

这个实验对于企业组织的变革也有指导意义。如果希望变革能够迅速取得成功，应该自上而下展开，这样做遭遇的阻力较小，容易得到组织成员的支持。当然，猴群乐于接受糖这种好吃的东西；如果给猴王品尝苦涩的黄连，即使猴王希望其他猴子接受，猴群也不会干。因此，如果组织变革使某些组织成员吃尽苦头，组织领导者再努力也只能以失败而告终。

【练习题4】2019年经济类联考真题

论证有效性分析：分析下述论证中存在的缺陷和漏洞，选择若干要点，写一篇600字左右的文章，对该论证的有效性进行分析和评论。（论证有效性分析的一般要点是：概念特别是核心概念的界定和使用是否准确并前后一致，有无各种明显的逻辑错误，论证的论据是否成立并支持结论，结论成立的条件是否充分，等等。）

AlphaGo(阿尔法狗)是谷歌旗下的 DeepMind 公司开发的智能机器人,其主要工作原理是"深度学习"。2016 年 3 月,它和世界围棋冠军职业九段选手李世石人机大战,以 4∶1 的总比分获胜。2017 年 5 月,在中国乌镇围棋峰会上,它又与排名世界第一的世界围棋冠军柯洁对战,以 3∶0 的总比分获胜。围棋界公认 AlphaGo 棋力已经超过人类排名第一的棋手柯洁,赛后柯洁也坦言:"在我看来,它(AlphaGo)就是围棋上帝,能够打败一切……对于 AlphaGo 的自我进步来讲,人类太多余了。"

的确,在具有强大自我学习能力的 AlphaGo 面前,人类已黯然失色,显得十分多余了。未来机器人将变得越来越聪明。什么是聪明?聪明就是记性比你好,算得比你快,体力比你强。这三样东西,人类没有一样可跟机器人相提并论。因此,毫无疑问,AlphaGo 宣告人类一个新时代的到来。现在一些饭店、商店已经有机器人迎宾小姐,上海的一些高档写字楼已经有机器人送餐,日本已诞生了全自动化的宾馆,由清一色的机器人充当服务生。除了上天入地,机器人还可以干许多人类干不了的活,它们可以进行难度更大、精确度更高的手术,它们还能写书法、绘画、创作诗歌小说等,轻而易举进入这些原本人类专属的领域。迈入人工智能化时代,不只是快递小哥,连教师、医生甚至是艺术家都要被智能机器人取代了!

现在,我们正处在信息成几何级数增长的大数据包围中,个人的知识量如沧海一粟,显得无足轻重。过去重视学习基础知识的算法,如让小孩学习加减乘除、背诵默写古诗词等,现在已经变得毫无意义。你面对的是海量数据,关键不是生产而是使用它们,只要掌握如何搜索就行,网络世界没有你问不到的问题、搜索不到的信息和数据。一只鼠标在手,你就可以畅行天下、尽享天下了。可以说,在这样的时代,人类的唯一价值在于创新,所以教育改革的目标在于培养具有独立思考能力,具有批判性思维和创新性思维的人。注重创新、创造、创意,这是人类唯一能超越机器人的地方了。

AlphaGo 战胜围棋高手,只是掀开冰山一角,可以断言的是,随着人工智能时代的到来,人类即将进入一个由机器人统治的时代,人不如狗,绝非危言耸听。如果我们不愿冒被机器人统治的风险,最好的办法是把已有的人工智能全部毁掉,同时颁布法律明令禁止,就像禁止多利羊的克隆技术应用在人类身上一样。

二、真题解析

【真题1】2007 年 MBA 联考真题

【分析】

逻辑缺陷 1　概念界定不清

"真正意义上的经济学家"概念界定模糊。是否只有诺贝尔经济学奖得主才是真正的经济学家?还是发表文章数量多就是真正的经济学家?

逻辑缺陷 2　推断不当

谈股市、讲汇率等"热闹"的行为,与"理性精神"并不矛盾。对股市、汇率的分析也需要理性精神。

逻辑缺陷3　推断不当

谈股市、讲汇率、做董事等行为,与做"严肃的经济学研究"之间,也不存在矛盾。经济学本来就是研究社会经济现象的学科,它离不开股市、汇率、企业管理等实践问题。

逻辑缺陷4　不当类比

经济学和物理学、数学虽然讨论的都是专业化的问题,但它们之间也存在巨大的差异。物理学、数学是自然科学,可以远离人群做实验、算数据;而经济学是社会科学,研究的是社会经济的发展,它离不开实践检验。离开了现实,潜心书斋,可能恰恰背离了经济学的本质。

逻辑缺陷5　推断不当

"产业经济学"也是经济学的组成部分,不能认为从事产业经济学研究的人一定是"产业代言人",也不能认为他们不能"保证学术研究的独立性和严肃性"。

逻辑缺陷6　过于绝对

材料认为,保证学术研究的独立性和严肃性,就必须保持与"官场"和"商场"的距离,未必妥当。因为,经济学研究的方向既包括宏观上经济政策的制定,也包括微观上各企业的行为,而这些恰恰脱离不了"官场"与"商场"。

逻辑缺陷7　概念界定不清

假如在"国际重要学术期刊发表文章的数量"是衡量经济学家的重要标准,那么,是哪些期刊?需要发表多少篇文章?文章质量怎么衡量?这些标准不确定,就无法推出中国真正的经济学家不超过5个。

【练习题1范文】

中国真正的经济学家不超过5个吗?

材料依据中国经济学家没有获得诺贝尔奖等理由,断定中国真正意义上的经济学家最多不超过5个。这样的推理是有失偏颇的。

首先,上述材料对其核心概念"真正的经济学家"界定不清。如果真正的经济学家指的是诺贝尔经济学奖得主,那么中国没有真正的经济学家。如果是指在国际重要学术刊物上发表文章数量较多的学者,那么在哪些刊物发表文章?因此,无法得出"中国真正的经济学家不超过5个"的结论。

其次,谈股市、讲汇率等"热闹"的行为,与"理性精神"并不矛盾,对股市、汇率的分析也需要理性精神。这些行为,与做"严肃的经济学研究"之间,也不存在矛盾,经济学本来就是研究社会经济现象的学科,它离不开股市、汇率、企业管理等实践问题。

再次,经济学和物理学、数学虽然讨论的都是专业化的问题,但它们之间也存在巨大差异。物理学、数学是自然科学,可以远离人群做实验、算数据;而经济学是社会科学,研究的是社会经济的发展,它离不开实践检验。离开了现实,潜心书斋,可能恰恰背离了经济学的本质。

最后,材料认为,保证学术研究的独立性和严肃性,就必须保持与"官场"和"商场"的距离,未必妥当。因为,经济学研究的方向既包括宏观上经济政策的制定,也包括微观上各企业的行为,而这些恰恰脱离不了"官场"与"商场"。

由于上文在论证过程中存在诸如此类的问题,其"中国真正意义上的经济学家最多不超过5

个"的结论也是有待商榷的。

【真题2】2008年MBA联考真题

【分析】

甲的主要逻辑漏洞有：

逻辑缺陷1　不当归因

西方人不接受中医的原因可能是"不理解中国文化"，也可能是中医确实不科学，这二者是可以共存的，由西方人不理解中国文化不能反推出中医是科学的。

逻辑缺陷2　偷换概念

"如果科学真的没有国界，为什么外国制药公司会诉讼中国企业侵犯其知识产权呢"，这句话混淆了"科学"与"知识产权"两个不同的概念，把"科学无国界"偷换成"知识产权无国界"。

逻辑缺陷3　不当假设

"科学对人类有用"并不代表"有用的都是科学"，比如艺术、文学对人类有用，你能说艺术、文学是科学吗？所以，仅仅依据中医对人类有用，并不能证明中医是科学。

乙的主要逻辑漏洞有：

逻辑缺陷1　推断不当

自然规律的确是普适的，但这并不代表"科学的产生和发展不受民族或文化因素的影响"。

逻辑缺陷2　推断不当

以生物学、物理、化学为基础的学科是科学，无法说明不以这些学科为基础的就与科学不兼容，就是伪科学。

逻辑缺陷3　非黑即白

科学与伪科学并不是矛盾关系，人类的知识中还有很多非科学领域，如音乐、绘画、文学，等等。因此，即使中医与科学不兼容，也不代表它是伪科学。

逻辑缺陷4　偷换概念

"西医用现代科技手段从头到脚检查一遍"，并不代表它有"整体观念、系统思维"。因为，整体观念和系统思维要求从整体上思考各部分的有机联系，而不是各个部分的简单相加。

逻辑缺陷5　不当归因

乙方将现代人寿命的提高完全归因为医学的发展，存在不妥。衣、食、住、行等各方面的发展对人类寿命的提高都有贡献。

【练习题2范文】

一场漏洞百出的辩论

上述甲、乙两人就"中医是不是科学"展开了针锋相对的激烈辩论，但辩论双方都存在诸多逻辑问题。

首先，甲认为西方人不接受中医的原因，是他们不理解中国文化，企图肯定中医的科学性。但是，他忽略了这两个原因并存的可能性，而错误地认为肯定前者就可以必然地否定后者，得出"中医是科学"的结论。

其次，甲根据外国制药公司诉讼中国企业侵犯其知识产权，来反驳乙的"科学无国界"论，这是偷换概念。乙所说的"科学无国界"是指判断是否科学的标准在国内外是一致的，而不是"知识产权无国界"或者知识产权是不受保护的。

再次，乙方认为中医不是科学，所以是伪科学。但科学与伪科学并不是矛盾关系，人类的知识中还有很多非科学领域，如音乐、绘画、文学，等等。因此，即使中医与科学不兼容，也不代表它是伪科学。

而且，"西医用现代科技手段从头到脚检查一遍"，并不代表它有"整体观念、系统思维"。因为，整体观念和系统思维要求从整体上思考各部分的有机联系，而不是各个部分的简单相加。并且，西医是否有"整体观念"和"系统思维"，与中医是否科学之间也没有必然的联系。

最后，乙把现代中国人平均寿命的大幅提高，完全归因于西医的功劳，存在不当。能够提高人均寿命的因素有很多，比如农业的发展带来的充足的营养、纺织业的发展使人摆脱衣不蔽体的境况、建筑业的发展带来的居住条件的改善，等等，未必仅仅是医学发展的功劳。

总之，甲、乙二人的辩论都存在诸多逻辑问题，二者都有狡辩的嫌疑。

【真题3】2010年MBA联考真题

【分析】

逻辑缺陷1　不当归因

猴群实验的设计有误，因为有两个因素可能影响猴群对糖果的选择：一是猴子的地位的差异，二是糖的口味的差异。被猴王品尝的糖果被猴群快速接受，未必是受到猴王地位的影响，也可能是因为这种糖果口味更好。

逻辑缺陷2　不当类比

从猴群实验推广到市场营销，是不当类比。猴子受猴王的影响可能只是简单的本能，而市场营销则是涉及产品、渠道、价格、沟通等多种因素影响的复杂行为。

逻辑缺陷3　过于绝对

"位于时尚高端的消费者"不接受某种新商品，并不意味着"该商品一定会遭遇失败"，因为消费者的需求是有差异的。

逻辑缺陷4　不当类比

从猴群实验推广到企业变革，也是不当类比。猴群接受一种新口味的糖，是比较简单的行为，而企业变革会涉及风险、利益、权力、战略方向等一系列的问题。

逻辑缺陷5　推断不当

材料认为"如果希望变革能够迅速取得成功，应该自上而下展开，这样做遭遇的阻力较小，容易得到组织成员的支持"，实则未必如此。如果自上而下的变革违背企业中下层员工的利益，反而会受到更大的阻力。

逻辑缺陷6　推断不当

"如果给猴王品尝苦涩的黄连，即使猴王希望其他猴子接受，猴群也不会干"，是主观臆断，没有实验证据。况且，若真是如此的话，不正好说明权威对群体的影响不是始终有效的吗？

逻辑缺陷7　推断不当

在组织变革的过程中,某些组织成员的利益受到影响,甚至吃尽苦头,有时是不可避免的,只要他们不是大多数成员或者关键成员,变革不一定会"以失败告终"。

【练习题3范文】

未必妥当的类比论证

上文通过一个猴群实验,类比到市场营销和企业变革,提出市场营销需要从明星开始、企业变革必须自上而下的结论,看似有理,实则存在多处逻辑漏洞。

首先,猴群实验的设计有误,认定猴王权威是猴群选择的唯一依据,有不当归因的嫌疑。因为有两个因素可能影响猴群对糖果的选择:一是猴子的地位的差异,二是糖的口味的差异。被猴王品尝的糖果被猴群快速接受,未必是受到猴王地位的影响,也可能是因为这种糖果口味更好。

其次,从猴群实验推广到市场营销,有不当类比的嫌疑。消费者对商品的需求是千差万别的,猴群对糖果的选择未必具有多样性,二者是存在差异的。明星选择的产品,消费者未必喜欢,因为消费者的需求也是多样化的,品牌、品位、价格、质量、包装、外观等都是影响消费者选择的因素。

再次,从猴群实验推广到企业变革,也有不当类比的嫌疑。要猴群接受一种新的口味的糖,远比企业变革问题要简单,前者不存在企业风险、利益冲突、权力冲突等。这些问题,可能会给企业变革带来极大的阻力,从而导致自上而下的变革的失败。

最后,材料认为"如果组织变革使某些组织成员吃尽苦头,组织领导者再努力也只能以失败而告终",是不妥当的。在组织变革的过程中,某些组织成员的利益受到影响,甚至吃尽苦头,有时是不可避免的,只要不是大多数成员或者关键成员,变革不一定会"以失败告终"。

总之,材料中的论证存在多处不当,明星引领的消费未必可行,企业变革也未必需要自上而下地进行。

【真题4】2019年经济类联考真题

【分析】

逻辑缺陷1　论据不充分/推断不当

材料试图用"AlphaGo具有强大的自我学习能力"来证明"人类十分多余",此论证未必成立。因为,AlphaGo只是在围棋方面学习能力强,而非所有方面都超越了人类。况且AlphaGo本身就是由人类所创造的,其发展和改进也需人类的参与。

逻辑缺陷2　偷换概念/论据不充分

材料为了证明"AlphaGo宣告了人类新时代的到来",用"未来机器人会越来越聪明"作为论据。然而,论据中提及的是未来机器人的情况,结论中的主语却变成了AlphaGo,此处难免有偷换概念之嫌。另外,材料仅以机器人的记忆力、运算速度和体力占优势,就推得人类会被取代,也未必成立。因为除了这三点以外,还有创新、批判性思维等其他品质是人类独有的。

逻辑缺陷3　以偏概全/论据不充分

由"某些地区机器人充当了服务员"及"机器人可以进行手术及创作"推不出"机器人很快会

取代人类的快递员、教师、医生等岗位"，因为材料列举的论据均为部分地区的情况，在其他地区机器人是否适用还需讨论，而且医生、艺术家等工作也不仅仅只有手术和创造，还包括疾病诊治、文化宣传等多方面的内容。

逻辑缺陷4　论据不充分

材料由"个人的知识量如沧海一粟"得出"基础知识的学习已经变得毫无意义"，此处存疑。因为，衡量知识的价值更有效的标准可能是一个人掌握知识的绝对数量，而不是它与所有知识的比例。只要某个人在某一方面学有所长，就能够成为一个有用之才，他的知识就是有意义的。

逻辑缺陷5　论据不充分

"网络上可以查询到任何数据"推不出"只要会搜索就可以"。因为，学习知识，不仅是为了掌握知识，更是为了理解和运用知识，仅仅能够查询到知识，而不会运用的话，了解知识的意义也自然没有那么大了。

逻辑缺陷6　过于绝对

材料认为"人类的唯一价值在于创新"，未免过于绝对了，因为人类还有包括同情心、互帮互助在内的多方面的优良品质，这些品质都可以体现人类相较于机器人的价值。

逻辑缺陷7　推断不当

即使材料中这些"机器人比人类聪明""机器人会取代人类的某些职业"及"人类的唯一价值在于创新"等分论点全部成立，也不能充分推出"人类会被机器人统治"的结论。因为，人类被机器人统治只是未来可能的结果，而非必然结果，如果在控制得当的情况下，更有可能的情形是人类和机器人和平相处。

逻辑缺陷8　措施达不到目的

材料试图通过颁布法令禁止并毁掉人工智能的措施，达到避免被机器人统治的目的。但是这项措施的可行性值得怀疑，因为耗费成本巨大，而且很难确保全球颁布统一法令。另外，这项措施会不会给人类发展带来不利的影响，也需论证。

逻辑缺陷9　不当类比

材料试图以全球禁止克隆实验用到人类身上推出全球应禁止人工智能，有不当类比的嫌疑。因为禁止克隆实验考虑更多的是道德伦理风险，而非技术风险。

逻辑缺陷10　自相矛盾

材料一方面说人类多余，另一方面又说人类在创新方面可以超越机器人，有自相矛盾的嫌疑。

【练习题4范文】

人类会被机器人取代吗？

材料试图向我们证明"人类终将会被机器人取代"，但是这些论证存有一些逻辑问题，导致其结论难以令人信服，现将问题分析如下：

首先，材料仅以"机器人的记忆力、运算速度和体力占优势"，就推得人类会被取代，未必成立，因为除了这三点以外，还有创新能力、批判性思维等其他品质是人类所独有的，机器人是无法模仿的,机器人要想完全取代人类并不能实现。因此,此处论证不当。

其次,由"机器人可以进行手术及创作"推不出"机器人很快会取代医生、艺术家等",因为材料列举的论据均为部分地区的情况,在其他地区机器人是否适用还需讨论,而医生、艺术家等工作也并非只有手术和创造,还包括疾病诊治、文化宣传等多方面的内容。因此,作者得出此结论有些草率。

再次,材料认为"人类的唯一价值在于创新",未免过于绝对了,因为人类还有包括同情心、互帮互助在内的多方面的优良品质,这些品质都可以体现人类相较于机器人的价值,机器人则无法获取这些价值,因此人类的唯一价值并不只是创新。

最后,即使材料中这些"机器人比人类聪明""机器人会取代人类的某些职业"等分论点全部成立,也不能充分推出"人类会被机器人统治"的结论。因为,人类被机器人统治只是可能结果之一,而非必然结果,如果在控制得当的情况下,也有可能的情形是人和机器人和平相处。

除此以外,论证中还存在着自相矛盾、不当类比、措施达不到目的等其他逻辑谬误,所以最终由此得出的"人类会被机器人取代"的结论有待商榷。

第六章　论说文写作分析

一、论说文考试大纲解读

1. 大纲原文

1）大纲规定

论说文的考试形式有两种:命题作文、基于文字材料的自由命题作文。每次考试为其中一种形式。要求考生在准确、全面理解题意的基础上,对命题或材料所给的观点进行分析,表明自己的观点并加以论证。

文章要求思想健康,观点明确,论据充足,论证严密,结构合理,语言流畅。

2）评分标准

论说文的评分按照内容、结构、语言三项综合评分,具体如下:

一类卷(30~35 分):立意深刻,中心突出,结构完整,行文流畅。

二类卷(24~29 分):中心明确,结构较完整,层次较清楚,语句通顺。

三类卷(18~23 分):中心基本明确,结构尚完整,语句较通顺,有少量语病。

四类卷(11~17 分):中心不太明确,结构不够完整,语句不通顺,有较多语病。

五类卷(0~10 分):偏离题意,结构残缺,层次混乱,语句严重不通。

漏题扣 2 分。每三个错别字扣 1 分,重复的不计,扣满 2 分为止。卷面整洁清楚,标点正确,酌情加 2 分,但总分不得超过 35 分。对论说文要求:

(1)准确、全面地理解题意。

(2)思想健康,中心明确,材料充实。

(3)语言规范连贯、得体。

(4)字体端正,文面整洁。

(5)结构完整,条理清楚。

2. 大纲解读

2.1 论说文不同于高中语文议论文

考试大纲规定:要求考生在准确、全面理解题意的基础上,对命题或材料所给的观点进行分析,表明自己的观点并加以论证。通过以上规定,我们不难看出,论说文的本质是"论证",它是一篇用论据来证明自己的观点的文章。

提及此,有的考生会产生这样的疑问:这不就是高中时代写的议论文吗？其实这种观点是大错特错的。高中议论文强调的是文采+事例+说理,而且在考试中事例的举例与论点之间的逻辑关系并不要求特别严谨,因为在高中及以前,我们都不学习逻辑的！高中时代的写作,侧重于对语文语言的学习。管理类联考的论说文写作不是简单的议论文,其更强调逻辑思维,对考生的管理思想、思辨能力都有较高的要求。

2.2 论说文的考试形式

大纲指出:"论说文的考试形式有两种:命题作文、基于文字材料的自由命题作文。每次考试为其中一种形式。"

1) 命题作文

命题作文,就是出题者直接给出完整的作文题目,考生在写作文时需要以所给题目为作文标题,不能够自己另起题目。一般来说,试卷上所给题目仅仅是标题,而不是观点。需要考生结合题目及写作的难易水准,给出自己的具体观点。作文观点应与题目保持一致,写作内容应该扣题,不可偏离题意。

因为这类题目容易限制考生的思维框架,目前已不是考试出题的主流了。

2) 给材料作文

基于文字材料的自由命题作文,也就是给材料作文。给材料作文是只给材料不给题目,有时材料是一个故事,或者一个事例,或者一个观点分析,题目的确定,完全是靠应试者自己对所给材料的理解与把握而定。

近十年的论说文考题全部是这种给材料作文,给材料作文成为考试的主流方向。

2.3 论说文对审题的要求

考试大纲规定:要求考生在准确、全面理解题意的基础上,对命题或材料所给的观点进行分析,表明自己的观点并加以论证。也就是说,大纲要求考生对材料的理解要准确、全面。首先,如果考生对题意理解得准确、全面,那么写出的这篇文章会在二类卷及以上;如果理解准确但是不全面,则会在二类卷以下。其次,考试写出来的作文源于材料,但要高于材料,而且论证结构要完整。

2.4 文章要求

文章要求思想健康,观点明确,论据充足,论证严密,结构合理,语言流畅。

这段话其实是在告诉考生,论说文这篇文章的关键得分点是什么。

第一,"思想健康"这句话在说,考生写的文章要符合主流价值观,不能够反党反社会,同时也不能一味地拍马屁,要客观公正,符合主流价值观,符合公理、道德、法律、人性、管理原则。

第二,"观点明确"这句话即在讲,考生在行文时,观点提炼要鲜明,不能含糊不清。另外行文结构时,观点的表达最好放在开头,不要放在中间或者末尾,或者让阅卷老师不易察觉的地方,阅卷老师的时间很宝贵,对考生的文章是评分不是赏析,没耐心去逐字逐句找文章的观点。

第三,"论据充足"即在说,考生写的文章,给出观点后,论据要有说服力,不能给个观点,给个例子,这样不行,论证力度不够,要从多方面来论证。

第四,"论证严密"即在说,论证不能有漏洞,不能有让别人反驳的机会。

第五,"结构合理"这句话要求考生写出的文章布局要合理。"结构合理"既是对行文的要求,又是对逻辑的要求,因为论说文的结构反映了考生对某一观点认识的逻辑性。结构不合理的文章,逻辑不可能通畅。

第六,"语言流畅"是对文字的要求。论说文的文笔是为论证服务的。有的考生写的文章文采斐然,如果和论证无关,也不是一篇好的论说文。让阅卷老师能舒服地读完全文,就是语言流畅,并不一定需要多好的文采。

二、考试命题规律

论说文与论证有效性分析有较大差别:论证有效性分析重在学会套路,题目出自哪个领域并不要紧。无论是哪个领域的话题,论证缺陷类型都限制在特定范围内。但是,论说文既要重视写作结构,还要重视命题规律,通过命题规律指导复习话题的范围。话题有准备和没准备,差别很大,如果对话题熟悉,写作难度大幅下降,速度明显加快。所以,分析命题规律,知晓话题范围意义重大。

1. 材料每年不一样,但主题存在规律

"试题材料"和"试题主题"是两个不同的概念。比如,同样考查分析利弊,2018年试题用了当下最热的人工智能,2017年试题用了一个企业情景,2014年试题用了孔雀择偶的自然界现象,2005年试题用了二战中丘吉尔的故事,四个试题,材料完全不同,但无非都是面临两难选择,各有好处也各有弊端,各有机会也各有风险。考生不要被材料迷惑,只有透过现象看本质,看到这四年同样考查观点态度题型,才能抓住考试本质。

有的考生问:某个主题考过了,还考吗? 答案是,还可能考! 而且可能第二年立即就考,杀个回马枪。比如上文说的利弊权衡问题,2014年刚考过,2017年就接着重考,不仅如此,2018年又立即再考。这样的设置,类似于反押题。再如,2006年考查企业要有长远眼光,2017年仍然考查企业的长远眼光。2000年考查学者应脚踏实地,2002年立即再考学者应该专注踏实,主题近乎相同。

2. 注重逻辑论证分析,生搬硬套可能性小

自2012年管理类联考逐渐规范化之后,近十年论说文真题的命题思路基本上非常清晰,着重考查考生的思维能力和分析能力,这也十分符合管理类联考的大纲要求。那么如何应对呢? 首先,应将审题立意放在十分重要的位置。要知道审题立意出现偏差,基本上事倍功半,文章结构再清晰,语言表达再完美,也无济于事。其次,平时注意培养分析习惯,针对新闻事件和企业案例,练习展开分析,提升分析能力。

不要奢求在考场上生搬硬套一篇准备好的作文,早年的真题还有可能,但近几年随着试题越来越具体化,针对性越强,生搬硬套的可能性越低。通常材料设置越来越抽象化,更多的是考查两者之间的关系阐述,如2021年的真题,阐述"道德教育"与"科学教育"之间的关系,考生也许读过类似的材料,但生搬硬套很有可能使文章显得不伦不类。

3. 回顾历年考试真题

回顾历年考试真题,我们可以将真题分为三大类型:

1) 观点态度型题目

这类试题会出现正反两种观点、两种选择或两种情形。正反两面各有好处,也各有弊端。考生需要分别阐述利弊(说理),发表见解,通常还要做出二选一的抉择。如果骑墙不选或者选错,都属于偏题,会大幅拉低分数(5~10分)。

2）思辨关系型题目

这类试题会出现两个带有辩证性关系的话题，例如坚守与变通、为富与为仁、继承与创新等。这类试题并非要求考生做二选一的选择，而是要求考生阐述两者关系，分析关系内涵，发表见解。通常不需要考生选边站队，但其实论证相互关系的难度加大。

3）单话题型题目

试题会通过材料阐述一个案例、现象或问题，要求从中总结出最关键的1~2个主题词展开论述（通常1个为主）。例如理想、远见、创新等。考生需要论述"是什么""为什么""怎么办"等。

通过统计分析过去十余年试题，寻找其中的规律，从三大题型角度可以看到历年类型分布，见下表。虽然总数上观点态度型2次、思辨关系型3次、单话题型7次，但这三种类型均需重视，不可偏废。

年份	试题材料	观点态度	思辨关系	单话题
2012	"十力语要"痛陈学者逐利跟风陋习			拒绝功利、坚守专一
2013	飞机厂商竞争中不断寻求合作			竞争中的合作
2014	雌孔雀择偶现象利中有弊			事物两面性
2015	为富不仁，为仁不富		为富与为仁	
2016	亚里士多德城邦的名言		多样性和一致性	
2017	企业经营面临求稳和冒险的抉择	求稳冒险利弊		
2018	人工智能带来的发展与问题	人工智能利弊		
2019	关于论辩和真理关系的一段阐述			论辩出真理
2020	火箭发射隐患			防患于未然
2021	实业与教育之关系		道德教育和科学教育	
2022	鸟类进化			发展离不开改革创新
2023	领导与艺术相似			领导艺术

4. 试题归类不唯一，立意不唯一

开放性基本是所有中文写作考试的共识，这个考试也不例外。因此，历年考题都呈现出一定的写作开放性和自主性，具体来说就是审题立意答案不唯一。

从整体看试题呈现三大类型的规律已经较为稳定。但具体到某个年份，试题归入哪个类型可以有不同解读，进而可以有不同写作结构和行文思路。有时，我们既可把试题看作思辨关系题，也可以把试题看作是单话题；有时既可以把试题看作是观点态度题，又可以把试题看作是思辨关系题。因此，归类不唯一，历年试题不必强归某类，不同看待角度，归类不同。当然，不同归类对应不同写作结构，归入某类就按该类思路展开。

再者，审题立意结果也不唯一。有的年份只有1个正确立意，有的年份却不止1个，甚至是3~4个。这些立意有高下之分，有最佳立意，也有合格立意。各个立意起评分高低不同。但需注意，写作立意犹如唱歌起调，不是起得越高越好，需结合自身实力，毕竟立意之后还要行文。

优秀立意通常写作难度也大，写不好，也未必会得高分。故考场立意建议以稳妥和好写两者兼顾为上，不要盲目追求最佳立意。

三、论说文写作常见问题及策略

论说文看起来纷繁复杂，内容众多，其实无非解决如下四个问题：

(1)审题不偏题(这是最最最重要的突破点，成败在此一举)；

(2)行文结构有章法(套路)；

(3)内容有深度(积累)；

(4)认知分析透彻。

下面针对这四个问题展开论述：

1.审题不偏题

针对审题跑题的问题，我们会在下面展开论述如何进行"有效审题"：

第一步：了解考试命题规律，掌握基本题型，了解并掌握基本审题技巧和定题规则。

第二步：在熟练掌握基本命题规律和题型的基础上，运用基本审题技巧和定题规则，尝试独立作答过去历年联考真题，比对答案，自我纠正巩固。

第三步：在之前的基础上，使用完整不受打扰的时间段，独立作答历年联考真题，比对答案，寻找差距，分析潜在的审题陷阱，这个很关键，也是对卷面、写作速度和时间把握的训练。

2.行文结构有章法

在行文结构上，我们熟练掌握，利用习题加以应用，从而得心应手。我们从如下方面论证：

第一步：掌握行文逻辑的基本思考，逐步融会贯通。

第二步：掌握常见论说文行文结构，做到无差别学习。

第三步：掌握标题、开头、结尾和句子的写法细节。

第四步：养成写提纲的习惯，通过提纲训练全局思维，同时逐步形成心里拟提纲的能力，以更好应对考试。

3.内容有深度

内容的积累也一直是我们备考过程中比较头疼的问题，可以参考如下方式：

第一步：反复熟悉我们提供的核心话题类、管理思维类、思辨类话题写作素材，这是必须要会的基础。

第二步：关注一些写作素材，利用零碎时间完成积累。

第三步：关注时事新闻，依照自己的学习习惯，整理属于自己的素材(素材5W)。

素材的学习，重点在于基于素材提升思考能力和认知深度，最终体现在提升作文的分析能力上，其次才是记住事例。请大家一定要理清顺序和目标，素材是积累路上的必备要素，但不代表你积累的内容一定能在考场用上。

4.认知分析透彻

认知分析能力相对来说，比较难以获得快速提升，更多有赖于个人长期养成的认知。我们能做的办法:一个是反复研究行文思路、行文结构,用真题去体会考试的思路;一个是和同学、老师一起互动,启发思维,抓住练习机会,逐步提升。长期积累还需要大量的输入和输出,这个需要比较长的时间,如能做到的话,确实能获得长足的进步。值得关注的信息渠道有"人民日报评论"微信公众号,《人民日报》《人民日报评论》二选一即可。还有其他相对官方的媒体,如新华网评论、澎湃新闻、今日话题等。这些媒体话题更加多元化,观点更多样,可以有选择性地阅读。

第七章 论说文写作方法

论说文写作的首要任务,或者说最重要的任务,就是解决审题立意的问题。审题,是通过仔细阅读材料理解和分析原材料中包含的要点、意义、本质,把握命题者的意图。立意就是立论,找到论点,接着审题,确定话题,提出自己的观点。审题有全面不全面、准确不准确之分。立意有深刻不深刻、新颖不新颖之别。审题不清,那么立意就不准;立意不准,就会出现偏题、跑题现象。"棋失一着,全盘皆输"。审题立意关乎写作成败,甚至有可能关乎整个考研成败。审题正确与不正确的文章,前后起评分相差 10 分之多,这 10 分可能直接导致考研最终失利,全年备考功亏一篑。因此,在有限的备考时间里,请高度重视写作审题立意。

然而面对材料作文,不少考生因未能真正吃透材料,熟练掌握审题立意、观点提炼的方法时常造成所提炼的观点与材料若即若离、似是而非,差之毫厘、失之千里,甚至南辕北辙、风马牛不相及的重大失误。此时,即使你的文章结构再严谨、论证再充分、事例再丰富、语言再优美,也只能是"瞎子点灯白费蜡"了。可见,材料作文的审题立意,至关重要。

一、审题立意

从掌握审题立意的全局来看,我们需要关注三方面的技能:三个关键法则审题。

1. 三个关键法则审题

本书采用一种明确简单的审题方法:三个关键法则,也就是关键难题、关键态度、关键词。

1) 关键难题

所谓关键难题,是指试题中呈现出两种看似矛盾对立冲突的观点,站在不同的角度,两种大相径庭的观点似乎都有道理,以至于无法抉择评价。举例说,2016 年的难题是"一致性与多样性"这个矛盾怎么处理?2015 年的难题是"为富与为仁"这个矛盾怎么处理?2014 年的难题是雌孔雀既想后代健康,又不想"中年丧偶"这个难题怎么处理?总之,历年试题通常含有考验智慧的难题和麻烦,这些统称为"难题"。这种"难题"的设置重在考查考生的分析能力、思辨能力、说理能力。近几年,考官不再让考生单纯歌颂"梦想、道德、专注"这样的主题。因为这样的主题除了比拼唱赞歌,没有太多考查思辨能力的空间。相反,近几年试题加入了思辨关系和矛盾因素,对考生的分析能力和思维水平提出了更高的要求。

在考题中"关键难题"出现的频率很高。而且,用"难题"确定立意是最准确的,有难题存在的地方,才是能找出正确立意的地方,这经过了历年试题的检验。因此,"关键难题"是我们拿到考题首要思考的角度。

2) 关键态度

涉及命题人态度的可能性有三种:肯定、否定、中立,或者是褒、贬、中立。有些材料,客观地叙述一件事,说明事物或现象,命题人无任何主观感情色彩和思想倾向;有些材料则正好相反,在叙述、说明或评论某个事物时,明显地流露出命题人的情感倾向。这样我们应该从材料的情感倾向入手来审题,也就是看作者对于这一段材料是持何种态度。

一般情况下,我们可以抓材料中的态度词来分析作者到底是什么样的态度。比如"对此纷纷拍手称赞",那作者对于这段材料一定是持肯定的态度。又比如"自以为是地批准了这个决策",那作者一定是持否定的态度。要注意,作者态度有时候还会是中立或片面的,要加以区分。

再如 2007 年考题"司各脱南极探险",原文使用"历尽艰辛""不幸冻死"等字眼描述司各脱探险南极。那么,命题人的潜在态度当然是肯定司各脱的探险行为,所以如果立意为"知难而退也是一种智慧"等,就明显跑题。

3)关键词

关键词是指试题材料中能够直接帮助考生找到正确立意的关键词。关键词除了主题词外,还可能是比较词、转折词、关系词、时间词、频率词、联结词等。尤其要注意反复出现的词及转折词。反复出现的词往往能突出中心思想,而转折词往往告诉我们,转折后面的内容是重点体现的。抓好关键词,同时明确材料中所体现出的态度,更容易让我们理解材料作者的想法,从而把握文章立意。

2. 审题立意讲解

【例1】2011 年 1 月论说文真题解析

57. 论说文:根据下述材料,写一篇 700 字左右的论说文,题目自拟。

众所周知,人才是立国、富国、强国之本,如何使人才尽快地脱颖而出是一个亟待解决的问题。人才的出现有多种途径,其中有"拔尖",有"冒尖"。"拔尖"是指被提拔而成为尖子,"冒尖"是指通过奋斗、取得成就而得到社会的公认。有人认为我国当今某些领域的管理人才,"拔尖"的多而"冒尖"的少。

【审题过程】

关键难题:急需人才,两大渠道中拔尖多,冒尖少。

关键态度:中立。

关键词:通过奋斗、取得成就而得到社会的公认就算冒尖。

拓展思考:急需人才,故现有渠道应保住,薄弱渠道应拓展,根据常识,两个渠道各有好处和短板。

审题结果:拔尖不能少,冒尖更要多,勇于冒尖。

【例2】2010 年 1 月论说文真题解析

57. 论说文:根据下述材料,写一篇 700 字左右的论说文,题目自拟。

一个真正的学者,其崇高使命是追求真理。学者个人的名利乃至生命与之相比都微不足道,但因为其献身于真理就会变得无限伟大。一些著名大学的校训中都含有追求真理的内容。然而,近年学术界的一些状况与追求真理这一使命相去甚远,部分学者的功利化倾向越来越严重,抄袭剽窃、学术造假、自我炒作、沽名钓誉等现象时有所闻。

【审题过程】

关键难题:部分学者功利化严重影响了追求真理的使命。

关键态度:反对功利。

关键词:"功利"。

审题结果:拒绝功利,务实求理。

【例3】2009年1月论说文真题解析

以"由三鹿奶粉事件所想到的"为题,写一篇700字左右的论说文。

【审题过程】

本题属于命题作文,是考试大纲规定的两种形式之一,但实际出现较少。对于命题作文,由于没有试题材料,所以不用判断"三个关键"。本题可立意为"诚信经营""经商有道""加强食品安全监管"等。这些都对,但不是都好写。

"诚信经营"最好写,可以作为首选,对应论点"诚信是企业经营之本"。

"经商有道"或"恪守商业道德",这个道德需要解释内涵,不仅是诚信之道。该立意更深刻全面,但未必好写,应根据自身情况考虑。

"加强食品安全监管"变换了主题视角,从企业转到政府,也切合话题核心,对应立意可以是"用制度防止悲剧再次发生"等。但其偏向公共政策和行业监管,具有较强的政策性,不太好写。

本题告诉我们,面对容易的题目也不要高兴过早,而是要从题目出发思考尽快形成最好下笔的正确立意,而非仅是得到正确立意便沾沾自喜,不要"抱在一棵树上吊死",明明不会写还不转换思路。请记住,立意时转换要比下笔后拐弯容易得多。

【例4】2008年1月论说文真题解析

"原则"就是规矩,就是准绳。而在日常生活和工作中,常见的表达方式是"原则上……,但是……"。

请以"原则"与"原则上"为议题写一篇论说文,题目自拟。700字左右。

【审题过程】

关键难题:原则有积极意义(规矩、准绳),但生活中有偏差走样,为什么,怎么办?

关键态度:反对"原则上"。

关键词:"规矩""准绳"褒义,"而"显示对其后观点反对。

审题结果:坚守原则,拒绝原则上。

【例5】2007年1月论说文真题解析

根据下述材料,写一篇论说文,700字左右。

电影《南极的司各脱》,描写的是英国探险家司各脱上校到南极探险的故事。司各脱历尽艰辛,终于到达南极,却在归途中不幸冻死了。在影片的开头,有人问司各脱:"你为什么不能放弃探险生涯?"他回答:"留下第一个脚印的魅力。"司各脱为留下第一个脚印付出了生命的代价。

【审题过程】

关键难题:追求理想和面临危险的矛盾。

关键态度:从用词看出命题人支持司各脱。

关键词:"历尽艰辛""终于""不幸""代价"。

审题结果:

基本立意:勇于探索/敢为人先。

深刻立意:勇于追求人生意义。

【例6】2006年1月论说文真题解析

根据下述材料,围绕企业管理写一篇论说文,题目自拟。700字左右。

两个和尚住在东、西两座相邻的山上寺庙里,两山之间有一条清澈的小溪。这两个和尚,每天都在同一时间下山去溪边挑够一天用的水,久而久之,他们就成为好朋友了。

光阴如梭,日复一日,不知不觉已经过了三年。有一天,东山的和尚没有下山挑水,西山的和尚没有在意:"他大概睡过头了。"哪知第二天,东山的和尚还是没有下山挑水,第三天、第四天也是如此,西山的和尚担心起来:"我的朋友一定是生病了,我应该去拜访他,看是否有什么事情能够帮上忙。"于是他爬上了东山去探望他的老朋友。到达东山的寺庙,看到他的老友正在庙前打太极拳,一点也不像几天没喝水的样子,他好奇地问:"难道你已经修炼到可以不用喝水就能生存的境界了吗?"东山和尚笑笑,带着他走到寺庙后院,指着一口井说:"这三年来,我每天做完功课,都会抽空挖这口井。如今终于挖出水来了,我就不必再下山挑水啦。"西山和尚不以为然:"挖井花费的力气远远甚于担水,你又何必多此一举呢?"

【审题过程】

关键难题:东山和尚如实相告,西山和尚不以为然。

关键态度:无态度。

关键词:"不以为然""何必""多此一举"代表不理解,"每天挑够一天用的水"代表挑水是依赖体力需要频繁重复的。

审题结果:

基本立意:企业经营应勇于创新。

深刻立意:企业经营应思虑长远。

前者是现象差别,后者是本质根源,两人差在长远眼光。

【例7】2005年1月论说文真题解析

根据下述内容,自拟题目写一篇短文,评价丘吉尔的决策,说明如果你是决策者,在当时情况下你会做出何种选择,并解释决策依据。700字左右。

二战期间英国首相丘吉尔曾做出一个令他五内俱焚的决定。当时盟军已经破译了德军的绝密通信密码,并由此得知德军下一个空袭目标是英国的一个城市考文垂。但是,一旦通知这个城市做出任何非正常疏散和防备都将引起德军的警觉,使破译密码之事暴露,从而丧失进一步了解德军重大秘密的机会。所以丘吉尔反复权衡,最后下令不对这个城市做任何非正常的提醒。结果考文垂在这次空袭中一半被焚毁,上千人丧生。然而通过这个密码,盟军了解到德军几次重大战役中的兵力部署情况,制订了正确的反应战略,取得了重大军事胜利。

【审题过程】

关键难题:既想保住密码,又想保护生命。

关键态度:支持丘吉尔。

关键词:重大战役、重大军事胜利、反复权衡。

审题结果:支持丘吉尔,保护密码。

【例8】2004年1月论说文真题解析

根据下述材料,自拟题目撰写一篇600字左右的议论文。

一位旅行者在途中看到一群人在干活,他问其中一位在做什么,这个人不高兴地回答:"你没有看到我在敲打石头吗?若不是为了养家糊口,我才不会在这里做这些无聊的事。"

旅行者又问另外一位,他严肃地回答:"我正在做工头分配给我的工作,在今天收工前我可以砌完这面墙。"旅行者问第三位,他喜悦地回答:"我正在盖一座大厦。"他为旅行者描绘大厦的形状、位置和结构,最后说:"再过不久,这里就会出现一座宏伟的大厦,我们这个城市的居民就可以在这里面聚会、购物和娱乐了。"

【审题过程】

关键难题:同样的事情,不同的态度。

关键态度:命题人无态度。

关键词:"不高兴""严肃""喜悦"。

深入分析:三人目的(认识)不同,所以状态(态度)不同,应挖掘出态度背后的原因。

审题结果:看法决定态度。

3. **审题立意练习**

以下真题切忌光看不练,应该拿起笔,实际独立运用三个关键法则,针对每道题拟定论点。只有带题训练,才能真正学会。

习题说明:仅选择有参考价值的试题作为练习,故本节试题年份并不连续。

1) **练习题**

【练习题1】2001年1月MBA联考真题

根据所给材料写一篇600字左右的议论文,题目自拟。

1831年瑞典化学家萨弗斯特朗发现了元素钒。对这一重大发现,后来他在给他的朋友化学家维勒的信中这样写道:在宇宙的极光角,住着一位漂亮可爱的女神。一天,有人敲响了她的门。女神懒得动,在等第二次敲门。谁知这位来宾敲过后就走了。她急忙起身打开窗户张望:"是哪个冒失鬼?""啊,一定是维勒!"如果维勒再敲一下,不是会见到女神了吗?过了几天又有人来敲门,一次敲不开,继续敲。女神开了门,是萨弗斯特朗。他们相晤了,"钒"便应运而生!

拟定的全文论点为:

【练习题2】2000年1月MBA联考真题

根据所给材料写一篇500字左右的议论文,题目自拟。

解放初期,有一次毛泽东和周谷城谈话。毛泽东说:"失败是成功之母。"周谷城回答说:"成功也是失败之母。"毛泽东思索了一下,说:"你讲得好。"

拟定的全文论点为:

【练习题3】1999年1月MBA联考真题

根据所给材料写一篇500字左右的议论文,题目自拟。

一位画家在拜访德国著名画家门采尔时诉苦说:"为什么我画一张画只要一天的时间,而卖掉一张画却要等上整整一年?"门采尔严肃认真地回答说:"倒过来试试吧,如果你用一年的时间去画它,那么只需要一天的时间就能够把它卖掉。"

拟定的全文论点为:

【练习题4】2012年10月联考真题

论说文:阅读以下文字,写一篇论说文,题目自拟,700字左右。

2012年7月6日《科技日报》报道:我国主导的TD-LTE移动通信技术已于2010年10月被国际电信联盟确立为国际4G标准。TD-LTE是我国自主创新的第三代移动通信技术TD-CDMA的演进技术。TD-CDMA的成功规模商用为TD-LTE的快速发展奠定了坚实的基础。目前,TD-LTE已形成由中国主导、全球广泛参与的产业链,全球几乎所有通信系统和芯片制造商都已支持该技术。

在移动通信技术的1G和2G时代,我们只能使用美国和欧洲的标准。通过艰难的技术创新,到3G和4G时代,中国自己的通信标准已经成为世界三大国际标准之一。

拟定的全文论点为:

【练习题5】2011年10月联考真题

阅读以下报道,写一篇论说文,题目自拟,700字左右。

2010年春天,已持续半年的干旱让云南很多地方群众的饮水变得异常困难,施甸县大亮山附近群众家里的水管却依然有清甜的泉水流出,他们的水源地正是大亮山林场。乡亲们深情地说:"多亏了老书记啊,要不是他,不知道现在会是什么样子。"

1988年3月,61岁的杨善洲从保山地委书记的岗位上退休,婉拒了省委书记劝其搬至昆明安度晚年的邀请,执意选择回到家乡施甸县种树。20多年过去了,曾经光秃秃的大亮山完全变了模样:森林郁郁葱葱,溪流四季不断;林下山珍遍地,枝头莺鸣燕歌。

一位地委书记,为何退休后选择到异常艰苦的地方去种树呢?

"在党政机关工作多年,因工作关系没有时间去照顾家乡父老,他们找过我多次也没给他们办一件事。但我答应退休后帮乡亲们办一两件有益的事,许下的承诺要兑现。至于具体做什么,考查来考查去,还是为后代绿化荒山比较现实。"关于种树,年逾八旬的杨善洲这样解释。

拟定的全文论点为:

【练习题6】2010年10月联考真题

阅读以下报道,写一篇论说文,题目自拟,700字左右。

唐山地震孤儿捐款支援汶川灾区

2008年5月18日,在中宣部等共同发起的《爱的奉献》抗震救灾大型募捐活动中,天津民营企业荣程联合钢铁集团有限公司董事长张祥青代表公司再向四川灾区捐款 7000 万元,帮助灾区人民重建"震不垮的学校"。至此,荣程联合钢铁集团有限公司在支援四川灾区抗震救灾中累计捐款 1 亿元。

"我们对灾区人民非常牵挂,荣钢集团人大多来自唐山,亲历过 32 年前的唐山大地震,接受过全国人民对唐山灾区的无私援助,32 年后为四川地震灾区捐款,回馈社会,是应尽的义务,我们必须做!"张祥青说。

张祥青在 1976 年唐山大地震时失去父母,年仅 8 岁的他不幸成为孤儿,他深深感受到来自全国四面八方的涓涓爱心。1989 年,张祥青与妻子张荣华开始了艰苦的创业历程,从早点、做豆腐开始,最后组建了荣钢集团。企业发展了,荣钢集团人不忘回报社会,支援汶川地震灾区是其中一例。

拟定的全文论点为:

【练习题 7】 2009 年 10 月联考真题

根据以下材料,写一篇 700 字左右的论说文,题目自拟。

《动物世界》里的镜头:一群体型庞大的牦牛正在草原上吃草。突然,不远处来了几只觅食的狼。牦牛群奔跑起来,狼群急追……终于,有一头体弱的牦牛掉队,寡不敌众,被狼分食了。

《动物趣闻》里的镜头:一群牦牛正在草原上吃草。突然,来了几只觅食的狼。一头牦牛发现了狼,它的叫声提醒了同伴。领头的牦牛站定与狼对视,其余的牦牛也围在一起,站立原地。狼在不远处虎视眈眈地转悠了好一阵,见没有进攻的机会,就没趣地走开了。

拟定的全文论点为:

【练习题 8】 2008 年 10 月联考真题

根据以下材料写一篇论说文,题目自拟,700 字左右。

南美洲有一种奇特的植物——卷柏。说它奇特,是因为它会走。卷柏生存需要充分的水分,当水分不充足时,它就会自己把根从土壤里拔出来,让整个身躯卷成一个圆球状。由于体轻,只要稍有一点风,它就会随风在地面滚动。一旦滚到水分充足的地方,圆球就迅速打开,根重新钻到土壤里,暂时安居下来。当水分又一次不充足,住得不称心如意时,它就会继续游走,以寻求更好的生存环境。

难道卷柏不走就不能生存了吗? 一位植物学家做了一个实验:用挡板圈出一块空地,把一株卷柏放到空地中水分最充足的地方,不久卷柏便扎根生存下来。几天后,当这里水分减少时,卷柏便拔出根须,准备飘移。但实验者用挡板对其进行严格控制,限制了它游走的可能;结果实验者发现,卷柏又重新扎根生存在那里;而且在几次将根拔出又不能移动的情况下,便再也不动了;并且,卷柏此时的根已经深深扎入泥土,长势比任何时期都好,也许它发现,根扎得越深,水分越充分……

拟定的全文论点为:

【练习题 9】2007 年 10 月联考真题

阅读以下材料,写一篇 700 字左右的论说文,题目自拟。

著名作家曹禺先生说过这样一段话:我看,应该给"眼高手低"正名。它是褒义词,而不是贬义词。我们认真想一想,一个人做事眼高手低是正常的,只有眼高起来,手才能跟着高起来。一个人不应该怕眼高手低,怕的倒是眼也低手也低。我们经常是眼不高,手才低的。

拟定的全文论点为:

【练习题 10】2006 年 10 月联考真题

根据以下材料,围绕企业管理写一篇论说文,题目自拟,700 字左右。

20 世纪 80 年代,可口可乐公司因缺少发展空间而笼罩在悲观的情绪之中:一方面,它以 35% 的市场份额控制着软饮料市场,这个市场份额几乎是在反垄断政策下企业能达到的最高点;另一方面,面对更年轻、更充满活力的百事可乐的积极进攻,可口可乐似乎只能采取防守的策略,为一、两个百分点的市场份额展开惨烈的竞争。尽管可口可乐的主管很有才干,员工工作努力,但是,他们内心其实很悲观,看不到如何摆脱这种宿命:在顶峰上唯一可能的路径就是向下。

郭思达在接任可口可乐CEO后,在高层主管会议上提出这样一些问题:"世界上44亿人口每人每天消费的液体饮料平均是多少?"答案是:"64盎司。"(1盎司约为31克)"那么,每人每天消费的可口可乐又是多少呢?""不足2盎司。""那么,在人们的肚子里,我们市场份额是多少?"郭思达最后问。

通过这些问题,高管和员工们关注的核心问题不再是可口可乐在美国可乐市场的占有率,也不再是在全球软饮料市场中的占有率,而变成了在世界上每个人要消费的液体饮料市场中的占有率。而这个问题的答案是:可口可乐在世界液体饮料市场中的份额微乎其微,少到可以忽略不计。高层主管们终于意识到,可口可乐不应该只盯着百事可乐,还有咖啡、牛奶、茶甚至水,而这一市场的巨大空间远远超过人们的想象。

拟定的全文论点为:

【练习题11】2005年10月联考真题

根据下面这首诗,写一篇700字左右的论说文,题目自拟。

如果你不能成为挺立山顶的苍松,

那就做山谷一棵小树陪伴溪水淙淙;

如果你不能成为一棵大树,

那就化作一丛茂密的灌木;

如果你不能成为一只麝香獐,

那就化作一尾最活跃的小鲈鱼,享受那美妙的湖光;

如果你不能成为大道宽敞,

那就铺成一条小路目送夕阳;

如果你不能成为太阳,

那就变成一颗星星在夜空闪亮;

不可能都当领航的船长,

还要靠水手奋力划桨;

世上有大事、小事需要去做,

最重要的事在我们身旁。

拟定的全文论点为：

【练习题 12】2004 年 10 月联考真题

根据以下材料，撰写一篇 700 字左右的论说文，题目自拟。

在滑铁卢战役的第一阶段，拿破仑的部队兵分两路。右翼由拿破仑亲自率领，在利尼迎战布鲁查尔；左翼由奈伊将军率领，在卡特勒布拉斯迎战威灵顿。拿破仑和奈伊都打算进攻，而且，两个人都精心制订了对各自战事而言均为相当优秀的作战计划。但不幸的是，这两个计划均打算用格鲁希指挥的后备部队，从侧翼给敌人以致命一击，但他们事前并没有就各自的计划交换意见。当天的战斗中，拿破仑和奈伊所发布的命令又含糊不清，致使格鲁希的部队要么踟蹰不前，要么在两个战场之间疲于奔命，一天之中没有投入任何一方的作战行动，最终导致拿破仑惨败。

拟定的全文论点为：

【练习题 13】2002 年 10 月联考真题

中国古代的易经中说，"穷则变，变则通"。这就是说，当我们要解决一个问题而遇到困难无路可走时，就应变化一下方式方法，这样往往可以提出连自己也感到意外的解决方法，从而收到显著的效果。

请以"穷则变，变则通"为话题写一篇作文，可以写你自己的经历、体验或看法，也可以联系生活实际展开议论。文体自选，题目自拟，不少于 700 字。

拟定的全文论点为：

【练习题 14】1998 年 10 月联考真题

用下面的一段话作为一篇议论文的开头，接下来完成一篇立论与它观点一致的议论文。字数要求 500 字左右。题目自拟。

投下一着好棋，有时可以取得全盘主动。但是，光凭一着好棋，并不能说有把握最后胜利，还必须看以后的每着棋下得好不好。

拟定的全文论点为：

　　

【练习题 15】2019 年经济类联考真题

论说文：阅读下面的材料，并据此写一篇不少于 600 字的论说文，题目自拟。

　　法国科学家约翰·法伯曾做过一个著名的"毛毛虫实验"。这种毛毛虫有一种"跟随者"的习性，总是盲目地跟着前面的毛毛虫走。法伯把若干个毛毛虫放在一只花盆的边上，首尾相接，围成一圈。他在花盆周围不远的地方，撒了一些毛毛虫喜欢吃的松叶。毛毛虫开始一个跟一个，绕着花盆，一圈又一圈地走。一个小时过去了，一天过去了，毛毛虫们还在不停地、固执地团团转。一连走了七天七夜，终因饥饿和筋疲力尽而死去。这其中，只要任何一只毛毛虫稍稍与众不同，便立刻会吃到食物，改变命运。

拟定的全文论点为：

　　

【练习题 16】2018 年经济类联考真题

论说文：阅读下面的材料，并据此写一篇不少于 600 字的论说文，题目自拟。

　　近日有报道称，某教授颇喜穿金戴银，全身上下都是世界名牌，一块手表价值几十万，所有的衣服和鞋子都是专门定制，价格不菲。他认为对"好东西"的喜爱没啥好掩饰的。以前很多大学教授都很邋遢，有些人甚至几个月都不洗澡，现在时代变了，大学教授应多注意个人形象，不能太邋遢了。

拟定的全文论点为：

　　

【练习题 17】2017 年经济类联考真题

论说文：阅读下面的材料，以"是否应该为穷人提供福利？"为题，写一篇不少于 600 字的论说文。

国家是否应该为穷人提供福利存在较大的争论。反对者认为：贪婪、自私、懒惰是人的本性。如果有福利，人人都想获取。贫穷在大多数情况下是懒惰造成的。为穷人提供福利相当于把努力工作的人的财富转移给了懒惰的人。因此，穷人不应该享受福利。

支持者则认为：如果没有社会福利，则穷人没有收入，就会造成社会动荡，社会犯罪率会上升，相关的合理支出也会增多。其造成的危害可能大于提供社会福利的成本，最终也会影响努力工作的人的利益。因此，为穷人提供社会福利能够稳定社会秩序，应该为穷人提供福利。

拟定的全文论点为：

【练习题18】2016年经济类联考真题

论说文：阅读下面的材料，以"延长退休年龄之我见"为题，写一篇不少于600字的论说文。

自从国家拟推出延迟退休政策以来，这一话题就受到了社会各界的广泛关注，同时也引起激烈的争论。为什么要延长退休年龄？

赞成者说，如果不延长退休年龄，养老金就会出现巨大缺口；另外，中国已经步入老年社会，如果不延长退休年龄，就会出现劳动力紧缺的现象。

反对者说，延长退休年龄就是剥夺劳动者应该享受的退休福利，退休年龄的延长意味着领取养老金时间的缩短；另外，退休年龄的延长也会给年轻人就业造成巨大压力。

拟定的全文论点为：

【练习题19】2015年经济类联考真题

根据下述材料，以"如何确定人生目标"为题，写一篇600字左右的论说文。

《论语》云："取乎其上，得乎其中；取乎其中，得乎其下；取乎其下，则无所得矣。"

《孙子兵法》云："求其上，得其中；求其中，得其下；求其下，必败。"

拟定的全文论点为：

【练习题20】2014年经济类联考真题

根据下述材料,写一篇600字左右的论说文,题目自拟。

我懂得了,勇气不是没有恐惧,而是战胜恐惧。勇者不是感觉不到害怕的人,而是克服自身恐惧的人。

——南非前总统纳尔逊·曼德拉

拟定的全文论点为:

【练习题21】2013年经济类联考真题

根据下述材料,写一篇600字左右的论说文,题目自拟。

被誉为清代"中兴名臣"的曾国藩,其人生哲学很独特,就是"尚拙"。他曾说:"天下之至拙,能胜任天下之至巧,拙者自知不如他人,自便会更虚心。"

拟定的全文论点为:

2)**参考答案**

【练习题1】2001年1月真题参考答案

【参考立意】

立意1:锲而不舍。

立意2:做事要有坚持精神。

【过程解析】凡是有两个人、两件事、两个对象的都要注意寻找两者差别。此处暗示维勒接近发现钒元素在先,但功亏一篑、仅差一步,并且指出了原因是没有坚持下来。相反,萨弗斯特朗就反复尝试、锲而不舍,最终获得成功。

关键难题是两者一得一失,关键态度支持萨弗斯特朗;关键词是"如果维勒再敲一下,萨弗斯特朗一次敲不开继续敲"。本题使用关键词一个维度就可以拿下审题。相对"坚持"这个词,"锲而不舍"表达效果更好。

【练习题2】2000年1月真题参考答案

【参考立意】

立意1:戒骄戒躁、保持进取。

立意2:辩证看待成功失败/成功失败可相互转化。

【过程解析】关键难题在周谷城的话。材料显然对周谷城是支持的,因为毛主席都说"你讲得好"。关键词是"成功也是失败之母",代表着成功也是失败的起因。有人想写如何看待成败,先写失败可以带来成功,然后才写成功也会带来失败。不建议这样做。需要半数文字写失败到成功,半数文字写成功到失败,对认知理解、素材储备、文字驾驭能力要求颇高,字数又有限,非常难以兼顾和施展。

题干其实提示了应该写"成功是失败之母",有两个关键词,当然都不易发现。

a.题干开头"解放初期",交代时代背景,解放初期我党已经获得武装斗争的胜利,重要的不是失败是成功之母,正当其时应该警示的是成功是失败之母,此时需要戒骄戒躁,保持进取,不忘初心,继续前进,把国家建设好。

b.文末毛主席说"你讲得好",而没有说"嗯,都有道理"。"成功是失败之母"这句话是警示世人,面对阶段性成功或哪怕是全局成功,仍然都要保持长期奋斗、不断进取的态度,否则将不进则退,可能被趋势淘汰。因此,本题可以立意为"戒骄戒躁,保持进取"。

【练习题3】1999年1月真题参考答案

【参考立意】

立意1:脚踏实地做事。

立意2:厚积薄发。

立意3:慢工出精品、欲速则不达。

【过程解析】本题也有前后两种情况的对比,还是要抓住两者差异。关键难题还是两者差异,关键态度支持门采尔,因为从道理上门采尔说得对而且门采尔是被请教者。关键词没有,这增加了难度。三个关键法则并非必然同时出现。当然,划定关键词并无绝对性规范,把一天、一年这些词划为关键词亦可,只要达到辅助思考的效果就好。

道理大家都懂,就是不好表达。白话说就是"脚踏实地,一分努力一分收获",更精炼的说法是"厚积薄发",但其略有瑕疵。如果查词典就会知道"厚积薄发"原意是充分积累慢慢释放。所以薄发本意不是"喷发",而是"缓发",其本意不适合本题。不过能想到这个词已属不易,使用勉强可以。既精炼又准确的说法应该是慢工出细活(精品),欲速则不达。这两句概括最佳。

【练习题4】2012年10月真题参考答案

【最佳立意】

坚持技术创新。

【参考立意】

基本立意:坚持创新、勇于创新、创新引领发展。

【过程解析】本题核心立意应该是技术创新,通信技术是材料的特定行业背景,如果空谈创新意义,没有专门讲技术创新,只能勉强合格。本题没有明显的关键难题,关键态度是支持创新,关键词是"通过艰难的技术创新",这里命题人已经很直接给出了主题词,审题几乎毫无难度。

【练习题5】2011年10月真题参考答案

【参考立意】

立意1:践行承诺。

立意2:乐于奉献。

【过程解析】本题指向较为明显,几乎用不到关键难题和关键态度。老书记承诺要为村民做事,后来践行承诺,兑现承诺,原文中关键词是"许下的承诺要兑现"。因此践行承诺是第一个合适的立意;老书记承诺的荒山种树行为本身是奉献社会,回报乡亲父老,因此还可以立意为乐于奉献或甘于奉献。

【练习题6】2010年10月真题参考答案

【参考立意】

懂得感恩,回报他人。

【过程解析】本题较为简单,几乎用不到关键难题和关键态度,关键词是"荣钢集团人不忘回报社会"。所以,本题可以立意为回报社会、回报他人。本题这个立意"回报"在管理类联考中出现的概率极小(通常不考做人品质)。所以本题仅作为审题练习,对备考方向没有参考意义。

【练习题7】2009年10月真题参考答案

【参考立意】

团结互助。

【不当立意】

敢于直面困难/挑战,懂得合作。

【过程解析】本题关键难题是两个情境下牦牛群的做法不同。不同的做法带来不同的结果。注意如果出现对比,要么两者有相同点,要么两者有不同点,无论哪个,都是答案之所在。从态度上来看是支持这种团结互助的做法。本题关键词为"叫醒同伴、围在一起"。结合这些词,总结出"团结互助"这个立意。

本题有两个不恰当立意。第一,部分考生立意为"直面困难或直面挑战",理由是牦牛群第一次逃避第二次直面。这只看到了表面,没有结合牦牛群这个主体,也枉顾了"叫醒同伴""围在一起"等关键词。在自然界,该现象叫作直面挑战合适吗?这是学生气的说法。第二是立意为"合作",这个立意不准确。"合作"指发挥各自特长,共同完成事情。"团结"指相互信任、共同贡献力量。团结是合作的前提,两者侧重点不同。本题侧重团结,而不侧重合作。两个词有关联,但也有区别。"合作"没有"团结互助"准确。

所以今后与合作相关的主题应注意区别:互补和团结是两个独立条件,有之才能合作,互利跟共赢含义接近,是合作的动机和目的。互助强调相互帮忙,跟合作有区别也有联系。团结互助、合作都需以信任为基础。

【练习题8】2008年10月真题参考答案

【参考立意】

学会深入,勇于扎根,做事要深入。

【不当立意】

坚持、专注。

【过程解析】本题类似2012年1月真题"十力语要"。关键难题是总挪窝的卷柏没有不挪窝的卷柏吸收水分多。关键态度是反对挪窝,鼓励扎实深入。关键词是"根扎得越深",这等于直接给出立意用词——深入、扎根。所以,本题立意应该是深入、扎根或做事力求深入。本题立意为坚持和专注不够准确。因为坚持未必是深入,可能是努力保持住不变。专注则对应分散,虽然近似但没有"深入"更加准确。

当然,题外话,仅从卷柏事例就得出"做事要深入"其实有些偏颇,有鸡汤的意味。毕竟这是强行把卷柏固定在一处水源充足的地方。水源充足是隐含前提,才得出这样的结论。如果没有这点呢?其他卷柏效仿,扎根在缺水的地方还玩命地深入,那不是找死吗?所以独立思考的考生,应该知道本题这个实验其实得不出指导我们生活的结论。但作为考题,不应想这么多。

【练习题9】2007年10月真题参考答案

【参考立意】

提高目标、提升视野。

关键难题是人们都误解眼高手低。关键态度是鼓励眼先高,眼高能带起手,眼低手自然低。

【过程解析】低,属于支持。关键词是"只有眼高起来……"。

那么眼高指的是什么?其实有两层含义:一是眼光高、要求高;二是视野宽、思维活。其实原题未提示是哪层含义。当然,这给考生留有灵活度,选择或侧重哪个都可以,前者好写,后者难写。

【练习题10】2006年10月真题参考答案

【参考立意】

立意1:转换思维。

立意2:革新观念。

立意3:准确定位。

【过程解析】本题三个立意都很准确,写哪个看自己的情况。关键难题是主管、员工普遍思维僵化,关键态度是肯定郭思达,关键词是原文"观念的革新""重新定位"等。可以看到,从关键词几乎就可以直接得出立意。很多时候关键词确实可以帮考生"抄近道"。

不过,关键词和关键难题结合使用才有保证,否则可能出现误判。例如,2016年1月管理类联考真题出现"教育"这个所谓的关键词,但实际上该题并非谈论教育话题,如果单写教育将会跑题。再如2013年1月管理类联考真题,考题有"合作"这个所谓的关键词,但"合作"只是合格立意,而非最佳立意。可见,单纯以关键词判定是有风险的,两者结合才最安当。关键词明显,但有时又可能成为陷阱。相反,关键难题隐蔽,但几乎不会出错。

【练习题11】2005年10月真题参考答案

【参考立意】

从平凡做起,从小事做起。

立意1:正确定位,正确认识自己。

立意2:从平凡做起,从小事做起。

【过程解析】关键难题是大事不可能人人做。关键态度通过关键词反映出来"大事、小事需要去做,重要的事在我们身旁"。由此结合原文举例可以看出,命题人意在引导考生从小事做起,从身边的事情做起。

【练习题12】 2004年10月真题参考答案

【参考立意】

合作需要良好的沟通。

立意1:学会沟通。

立意2:学会合作。

立意3:沟通才能有合作,合作需要良好的沟通。

立意4:沟通的重要性。

【过程解析】 本题关键难题是兵分两路且各自精心制订作战计划,但最终惨败,这是为什么? 这个难题指向的答案肯定就是正确立意。关键态度是反对这样各自为战。那么正确立意应当是合作需要良好的沟通。因为原文奈伊和拿破仑是合作关系,而失败原因是缺乏沟通。所以正确立意应该是合作与沟通都涵盖更好。

【练习题13】 2002年10月真题参考答案

【参考立意】

变通谋发展、学会变通等。

【过程解析】 本题的特点是命题作文,这类作文发挥空间较小,直接立意即可。

请注意,同样是坚守和变通话题,2008年1月考题"原则与原则上"强调坚守原则,所以审题为"变通"跑题。换作本题因为强调变通,同样的"变通"就切题。跑题还是切题完全因试题而异,而非道理本身。因为很多道理强调哪边都对。故审题立意原则就是"听命题人的意思,以命题人的态度为准"。审题立意并非允许考生独立思考或任意发表个人意见。几乎所有年份命题人都会用自己的态度"定调"。考生应抓住这个基调。若忽视基调或抓反基调则南辕北辙,跑题在所难免。

【练习题14】 1998年10月真题参考答案

【参考立意】

一着赢先机,一盘看全局。

【过程解析】 本题关键难题是一着棋与一盘棋的关系,本质是局部与整体的关系,是思辨关系型试题。关键态度是支持辩证看待,而非只强调某个方面。关键词在本题很多,几乎句句都有。把它们串起来就能看出命题人态度。(态度常常通过关键词展现。)

本文必然要说清一着棋与一盘棋的关系。这个关系说得越深、越准,分数越高。两者有否侧重呢? 可偏重一些全局(一盘棋)。这是从关键词看出来的,一着棋只是"有时"主动,加上"但、光凭、必须"体现出一着棋的局限和一盘棋的必要性,结合局部与整体的本身规律,还是整体更重要。

【练习题 15】2019 年经济类联考真题参考答案

【参考立意】

拒绝盲从,培养独立。

【过程解析】关键难题在毛毛虫丧命的根本原因。关键态度否定毛毛虫的做法,关键词还是经济类联考一贯的关键词,明显有:跟随者、固执地、与众不同。经济类联考关键词太明显了,还要正反反复强调,生怕有一个考生跑题似的。结合"三个关键法则"审题结果,可立意为拒绝盲从,培养独立。

【练习题 16】2018 年经济类联考真题参考答案

【参考立意】

无须为穿金戴银大惊小怪。

【过程解析】本题关键难题在穿金戴银是否有违身份,这是在考态度和观点,是观点态度题。但是命题人态度上并未反对,甚至从话语来看,命题人偏挑这句话,其实有支持暗示。关键词:"好东西""时代变了,注意个人形象,不能太邋遢"。可立意为认同合理正当消费,不必大惊小怪。

时代在变,教授若消费个人合法正当所得合情合理,而且若有刻板、邋遢确实应该改变,学术不意味着守旧和落伍,这种思维文中可批判。但文中也要提及穿戴应该有度,避免盲目攀比,穿戴好可以,但不可陷入拜金论。

【练习题 17】2017 年经济类联考真题参考答案

【参考立意】

本题支持、反对都可以。

【过程解析】本题是观点态度题,从材料看,支持反对都可以,各有利弊,没有明显态度。无论是支持还是反对,都要理由充分、推理论证严密,而且不能两边都选,只能选择其一。

无论是支持还是反对,都要注意扬长避短。支持应避免养懒汉,完善福利体系,严控发放过程,严惩腐败行为;反对应避免因伤致贫者、因病致贫者没人管,提倡建立其他脱贫帮扶制度和渠道,而非忽视低收入群体。

【练习题 18】2016 年经济类联考真题参考答案

【参考立意】

支持或反对都可以,支持更好写。

【过程解析】本题属于典型的观点态度题,从材料来看,可支持,可反对。但不可骑墙或者空谈利弊,这两种是主要的跑题情形。通常支持更好写,建议多数考生选择支持延迟退休,更符合当下实情,更容易论证,因为平时接受的该方理由更多。如果写反对不好写,容易观点偏差或理由局限,少数情况下写得好可能会有有新意的感觉。但这不是多数考生应该追求的。无论选择哪个,都要兼顾双方理由,同时面对利弊两个方面,哪个观点都是有利有弊的。

【练习题 19】2015 年经济类联考真题参考答案

【参考立意】

为达成必得目标,可制定更高的预期目标。

【过程解析】本题审题难度不大,原题意思明确,关键在于确定适宜结构。行文可尝试探讨制定更高目标的必要性,没有这个目标富余度的弊端或问题。接着,可质疑并回应,辨析其与好高骛远或没有自知之明的本质差别。此外,也可辨析目标出现"争 X 保 Y"式的组合,如何处理两者关系。最后可提出有效合适的目标制定方法。

【练习题 20】2014 年经济类联考真题参考答案

【参考立意】

真正的勇气是战胜恐惧。

【过程解析】本题应用关键词即可。通过识别关键词可以知道,考题定义的真正勇气是能够识别恐惧且战胜恐惧,照着这个意思写作即可。文艺些的立意可以是:知恐而胜为真勇。本题可联系 2007 年 1 月管理类联考真题"司各脱上校南极探险"。虽然司各脱上校最终不幸冻死,但显然他行前是知道危险的,探险中亦努力战胜危险,虽然最终只差一步,但他亦属于真正的勇敢者。

【练习题 21】2013 年经济类联考真题参考答案

【参考立意】

虚心尚拙,拙可胜巧。

【不当立意】

谦虚使人进步、谦虚等。

【过程解析】本题关键难题是拙与巧的关系,关键词表明"至拙可胜至巧",故关键态度为弘扬"尚拙"。尚拙指扎实、认真地做事。曾国藩带兵打仗是有名的"扎硬寨、打呆仗"。他毕生倡导的尚拙指的是老实认真地做事。

本题出现"虚心",可拿出一段,来论述尚拙和虚心的关系。这就摆正了虚心的位置。虚心是尚拙的来源,却不是本题核心主题,核心主题必出现在关键难题当中,应特别注意。

4. 论说文成文时间分配

1) 参考写作分配时间

通常来看,论说文写作可以分成这样几个部分:读材料,列提纲,写首段,写主体分析,写尾段,文章检查。我们把大致需要的时间罗列如下:

步骤	部分	建议时间	主要内容
第 1 步	读材料	3 分钟	审题立意
第 2 步	列提纲	4 分钟	确定标题和文章结构
第 3 步	写首段	1.5 分钟	指出文章中心论点
第 4 步	写主体	24 分钟	根据中心论点,提出分论点并进行论证分析
第 5 步	写尾段	1.5 分钟	总结结尾
第 6 步	检查	1 分钟	浏览全文,检查语句标点,表达无误

以上时间分配仅供参考，考生可根据写作熟练程度进行调配，在35分钟之内完成论说文写作。

2）列提纲

写应试作文，最好采用现成的模式化结构，这样不仅能节约时间，而且还能保证文章得分。临时安排行文结构，难免百密一疏，导致思路混乱。而且，临时安排结构也会使精力分散，从而挤压了立意、打磨语言等方面的时间。结果，文章质量大打折扣。所以，快速列好提纲对于论说文写作具有重要意义。

提纲一般包括标题、总论点、分论点以及论据。由于考试时间限制，考试时不可能也没有必要写出一个完整的提纲，所以列提纲时，只要写最重要的部分即可。

如果审题、立意做得好，那么提出一个恰当的总论点就是水到渠成的。确定了总论点之后，再拟定一个吸引人的标题也并不难。至于剩下的内容，只要确定了分论点和论据，写出一个照应全文的强有力结论也就不难了。

二、论说文行文基本结构

论说文的结构大致可以分成三个部分：引论、本论和结论。引论就是文章的开头，有提领全文的作用，或者提出论题，或者点明论点，或者概述议论范围，或者交代写作目的，或者摆出需要反驳的错误观点，等等。本论是文章的主要部分，对提出的论点进行分析和论证，往往需要用较大的篇幅，内容复杂的还要分成几节或者几个部分，分别论述几个方面的问题。本论的论述内容决定整篇文章质量的好坏。结论就是文章的结尾，或者归纳论点，或者总结全文，或者明确任务，或者提出希望，等等，根据表达的需要，内容可详可略，但一般都与引论相呼应。

论说文按照这样的顺序分成三个基本部分，是文章内在逻辑性的反映。一般论说文总是先提出问题，点明论点，这就是"引论"。问题提出以后，进一步加以分析，提出证明论点的论据，组成论证过程，这就是"本论"。问题经过分析，证明论点是正确的，最后需要向读者再做一番交代，这也就是"结论"。从提出问题、分析问题到解决问题，在文章的结构上也就必然构成从引论、本论到结论具有一定逻辑性的三个部分。

1. 递进式

递进式结构要求文章各层次之间是层层深入、步步推进的，前后顺序有严格要求，不能随意改动。这是论说文经常使用的一种结构。递进式结构一般又分为两种结构格式。

1）一般递进式

将中心论点进行分解，分成几个分论点，这些分论点之间的关系是由浅入深、由简单到复杂的。层次间可用诸如"不仅……而且……""……况且……"等关联词语过渡，同时又以此反映层次间递进的关系。

以"解剖自己"主题为例，要不断进步，必须无情地"解剖自己"。论述如何才能"解剖"好自己。

文章结构	内容
题目	严于解剖自己
首段	结合材料抛出主观点。
正文 1	分论点 1:对自己要有自知之明。
正文 2	分论点 2:光有自知之明还不够,还要勇于自我批评。
正文 3	分论点 3:自我批评的勇气来源于对真理的追求和崇高的信念。
末段	结合材料总结全文。

①对自己要有自知之明。(这是解剖好自己的前提。不了解"病"在哪里,就无从下刀)

②光有自知之明还不够,还要勇于自我批评。(这是解剖好自己的途径。不开刀,就无从去"病")

③自我批评的勇气来源于对真理的追求和崇高的信念。(这是解剖好自己的关键。不掌握开刀的规律,刀就开不好,也就难以真正去"病")

递进深入式的基本要求是由小到大,由浅入深,由简单到复杂。但也不局限于上述形式。有时这种论点的深入不太好把握,此时,也可以从以下几个层次把握:

自然——人——社会;个人——家庭——社会;个人——家族——民族;个人——集体——国家;个人——企业——国家;个人——国家——人类;自己——他人——国家。

还是以"解剖自己"主题为例:

文章结构	内容
题目	严于解剖自己
首段	结合材料抛出主观点。
正文 1	分论点 1:严于解剖自己有利于家庭的幸福。
正文 2	分论点 2:严于解剖自己有利于企业的发展。
正文 3	分论点 3:严于解剖自己有利于社会的和谐。
末段	结合材料总结全文。

2)推理递进式

推理递进式,按照"提出问题,分析问题,解决问题"的思路安排论证结构,即围绕中心论点回答三个问题:是什么,为什么,怎么办。

以"谈风度"主题为例:

文章结构	内容
题目	人人都要有风度
首段	结合材料抛出主观点。
正文 1	分论点 1(是什么):风度是一种美德,一种富有教养的臻于完善的气质和风采。
正文 2	分论点 2(为什么):有了风度,能受到别人的敬重,人与人之间增进爱心,有利于和睦相处。
正文 3	分论点 3(怎么办):有风度,须加强道德情操的修养,摒弃粗俗言行,自觉培养良好的风度。
末段	结合材料总结全文。

2.并列式

并列式结构是一种十分常见的结构形式,即在论证的思路中,将论点分解成若干个方面,而这几个方面的关系是并列的、不分主次的,它们并列平行地论证中心论点的结构方式。

一般来讲,在应试论说文的写作中,适时恰当地采用并列结构,有如下一些好处:

首先,能使文章思路清晰,条理分明。论说文重在阐明道理,而要说明某个问题,如能分成几个方面来进行论述,往往可以使论证显得有条不紊,多而不乱。

其次,从论证的力度和效果来看,采用并列结构往往能使论证气韵酣畅,犹如重浪排阖,给读者带来强烈印象,从而增强了论证的说服力。

再次,论证时恰当合理地采用并列结构,能显示出作者在特定的思维范围内的不同指向的深度开掘,体现出作者思维的深刻程度。

可以说,并列结构是应试作文写作中快速成文的有效方法之一。

1)一般并列式

一般并列式是指三个分论点分别从三个不同的层面对论点进行论证,通过证明论点可以从不同的角度带给我们的好处,从而证明了该论点的正确性。

以"读书给人带来乐趣"主题为例:

文章结构	内容
题目	读书使人快乐
首段	结合材料抛出主观点。
正文1	分论点1:读书可增长知识,充实头脑,一乐。
正文2	分论点2:读书可开拓视野,丰富情感,二乐。
正文3	分论点3:读书可提高素养,陶冶情操,三乐。
末段	结合材料总结全文。

2)递进并列式

递进并列式,按论点内涵递进,从时间推移、范围扩大、程度加深等方面分解"是什么""为什么""怎么办"。

①角度一:"是什么"。

以"磨难"主题为例:

文章结构	内容
题目	磨难造就人才
首段	结合材料抛出主观点。
正文1	分论点1:磨难是砥砺,励志增才。
正文2	分论点2:磨难是阶梯,积淀经验。
正文3	分论点3:磨难是洗礼,超越升华。
末段	结合材料总结全文。

②角度二:"为什么"。

还是以"磨难"主题为例：

文章结构	内容
题目	强者，笑对磨难
首段	结合材料抛出主观点。
正文1	分论点1：笑对磨难，我们才能活得坦然。
正文2	分论点2：笑对磨难，我们才能超越自我。
正文3	分论点3：笑对磨难，我们才能走向成功。
末段	结合材料总结全文。

③角度三："怎么办"。

还是以"磨难"主题为例：

文章结构	内容
题目	笑对磨难
首段	结合材料抛出主观点。
正文1	分论点1：面对磨难，需要坚定信念。
正文2	分论点2：面对磨难，需要乐观豁达。
正文3	分论点3：面对磨难，需要百折不挠。
末段	结合材料总结全文。

注意：并列排列的各个分论点是按照统一的划分标准概括出来的，各分论点之间具有逻辑性，几个并列的分论点的内容不可交叉，不可重复，不可包容，不可矛盾。

3.对比式

世界上的万事万物，往往是相比较而存在的。"有比较才有鉴别"，两种事物一经对比，就可以分辨出彼此间的差异。因此，我们在写作文时，可采用正反对比的结构来立意、行文。对同一问题从正反两方面论证、剖析，使说理更加透彻，从而揭示事物的本质，使所阐述的事理更加深刻，更有说服力。真与假的对比，可以去伪存真；善与恶的对比，可以抑恶扬善；是与非的对比，可以拨乱反正。因此，运用正反对比的结构可以让论证更有力，观点更鲜明。

1）正反对比式

正反对比法，是将两种性质截然相反或有差异的事物进行比较。这种方法有两种情况：一种是将发生在同一时期、同一区域的两种性质截然相反的或者有差异的事物进行比较。通过这样的对比，对错误的或者差的事物予以否定，对正确或者好的事物进行肯定。这种对比叫作"横比"。另一种情况是将同一事物在不同的时间、地点的不同情况进行比较。这种对比叫作"纵比"。

正反对比式是一种常见的横式结构，也是一种比较容易掌握的结构模式。众所周知，自然界事物无不处于矛盾发展变化之中，有成功就有失败，有高尚就有卑贱，有美好就有丑恶，有正面就有反面。在论说文写作时，运用正反对比式，就是把两种对立的事物或同一事物的互相矛盾的两个方面进行对照比较，肯定什么，否定什么，提倡什么，反对什么，就显得格外分明。具体地说，就是在论证过程中既要正面说理,又要反面阐述;在对比分析中,表明正确的观点,从而达到写作的目的。

正反对比式的结构,既可以体现在段与段之间,也可以体现在段内句与句之间。简单地说,就是"正面说了反面说"或"反面说了正面说",它对于议论的深入、论点的突出、说服力的增强,都是很有裨益的。

正反对比式结构模式:

①开头引述材料,提出中心论点。

②分论点1:正面分论点。

③分论点2:反面分论点。

④分论点3:意义价值。

⑤结论:通过正反对照进行总结,表明正确观点,照应全文。

以"学习"主题为例:

文章结构	内容
题目	学习使人进步
首段	结合材料抛出主观点。
正文1	分论点1(正面):学习可以弥补自身不足,从而提升自我。
正文2	分论点2(反面):不学习的人看不到自己的不足,从而自高自大。
正文3	分论点3(意义):学习对我们的意义。
末段	通过正反对照进行总结,表明正确观点,照应全文。

2)**正反正解式**

所谓正反正解式是指:

分论点1:正面论证论点的好处。

分论点2:反面论证不坚持论点带来的坏处。

分论点3:从另外一个角度论证坚持论点的好处。

分论点4:怎么办(怎么解决)才能让论点更好。

还是以"学习"主题为例:

文章结构	内容
题目	学习使人进步
首段	结合材料抛出主观点。
正文1	分论点1(正面):学习可以弥补自身不足,从而提升自我。
正文2	分论点2(反面):不学习的人看不到自己的不足,从而自高自大。
正文3	分论点3(正面):学习能够修身养性,更深刻地认识世界。
正文4	分论点4(解决):学习需要戒骄戒躁,不能浅尝辄止。
末段	结合材料照应全文。

正反对比式与正反正解式的区别在于,正反对比式在论证正面分论点和反面分论点时,行文需要饱满。

论说文的结构没有好坏之分,在高分文章里有不同的行文结构,在低分文章里也有不同的结构。文章的结构只是给阅卷人呈现出的一种表达方式,除了文章结构外,文章的分数高低还取决于立意、中心论点、分论点以及分论点的论证是否合理等,考生可在平时练习中,总结出自己擅长的行文结构,在考场上一挥而就。

4. 不同题型写作结构的选择

1) 单话题型题目

单话题为单一要素,只涉及一个关键主题词,并不涉及多个关键主题词,对于这类题型,上述递进式、并列式、对比式的结构都可以通用。如上文中举例"解剖自己""磨难""学习"等主题词的写作结构。

2) 观点态度型题目

观点态度型题目虽然涉及两种观点、两种选择或两种情形,但通常需要做出选择,也就是"二选一,A和B中择其一",所以最终呈现出的行文写作结构和单话题型可以一样,可以按单话题的成文结构进行。

3) 思辨关系型题目

思辨关系型题目强调两个主题之间的关系,如2021年真题"科学教育与道德教育",此时两者需结合起来进行阐述。此时,我们可以将这两者的关系"打包"看作一个话题,因此也就变成了单话题的类型,可以按单话题的成文结构进行。如,科学教育与道德教育相结合有利于……,可以按此构思三个分论点等。

4) 单话题与双话题

其实,纵观历年真题的题型特点,论述也可分为单话题论述和双话题关系型论述。但最终写作结构都可以采用基本的结构写作模式,因为所有的双话题关系型论述都可以看成单话题论述。

双话题的关系类型:

① 两者对立,二选一。(2008年真题:原则和原则上)

② 两者结合,不做选择。(2021年真题:科学教育与道德教育)

③ 两者是一个事物的正反两面。(2014年真题:孔雀择偶,正确看待事物的两面性)

5) **双话题的其他写作结构**

① A与B对立,二选一。

2010年真题:真理是A,名利是B,写作结构:A好,B不好,要A不要B。

2017年真题:扩大生产是A,研发新产品是B,写作结构:A可行,B也可行,选A选B看情况(具体问题具体分析)。

② A与B结合。

2015年真题:为富是A,为仁是B,写作结构:A重要,B也重要,A+B最好。

2016年真题：多样性是A，一致性是B，写作结构：A是本质，B是基础，协调A、B发展。

③A与B是事物的正反两面。

2014年真题：雄孔雀尾巴大而艳丽的好处是A、坏处是B，写作结构：看A不看B是不行的，看B不看A也是不行的，要兼顾A、B。

双话题关系型论说文虽然始终是对A、B两个因素的讨论，但是，A、B到底是矛盾的关系（2010年），还是统一的关系（2014、2015、2016年），抑或是具体问题具体分析的关系（2017年），这是不能确定的。即便同样是统一的关系，2014、2015、2016年论说文的侧重点也有所不同。

总的来说，双话题关系型论说文更能考查考生的思维、知识面，更能区分考生的层次，但单话题型论说文的写作也同样重要。所以备考写作，千万不能投机取巧，扎实掌握这两类论说文的写作结构才是王道，也只有这样，才能做到以不变应万变。

三、论说文段落写法

论说文最关键的部分是审题立意和行文结构的选取，但具体到文章每个部分的段落也是评分的重要因素之一。

1.文章标题写法

"拟题"是材料作文的一个重要写作要求。它是考生经过审题、确定立意、选定行文结构等环节后必须面对的另一个环节。就论说文作文评分细则看，没有拟写文章标题扣2分，好像分数值并不高，但从作文阅卷实际情况看，如果自拟了一个标题，它的好坏，其潜在的价值远远不止2分。

标题是文章的眼睛。标题是审题立意的初步反馈。阅卷老师的第一眼就是看题目，一篇文章的标题是门面，就像敲门砖一样，吸引人的标题就会有让人点开读下去的欲望。俗话说："题好一半文""人要衣装，文要题装"。论说文中标题的拟写尤为重要，同一议论中心，可以有多种不同的标题形式，而由于标题形式不同，构思往往迥异。

1）联合式标题的拟写

联合式标题亦称关系型论说文，一般由两个（也可以是多个）意义相同、相近、相关或相反的概念组成。联合式中包含多种关系类型，如并列、对立、从属等，因而在拟写时要明确文章阐述重点，不能背离材料。

如在拟定"庙堂之高与江湖之远"这个并列关系的论题时，应明确标题中两个概念的属性，知道它们各有所指，不可或缺；拟定"见义勇为与见义勇'围'"这个对立关系的议题时，应知晓文章肯定一方，否定另一方；对于从属关系的标题拟写，构思时应阐述两者的依存关系，论证一方必须服从另一方的道理，不能彼此独立，失去主导，如"个人和集体""治国与治家"。

2）主谓式标题的拟写

主谓式标题就语法而言是一个完整的短语（有的是句子）结构，其中主语部分表述被议论的人或物，谓语部分对议论中心进行阐述。主谓式标题通常有三种拟写方式：特问式、反问式和判断式。

特问式标题的拟写,通常由一特指代词充当论述对象或议论对象,如《祖传的就好吗?》《苏轼有多少雅号?》等。这类命题"题眼"是标题中诸如"哪里""多少""谁""吗"之类的疑问代词。

拟定反问式标题,一般是所要论述的对象无疑而问,如《雷锋精神过时了吗?》等。这类标题形式,因以反问的形式出现,自然就否定了"吗"前所表达的内容。因此,这类标题通常要写成驳论文,批驳的观点就是"吗"前表述的观点。

判断式标题,一般采用判断词(有的未用)对论述中心做出肯定或否定判断,如《名师未必出高徒》《旁观者未必清》《近朱者未必赤》《慎无败事》等。标题中的判断词("是""必""未必""要""无"等)意义明确,有很强的分寸感,善于逆向思维,打破常人的思维模式,做到别出心裁,有个性。拟题更是如此,换个角度去思考,或许会"柳暗花明",出奇制胜,吸引读者。

3) 支配式标题的拟写

支配式标题中起支配作用的述语表示正面评论或反面驳斥,述语所支配、关涉的宾语是议论对象,如《赞愚公移山精神》《班门弄斧析》。

支配式标题的另一种形式,往往根据特定的语言环境、文体和内容,灵活巧妙地使用修辞手法,能避免一览无遗,能使文题生动形象、精练紧凑、含蓄隽永,能使文章锦上添花。有的标题,运用对比,是非分明,如《反对自私自利,提倡奉献精神》;有的标题,采用对偶,形式匀称,如《想,要壮志凌云;干,要脚踏实地》;有的标题,运用双关,词在此,意在彼,如《救人与救心》;有的标题,运用谐音,俏皮幽默,如《验收与宴收》;有的标题运用反语,如《教写作要学会"偷懒"》,别出心裁,韵味无穷。

2. 文章首段写法

论说文的开头要讲究"短、快、靓"。短,即要简洁,最好三两句成段,引入本论。开头短,可避免冗长之赘,而且短句成段,在空间上突出其内容的重要性。阅卷人通过标题和首段的内容基本上就可以判断整篇文章的价值,因此,考生要想拿到一个不错的分数,首段写作也必须重视。论说文首段写作一般分为三个部分。

1) 引材句

在审题后,根据中心论点的需要,用简洁的语言概括材料。概括的字数要少;概括的内容要巧,做到简洁,拖泥带水会引起反感;要有度,紧扣题目,有所选择。这里通常用材料中的原句或者适当提炼的表达。

2) 评材句

在引材句之后,要有对材料的精练点评、分析事理,作为过渡到中心观点上的桥梁,让读者感到由材料到中心观点是顺理成章、水到渠成的。

3) 中心论点句

扣材:所确立的论点必须是根据材料生发出来的。

准确:论点应从材料的中心意义或材料的重要角度引申出来,要找准立意角度与社会现实的对应点。

鲜明:语言表达要清晰而简洁。

【例1】2012年《十力语要》开头

哲学家熊十力在《十力语要》中说"吾国学人有逐臭之习",而"逐臭之习是中国学人死症"(引述材料)。正是逐臭之习,导致学者失去专注,变得浮躁,进而无所成就(分析事理)。这番话告诉我们:为学做人需要专注。(引出论点)

【例2】2007年《司各脱探险》开头

司各脱是英国著名探险家(引述材料),为了实现开拓者、探索者的人生意义,他不惧危险,探索南极(分析事理)。他不幸死于归途,但是他用宝贵的生命启示我们,要勇于追求人生意义(引出论点)。

3.文章分论点段落写法

论说文是说理的文章。说理的实质就是运用论据证明论点的正确,写好论说文的本论部分,一方面是选择好的角度,能把中心论点分解成若干个分论点,另一方面就是写好分论点论证段落。分论点论证段落是集中、充分展示自己思维品质和表达水平的地方,要力求在结构形式、论述深度、语言美化等方面尽可能地完美,让阅卷人眼前为之一亮。

论说文讲究布局结构、逻辑思维。如果段落内部前后衔接不紧,思维混乱,就会影响文章的表达,分析论证就不会到位,文章就会缺乏说服力。因此,进行分论点段落训练时首先应从整体把握,掌握好论说文段落的布局结构。

一个完整的议论段一般有三部分:起始、展开、收束。一般可分为五环节:分论点句、阐释句、例证句、分析句、结论句。

1)**分论点句**

分论点句是提出本段论点,这在定文章结构时就可以确定。通常只有简洁的一句话。分论点句最好放在段落的第一句,让阅卷人能够清晰地知道考生行文的论述方向和文章结构。分论点句的选择,在论说文结构部分已做讲解,这里我们不再赘述。

2)**阐释句**

阐释句是从理论上对分论点进行诠释,相当于分论点到例证的过渡句。这个部分一般不可缺失,它是连接分论点句和例证句的纽带,起缓冲作用。缺少这句后,行文就直接从分论点句跳跃至例证句,会让人感觉是在生搬硬套、堆砌文字。对分论点句进行阐述和解释,可以考虑引用名人名言,也可以抓住分论点的关键词并结合后面的例证句,直接对分论点进行解释。

【例1】多一点平衡,才有圆满人生。(分论点句)"最美好的生命,不是一个速度不断加快的生命,而是速度在加快跟缓慢之间有平衡感的生命。"蒋勋在《品味讲》中如是说。凡事过犹不及,只有把握好一个度,才能圆满。(阐释句)

【例2】工作上的成功源于对事业永不言弃的坚持。(分论点句)伟大的事业是根源于坚韧不断的工作,以全副的精神去从事,不避艰苦。打开历史的长卷,我们无不发现,名人的成功源于坚

持。(阐释句)……(后面例证句开始举名人因为坚持而成功的事例)

3) 例证句

例证句,是列举典型事例,古今中外,正反事例均可。例证的作用表现在以下几个方面:首先,"实事胜于雄辩",例证会让行文的论据更加充分,从而让论证显得更加严密。论点是要实例来进行证明的,一味道理论证说理,会让人显得夸夸其谈。其次,论说文一味地进行道理论证,对个人思辨行文要求很高,如表达不恰当,则会让人感觉干巴巴。最后,通过例证可以快速填充文章的篇幅,从而在考场快速成文。

例证的选取有以下要求:

①例证要真实。举例要真实可信,不能有虚假成分,也不能有丝毫的虚构夸大。

②例证要典型。举例要具有代表性和说服力,必须是能揭示出事物本质、集中证明论点的事实,而不能是偶然的、片面的事实。

③例证要有关联。选择的例子必须与论点有内在的联系,在行文过程中要不失时机地把这种联系揭示出来。如果所选的论据与论点没有本质上的联系,即使它再准确、典型、新颖也是毫无用处的。论据与论点的内在联系表现在两个方面:其一,由论据能推导出论点来,论据是"因",论点是"果";其二,论据与论点在本质上是统一的。

④例证要简洁。论说文中的事例是作为论据出现的,它的作用是证明论点,而不是陈述事情本身。所以,陈述应简明扼要,高度概括,尽量避免过多的描写铺陈。

例证的技巧:

①单例详用。

所谓单例详用,即用一个典型的具体的事例做论据来证明语段论点,叙例文字较多,即通常所说的例证法。由于是应用一个论据作为前提来证明观点正确的,所以选例必须要典型、真实。方法看似简单,但使用时却最易出现问题,具体问题为:论据不具体,真实性不足;事例不典型,针对性不够。

【例1】欧洲有位化学家,在一次实验中,发现一种新物质,可是他没有把这种新物质提炼出来,就放弃了这个实验。后来另一位化学家也做了这样的实验,由于他坚持不懈,另一种新元素终于被他发现了。

点评:提到的两位化学家,没有写出他们的姓名,做什么实验,发现一种什么新物质,模糊不清,因此降低了论据的说服力。

【例2】心理不健康引发的"心病"越来越成为困扰人们的新病。有关调查表明,目前全国约有3000万青少年存在不同的心理问题,约有2亿人心理不健康。而在这些心病人群中,有70%以上是焦虑或抑郁等心理亚健康患者。在笔者看来,焦虑或抑郁等心理问题根源在于扭曲的价值观,其重要症结就在于不能正确地认识和对待人生中的困难、挫折等生活缺陷,从而不能享受在迎战困难过程中以苦为乐的幸福,不能享受在克服问题中求变求新的幸福,不能享受在笑对挫折中积极乐观的幸福。因此,要想享受幸福,就必须直面缺陷。

点评:该例以一项调研为例,叙述较为详细,数据细节具体,围绕单例分析深刻,揭示出心理不健康、幸福观错误、不能直面缺陷与享受幸福的关系。虽然事例单一,但分析透彻有理。

②叠用事例,构成排比。

叠用论据就是将同类论据叠加使用。叠用论据不仅可以显示作者深厚的文化积淀和活跃的思维,还可以形成排比句式,增强文章的气势。值得注意的是,叠用论据时,所用论据都必须紧扣论点,文字必须简练,叙述必须有条理;否则,就会使文章结构混乱,论证矛盾或烦琐。

【例3】……找准位置,是张骞行出的驼铃阵阵,是苏武牧羊的忠诚刚烈,是昭君出塞的黄沙漫漫,是卫青迎向大漠的旌旗猎猎,是岳飞仰天长啸的壮怀激烈,是郑和七下西洋的浪花飞舞与雄心勃勃……(这是叠用论据)找准位置,不能让迷雾遮住双眼,不能任狂风吹散信念……即使我们的紫葡萄化为深秋的露水,即使我们的鲜花依偎在别人的怀抱,我们也要依然坚强地擦亮双眼,寻找生命的契机,等待机遇的光临。(这是紧扣论点论证)

③运用对比,形成反差。

在论证中,运用正面事例与反面事例相结合,就是正反对比。这样优与劣、好与坏、美与丑自然会鲜明突出。这种方法可以广泛运用于各种文章的写作中。

【例4】……贝多芬甩开了尘世的喧嚣,在音乐的国度里尽情跳跃;居里夫妇抛弃了名利的纷扰,在科学的世界中迈出了更深远的步伐;陶渊明忘却了世俗的黑暗,在自由的南山中悠然采菊……他们的人生轻松徜徉嗅着人间的芬芳。而别里科夫被世俗束缚在套子里,葛朗台被金钱拖至了死神的身边,他们没有全力轻松地奔跑,最终被卷入世俗的浊流中……

点评:把"贝多芬""居里夫妇""陶渊明"这些正面材料与"别里科夫""葛朗台"这些反面材料,进行对比分析,前者是轻松地跑,后者是不轻松地跑,进行对比,其精神境界的高低、优劣显而易见,这就是文章的对比手法的妙处。

4)分析句

分析句重在分析说理,这是本段最重要的一步。因为仅仅列举一个两个事例,不进行分析说理,那这举出的事例就不能成为分论点的论据,也就没有说服力。分析就是把材料与观点挂钩,使材料与观点逻辑严密,融为一体。要写好分析句,既要注重提升自己的思考能力,也要掌握一些常见常用的分析方法。分析句与例证句有时结合在一起写。

①假设法。

第一种假设方法:从事例的反面进行假设,可以正例反说,也可以反例正说(构成对比)。

【例1】但欢喜之余,我们也要看到云生活的种种不便之处。(论点句)云技术可以渗透至生活的方方面面,但并不一定都带来积极影响。(阐释句)"云课堂"上远低于真实课堂的学习效率和远高于平时的近视风险;"云办公"时被延长的办公时间和棘手的部门管理;"云植树"怎样落实和管理,"云旅游"如何带来收益,"云数据"怎样保证安全……(例证句)倘若不能够正视云生活产生的问题,不能够真正解决各种问题,只看到云上的热闹蓬勃便一拥而上,那最后一定只能坠下云端,落得一地鸡毛(假设分析句)。

第二种假设方法:设问法(对例中矛盾发问,分析原因)。

【例2】读书可治迷茫。(论点句)迷茫就是找不到方向,特别是年轻的时候,经验阅历少,选择诱惑多,难免产生迷惘和彷徨(阐释句)。曾经有一位青年读者写信向杨绛先生讨教,表达了自己对人生的迷茫,杨绛先生回信道,"你的问题主要在于读书不多而想得太多"(例证句)。这真是一句简单而精辟的概括。如何在纷繁复杂中保持灵台清明,不至于方寸大乱?(设问句引出分析)不畏浮云遮望眼,只缘身在最高层。阅读能帮人明黑白、辨是非,透过现象发现本质,待认知达到一定高度,自然能拨云见日、披沙拣金。前人书中的经验,对我们走好人生之路颇有启迪。经验每多一分,迷茫便减一分(总结句)。

②因果分析法。

对案例中矛盾进行原因分析。

【例3】柔软是一种暖心的力量(观点句)。人心之柔软,可以是对凶顽的宽容,对世间的博爱,是任何时候无法被冰封的温暖(阐释句)。它是特蕾莎修女给予流浪汉的拥抱,是南丁格尔提灯时的微笑,是《夜空中最亮的星》中所祈祷的"拥有一颗透明的心和会流泪的眼睛"(例证句)……因为柔软,所以我们可以放下苛求,带着平和的微笑尽享流年温润;因为柔软,所以我们打破坚硬的壁垒,在阳光下重新拾得爱与感性的回归(因果分析句)。

③归纳法。

归纳法是在列举多个典型论据之后,归纳总结出它们的共同点,扣在要证明的论点上。

【例4】自由有度,规有所约(论点句)。众所周知,企业不是公益慈善机构,追求利润是其天然属性,但也必须以契约精神为前提,遵规守则(阐释句)。丰巢快递柜收费"5毛钱"被认为是在快递公司与消费者之间"横插一脚截流",消费者不认账,竟成为一场延绵数日的公共事件;已被爆雷的涉及"财务造假"的12家上市公司因严重违规而成为证券市场的"毒瘤",被列入行业发展黑名单,自由发展戛然而止(例证句)。可见(引出归纳):行规,不是白设的水晶花瓶,不是可以纵情奔涌的河流,而是企业权利的边缘。任一企业,每一决策,可以以自由发展为目标,却必须要以合规中矩为底线,以规矩入,从规矩出。

④正反对比法。

正反对比法,就是在写完例证后引进比较加以分析,从而得出结论。

【例5】大学之道,在明明德,在亲民,在止于至善(论点句)。修身、治国、齐家、平天下是古代仁人志士的最高人生追求,也是当代青年人应该矢志不渝培养的核心价值观(阐释句)。"00后"消防员王佛军、徐鹏龙在凉山森林火灾中英勇牺牲,成为"最美逆行者"。他们的青春虽短暂,却是颇具价值的一生,在生命的最后时刻也不辜负自己的青春。传说岳母曾在岳飞背上刺下"精忠报国"四字,正值青春的岳飞从此抛头颅、洒热血,只为抗金救国。而奸臣秦桧只为苟且偷安,虽有才华,却最终成为人人唾弃的"缪丑"(例证句)。"青山有幸埋忠骨,白铁无辜铸佞臣",这两种截然不同的人生与结局,何尝不是青年时代品德修为之使然?(正反对比分析)

5)**结论句**

结论句就是本段小结。照应本段开头,重申这一节的分论点。可加上"因此"或"所以我认为"等字样。这样一来,本小节就形成了一个完整的说理板块。段末的结尾句可以对全段起到呼应首句和画龙点睛的作用。

【例1】知识就是力量。(观点句)它首先是一种难以量化的、伟大的精神智慧,当然更可转化为具体的、可见的、巨大的物质力量。(阐释句)史蒂芬·霍金,被卢伽雷氏症禁锢在轮椅上20多年,全身能"活动"的,除了眼睛,只剩三根食指,但这并不影响他成为继爱因斯坦之后当代最伟大的理论物理学家,享有国际声誉的伟人、超人。(例证句)霍金靠的是什么?知识——关于宇宙奥秘:天体物理、时空本质的最新知识,最富有想象力、创造力的智慧,以及知识带来的预见性。(分析句)可见,知识能够改变世界,知识能够决定命运,知识能够给人自由。(结论句)

【例2】稳从志而来(观点句)。一个人若没有远大的志向,只沉迷于现实的花花世界之中,自然无法拥有沉稳的性格(阐释句)。班超投笔从戎,志在报国,在对匈奴一战中从容不迫,沉稳冷静,终弘扬国威,不教胡马度阴山。林则徐斩钉截铁,志在禁烟,在与洋人交涉中不卑不亢,稳中含刚,终虎门销烟,让洋人胆战心寒(例证句)。有远大的志向,眼光便放得远,心胸便沉稳下来(分析句),故曰:非有志者不能稳也(结论句)。

4.文章结尾段落写法

人们常称好文章的结尾为"豹尾",这说的是文章的结尾能够简练、有力地收束全文。在阅卷过程中,阅卷人基本上看看首尾段,再大致看一下各段的论点论据,一篇文章的基本分就差不多确定了。也就是说,写好首尾段,几乎可以基本确定作文的得分区间。

论说文写作结尾常见的几种写法如下:

1)发出号召,鼓舞斗志

呼吁号召结尾一般是针对生活中某种突出的问题,在提出相应的对策之后,呼吁人们应该怎么做,结尾有升华,特别适合社会热点现象类的命题。

【例1】新时代呼唤更多的改革弄潮儿。让我们在习近平新时代中国特色社会主义思想指导下,砥砺奋进、奋发有为,不断把新时代改革开放继续推向前进,以新作为新担当书写改革开放的时代篇章!

2)反问语气,引起思考

这种结尾方式采用诘问句式,或设问,自问自答;或反问,发人思考。其优势是提醒读者对论及的问题做进一步关注,启发人心,在变换表达方式的同时,有效地延展了思想的长度。

【例2】梅花开得艳丽夺目,不也是从风雪中走过的吗?

3)引用名言,收束有力

名人名言、经典语句,是经过时间沉淀下来的思想、情感与语言合一的精粹,善于在结尾处引经据典,既能有力佐证自己的观点,又能借精彩助阵,达成自身的精彩,让人眼前一亮。

【例3】童心之贵,贵在其真、其柔、其善。人的成长会失去许多,却不应失去最本身最纯净的赤子之心。就像埃斯蒂斯所说的:"我们不是要一下子拯救整个世界,但我们可以伸出手去挽救触手可及的部分。"我愿这赤子之心,可长存你我周围,更长存于你我心间。

4）**总结论点,首尾呼应**

论说文在结尾处如果能巧妙照应开头,首尾一呼一应,读来便能气韵流畅,既能体现视觉上的和谐对称,又能体现思维上的起承转合、严密周全。

【例4】总之,从某种意义上来说,成功不是属于那些决不放弃的人,而是属于那些懂得选择放弃的人。朋友们,当你发现方向有误时,一定要勇于放弃啊!

5. **文章结构字数安排**

这里我们以正文三段为例进行说明:

步骤	时间	主要内容	字数
读材料	3分钟	审题立意	
列提纲	4分钟	确定标题和文章结构	
第1段	1.5分钟	文章中心论点	50到60字
第2段	8分钟	提出分论点1并进行论证分析	约200字
第3段	8分钟	提出分论点2并进行论证分析	约200字
第4段	8分钟	提出分论点3并进行论证分析	约200字
第5段	1.5分钟	总结结尾	50到60字
检查	1分钟	浏览全文,检查表达无误	

我们再对具体字数进行分解:

首段分为三部分:引材句(约20字)+评材句(约15字)+中心论点句(约20字)。

第1到3分论点段分为五部分:分论点句(约20字)+阐释句(约15字)+例证句和分析句(约140字)+结论句(约25字)。

尾段可分两部分:总结论点句(约25字)+号召、价值、意义等(约25字)。

我们将700字的论说文进行分解之后发现,论说文写作成文就像盖房子一样,只要确定了房子的骨架,其他的部分就是按写作方法进行填充而已。需要说明的是,上述每个部分的字数只是参考而已,并不是固定要求,考生可根据平时训练以及考场临场发挥进行调节。

第八章　论说文写作真题解析

本部分节选了历年真题中一些比较经典的、符合命题方向思路的题目，并未全面覆盖真题和最新题目，后续真题练习的时候会给大家逐篇讲解。

一、真题精选精练

【练习题1】2007年MBA联考真题

根据下述材料，写一篇700字左右的论说文，题目自拟。（35分）

电影《南极的司各脱》描写的是英国探险家司各脱上校到南极探险的故事。司各脱历尽艰辛，终于到达南极，却在归途中不幸被冻死了。在影片的开头，有人问司各脱："你为什么不能放弃探险生涯？"他回答："留下第一个脚印的魅力。"司各脱为留下第一个脚印付出了生命的代价。

【练习题2】2008年MBA联考真题

"原则"就是规矩，就是准绳。而在日常生活和工作中，常见的表达方式是："原则上……但是……"。

请以"原则"和"原则上"为议题写一篇论说文，题目自拟，700字左右。（35分）

【练习题3】2009年MBA联考真题

论说文：根据下述材料，写一篇700字左右的论说文，题目自拟。

《动物世界》里的镜头：一群体型庞大的牦牛正在草原上吃草。突然，不远处来了几只觅食的狼。牦牛群奔跑起来，狼群急追，终于，有一头体弱的牦牛掉队，寡不敌众，被狼分食了。

《动物趣闻》里的镜头：一群牦牛正在草原上吃草。突然，来了几只觅食的狼。一头牦牛发现了狼，它的叫声提醒了同伴。领头的牦牛站定与狼对视，其余的牦牛也围在一起，站立原地。狼在不远处虎视眈眈地转悠了好一阵，见没有进攻的机会，就没趣地走开了。

【练习题4】2015年MBA联考真题

论说文：根据下述材料，写一篇700字左右的论说文，题目自拟。

孟子曾引用阳虎的话："为富，不仁矣；为仁，不富矣。"（《孟子·滕文公上》）这段话表明了古人对当时社会上"为富""为仁"现象的一种态度，以及对两者之间关系的一种思考。

【练习题5】2016年MBA联考真题

论说文：根据下述材料，写一篇700字左右的论说文，题目自拟。

亚里士多德说："城邦的本质在于多样性，而不在于一致性。……无论是家庭还是城邦，它们的内部都有着一定的一致性。不然的话，它们是不可能组建起来的。但这种一致性是有一定限度的。同一种声音无法实现和谐,同一个音阶也无法组成旋律。城邦也是如此,它是个多面体。人们只能通过教育使存在着各种差异的公民统一起来组成一个共同体。"

二、真题精解精析

【练习题1解析】 2007年MBA联考真题

【参考立意】

(1)敢为天下先。

(2)执着。

(3)追逐理想。

(4)坚持信念。

【参考范文】

忠于理想,勇于实现

司各脱为了自己在南极留下第一个脚印的理想无所畏惧,最终实现。这激励我们,在这波澜壮阔的新时代中,在这别开生面的新格局中,在这曙光已现的新前景中,我们需要向司各脱学习,忠于理想而勇于实现!

理想的路上勇于奋进,我们需要坚定理想永不动摇。没有理想的生活,犹如没有牵引的风筝,犹如没有梦想的生命,犹如没有清泉的小鱼。理想是点燃生命的星星之火。它曾支持华夏千千万万热血儿女浴血奋战,挽狂澜之于既倒,扶大厦之将倾;它曾带领新中国四万万人民,白手起家艰苦奋斗换来旧貌变新颜;它也曾揭开改革大幕,让中国人民与世界人民一道在这世界历史舞台上大放光辉。它终会让中国摆脱贫困走向复兴,因为我们坚定理想从未动摇!

理想的路上勇于奋进,我们需要面对困难永不退缩。历史的车轮滚滚向前,时代潮流浩浩荡荡。建国初期,面对世界强国的挑战,我们是忍气吞声以后都低人一等还是正面面对以后永远都吐气扬眉?我们选择了后者,千万热血儿女投入了抗美援朝的爱国战争之中,即便流血牺牲也在所不惜,我们面对困难永不退缩,逢山开路、遇水架桥,在忠于理想的路上没有什么能阻挡我们坚定的步伐。

理想的路上勇于奋进,我们需要以理想为帆、以勇气为桨。大江奔流永无止境,大浪淘沙沉者为金,大国之梦奋勇而进。40年的改革开放,40年的洗礼,中国日益富强,但是现在的我们走到了改革的深水区,民族复兴走到了关键一程,犹如河过峡口、风过隘口、山登半腰,正值紧要之时,所以更不能动摇理想放弃勇进,我们需要将两者紧密结合,以理想为指导,以勇进为步伐,大步流星无所畏惧地去迎接新的未来。

司各脱为了自己的理想奉献出了自己的生命,这种精神值得我们学习,在成功的路上我们会遇见各种各样的艰难险阻,我们也需要学习司各脱的精神,忠于理想,勇于实现!

【练习题 2 解析】2008 年 MBA 联考真题

【参考立意】

（1）"原则"就是规矩,就是准绳;"原则上"是不坚持原则,是对规则的践踏。因此要坚持"原则",杜绝"原则上"。

（2）"原则"就是规则性,"原则上"是灵活性,规则性和灵活性要有机结合。

【参考范文】

毋让"原则上"玷污"原则"之美

正如文中所言,原则就是规矩,就是准绳,但是社会上存在大量的"原则上",他们打着"原则是死的,人是活的"的旗帜公然为己谋私,严重破坏社会和谐与正义,面对这种行为,我们要树立"守原则,毋投机"的信念。

原则是什么？原则是一种规矩,是一种让人与人和睦相处、社会正常运行、国家富强安康的基础。原则是许衡即便口渴难耐也不吃路边无主之梨的一身正气;原则是刘胡兰面对屠刀英勇就义的大无畏精神;原则也是朱自清即便饿死也不吃美国人一口救济粮的一生傲骨;原则是面对美国贸易战我国毫不退缩绝不低头的大国气势！正是因为有了这些原则,我们的社会才能更加健康,我们的国家才能更加向上,我们的民族才能更加自豪。

为什么要守原则而杜绝"原则上"？老子有云:"人之所畏,不可不畏。"人与人之间有各种各样的原则,社会与社会之间有各种各样的原则,同样国与国之间有各种各样的原则,这些原则有些是约定俗成的,有些是法律规定的,我们不得不去遵守,如若不去遵守就会成为原则的破坏者,成为被唾弃者。第二次世界大战前夕,三大主战国破坏国际原则,大肆发动侵略战争,它们的行为会被后世永远唾弃。社会也需要原则,社会上总有一部分人投机取巧大肆敛财,用原则要求他人,却用"原则上"来开脱自己,这样的人会被社会正义所抛弃,会被钉在道德的耻辱柱上。

如何才能让社会更加遵守原则？首先是个人对原则的认知度要提高。如何提升个人对原则的认知度？就是牢牢树立按原则办事的意识。"原则上"虽然有些时候可能带来便利,但是其也会带来大量的麻烦,相比较,按照原则办事就会顺利和方便很多。其次是社会要加大加强对不守原则的惩戒力度,让不守原则之人寸步难行,让其不敢再不守原则,这样我们的社会风气才能逐渐风清气正。

"原则"和"原则上"是一对反义词,无论是个人还是社会乃至国家都需要它们正面作用,也只有这样我们才能走得更好,走得更强。

【练习题 3 解析】2009 年 MBA 联考真题

【参考立意】

团结互助。

【参考范文】

团结就是力量

"团结就是力量",这句歌词在我很小的时候就广为传唱,渐渐地也使我明白团结是多么重要,就像那群牦牛一样,同样的处境,不一样的结果,关键在于它们是否做出了团结的选择。

团结是什么？团是团在一起，结是结伴而行。团结自然就是大家在一起共同前行去面对困难。在大自然的灾害面前，我们"一方有难，八方支援"，这是团结。非洲地区发展落后，我们提供经济技术支援，这是团结。在同学朋友有困难时，我们共同面对压力而奋斗，这也是团结。团结就是我们在面对困难灾害，面对外部挑战时，共同努力，共同奋斗，不畏惧不退缩的精神。

为什么要团结？团结可以使我们在面对灾难时攻克难关。依稀还记得那场汶川大地震，全国上下众志成城，团结一心，在面临危险时不退缩，各方面人员共同配合，共同抵抗这次大灾难，正是全国人民的团结一心，才使得我们在这与死神的竞争中挽救出一个个的生命，才使得我们把损失降到了最低，才使得世界各国对我们团结后做出如此快的反应而震惊。是的，这就是团结的力量。

团结需要我们每个人的参与。"一根筷子易折断，十根筷子折不弯"的道理大家都懂。要做到团结是与每个人的参与都分不开的。假如在抗战时期，国共没有团结，那么抗战之路不知道还要走多久。假如在接力赛跑中有一个人不好好发挥，那么就不会取得好成绩。如果国家人民不团结在一起爱护国家，那么国家就不会取得发展。牦牛如果没有共同抵抗狼袭，就不会得以生存。团结需要每个参与者的努力，心往一处想，劲往一处使，方可战胜困难。

所以，在面对困难时，退缩不是办法，我们需要团结一心，共同面对，像牦牛那样紧密团结，再凶残的恶狼也会被打败。

【练习题4解析】 2015年MBA联考真题

【参考立意】

(1)"为富"是"为仁"的基础。

(2)"为富"应当"为仁"。

(3)在"仁"的前提下追求"富"是应当提倡的。

【参考范文】

仁富双至，大道长存

孟子曾在《滕文公·上》一文中引用了阳虎的话——"为富，不仁矣；为仁，不富矣"——来表达古代对仁和富的看法，虽然这句话在古代反复被各大学者赞同和称颂，但是在当今社会，仁和富的关系却并非不可共存，相反，在当今社会只有仁富结合才能让和谐的大道永世长存。

富者需仁，其源长涌。子曰："富而可求也；虽执鞭之士，吾亦为之。如不可求，从吾所好。"孔子这句话对财富和道义就做出了很好的解释。孔子弟子之一的冉求在帮助季氏进行田赋改革的时候大肆聚财敛富，忘却了道义，受到了孔子严厉批评，可见圣人是倡导富者需常怀仁义之心的。在当今社会的多数人却只怀富意，不存仁心，那么他们的富贵不会长远。三鹿贪财，心无仁义，其源枯竭，锒铛入狱；长生疫苗，一利障目，举国讨伐，永负骂名。这些都是只追求财富而不注重仁义的后果。

仁者可富，其德可彰。君子无仁，其富难存，君子怀道，其富可得。如今社会需要心怀道义才能获得长远的财富。范蠡三商三富，以仁心为导，广散家财，最终千古流芳；陶华碧创建老干妈，以货真价实、童叟无欺之品，换亿万产量，得名列前茅之果；海尔以仁立本，自毁次品，以诚待客，终树行业标杆。人只有常怀仁者之心其富才能源远流长,否则只能半路夭折。

仁富共存,大道长存。在当今社会只有仁和富共存才能促进社会和谐稳定发展。富者怀仁,不忘初心,积极参加社会各项公益事业,推动支持国家扶贫政策,减少两极分化。仁者需富,弘扬其德,社会对怀德之士大力鼓励、奖励,这样才能促使社会树立以德为首的风气,社会上的弊端会逐步减少。国家现在落实扶贫政策的同时弘扬核心价值观,就是对仁富双至追求的最好解释。

千古以来,富者人之愿也,仁者人之倡也,而今社会只有两者结合才能大道永存。

【练习题5解析】2016年MBA联考真题

【参考立意】

(1)多样性和一致性。

(2)个性和共性。

(3)求同存异。

(4)个性和规则。

【参考范文】

多样性的统一更和谐

同一种声音无法实现和谐,同一个音阶也无法组成旋律,城邦正是一个统一的多面体。可见,多样性的统一才是美,才能演奏出和谐的乐章。多样性的统一能博采众长,取长补短。

多样性的统一促进优势互补。每个人因为能力有限只能成为一个或几个领域的人才,全才寥寥无几,单凭自己的力量很难取得成功。如果放开眼界,博采众家之所长,统一于自身,那么成功指日可待。郑板桥苦练书法,对前人书体临摹到以假乱真的程度,但个人风格并不突出,而他取各家之所长,创造出自己的"六分半书"后终成一代名家;刘邦将各方人才招入门下,将张良的机智、樊哙的忠心、韩信的智谋发挥到极致,让自己成就一番帝王霸业。可见,多样化的统一使众人的长处得到更好发挥。

多样性的统一让决策更科学。只有聆听不同的声音才能发现存在的问题,做到顾全大局。唐太宗李世民在位期间广开言路,听取各阶层的声音,各地官员受此鼓励纷纷谏言献策,朝野上下君臣一心,民众拥护,为大唐盛世奠定基础;秦始皇一味地追求唯我独尊,消除异声,强调统一专制,全国怨声载道,最终走向暴政而灭亡。多样性与一致性并不是对立的,将多样性融合在统一中才是制胜的法宝,决策中只有尊重来自各方的声音才能了解各层级的不同诉求,兼顾多方面的利益,使决策更加有效。

多样性的统一促进文化繁荣。每种文明都有自己独特的魅力,尊重文化多样性,求同存异,才能推动人类文明进步。春秋时期百家争鸣,各派学说自成一体,推动中华文明向前发展;文艺复兴时期更是涌现了一大批文学艺术巨匠,至今为人称道。唐代时期各国人士齐聚长安,促进民族融合;清代闭关锁国,抵制先进文化,最终走向灭亡。一国文明要想持续发展不仅要继承传统,更要睁眼看世界,文学艺术百花齐放才能注入新思想。

多样性的统一,要在尊重多样性的基础上有所保留地将多种元素汇聚成一股力量,尊重差异共谋发展,才能演奏出和谐的乐章。

附录　常见标点符号使用规则

1.点号

点号(逗号、顿号、句号、分号、冒号、问号、感叹号)都应在方格纸上占一格,写在方格的左方,不出现在一行之首。

句号、逗号、顿号约占四分之一方格,居左偏下。

问号、感叹号、分号、冒号约占二分之一方格,居左。

逗号	,	顿号	、	句号	。		
分号	;	冒号	:	问号	?	感叹号	!

2.标号

标号(引号、省略号、破折号、书名号、括号)大致分为两类,一般都占两格。

引号、括号和书名号都分为前后两个部分,分别标在文字的前后并各占一格,靠近文字约占二分之一格,引号、括号、书名号的前一半不出现在一行之末,后一半不出现在一行之首。

省略号的六个圆点、破折号的一个直横都占两个格,上下位置居中,中间不能断开。

引号	"	×	×	×	×	×	"
括号	(	×	×	×	×	×	)
书名号	《	×	×	×	×	×	》
省略号			……				
破折号			——				

3.标点符号的转行

点号(逗号、顿号、句号、分号、冒号、问号、感叹号)的功能是表示语气和停顿,必须紧接在原语句后面,如已写到一行最后一格,应把标点贴着格的框线挤着写进去紧靠文字,不能转行写在下一行开头。

引号、括号和书名号的前半部分放在一行开头(与字同格不单占),但不能放在上行的末尾;它们的后半部分放在一行末尾(与字同格不单占),但不能放在下一行开头。

破折号和省略号可以在开头,但不可分开写在一行末尾和下一行开头两处。

						×	×	×	×	×,
						×	×	×	×	×、
						×	×	×	×	×。
						×	×	×	×	×;
						×	×	×	×	×?
						×	×	×	×	×!
						×	×	×	×	×:

							×	×	×	×	×"
								×	×	×	×）
								×	×	×	×》
								×	×	×	×—
	—	×	×	×	×	×					
								×	×	×	×……
	……	×	×	×	×	×					

4. 点号和标号合用一格的情况

点号和标号有合用一格的情况。其中，句号与后引号的关系看引用是否为完整句以及引用句在全句中的性质，有时句号在里，有时句号在外。

			×	×	×	:"	×	×	×	×	。"
			×	×	×	，《	×	×	×	×	》，

5. 数字占格问题

两个阿拉伯数字占一个格，例如 20 和 08 各占一个格，2008 占两个格。如是三个数字，例如 315，占一个格。数字和后面百分号占一个格，例如 80％，占一个格。

		20	08	315		80％					

具体用法可参照国家标准《标点符号用法》(GB/T 15834—2011)。

下篇 联考写作素材

各种主题的道理论据与事实论据

一、物质与精神

1. 道理论据

(1)金钱这种东西,只要能解决个人生活就行了。若是过多了,它就会成为遏制人类才能的祸害。——诺贝尔

(2)可使食无肉,不可居无竹。无肉令人瘦,无竹令人俗。人瘦尚可肥,士俗不可医。——苏轼

(3)一个精神生活很充实的人,一定是一个很有理想的人,一定是一个很高尚的人,一定是一个只做物质的主人而不做物质的奴隶的人。——陶铸

(4)理想的人物,不仅要在物质需要的满足上,还要在精神旨趣的满足上得到体现。——黑格尔

(5)任何鸟翼坠上黄金,都不能再高飞了。——泰戈尔

(6)富贵功名皆人世浮荣,惟胸次浩大是真正受用。——曾国藩

(7)通往幸福最错误的途径,莫过于名利、享乐和奢华生活。——叔本华

2. 事实论据

(1)霍去病屡立战功,获得了高官厚禄,但他把个人的享受搁在一边,一心以国家利益为重。河西战役胜利后,汉武帝为了奖励他的卓越战功,特意命人在长安为他建造了一座豪华住宅,叫他去看看是否满意。霍去病谢绝了汉武帝的好意,气概豪壮地说:"匈奴未灭,何以家为!"这句传诵千古的名言就是霍去病人生格局的写照。

(2)曾国藩仕宦十余年,现在京寓所唯有书籍、衣服二者;诸葛亮身任蜀国辅宰多年,鞠躬尽瘁,死而后已,留给子孙的仅是几亩薄田;司马光为一代文宗,名重四野,却"平生衣取蔽寒,食取充腹",对衣食温饱向无奢求;方志敏身为将军,经手的款项以百万元计,他自己的财产却是几件破汗衫和几双破袜子;马克思为给全世界无产阶级革命者指明斗争的方向,将毕生精力献给了国际共产主义运动,他的生活则清贫如洗。

3. 林晨佳语

(1)人是要有点精神的。物质上富有,并不代表精神上也富有。一个人在精神上是否富有,关键取决于其道德素质、精神境界的高低。那些品德高尚、目光远大、致力于促进社会发展进步的人,即使在物质上不一定十分富有,但由于能够得到他人和社会的认同与尊重,他在精神上就是富有的。相比之下,那些狭隘自私、唯利是图、拔一毛利天下而不为的人,虽然可以实现物质上的富有，但由于极少想到回报他人和社会，很容易与周围世界发生冲突，他在精神上就是贫穷的。

（2）对物质生活的欲望太强烈，会荒废了精神生活。一个人如此，一座城市如此，一个国家也如此。没有精神生活的世界，可以是喧嚣的、浓烈的，但不会是理智的、久远的。没有理智与久远，喧嚣、浓烈转瞬即逝，不过是"瞬息的繁华"。

（3）物质文明和精神文明，好像鸟的一双翅膀，折损一翼，鸟不得飞。一个国家，物质财富充实，固然好，但如果国民的素质、信仰、思想、道德等精神文明的因素不够充实，那么这个国家的国民不过是一群生活在沙雕宫殿里的虫子，随时可以被消灭。所以从某种意义上说，精神文明的建设往往更重要。

（4）人行世间，有三个层面：一是俗物，人际应酬之类即是；二是事业，人总要干事，干事当然要求干成事；三是审美，审美极为重要，柴米油盐酱醋茶之外，人生还需要书画琴棋诗酒花。做好这三层，身心便易和谐。哲学家阿诺德说过："诗歌拯救世界。"生活中，许多人仅仅停留在第一层面或者第二层面，而没有审美精神的愉悦，心便难以充实和净化。许多人感叹人生苦短，其实，"苦"是因为人生不是审美人生，"短"是因为灵魂没有精神家园。

二、个人与环境（内因与外因）

1.行文视角

（1）环境的确能够影响人，因为人的认识是一定历史条件下的产物，受到一定历史条件的制约，不能完全脱离社会环境而存在，环境总会影响甚至改变人的。

（2）但是人有主观能动性，在一定条件下，个体的活动也反作用于环境，环境对人的影响虽大，并不等于人就是环境的奴隶。

2.道理论据

（1）近朱者赤，近墨者黑。——西晋时期文学家、思想家傅玄

（2）人之初，性本善。性相近，习相远。——《三字经》

（3）人创造环境，同样环境也创造人。——马克思、恩格斯

（4）要创造一种环境，使拔尖人才能够脱颖而出。——邓小平

（5）出淤泥而不染，濯清涟而不妖。——周敦颐《爱莲说》

（6）环境影响人的成长，但它并不排斥意志的自由表现。——车尔尼雪夫斯基

（7）先天环境的好坏，并不足喜，也不足忧，成功的关键完全在于一己之努力。——王永庆

3.事实论据

环境能够影响人的事实论据如下。

（1）明末万历年间，明神宗执政，在首辅大臣张居正的辅佐下，他兢兢业业，对朝政未有丝毫懈怠，而在张居正故去之后，神宗身边的人变为了外戚和宦官，他开始疏远朝政，实施不上朝、不面臣等"六不"政策，由此导致了明王朝的日益衰亡。后来史评家认为明朝之所以灭亡不是亡于崇祯皇帝，而是亡于神宗。由此可见，外部环境的变化能够影响人的命运，甚至一个王朝的命运。

（2）《三字经》里"昔孟母，择邻处"指的是孟母三迁的典故。孟子是战国时期的大思想家，他

小时候很贪玩,模仿能力很强。他家住在坟地附近的时候,他常常玩筑坟墓或学别人哭拜的游戏。母亲认为这样不好,就把家搬到集市附近,孟子又模仿别人做生意和杀猪。孟母认为这个环境也不适合孟子成长,就把家搬到学堂旁边。之后,孟子就跟着学生们学习礼节和知识,孟母认为这才是孩子应该拥有的良好的成长环境,心里很高兴,便不再搬家。由此可见,外部环境对一个人的成长是十分重要的。

(3)傅雷是我国著名文学翻译家、文艺评论家,其子傅聪是世界著名钢琴演奏家。傅雷在《傅聪的成长》一文中,就写到环境对于傅聪的成长有着非常重要的作用:"在艺术成长的重要关头,遇到全国解放,政府重视文艺,大力培养人才的伟大时代,不能不说这是傅聪莫大的幸运;波兰政府与音乐界热情的帮助,更是促成傅聪走上艺术大道的重要因素。""我来往的朋友包括多种职业,医生、律师、工程师、科学家、音乐家、画家、作家、记者都有,谈的题目非常广泛;偏偏孩子从七八岁起专爱躲在客厅门后窃听大人谈话,挥之不去,去而复来……家庭中的艺术气氛,关切社会上大小问题的习惯,孩子在长年累月的浸淫之下,在成长的过程中不能说没有影响。"

下面我们看一下,人发挥主观能动性反作用于环境的事实论据。这个主题可以跟我们后面将分享的以"主观能动性"为主题的素材结合起来并有选择性地使用。

(1)《为学》中讲到,四川边远地区贫富悬殊的两个和尚都想到南海朝圣,富和尚打算雇船顺江而下直到南海而没有去成,穷和尚却凭着一个瓶和一个钵步行到了南海并且返回。由此可见,成功的关键因素在于主观能动性的发挥。

(2)车胤,生于晋朝,本是富家子弟,后来家道中落,变得一贫如洗。可是,他在逆境中却能自强不息、吃苦耐劳。他因为白天要帮家人干活,就想利用漫漫长夜多读些书,好好充实自己,然而,他的家境清贫,根本没有闲钱买油点灯,于是,他捉来许多萤火虫,把它们放在一个用白夏布缝制的小袋子里,因为白夏布很薄,可以透出萤火虫的光,他把这个布袋子吊起来,就有了一盏"照明灯",借着"灯"光,车胤不断苦读,终于成为著名的学者。

4. 林晨佳语

(1)要想"近墨"不"黑",就要从思想上坚定内心,抵御外界诱惑,清醒认识自己,不随波逐流改变自己的方向。文天祥慷慨就义,拒绝投降;钱学森誓死归国,舍弃利诱;陈景润醉心学术,不被浮躁风气所影响:这些都是"近墨者不黑"的典范。

(2)要想"近墨"不"黑",就要从行动上有敢于不同的勇气,选择时听从内心的声音,在"墨"中不改本色。陶渊明"不为五斗米折腰",李白不愿"摧眉折腰事权贵",他们都是在用行动践行"近墨者不黑"。

三、善用人才

1. 道理论据

(1)治国经邦,人才为急。——孙中山

(2)人既尽其才,则百事俱举;百事举矣,则富强不足谋也。——孙中山

(3)大匠无弃材,寻尺各有施。——韩愈

(4)取士之方,必求其实;用人之术,当尽其材。——欧阳修

2. 事实论据

(1)刘邦在统一天下之后自己总结道:"夫运筹帷幄之中,决胜于千里之外,吾不如子房;镇国家,抚百姓,给馈饷,不绝粮道,吾不如萧何;连百万之众,战必胜,攻必取,吾不如韩信。三者皆人杰,吾能用之,此吾所以取天下者也。项羽有一范增而不能用,此其所以为我擒也。"刘邦能够取得成功,知人善任是一个重要因素。

(2)《三国演义》中,孙策知人善任,善于笼络人才,敢于起用贤良。在作战的过程中,他还积极吸纳了蒋钦、周泰二员大将,用计降服了勇将太史慈。太史慈本是刘繇手下的一员部将,武功高强、身怀绝技,但一直得不到刘繇的赏识和重用,后孙策和周瑜用计活捉了太史慈。太史慈见孙策礼贤下士,有英雄气概,就归顺了孙策,但随即太史慈说他愿意回去召集刘繇的散兵游勇,来扩充孙策的阵营,不知孙策能否相信他、放他回去。孙策部下诸将都捏了一把汗,认为这是太史慈的脱身之计,但孙策力排众议,他说:"子义(太史慈)乃信义之士,必不背我。"后来,太史慈果然按约定时间到来,并带回了一千多名士兵。用人不疑,疑人不用,这就是孙策的用人之道。

(3)陈黎芳,华为投资控股有限公司董事会成员,她已经在华为奋斗了28年。陈黎芳认为,面对不确定的未来,主要还是要依靠人才。任正非也说:"过去,资本是比较稀缺的资源,支配力更大。现在情况发生了变化。过去资本雇佣人才,现在和未来,是人才雇佣资本。人才会起到更主导的作用,人才创造价值更大。资本需要附着在人才身上,才能够保值增值。"这些都体现了华为对人才价值的重视。华为如今在全球已经建立了多个能力中心,目的是为全球科学家、专家提供一个平台,让科学更好地造福人类、贡献社会。陈黎芳说,人才在哪儿,资源在哪儿,华为就在哪儿。这也再次证明了企业发展的基本规律:事以人成,善于发现人才、管理人才和使用人才是企业领导需具备的重要素质。

3. 行文思路推荐

(1)善于用人是提高企业整体生产力的需要。

(2)善于用人能够有效激发团队积极性和战斗力。

(3)善于用人是贯彻分层级领导原则的需要。

四、尊重与自重

1. 道理论据

(1)谁自重,谁就会得到尊重。——巴尔扎克

(2)每一个正直的人,都应该维护自己的尊严。——卢梭

(3)仁者必敬人。——《荀子》

(4)自尊自爱,作为一种力求完善的动力,却是一切伟大事业的渊源。——屠格涅夫

(5)尊重别人吧,它会使别人的快乐加倍,也能使自己的痛苦减半。——普希金

2. 事实论据

(1)在美国,一个富商在路边散步时,遇到一个衣衫褴褛、形同瘦骨的摆地摊卖旧书的年轻人

在寒风中啃着发霉的面包。有过同样苦难经历的富商顿生一股怜悯之情,不假思索地将8美元塞到年轻人的手中,然后走开了。没走多远,富商忽然觉得这样做不妥,于是连忙返回来,从地摊上捡了两本旧书,并抱歉地解释说自己忘了取书,希望年轻人不要介意。离开前,富商郑重其事地告诉年轻人:"其实,你和我一样也是商人。"两年之后,富商应邀参加一个商贾云集的慈善募捐会议时,一位西装革履的年轻书商迎了上来,紧握着他的手不胜感激地说:"先生,您可能早忘记我了,但我永远也不会忘记您。我一直认为我这一生只有摆摊乞讨的命运,直到您亲口对我说,我和您一样都是商人,这使我树立了自尊和自信,从而创造了今天的业绩……"一句普通的话竟能使一个自卑的人树立自尊心、一个穷困潦倒的人找回自信心,这就是尊重的力量。

（2）在日内瓦会议期间,一个美国记者主动和周恩来总理握手,周总理出于礼节没有拒绝,但没有想到这个记者刚握完手,就大声说:"我怎么跟中国的好战者握手呢?真不应该!"说完,他拿出手帕不停地擦自己刚才和周总理握过的那只手,然后把手帕塞进裤兜。这时很多人在围观,看周总理如何处理。周总理略略皱了一下眉头,他从自己的口袋里也拿出手帕,随意地在手上擦了几下,然后走到拐角处,把这个手帕扔进了垃圾桶。他说:"这个手帕再也洗不干净了!"这个小故事既让我们看到了周总理的风度,也让我们不禁为周总理得体而又强有力的回击叫好。由此可见,不懂得尊重别人,也不会获得别人的尊重。

（3）美国石油大王哈默早年穷困,到加州一个小镇上逃难。约翰镇长给一批又一批的逃难者送去饭食,这些逃难者显然已经好多天没有吃到这么好的食物了,他们个个狼吞虎咽,连一句感谢的话也来不及说。唯独哈默例外,他对镇长说:"先生,您有什么活需要我干吗?"约翰镇长认为,给一个流亡者送去饭食没有什么,每一个善良的人都会这么做,于是说:"我没有什么活儿给你做。"哈默听了,失望地说:"我没有经过劳动,不能平白无故地得到这些东西。"约翰镇长对他的观点很欣赏:"等你吃过饭后,我再给你派活儿吧。"可哈默坚持要干完活才能吃饭。于是在约翰镇长的建议下,哈默给镇长捶完背后,才开始狼吞虎咽地吃起来。约翰镇长对哈默这个自重的年轻人十分赞赏,将他留下来打理庄园,不久后又将女儿许配给他,并对女儿说:"别看他现在一无所有,他将来百分百是个富翁,因为他有尊严!"多年后,哈默成为美国石油大王,并且成为真正的亿万富翁。

3. 行文思路推荐

(1)尊重别人,可使自己的心灵受到震撼,更可使他人拥有自尊与自信。

(2)尊重他人,也要尊重自己。

(3)人与人之间如此,国与国之间也应互相尊重。

五、学习知识

1. 道理论据

(1)善读书者,须视书如水,而视此心如花、如稻、如鱼、如濯足。——曾国藩

(2)人之气质,由于天生,本难改变,唯读书则可变化气质。——曾国藩

(3)一个人知道得越多,他就越有力量。——高尔基

(4)任何一种容器都装得满,唯有知识的容器大无边。——徐特立

(5)读书使人充实,思考使人深邃,交谈使人清醒。——本杰明·富兰克林

(6)学习不仅是明智,它也是自由。知识比任何东西更能给人自由。——屠格涅夫

2.事实论据

(1)随着社会的发展,知识的作用愈加重要,特别是在知识经济已经来临的今天,可以说,知识就是力量,而且是核心的力量,是终极力量。对此,李嘉诚先生曾深有体会地说:"在知识经济的时代里,如果你有资金,但是缺乏知识,没有新的信息,无论何种行业,你越拼搏,失败的可能性越大;但是你有知识、没有资金的话,小小的付出都能够有回报,并且很可能获得成功。"所以说,人没有钱财不算贫穷,没有学问才是真正的贫穷,因为钱财的价值有限,而知识的价值无限。

(2)当年的华罗庚初中毕业后从未放弃学习。他在一本名叫《学艺》的杂志上发现一篇名为《代数的五次方程式之解法》的文章有错误,于是写了批驳这个错误的论文并寄给了上海《科学》杂志。这篇论文引起了清华大学系主任熊庆来的注意。熊教授凭借敏锐的洞察力和精准的判断力认为,华罗庚将是中国数学领域的一颗希望之星,出于爱才心切,他想方设法把华罗庚调到清华大学当助理。华罗庚一边工作,一边旁听,努力学习,四年时间发表了十几篇论文,自学了英文、德文、法文,最后被清华大学破格提升为教授。

(3)大清名臣曾国藩,是一个十分勤奋好学的人。他曾说,读书须每日自立课程,必须有日日不断之功,虽行船走路,须带在身边。曾国藩休假返乡,用有限的银两买了《明史》,当掉长衫,换来乘船的钱,船行了三天三夜,他读了三天的《明史》,睡了三夜的好觉,中途只吃了船家几个烧饼。曾国藩休假期间,也会充分利用时间认真读书。有一次休假,他向别人打听到报国寺是清净的好去处,携带唐镜海著的《学案小识》及一竹箱随时可读之书,前往报国寺修身养性。

(4)诸葛亮少年时代,从学于水镜先生司马徽。诸葛亮学习刻苦,勤于用脑,司马徽对他非常赏识。那时,还没有钟表,记时用日晷,遇到阴雨天没有太阳,时间就不好掌握了。为了记时,司马徽训练公鸡按时鸣叫,办法就是定时喂食。为了学到更多的东西,诸葛亮想让司马徽把讲课的时间延长一些,但司马徽总是以鸡鸣叫为准下课,于是诸葛亮上学时就带些粮食装在口袋里,估计鸡快叫的时候,就喂它一点粮食,鸡吃了就不叫了。过了一些时候,司马徽感到奇怪,为什么鸡不按时叫了呢?经过观察,他发现了诸葛亮在鸡快叫时给鸡喂食的事情。司马徽刚开始很恼怒,但不久还是被诸葛亮的好学精神所感动,对他更关心、更器重,对他的教育也毫无保留了。最后,诸葛亮通过自己的努力,成为一个上知天文、下识地理的饱学之人。

3.林晨佳语

(1)学习,是最富革命性、创造性的生产力。新世纪的最大能量来自学习,最大竞争也在于学习。学习已经越来越具有主动创造、超前领导、生产财富和社会整合的功能。面对信息的裂变、知识的浪潮,终身学习是每个现代人发展进步的基础。

(2)知识是登上时代顶峰的垫脚石,学习在生活中的重要地位是不可替代的。在知识经济的今天,社会发生着日新月异的变化,信息更新速度加快,我们只有通过不断的学习,为头脑"充电",才能跟上时代的步伐,甚至成为时代的领头人。

六、独立思考,有主见

1.道理论据

(1)我们的忠告是:每个人都应该坚持他为自己开辟的道路,不被权威所吓倒,不受别人的观点所牵制,也不被时尚所迷惑。——歌德

(2)做人做事,首先要能独立思考,辨明是非,选择正确的立场观点。——吕坤

(3)我决不能劝告你们总是走我的老路! 我在你们这个年纪的时候,也曾把船解开,让它从码头漂出去,迎接狂风暴雨,谁的警告都不听。——泰戈尔

(4)要独立思考问题,不要人云亦云。——爱默生

2.事实论据

(1)鲁迅先生是一个颇有主见的文坛领袖,即便在白色恐怖的高压下,遭人议论纷纷,仍不屈不挠地与反动政府、反动文人斗争,被世人所敬。"竦听荒鸡偏阒(qù)寂,起看星斗正阑干。"以自我理想为星为月,他一直以来都走在主见之路上,走在漫天硝烟之中,纵然一路艰苦,但从未因他人的谩骂而放弃。正是这般主见与不屈,才为后世留下了深深感动。

(2)意大利著名女影星索菲娅·罗兰,就是一个坚持自己想法、擅于独立思考的人。她刚刚出道时,很多摄影师都抱怨无法将她拍得美艳动人,因为她的鼻子太长,臀部太大。制片商建议索菲娅:"如果想干这一行,就得把鼻子和臀部'动一动'。"索菲娅断然拒绝了制片商的要求。她说:"我为什么非要和别人长得一样呢? 鼻子是脸庞的中心,它赋予脸庞以性格,至于我的臀部,那是我身体的一部分,我只想保持我现有的样子。"索菲娅认为应该靠自己的气质和精湛的演技来取胜,她没有因为别人的议论而停下奋斗的脚步。最终,她成功了,那些关于她的议论都消失了,从前被议论的特征反倒使她美得与众不同。索菲娅在20世纪即将结束时,被评为这个世纪"最美丽的女性之一"。

(3)有一手好字的史蒂夫·乔布斯曾以自己为例子来启示他人。他在大学里选修了看似毫无用处的书法,虽当时屡遭嘲讽,但这一手好字在多年后却被收入微软字库。正因为史蒂夫有自己的主见,保持独立思考,他才有了这一额外的收获。

(4)美国游泳健将哈代曾经两次入选美国奥运会游泳代表队,也曾经连续3届获得密西西比河16千米马拉松游泳赛的冠军。哈代在观看队员游泳的时候,觉得大家在比赛时使用的游泳姿势不好,可以加以改变,使速度更快。可当他把想法告诉教练时,教练认为他的想法太过荒唐,立刻拒绝了他。一位游泳冠军也告诫他不要冒险尝试,以免不小心在水里淹死。但是哈代始终坚持自己的主见,不被别人的意见所左右,不断挑战传统的游泳姿势,最终发明了自由泳姿势。自由泳姿势现在已经成为国际游泳比赛的标准姿势之一。

3.林晨佳语

(1)我们自己是不是也经常有被人误导、不知所措、随风摇摆的时候呢? 当我们在一些事上踌躇不决时,我们要学会独立思考。若凡事没有主见,人云亦云,就会失去自我,最后往往事与愿违。

(2)人要有主见,并不是说要我行我素,听不进别人的意见,错了也不接受批评,而是指要坚

持真理,坚持自我,只要是对的,就不去理会外人的评价,"走自己的路,让别人说去吧"。人们都是以自己的主观想法来评价别人的,而事情的对与错、成与败往往需要时间来检验。

(3)纵观中外历史,无论经济还是政治,大凡成功人士都有一个共同的特点,那就是:做人有主见,处事敢决断。胆小怕事的"鸵鸟人"和人云亦云的"鹦鹉人"永远都不会成功。遇事有主见,是要建立在对客观事物正确认识和判断的基础之上的。坚持正确的主见才会取得被社会认可的成功。做人有主见难,能够坚持主见则更加难。我们要努力把自己培养成一个擅于独立思考并且敢于坚持主见的人。

七、自信

1. 道理论据

(1)恢弘志士之气,不宜妄自菲薄。——诸葛亮

(2)自信者,不疑人,人亦信之;自疑者,不信人,人亦疑之。——《史典》

(3)天生我材必有用,千金散尽还复来。——李白

(4)人最凶恶的敌人,就是意志的薄弱和信心的缺乏。——高尔基

(5)创业者若抱有无比的信心,就可以缔造一个美好的未来。——美国前总统里根

2. 事实论据

美国假日酒店创始人威尔逊在创业之初,决定从事地皮生意。当时第二次世界大战刚刚结束,买地皮修房子、建商店的人很少,地皮的价格很低。亲朋好友听说后一致反对,而威尔逊却坚持己见,他认为,虽然连年的战争使美国的经济很不景气,但是美国是战胜国,它的经济很快会进入大发展时期,到那时买地皮的人一定会增多,价格会暴涨。果然没过多久,城市人口剧增,市区迅速发展,很多人竞相出高价购买威尔逊的土地,但威尔逊有更长远的打算,他认为这片土地周围风景宜人,是夏日避暑的好地方,于是他在这片土地上盖起了一座汽车旅馆,这是发展遍布世界各地的假日酒店的雏形。

3. 林晨佳语

(1)巴尔扎克说过,发明家全靠一股子了不起的信心支持,才有勇气在不可知的天地中前进。同样,在人生道路上,每个人都要靠自己内心强大的自信支持自己的行动,而不是让别人的言行左右自己的成长。

(2)一个人的成败和他的自信心息息相关。如果一个人时刻对自己充满自信,能够坚定不移地去做自己心中认定的事情,那么即使他才能平平,也可能会取得卓越的成就。生活中,我们难免会有畏难和退缩的时候,在巨大的困难和压力之下,我们常常会背上沉重的心理包袱,甚至会因此而丧失自信。其实,这个时候我们更要勇敢地直面困难,相信自己的能力,这样困难就不会成为我们成功的障碍。

八、信念与信仰

1. 道理论据

(1)在荆棘道路上,唯有信念和忍耐能开辟出康庄大道。——松下幸之助

(2)有必胜信念的人才能成为战场上的胜利者。——希金森

(3)人,只要有一种信念,有所追求,什么艰苦都能忍受,什么环境也都能适应。——丁玲

(4)只要厄运打不垮信念,希望之光就会驱散绝望之云。——郑秀芳

(5)没有比脚更长的路,没有比人更高的山。——汪国真

(6)信仰是伟大的情感,一种创造力。——高尔基

(7)信仰是心中的绿洲。——纪伯伦

2. 事实论据

(1)苏武牧羊。公元前100年,汉武帝派苏武出使匈奴。由于"虞常事件",苏武受牵连被扣押。匈奴君主采用各种手段逼苏武投降。然而苏武在刀剑下昂首不动,对甜言蜜语听而不闻。他对前来劝降的匈奴官吏说:"以死报国,是我早就下定了的决心,只要能对国家有所贡献,即使是受刀剑、下油锅,我也心甘情愿。"不管匈奴人如何折磨他,他都没有低头。匈奴君主最后无计可施,只好把他赶到荒无人烟的"北海",与羊群为伴。19年后苏武归国时已是须发皆白的老人了。苏武这种敢于以死报国的精神,正是他忠贞信念的集中体现。

(2)孙中山先生曾说:"君志所向,一往无前,愈挫愈勇,再接再厉。"他一生恪守这条奋斗格言。面对清政府的迂腐无能,孙中山先生立志"起共和而终两千年封建帝制"。为了崇高的信念,他一生未停止过革命,他的不屈灵魂,他的坚定信念,激励着万千仁人志士奋起战斗。

3. 林晨佳语

信念好比航标灯射出的明亮的光芒,在朦胧浩瀚的人生海洋中,牵引着人们走向辉煌。高高举起信念之旗的人,对一切艰难困苦都无所畏惧。

九、惜时

1. 道理论据

(1)一万年太久,只争朝夕。——毛泽东

(2)哪里有什么天才,我只是把别人喝咖啡的时间都用在工作上了。——鲁迅

(3)大部分人都是在别人荒废的时间里崭露头角的。——亨利·福特

(4)人生太短,要干的事太多,我要争分夺秒。——爱迪生

(5)一年之计在于春,一日之计在于晨。——萧绎

(6)明日复明日,明日何其多。我生待明日,万事成蹉跎。——钱福《明日歌》

(7)黑发不知勤学早,白首方悔读书迟。——颜真卿

2. 事实论据

(1)文坛巨匠鲁迅先生很爱惜时间,他一生撰写和翻译了许多作品,为无产阶级文化宝库留下了极其丰富的遗产。许广平在回忆鲁迅时说:"他常常一点一滴地积累时间学习。成天东家玩玩,西家坐坐,是他最怕的。"如果有朋友在他工作的时候来谈天了,就是最要好的朋友,他也会毫不客气地说:"唉,你又来了,没有别的事好做吗?"鲁迅把时间当作生命。他说:"节省时间,也就是使一个人的有限生命,更为有效,而也即等于延长了人的生命。"正像他所说的,他把别人喝咖啡的时间都用在了工作上。

(2)朗费罗每天利用等待咖啡煮熟的十分钟时间翻译《地狱》,他的这个习惯一直坚持了若干年,直到这部巨著的翻译工作完成为止。比彻在每天等待开饭的短暂时间里读完了历史学家弗劳德长达12卷的《英国史》。无独有偶,有着繁重家务负担的家庭主妇哈丽特·斯托夫人,利用每一分每一秒,最终完成了那部家喻户晓的名著——《汤姆叔叔的小屋》。

十、天赋与勤奋

1.道理论据

(1)天才就是无止境刻苦勤奋的能力。——卡莱尔

(2)聪明出于勤奋,天才在于积累。——华罗庚

(3)勤能补拙是良训,一分辛劳一分才。——华罗庚

(4)书山有路勤为径,学海无涯苦作舟。——韩愈

(5)业精于勤荒于嬉,行成于思毁于随。——韩愈

(6)家勤则兴,人勤则健,能勤能俭,永不贫贱。——曾国藩

(7)身勤则强,逸则病;家勤则兴,懒则衰;国勤则治,怠则乱;军勤则胜,惰则败。——曾国藩

(8)天下古今之庸人,皆以一惰字致败;天下古今之才人,皆以一傲字致败。——曾国藩

(9)形成天才的决定因素应该是勤奋。——郭沫若

(10)才华是刀刃,辛苦是磨刀石,再锋利的刀刃,若日久不磨,也会生锈。——老舍

2.事实论据

(1)匡衡凿壁偷光。西汉时期大学问家匡衡,小的时候家境贫寒,为了读书,他凿通了邻居文不识家的墙,借着偷来的一缕烛光勤奋读书,终于学有所成。

(2)董仲舒是西汉时期一位著名的学者和思想家,他也是一位哲学大师和经学家。相传董仲舒小时候读书非常勤奋,他家书房后面的花园从开始动工到建成历时三年之久,可他却从未走进去看一眼。即使父母叫董仲舒出来玩,他也依旧埋头学习,捧着书简不放手,最终成为一代大家,给后人留下了珍贵的作品和深刻的思想。

(3)俞敏洪身上有两个抹不掉的标签,一个是"新东方创始人",一个是"勤奋"。新东方的巨大成功毋庸置疑,而俞敏洪以勤奋为这份成功加了一个脚注。他从农村考入北大,从英语听力、口语极差到成为北大老师,从几番申请出国被拒到一手创立新东方,一次次的"逆袭"在别人听来宛若传奇。他曾这样说:"我的智商非常一般,就是比别人勤奋。我的脑袋不属于特别笨的那种,但肯定也不是顶尖聪明的类型。在北大同班的50个同学当中,我的智商应该属于中下水平,这说明我确实不是顶尖高智商。但我的勤奋一般人跟不上。我平均每天工作十六个到十八个小时,如果没有应酬,平均每日三顿饭的时间加起来不超过半个小时。"

(4)古今中外,凡有建树者,大都离不开一个"勤"字。马克思写《资本论》,阅读了数量惊人的书籍;司马迁漫游生活,汇集了大量的社会历史素材,为《史记》的创作奠定了基础;数学家陈景润,通宵达旦看书学习,初步证明了哥德巴赫猜想。明代张溥(pǔ)幼时愚笨,别人读一遍就能背下来的东西,他往往要读几十遍才能背下来。但是他勤学苦练,后来逐渐变得文思敏捷,出口成章,26岁写下了名扬天下的《五人墓碑记》。可见,只要有勤奋好学的精神,同样可以弃拙为巧、变

拙为灵。相反,仲永五岁能赋诗,可谓天赋出众,但因不思进取,长大以后"泯然众人矣"。

3.行文思路推荐

(1)天赋是一把双刃剑,它可以让一个人前途无限,也可能因让人停止勤奋而阻碍进步。

(2)天赋和兴趣会决定方向,而勤奋会决定我们最终抵达的彼岸。

十一、修身立德

1.道理论据

(1)高行微言,所以修身。——黄石公

(2)道德衰亡,诚亡国灭种之根基。——章炳麟

(3)修养的花儿在寂静中开过去了,成功的果子便要在光明里结实。——冰心

(4)修身洁行,言必由绳墨。——王安石

(5)吾人则有进德修业两事靠得住。进德,则孝弟仁义是也;修业,则诗文作字是也。——曾国藩

(6)欲治其国者先齐其家,欲齐其家者先修其身。——《礼记·大学》

2.事实论据

(1)自古修身的人就受人敬爱,因为修身可以使人有美好的品德、广博的学识、不俗的谈吐、高雅的气质。如果不重修其身,孔子何以能被尊为圣人,被推崇至今?如果不重修其身,战国四公子何以能有食客三千,又怎会有那么多不惜牺牲性命为他们出力的人?如果不重修其身,唐宋的文豪们怎能写出名篇佳句,而且流传至今、脍炙人口?

(2)纵观历史,因不修身而亡国丧生的昏君贪官的例子不胜枚举。古代商纣王、周幽王生活奢靡,贪恋美色而亡国;高俅、秦桧贪赃枉法、诬害忠良而遭世人唾弃;后唐庄宗李存勖宠幸伶官、荒淫无度而国破身亡。他们大都是不懂得修身立德而致此恶果。

3.行文思路推荐

(1)修身立德乃为人之本。

修身立德彰显人性光辉。

修身立德奠定人生基石。

修身立德铸就幸福人生。

修身立德提升人格境界。

(2)修身立德乃立业之基。

修身立德,可以为成就事业提供"原动力"。

修身立德,可以为成就事业赢得"感召力"。

修身立德,可以为成就事业提供"免疫力"。

(3)修身立德乃为政之要。

修身立德,以德治国,是完善国家治理体系的重要手段。

修身立德,以德为政,是提升治国理政效能的基础工程。

修身立德,以身示范,是引领良好社会风气的关键举措。

十二、自律

1. 道理论据

(1)其身正,不令而行;其身不正,虽令不从。——《论语》

(2)要进行严厉的自我克制,因为这种克制本身就可以作为人的一种精神上的寄托。——泰戈尔

(3)哪怕对自己的一点小小的克制,也会使人变得强而有力。——高尔基

2. 事实论据

(1)大清名臣曾国藩,出身农家,朝中无任何依傍,却三十七岁官至二品,九年升十级,创立了湘军,被后世誉为"立德立功立言三不朽,为师为将为相一完人"。曾国藩给自己定的规矩和标准是早起、静坐、读史、谨言、养气保身、写作、练字、夜不出门等。同时,为了不断地督促自己,他还把每天的日记抄下来给亲人朋友传阅,以此借助外力来监督自己。通过日复一日地践行规矩和标准,曾国藩的自我管理能力迅速提高,他也一步步地改善了自己的性格,磨砺了心性,最终实现了人生的目标。

(2)企业家王健林就是一个非常自律的人,他的自律使他在60多岁的年龄拥有20多岁人的精力,也让他有精力建造属于他的商业帝国。

(3)朱德委员长在青岛视察时,在青岛市工艺美术厂看到一幅精美的贝雕画《三峡夕行》,他被这幅画的精妙巧思吸引住了,驻足欣赏,赞不绝口。工厂的领导趁朱德委员长在车间参观时,将这幅画包好放进朱德委员长乘坐的汽车里。朱德委员长发现后,立即着人将该画送回工艺美术厂。朱德委员长对自己行为的约束,显示了他强烈的自律意识,他时刻能够严于律己,谨慎对待自己的一言一行。

3. 林晨佳语

(1)据调查,成功的人都喜欢读书胜过娱乐,他们更明白自己的目标,往往拥有一个好的生活和学习习惯,在某一个点或者某一件事上,他们都属于更自律的人。拥有自律的品质,能让一个人在独立工作、无人监督的时候仍然不被外物所左右,丝毫不放松自我监督的力度,谨慎自觉地按照一贯准则去规范自己的言行,一如既往地保持对自身的标准和要求。

(2)好的习惯能给我们带来好的生活,一个自律的人更容易获得成功。对于有梦想、有目标的人来讲,自律会成为武器,辅助梦想更快实现,助力目标尽快达成。

十三、"危"与"机"相互转化

1. 道理论据

(1)古人患难忧虞之际,正是德业长进之时。——曾国藩

(2)"危机"在中文中由两个字构成,一个代表危难,一个代表机会。——美国前总统约翰·肯尼迪

(3)逆境帮助生存,危机提高警觉,困境刺激思维。——余世维

2.事实论据

(1)南宋绍兴十年,某日杭州城最繁华的街市失火,许多房屋商铺置于汪洋火海之中,顷刻之间化为废墟。有一位裴姓富商,苦心经营了大半生的几间当铺和珠宝店恰在那条失火街市中。眼看大半辈子的心血毁于一旦,他却并没有一蹶不振,而是不动声色地派人从长江沿岸平价购回大量木材、毛竹、砖瓦等建筑用材。火灾过后不几日,朝廷颁旨重建杭州城,凡经营建筑用材销售者一律免税。于是杭州城内一时大兴土木,建筑用材供不应求,价格陡涨。裴姓商人抓住机会销售,获利数额远远大于被火灾焚毁的财产。

(2)受新冠疫情影响,2020年我国实体经济遭受重创,可是机遇与困难并存。"不出门不聚会"的要求对于在线办公软件等行业却是难得的春天。大家出门受限,各种配送平台和上门服务平台,都迎来大量需求。手机游戏、短视频等在线娱乐产业,也持续保持用户增长。由此可见,凡事都要辩证地看,"危"与"机"也许可以相互转化。

十四、奉献

1.道理论据

(1)人只有献身于社会,才能找出那短暂而有风险的生命的意义。——爱因斯坦

(2)贤者不悲其身之死,而忧其国之衰。——苏洵

(3)捧着一颗心来,不带半根草去。——陶行知

(4)人生价值的大小是按人们对社会贡献的大小来衡量的。——向警予

(5)春蚕到死丝方尽,人至期颐亦不休。一息尚存须努力,留作青年好范畴。——吴玉章

2.事实论据

(1)近代科学先驱、著名工程师詹天佑,在国内一无资本、二无技术、三无人才的艰难局面面前,满怀爱国热情,受命修建京张铁路。他以忘我的吃苦精神,走遍了北京至张家口之间的山岭,只用了4年时间就修成了外国人估计需时7年才能修完的京张铁路。前来参观的外国专家无不震惊和赞叹。

(2)1950年,数学家华罗庚放弃在美国的终身教授职务,奔向祖国。归途中,他写了一封致留美学生的公开信,信中写道:"为了抉择真理,我们应当回去;为了国家民族,我们应当回去;为了为人民服务,我们也应当回去;就是为了个人出路,也应当早日回去,建立我们的工作基础,为我们伟大的祖国的建设和发展而奋斗。"回国后,华罗庚进行应用数学的研究,足迹遍布全国,用数学解决了大量生产中的实际问题,被称为"人民的数学家"。

(3)活着是为了自己还是为了别人,是生命有无价值的分水岭。若是只为自己,那么纵使集荣华富贵于一身,也不过是过眼云烟,在茫茫历史中留不下一丝痕迹;若是为世人,那么纵使一贫如洗、生命短暂,也内心充实,砥砺后人。夏禹治水三过家门而不入,李时珍花费了多年写成《本草纲目》解除百姓疾苦,近代更有无数革命志士把自己的全部都贡献给了人类解放事业,为我们创造了今天这样美好的生活。

(4)钟南山,这位屡创奇迹的呼吸道专家,20年前奋斗在非典抗击一线,新冠疫情出现时再次挂帅出征,带领众多医护人员战斗在抗疫最前线!在2003年抗击非典取得重大胜利后,钟南山

因敢医敢言而广受赞誉,并自此成为一个公众人物,不断为空气污染和食品安全问题发声,为民请命,这就是真正的国士无双!

十五、责任与担当

这一主题可与"奉献"主题素材结合学习。

1.道理论据

(1)天下兴亡,匹夫有责。——顾炎武

(2)苟利国家生死以,岂因祸福避趋之。——林则徐

(3)生命和崇高的责任联系在一起。——车尔尼雪夫斯基

(4)为天地立心,为生民立命,为往圣继绝学,为万世开太平。——张载

2.事实论据

(1)林则徐,于列强横行之时,万里销烟,雄壮虎门,壮我国人。他冷对昏君,怒对贪官,担当起"开眼看世界"的责任,即便被贬,仍心念强国图存的责任。他拥有的是一颗英武的民族心。

(2)伟大的科学家钱学森年轻时留学美国,学有所成后,不顾多方阻挠,执意回国效力。他放弃了优越的生活环境,放弃了高额薪水,用他的双手重新抓住中国导弹事业,扶起中华民族不屈的灵魂。

3.责任与担当之方法论

营造勇担责任的良好氛围需要社会各界共同参与。个人不仅需要以严谨态度对待自己的责任,更要落实到行动上,切莫做语言的巨人、行动的矮子;企业要将自身的经济目标与社会责任有机统一,不义之财不可得,唯有将自觉履行社会责任贯穿于生产经营始终,企业才会获得可持续性发展;国家更应建立健全相关法律制度,加强监督管理机制,保证责任制度无死角。

十六、居安思危,远见

1.道理论据

(1)人无远虑,必有近忧。——《论语》

(2)安而不忘危,存而不忘亡,治而不忘乱。——《易经》

(3)是故君子有终身之忧,无一朝之患也。——《孟子》

(4)居安思危,戒奢以俭。——魏征

(5)盛时常作衰时想,上场当念下场时。——曾国藩

(6)不求近功,不安小就。——恽(yùn)代英(中国无产阶级革命家)

(7)大丈夫,千山万水往长远处看。——华广生

(8)管理者的一言一行,都必须兼顾临时之计和长远目标。——彼得·德鲁克

2.事实论据

(1)纵观世界,无数历史事实均有力地证明了"生于忧患,死于安乐"的正确性。后唐庄宗李存勖铭记先王遗恨,励精图治,使国家振兴,前仇得报,而又由于宠幸伶官、荒淫无度而国破身亡;李自成先是严整军纪、爱民恤兵、兢兢业业,一举攻入京城,而后盲目膨胀、贪图享乐而将江山拱

手相让。所谓"忧劳可以兴国,逸豫可以亡身"大概如此。

(2)当年新中国在选《义勇军进行曲》作为国歌之时,有同志认为这支曲子不合适,因为中华民族已经渡过了最危险的时候,然而周恩来总理依然坚持,他认为:我们应该居安思危,保持忧患意识。

(3)因中美贸易摩擦,华为公司遭受了连番猛烈的攻势,之所以能够保持步调不乱,是因为华为此前已经做过极限生存的假设,并对此做了长期的准备。华为公司的忧患意识让其保持清醒冷静,对处境变化快速做出反应。

(4)俗话说:"兔子不吃窝边草。"兔子放着近在眼前的青草不吃,是因为兔子知道,一旦窝边的青草吃完,自己就会暴露在光天化日之下,等待自己的就只有死亡了,所以兔子宁愿多走几步也不为眼前的诱惑所动摇。

(5)柯达实验室早在多年前便研发出了第一台数码相机,但因数码相机成像不需要胶卷,而柯达公司担心自己胶卷的销量受影响,放弃了开拓数码相机业务。在后来的数码相机普及潮中,柯达公司连年亏损,宣布破产。由此可以看出,做事不要只顾眼前利益,不顾长远利益。目光长远会带来长远的利益。

3. 居安思危的现实意义

(1)保持忧患意识是个人实现人生价值、取得事业进步的奠基石。当今的时代是竞争的时代,是迅速发展的时代,唯有保持忧患意识,不断充实提高自己,才能不被时代淘汰。

(2)保持忧患意识是企业占领市场、获得不竭发展动力的源泉。信息爆炸的冲击,金融体系的更新,互联网商业的崛起,带给企业太多的机遇和挑战,"胜者为王,败者为寇"的残酷现实摆在了企业面前,企业除了保持忧患意识,拒绝故步自封,别无选择。

(3)保持忧患意识是一国实现国家独立、民族富强的必要保证。所谓"逆水行舟,不进则退",一国要想在国际舞台上占有一席之地,拥有一定话语权,必须保持忧患意识,永不松懈。

(4)2022年8月22日华为内部论坛上线了一篇《整个公司的经营方针要从追求规模转向追求利润和现金流》的文章,华为创始人任正非在文内提到,全球经济将面临衰退、消费能力下降的情况,华为应改变思路和经营方针,从追求规模转向追求利润和现金流,保证渡过未来三年的危机,"把活下来作为最主要纲领,边缘业务全线收缩和关闭,把寒气传递给每个人"。

4. 行文思路推荐

(1)有了远见,才能正确选择前进的方向。

(2)有了远见,才能识别当前的陷阱、诱惑。

(3)有了远见,才能发现和坚守长远利益。

十七、模仿借鉴与创新

1. 道理论据

(1)创新是一个民族进步的灵魂,是一个国家兴旺发达的不竭动力。——江泽民

(2)艺术的事情大都始于模仿,终于独创。——叶圣陶

(3)"会模仿"又加以创造,不是更好吗?——鲁迅

(4)凡富于创造性的人必敏于模仿,凡不善于模仿的人决不能创造。——胡适

(5)蚕食桑,而所吐者丝也,非桑也;蜂采花,而所酿者蜜也,非花也。——袁枚

(6)此刻一切完美的事物,无一不是创新的结果。——穆勒

(7)道在日新,艺亦须日新,新者生机也;不新则死。——徐悲鸿

2. 事实论据

(1)我国的自强发展之路强有力地证明了创新离不开模仿与借鉴。新中国成立初期,我们从苏联引进技术设备,很快仿制的喷气式战鹰就巡航在祖国的蓝天上且技术愈加先进。改革开放后,我国航空工业从无到有,短短几年就走完了其他航空大国十年的发展路程,不得不说这与模仿借鉴吸收他国先进技术经验有着极为密切的关系。在高起点上引进先进技术设备是发展我国工业和经济的快而省的途径。

但是,一味模仿是行不通的,没有自己的内容,我们将永远跟在别人后面,始终无法超越别人。取人之长补己之短,借鉴他人经验教训后,则可以结合自己的实际情况进行改进、完善,创造出自己的东西。

(2)德国人亥姆霍兹从研究飞行动物中发现飞行动物的体重与身体的线度的立方成正比,后来,人们通过对鸟类飞行器官的详细研究和认真模仿,根据鸟类飞行的原理,终于制造出了能够载人飞行的滑翔机。

十八、认真、细心、踏实

1. 道理论据

(1)应当细心地观察,为的是理解;应当努力地理解,为的是行动。——罗曼·罗兰

(2)世上无难事,只怕有心人。欲要看究竟,处处细留心。——宋帆

(3)细节在于观察,成功在于积累。——爱默生

2. 事实论据

(1)中国首位诺贝尔生理学或医学奖得主屠呦呦,当年在实验过程中先是发现青蒿对疟原虫的抑制率仅为68%,她还发现东晋时期的很多医生对这个病都有论述:拿一把青蒿绞成汁能治疗疟疾。经过细心观察和认真思考,屠呦呦忽然意识到了问题所在:老祖宗们是用"绞汁"服用,而不是传统的"中药煎煮",因为高温是青蒿忌讳的,煎煮将其有效成分破坏了。经过反复试验,1971年10月,青蒿提取物终于实现了对疟原虫100%的抑制率!

(2)英国生物学家弗莱明在试验抵抗葡萄球菌时发现培养皿中长满了青色的霉,经过数千次的试验后终于提取出了青霉素。我国古代名医孙思邈细心观察,发现穷人易得雀盲眼,而富人易得脚气病,经过潜心研究,他发现原来是饮食习惯的不同引起了易患病症的不同,从而对症下药,给出了恰当的饮食建议,有效减轻了病患的苦痛。莫尔斯听演讲时认真思考,大受启发,从而发明了莫尔斯电码。道尔顿给妈妈买袜子时发现了色盲症。波义耳在养紫罗兰时发现了石蕊试剂。他们的发现看似偶然,其实是偶然中的必然,因为他们都会潜心观察研究对象。这正是认真与细心的良好素质的体现,要知道机会只留给那些为了寻找它而不断探索的人。

十九、实干精神

1. 道理论据

(1)临河而羡鱼,不如归家织网。——《汉书·董仲舒传》

(2)一切实干家企图把世界置于他们的手掌之下,一切思想家则企图把世界置于他们的头脑之中。——歌德

(3)要迎着晨光实干,不要面对晚霞幻想。——卡莱尔

(4)报国之道,总求实浮于名,劳浮于赏,才浮于事。——曾国藩

2. 事实论据

(1)纵观世界,兴旺发达者皆出于实干、苦干。我们只看到祖国的兴盛发达,殊不知繁荣的背后有多少人辛苦付出;我们只看到华为突破5G难关,殊不知突破的背后有多少员工踏实苦干;我们只看到中国女排的再度辉煌,殊不知风光的背后有多少队员奋力拼搏。

(2)中国首位诺贝尔生理学或医学奖得主屠呦呦,当年靠着自己的个人走访,凭借着一股实干精神,一字一句整理出了供研究员参考的640个方子,经过潜心研究与不断试验,终于提取出了对疟原虫有100%抑制率的青蒿素。

二十、自省

1. 道理论据

(1)以铜为镜,可以正衣冠;以古为镜,可以知兴替;以人为镜,可以明得失。——吴兢

(2)人不能没有批评和自我批评,那样一个人就不能进步。——毛泽东

(3)人之洗濯(zhuó)其心以去恶,如沐浴其身以去垢。——朱熹

2. 事实论据

(1)俄国作家列夫·托尔斯泰出生于一个贵族家庭,却整天到处游荡、不务正业,曾一度被人们看作是没有前途的小伙子。后来,托尔斯泰认识到自己的错误,告诫自己这样只会断送自己的将来,他发自内心地自责,把自己最易犯的错误写在纸上并不时地提醒自己。他一共写了8点:①缺乏刚毅力;②自己欺骗自己;③有少年轻浮之风;④不谦逊;⑤脾气太躁;⑥生活太放纵;⑦模仿性太强;⑧缺乏反省。经过反省,他决心结束放荡生活,改正不良习惯,于是他跟哥哥尼古拉来到高加索,在炮兵队里当了一个下级军官,并迈上文学创作之路。

(2)蔺相如因为"完璧归赵"与渑(miǎn)池会盟有功而被封为上卿,位在廉颇之上。廉颇很不服气,扬言要当面羞辱蔺相如。蔺相如得知后,尽量回避,不与廉颇发生冲突。蔺相如的门客以为他畏惧廉颇,然而蔺相如说:"秦国不敢侵略我们赵国,是因为有我和廉将军。我对廉将军容忍、退让,是把国家的危难放在前面,把个人的私仇放在后面啊!"廉颇听到蔺相如的肺腑之言后,及时自我反省。他向蔺相如负荆请罪的故事成为千古佳话,二人也终成好友,这一文一武成为赵国的中流砥柱。

3. 站在国家角度应如何自省

(1) 以史为镜：认真学习历史，从中国的过去认识中国的现在，放眼中国的未来。

(2) 以人为镜：把实践的检验、群众的评议、人民的呼声作为领导工作的一面镜子。

(3) 以洋为镜：把其他国家的先进科学技术、先进的经济建设经验，作为我们建设中国特色社会主义的一面镜子。

二十一、主观能动性

1. 道理论据

(1) 智者一切求自己，愚者一切求别人。——卡莱

(2) 对付敌人要发挥主观能动性，要"牵牛""宰牛"，不要"顶牛"。因为"顶牛"是消耗战，是不聪明的战术。假若和敌人"牛抵角"，最多也不过是把敌人打退而已。战术的全部结晶是为了消灭敌人的有生力量。——刘伯承

(3) 在世界上出人头地的人，都能够主动寻找他们要的时势，若找不到，他们就自己创造出来。——萧伯纳

2. 事实论据

纵观世界，历史上一切身处逆境而终有所成就的人，无不经过艰苦的磨炼。张海迪高位截瘫却在逆境中读"镜子书"自学三门外语；保尔·柯察金双目失明却坚持以写作进行斗争；贝多芬双耳失聪却谱出无数流传至今的乐曲……逆境成才的事例何止万千！成才的关键是主观能动性的高度发挥。

3. 林晨佳语

(1) 睹万物，竞相逐，刹那芳华光阴促，天地轮回道有术。反自顾，不歇足，勇往直前未却步，满腔热血聚抱负。

(2) 有人说"时势造英雄"，强调了环境对人的重要影响；也有人说"成功的依靠，唯有自己"，强调个人主观能动性的重要地位。其实，若想成功，合适的环境与个人的努力缺一不可。

(3) 生命，总是在挫折中茁壮；思想，总是在挫折中成熟；意志，总是在挫折中坚强。挫折是上天给予每一个生命的考验，它能告诉你：其实天不暗，阴云终要散；其实海不宽，此岸连彼岸；其实山不险，条条路可攀；其实路不远，一切会如愿。

(4) 人的成长过程中，环境固然十分重要，但人的内在因素才是成才的决定因素，它处于主导和支配地位，决定着主观能动性的发挥程度。

(5) 真正有着长远目标和人生规划的人，他们在很年轻时就会认清自己想要什么，从而突破环境的限制，甚至创造有利于自己的环境，来实现目标。他们和普通人的区别在于他们掌控了主动权，而普通人被现实外力推着走，所以他们最终接近目标、实现目标，而普通人却在不断被动接受变故和人生。

二十二、勤俭朴素

1. 道理论据

(1)凡仕宦之家,由俭入奢易,由奢入俭难。——曾国藩

(2)大约世家子弟,钱不可多,衣不可多,事虽至小,所关颇大。——曾国藩

(3)一粥一饭,当思来之不易。半丝半缕,恒念物力维艰。——《朱子家训》

(4)木屑竹头,皆为有用之物;牛溲马勃,可备药物之资。——《幼学琼林》

2. 事实论据

(1)司马光写《训俭示康》一文,意在告诫其子要"以俭素为美",而不要"以奢靡为荣",至今仍不失其深刻的教育意义。

(2)勤俭朴素是一个人不可缺少的美德,是成才的一种"激素",是造就伟大人物的妙诀之一。只有具备这种美德,才能忘怀得失、不慕名利;只有具备这种美德,才能心怀大志,处困境而不沮丧,受窘厄而泰然如常;只有具备这种美德,才能摒弃奢欲,以事业为重,有所作为,有所成就。

二十三、变革

1. 道理论据

(1)世易时移,变法宜矣。——《吕氏春秋》

(2)穷则变,变则通,通则久。——《周易》

(3)马克思主义的最本质的东西就在于具体的情况具体分析。——列宁

(4)当更化而不更化,虽有大贤不能善治。——董仲舒

(5)我们无法左右变革,只能走在变革的前面。——彼得·德鲁克

2. 事实论据

(1)战国时期,北方大多是胡人部落,胡人身穿短衣、长裤,作战骑在马上,动作十分灵活方便,开弓射箭,运用自如,往来奔跑,迅速敏捷。而赵国军队虽然武器比胡人精良,但多为步兵和兵车混合编制,加上官兵都身穿长袍,甲胄笨重,骑马很不方便,因此,在交战中常常处于不利地位。鉴于这种情况,赵武灵王就想向胡人学习骑马射箭,但是遭到一些王公大臣的反对。他们指责武灵王说:"衣服习俗,古之理法,变更古法,是一种罪过。"武灵王批驳他们说:"古今不同俗,有什么古法?帝王都不是承袭的,有什么礼可循?夏、商、周三代都是根据时代的不同而制定法规,根据不同的情况而制定礼仪。礼制、法令都是因地制宜,衣服、器械只要使用方便,就不必死守古代那一套。"武灵王力排众议,下令在全国改穿胡人的服装,很快得到人民的拥护。武灵王在推广胡服的措施成功之后,接着训练骑兵队伍,改变了原来的军事编制,赵国军队的作战能力也逐渐强大起来,赵国向北方开辟了上千里的疆域,成为当时的"七雄"之一。

(2)20世纪70年代,中国经济与世界经济基本绝缘,高度集中的经济体制使中国经济陷入了停滞不前的困境。1978年,在邓小平"建设有中国特色的社会主义"理论的指导下,我国改革开放拉开序幕。邓小平同志曾指出:"改革的性质同过去的革命一样,也是为了扫除发展社会生产力的障碍,使中国摆脱贫穷落后的状态。从这个意义上说,改革也可以叫革命性的变革。"改革开放

对中国经济产生了重大影响,成为我国社会主义基本路线的基本点之一。

(3)华为公司的发展壮大就充分说明了变革的重要性。华为在发展过程中不断变革企业组织形式,每年投入总销售收入的3%用于企业变革,以保证企业生存和发展。

二十四、谦逊低调

1.道理论据

(1)不骄方能师人之长,而自成其学。——谭嗣同

(2)不满足,是一个人或一个民族进步的第一步。——王尔德

(3)谦虚是不可缺少的品德。——孟德斯鸠

(4)天地间唯谦谨是载福之道,骄则满,满则倾矣。——曾国藩

2.事实论据

(1)京剧大师梅兰芳不仅在京剧艺术上有很深的造诣,而且还是丹青妙手。他拜名画家齐白石为师,虚心求教,总是执弟子之礼,经常为白石老人磨墨铺纸,不因为自己是京剧名家而自傲。梅兰芳不仅拜画家为师,他也拜普通人为师。他有一次演出京剧《杀惜》,在众多喝彩叫好声中,听到有个老年观众说"不好",演出结束后,梅兰芳来不及卸妆更衣就用专车把这位老人接到家中,恭恭敬敬地对老人说:"说我不好的人,是我的老师。先生说我不好,必有高见,定请赐教,学生决心亡羊补牢。"老人指出:"阎惜姣上楼和下楼的台步,按梨园规定,应是上七下八,博士为何八上八下?"梅兰芳恍然大悟,连声称谢。之后梅兰芳经常请这位老先生观看自己演戏,请他指正,称他"老师"。

(2)"低头的是稻穗,昂头的是稗子。"越成熟饱满的稻穗,头垂得越低,只有那些空空如也的稗子,才会显得招摇,始终把头抬得老高。有涵养的人往往谦虚,正犹如结实的稻穗。苏格拉底是大哲学家,有人问他是不是超人,他回答道:"我并不是什么超人,我和平常人一样。有一点不同的是,我知道自己的无知。"

(3)福特在年轻的时候非常谦虚,善于向人学习,从而掌握了汽车制造原理,并发明出"T型车"生产方式,引发了美国汽车生产和消费的革命,自己也成了企业家。

3.林晨佳语

古有明代张溥谦虚好学,乐于求教,十年磨一剑,铸就名篇《五人墓碑记》;今有药学家屠呦呦不耻下问、永不满足,创制新型抗疟药——青蒿素。有这样谦逊好学、永不满足的精神,他们的成功是必然的。

4.行文思路推荐

(1)谦虚好学、永不满足是时代对青年人的召唤。

(2)谦虚好学、永不满足是企业发展壮大的要求。

(3)谦虚好学、永不满足是国家繁荣富强的根基。

二十五、乐观坚强

1. 道理论据

(1)艰难困苦,玉汝于成。——张载

(2)冬天已经到来,春天还会远吗?——雪莱

(3)不管昨夜经历了怎样的泣不成声,早晨醒来这个城市依然车水马龙。——安东尼

(4)精神愈用而愈出,不可因身体素弱过于保惜;智慧愈苦而愈明,不可因境遇偶拂遽(jù)尔摧沮。——曾国藩

(5)当生活像一首歌那样流畅时,笑逐颜开乃易事;而在一切事都不妙时,仍微笑的人,是真正的乐观。——威尔科克斯

(6)假如生活欺骗了你,不要悲伤,也不要气馁,在愁苦的日子里要心平气和,相信吧,快乐的日子总会来临。——普希金

2. 事实论据

(1)聋哑人舞蹈家邰丽华,2岁失聪,她的遭遇如此不幸,但她从未自暴自弃,始终乐观坚强,15岁成为中国残疾人艺术团的领舞演员。她曾这样说:"'花开社'是我们社团的名字,因为花开是没有声音的,却很美丽。"2004年,她领舞的《千手观音》在雅典残奥会上震撼世界,邰丽华被评为2005年感动中国人物。邰丽华的翻译老师这样评价她:乐观、积极、坚强。她虽然"缺少两只耳朵",却以坚强乐观的精神摘取了事业成功的花朵,在舞蹈上创造出不平凡的业绩。

(2)贝多芬是一生坎坷的伟大音乐家。在他双耳失聪后,肉体上的痛苦、精神上的折磨不断摧残着他,但他并没有向命运屈服,他的身体垮了,但他的精神并没有倒下。生活对于他来说虽然失去了美妙的旋律,但对音乐的向往,对生活的憧憬,对生命的热爱,使他在逆境面前勇敢地迎头而上!他成功了,是乐观的人生态度帮他超越了一切。

(3)霍金21岁患上了不治之症,但是为了自己的梦想和自己的家庭,他坚强乐观地继续研究。一次演讲过后,一位记者问霍金:"病魔已经将您的身体固定在轮椅上,您不觉得命运让您失去了太多吗?"霍金脸上充满笑意,用自己还能活动的三根手指在键盘上艰难地敲击出一段文字:"我的手指还能活动;我的大脑还能思维;我有终生追求的梦想;我有爱我和我爱的亲人、朋友;对了,我还有一颗感恩的心。"现场顿时爆发出雷鸣般的掌声。

3. 林晨佳语

(1)一个人具有什么样的心态,他就可以成为一个什么样的人,拥有什么样的人生。乐观的人,先战胜自己,然后才战胜生活;悲观的人,先被自己打败。决定一个人成功的因素不是他的能力,而是看他是否能够始终乐观地看待周围的事物,看他在身处逆境的时候是否能够积极乐观地寻找改变逆境的办法。

(2)困难和挫折是人生中不可避免的。有的人成功了,是因为他们能够坚强乐观地面对困难;有的人失败了,是因为他们面对困难一蹶不振,失去了继续拼搏的勇气。伟大的发明家爱迪生说过,厄运对乐观的人无可奈何,面对厄运和打击,乐观的人总会选择笑脸迎接。

二十六、法制规矩

1. 道理论据

(1)不以规矩,不能成方圆。——《孟子》

(2)仁圣之本,在乎制度而已。——白居易

(3)法律和制度必须跟上人类思想进步。——杰弗逊

(4)制度好可以使坏人无法任意横行,制度不好可以使好人无法充分做好事,甚至会走向反面。——邓小平

(5)天下之事,不难于立法,而难于法之必行;不难于听言,而难于言之必效。——张居正

2. 事实论据

(1)唐朝有一位演奏音乐的乐师,名叫罗程,他擅长弹奏琵琶,技艺精湛,称得上是天下第一,深得宣宗皇帝的宠信。某日,罗程因为一件小事而动手杀了人,唐宣宗知道之后,大为震怒,立刻下令将他逐出宫廷,并押赴衙门接受惩治。朝廷的乐工们集体向皇帝说情,希望唐宣宗法外开恩。唐宣宗说:"你们怜惜的不过就是罗程的技艺,而我看重的却是高祖、太宗时代制定的法律啊!"宣宗终究没有赦免罗程。宣宗的处置是英明之举:既然制定了法律,就应该人人遵守,皇帝都不能够破坏。

(2)(公元228年)诸葛亮为实现统一大业,发动了一场北伐曹魏的战争。他亲自率领10万大军,突袭魏军据守的祁山,任命参军马谡为前锋,镇守战略要地街亭。临行前,再三嘱咐马谡:"街亭虽小,关系重大。它是通往汉中的咽喉,如果失掉街亭,我军必败。"诸葛亮还具体指示,让马谡"靠山近水安营扎寨,谨慎小心,不得有误"。马谡到达街亭后,不按诸葛亮的指令部署兵力,骄傲轻敌,自作主张地将大军部署在远离水源的街亭山上,致使蜀军大败,街亭失守。为了严肃军纪,诸葛亮下令将马谡革职入狱,斩首示众。要斩掉自己十分器重赏识的将领,诸葛亮心若刀绞,老泪纵横,但若违背军法,免他一死,又将失去众人之心,无法实现统一天下的宏愿。于是,他强忍悲痛,挥泪斩马谡,整顿了军纪。

二十七、厚积薄发

1. 道理论据

(1)不飞则已,一飞冲天;不鸣则已,一鸣惊人。——《史记》

(2)有志者,事竟成,破釜沉舟,百二秦关终属楚;苦心人,天不负,卧薪尝胆,三千越甲遂吞吴。——胡寄垣

2. 事实论据

(1)陈景润在中学读书时,有幸听了一位自清华大学调来的数学老师讲课。老师给同学们讲了一道世界数学难题,世界数学界一大悬案——哥德巴赫猜想。老师讲完打了一个有趣的比喻,数学是科学皇后,哥德巴赫猜想则是皇后王冠上的宝石!这堂课给陈景润留下了深刻的印象,哥德巴赫猜想像磁石一般吸引着陈景润。从此,陈景润开始了"摘取王冠上的宝石"的艰辛历程……毕业后工作繁忙、时间紧张,但陈景润仍然坚持不懈地钻研数学,利用一切可以利用的

时间系统地阅读了我国著名数学家华罗庚有关数学的专著。为了能直接阅读外国资料、掌握最新信息,在继续学习英语的同时,他又攻读了俄语、德语、法语等六门语言。不管是酷暑还是严冬,在不足 6 平方米的寝室里,陈景润潜心钻研,光是计算用过的草稿纸就足足装了几麻袋。经过 10 多年的推算,在 1965 年 5 月,他发表的关于哥德巴赫猜想的论文受到世界数学界中的许多著名数学家的高度重视和称赞。英国数学家哈伯斯坦和德国数学家黎希特把陈景润的论文写进数学书中,称陈景润证明的"1+2"为"陈氏定理"。

(2)春秋时期,吴王夫差凭着自己国力强大,领兵攻打越国。结果越国战败,越王勾践被抓到吴国。吴王为了羞辱越王,派他做看墓与喂马这些奴仆才做的工作。勾践心里虽然很不服气,但仍然极力做出忠心顺从的样子。吴王出门时,勾践走在前面牵着马;吴王生病时,勾践在床前尽力照顾。吴王看勾践这样尽心伺候自己,觉得勾践对自己非常忠心,最后允许勾践返回越国。勾践回国后,决心洗刷自己在吴国当囚徒的耻辱。为了告诫自己不要忘记复仇雪恨,他每天睡在坚硬的木柴上,在门上吊一颗苦胆,吃饭和睡觉前都要品尝一下,让自己记住曾经的痛苦。除此之外,他还经常到民间视察民情,替百姓解决问题,使人民安居乐业,同时加强军队的训练。经过约十年的艰苦奋斗,越国变得国富兵强,越王亲自率领军队进攻吴国,取得胜利,吴王夫差羞愧自杀。越国又乘胜进军中原,成为春秋末期的一大强国。

(3)竹子在刚开始发芽的时候生长极其缓慢,它把所有的努力都用在了地下,用在了伸展根系,来储备生长的能量,做好充分的准备后才开始快速长高。

(4)我国综合格斗运动员张伟丽,2019 年 8 月 31 日拿下 UFC 女子草量级冠军金腰带,成为 UFC 历史上第一位中国籍冠军,并在 2020 年 3 月 8 日卫冕成功,获得草量级(115 磅)世界冠军金腰带。一路走来,张伟丽做到了全情投入、准备与付出,她蛰伏苦练,克服一切伤病、疼痛、泪水,在赛场上向世界展示了中国的风采。

二十八、诚信

1. 道理论据

(1)民无信不立。——《论语》

(2)言不信者,行不果。——《墨子》

(3)小信诚则大信立。——《韩非子》

(4)惟诚可以破天下之伪,惟实可以破天下之虚。——薛瑄(xuān)

(5)精诚所加,金石为亏。——王充

2. 事实论据

(1)"立木为信"与"烽火戏诸侯"的对比。

春秋战国时,商鞅在秦孝公的支持下主持变法。当时处于战争频繁、人心惶惶之际,为了让百姓信任、推进改革,商鞅下令在都城南门外立一根 3 丈长的木头,并当众许下诺言:谁能把这根木头搬到北门,赏金 10 两。围观的人不相信如此轻而易举的事能得到如此高的赏赐,结果没人肯出手一试。于是,商鞅将赏金提高到 50 两黄金。重赏之下,终于有人将木头扛到了北门,商鞅立即赏了他 50 两黄金。商鞅这一举动,使他在百姓心中树立起了威信,而商鞅接下来的变法就很快在秦国推广开了。

与商鞅"立木为信"不同,西周末年曾发生过一场令人啼笑皆非的"烽火戏诸侯"的闹剧。周幽王有个宠妃叫褒姒,为博取她的一笑,周幽王下令在都城附近20多座烽火台上点燃烽火。烽火是边关报警的信号,只有在外敌入侵、需召诸侯来救援的时候才能点燃。诸侯见到烽火,率领兵将们匆匆赶到,发现是君王的花招后愤然离去。不久后,西戎大举攻周,周幽王烽火再燃而诸侯未到,因为诸侯不愿再上第二次当了,结果周幽王被杀。

一个"立木取信",一诺千金;一个帝王无信,戏玩"狼来了"的游戏。结果前者变法成功,国强势壮;后者自取其辱,身死国亡。可见,诚信对一个国家的兴衰存亡都起着非常重要的作用。

(2)秦末有个叫季布的人,一向说话算数,信誉非常好,许多人都同他建立起了浓厚的友情。《史记》记载:"得黄金百斤,不如得季布一诺。"(这就是成语"一诺千金"的由来)后来,他得罪了汉高祖刘邦,被悬赏捉拿。他的旧日朋友不仅不被重金所惑,而且冒着灭九族的危险来保护他,使他免遭祸殃。一个人诚实有信,自然得道多助,能获得大家的尊重和友谊。反过来,如果贪图一时的安逸或小便宜,而失信于朋友,表面上是得到了实惠,但毁了自己的声誉,而声誉相比于物质是重要得多的。

(3)我们看到海尔如今的成就,很难想象这个家喻户晓的企业曾经是一个濒临倒闭的小厂。创始人张瑞敏曾说:"那时候工厂濒临倒闭,而且用户反映我们的产品有质量问题,我当着全厂职工的面,用大锤将76台不合格冰箱全部砸毁,因为我知道那是海尔最后的挣扎,前进是成功,后退是倒闭,唯有诚信才有未来。"如今,海尔已经成为全球百强品牌。

二十九、辩证思考(事物两面性)

1. 道理论据

(1)圣人千虑,必有一失;愚人千虑,必有一得。——《晏子春秋》

(2)动兮静所伏,静兮动所倚。——白居易

(3)既然太阳也有黑点,人世间的事情就更不可能没有缺陷。——车尔尼雪夫斯基

(4)我们必须学会全面地看问题,不但要看到事物的正面,也要看到它的反面。——毛泽东

(5)祸兮,福之所倚;福兮,祸之所伏。——老子

(6)欲思其利,必虑其害;欲思其成,必虑其败。——诸葛亮

2. 事实论据

(1)爱迪生60多岁时苦心经营的工厂发生火灾,多年的精心研究也全部付之一炬,他的损失不少于200万美元。他已经不再年轻,所有的心血却毁于一旦,大家都担心他痛心绝望,他却说:"这场火灾绝对有价值。我们所有的过错,都随着火灾而毁灭。感谢上帝,我们可以从头做起。"在那场大火之后,爱迪生倾心研究,制造出了许多伟大的发明。

(2)鲁迅在《拿来主义》一文中,用一所大宅子作为对国外文化借鉴的比喻,表示对国外文化的吸收要辩证地思考,取其精华,去其糟粕(zāo pò),对于不同的文化和习惯,不能盲目地效仿,也不能一棍子打死,要看到事物的两面性,去辩证分析。

(3)塞翁走失一匹好马,邻居们来安慰他。塞翁说:"这难道不是福吗?"几个月后,这匹马竟从胡人居住的地方带回来一群好马。邻居们又来祝贺他,塞翁说:"这难道不是祸吗?"果真,他的儿子学骑马,不慎摔断了腿。邻居们来安慰塞翁,塞翁说:"这难道不是好事吗?"不久战争爆发,国家征兵,塞翁的邻居中的青壮年都当兵去了,死伤无数,而塞翁的儿子因腿折而留在家里得以保全性命。这个成语故事意在告诉人们:坏事在一定条件下可以变成好事,好事也能变成坏事。任何事物都有两面性,它们之间能够相互转化。

三十、初心

1. 道理论据

(1)不忘初心,方得始终。——《华严经》

(2)不要因为走得太远,而忘记为什么出发。——纪伯伦

(3)如果我们能够坚持自己的理想,追逐自己的梦想,并且探索自己独立的思想,我们的青春就开始成熟了。——俞敏洪

2. 事实论据

(1)李自成先是严整军纪、爱民恤兵、兢兢业业,一举攻入京城,而后盲目膨胀,没有坚守住初心,将胜利果实葬送。

(2)唐庄宗李存勖先是铭记先王遗恨、励精图治,使国家振兴,前仇得报,而后玩物丧志,宠幸伶官,荒淫无度,国破身亡。

三十一、匠心

1. 关于"匠心"的解释

"匠心"一词最早出自唐代张祜(hù)之诗:"精华在笔端,咫尺匠心难。"匠心,指巧妙的构思。工匠精神,是指工匠对自己的产品精雕细琢、精益求精的精神理念。

2. 事实论据

潮汕九制陈皮的诞生与杨应林是分不开的。因市面上的凉果苦、辣、涩味比较突出,得不到大众的喜爱,他决定研制九制陈皮。这是一个漫长的过程,资金不断投入,成功却遥遥无期。他利用夜晚学习并制作木雕补充资金,坚持不懈、精益求精、不断尝试,最终成功研制出"既去除陈皮原有的苦、辣、涩味,又保持原果风味""入口含化,回味持久""含服、冲饮均可"的佳宝牌九制陈皮,将九制陈皮发展成大众零食。

三十二、程度与分寸

1. 道理论据

(1)水至清则无鱼,人至察则无徒。——《大戴礼记》

(2)只要向前再多走一步,看起来仿佛依然是向同一方向前进的一小步,真理便会变成错误。——列宁

2.事实论据

(1)牛顿这一顶尖级科学家打开了近代科学之门,于是在他之后人才辈出、经典如云。但是牛顿在面对发现"牛顿三大定律"的时候,虽然他知道这些理论的提出将会改变整个科学界的面貌,但他仍发出了"如果说我比别人看得远,那是因为我站在巨人的肩上"的感叹。因为他在面对成功的时候,知道把握自己的分寸,不盲目包揽成就。他深知前人的认识是有限度的,自己的认识虽比前人多一点,但也是有限度的,无限度的未来等待着后人去开创、发掘。

(2)南朝陶弘景认为巴豆是一种泻药。李时珍经过试验后,发现巴豆剂量用得重可引起严重腹泻,但是,如果剂量轻,用法得当,可治疗腹泻。在农业生产中,播种量、施肥量等要适度;在工业生产中,机器的运转速度、运转时间也要适度。

(3)凡事皆有"度"。一根弹簧在其弹性限度以内可产生弹力,一旦超过了这个限度,弹簧就无法弹起、复原了。

三十三、舍与得

1.道理论据

(1)失之东隅,收之桑榆。——《后汉书·冯异传》

(2)将欲夺之,必固与之。——《老子》

(3)鱼,我所欲也;熊掌,亦我所欲也。二者不可得兼,舍鱼而取熊掌者也。生,亦我所欲也;义,亦我所欲也。二者不可得兼,舍生而取义者也。——《孟子》

2.事实论据

(1)丹麦人去钓鱼会随身带一把尺子,钓到鱼,常常用尺子量一量,将不够尺寸的小鱼放回河里。两千多年前,我国孟子曾说过:"数罟(gǔ)不入洿(wū)池,鱼鳖不可胜食也。"这都是因为放过一些小鱼,才会有更多、更大的鱼。

(2)舍小利以谋远,懂得舍得,谋求长远利益,才是发展之道。"绿水青山就是金山银山"这一经济发展与生态环境保护协调发展的理念,也在提醒人们正确处理舍得关系,正确处理经济发展与生态环境关系。

三十四、原因与结果

1.道理论据

(1)在宇宙中一切事物都是互相关联的,宇宙本身不过是一条原因和结果的无穷的锁链。——霍尔巴赫

(2)结果孕育在原因之中,目的事先存在于手段之中,果实隐含在种子之中。——爱默生

2.行文思路推荐

(1)因果联系是客观存在的普遍关系,没有无因之果,也没有无果之因。毛泽东形象地将这个思想表述为"世上没有无缘无故的爱,也没有无缘无故的恨",正所谓无风不起浪、有水才行船。

(2)原因和结果之间可以相互影响。另外,因果本身也可以相互转换、相互作用,在此时此地

是结果,在彼时彼地可能就是原因。例如风声是树动的原因,而树动又是花落的原因。再例如,教育和经济就是互为因果的。教育的发展为经济的建设提供人才,促进经济的发展,而经济的发展又为教育发展提供雄厚的物质条件。

(3)因果关系有复杂性和多样性,有一因多果、一果多因、多果多因等形式。一个原因可以导致许多结果。同样,一种结果也可能是多种原因所致。因果关系的多样性要求我们分析问题时尽可能谨慎周密。

三十五、过程与结果

1. 道理论据

(1)天空没有鸟的痕迹,但我已飞过。——泰戈尔

(2)不积跬步,无以至千里;不积小流,无以成江海。——《荀子·劝学》

2. 行文思路推荐

(1)尊重过程。凡事都有过程,做事必须按照事物发展的规律一步一步来,不能急于求成,不能好高骛远。俗话说,心急吃不了热豆腐,饭要一口一口吃,路要一步一步走,说的就是这个道理。

(2)认识过程。事物发展是动态变化的过程,《谁动了我的奶酪?》中最重要的思想就是"世界上唯一不变的是变化"这个哲学思想。我们现在拥有了"奶酪",并不等于明天我们还能拥有这些"奶酪",因为世界每天都在变换、运动。我们要想持久地拥有新鲜的"奶酪",就只有不断改变自己,以适应世界的变化。

(3)过程和结果相联系。什么样的过程产生什么样的结果。过程充实,结果也充实。事物发展过程的客观规律不能违背,种瓜得瓜,种豆固然得豆,但张三与李四的瓜、豆收成也可能差别很大,因为一分汗水,一分收获。

三十六、目的与手段

1. 道理论据

(1)如果你的工具只有一柄铁锤,你就可能认为所有的问题都是铁钉。——马斯洛

(2)梯级不是为休息而设,它只是供人一足踏上使另一足更高而已。——赫胥(xū)黎

(3)良好的方法能使我们更好地发挥天赋的才能,而拙劣的方法则可能妨碍才能的发挥。——贝尔纳

2. 事实论据

三国时期,诸葛亮七擒七纵孟获,众将不解为何不杀孟获,纷纷询问。诸葛亮解释,他的目的是要收复南方,而非取孟获之命,正是因为目的与征讨曹魏时不同,所以手段自然也就不同。

3. 行文思路推荐

(1)目的要通过一定的手段来实现。手段是达到目的的方式和途径,目的确定之后要选择合适的手段来实现。不同的目的需要不同的手段,不同的手段也会达到不同的目的。

(2)好的手段有助于较好地达到目的,差的手段会导致目的没有办法达成。

(3)要达到目的,就要选择好的手段,但是不能不择手段。

(4)目的通常应较为明确,手段则应灵活多变。

三十七、合作共赢

1.道理论据

(1)不管一个人多么有才能,但是集体常常比他更聪明和更有力。——奥斯特洛夫斯基

(2)能用众力,则无敌于天下矣;能用众智,则无畏于圣人矣。——孙权

2.事实论据

早先腾讯看中了京东的市场前景,占据了其一定的股份,京东上市的时候,腾讯因为这些股份赚取了巨额的利益。而同时,京东也看中了腾讯在社交软件方面的优势,依靠微信这个平台,京东也获得了巨额的流量。

三十八、主要与次要

1.道理论据

(1)举网以纲,千目皆张。——桓谭

(2)举一纲而万目张,解一卷而众篇明。——东汉郑玄

(3)最重要的事情先做,不是别无选择就不要先做那些次要的事情。如果不做这样的选择,那将一事无成。——彼得·德鲁克

2.事实论据

(1)柳宗元的《哀溺文》,说的是有一艘载客船漏水将沉,众人纷纷跳水游向对岸,有一个人游得非常吃力,人们知道此人水性非常好,于是让他快点游,可是他说自己腰上缠着钱,太重了。人们让他扔掉,他不肯。渐渐地,他开始体力不支,岸上的人们朝他喊:"快把钱丢掉,性命要紧啊!"可是这个人还是不听劝,最终被水淹没。故事中的这个人就是因为做事分不清主次、轻重,将生命与钱财本末倒置,最终因小失大,失去生命。

(2)美国汽车公司总裁莫瑞要求秘书将呈递给他的文件放在颜色不同的文件夹中。红色的代表特急,绿色的要立即批阅,橘色的代表这是今天必须注意的文件,黄色的表示必须在一周之内批阅的文件,白色的表示周末时必须批阅,黑色的表示是让他签名的文件。他认为,工作分清轻重缓急,条理分明,才能在有效时间内创造出更大的收益,也会使工作游刃有余,事半功倍。

3.行文思路推荐

(1)在许多矛盾构成的矛盾体系中,各种矛盾的力量发展是不平衡的。主要矛盾居于支配地位,对事物的发展起着决定性的作用。

(2)次要矛盾对事物发展的影响也不能忽视,在一定条件下,次要的矛盾会转化、上升为主要的矛盾。

三十九、实践与认知

1. 道理论据

(1)真理只有一个,而究竟谁发现了真理,不依靠主观的夸张,而依靠客观的实践。——毛泽东

(2)造烛为求明,求知为运用,学而不用如同耕地不播种,终无所获。——佚名

(3)纸上得来终觉浅,绝知此事要躬行。——陆游

2. 事实论据

实践不断给人们提出新的认识课题,不断为人们提供经验材料和新的认识工具,不断提高人们的认识能力,社会实践推动人的思维能力的发展。17世纪以前,生产活动基本上是手工操作,人们用人力、畜力、风力、水力带动一些简单的机械。后来,随着手工业的发展,纺织、采矿等工业逐步发展起来,生产中越来越多地采用了机器。在这个基础上,人们逐渐发展了关于动力测量以及机械运动传递的学说,在机械运动范围内也有了运动守恒的初步概念。

3. 行文思路推荐

(1)实践是认知的基础,对认知起着决定性作用。

(2)认知形成的理论对实践有指导意义,认知是实践的目的和归宿。

(3)实践是检验认知正确与否的唯一标准。

四十、现象与本质

1. 道理论据

(1)莫看江面平如镜,要看水底万丈深。——谚语

(2)事物的现象是外在的表现形式,可能是正确的,也可能是歪曲的。——马克思

(3)闪光的东西并不都是金子,动听的语言并不是都是好话。——莎士比亚

2. 事实论据

苹果落地是自有苹果以来就有的现象,但是只有牛顿最先从现象看到了万有引力的本质;市场上商品的价格总是上上下下变动,但是这种变动总是围绕着商品的价值,反映了商品供求关系变化的本质;南极和北极冰川越来越少,反映了温室效应在加剧的本质。

3. 行文思路推荐

(1)事物的本质存在于现象之中,离开事物的现象就无法认识事物的本质。

(2)现象富于变化,而本质具有相对的稳定性,我们要通过现象看本质。

(3)现象有真相和假象,只有认清真相,现象的本质才能够被揭示出来。

四十一、量变与质变

1. 道理论据

(1)不经一番寒彻骨,怎得梅花扑鼻香。——《上堂开示颂》

(2)宝剑锋从磨砺出,梅花香自苦寒来。——佚名

2. 事实论据

王羲之七岁开始练习书法,并达到痴迷的程度,为练好字常常废寝忘食,异常刻苦。每次练完字,他都把毛笔在水池里洗一下,因为写得多了,洗笔的时候把池水都染黑了,终于从量变到质变,他的书法艺术达到了超逸绝伦的高峰,被人誉为"书圣"。

3. 行文思路推荐

(1)量变是质变的必要准备,量变才能引起质变。

(2)质变是量变的必然结果和趋势。

四十二、整体与局部

1. 道理论据

(1)大河有水小河满,小河无水大河干。——谚语

(2)皮之不存,毛将焉附。——《左传》

2. 事实论据

大雁南飞时常排成人字,是因为大雁飞行时拍打翅膀,扇动起一股向上和向前的气流,借着这股气流,队伍中的每只大雁飞起来就省一点力,而离开集体的大雁没法利用气流,所以很快就累了。

3. 行文思路推荐

(1)只有在集体中,个人才有真正自由发展的空间。

(2)集体依赖个体存在;个体相对独立,对集体有影响作用。

四十三、对立与统一

1. 道理论据

(1)水能载舟,亦能覆舟。——荀子

(2)祸兮福之所倚,福兮祸之所伏。——老子

(3)对立统一规律是宇宙的根本规律。——毛泽东

(4)水至清则无鱼,人至察则无徒。——《汉书》

2. 事实论据

诗人王籍有一首诗《入若耶溪》,其中有一句是:"蝉噪林逾静,鸟鸣山更幽。"诗人在描写林静的时候,没有从静入手,而是从其反面——蝉的叫声反衬树林之幽静;描写山幽的时候,也没有从幽静入手,而是从其反面——鸟鸣下笔,由鸟的鸣叫,反衬山之幽静。躁与静、鸣与幽,这种鲜明的对比,又构成和谐的统一,意境高远,富含哲理。

3. 行文思路推荐

(1)一切矛盾的对立面都不能独立地存在和发展,一方的存在和发展必须以另一方的存在和发展为条件。

(2)矛盾的对立面在一定条件下可以相互转化。

四十四、原则

1. 什么是原则?

原则是指人们说话做事所依据的法则或准则,规范着人应当怎样、不应当怎样,可以怎样、不可以怎样。

2. 道理论据

(1)一个没有原则和没有意志力的人就像一艘没有船舵和罗盘的船,他会随着风的变化而随时改变自己的方向。——斯迈尔斯

(2)欲知平直,则必准绳;欲知方圆,则必规矩。——《吕氏春秋》

四十五、宽容

1. 道理论据

(1)宽容并不是姑息错误和软弱,而是一种坚强和勇敢。——周向潮

(2)能容小人,方成君子。——冯梦龙

(3)世界上最宽阔的是海洋,比海洋更宽阔的是天空,比天空更宽阔的是人的胸怀。——雨果

2. 事实论据

清朝时期,宰相张英与一位姓叶的侍郎都是安徽桐城人。两家毗邻而居,都要起房造屋,为争地皮发生了争执。张老夫人便修书北京,要张宰相出面干预。这位宰相到底见识不凡,看罢来信,立即作诗劝导老夫人:"千里家书只为墙,再让三尺又何妨?万里长城今犹在,不见当年秦始皇。"张老夫人见书明理,立即把墙退后三尺;叶家见此情景,深感惭愧,也马上把墙让后三尺。这样,张叶两家的院墙之间,就形成了六尺宽的巷道,成了有名的"六尺巷"。张英失去的是祖传的几分宅基地,换来的却是邻里的和睦及流芳百世的美名。

四十六、目标与收益类——"经济人"假设

"经济人"假设源于英国经济学家亚当·斯密的关于劳动交换的经济理论。亚当·斯密认为:人的本性是懒惰的,必须加以鞭策;人的行为动机源于经济和权力。该理论有两层含义。

含义一,人们经济生活的原动力是人的利己主义行为,即把人当作"经济动物"来看待,认为人的一切行为都是为了最大限度地满足自己的私利,工作目的只是获得经济报酬。同样,别人帮助我们也只是利己的行为。这样看来,人都是天然的利己者。

含义二,人在利己的动机下,在自由的市场机制下,不仅能够实现自己的利益,还能使整个社会达到最好的福利状态。简单来说,人在追求自己的利益的同时,往往能更有效地促进社会的利益增加。

基于"经济人"假设,有以下推论:

(1)多数人天生是懒惰的,他们都会尽可能地逃避工作。

(2)多数人都没有雄心大志,不愿负任何责任,而心甘情愿受别人的指导。

（3）多数人的个人目标都是与组织目标相矛盾的,必须用强制、惩罚的办法才能使他们为达到组织的目标而工作。

（4）多数人干工作都是为了满足基本的生理需要和安全需要,因此,只有金钱和地位才能鼓励他们努力工作。

（5）人大致可分为两类,多数人都是符合上述设想的一类人,另一类是能够自己鼓励自己、能够克制感情冲动的人,这些人应负起管理的责任。

1. 相关事件或例证

（1）利益是人类行动的一切动力。——霍尔巴赫

（2）商人为了使自身的金钱收入更多而积极投入工作,促进贸易往来,如此使商业发展,国家也更加富强。

2. 应用

含义一:对"经济人"假设的理解应理性。

含义二:人们在追求自己的利益的同时,往往能更有效地促进社会的利益增加。

动机——利益。马克思曾说:"人们奋斗争取的一切,都同他们的利益有关。"当一个人在经济活动中面临若干不同的选择机会时,他总是倾向于选择能给自己带来更大经济利益的机会。

知足与不知足。企业在经营过程中,容易沉浸在既得的利益中,而看不到外部环境的变化,然而当消费者持续消费一种产品时,产品效用和消费者的消费意愿是递减的。因此,企业必须有不知足的意识,在面对已有的成就时,不可以固守已有的份额和市场,应该把利润投入研发生产之中。新产品诞生常意味着创造了新的需求和利润,这对企业进一步开拓市场并且保持竞争优势有极大的益处。

利己与利他（义利）。从"经济人"假设的角度来谈,自利是基于人的理性,它虽然强调自己的利益,但是从国家、社会发展的角度出发,也有一定的积极意义。但过度的自利,也就是自私,是私欲过度膨胀的自利,会损害他人的利益,而最终损人利己。

四十七、成本与风险类——机会成本

企业为从事某项经营活动而放弃从事另一项经营活动的机会,或利用一定的资源获得某种收入时放弃另一种收入,放弃的这部分称为机会成本。通过对机会成本的分析,企业在经营中可正确选择经营项目,其依据是实际收益必须大于机会成本,从而使有限的资源得以最佳配置。

在稀缺性的世界中选择一种东西意味着放弃其他东西。一项选择的机会成本,也就是所放弃的物品或劳务的价值。机会成本是指在资源有限的条件下,当把一定的资源用于某种产品的生产时所放弃的用于其他可能得到的最大收益。

1. 相关事件或例证

（1）当一个厂商决定利用自己所拥有的经济资源生产一辆汽车时,该厂商不可能再利用相同的经济资源来生产200辆自行车,于是,可以说生产一辆汽车的机会成本是所放弃生产的200辆自行车。如果用货币价值来代替对实物商品数量的表述,且假定200辆自行车的价值为10万元,则可以说,一辆汽车的机会成本是价值为10万元的其他商品。

(2)在学校,若天天不好好学习,就知道到处玩、攀比、打架,这样就放弃了学习奋斗必将拥有的未来选择权。在本该拼搏的年纪选择了安逸,"少壮不努力,老大徒伤悲",丧失的未来选择权就是选择安逸的机会成本。

2. 应用

合作。很多企业缺乏合作的积极性,其中一个重要原因便是机会成本的权衡。企业选择合作之后产生收益时,却要给合作伙伴分去"一杯羹",选择合作就意味着自己丧失了获得全部收益的机会。尤其是当合作收益并不一定能高于"单打独斗"的收益时,企业往往出于成本的考虑而放弃合作的可能。

规则。有些企业无视法规条例的约束,究其根源,就是贪图眼前的利益。这些企业的出发点在于,严苛的生产规定、规则需要耗费成本,那么在守规的过程中,就会失去本可以用于其他途径的资源,在短期来看,无视规则并不会产生大危害,故而它们打破了规则,寻求当下的利益。

危机。因防范缺失而引起的安全事故频频发生。"未雨绸缪""防患未然"很有必要,但总有人不愿意这么做。探其本源,是防范危机的机会成本在作祟。为了防止危害的到来,需要花费一部分人力、物力、财力,而这就会占用一部分资源。基于此,一些人不愿意耗费预防成本去管理"看不见,摸不着"的危险。这样的后果是,一旦厄运降临,就可能会造成不可挽回的损失。

专注。就企业本身而言,专注于技术、产品本身需要付出较高的成本,且面临失败的风险。退一步讲,即使企业能够沉淀于技术、产品的研发,也难以保持,一是因为市场的风向持续变动,精研的产品未必迎合消费者口味,二是在有限的资源条件下,专注技术、产品研发便会形成一项过高的机会成本,因此,一些企业望而却步。

风险(冒险)。正确衡量风险与收益的关系,是进一步发展的前提。企业在做每项决策之前需要考虑相关机会成本,以衡量是否能在有限的资源条件下获得更大的收益。紧接着就是风险的衡量,风险的大小直接影响决策结果。在正确评估风险之后,企业可以及时地改变策略或是采取相应的措施来规避风险,从而使自己的利益最大化。

四十八、成本与风险类——边际成本与边际收益

1. 边际成本

边际成本是指在一定产量水平下,增加或减少一个单位产量所引起成本总额的变动数。这个概念表明每一单位产量的产品的成本与总产量有关。比如,仅生产一辆汽车的成本是极其巨大的,而生产100辆汽车时每辆汽车的成本就低得多,生产10 000辆汽车时每辆汽车的成本就更低了(这是因为规模经济带来的效益)。在这个例子中,要尽量用最少的材料生产出最多的车,这样才能提高边际收益。但是,考虑到机会成本,随着生产量的增加,机会成本也可能会增加。

2. 边际收益

边际收益是指增加一单位产品的销售所增加的收益,即最后一单位产品的售出所取得的收益。它可以是正值或负值。边际收益是厂商行为分析中的重要概念。利润最大化的一个必要条件是边际收益等于边际成本,此时边际利润等于零,达到利润最大化。在完全竞争条件下,任何厂商的产量变化都不会影响价格水平,需求弹性对个别厂商来说是无限的,总收益随销售量的增

加同比例增加,边际收益等于平均收益,也等于价格。

3. 相关事件或例证

（1）假如黄鹤楼的票价为80元,我坐公交去的路费为2元,那么每去一次黄鹤楼的成本为82元。后来我办了一张旅游年卡花费200元,去黄鹤楼不限次。那么,我首次去黄鹤楼的成本变为202元,而再去一趟黄鹤楼的边际成本为2元。但是,我未必会办这张年卡,因为同一个景点我去的次数可能不会太多,若去的次数不多却办年卡的话,边际收益就会大大降低。

（2）每个人每天只拥有24小时,这24小时带来的收益却可能不同。比如,一个作家写了一本书,他的初始成本是很高的,可能需要一年的时间。可是他的边际成本很低,因为这本书可以很快地印很多份,卖给很多人。因此,他的边际收益是高的。一个保安看了一个月大门,获得了一个月的工资,他再看一个月的大门的边际成本还是一个月的时间,边际收益还是那一个月的工资,这使得他的收入永远无法提高到很高的水平上。

4. 应用

度。凡事皆有度,失度必失误。经济学中的边际成本就是一个例子:当实际产量未达到一定限度时,边际成本随产量的扩大而递减;当产量超过一定限度时,边际成本随产量的扩大而递增。

创新。创新对企业之所以特别有价值,一个原因是它往往可以降低企业的边际成本。创新意味着全新产品的投产、工作方法的革新、工作流程的改进、先进设备的使用,等等,这些都会推动企业生产效率的提高,从而降低企业的边际成本,提升企业的利润。

互联网经济。互联网经济的边际成本要远低于传统经济。例如,传统的线下书店和亚马逊电商平台对比,理论上亚马逊可以展示无数本书,而几乎不需要增加什么成本,一旦过了盈亏平衡点,利润将连续暴涨、节节攀高。

四十九、成本与风险类——沉没成本

沉没成本是指以往发生的、已经付出且不可收回的成本,如时间、金钱、精力等。从决策的角度看,以往发生的费用只是造成当前状态的某个因素,当前决策所要考虑的是未来可能发生的费用及所带来的收益,而不考虑已往发生的费用。也就是说,人们在决定是否去做这件事情的时候,要看这件事对自己有没有好处,而无须考虑过去是不是已经在这件事情上有过投入。

1. 相关事件或例证

我今天去看一部电影,花了50元买了一张电影票,结果看了一半发现这部电影一点都不精彩,我可以现在就离开座位,也可以把它看完。不管我要留下来继续看还是立刻离开,买电影票的钱是要不回来的,这50元就是所谓的沉没成本。

2. 应用

创新。创新的确会带来丰厚的市场回报,但前提是巨大的研发投入及研发成功。创新意味着高风险地"烧钱",成败未卜,若坚持现有的产品也能占据较大的市场份额,仍然可为股东创造增量收益,一些企业则不会创新。如果创新失败,之前的花费皆是沉没成本,会损害企业及股东的利益。

规则。有些企业无视法规条例的约束,究其根源,就是贪图眼前的利益。若是企业严格遵循生产要求,那质量不过关的产品等只能成为企业的沉没成本,这对企业来说可能是一笔很大的损失,因此有些企业试图通过"捷径"挽回损失,无视规则。

勿盲目坚持。坚持不是钻牛角尖,我们力所不能及之时,要懂得及时止步。企业内部的资源和人才是有限的,企业所处的市场容量也是有限的。因此,当企业面临着"天花板"时,更佳的决策应当是停止,分析现状,针对实际情况再做策略的转变。切忌因为沉没成本而盲目投入,这往往会扩大企业的损失。

人才。对于优秀的人才,企业要设法留住,因为人才的培养对企业来说也是一笔支出。等到"人员"变成"人才",却没留住人才,之前对他的所有培养和等待就成了一笔沉没成本,这对企业来说无疑是极大的损失。

竞争。市场竞争越来越激烈,但在某些领域仍是技术集中的寡头格局。在这其中,沉没成本扮演着重要角色。对一个行业或产业来说,其沉没成本的状况往往构成了进出壁垒的关键,并最终决定市场结构,如通信、交通、房地产、医药等资本密集型产业。其超额回报可谓诱人,但其惊人的初始投入和高退出成本则往往使许多"市场准进入者"却步,因为这首先是一场"谁输得起"的比拼。这些高沉没成本的产业往往同时具备低边际成本的特性,"输得起"的一方最终会成为市场的赢家。

习惯。习惯指人们一旦做出选择会不断地投入精力、金钱及各种物资,如果哪天发现自己选择的道路不合适也不会轻易改变,因为这样会使得自己在前期的巨大投入变得一文不值。沉没成本是习惯形成的主要原因。

放弃。沉没成本可能是家里堆积的大量用不着又舍不得扔的东西,也可能是股票市场的错误投资,还可能是一段错误的感情。陷入沉没成本的黑洞无法自拔往往源于我们内心的那份不甘,相比于惯性般坚持,选择放弃往往是一件更加有难度的事情,但是与其盲目地坚持,还不如及时止损,让过去过去,让未来到来。

五十、成本与风险类——交易成本与科斯定理

1. 交易成本

交易成本指达成一笔交易所要花费的成本,也指买卖过程中所花费的全部时间和货币成本,包括传播信息、广告宣传、与市场有关的运输以及谈判、协商、签约、合约执行的监督等活动所花费的成本。

交易成本理论解释了企业的边界在哪里。科斯认为,交易成本与管理成本的对比,决定了企业的边界,交易成本较低的事情就应该外部化,管理成本较低的事情就应该内部化。

2. 科斯定理

科斯定理:只要财产权是明确的,并且交易成本为零或者很小,那么,无论在开始时将财产权赋予谁,市场均衡的最终结果都是有效率的,实现资源配置的帕累托最优。

根据科斯定理,可以有以下三个方面的思考。

①在交易费用为零的情况下,不管权利如何进行初始配置,当事人之间的谈判都会导致资源配置的帕累托最优。

②在交易费用不为零的情况下,不同的权利配置界定会带来不同的资源配置。

③因为交易费用的存在,不同的权利界定和分配会带来不同效益的资源配置,所以产权制度的设置是优化资源配置的基础(达到帕累托最优)。

在现实世界中,科斯定理所要求的前提往往是不存在的,财产权的明确是很困难的,交易成本也不可能为零,有时甚至是比较大的。因此,依靠市场机制矫正外部性是有一定困难的。科斯认为可以通过产权解决这一问题。

例如:

钢铁厂生产钢,付出的代价是铁矿石、煤炭、劳动力等,但这些只是"私人成本";在生产过程中排放的污水、废气、废渣,则是社会付出的代价。如果仅计算私人成本,生产钢铁也许是合算的,但如果从社会的角度看,可能就不合算了。于是,经济学家提出要通过征税解决这个问题,即政府出面干预,赋税使得成本高了,生产量自然会小些。但是,恰当地规定税率和有效地征税,也要花费许多成本。于是,科斯提出:政府只要明确产权就可以了。如果把产权"判给"河边的居民,钢铁厂不给居民们赔偿费就别想在此设厂开工;若付出了赔偿费,成本高了,产量就会减少。如果把产权界定到钢铁厂,河边的居民认为付给钢铁厂些"赎金"使其减少污染,由此换来的健康上的好处大于那些"赎金"的价值,他们就会用"收买"的办法"利诱"厂方减少生产从而减少污染。

科斯定理教我们用社会成本的眼光看问题,从而做出因势利导的决策。从这方面来分析,可以有以下三个基本原理。

①谁避免意外所付出的成本最低,谁的责任就越大。

比如,两个人过独木桥,A 是步行,而 B 推着一车货物,他们在桥中间相遇,谁让谁? 通常情况下,A 会主动让步,退回岸边,等 B 过桥后自己再过去。这看似是生活常识,其背后却是科斯定理的应用。A 和 B 在独木桥中间遇到,这是个意外,谁都没料到。对 A 来说,自己避免或解决意外的成本更小,责任就更大,所以应该主动让步。这样做的结果是社会运行总效率提高。

②谁用得好就归谁。

③所有的伤害都是相互的。

老王有两块相邻的地,左边的地种小麦,右边的地养牛。如果一头牛冲过栅栏,跑到麦地里吃小麦,那是否应该阻止这头牛? 科斯定理认为,所有的伤害都是相互的,不是一方在伤害另一方,而是双方为了不同的用途,在争夺相同的稀缺资源:牛跟小麦争的是那块地,如果让牛吃小麦,那牛就伤害了小麦;但如果禁止牛吃小麦,那小麦就伤害了牛。至于牛能不能吃小麦,就需要运用科斯定理的含义来看牛肉和小麦分别能卖多少钱。如果小麦的价格高于牛肉,那么老王肯定要阻止这头牛,否则会付出更多的成本。

3. 相关事件或例证

为什么两车追尾后车往往要负全责? 明明是前车急刹车给后车司机弄了个措手不及,为什么后车还要负全责? 如果套用科斯定理,就不难理解。因为后车保持车距,付出的代价较小;而前车注意和后车拉开距离,这个代价太大,甚至不可能做到。谁避免意外的成本小,谁的责任就大。所以,追尾常判后车全责。

4.应用

用人(2011年管理类联考真题"拔尖与冒尖")。科斯定理认为,同样的资源,谁用得好就应该归谁。同样,对于一个职位,谁能把这一个职位的职能发挥到最好,这一职位就应该归谁。用人之道,在于纳贤。如果被所谓的"关系户""空降兵"抢占先机、挤占资源,滋生出"以圈子文化取代公平正义,以私人情谊侵蚀公共资源"的行为和思想,企业不仅会流失人才,早晚也会被架空。所以,任人当唯才,谁做得好,谁就能得到更多的机会,切莫因私废公,将人才任用流于形式。

五十一、成本与风险类——规模效应

规模效应又称规模经济,即因规模增大带来经济效益的提高;但是规模过大可能使信息传递的速度变慢且容易造成信息失真、管理官僚化等弊端,反而产生"规模不经济"。

当企业的生产达到或超过盈亏平衡点时,才会产生规模效益。企业的成本包括固定成本和变动成本,在生产规模扩大后,变动成本同比例增加而固定成本不增加,所以单位产品成本就会下降,企业的销售利润率就会上升。

1.相关事件或例证

(1)大多数的高科技产品,如计算机的软、硬件,医药产品,航天、电信器材,生物科技与遗传工程的产品,研发费用都非常高,但是一旦被开发成功,从事大量生产的边际成本会非常低,甚至会接近于零。厂商在成功开发此类产品后,可以用非常低的成本将此产品迅速地推广到全球各地,从而占领市场。

(2)信息产品的规模优势明显。一旦信息产品形成规模,后来者想进入同一市场的难度就会越来越大。因为最初的信息产品开发的固定成本相当高,而这些固定成本中的绝大部分是沉没成本,这样,后进入市场的企业就会面临着巨大的风险,弄不好不仅无法收回以前的投入,还很难生存下去。

2.应用

竞争。竞争的关键往往在于规模。为何?规模效应的意义可回答这一问题。企业投入的生产资金不断增大之后,一旦生产线投入运营,那么从事大量生产的边际成本就会非常低,规模增大带来的经济效益就会提高。由于企业的成本包括固定成本和变动成本,在生产规模扩大后,变动成本同比例增加而固定成本不增加,所以单位产品成本就会下降,利润随之上升。

方法。企业实现规模效应固然重要,但也须讲究方法。规模扩大确实会带来经济效益的提高,但是方法不当也可能导致信息传递速度变慢且造成信息失真、管理官僚化等弊端,反而产生"规模不经济"。因此,管理者须全面清晰地了解各方面的生产运营状况,做出最正确的判断、最合理的决策,贴合企业实际情况扩大生产规模,进而实现规模效应。

规模效应与竞争优势。市场竞争越来越激烈,借助规模效应的作用,在某些领域可以形成一定优势。对一个行业或产业来说,随着规模的扩大,单位产品生产成本和经营费用都得以降低,从而能够取得一种成本优势。此外,规模效应还可使市场经营变得容易,从而使产业能够取得一种包括成本在内的集群优势。

五十二、成本与风险类——墨菲定律与海恩法则

墨菲定律:如果一件事情有变坏的可能,不管这个可能性有多小,这件事都会发生,并且造成的后果极其严重。这也说明技术的风险能够由可能变为突发性的事实。换句话说,如果因为心存侥幸而不去做某件事,那不好的结果最终都会发生。

与此类似的还有海恩法则。海恩法则指每一起严重事故的背后,必然有29起轻微事故和300个未遂先兆及1000个事故隐患。它强调:事故的发生是由日常的隐患堆积而成的;再好的技术和制度,如果缺失人自身的责任心和能力素质,也无法完全规避风险。

海恩法则是墨菲定律的佐证,若是心存侥幸,对隐患视若无睹,那么祸患有一天一定会到来,并且会造成不可估量的后果。事故的发生看似偶然,其实是各种因素累积到一定程度的必然结果。

墨菲定律的主要内容有四个方面:

①任何事都没有表面看起来那么简单。

②所有的事的实际执行时间都会比你预计的时间长。

③会出错的事总会出错。任何一件事只有三种结局:变好、变坏或保持不变。尽最大的努力,做最坏的打算。

④如果你担心某种情况发生,那么它就更有可能发生。

1. 相关事件或例证

(1)有些东西闲置了很久派不上用场,你一旦丢掉,往往就会遇到需要用到它的情况。你在买爆米花时,屏幕上偏偏就出现了电影的精彩镜头,而且还会是你最想要看的镜头。当你在排队时你发现另一队比较快,而当你换到另一队时,你原来站的那一队就开始走动得比较快了,原来那一队中站得更靠后的人往往会比你先排到。这是人们生活中常会遇见的事情。

(2)据住建部(中华人民共和国住房和城乡建设部)发布的房屋市政工程生产安全事故情况通报显示,2018年上半年全国共发生房屋市政工程生产安全事故336起、死亡390人,分别同比上升467%和130%;其中较大及较大以上事故13起、死亡52人。这些安全事故看似是偶然发生,其实是很多因素堆积而成的必然后果。任何重大事故都是有端倪可查的,其发生都是经过萌芽、发展到发生这样一个过程的。如果各行各业的各级管理者能够察觉并对这些隐患或苗头予以重视和解决,那么很多事故都是可以扼杀在摇篮中的,最起码是可以避免重大损失的。

2. 应用

危机意识。祸患常积于忽微。安全事故的发生,往往源于那些被忽视的小隐患:一枚松动的螺丝钉、一包过期的原材料、一条不起眼的裂缝,都会给企业的安全运营埋下一颗"定时炸弹"。正如海恩法则(墨菲定律),若放任自流,终有"千里之堤,溃于蚁穴"的灾难。而要想遏制这种恶果,管理者往往需要有危机意识,敏锐地嗅到潜在的异常,并加以管理制约,把灾难扼杀在摇篮中。

谨慎。莫因事小而不为,勿因侥幸而放任。墨菲定律告诉我们,如果一件事有变坏的可能,不管可能性有多小,这件事终究会发生,并往最坏的结果发展。对每个企业而言,赚取利润无可

厚非,但获取利润需要以安全生产为前提,而管理者作为企业的掌舵人,更是需要精细入微,揪住每一个隐患不放手,不因侥幸或事小就坐视不理,须知,只要事故发生的可能性不被杜绝,不管可能性多么小,这个事故迟早是会发生的。

安全生产。企业生产效率的提高,受制于各种约束条件,首先就是安全生产的风险。墨菲定律言明:一件事情如果有发生的可能,无论概率再小,都有可能发生,并往最坏的方向发展。因此,企业为了避免陷入被动的境地,需要尽量规避隐患。

责任。职责分离固然重要,但要厘清责任,以防"踢皮球"现象。部门之间若存在交叉的工作领域,该领域内就可能产生隐患,祸害整个组织的安全。企业要规避风险,既要责任到人,也要责无落缺。

细节。海恩法则告诉我们,事故的发生是由日常的隐患堆积而成的,因而,为了预防隐患,我们更应关注日常中的细节所在。对细节的重视,往往会提升企业在竞争中脱颖而出的概率。细节虽小,但是注重细节的企业往往更容易关注到企业经营的瓶颈,并着手去解决,这将有效地提高企业的效率。

五十三、条件与约束类——信息不对称

在市场经济活动中,各类人员对有关信息的了解是有差异的。掌握信息比较充分的人员,往往处于比较有利的地位;而掌握的信息比较贫乏的人员,则处于比较不利的地位。

一般而言,卖家比买家拥有更多关于交易物品的信息。比如,饭店老板用劣质地沟油做菜,但是食客可能不知道,还要按正常价格付钱。在这个交易中,掌握信息比较少的食客处于不利的地位。

而食客们为了尽量避免遇到这种情形,通常会选择去一些更为有名的饭店。这体现了信息不对称理论的另一个角度:因为名牌提供了更多更可靠的信息,所以买家愿意为了获得更多的信息而付出更多的钱。简而言之,花钱买放心。

1. 相关事件或例证

(1)较早研究信息不对称这一现象的是阿克尔洛夫,1970年,他在哈佛大学经济学期刊上发表了著名的《次品问题》一文。阿克尔洛夫从当时的二手车市场入手,发现了旧车市场由于买卖双方对车况信息掌握的不同而滋生矛盾,并最终导致旧车市场的日渐式微。

在旧车市场中,卖主一定比买主掌握更多的信息。为了便于研究,阿克尔洛夫将所有的旧车分为两大类,一类是保养良好的车,另一类是车况较差的"垃圾车",然后假设买主愿意购买好车的出价是 20 000 美元,对差车的出价是 10 000 美元,而实际上卖主的收购价却可能分别只有 17 000 美元和 8000 美元,从而产生了较大的信息差价。

由此可以得出一个结论:如果让买主不经过旧车市场而直接从车主手中购买,那将产生一个更公平的交易,车主会得到比卖给旧车市场更多的钱,或者买主出的钱会比从旧车市场买的少。但接下来会出现另外一种情况,当买主发现自己总是在交易中处于不利位置时,他会刻意压价,甚至低于卖主的收购价,例如对好车的出价只有 15 000 美元,对差车只出 7000 美元,这便使得交易无法进行。面对这种情况,旧车交易市场的卖主通常会采取以次充好的手段满足低价位买主,

从而使得旧车质量越来越差。

信息不对称现象的存在使得交易中总有一方会因为获取信息的不完整而对交易缺乏信心，对于商品交易来说，这个成本是昂贵的，但仍然可以找到解决的方法。还是以旧车交易市场为例，对于卖主来说，如果他们一贯坚持只卖好车、不卖一辆"垃圾车"，建立的声誉便可增加买主的信任，大大降低交易成本；对于买主而言，他们同样也可以使用更好的策略将"垃圾车"剔除出来。

（2）在人才市场上也存在着信息不对称的问题，应聘者往往比雇主更清楚地知道自己的能力。设想市场上有两种应聘者——高能者和低能者，二者都积极地向雇主传递自己能力很高的信息，尤其是低能者，他要想方设法把自己伪装成一个高能者。这时候，应聘者其实是有更多信息优势的。此时，受教育程度就成为一种可信的传递信号的工具。当然，高学历也不一定就意味着高能力，名牌大学有时候也会出现一些能力及知识水平较差的学生，但是在没有更好的选择的情况下，雇主们只能相信学历所传递的信号了。

（3）在商品中，有一大类商品的内部情况很难在购买时加以检验，如瓶装的酒、盒装的香烟、录音、录像带等。人们或者看不到商品包装内部的样子（如香烟等），或者看得到却无法用眼睛辨别产品质量的好坏（如录音、录像带）。显然，对于这类产品，买者和卖者了解的信息是不一样的。卖者比买者更清楚产品实际的质量情况。这时卖者可能会因买者对产品内部情况的不了解而欺骗买者。

2.应用

合作（2013年管理类联考真题）。很多合作会以失败而告终，其中一个重要原因，便是信息不对称。因各类人员对有关信息的了解是有差异的，掌握信息比较充分的人员，往往处于比较有利的地位，并且在市场中更倾向于利用信息优势来获得更多利益。而这种持续的利益分配不均，往往会毁坏双方的合作关系。

诚信（2009年管理类联考真题）。某些企业之所以不诚信经营，是因为在市场经济活动中存在着信息不对称。企业作为卖方，相比消费者往往掌握着更多关于交易物品的信息，因此更容易借信息优势来获得不正当的利益，而这种利益对于企业来说往往是暂时的，长此以往，势必会破坏消费者的消费意愿，并最终对品牌造成不可逆的伤害。

真理（2019年管理类联考真题）。在民智未开之时，因民众的信息掌握程度不一，信息优势更高的统治者曾将真理作为自己的统治工具，并禁止民众去获取更多的信息，秦始皇焚书坑儒也正是此目的。而论辩作为信息交流的重要渠道，可以有效缓解信息不对称的状况，并使得真理可以进一步发展。

慎独。很多人违反规则的一个重要原因是信息不对称——他们认为自己的违规行为未必能够被别人发现。因此，在独身自处、无人监督时，一个人是否能够自律便更见修养。习近平总书记曾强调，要"不断加强自律，做到台上台下一个样，人前人后一个样，尤其是在私底下、无人时、细微处，更要如履薄冰、如临深渊，始终不放纵、不越轨、不逾矩"。他说的正是这个道理。

五十四、条件与约束类——瓶颈理论

TOC（theory of constraints）中文译为"瓶颈理论"，也被称为制约理论或约束理论，由以色列物理学家高德拉特博士创立。

瓶颈指的是位于瓶口下面的一部分,寓意是整个系统中最薄弱的环节。瓶颈理论认为,企业的整体生产效率往往由效率最低的那一部分决定。任何系统至少存在着一个制约因素(瓶颈),否则它就可能有无限的产出。因此,要提高一个系统(任何企业或组织均可视为一个系统)的产出,必须打破系统的瓶颈,只有这样才可以更显著地提高系统的产出。而解决了一个瓶颈以后,原来排在第二位的限制因素又会变成新的瓶颈,因此解决瓶颈的过程是不断循环的。

木桶定律与瓶颈理论类似,一只木桶想盛满水,必须每块木板都一样平齐且无破损,如果这只木桶的木板中有一块不齐或者某块木板下面有破洞,这只木桶就无法盛满水。

瓶颈理论是制造工业提高生产效率的重要管理理论之一,事实上它能用来解决各个方面的问题。

1. 相关事件或例证

(1)新买的手机配置高、像素好、外形美观,但只有 1 GB 内存,这时手机再吸引人也会受制于过小的运行空间而销量有限。若给手机增大内存,使用体验就会很快提升。

(2)一家包子铺的生意很好,做出的包子每天供不应求。但是,老板发现,每天打烊时,都会有多余的馅料和包子皮。老板调查之后发现,是负责包包子的员工数量相对较少,生产出的馅料和包子皮不能很快进入下一环节所致。于是老板增加了包包子的员工数量,很好地解决了原料剩余的问题。但是因为蒸笼不够大,包子不能及时入笼,于是老板又购入了新的蒸笼。经过不断调整,包子店的生意越来越好。

2. 应用

合作(2013 年管理类联考真题)。企业作为一个有机的整体,势必存在限制整体效率提高的瓶颈,而仅依靠企业内部力量解决,往往又会受到内部资源有限、人才稀缺等因素的制约。合作却可以以较低的成本来解决这个问题——每个企业之间存在不同的短板及长处,通过合作,可以取长补短,提高整体的效率,进而在激烈的市场中取得竞争优势。

效率。企业的成功离不开高效运营,而提升效率的关键在于解决瓶颈。瓶颈是指系统中效率最低的制约因素,它直接决定了企业整体的产出效率。企业生产好比一根环环相扣的链条,最薄弱的一环会拉低整根链条的效用,进而影响整体目标的达成。因此,管理者若想实现高效运营,需要从企业的短板着手,对症下药。

长与短。长处(优势)与短处(劣势)并非独立的,二者是相辅相成的。通常情况下,劣势决定企业的既定水平,而优势决定企业的核心竞争力。企业若想在激烈的市场竞争中存活下来,须创造差异性优势,而这就要求企业在加强自身强项的同时,解决运营瓶颈,确保瓶颈不拉低整个企业的效率。企业的资源毕竟有限,只有扬长补短,才能有效地提升核心竞争力。

创新与模仿。现实生活中,企业往往选择模仿策略。诚然,模仿所需成本低,获益高。然而,随着市场环境的变化、企业规模的扩大,一味地"复制粘贴",将无法适应市场需求的变化,并给企业效率的进一步提升带来瓶颈。因此,模仿终究会形成桎梏,创新才是核心竞争力。

五十五、条件与约束类——公地悲剧

公地悲剧指的是有限的资源因为被自由使用和缺少受限要求而被过度剥削,因为人的趋利性，每一个人都希望从免费的资源里获得更多，最终就会因资源有限而引发冲突，损害所有人的利益，在信奉公有物自由的社会当中，每个人均追求自己的最大利益，公有物自由给所有人带来了毁灭。

1. 相关事件或例证

（1）牧民与草地的故事。有一块草地，当其完全向牧民开放时，每一个牧民都想多养一头牛，因为一头牛的售卖收益高于养殖成本，是有利可图的。虽然这会使草场平均草量下降，但对单个牧民而言，增加一头牛是获益的。但如果每个牧民都增加一头牛，那么草地会因为过度放牧而沙化，导致所有牛都被饿死。

（2）在我们身边，有这样一些现象。屋外阳光灿烂、屋内光线明亮，可办公室照样电灯齐明；有的办公室一边开着空调，一边还开着窗户；一些人吃自助餐不是吃多少取多少，而是用菜肴和主食先堆满大盘和大碗再说，最后吃一半扔一半，抹抹嘴扬长而去。这些现象，其实都是经济学和社会学上公地悲剧原理的具体表现。过度砍伐森林、过度捕捞渔业资源及严重污染河流和空气，都是公地悲剧的典型例子。之所以叫悲剧，是因为每个当事人都知道资源将由于过度使用而枯竭，但每个人对阻止事态的继续恶化都感到无能为力。

（3）2011年11月30日下午，浙江省平湖市人民法院公开审理了平湖检察院诉嘉兴市某环保服务有限公司等5名被告的环境污染责任纠纷案，该案最后以双方当事人达成和解协议、被告支付相关费用而结案。这是浙江省首例由检察院提起的环境保护公益诉讼案，也让更多的环境公益诉讼案件进入公众视野。该起环境保护公益诉讼案也是公地悲剧的现实挽救。

2. 应用

环境污染。乱排乱放固然使得个人或企业的利益得到了部分满足，但这种行为所产生的代价——环境污染，却是全人类共同承担的。环境是我们共有的资源，假使每一个个体都企求扩大自身可使用的资源范围，最终的结果只能是公共资源被破坏，所有人的利益都受到损害，形成一个公地悲剧。

环境所提供的资源是有限的，人们在享受自然的馈赠之时，也要讲求可持续，不可过度剥削。若是每个人都希望得到更多而去一味地索取，那么在面对不断增加的需求时，有限的资源只会走向枯竭，进而损害所有人的利益。这样的公地悲剧的发生，不仅断送了宝贵的自然资源，人类也会品尝到资源枯竭的恶果。因此，为了可持续发展，人类需要与自然和谐共生。"金山银山"固然重要，我们更需要"绿水青山"。

危机。倘若人人都为了一己私利而大肆浪费公共资源，甚至破坏公共设施，不加珍惜，那么将导致严重的后果。

五十六、条件与约束类——劣币驱逐良币

在16世纪的英国，因为黄金储量紧张，只能在新制造的金币中掺入其他金属。于是市场上就有两种金币：一种是此前不掺杂质的金币，一种是掺入了杂质的金币。但两种货币的法定价值一样。这样，人们都会收藏不掺杂质的良币，使用掺入杂质的劣币。时间一长，市场上流通的就只有劣币了，全部良币都退出了流通。这就是劣币驱逐良币的现象，也称"格雷欣现象"。

从狭义上来说,劣币驱逐良币是指因为信息不对称,物品的估值方(信息缺少的一方)估值一定时,物品的提供方(信息充分的一方)会选择提供实值较低的物品(劣币),致使实值较高的物品(良币)越来越少。从广义上来说,劣币驱逐良币也可以泛指一般的逆淘汰(劣胜优汰)现象。

1. 相关事件或例证

(1)"东方蜜"是一种高品质的甜瓜,但真正的"东方蜜"在市面上很难买到,除了因为"东方蜜"走高端路线、价格偏高、市场接受度一般外,瓜农用生瓜、次果以次充好令其口碑打折是主要因素。

(2)公司对能力不同的人给以相同的报酬,结果必定是能力高的离开而能力低的留下。

2. 应用

创新。政府有必要通过设立奖项等方式来加大对企业创新的支持力度,同时推出法律法规来维护创新者的知识产权,保证其利益不受到损害。如果剽窃创新成果的违法成本很低,创新者的权益得不到保障,市场中难免会出现劣币驱逐良币的现象。

规则。如果我们对破坏规则的行为置之不理,这些行为将会产生严重的后果。破坏规则者获利,而守规则者吃亏,长此以往,规则存在的意义将大大降低。不守规则盛行的后果就是劣币驱逐良币:经营环境退化,人才流失,社会活力降低。

用人。想把人用好,好的激励制度是关键。试想,如果公司对能力不同的人给以相同的报酬,结果必定是能力高的离开而能力低的留下,因此,企业应该完善评价激励机制,对能力强、业绩好的员工进行奖励,对能力低、业绩不好的员工予以惩罚,留下"良币",淘汰"劣币",企业的发展才能蒸蒸日上。

五十七、方法与行动类——定位理论

定位理论,最初是由美国著名营销专家艾·里斯与杰克·特劳特于20世纪70年代早期提出来的。里斯和特劳特认为"定位是你对未来的潜在顾客的心智所下的功夫,也就是把产品定位在你未来潜在顾客的心中"。

菲利普·科特勒对市场定位的定义:所谓市场定位,就是对公司的产品进行设计,从而使其能在目标顾客心目中占有一个独特的、有价值的位置的行动。市场定位的实质是使本企业和其他企业严格区分开来,并且通过市场定位使顾客明显地感觉和认知到这种差别,从而在顾客心目中留下特殊的印象。

定位理论认为,品牌就是某个品类的代表或者说是代表某个品类的名字。建立品牌就是要实现品牌对某个品类的主导,使品牌成为某个品类的第一。当消费者一想到要消费某个品类时,立即想到这个品牌,就是真正建立了品牌。

定位理论认为,定位要从一个产品开始。此产品可能是一种商品、一项服务、一个机构甚至是一个人,也许就是你自己。但是,定位不是你对产品要做的事,而是你对预期客户要做的事。换句话说,你要在预期客户的头脑里给产品定位,确保产品在预期客户头脑里占据一个真正有价值的地位。

1. 相关事件或例证

(1)定位与顾客的心智有关,比如一想到英国就想到大本钟,一想到法国就想到埃菲尔铁塔。

(2)王老吉原本是广东的凉茶品牌,在广东以外很少见到。定位理论把王老吉从"清热、解毒、去暑湿"的药饮产品重新定位为"预防上火的饮料",一是消除中国人心目中"是药三分毒"的顾虑,二是拓展了消费群,从而建立了品牌。

2. 应用

长与短(竞争)。扬长意味着形成自身的差异化竞争优势。随着经济的发展,产品同质化现象越来越严重,而由此形成的价格竞争也愈演愈烈。在整体需求稳定的前提下,企业若想取得更大的收益,只能从竞争对手那里抢夺市场份额。同时,企业又面临着资源、时间、能力有限性的限制,为此,企业应当建立属于自己的定位,在某一领域做到极致,打造差异化和核心竞争力。

创新(2017年管理类联考真题)。大竞争时代来临,企业要启动和保持获利性增长,就必须超越产业竞争,开创全新的市场,这其中既可以是旧市场新产品或新模式,也可以是创造新细分行业。而其中的关键就在于企业寻找好自己的定位,在消费者头脑中建立良好的预期,从而确保自己的产品可以建立强势品牌,并形成竞争优势。

跟风。依据定位理论,企业想要建立定位并形成竞争优势,需要寻找到与竞争对手不一样的特点与行业。而跟风意味着在别人身后亦步亦趋,意味着放弃了可能成为"强势品牌"的机会。

模仿。没有找到合适定位的企业若只跟随对手的定位,可能会增加淘汰的概率。某些企业出于成本最低的考量,往往会采取跟随战略——通过模仿龙头品牌的市场定位而行动。在市场环境不确定的情况下,短期内依靠先行经验,确实可以降低风险。然而,长期的模仿有可能会加剧市场上产品的同质化,进而降低市场收益率,而模仿者们又难以依靠规模降低成本,长此以往,难免会在竞争中落败。

五十八、方法与行动类——路径依赖

路径依赖指一旦进入某一路径(无论是"好"还是"坏"),就可能对这种路径产生依赖。一旦人们做了某种选择,惯性的力量会使这一选择不断强化,并让人不能轻易走出去。

1. 相关事件或例证

(1)一个人到了一个新的地点工作或者生活,起初他会对新地点周边提供餐饮和生活服务的商家进行比较和选择。在这段时间里,他可能会进行比较理性的考察评判。然而一旦他对初次的选择给予了肯定之后,那么在下一次面对这一类型的消费时,他就很少会进行替代性思考了。

(2)键盘上的26个字母排序。早期的键盘是机械式的,因为Q、W、A、S这几个键很容易坏,为了便于修理,设计者便把它设置在键盘左上角的位置,这与手指的生理运动规律及英文字母的使用频率没有关系。既然如此,在电子化键盘问世的时候,就有人对这一问题提出了解决方案。新的排序方案便结合了英文字母的使用频率与手指的生理运动规律,可以使人们的打字效率提高近30%。于是有关组织和机构便接受了这一科学建议,开始推广新的键盘。结果却出人意料,尽管人们知道重新排序后的键盘有诸多好处,却没有人愿意接受它,因为人们已经习惯了键盘原来的排序方式,不愿意再改变自己的习惯。

2. 应用

习惯(2019年经济类联考真题)。孔子曾说:"少成若天性,习惯如自然。""路径依赖"正是阐释了此理。事实上,重新选择的机会成本太大,所以我们往往会用最习惯的方式做事。"路径依赖"并非全是坏事,它一来可避免重蹈覆辙,二来熟能生巧,可提高我们的效率。

危机。很多企业会以破产、倒闭告终,其中一个重要原因就是路径依赖。企业在经营过程当中,容易沉浸在既得的利益中而看不到外部环境的变化。然而当消费者持续消费一种产品时,产品效用和消费者的消费意愿是递减的。因此,企业必须有风险意识,要持续不断地迭代创造新产品,以保持消费者对其产品的持续需求。

五十九、方法与行动类——强化理论

最早提出强化概念的是俄国著名的生理学家巴甫洛夫,而系统性的强化理论则由美国心理学家斯金纳首先提出。强化理论是一种过程型的激励理论,该理论认为,如果某种刺激对人的行为有利,则这种行为就会重复出现;若不利,则这种行为就会减少直至消失。因此,管理者要采取各种强化方式,以使人们的行为符合组织的目标。

强化的具体方式有四种。

(1)正强化:奖励那些符合组织目标的行为,以便使这些行为得到进一步的加强,重复出现。

(2)惩罚:当员工出现一些不符合组织目标的行为时,采取惩罚的办法,可以约束这些行为,使之少发生或不再发生。惩罚是力图使所不希望的行为逐渐减少,甚至完全消失。也有人把惩罚称为负强化。

(3)负强化:强调的是一种事前的规避。俗语"杀鸡儆猴"形象地说明了惩罚和负强化的联系与区别。对出现了违规行为的"鸡"加以惩罚,意欲违规的"猴"会从中深刻地意识到组织规定的存在,从而加强对自己行为的约束。

(4)忽视:对已出现的不符合要求的行为进行"冷处理",达到"无为而治"的效果。

1. 相关事件或例证

(1)在管理上,正强化就是对那些对组织有利的行为进行奖励,从而加强这种行为;负强化就是对不良行为进行惩罚,从而削弱这种行为。正强化的方法包括奖金、认可、表扬、工作环境的改善、安排具有挑战性的工作、晋升、给予学习和成长的机会等。负强化的方法包括批评、罚款、处分、降级等,有时不给予奖励或少给奖励也是一种负强化。

(2)商家通常以积分兑奖的方式来鼓励消费者进行消费。当积分达到一定数额的时候,商家便进行兑奖,使消费者获得消费之后的"奖励"。对于引导消费者的消费习惯来说,这确实不失为一种好方法。另外,消费者往往会纠结商品"可买可不买",而商家运用强化理论,采取比如"在本店消费满300元送礼物一份""消费满500元可免费成为会员"等对策,激励消费者进行消费。

2. 应用

度。管理激励要注意度,过犹不及。强化理论告诉我们,如果某种刺激对人的行为有利,则这种行为就会重复出现;若不利,则这种行为就会减少直至消失。管理者往往利用这一理论,对员工其进行激励或是惩罚。但管理者必须注意,即便是奖赏也应讲究方法,若是激励行为使员工产生行为上的惯性,容易滋生惰性,不利于创新,那么正强化的激励就会成为负强化的诱因。

用人。管理者要想管理好员工,就须先制定相关的管理规定,而其中最重要的便是奖惩机制。强化理论提到:如果某种刺激对人的行为有利,则这种行为就会重复出现;若不利,则这种行为就会减少直至消失。管理者需要对企业有利的行为进行界定,并根据各自的特征去设置相应的激励措施,让员工保持工作积极性。同样,对于消极行为,就要及时予以制止,并进行惩罚。这样,赏罚分明,有轻有重,员工的行为才会符合预期。

创新。为了促进创新,政府有必要通过设立奖项等方式来加大对企业创新的支持力度,同时推出法律法规来维护创新者的知识产权,保证其利益不受到损害。这有利于正向强化企业的创新积极性。

六十、方法与行动类——内因与外因

内外因辩证原理是指,在唯物辩证法中,认为事物的内部矛盾(内因)是事物自身运动的源泉和动力,是事物发展的根本原因;外部矛盾(外因)是事物发展、变化的第二位的原因。内因是变化的根据,外因是变化的条件,外因通过内因而起作用。

内外因辩证原理是哲学中的概念,比较抽象,在论说文的分析中,我们只借用内外因的分析方向即可。在遇到社会公共治理类的题目时,我们可以从内部和外部两个方向,结合已知事实或其他科学原理,来寻找事件发生的原因,并进一步依据原因提出解决方法。

1. 相关事件或例证

(1)如果要分析近期物价上涨的原因,我们可以从内部和外部两个方面来分析。例如:从内部来看,政府最近实施积极的财政政策以及适度宽松的货币政策;而从外部来看,中美贸易战破坏了原有的供需体系,造成了价格的波动。

(2)如果要分析网瘾的成因,那么可以将其总体归纳为外因和内因两个方面:外因主要是指社会环境以及家庭教育的影响,比如在家庭中得不到应有的尊重;内因主要是指满足感缺失、生理及人格方面的影响,比如缺乏自我激励和成就感。

2. 应用

为穷人提供福利(2017年经济类联考真题)。

穷人之所以穷,其内外因分析如下。

内因:思维的限制,不懂得长期投资;自身内驱力不足,不愿付出劳动。

外因:闭塞的交通限制了与外界的交流;教育资源匮乏,缺乏上升渠道;马太效应对财富的加速掠夺。

解决方案:增加对穷人的教育投资,通过为穷人提供技能培训,降低税负,提供诸如高考之类的上升渠道,从根源上帮助穷人解决生存问题。

反向的思考角度:倘若过度向穷人提供福利,没有解决其变穷的内因,有可能会导致穷人懒惰,习惯接受救济,这会造成社会资源的浪费。

延迟退休(2016年经济类联考真题)。

实施延迟退休的原因分析如下。

内因:预期寿命延长,五十几岁仍然十分年轻,还可以创造价值。

外因:"人口红利"(人口增长带来了丰富且廉价的劳动力资源等)的消失,计划生育政策导致的人口老龄化问题,养老金的缺口。

食品安全(2009年管理类联考真题)。

食品安全屡出问题的原因分析如下。

内因:企业出于对利益最大化的考量,忽视了对产品质量安全的内部控制。

外因:舆论监督以及法律法规的处罚力度不够,给了相关企业钻空子的机会;消费者的"纵容"让违规企业有恃无恐。

六十一、方法与行动类——量变质变规律

量变质变规律是唯物辩证法的基本规律之一。它揭示了事物发展的量变和质变两种状态,以及由于事物内部矛盾所决定的由量变到质变再到新的量变的发展过程。

①量变是质变的前提,质变是量变的结果。

②质变不仅可以完成量变,而且为新的量变开辟道路。

③量变和质变的区分标志:是否超出度。

1. 相关事件或例证

在西方哲学史上,有两个著名的辩论,一个叫作"谷堆辩",另一个叫作"秃头辩"。前者说的是:增加一粒谷子,能否形成一堆谷子?回答是不能。那如果再加一粒呢?一直往上加呢?结果会怎样?我们说,最终会形成一堆谷子。也就是说,量变的积累最终会引起质变。"秃头辩"从反向说明了同一个道理,当一个人的头发一根一根地少下去,这个人最终会变为秃头。

2. 应用

危机。祸患常积于忽微。任何危机的发生都有一个从产生隐患、酝酿发展再到偶然触发的过程,也都有一个从量变到质变、从微疵到大错的经过。所以,危机意识的匮乏、事前控制的缺失往往会引发难以控制的恶性后果。

必然与偶然。必然为功成之因,无数次必然的积累为成功埋下了深深的伏笔。"文王拘而演《周易》;仲尼厄而作《春秋》;屈原放逐,乃赋《离骚》;左丘失明,厥有《国语》;孙子膑脚,《兵法》修列;不韦迁蜀,世传《吕览》……"这些名著看似是古代先贤在偶然情况下所著,其实不然,著书前,他们都有了很好的知识底蕴,因此有极大的"必然性"留下千古名作。

偶然塑造功成之果。偶然更多的时候意味着一次灵光乍现,一次机遇的来临。天才就是百分之九十九的汗水加上百分之一的灵感,而决定成功的往往是百分之一的灵感。

度。只有在一定的范围和限度之内量变,事物才能保持其原有的性质。所以,当我们需要保持事物性质的稳定时,就必须把量变控制在一定的限度之内。做事情要注意分寸、掌握火候,坚持适度的原则。

把握"度"的界限,说来容易,做到却不易。人人都说凡事适度才好,可是大多时候人们因欲念而很难准确做到。正如生活中常见到的现象:饭菜可口,在吃饱之后还能再来两口;电视剧好看,看完一集还想再来一集;游戏好玩,打完一局还想再来一局。尽管每个人都知道吃得过饱、熬

夜追剧、沉迷游戏不好,可是管住自己的欲念。准确地把握这个"度"却并不简单。

积累。既然量变是质变的必要准备,质变依赖于量变,那么在学习和实践中就必须首先做艰苦的量的积累工作,要有脚踏实地、埋头苦干的精神,要一点一滴地做细小的事情,不应急于求成、揠苗助长,须知"欲速则不达"的道理。

管理类联考辅导教材

数学 | 逻辑 | 写作 | 英语二

主　编　谭耀华
编　委　数学组　子　骞　韩一凡　陈思宇　齐心怡
　　　　逻辑组　赵小帅　郝天宇　刘峻熙　何瑞阳
　　　　写作组　蒋飞飞　于紫阳　孙晨曦　王　伟
　　　　英语组　刘镯梦　张　宁　郭小燕　苏　晨

(林晨陪你考研系列)

http://press.hust.edu.cn
中国·武汉

图书在版编目(CIP)数据

管理类联考辅导教材.数学、逻辑、写作、英语二/谭耀华主编.—武汉:华中科技大学出版社,2023.12
ISBN 978-7-5772-0307-2

Ⅰ.①管…　Ⅱ.①谭…　Ⅲ.①管理学-研究生-入学考试-自学参考资料　Ⅳ.①C93

中国国家版本馆 CIP 数据核字(2023)第 246780 号

管理类联考辅导教材(数学、逻辑、写作、英语二)

谭耀华　主编

Guanlilei Liankao Fudao Jiaocai(Shuxue,Luoji,Xiezuo,Yingyu Er)

策划编辑：江　畅
责任编辑：江　畅
封面设计：孢　子
责任监印：朱　玢
出版发行：华中科技大学出版社(中国·武汉)　　电话：(027)81321913
　　　　　武汉市东湖新技术开发区华工科技园　　邮编：430223
录　　排：武汉创易图文工作室
印　　刷：武汉市洪林印务有限公司
开　　本：787mm×1092mm　1/16
印　　张：40.75
字　　数：1043 千字
版　　次：2023 年 12 月第 1 版第 1 次印刷
定　　价：206.00 元(含数学、逻辑、写作、英语二)

本书若有印装质量问题,请向出版社营销中心调换
全国免费服务热线：400-6679-118　　竭诚为您服务
版权所有　侵权必究

尊敬的考生们：

您好！非常感谢您选择林晨陪你考研！

林晨陪你考研专注于 MBA、MEM、MPA、MPAcc 等管理类联考专业提前面试、笔试、复试定制化培训服务近十年，积累了丰富的教学资源和经验，打造了一套完善的教学体系和服务流程。发展至今，林晨陪你考研已拥有一批专业化优秀的师资团队，并逐步在武汉、上海、北京、广州、深圳等地成立运营中心，为您提供全方位的管理类联考备考服务，目前学员已遍布全国大江南北。我们的教学目标是：帮助您找到适合自己的专业和院校，提高您的专业素养和综合能力，提高您的面试技能和沟通能力，实现您的考研愿望，助力您的职业规划。

这套《管理类联考辅导教材》是林晨陪你考研教研团队经过多年的教学和研究，结合最新的考试大纲和真题，针对管理类联考笔试精心编写而成的。这套教材涵盖了管理类联考的四个科目——数学、逻辑、写作和英语二，每个科目都有详细的知识点讲解、典型例题分析、模拟练习题和答案解析，以及考试技巧和注意事项。这套教材旨在帮助您全面掌握管理类联考的基础知识和应试技能，提高您的解题速度和准确率，增强您的信心和竞争力。

管理类联考是一项全国性的选拔型的研究生入学考试，它不仅考查您的专业知识和能力，还考查您的综合素质和逻辑思维。要想在这样的考试中取得优异的成绩，您需要付出艰苦的努力和持之以恒的坚持。除了努力，您还需要有正确的方法和指导。这就是林晨陪你考研团队为您提供的这套教材和相应培训服务的价值所在。我们希望通过这套教材以及服务，能够为您的考研之路提供一盏明灯，让您能够在茫茫的知识海洋中找到方向，避免走弯路，节省时间和精力，达到事半功倍的效果。

最后，林晨陪你考研团队衷心地祝愿您在管理类联考中取得优异的成绩，顺利进入自己心仪的院校，开启自己的研究生学习之旅，为自己的未来和社会的发展做出贡献！我们相信，只要您有明确的目标，有坚定的信心，有正确的方法，有专业的团队为您服务，您就一定能够克服所有的困难，战胜所有的挑战，实现您的考研梦想，走向您的理想人生！

林晨陪你考研团队
2023 年 12 月

更多关于 MBA、MEM、MPA、MPAcc 等管理类联考专业择校、提前面试、笔试、复试资讯，可以全网关注我们的自媒体：视频号/微信公众号/小红书/微博——林晨陪你考研，也可以登录林晨陪你考研官网 www.linchenkaoyan.com 查阅，还可以直接与我们的老师进行一对一的沟通交流，我们的联系方式是：13545149501(微信同号)。

扫码下载更多英语学习资料

目录 Contents

上篇 语法

语法绪论 2

语法点睛 4

第一章 词法 6

一、名词 6

(一)可数名词与不可数名词 6

(二)名词的所有格 8

(三)限定词与名词 8

二、形容词 10

(一)形容词的位置 10

(二)形容词的比较等级 11

三、代词 13

四、介词 14

第二章 动词 17

一、谓语动词的变化 17

(一)时态 17

(二)语态 27

(三)情态 27

(四)否定 29

二、助动词 30

(一)助动词的定义 30

(二)助动词的种类 30

三、非谓语动词 31

(一)非谓语动词之不定式 31

(二)非谓语动词之分词 34

(三)非谓语动词之动名词 37

第三章 句子结构························41
一、句子成分··························41
二、句子结构··························47
（一）简单句·······················47
（二）复杂句·······················48

第四章 攻克从句························50
一、定语从句··························50
（一）关系代词·····················50
（二）关系副词·····················51
（三）限制性定语从句与非限制性定语从句···52
二、名词从句··························54
（一）主语从句·····················54
（二）宾语从句·····················54
（三）表语从句·····················55
（四）同位语从句···················56
三、状语从句··························57
（一）时间状语从句·················57
（二）地点状语从句·················58
（三）原因状语从句·················58
（四）目的状语从句·················59
（五）结果状语从句·················59
（六）条件状语从句·················59
（七）让步状语从句·················59
（八）比较状语从句·················61
（九）方式状语从句·················63

第五章 特殊句型与结构····················64
一、倒装结构··························64
（一）全部倒装·····················64
（二）部分倒装·····················64
二、省略结构··························66
（一）简单句中的省略···············66
（二）并列句中的省略···············66

  (三)名词从句中的省略 67

  (四)定语从句中的省略 67

  (五)状语从句中的省略 67

三、强调句型 68

四、独立主格 68

  (一)独立主格结构的构成形式 69

  (二)独立主格结构的句法功能 70

  (三)独立主格结构与独立成分的异同 70

五、虚拟语气 70

  (一)if 引导的虚拟条件句 70

  (二)其他一些副词连词表示虚拟语气的情况 72

第六章 基本结构长难句解析 73

一、切分长难句 73

  (一)标点 73

  (二)连接词 74

  (三)分析主谓 75

二、简化长难句——梳理句子的主干和非主干部分 77

第七章 复杂长难句解析 78

一、分隔结构 78

  (一)插入式分隔结构 78

  (二)移位式分隔结构 79

二、并列结构 80

  (一)词组的并列 80

  (二)动词的并列 80

  (三)介词短语的并列 81

  (四)句子的并列 81

三、比较结构 82

下篇 写作

写作绪论 84

第八章 英语二作文评分总体概括 86

第九章 应用文写作——小作文 90

第一节 应用文写作分析 90

  一、书信格式 90

  二、应用文格式 91

第二节　应用文写作类型 ·· 91
　　　一、应用文类型 ·· 91
　　　二、英语二小作文历年真题题型分析 ··· 92
　　　三、英语二小作文不同类型题目分析 ··· 92

第十章　短文写作——大作文 ··· 132
　　第一节　短文写作分析 ·· 132
　　第二节　短文写作范文 ·· 136
　　　一、个人生活类 ·· 136
　　　二、消费升级类 ·· 143
　　　三、社会生活类 ·· 150

第十一章　作文模板 ··· 155
　　第一节　小作文万能模板 ·· 155
　　　一、感谢信模板 ·· 155
　　　二、祝贺信模板 ·· 155
　　　三、道歉信模板 ·· 156
　　　四、邀请信模板 ·· 157
　　　五、建议信模板 ·· 157
　　　六、投诉信模板 ·· 158
　　　七、咨询信模板 ·· 158
　　　八、请求信模板 ·· 159
　　　九、辞职信模板 ·· 159
　　　十、求职信模板 ·· 160
　　　十一、推荐信模板 ·· 160
　　　十二、通知信模板 ·· 161
　　　十三、备忘录模板 ·· 161
　　第二节　大作文万能模板 ·· 162
　　　一、大作文描述段万能模板 ·· 162
　　　二、大作文原因段万能模板 ·· 162
　　　三、大作文结尾评述段万能模板 ·· 163
　　　四、图画作文模板 ·· 163

上篇 语法

语法绪论

考研英语中,长难句的理解和把握是一个很重要的考点,贯穿于阅读理解、翻译和作文等多种题型,其实质是考查考生对于英语的理解与转化能力。而有效应对长难句的前提有二:充足的词汇量和扎实的语法知识。词汇量需要同学们不断记忆、积累和巩固,我们在此不再赘述。扎实的语法知识则需要我们系统学习,从而构建起完整的语法知识框架,并在不断练习中熟练运用。

以作文为例,考研英语作文是对考生词汇量和语法知识的集中考查,想获得高分,不仅要能够灵活运用所需单词和基础语法写出英语句子,更应当能够使用具有一定难度的语法写出高级句式,这样才能够吸引评卷老师的眼球,从而使自己的作文在众多考生中脱颖而出。可以说,如果作文是一栋高楼,单词是地基,语法就是整栋楼的框架和骨干,楼盖得高不高、好不好看,语法有着举足轻重的作用。

回到语法本身,学习语法知识首先要形成一个具有整体性的知识体系,然后再将每一个语法知识点内容填充到知识体系之中。在这个知识体系中,最重要的便是词法(与构成句子相关的词汇知识)和句法(与句子相关的语法知识)。其中:词法是句法的基础,包括对实词、虚词的掌握;句法是理解长难句的基本逻辑工具,包括对英语语句基本种类、常见从句类型、特殊句型、语句切分方法等的掌握。语法本身并不难,语法的学习也不是死记硬背,同学们需要做的就是学习和理解语法知识,结合考研真题长难句进行训练,由此便可以攻克语法这一关。

复习建议:

1. 构建系统的语法知识体系并持续复习巩固

语法是句子的组织结构,其知识内容是成体系的,掌握一条语法规则,就能够明白一类长难句的解析方法。全面提升长难句解读能力的前提,是构建全面、系统的语法知识体系,因此,如果你每次都看不懂同一类长难句,就需要及时翻阅语法书,查找相关语法知识,将这一条语法规则弄透,那么以后再遇到考查这类语法的语句就手到擒来了。此外,对于语法基础偏薄弱的同学,建议尽可能提早准备,确保将语法知识学好、学懂、弄透,之后在做真题时才能够得心应手。

2. 学习语法应有所侧重

在系统学习的基础上,应当根据考研真题的考查重点有所侧重地进行学习。通过对历年考研真题的分析可以发现,涉及动词语法知识点的考题约占总题量的一半,另一半则多与介词、代词、从句引导词等知识点有关。对涉及动词语法知识点的真题进一步分析发现,主要考查的是非谓语动词的用法,包括不定式、-ing 分词和-ed 分词,它们几乎占到英译汉考题的三分之一。其中:不定式主要考查不定式的完成式、进行式、完成进行式和它的被动式;-ing 分词主要考查哪些词后必须接-ing 分词以及它的独立主格结构、完成式、被动语态和否定形式;-ed 分词主要考查-ed 分词与逻辑主语的关系及其在复合结构中的运用。而与从句有关的语法知识点主要考查定语从句、名词从句和状语从句。还有一些特殊句型,比如强调、省略、倒装等,此类特殊句型的存在使句子结构更为复杂,它们是英译汉的重要考点。大家在结合考研大纲进行全面学习时,对于此类重点必须着重学习,才能在学习和解题的过程中做到心中有数。

3. 学习语法和真题演练相互结合

语法复习重在理解语法的运用方法,而不是记住那些枯燥无味的术语。我们为同学们搭配了英语(一)阅读理解真题,同学们从学习和研究真题的过程中就能发现自己的语法薄弱点。真题训练与语法知识相结合的学习方法,既可以使语法知识的学习不再枯燥,还可以使同学们在学习过程中明白考研真题的考查重点和考查方式。由此,在之后做英语(二)真题的时候,便能够有的放矢地提高做题效率,持续巩固强化语法知识。需要强调的是,在学习语法和进行真题训练的同时,必须对学习过的语法知识进行梳理,同时对一些特殊的语法句型和错题进行整理和归纳,形成清晰高效、可用的语法知识体系。

语法点睛

（一）语法的重要性

语法是长难句的基础，历年考研英语真题在完形填空、阅读理解、英译汉等各种题型中存在大量结构复杂的长难句，对此类长难句的切分和理解往往直接关系到对上下文逻辑关系和具体文意的判断，进而影响对相关考题的解答，可以说，读懂长难句是做对考题必须克服的重要一关。而长难句之所以难，主要是因为句子过长且句子结构复杂，语句中可能同时存在多个长修饰语，或是嵌套各种从句以及倒装、省略、分隔等特殊句型，这些均导致句意理解的难度大大增加。

（二）读懂长难句的三个步骤

英语的语句均是按照严格的语法规则组成的，其中，句子的主干如同树干，从句犹如枝杈，修饰成分中的介词、不定式、分词短语等如同树叶，共同组成长难句这棵枝叶繁茂的大树。因此，要看清句子的主干，首先需剔除"枝"和"叶"，无论何种句型，均可参照以下3个步骤：

Step1：找出句子主干——将修饰成分（如作定语或状语的介词短语和非谓语动词、插入语、同位语等）从句中剥离，划分出句子的主干（即主语、谓语、宾语、补语或表语）。

Step2：确定从句的从属关系——通常可根据从句引导词前面单词的词性判断从句的类型：①引导词前面是及物动词或介词，为宾语从句；②引导词前面是系动词，为表语从句；③引导词前面是名词，为定语从句或同位语从句。

Step 3：分析修饰成分——抓住主干后，根据修饰成分在句中的意义和位置，理清修饰成分与主干句子成分之间的关系。

（三）长难句攻略

考研真题中出现的长难句，本质其实就是用"连接词"连接多个简单句。因此，分析长难句本质上只需要把长难句拆分成多个简单句的组合，再对简单句进行基础翻译，整段长难句的含义也就呼之欲出了。在本部分讲解中，我们将从长难句的最小组成元素——单词入手对长难句进行剖析拆分，进而过渡到更高层级的结构：句法翻译和结构切分，逐步攻克长难句。

（四）翻译技巧

英二考研的翻译大纲要求，考查考生理解所给英语语言材料并将其译成汉语的能力。要求译文准确、完整、通顺。要求考生阅读、理解长度为150词左右的一个或几个英语段落，并将其全部译成汉语。共15分。具体来说，有以下两点要求：

- 准确：译文要忠于原文，准确表达原文的内容和观点，不得随意增补，不能遗漏，不能加入自己的观点立场。忠于原文并不是要逐字逐句机械翻译,过分拘泥于原文反而会造成译文的晦涩。

- **通顺**:译文语言合乎汉语的规范和语言习惯,不要有语病、错别字,力求做到明白晓畅。

考研英语二大纲对考试内容第三部分的英译汉表述为"考查考生理解所给英语语言材料并将其译成汉语的能力。要求译文准确、完整、通顺",该部分共15分。英汉翻译部分在阅读题目方面不为考生设置障碍,主要考查考生在深层次理解文章的时候,运用最基本的英译汉技巧,准确传达文意。一般评分标准分为四档。第四档(13~15分):很好地完成了试题规定的任务,理解准确无误,表达通顺清楚,没有错译、漏译。第三档(9~12分):基本完成了试题规定的任务,理解基本准确,表达比较通顺,没有重大错译、漏译。第二档(5~8分):未能按要求完成试题规定的任务,理解原文不够准确,表达欠通顺,有明显漏译、错译。第一档(0~4分):未完成试题规定的任务,不能理解原文,表达不通顺,文字支离破碎。

第一章 词法

本章主要介绍一些词法中的重要概念,这也是学习语法的必要基础,了解和掌握这些概念有助于理解英语语句的组成逻辑。

一、名词

名词是用来表示人物、事物、地点以及抽象名词的一种词类,通常可以分为一般名词和专有名词,而一般名词又可以分为可数名词与不可数名词。

(一)可数名词与不可数名词

可数名词是指能以数目来计算,可以分成个体的名词,因此它有单数形式和复数形式之分。不可数名词则不能以数目来计算,因而只有单数形式,没有复数形式。在英语中,"多于一个"就需要用复数形式。

1. 可数名词的单复数形式

1) 规则的单数变复数

变化规则	说明	
一般在词尾加 s	desk—desks;book—books;dog—dogs	
以-s、-x、-ch、-sh 结尾的名词一般在词尾加-es	class—classes box—boxes match—matches	特例:以-ch 结尾的名词,如果-ch 发 /k/ 的音,则加-s,如 stomach—stomachs
以"辅音字母+y"结尾的单词,变 y 为 i 再加-es,以"元音字母+y"结尾的名词直接在词尾加-s	country—countries family—families key—keys boy—boys	
以-o 结尾的名词	(1)加-es: tomato—tomatoes (2)加-s: piano—pianos	少数名词加-s 或-es 都可以: motto—motto(e)s volcano—volcano(e)s
以-f 或-fe 结尾的名词	(1)变 f、fe 为 v 再加-es;calf—calves (2)直接加-s:belief—beliefs	少数名词加-s 或变 f、fe 为 v 加 es 都可以: scarf—scarfs/scarves; handkerchief—handkerchiefs/ handkerchieves

2) 只用作复数的名词

名词	示例
一些名词由相等的两个部分合在一起构成的工具、仪器或服装	glasses、clippers、tweezers、scissors、jeans、trousers、shorts、pajamas、pants
"形单复义"的名词	people：当 people 用作"人民、人们"的意思来讲的时候，people 是复数形式；当 people 用作"民族、部落"来讲时，people 的复数形式变为 peoples。 police：police 通常表示"警察部队、警方"的意思，是集体名词。如果要表示个别的、具体的"警官"，可以说 a police office, a policeman, a policewoman，其复数为 police offices、policemen、policewomen 等
the＋形容词表示一类人，做主语时谓语动词用复数	the young 年轻人； the rich 富人

3) 复合名词的复数形式

由"man/woman＋名词"构成的复合名词，两个词均变作复数	man teacher—men teachers man doctor—men doctors
由"-man/-woman/-child"结尾的复合名词变为复数时，将"-man/-woman/-child"变为复数	fireman—firemen grandchild—grandchildren chairwoman—chairwomen
由"名词＋介词或介词短语"构成的复合名词变为复数时，将主体名词变为复数	passer-by—passers-by mother-in-law—mothers-in-law
由动词短语演变成的复合名词，变复数时在词尾加-s	grown-up—grown-ups babysitter—babysitters

2. 常见的不可数名词

(1) 一些无法分割的名词通常被看作整体名词，比如某些气体（air、smoke…）、液体（blood、juice…）和固体（bread、cheese…）。

(2) 一些因其组成成分太小而无法数清的名词，比如 rice、popcorn、salt 等。

(3) 一些表示总称的名词通常为不可数名词，这类名词侧重于表示某类事物的总的概念而非具体的事物，比如 food、fruit、homework 等。

(4) 一些抽象名词一般是不可数名词，比如 advice、love 等。

(5) 一些表示研究学科的名词通常为不可数名词，如 history、math 等。

点睛之笔

不可数名词的修饰：

不可数名词一般不能直接用不定冠词 a/an 和基数词修饰，比如不能说成 an advice、two news 等，但是不可数名词可以用量词修饰，比如：

（1）用 piece 修饰抽象名词与物质名词，如：advice、bread、chalk、equipment、furniture、information、jewelry、luggage、music、news 等。

a piece of news 一则消息

two pieces of news 两则消息

（2）用 bottle、cup、drop、glass 修饰液态物质，如 beer、blood、coffee、milk、tea、water、wine 等。

a glass of milk 一杯牛奶

two glasses of wine 两杯酒

（3）一些其他的量词修饰，如：

a loaf of bread 一条长面包

a tube of toothpaste 一筒牙膏

a slice of meat 一片肉

a great deal of help 很多帮助

a large amount of money 大量金钱

（二）名词的所有格

名词所有格主要表示所属关系。

's 所有格形式：

名词的 's 所有格主要表示有生命的名词的所属关系。

如：Mary's mother   nobody's fault

（1）单数名词的所有格在词尾加 's。

如：my sister's boyfriend 我姐姐的男朋友

（2）复数名词的所有格构成，如果是以 -s/-es 结尾的名词直接在词尾＋"'"，如果是不以 -s/-es 结尾的名词需要在词尾加 "'s"。

如：her friends' money   the children's books

（3）复合名词的所有格在最后一个词的词尾加 "'s"。

如：everyone else's viewpoint   the president of America's secretary

（4）由 and 连接的并列名词，当表示"共有"的情况，只需在最后一个名词词尾加 "'s"；如表示"各自所有"，则须在每个名词的词尾加 "'s"。

如：Mary and Jane's room 玛丽和简的房间（共有）

Mary's and Jane's room 玛丽的房间和简的房间（各自所有）

（三）限定词与名词

英语中限定词修饰某个名词，以限定名词所指的范围，对名词起特指、泛指或不定量等限定修饰作用。英语中的限定词包括以下几方面：①冠词 a、an、the；②基数词，如 one、two、three 等；③序数词，如 first、second、third 等；④指示限定词 this、that、these、those，物主限定词，如 my、 your、their 等；⑤数量限定词，如 a few、many 等；⑥个体限定词，如 both、each、every 等；⑦名词属格，如 of 结构、's 结构等。

1. 冠词

(1)不定冠词 a/an 通常用来泛指，用法一般限于主语位置的"a/an＋单数名词"。

例句：A knife is a tool for cutting with.

"a/an＋单数名词"若处于表语及宾语位置，则表现为其他意义。

例句：Mr. Smith is an engineer.

解析：在例句中，史密斯先生是一名工程师，an engineer 强调史密斯先生是一名工程师（而不是教师）。

(2)定冠词 the 一般表示特指，是根据说话者和听话者共有的知识，或者根据上下文语境来识别特指之事。

例句一：Yao Ming, the famous basketball player.（姚明，著名的篮球运动员。）

例句二：Mr. Smith is the engineer.

与上面(1)中的例句相比，例句二中的 the engineer 表明史密斯先生是完成某项工程的工程师，并不强调史密斯先生的职业。因此，例句二可以补充完整说：Mr. Smith is the engineer who designs the building.

例句三：I had a banana and an apple. I ate the banana and gave the apple to Jane.

解析：在例句三中，前半部分第一次提及 banana 和 apple，因此使用不定冠词 a/an，在第二句中提到的 banana 和 apple 上文均已提及，因此使用定冠词 the 来特指。

2. 数量限定词

(1) a few、few、a little、little。

- a few/few＋复数名词；a little/little＋不可数名词。
- a few/a little 意思是肯定的，相当于 some；few/little 意思是否定的，表示"很少，几乎没有"。
- 当与 only 搭配时，只能用 only a few/only a little。

(2) some/any。

some 与 any 均可以与不可数名词及可数名词复数连用，意为"一些"。some 一般用于肯定句，any 一般用于否定句。

点睛之笔

some 和 any 的特例：

(1) "any＋单数可数名词"意为"任何一个、无论哪一个"，此时可用于任何句型。

例句：You can ask any person over there. They all can tell you.

译文：你可以问那边的哪个人都行，他们都会告诉你。

(2) "some＋单数可数名词"，意为不确定的"某一个"。

例句：Some person at the gating is asking to see you.

译文：门口有个人要见你。

(3) "some＋数词＋名词"，表示"大约"。

例句：Some 2000 athletes completed in 20 events.

译文：约2000名运动员参加了20个项目的比赛。

3. 个体限定词

(1) each/every。

each 和 every 后面都只跟单数可数名词。二者有些许区别：

①each 可以单独使用，而 every 只能与名词连用，不能单独使用。可以说 Each has a gift，却不能说 Every has a gift.

②each 指代两个及两个以上的事物，而 every 可以指代三个及三个以上的事物。

例句一：There are a lot of trees on each side of road.（街道只有两旁，不能说 every side。）

例句二：She knows every student in the school.（every 与单数名词连用，指的是整体中的每一个。）

③each 不与数词连用，而 every 可与数词连用，然后再加复数名词。比如 every two days 每两天。

(2) another/other。

①another 只与单数可数名词连用，表示"另一个、再一个"，而 other 可以与可数单数名词、复数名词及不可数名词连用，表示"另外的、其余的"。比如：another cup of water 另一杯水；other water 其他水。

②other 的一些其他用法。

• other/others：other 后面必须接名词，不能单独使用，比如 other people are…。而 others 只能单独使用，比如 others are…。

• other/the other："other＋名词"表示"其他的、另外的"；"the other＋名词"表示特定范围内的"剩下的、其余的"。

例句一：Are there any questions?

例句二：He has two daughters. One is a nurse, the other is a teacher.

二、形容词

（一）形容词的位置

形容词修饰名词时可以放在名词前面或名词后面。

1. 前置修饰名词

前置形容词修饰名词是我们特别熟悉的一种用法。

例句：This is a very interesting book. 这是一本很有趣的书。

解析：interesting 作为形容词修饰名词 book，置于其前。

2. 后置修饰名词

当形容词用于修饰不定代词（something、anything、nothing、everything、somebody/someone、anybody/anyone、nobody/no one、everybody/everyone 等）时，形容词要后置。

例句：I have something important to say.

形容词短语作定语一般只能置于被修饰名词的后面，即充当后置定语。

(1)形容词+介词短语。如:a jacket similar to yours(一件与你的类似的夹克)。
(2)形容词+不定式。如:students brave enough to try(敢于尝试的学生)。
(3)形容词+动名词短语。如:a waiter busy serving the guests(忙于服务客人的服务员)。

3. 多个形容词并列构成的形容词短语

两个或两个以上的形容词(短语)并列作定语,一般是放在被修饰词的后面,并用逗号将形容词与句子的其他部分隔开。这时,作定语的形容词(短语)是对所修饰词作补充性的说明或解释。

例句:He went home, tired and thirsty. (他回到家,又累又渴。)

(二)形容词的比较等级

两个人或事物、三个或三个以上的人或事物可以在某一特性方面加以比较,这时就要使用形容词的比较等级。大多数形容词有三种比较等级,即原级、比较级和最高级,以表示程度上的不同。比较级和最高级是在原级的基础上变化的,分为规则变化和不规则变化。

1. 规则变化

(1)一般单音节词末尾直接加-er,-est 分别构成比较级和最高级。如:tall—taller—tallest。

(2)以不发音的 e 结尾的单音节词和少数以-le 结尾的双音节词只加-r,-st。如:nice—nicer—nicest、simple—simpler—simplest。

(3)以一个辅音字母结尾的闭音节单音节词,双写结尾的辅音字母,再加-er,-est。如:big—bigger—biggest。

(4)以"辅音字母+y"结尾的双音节词,改 y 为 i,再加-er,-est。如:busy—busier—busiest。

(5)其他双音节词和多音节词,在前面加 more,most。如:important—more important—most important;useful—more useful—most useful。

2. 不规则变化

比较级和最高级的不规则变化

原级	比较级	最高级
good/well	better	best
bad/badly/ill	worse	worst
many/much	more	most
little	less	least
far	farther/further	farthest/furthest
old	older/elder	oldest/eldest

【注意】英语中有一小部分表示绝对意义的形容词没有比较级和最高级。如 dead、deaf、empty、total、perfect、complete、right、wrong、equal、final、absolute、alone、round、pregnant、square、supreme、unique、unanimous 等。

3. 形容词比较级的用法

(1)表示程度相同的句型。

常见的句型结构为 as+原级+as,这一结构的否定式为 not so(as)+原级+as。

例句一(程度相同):Some stars are as big as the sun. (有些恒星和太阳一样大。)

例句二(程度不同):It is not so hot day as it was yesterday.(今天不像昨天那么热。)

(2)than 的比较级句型。

常见的句型结构为 A＋比较级＋than＋B。

例句:The question is more difficult than that question.

程度较低时既可以用 not so(as)＋原级＋as 句型,还可以用 less…than 句型。

These flowers are less beautiful than those.(这些花不如那些花漂亮。)

(3)more and more 句型。

例句:The city is more and more beautiful.(这座城市越来越漂亮了。)

(4)可以修饰比较级的词。

形容词的比较级前可以用以下表示程度的词或短语来进行修饰:a bit、a little、a lot、a great deal、any、even、far、by far、much、very much、no、still、slight 等。

例句:Things are no better than before.(情况并没有比以前有所改善。)

(5)否定意义的词＋比较级可以表示最高级。

例句:It couldn't be worse.(简直不能再糟了。)

(6)倍数的表示。

• 倍数＋as＋形容词原级＋as＋比较对象。

例句:This bridge is three times as long as that one.(这座桥是那座桥的三倍长。)

• 倍数＋形容词的比较级＋than＋比较对象。

例句:This bridge is three times longer than that one.〔这座桥是那座桥的四倍长(这座桥比那座桥长三倍)〕。

• 倍数＋the size/length/weight…＋of＋表示比较对象的名词。

例句:This bridge is three times the length of that one.(这座桥是那座桥的三倍长。)

• 倍数＋that/those of(＝as much as…)。

例句:His weight is three times that of mine.(他的体重是我的三倍。)

4. 形容词最高级的用法

(1)the＋形容词的最高级＋比较范围。

例句:It is the most expensive car in the world.

译文:这是世界上最贵的车。

(2)the＋序数词＋最高级＋in＋地方。

例句:The Yangtze River is the longest river in China,but it is the third longest river in the world.

译文:长江是中国最长的河流,是世界第三长的河流。

(3)the＋形容词/副词的最高级＋of＋所属范围。

例句:This is the most interesting book of all.

译文:这是所有书里最有趣的一本。

三、代词

代词的分类

类别	代词	
	主格	宾格
人称代词	单数：I；you；he；she；it 复数：we；you；they	单数：me；you；him；her；it 复数：us；you；them
	形容词性	名词性
物主代词	单数：my；your；his；her；its 复数：our；your；their	单数：mine；yours；his；hers；its 复数：ours；yours；theirs
反身代词	单数：myself；yourself；himself；herself；itself 复数：ourselves；yourselves；themselves	
指示代词	this；that；these；those；such 等	
疑问代词	who；whom；whose；which；what 等	
不定代词	some；something；somebody；someone；any；anything；no；no one；every；everything；each；much；many；little；other；another；all；none；one；both；either；neither 等	
关系代词	who；whom；whose；which；that；as 等	
相互代词	each other；one another	
连接代词	what；which；who；whose 等	

1. 物主代词的用法

物主代词是表示所有关系的代词，分为形容词性物主代词和名词性物主代词两种，也叫人称代词的所有格。物主代词有人称和数的变化。

(1) 物主代词既有表示所属的作用，又有指代作用。

　　例句：Tom had cut his finger, and there was a broken glass on his desk.

　　译文：汤姆割破了手指，(而)他桌子上有个破碎的玻璃杯。

(2) 形容词性物主代词属于限定词，因此只能作定语；名词性物主代词可作主语、宾语、表语，或和 of 连用作定语，在用法上相当于省略了中心名词的 's 属格结构。

　　例句一：I have to use your pen. Mine has broken.

　　译文：(作主语)我得用下你的钢笔。我的(钢笔)坏了。

　　例句二：I love my motherland as much as you love yours.

　　译文：(作宾语)我爱我的祖国就像你爱你的祖国一样深。

　　例句三：You should interpret what I said in my sense of the word, not in yours.

　　译文：(作介词宾语)你应当按我所用的词义去理解我说的话，而不能按你自己的意思去理解。

　　例句四：That black coat is mine.

　　译文：(作表语)那件黑色的外套是我的。

2. it 的用法

(1)指代时间、距离、天气、气候等。

(2)用作人称代词,替代前文提到过的事物。

(3)指代未明身份的人或物。

(4)用于某些句型。

　　It's time for sb. to do sth.　　某人该干某事了

　　It's (about/high) time＋that 从句　　某人该做某事了

　　It's the first (second…) time＋that 从句　　某人第几次做某事

　　It's＋时间段＋since 从句　　自从……有多长时间了

　　It's＋时间段＋before 从句　　过多长时间才……

　　It is/was＋被强调部分(主语、宾语或状语)＋that/who＋其他部分　　正是……干了某事……

(5)作形式主语。

　　It＋be＋*adj.* (for/of sb.) to do sth.　　某人做某事是……

　　It takes sb.＋时间段＋to do sth.　　某人做某事花了……时间

　　It is up to sb. to do sth.　　由某人决定做某事

　　It looks/seems/appears/happens/occurs that (as if)…　　似乎……

(6)作形式宾语。

　　动词＋it＋that 从句

　　动词＋it＋when (if)从句

　　动词＋prep.＋it＋that 从句

　　动词＋it＋介词短语＋that 从句

　　动词＋it＋*adj.* (for sb.) to do sth.

四、介词

1. at 的用法

(1)"at＋地点"表示的位置是某一点,通常把某处视为空间的一点,用于指较狭窄或较小的地方,如教堂、车站、学校、商店等,如 at the station(在车站)。与之相对应的,"in＋地点"表示的位置是一个立体的、较大的地方,通常表示在某一范围内,比如城市、国家、大的空间等,如 in the city(在城市里)。

但若强调"在某建筑物内部"则仍用介词 in,如 in the station,表示在车站里。

(2)at＋sb. 对某人(尤指近距离,常与 yell、point、shout、laugh 等动词连用)。如:laugh at sb. (嘲笑某人)。

(3)at 与下列名词连用,表示"从事某活动"。如:be at work(上班,做事);be at church(做礼拜);be at school(上学);be at rest(休息)。

(4)at 表示时间时,可用来表示某一具体时刻,如 at six o'clock(六点钟);可表示一天中的某个时间点,如 at midnight(半夜的时候);可表示特定的时候,如 at the moment(现在)、at the Spring Festival(在春节时)。

2. by

(1) 表示"在……旁边",相当于 beside,如 by the door(在门外)。

(2) 表示一般的方式或方法,如 judge A by B(通过 B 来评鉴 A)。

例句:We can enjoy life better by coming closer to nature.(离大自然近一些,我们就可以更好地享受生活。)

(3) 表示"经过",如 pass by(经过)。

(4) 表示"乘坐(交通工具)",如 by car(乘车)。

(5) 表示被动,意为"被……",如 He was killed by a car.(他被车撞死了。)

3. for

(1) 表示"前往(某地)",如 head for(前往)。

(2) 表示"为……的目的",如 for the sake of(为了……的缘故)。

(3) 表示"赞成",如 be for+某事(赞成某事)。

例句:Are you for or against the proposal?(你是赞成还是反对这个建议?)

(4) 表示"为了……的原因"。

例句:Aileen is proud of her family for their support.(艾琳为有家人支持而感到自豪。)

(5) 表示"持续一段时间"。

例句:I have not seen them for many years.(我已经许多年没见过他们了。)

4. from

(1) 表示"从……",如 from what he said(从他所说的话中)。

(2) 表示"来自、出自"。

例句:I am from Italy.(我来自意大利。)

(3) 表示"戒除、控制"。

例句:Jeff could not refrain from laughing.(杰夫忍不住大笑。)

(4) 与表示"禁止、阻止、保护"有关的动词连用,此处的 from 表示"免于……",如 prevent sb. from doing sth.(阻止某人做……)。

(5) 表示原因的用法。

例句:Many people died from hunger and poverty.(许多人死于饥饿和贫穷。)

(6) 表示"从某时起"。

例句:They worked from 9 till 12.(他们从 9 点钟一直工作到 12 点钟。)

5. with

(1) 表示"使用(某物)之意"。如:cut it with a knife(用刀切它)。

(2) 与"人"连用,表示"跟随(某人),和(某人)"。如:come with me(跟我来)。

(3) with 置于句首,表示"随着……"。

例句:With the passing of time, he's getting older.(随着时间流逝,他的年纪愈来愈大。)

(4) 表示由外界影响到内部的原因,意为"因为,由于"。

例句:They were extremely tired with one day's working.(由于工作了一天,他们累极了。)

(5)with 可以形成复合结构,通常为大动作附带小动作。大动作为本动作,小动作使用 with 复合结构。

例句:He was sitting there with his arms folded.(他双臂交叉着坐在那里。)

6. against

(1)表示"对抗、抵制、反对",如 be against a plan(反对一个计划)。

(2)表示"顶着、倚靠着",如 lean against the wall(靠墙站)。

(3)表示"以……为背景"。

例句:That color looks good against your skin.(那个颜色在你的肤色衬托下看起来不错。)

7. under

(1)表示"在(某物)的下面",如 under the tree(在树下)。

(2)表示"低于……、少于……",如 under 7 years old(七岁以下)。

(3)表示"在……的支配/控制/影响下",如 be under threat(受威胁)。

(4)表示"承受着(重担、压力等);在……的状况/条件/状态下",如 under construction(在施工中)。

(5)表示"依照/根据(约定、法令等)"。

例句:Is the television still under guarantee?(这台电视机还在保修期吗?)

(6)表示"上下级"。

例句:The man is over us. We are under him.(那个人是我们的上司,我们是他的下级。)

8. over

(1)表示"在……之上",但通常为悬空状态,如 be over the city(在城市上空)。

(2)表示"覆盖在……之上",通常接触该物体,如 put one's hands over one's face(把某人的手放在某人的脸上)。

(3)表示"(悬空)跃过",如 jump over the wall(跳过这座墙)。

(4)表示"在某地方的另一头"。

例句:I live over the road.(我住在马路那头。)

(5)与数词连用表示"超过"之意,如 over 20 people(超过 20 人)。

(6)与表示"驾驭"之意的词连用,如 have authority/control/power over …(有支配、指挥的权力)。

第二章　动词

在英语中,动词按作用和功能主要分为两大类,一类是谓语动词,另一类是非谓语动词。谓语动词指的是在句子中可以单独作谓语的动词,主要由实义动词充当。另外,某些动词短语也可以是谓语动词。而助动词、情态动词不能单独作谓语,只能协助主要动词一起构成谓语动词,因此不在谓语动词的范畴。

一、谓语动词的变化

谓语动词的变化共有四种——"三态加一否"。其中"三态"指的是时态、情态、语态,"一否"指的是否定。这四种变化,无论怎么变,最终都会作为一个整体的谓语动词出现,也就是说,简单句中只能有一个谓语动词,但是谓语动词不一定只是一个单词,有可能是几个单词组成的一个整体。掌握这一点,对于分析考研英语的长难句而言是最基本的。

(一)时态

"时态"(tense and aspect),在英语中表示两个不同的概念。"时"表示的是动作发生的时间,"态"表示的是动作是完成了还是正在延续等特性。

简单来讲,"时"(tense)表示事物发生的时间,可分为四类,分别是:现在时(present)、过去时(past)、将来时(future)、过去将来时(past future)。"态"(aspect)规定动作完成的程度,是有关动作内在结构特点方面的属性,可分为四类,分别是:简单体(simple)、进行体(continuous)、完成体(perfect)、完成进行体(perfect continuous)。将不同"时""态"进行搭配,可得到以下十六种组合:

时间标示(时) \ 动作标示(态)	一般	进行	完成	完成进行
现在	一般现在时 do/does	现在进行时 am/is/are doing	现在完成时 have/has done	现在完成进行时 have/has been doing
过去	一般过去时 did	过去进行时 was/were doing	过去完成时 had done	过去完成进行时 had been doing
将来	一般将来时 will do	将来进行时 will be doing	将来完成时 will have done	将来完成进行时 will have been doing
过去将来	过去将来时 would do	过去将来进行时 would be doing	过去将来完成时 would have done	过去将来完成进行时 would have been doing

以下例句是各种时态的一般用法,供同学们了解掌握,后续章节会就不同的时态语法进行进一步梳理和讲解。

一般体(简单体)

- 一般现在时:He writes a letter every day.
  　　　　　他每天写一封信。
- 一般过去时:He wrote a letter yesterday.
  　　　　　他昨天写了一封信。

- 一般将来时：He will write a letter tomorrow.

　　　　　　他明天要写一封信。

进行体

- 现在进行时：He is writing a letter now.

　　　　　　他现在正在写信。

- 过去进行时：He was writing a letter when I came.

　　　　　　我来时，他正在写信。

- 将来进行时：He will be writing a letter when I come.

　　　　　　当我来时，他将正在写信。

完成体

- 现在完成时：He has written the letter.

　　　　　　他已经写好这封信。

- 过去完成时：He had written the letter when I came.

　　　　　　我回来时他早就把信写好了。

- 将来完成时：He will have written the letter before I come.

　　　　　　我回来之前，他就会把信写好了。

完成进行体

- 现在完成进行时：He has been writing a letter for two hours.

　　　　　　　他已经写信写了两小时。

- 过去完成进行时：When I called he had been writing a letter for two hours.

　　　　　　　我打电话来时，他信已持续写了两小时了。

1. 一般现在时

一般现在时表示的动作或状态的发生不限于某个特定的时间，它们可发生于任何时间，包括现在、过去和将来，通常被描述为：一是不受时间限制的科学事实、客观真理、谚语格言，以及用于概括、结论、观点等；二是表示人们日常生活习惯及重复活动。

(1)不受时间限制的科学事实、客观真理、谚语格言。

　　例句一：Opportunities always favor the prepared minds.

　　译文：机会总是青睐有所准备的人。

　　解析：这个句子表述普遍事实，是一句格言，因此用一般现在时更好。

　　例句二：The bag matches her dress.

　　译文：这个包和她的裙子很相配。

　　解析：这个句子表达了一个基本观点，不受时间限制，故适用一般现在时。

(2)表示生活习惯及重复活动。

　　一般现在时表示经常发生的、习惯性的动作或是存在的状态。

　　例句一：He walks to school every day.

　　译文：他每天步行上学。（表示经常发生的动作）

　　例句二：I like noodles for dinner.

译文:我晚餐喜欢吃面条。(表示习惯的状态)

例句三:He never tells a lie.

译文:他从不说谎。(表示特征性的行为)

(3)一般现在时表示将来发生的动作。

在某些特定场合,一般现在时可以表示将来。

①主要用在条件状语从句(if 和 unless)和时间状语从句(when, as soon as, before, after 等)中。

例句一:Please let me know when he comes back.

译文:他回来时请告诉我。

例句二:I will be glad if he comes over to visit me.

译文:如果他来看我,我会很高兴。

②在谈到未来的计划和时间安排表时,一般现在时可以表示将来,但此时谓语动词往往是表示短暂性动作的动词,这类动词如 begin、start、arrive、leave、come、go 等。

例句一:The train starts at 2 o'clock.

译文:火车两点钟开。

例句二:The movie begins at 7:30 and ends at 9:30.

译文:电影7点半开始,9点半结束。

2. 一般过去时

(1)一般过去时表示在过去某一个特定时间所发生的动作或存在的状态,常和表示过去的时间状语连用。

例句一:I saw him in the library yesterday morning.

译文:我昨天早上在图书馆看到他了。

例句二:The motor home left ten minutes ago.

译文:那辆房车十分钟前离开了。

(2)一般过去时还可以表示在过去的一段时间内延续或重复的动作。

例句一:I slept for eight hours last night.

译文:我昨晚睡了八小时。

例句二:He never drank wine in his young days.

译文:他年轻时从不喝酒。

点睛之笔

在与"for+一段时间"连用时,一般过去时与现在完成时的区别:

在一般过去时的第二个用法中,需要将其和现在完成时相区别。在上述例句中,我们可以看到一般过去时也可以与"for+一段时间"连用,而现在完成时当然也可以与其连用。二者的区别在于,一般过去时与"for+一段时间"连用,表示动作发生在过去,并没有延续到现在;而现在完成时与"for+一段时间"连用,表示动作延续到现在,而且还可能继续延续下去。

3. 一般将来时

一般将来时表示将来某一时刻的动作或状态,或将来某一段时间内经常的动作或状态,其常见用法如下:

(1)will 表示将来。

①will 表示将来,表示猜测将来某事发生的可能性。

例句:It will rain tomorrow.

译文:明天会下雨。

【注意】由连词 when,unless,if,once 等所引导的状语从句表示某条件时,从句用一般现在时,主句用一般将来时。

例句:When I have money, I will buy a car.

译文:我有钱的时候就会买车。

②will 表示意愿,表示说话的时候立即决定将去做某事,事先并没有经过考虑,更没有为这一活动做出实现的准备。

例句:A:The telephone is ringing.(电话铃响了。)

B:I'll get it.(我去接。)

解析:在口语中,will 常缩写为'll(如 I'll)。在此对话中,B 去接电话是在说话的此刻当下立即决定要做的事,这既不是他预测到会有电话打进来,也不是他事先计划好要去接这个电话。

(2)be going to 表示将来,表示计划做某事或表示猜测将来某事发生的可能性。

①be going to 表示计划做某事时,此时主语为"人",表示说话者头脑里已经做出决定将要做某事,可能已经为这一行动做了某些准备。

例句一:Close your eyes, I am going to give you a surprise.

译文:闭上眼睛,我要给你一个惊喜。

例句二:I am going to buy a new T-shirt this summer.

译文:我打算今年夏天买一件新 T 恤衫。

②be going to 表示预测将来时,与 will 相区别。be going to 是一个现在时态的形式(am/is/are going to)表示将来,暗示其所表示的预测将来往往与"现在"有联系,而且是在说话后不久就将要发生的,此时主语可以为"人",也可以为非人称主语。所以当现有的证据可以支持预测,或根据目前的迹象来推断某事将要发生时,用 be going to 而不用 will。

例句一:You look very pale. I am sure you are going to get sick.

译文:你脸色看起来很苍白,我想你肯定是要生病了。

例句二:Look at the cloud! It's going to rain.

译文:瞧那乌云!天肯定要下雨了。

> **点睛之笔**
>
> **will 和 be going to 在表示预测将来时,二者区别如下:**
> - 用 be going to 特别指根据目前的明显迹象来推断某件事将要发生;will 则只表示说话人认为或相信某件事将要发生。
> - be going to 通常表示说话人与其所说的事件马上或在相当近的将来就要发生;will 所表示的动作发生的时间可近可远。

(3) 现在进行时表示将来。

现在进行时可以表示对最近的将来做出计划或安排。用现在进行时表示将来时,需要注意:一是必须要带有表示将来的时间状语;二是主语必须是人称主语,即主语必须是"人"。

例句:I am flying to Beijing next Monday.

译文:我下周一要飞往北京。

(4) 一般现在时表示将来。

用一般现在时表示将来的两种情况:一是用在条件状语从句和时间状语从句中;二是在谈到未来的计划和时间安排表时,一般现在时可以表示将来,但此时谓语动词往往是表示短暂性动作的动词(详见一般现在时部分)。

(5) 其他表示将来的结构。

① be to do 表示已经安排好要在将来发生的事,是比较正式的用法。

例句:She is to be married next month.

译文:她预定在下个月结婚。

② be about to 表示即将发生的动作(比如通常在五分钟之内就会发生),意思是"正要,马上就要"。

例句:The train is about to leave.

译文:火车马上就要开了。

4. 现在进行时

(1) 现在进行时表示说话时刻正在进行的动作。

例句:What are you doing here?

译文:你在这里做什么?

(2) 现在进行时表示在目前一段时期内持续的一种暂时的情况。此时现在进行时表示的是一般性的活动,在说话时刻这个动作不一定在发生。

例句一:I am not teaching English this month. I am working on a special project.

译文:这个月我没有在教英语。我在做一个特别的项目。

例句二:We are building a harmony society.

译文:我们正在建设一个和谐社会。

(3) 现在进行时用于表示"改变"的动词,则强调"逐渐变化"的过程。类似动词有:change, come, get, become, grow, deteriorate 等。

例句:It's getting dark.

译文:天渐渐黑了。

(4)现在进行时表示说话之前就确定好的、计划好的将来的安排。

例句一:I'm getting married.

译文:我就要结婚了。

例句二:I am taking an exam in June.

译文:我六月份要参加一次考试。

5.过去进行时

(1)过去进行时表示过去某一特定时刻正在发生的事情。

例句:A:Where were you last night? (昨晚你在哪?)

B:I was reading in the library. (我在图书馆看书。)

(2)过去进行时很多时候会用来回顾过去,常与一般过去时配合使用。

在此时,过去进行时通常表现为一个历时较长的体现为"背景"的动作或状态,而一般过去时则表示此"背景"下发生的一个短暂性动作,但也有两个动作均为长动作的情况。两个动作之间常用 when 或 while 来连接,区别在于:when 后面既可接短动作,用一般现在时,也可接长动作,用过去进行时;而 while 只能接长动作,用过去进行时。

例句一:I was telephoning Harry when she arrived.

译文:当她回来时我正在给哈利打电话。

解析:这个句子中出现了两个动作,一个为"打电话",一个为"回来",很明显"打电话"这个动作是长动作,用过去进行时,"回来"这个动作为短动作,所以用 when 连接,用一般过去时。

例句二:While I was studying in my dorm, my roommate was talking loudly with his friend.

译文:我在宿舍学习的时候,我的室友在大声和他的朋友说话。

解析:两个动作均为长动作。这个句子中两个动作 study 和 talk 均为长动作,表示这两个动作在过去同时持续。此句中的引导词为 while,后面接长动作,用过去进行时。

6.将来进行时

将来进行时主要表示将来某一时间正在进行的动作,或表示要在将来某一时间开始,并继续下去的动作。常用来表示礼貌地询问、请求等。将来进行时由"shall/will+be+现在分词"构成。shall 用于第一人称单、复数(I 和 we),will 可用于各种人称。

例句:At this time next day they will be sitting in the cinema.

译文:明天的这个时间,他们正坐在电影院里。

(1)表示将来某一时间正在进行的动作,一般带状语。

例句:What will you be doing at this time next Monday?

译文:下周一这个时候你要做什么?

(2)表示现在正在进行并且会延续到将来的动作。

例句:I wonder if it will still be raining this afternoon.

译文:我想知道今天下午是否还会下雨。

(3) 表示预定的将来动作或对将来的预测。

例句:Tomorrow I will be flying to Bombay.

译文:明天我将飞往孟买。

(4) 表示委婉的请求。

例句:When shall we be meeting again?

译文:我们什么时候还会再见面?

(5) 表示结果。

例句:Stop the child or he will be falling over.

译文:拦住孩子,否则他会摔倒的。

(6) 表示对将来的打算(区别于对将来的预测)。

例句:My duties will end in July, and I'll be returning to Shanghai.

译文:我的任务将于7月结束,届时我将返回上海。

7. 现在完成时

(1) 表示一个开始于过去的动作或状态一直延续到现在。

例句:I have learned English for over ten years.

译文:我学习英语已有10年了。

(2) 表示到目前为止的一个时间段内某一活动或事件重复发生了多次。

例句:I have been in Canada for six months. I have met many new friends.

译文:我在加拿大已经六个月了。我认识了很多新朋友。

解析:在这个句子中,第一句话 have been 即是我们第一点所说的现在完成时表示动作延续到了现在。在第二句话中,"have met"新朋友不可能是从过去到现在一刻不停在延续,而是一个不断重复的过程,即我们第二点所说的现在完成时表示某一事件重复发生多次。

(3) 现在完成时表示过去发生的事件对现在有影响,即某一个短暂性动作是在过去发生并结束的(一个已经完成了的事件),但是这一事件产生的影响一直到现在还存在。此时谓语动词一般为短暂性动词,同学们需要结合说话情境来理解现在完成时的这一用法。

例句一:David has fallen in love.

译文:大卫恋爱了。

解析:在这句话中,fall in love 为短暂性动词,不表示延续或重复性动作。这句话的意思是"大卫恋爱了",但是理解这句话是需要放在一定情境下的,我们给这句话再添上一句话同学们就更好理解了,即改成 David has fallen in love, that's why he is becoming excited. 这样就很明显了,fall in love 是短暂性动作,但是对现在造成了一定的影响,即大卫现在很兴奋。

例句二:My cousin has completed her thesis for a master's degree.

译文:我表姐已经完成了她的硕士毕业论文了。

解析:complete thesis 是短暂性动词,意思是"完成了论文",但该行为结束后的影响是一直持续到现在的,即论文已经被完成了,并且这个状态将一直持续下去。

【注意】使用现在完成时需要注意以下几点:

①谓语动词为短暂性动词时,不能与表示一段时间的时间状语连用;谓语动词是延续性动词时,可以与表示一段时间的时间状语连用,此时强调动作的持续性。

例句一:I have fallen in love.

解析:fall in love 是短暂性动词,短暂性动词是可以应用于完成时态的,上述句子是正确的。但是短暂性动词不能与表示一段时间的时间状语连用,即上述句子不能写成 I have fallen in love for eight years.

例句二:I have been married for eight years.

解析:上述句子中,married 为形容词,be married 为固定短语,所以并不是一个被动语态。be married 为延续性动词,此时可以与表示一段时间的时间状语 eight years 连用,表示结婚已 8 年了。

②现在完成时表示"重复意义"和表示"延续事件"二者有时候并不是能够完全区分开来的。"重复意义"可以看作是"延续事件"的一个特殊情况。现在完成时最根本的意义是"延续事件",表示过去发生的事件或状态会持续到现在可能还会延续到将来。

8. 过去完成时

过去完成时表示过去某一时间以前曾发生过的动作、过去已完成的动作或存在过的状态,也就是表示"过去的过去"。

(1)"延续事件":过去完成时表示开始于过去之前(过去的过去)的动作或状态在过去某一时刻仍然在持续,即表示一个动作或状态在过去就已经开始,这一动作或状态一直持续到过去某一时间,并且到这一过去时间还未结束,还有可能继续持续下去。

例句一:I had stayed in America for two years when he moved here.

译文:他搬到美国时,我已经在这里生活了两年了。

例句二:By the time I graduated from the college she had worked there for ten years.

译文:到我大学毕业的时候她已经在那儿工作十年了。

(2)"重复事件":过去完成时表示在过去之前开始的动作,在过去的一段时间内重复发生。

例句:He had written three letters by the time she arrived.

译文:在她来时,他写了三封信。

(3)过去完成时表示开始于过去之前的动作到过去这一时刻之前已经停止,而没有持续到过去这一时刻。

例句:She had made everything ready before I came.

译文:在我来之前,她已经把一切都准备好了。

解析:这里 made 在 came 之前便已完成,所以用过去完成时 had made。

(4)过去完成时表示"非真实"的过去。

主要是指 intend,mean,hope,want,plan,suppose,expect,think,propose,wish 等词用于过

去完成时,可以表示过去未能实现的计划、意图、设想或希望等。

例句一:I had intended to see you, but I was busy.

译文:我本打算去看你,但是我太忙了。

例句二:We had planned to go out for a picnic, but it rained. Therefore, we stayed at home the whole day.

译文:我们本来打算出去野餐,但是下雨了,于是我们在家待了一天。

9. 将来完成时

将来完成时以"将来"为"坐标时间",来表示开始于将来之前(可能是过去、现在或将来)的动作持续到将来,强调的是说话人要站在将来的某一时间来谈某一动作完成的状况。

(1)表示在将来某一时刻开始之前的动作,一直延续到该时刻,并且可能继续延续下去。

例句一:I will have waited for her for two hours when she arrives at 2 o'clock this afternoon.

译文:她今天下午两点钟到达的时候,我就将已经等她两个小时了。

例句二:By the end of next month he will have done the research here for one year.

译文:到下个月末,他在这里做这项研究就整整一年了。

(2)将来完成时表示在将来的某一时刻开始之前的动作,到该时刻之前已经完成。

例句一:We will have finished our exam by the end of next week.

译文:到下个周末为止,我们就将完成考试了。

解析:这个句子中 the end of next week 表示一个将来的时刻,在这个时刻之前,我们会考完试,而现在的时刻我们没有考完试,考完试的时间也是在将来,而且在下周末的时候该动作会停止,因此,用将来完成时 will have finished。

例句二:I shall have reached my destination before six o'clock this afternoon.

译文:今天下午六点之前我将已经到达目的地了。

10. 现在完成进行时

现在完成进行时的核心含义是表示将来动作的持续。主要有三种不同的情况:

(1)表示从过去开始一直延续到现在的动作,该动作说话时仍在继续进行,而且很可能还要继续下去。这一时态常和 recently, all day, this week 等状语或 for, since 引导的时间状语连用。

例句一:We have been learning English since ten years ago.

译文:我们从十年前开始就一直在学习英语。

例句二:It has been raining all day.

译文:雨已经下了一整天。

(2)表示过去开始的动作一直延续到说话之前刚刚停止。

例句一:Your eyes are red. You have been crying?

译文:看你眼睛红肿,刚刚哭过吧?

解析:这个句子中,have been crying 是持续性动作,但这个动作并没有持续到说话的时刻,而是在离现在这一时刻不远的之前结束的,即表示刚刚一直在哭,但是现在已经结束了。

例句二:I'm very tired. I have been working all day.

译文:我很累。我已经工作了一整天了。

(3)表示重复性动作。

例句一:He has been going to Mount Tai every summer for the past three years.

译文:他这三年的夏天都去泰山了。

例句二:We have been discussing about this matter several times this week.

译文:我们这周已经讨论这个问题好几次了。

11. 过去完成进行时

过去完成进行时表示开始于过去某个时刻之前的动作持续到过去这一时刻,并继续持续下去。从时间上来讲,过去完成进行时首先要确认一个过去的时间,并以此为坐标来谈论在此之前的事件。

(1)过去完成进行时表示过去时刻在延续的事件。

过去完成进行时表示开始于过去某个时刻之前的动作持续到过去这一时刻,并将继续持续下去。

例句:She had been studying French for one year before she went to France.

译文:她去法国之前已经学习了一年的法语。

解析:由 went 可知,她去法国是过去时态,那么在去法国之前发生的事便是过去的过去,而且"学法语"这个事件是持续性事件,因此使用过去完成进行时。

(2)过去完成进行时表示在过去时刻重复发生的事件。

过去完成进行时表示过去某一时刻之前的一段时间内重复发生的事件。

例句:I had been trying to get her on the phone. Finally she gave me a call.

译文:我当时一直试着打电话找她,最后她给我回了个电话。

解析:这个句子中,在"她给我回电话"这个过去发生的动作之前,我一直给她打电话,那么这就表示在过去之前的一段时间内重复发生的动作。这个动作没有确切的次数,也不能用过去完成进行时来表示确切的次数,即不能说成 I had been trying five times to get her on the phone,如果要表示确切的次数,就要变成过去完成时,即句子可以写成 I had tried five times to get her on the phone before she finally called me back.

12. 将来完成进行时

将来完成进行时与现在完成进行时用法基本相同,同样都是强调动作的持续性,表示开始于将来某个时刻之前的动作持续到了将来这个时刻,并且可能继续持续下去。

例句:By tomorrow I will have been doing morning exercises for 100 days.

译文:到明天,我坚持做早操就将有 100 天了。

解析:时间定到明天,是一个将来的时间。那么在明天到来之时,我已经持续做了很久的早操,因此使用将来完成进行时。

（二）语态

(1) 动词有两种语态，一种是主动语态，一种是被动语态。

主动语态表示句中主语是动作的发出者或执行者。

例句：I often persuade her to give up her impractical dream.

译文：我经常劝她放弃不切实际的梦想。

被动语态表示句中主语是动作的承受者。一般来说，只有及物动词或相当于及物动词的动词短语才有被动语态，不及物动词没有被动语态。

例句一：A book was laid on the desk by me.

译文：一本书被我放在桌上。

解析：lay 为及物动词，故其有被动语态，即 be laid。

例句二：The sun rises in the east.

译文：太阳从东方升起。

解析：rise 为不及物动词，没有被动语态，故不能说"太阳被升起"。

(2) 被动语态的基本结构形式为"be＋及物动词的过去分词"，当主动语态变为被动语态时，原来的宾语变为主语，原来的主语成为介词后的宾语，谓语动词变为被动形式。主动语态与被动语态的时态要保持一致。

例句：I will take care of him.（主动语态：我会照顾他的。）

He will be taken care of by me.（被动语态：他会受我照顾的。）

解析：在这两句话中，主动语态的句子中 I 是主语，will take care of 是谓语，him 是宾语。变为被动语态时，宾语置前，即 him 变为主语，变成 he，时态保持一致即同样都是将来时，will 表示将来，后面接 be 表示被动，be 之后接动词的过去分词，take 的过去分词为 taken，在变为被动语态时，注意不要丢掉 of。

点睛之笔

有些动词之后必须与介词连用，形成动词短语，因此，在变换句式时，要把"动词＋介词"形成的动词短语视为及物动词，再变成被动语态。

例句：I was laughed by them.（×）

They laughed at me. ＝ I was laughed at by them.（√）

（三）情态

情态，顾名思义就是表示"情绪和态度"。针对不同的事情要表达不同的情绪和态度，需要在谓语动词前加上不同的情态动词。情态动词表示说话人对某一动作或状态的态度，认为其"可能、应当、必要"等。不同于谓语动词时态和语态的变化（把谓语动词的形式进行改变），情态动词不能单独作谓语动词，必须和不带 to 的不定式即动词原形连用。因此，动词情态的变化是保持谓语动词不变（用动词原形），在它前面加上一个情态动词。情态动词没有人称和数的变化，个别情态动词有过去式，用来表达更加客气、委婉的语气，时态性不强。

常用的情态动词有 can(could)、may(might)、must、shall(should)、will(would)、need、ought to、dare(dared)等。

1. 情态动词的基本用法

(1) can 和 could。

can 和 could 表示"能力,许可,可能"等。

表示能力时,could 是 can 的过去式。表示请求时,could 可以代替 can,且语气更为委婉,但表示允许时不用 could。在口语中,can 可以代替 may 表示"许可",而 may 比较正式。

例句一:Can you carry the heavy box?(表示能力)

例句二:A:Can/Could I go now?(表示请求)

　　　　B:Yes,you can.(表示允许)

(2) may 和 might。

may、might 表示"许可,可能"。

表示请求时,may 和 might 都可以用,但只能用于第一人称疑问句中,且 might 语气更为委婉,而表示允许时则只能用 may,不用 might,且只能用在第二、三人称陈述句中。

表示可能性时,may 和 might 都可以用,常用于肯定句,且 might 语气更加不肯定。

例句一:You may eat whatever you like.(表示许可)

例句二:They may/might be from Canada.(表示可能性)

(3) must 和 have to。

must 表示"必须,应该",have to 表示"必须,不得不"。在这个意义上两者的意思很接近,但 must 表示说话人的主观看法,而 have to 表示客观需要。需要注意的是,have to 有情态动词的特性,但不属于情态动词。

must 表示推测时,意为"一定,准是",只用于肯定句,在否定句或疑问句中用 can/could。

在回答 must 的问句时,否定回答常用 needn't 或 don't have to 表示"不必",而不用 mustn't (mustn't 表示"不应该,不许,禁止"等)。

例句一:Everyone must obey the rule.(表示必须)

例句二:Every student will have to know how to use the computer.(表示必须)

例句三:There must be something wrong.(表示推测)

例句四:A:Must we hand in our exercise-books now?(表示必须)

　　　　B:No,you needn't/No,you don't have to.

(4) shall 和 should。

shall 表示征询意见或请求指示时,用于第一、三人称疑问句;表示说话人给对方的命令、警告、允诺或威胁时,用于第二、三人称陈述句。

should 表示劝告、建议、责任、义务或要求,常译为"应该"。

例句一:Shall the reporters wait outside?(表示征询意见)

例句二:Passengers shall not talk with the driver while the bus is moving.(表示警告)

例句三:You should keep your promise.(表示义务)

(5) will 和 would。

will 表示意愿、决心时,可用于各种人称陈述句;表示请求、建议时,用于第二人称疑问句。

would 是 will 的过去式,用法一样,但语气上比 will 更委婉。Would you please… 是一种比较礼貌的请求。

will 和 would 还可表示某种倾向或习惯性动作。

例句一:I promised that I would do my best.(表示决心)

例句二:Will you close the window?(表示请求)

例句三:The boy would sit there hour after hour looking at the traffic go by.(表示习惯性动作)

2. 情态动词表推测

(1)对现在或一般情况的推测,用"情态动词+be"、"情态动词+be doing"或"情态动词+v."。

例句:He must/may/might/could be at home at this time.

(2)对将来情况的推测,用"情态动词+v."。

例句:She must/may/might/could arrive before five o'clock.

(3)对过去情况的推测,用"情态动词+have+过去分词"。

①must have done 用于对过去发生事情的肯定推测,表示"一定做过某事",语气比较坚定,只用于陈述句中。对过去事情的否定推测常用 can't/couldn't have done。

例句一:I think they must have left early.(我想他们肯定早就离开了。)

例句二:Tom can't have written this, because this is in French and he doesn't know French.(这不会是汤姆写的,因为这上面是法语,而他并不懂法语。)

②can/could have done 用于对过去的推测,表示"可能已经做过某事",用 can 比 could 的可能性大。表示疑问时,则多用"could/might+主语+have+过去分词"。

例句一:The key is not in my bag. I could have left it in my office.(钥匙不在我包里。也许是落在办公室了。)

例句二:Could I have made a big mistake?(我是不是已经犯了大错?)

③may/might have done 用于对过去情况不太肯定的推测,表示"可能/或许做过某事"。might 表示的可能性比 may 更小。

例句:He may have gone.(他可能已经走了。)

④needn't have done 表示"已经做了本不需要做的动作",意为"本来无须"。

例句:It seems that you needn't have watered the flowers. Look, the rain is coming soon.(看起来你不该浇花的。瞧,很快就要下雨了。)

⑤ought to/should have done"表示过去本该做某事但实际没做";其否定形式 oughtn't to/shouldn't have done 表示"过去不该做某事却做了",含有遗憾、不满或责备之意。ought to 的语气比 should 强一些。

例句:You ought to have told him that the paint on the wall was wet.(你本该告诉他墙上的油漆还未干。)

(四)否定

简单句中表达否定,要把谓语动词变成对应的否定形式,主要分为两种:实义动词变否定、助动词和情态动词变否定。

1. 实义动词变否定

实义动词变否定前加助动词 do /does /did，再加上 not，最后加动词原形。其中助动词根据时态和主语来选择，过去时用 did，现在时用 do，现在时且主语是第三人称单数用 does。

例句：A few decades ago, many people didn't drink water outside of a meal.

译文：几十年前，许多人不会在餐外时间喝水。

解析：谓语动词 drink 为实义动词，表示过去时的否定加上助动词 did，变为 did not drink（缩写成 didn't drink）。

2. 助动词和情态动词变否定

助动词和情态动词变否定直接后加 not，例如 be 动词、情态动词、完成时态中的 have / had 等。

例句：Thinner isn't always better.

译文：瘦并非总是好事。

【注意】如果一个谓语动词中包含多个助动词或情态动词，否定加在第一个助动词或情态动词后。

例句：I will not be waiting for you.

译文：我将不会等着你。

解析：此句中，有情态动词 will，还有助动词 be，此时否定要把 not 加在第一个情态动词 will 后。

【注意】谓语动词变否定后，无论变成几个动词，仍然视作一个整体，即作为一个谓语动词。

二、助动词

（一）助动词的定义

助动词顾名思义就是一种帮助动词的词类，本身没有词义，在句中不能独立作谓语动词，使用时置于动词前，使动词能表现出时态、语态、否定句、疑问句等变化。

（二）助动词的种类

be（am、is、are、was、were）、have（has、had、have/has/had been）、do（does、did）、shall（should）、will（would）、can(could)、may（might）、must、ought to、need、dare、used to。以下仅就 be、have、do 三种助动词细讲。

1. be 动词

be 动词之后可接现在分词或过去分词表示进行时或被动语态，此时 be 为助动词。

（1）be＋现在分词＝进行时。

例句：He is reading a book.（其中，is 为助动词，reading 为现在分词。）

（2）be＋及物动词的过去分词＝被动语态。

例句：He was elected chairman.（其中，was 为助动词，elected 为过去分词。）

2. have

"have/has/had＋过去分词"表示"已经……"，帮助构成动词的完成时态或完成进行时态，have 为助动词，译成"已经"。

例句:He has written the letter.(其中,has 为助动词,written 为过去分词。)

3. do

do、does、did 等助动词可用以形成下列结构。

(1)否定句:"do/does/did＋not＋动词原形"。

例句:I didn't know what to do.

【注意】

①任何动词与 not 连用,形成否定时,一定要靠 do、does、did 再加上 not 协助。

例句:I not love him.(×)→I don't love him.(√)

②动词前若置 not 以外的否定副词,如:never(从未)、seldom(不常)、rarely(很少)、hardly(几乎不)、scarcely(几乎不/非常少)等,则不需与 do、does、did 连用。

例句:He did never live here.(×)→He never lived here.(√)

(2)疑问句:"do/does/did＋主语＋动词原形"。

例句:Did you understand it?

(3)强势语气。

在肯定句的动词前,按时态、人称置入 do、does 或 did,再将动词改为原形,此时 do、does、did 均译成"的确""真的"。

例句:He worked hard.(他很用功。)→He did work hard.(他真的很用功。)

(4)否定倒装句。

例句:Never did I know that he was so stupid.(我从不知道他这么笨。)

(5)代动词(pro-verb)。

此种助动词用以代替句中已出现过的动词及其后的其他词类。

例句一:Did you read this book?(你读过这本书吗?)

Yes, I did(＝read this book).(是的,我读过这本书。)

例句二:I work as hard as he does(＝works).(我工作和他一样辛苦。)

三、非谓语动词

在英语中,非谓语动词在句中充当除谓语以外的句子成分。非谓语动词有三种,分别是动词不定式、动名词和分词(现在分词和过去分词)。

(一)非谓语动词之不定式

动词不定式由"to＋动词原形"构成,其否定形式为"not to＋动词原形"。不定式可以由状语修饰,后面也可跟宾语或表语,共同构成不定式短语,没有人称和数的变化,但有时态和语态的变化。

1. 不定式的用法

(1)动词不定式作主语时,起名词作用,通常表示意愿、目的、企图等。

例句:To win the championship is my ambition.

译文:赢得冠军是我的志向。

【注意】动词不定式作主语时,可用形式主语 it 来代替,其结构为 It is… to do sth.

例句:It is my ambition to win the championship.

(2)不定式作宾语,起名词作用。

例句一:He promised not to tell anyone about it.

译文:他许诺不把这件事告诉任何人。

例句二:I think it is hard to answer the question in one go.

译文:我觉得一下子很难回答这个问题。

(3)不定式作宾语补足语,起名词或形容词作用。

例句:The chairman declared the meeting to be over.

译文:主席宣布会议结束。

解析:此句结构为"谓语动词＋宾语＋to do"的形式。

(4)不定式作定语,起形容词作用。

①作定语的不定式如果是不及物动词,或者不定式所修饰的名词或代词是不定式动作的地点、工具等,不定式后面需有相应的介词。

例句:He is looking for a room to live in.

②当作定语的不定式所修饰的名词或代词是不定式动作的承受者时,不定式既可以用主动语态也可以用被动语态,有时也可用主动形式表示被动含义。

例句一:Do you have anything to send? 你有什么东西要寄吗?(不定式 to send 的动作执行者是"你")

例句二:Do you have anything to be sent? 你有什么要(我或别人)寄的东西吗?(不定式 to be sent 的动作执行者是"我"或别人)

③only、first、last、next 及序数词或形容词最高级修饰的名词或代词后,常用不定式作后置定语。

例句:Who was the first to get to the top of the hill yesterday?

(5)不定式作状语(表示原因、结果、条件或目的),起副词作用。

例句一:We were very excited to hear the news.(原因)

例句二:He hurried to the school to find nobody there.(结果)

例句三:To look at him,you would like him.＝If you look at him,you will like him.(条件)

例句四:I came here to see you.(目的)

【注意】目的状语还可以用 in order to… 或 so as to… 来表示,但 so as to 不能置于句首。

例句一:In order to pass the exam,he worked very hard.

例句二:We ran all the way so as not to be late.

(6)不定式作表语(位于系动词之后,补充说明主语),起名词或形容词作用。

例句一:My job is to help the patient.(起名词作用)

例句二:They appeared to be very friendly with us.(起形容词作用)

(7)不定式与疑问词 who、which、when、where、how、what 等连用,在句中起名词作用,可作主语、表语、宾语等。

例句一：How to solve the problem is very important.（主语）

例句二：The question is how to get there.（表语）

例句三：He didn't know what to say.（宾语）

【注意】在与 why 连用时，不定式只用于 why 或 why not 引导的简短疑问句中，且动词不定式不带 to。

例句：Why not just ask them?

2. 动词不定式的逻辑主语

动词不定式不能在句中单独作谓语，因此没有语法上的主语。但由于动词不定式可以表示一种动作或状态，所以应该有动作的执行者和体现者，这种意义上的主语就是逻辑主语，它主要有两种形式。

(1)在动词不定式的复合结构，即"for＋宾语(代词或名词)＋动词不定式"结构中，for 后的代词或名词在形式上是不定式的逻辑主语。

例句：It's very important for us to drink water every day.

译文：对于我们来说，每天喝水是很重要的。

(2)在"It's＋形容词(good, kind, nice, foolish, clever, polite …)＋of＋名词或代词＋动词不定式"结构中，of 后的名词或代词在形式上是不定式的逻辑主语。

例句：It's very kind of you to tell me.

译文：你能告诉我真的太好了。

3. 动词不定式的时态和语态

(1)动词不定式的时态。

动词不定式的时态有一般时、进行时和完成时。

①不定式的一般时表示的动作与主要谓语动词所表示的动作同时(或几乎同时)发生或发生在主要谓语动作之后。

例句：I'm glad to see you.

译文：我很高兴见到你。

②不定式的进行时表示的动作与谓语的动作同时发生，而且正在进行。

例句：I am glad to be talking with you.

译文：我很高兴能够与你谈话。

③不定式的完成时表示的动作发生在主要谓语动作或特定的时间之前。

例句：He is said to have left Shanghai.

译文：据说他已经离开了上海。

(2)动词不定式的被动语态。

在一般式、完成式、进行式和完成进行式这四种不定式中，只有前两者有被动语态。

不定式的一般被动式为 to be done，表示不定式的逻辑主语是不定式所表示的动作的承受者而非发出者。

例句：The house needs to be repaired.

译文：房子需要修理。

不定式的完成被动式为 to have been done，表示不定式动作发生在谓语动作之前。

例句:It was unlucky of him to have been injured in the accident.

译文:他不幸在这场事故中受了伤。

点睛之笔

不定式的主动形式在以下情况下可以表示被动意义:

(1)在"主语+谓语(及物动词)+宾语+ to do"结构中,动词不定式与宾语之间有逻辑上的动宾关系,句子的主语与动词不定式又有逻辑上的主谓关系,因此,动词不定式的主动形式可以表示被动意义。

例句:She has a meeting to attend.

译文:她有一个会议要参加。

(2)在"主语+谓语(及物动词)+间接宾语+直接宾语+ to do"结构中,句子的间接宾语与动词不定式之间有逻辑上的主谓关系,且动词不定式与直接宾语之间有逻辑上的动宾关系,因此,可以用动词不定式的主动形式表示被动意义。

例句:I'll give him some books to read.

译文:我要给他些书看看。

(3)在"主语+谓语(及物动词)+宾语+宾补+ to do"结构中,句子的宾语是动词不定式的逻辑宾语,而句子的主语可能是动词不定式的逻辑主语,也可能不是。此时,可以用动词不定式的主动形式表示被动意义。

例句:I found the fellow hard to get along with.

译文:我发现那家伙很难相处。

(4)动词不定式前面可以加疑问代词构成"疑问代词+ to do"结构。在这个结构中,尽管动词不定式与疑问代词之间存在着逻辑上的动宾关系,却用动词不定式的主动形式表示被动意义。

例句:The question is what to do next.

译文:问题是下一步做什么。

(5)在 there be 句型中,当说话人考虑的是必须有人去完成某事时,用动词不定式的主动形式。如果强调事情本身必须要做,则用动词不定式的被动形式。含义没有明显区别。

例句:There is a lot of work to do.

译文:有许多工作要(人)去做。(需要人去做工作)

(6)在"It/This/That is + a/an +adj.+名词+to do"结构中,如果动词不定式与名词之间有逻辑上的动宾关系,则用动词不定式的主动形式表示被动意义。

例句:This is a hard question to answer.

译文:这是一个很难回答的问题。

(二)非谓语动词之分词

分词分为现在分词和过去分词两种。现在分词由动词原形+-ing 构成,如 working、being;过去分词由动词原形+-ed 或-d 构成,如 worked、lived;部分动词的过去分词有不规则变化,需逐一记忆,如 written、risen 等。

1.分词的基本用法

(1)分词作表语。

作表语时现在分词通常表示"使人感到",其含义是主动的;而过去分词表示"感到",其含义是被动的。

例句一:The film we saw yesterday was really moving.

译文:我们昨天看的那场电影确实感人。(电影使人感动,所以用现在分词。)

例句二:They were excited on hearing the news.

译文:听到这个消息,他们很激动。(他们为消息而激动,用过去分词。)

【注意】某些现在分词和过去分词作表语时,因为很像形容词,很多词典已经把它们归为形容词或习惯用法,如 to be interested in、to be excited about 等。

(2)分词作定语。

①单独一个分词作定语通常放在所修饰的词前面。

　　a developing country (＝a country which is developing)发展中国家(现在分词表示进行)

　　a developed country (＝a country which has been developed)发达国家(过去分词表示完成)

②分词短语作定语往往放在所修饰的词之后,实际上是一个定语从句的省略,但要注意不是所有的定语从句都能用分词代替,关键在于定语从句的时态。

例句一:The girl sitting in that corner is a good singer. (＝The girl who is sitting in that corner is a good singer.)坐在角落里的那个姑娘是个好歌手。

例句二:Do you know the teacher to teach us English? (＝Do you know the teacher who will teach us English?)你认识将要教我们英语的那位教师吗?

例句三:The proposal made by him will be discussed. (＝The proposal that was made by him will be discussed.) 他提出的建议将被讨论。

【注意】过去分词作定语含有被动和完成的概念,即分词的动作发生在谓语动词的动作之前,因此,不是所有被动语态的定语从句都可省略成过去分词。

例句:Do you know the name of the book which will be written by our teacher? 你知道我们老师要写的书的名字吗?(该句的 written 发生在谓语动词 know 之后,所以不能省掉 which will be。如果省略的话,意思就变了。)

(3)分词作状语。

分词作状语相当于一个并列句或状语从句的省略,并需对句子稍做改动。

例句一:Being a clever boy,he studies very well. (＝As he is a clever boy,he studies very well.)因为他是个聪明的孩子,所以他学习很好。

例句二:When asked about it,she said she knew nothing. (＝When she was asked about it,she said she knew nothing.)当有人问她这件事时,她说她不知道。

【注意】上句利用过去分词对句子进行改动时,因其是从一个被动语态的从句省略而来,有时可以保留一些连词,像 when、while、if 等。

例句:If applied in agriculture,the machines will save farmers much labor. (＝If they are applied in agriculture,the machines will save farmers much labor.)

译文:如果将这些机器用于农业,就可以省去农民的很多劳动。

(4) 现在分词作宾语补足语。

①hear、see、notice、watch、observe 等表示感官或感觉的动词后可用现在分词作宾补,表示动作正在进行。

例句:I saw the boy climbing the tree.

译文:我看到那个男孩子在爬树。

解析:在这种结构中也可以用省略 to 的不定式作宾补,两者的区别是,现在分词表示正在进行,而不定式表示有这么一回事。

例句一:I heard someone knocking at the door. 我听到有人正在敲门。(强调敲门这个动作正在进行)

例句二:I heard someone knock at the door. 我听到有人敲门。(强调有人敲门这么一回事)

②catch、discover、find、get、have 等动词后可用现在分词作宾补。

例句:He had the light burning all night.

译文:他让灯亮了一整夜。

(5) 过去分词作宾语补足语。

①表示感觉或心理状态的动词(如:sound、see、hear、listen to、feel、think 等)后面可用过去分词作宾补。

例句:I heard the song sung in English. 我听过有人用英语唱这首歌。(过去分词 sung 的动作显然先于谓语动作 heard)

②使役动词 have、make、get、keep、leave 等接过去分词作宾语补足语有两种情况:过去分词所表示的动作由他人完成;过去分词所表示的动作由句中的主语所经历。

例句一:He had his money stolen. 他的钱被偷了。(被别人偷去)

例句二:He had his leg broken. 他的腿断了。(他自己的经历)

2. 分词的时态和语态

(1) 现在分词的完成时。

现在分词的完成时(having done)主要用于状语从句,强调分词的动作发生在谓语动作之前。简单地说,如果状语从句的时态是完成时,在对从句进行省略时,也用分词的完成时。

例句一:Having waited for a long time, he was asked into the office. (= After he had waited for a long time, he was asked into the office.)

译文:在等了很长时间之后,他被叫进了办公室。

例句二:Never having been to China, I know little about the country. (= Since I have never been to China, I know little about the country.)

译文:因为没去过中国,我对中国知之甚少。

(2) 现在分词的被动语态。

现在分词的被动语态(being done)和完成时的被动语态(having been done),主要用于定语从句和状语从句。注意下列每对句子中分词与从句的时态和语态。

例句一:I heard the noise of furniture being moved upstairs. (= I heard the noise of furniture that was being moved upstairs.)

译文:我听到楼上正在搬家具的声音。

例句二:Having been kept indoors for the whole morning, the children became impatient. (= As they had been kept indoors for the whole morning, the children became impatient.)

译文:孩子们在室内待了一上午,开始不耐烦起来。

(三)非谓语动词之动名词

动名词是一种兼有动词和名词特征的非限定动词,由"动词原形+-ing"构成。

1. 动名词的基本用法

(1)作主语。

①动名词作主语往往表示经常性、习惯性的动作,在口语中也可以表示具体的动作。

例句:Painting is his hobby.

译文:绘画是他的爱好。

②动名词作主语和不定式作主语一样,也可以用 it 作形式主语,将实际主语动名词短语置于句末。

例句:It's no use talking without doing.

译文:光说不做没有用。

(2)作表语。

动名词作表语用来对主语的内容做进一步解释说明。

例句:My favorite sport is swimming.

译文:我最喜欢的运动是游泳。

(3)作宾语。

①英语中有些及物动词只能接动名词形式的宾语,如 mind、miss、enjoy、escape、practice、suggest、keep、avoid、appreciate、advise、admit、risk、finish、imagine 等。

例句一:You must avoid seeing her.

译文:你必须避开不见她。

例句二:Do you enjoy teaching?

译文:你喜欢教学工作吗?

②有些动词既可用不定式也可用动名词作宾语,但意义上有差别,如 remember、forget、stop、mean、try、regret、learn、go on 等。

- remember/forget/regret+to do 表示没有做的动作/+doing 表示已做的动作。

  例句一:Remember to turn off the lights when you leave the room.

  译文:离开房间的时候记得关灯。

  例句二:I remembered turning off the lights when I left the room.

  译文:我记得自己离开房间的时候关灯了。

- stop+to do 停下来做另一件事/+doing 停止正在做的事。

  例句一:Every half an hour my uncle would stop to have a smoke.

译文:我叔叔每半个小时就会停下来抽支烟。

例句二:As soon as Bob saw me, he stopped talking to his girlfriend and came over.

译文:鲍勃一看到我,就停止和女朋友谈话,(朝我)走了过来。

- try＋to do 努力做/＋doing 试一试。

  例句一:I have tried to make friends with him, but he seems not to care.

  译文:我努力想和他成为朋友,但他似乎并不在乎。

  例句二:If no one answers the front door, try knocking at the back door or windows.

  译文:如果前门无人应答,就敲一下后门或者窗户试试。

- mean＋to do 打算做某事/＋doing 意味着做某事。
- learn＋to do 准备学做/＋doing 正在学着做。
- go on＋to do 接着做另一件不同的事/＋doing 继续做同一件事。

③need、demand、want、require 表示"需要",be(well) worth doing 表示"值得做",它们是用主动形式来表示被动含义。

例句:Your shoes need cleaning.(＝Your shoes need to be cleaned.)

译文:你的鞋需要清洗下了。

④除上述外,还有一些固定词组,如 can't help、give up、feel like、keep on、set about、get down to、prevent/stop/keep/protect sb. from、object to、insist on、persist in、put off 等,后接动名词作宾语。

例句:1 can't help feeling that this may just be another of her schemes.

译文:我不免觉得这可能只是她的又一个诡计。

【注意】cannot help doing sth. 忍不住做某事

used to do/be(get) used to doing 过去常常做某事/习惯于做某事

2. 动名词的逻辑主语

当动名词的逻辑主语是代词时,一般使用形容词性物主代词。

例句一:He forgot about my asking him to attend my wife's birthday party.

译文:他忘了我邀请他参加我妻子生日派对的事了。(物主代词＋动名词,构成动名词的复合结构,作介词 about 的宾语。)

例句二:I object to his making private calls on the office phone.

译文:我反对他用办公室的电话打私人电话。

【注意】非谓语动词作宾语时,动名词的复合结构就是在动名词前加上它的逻辑主语,其结构为"名词所有格/形容词性物主代词＋动名词"。

3. 动名词的时态和语态

(1)动名词的完成时。

动名词的完成时表示的动作在谓语所表示的动作之前发生。

例句:I regret having done such a thing.

译文:我后悔做了这样的事。

(2)动名词的被动语态。

当动名词逻辑上的主语是其动作的承受者时,动名词一般要用被动形式。

例句:No one can avoid being influenced by advertisements.

译文:没有人能不受广告的影响。

考试攻略

在考研的长难句中,非谓语动词是非常重要的补充成分。处理非谓语动词时,要准确地找到非谓语动词的完整结构,同时还要准确地判断出它的作用,才能进一步分析句子。

攻略1:非谓语动词词组的完整性

非谓语动词出现时,不一定只有doing、done、to do。及物动词作非谓语动词时,可后接宾语,并加上形容词、副词、介词短语等表示进一步的修饰限定,从而构成较长的非谓语动词词组。在分析长难句时,一定要找到完整的非谓语动词词组,才能正确理清句意。

例句:The Romantics commemorated the leading painters and authors of their day, stressing the uniqueness of the artist's personal experience rather than public glory.

解析:此句中非谓语动词stressing后接宾语和介词短语构成了一个很长的词组。其中,stress是及物动词,后接宾语the uniqueness,介词短语of the artist's personal experience和rather than public glory表示修饰限定(介词短语中还包含了名词所有格和形容词),由此构成完整的非谓语动词词组"stressing the uniqueness of the artist's personal experience rather than public glory"。该词组作状语修饰整个句子,表示"(浪漫主义者)强调的是这些艺术家个人经历的独特,而不是所获得的公共荣誉"。

译文:浪漫主义者在赞颂同时代的杰出画家和作家时,强调的是这些艺术家个人经历的独特,而不是所获得的公共荣誉。

攻略2:准确找到非谓语动词所修饰的对象

非谓语动词作定语或状语,相同点在于都表示修饰,不同点在于修饰的对象不同,作定语修饰一个名词(逻辑主语为此名词),而作状语是修饰一个句子(逻辑主语为句子主语)。

其实分清楚非谓语动词作定语还是作状语不重要,重点在于要能够判断清楚它的逻辑主语,即它的修饰对象,主要可根据三种方法进行判断:

一是确定非谓语动词的位置;

二是明确与句子间是否有逗号隔开;

三是采用代入法,把非谓语动词与前后的名词或句子主语进行搭配,看意思是否合适。

详解如下:

在判断非谓语动词doing和done的修饰对象时,如果其前后直接挨着名词,则修饰名词作定语;如果其前后不直接挨着名词,或有逗号把非谓语动词跟句子隔开,则修饰句子作状语。

例句一:I saw a passing plane.

例句二:Passing the cafe, I saw a friend.

上面第一句中:passing挨着名词plane,所以修饰名词作定语,表示"我看见了一架经过的飞机"。

上面第二句中：passing 没有挨着名词 cafe（中间有 the 隔开），且有逗号把非谓语动词跟句子隔开，那么非谓语动词就修饰句子作状语，表示"经过那个咖啡馆时，我看见了一个朋友"。

在判断非谓语动词 to do 的修饰对象时，若 to do 位于句首，则通常修饰整句话，有逗号隔开；但若 to do 位于句子中间或后面，无论是修饰一个名词还是整句话，一般都没有逗号隔开，此时就需要采用代入法，判断 to do 的逻辑主语（即修饰对象）是前面的名词，还是句子的主语。同理，doing 和 done 也可以采用代入法判断。

例句：Archaeologists commonly use computers to map sites and the landscapes around sites.

解析：此句中非谓语动词词组为 to map sites and the landscapes around sites，前面没有逗号隔开，难以判断其是修饰整个句子，还是修饰前面的一个名词。因此，可采用代入法判断意思，到底是 Archaeologists to map（考古学家去绘制遗迹地形图）还是 computers to map（电脑主动去绘制遗迹地形图）呢？很明显，电脑不能主动去绘制地形图，所以根据意思可以确定 to map 的逻辑主语是 Archaeologists（即句子主语），然后根据逻辑主语可以判断出这个非谓语动词修饰句子（作状语）。

译文：考古学家通常用电脑绘制遗迹及其周边的地形图。

攻略 3：非谓语动词的去留

如果非谓语动词在句子中作主语、宾语、表语（通常位于谓语动词前后），那么它就是句子的核心构成，因此在简化句子时要保留。但如果非谓语动词在句中作定语或状语（通常位于名词或整个句子前后），只是修饰的成分，那么在简化句子时可以先去掉不看，先看句子的核心部分，即通过明确长难句的主干部分来理解句子的核心含义。

第三章　句子结构

一、句子成分

必需成分：主语、谓语。

可能成分：宾语、表语、补语、修饰语（定语、状语、同位语）。

1. 主语

(1) 充当主语的成分。

主语是一个句子的主体，是句子的"陈述对象"，是谓语动词所表示的动作或状态的执行者。主语通常是名词、代词（主格）、数词以及名词化的形容词、不定式、动名词等相当于名词的词组或从句等。

充当主语的成分	例句
名词	**Short skirts** are in fashion now. 现在流行短裙子。
代词（主格）	**I** have received your letter. 我已收到你的来信。
名词化的形容词	**The young** should respect the old. 年轻人应当尊重长辈。
不定式	**To know oneself** is difficult. 要认识自己很难。
动名词	**Doing** is better than saying. 行胜于言。
名词词组	**Watching TV too much** is bad for your eyes. 看太多电视对眼睛有害。
从句	**What we need** is a good rest. 我们需要好好休息一下。

(2) 形式主语与真正主语。

主语由不定式短语、动名词短语或从句充当时，为了避免句子头重脚轻，常将主语放在句尾，用 it 代替它原来的位置，这个 it 称为形式主语，放在句尾的原主语为真正主语。

例句：It is not clear how advertisers will respond.

译文：广告商对此做何反应还不清楚。

解析：how 引导的从句为真正的主语，it 为形式主语。

2. 谓语

(1) 谓语动词人称和数的变化。

谓语动词表明主语的行为或状态，表意动词、系动词、情态动词或助动词加主要动词（包括短语动词）所构成的动词短语均可用作谓语动词。需要注意的是，谓语动词要与主语的人称和数量保持一致。

例句：Opportunities for misinterpretation, error, and self-deception abound.

译文：误解、错误与自我欺骗随处可见。

解析：主语是复数形式 opportunities，谓语动词要用复数形式 abound"大量存在"。

(2)谓语动词的时态。

英语中不同时间和方式发生的动作或状态,要用谓语动词的不同形式来表示。谓语动词的主要时态有:

时间/状态	简单体	进行体	完成体	完成进行体
现在时	do/does	am/is/are doing	has/have done	has/have been doing
过去时	did	was/were doing	had done	had been doing
将来时	will/shall do	will/shall be doing	will/shall have done	will/shall have been doing

(3)谓语动词的语态。

语态是动词的一种形式,用以表示主语和谓语之间的关系。语态分为主动语态与被动语态两种。主动语态表示主语是动作的执行者,被动语态表示主语是动作的承受者。被动语态由"be/get+及物动词的过去分词"构成。

例句一:The report advocates greater study of foreign languages, international affairs and the expansion of study abroad programs.

译文:报告提倡增加研究外语和国际关系的力度以及扩大留学项目。(主动语态)

例句二:Obesity is often defined in terms of body mass index, or BMI.

译文:肥胖通常依据身体质量指数,即 BMI 来定义。(被动语态)

3. 宾语

(1)充当宾语的成分。

宾语表示动作作用的对象,一般分为动词宾语和介词宾语。宾语一般由名词、代词(宾格)、数词、名词化的形容词、动名词、不定式、介词短语或从句充当。

充当宾语的成分	例句
名词	Mist clothed **the hills**. 薄雾笼罩着山丘。
代词(宾格)	They didn't promise **him anything**. 他们没有答应他什么。
名词化的形容词	Obesity can be divided into **moderately obese, severely obese, and very severely obese**. 肥胖还能依次分为中度肥胖、重度肥胖和极度肥胖。
动名词	I enjoyed **talking to you**. 我和你谈话很高兴。
不定式	They decided to **close the border**. 他们决定封闭边境。
介词短语	A rabbit ran out **from under the table**. 桌底下跑出来一只兔子。
从句	We hoped **that all would come well**. 我们希望一切都会好转。

(2)间接宾语和直接宾语。

英语中的授予动词("给予""告知""拒绝"等类似意义的动词)要求接双宾语,即直接宾语和间接宾语。直接宾语指所给予或告知的"事物",间接宾语指接受或被告知事物的"人"。间接宾语一般放在直接宾语之前,但也可置于直接宾语之后,但前面须加介词 to 或 for。

例句:Please show me your passport.

译文:请把护照给我看下。

解析：me 为间接宾语，your passport 为直接宾语。

当间接宾语后置时，究竟是选择介词 for 还是 to，取决于谓语动词。

- 当间接宾语后置时，其前需带介词 to。此类动词有：show，assign，award，bring，deliver，deny，feed，give，grant，hand，lend，owe，offer，pass，pay，promise，post，read，recommend，sell，send，take，write 等。

    例句：Show your homework to me, please.

    译文：请把你的家庭作业给我看看。

- 当间接宾语后置时，其前需带介词 for。此类动词有：buy，book（预定），build，change，choose，cook，fetch，find，get，keep，make，order，prepare，sing 等。

    例句：I made a birthday cake for him.

    译文：我为他做了一个生日蛋糕。

- 有个别动词只用于"主语＋动词＋间接宾语（＋直接宾语）"的结构，而不用介词来替换，如 charge、cost、bet 等。

    例句：He charged me ten dollars.

    例句：他收了我 10 美元。

- 更为特殊的动词，当间接宾语后移时，间接宾语前需带介词 of，如动词 ask。

    例句：Can I ask you a question? ＝ Can I ask a question of you?

    译文：我能问你一个问题吗？

点睛之笔

如何区分双宾语与复合宾语

双宾语是指授予动词（"给予""告知""拒绝"等类似意义的动词）后接的双宾语，即直接宾语（物）和间接宾语（人）。因此，间接宾语和直接宾语合起来叫作双宾语。

复合宾语是指宾补动词后面接宾语，而宾语后面又接补充说明宾语的补足语。因此，宾语和宾语补足语合起来叫作复合宾语。

这两种宾语尤其是两者都为"动词＋人＋物"结构时，很多同学会混淆。区分这两种宾语有个很简单的办法，即在宾语后面加上 be 动词，若能构成一个语义通顺的句子，即是补足语。因为宾语与宾语补足语的语义关系就相当于主语与主语补足语的关系，即类似一个主系表结构，所以，在宾语后面添上一个系动词 be，自然应该是能构成一个逻辑语义通顺的句子。而间接宾语与直接宾语二者之间就没有这样的语义关系，所以，添上 be 之后，自然是不能构成一个语义通顺的句子。

例句一：I made John our chairman.

译文：我选了约翰当我们的主席。

例句二：I made John a cake.

译文：我给约翰做了一块蛋糕。

解析：在例句一中，在宾语 John 后面添上一个 is，即 John is our chairman. 这说得通，所以例句一中的 our chairman 是宾语补足语。然而在例句二中，在宾语 John 后面添上一个 is，即 John is a cake.（约翰是块蛋糕。）这显然讲不通，所以例句二是一个双宾语结构，a cake 是直接宾语。

(3) 形式宾语与真正的宾语。

在"主语＋谓语＋宾语＋补语"这一基本句型中,当宾语较长时(由短语或从句充当时),必须将宾语放在补语之后,用 it 来代替它原来的位置,这时 it 为形式宾语,放在补语之后的宾语为真正的宾语。

例句:It is my honor to be invited to speak here.

译文:被邀请来讲课是我的荣幸。

解析:不定式短语 to be invited to speak here 是真正的宾语,it 是形式宾语,my honor 是补语。

4. 表语

(1) 充当表语的成分。

位置上,表语总位于系动词之后,与系动词一起构成句子的谓语。意义上,表语通常说明主语的身份、特征或状态。表语一般可以由名词、代词、形容词、副词、不定式、动名词、分词、介词短语或从句充当。

充当表语的成分	例句
名词	The matter rests **a mystery**. 此事仍是一个谜。
代词	What I want to say is **this**. 我想说的就是这个。
形容词	A good medicine tastes **bitter**. 良药苦口。
副词	I'm **here**. 我在这儿。
不定式	The weather turned out **to be fine**. 天气结果很好。
动名词	His favorite sport is **climbing mountains**. 他最喜欢的运动是登山。
分词	This dog is **frightening**. 这条狗让人害怕。
介词短语	The proof of the pudding is **in the eating**. 布丁不好,吃了才知道。
从句	This is **where our basic interest lies**. 这是我们的根本利益所在。

(2) 与表语连用的系动词。

连系动词也叫系动词,是用来辅助主语的动词。连系动词本身有词义,但不能单独用作谓语,其后必须跟表语(名词、形容词、某些副词、非谓语动词、介词短语、从句)构成系表结构,说明主语的状况、性质、特征等。

系动词种类	说明	例句
状态系动词	状态系动词表示主语的状态,只有 be 动词	He is older than he looks. 他比看上去要老。
表象系动词	表象系动词表示"看起来像"这一概念,主要有 look,appear,seem 等	He looks tired. 他看起来很累。
感官系动词	感官系动词表示人体感官,主要有 feel,smell,sound,taste 等	The man looked puzzled. 这个男人看起来十分茫然。
持续系动词	持续系动词表示主语继续或保持某种身份、特征或状态,主要有 keep,rest,remain,continue,last,lie,stand,stay 等	She always kept silent at meeting. 她开会时总是保持沉默。

续表

系动词种类	说明	例句
变化系动词	变化系动词表示主语从一种状态转变到另一种状态,如 become,grow,turn,fall,get,go,come,run 等	He became mad after that. 自那之后,他就疯了。
终止系动词	终止系动词表示主语已终止动作,主要有 prove,turn out 等	His plan turned out a success. 他的计划终于成功了。

5. 定语

定语是起修饰限定作用的成分,修饰名词或代词,说明它的性质、特征等。如果是一个词作定语,则一般放在它所修饰的名词之前,如果是短语或从句作定语,则放在被修饰的词之后。可用作定语的有名词、形容词、代词、数词、动名词、分词、不定式、介词短语、从句等。

充当定语的成分	例句
名词	**passenger** train 客车
代词	**his** debt 他的债务
形容词	**up-to-date** equipment 先进的设备
动名词	a **sleeping** car 一辆卧铺车
不定式	Today we have a tendency **to label obesity as a disgrace**. 如今,我们有一种将肥胖视为耻辱的倾向。
分词	The ground was covered with **fallen** leaves. 地上覆盖着落叶。
介词短语	Satisfaction **with material purchases** wears off fairly quickly. 购买物质产品的满足感会很快消退。
从句	These are the types of jobs **that machines can perform much better than human beings**. 这些工作属于机器可以比人做得更好的类型。

6. 状语

状语是用来修饰动词、形容词、副词以及全句的句子成分,可表示时间、地点、原因、目的、结果、条件、让步、方式、程度和伴随情况等。状语可由副词、介词短语、分词(短语)、不定式或从句充当。位置上看,状语可出现在句首、句中或句末。

充当状语的成分	例句
副词	He speaks English **very well**. 他英语说得非常好。("very well"是修饰 speak 的程度状语)
介词短语	The boy was praised **for his bravery**. 这个男孩因为他的勇敢而被夸奖。
分词(短语)	She sat at the desk **reading a newspaper**. 她坐在书桌前看报纸。(reading 是伴随 sat 进行的,作伴随状语)
不定式	I come specially **to see you**. 我专门来看你。(不定式在句子中作目的状语)
从句	**When she was 12 years old**, she began to live in Dalian. 她12岁的那一年开始居住于大连。

7. 补语

补语是起补充说明作用的成分,用以弥补主语或宾语意义之不足,可分为主语补语和宾语补语。宾语补语存在于"主语＋谓语＋宾语＋补语"这一基本句型中,当这一句型转化成被动语态时,宾语转化成主语,宾语补足语也相应转化成主语补足语。

可以用作宾语补语的有名词、形容词、介词短语、不定式及其短语和分词及其短语。

充当补语的成分	例句
名词	Her appeal was considered **a failure**. 她的呼吁被认为是失败的。(主补) They considered that **a downright lie**. 他们认为那是彻头彻尾的谎言。(宾补)
形容词	You have grown **thinner**. 你瘦了。(主补) We found the boy **honest**. 我们发现这男孩很诚实。(宾补)
分词	In my opinion, the situation doesn't seem so **disappointing**. 我认为形势没有那么糟糕。(主补) You'd better have that tooth **pulled out**. 你最好把牙拔出来。(宾补)
不定式	That man has never been seen **to smile**. 从没见那个人笑过。(主补) Our teacher encourages us **to air our views**. 老师鼓励我们提出自己的看法。(宾补)
介词短语	I found everything **in good condition**. 我发现一切都井然有序。(宾补)

点睛之笔

(1)现在分词和过去分词都可以作为宾语补语,但是含义不同:宾语与现在分词是主动关系(即宾语是现在分词所表示的动作的施动者),宾语与过去分词是被动关系(即宾语是过去分词所表示动作的受动者)。

例句:I must get my hair cut.

译文:我必须把头发剪掉。

解析:hair 是 cut 的逻辑宾语,要用动词的过去分词形式。

(2)当感官动词(如 feel, see, hear, notice, watch, observe, listen to, look at 等)、使役动词(如 let, have, make 等)后接动词不定式作宾语补语时,动词不定式不带 to。当使役动词和感官动词转变为被动语态时,不定式就成了主语补语,这时 to 不能省略。

例句一:I have never seen that man smile.(我从未见过那个人笑。)

→That man has never been seen to smile.(没人见过那个人笑。)

例句二:The landlord made them work day and night.(地主让他们不分昼夜地工作。)

→They were made to work day and night by the landlord.(他们受地主压迫,不分昼夜地工作。)

8. 同位语

当两个指同一事物的句子成分放在同等位置,其中一个句子成分用来说明和解释另一个句子成分时,后者就叫作前者的同位语。可以用作同位语的有名词、不定代词、名词短语及名词从句等。

例句一:The news **that they were injured** was not true.(名词从句作同位语)

译文:他们受伤的消息不是真的。

例句二:To be or not to be, **that** is the question.(代词作同位语)

译文:生存还是毁灭,这是一个问题。

9. 插入语

有些句子往往会插入一些表明态度、看法等解释性的词语,这类词语称为插入语,插入语可能是单词、短语或从句。插入语不是句子的必要成分,通常用逗号、括号或破折号分开。

例句:That is the best, though not the cheapest, method of rebuilding the garage.

译文:那是重建车库最好的办法,虽然不是最便宜的。

解析:though not the cheapest 为插入语。

二、句子结构

(一)简单句

前面讲到,读懂长难句最重要的一步是确定句子主干。考研英语长难句即使再复杂,归根到底主要是 5 种基本句型的转换和扩展。

1. 句型一:主语+谓语

谓语动词决定了整个句子的结构。

在"主语+谓语"这个完整的句子结构中,此处谓语是不及物动词(intransitive verb),其所表示的动作没有作用对象,其本身所表示的意思完整,其后不接宾语。

例句:The rain stopped.

译文:雨停了。

解析:句子的谓语动词 stop 就是一个不及物动词,其后不需要加宾语也能完整表示句子的意思。

2. 句型二:主语+谓语+宾语

在"主语+谓语+宾语"这个句型结构中,此处的谓语必须是及物动词,及物动词意味着其后必须接宾语才能保证句子谓语部分意思完整。此处的宾语即主语所发出的动作所作用的对象,即宾语是主语动作的承受对象。

例句:He opened the door.

译文:他打开了门。

解析:这个句子中,谓语部分 open 便是及物动词,其后面必须加宾语来告诉人们"打开了什么",如果将后面的宾语去掉,句意就会不完整(不知道他打开了什么),使句意完整的词(door)就是我们说的宾语。

3. 句型三:主语+系动词+表语

系动词,又称连系动词,意为这种动词没有具体的动作,而只是起连接主语和后面成分的作用,其后所接表语说明主语的状态和性质,可以是名词、形容词、副词或短语等。

例句:I'm always alone.

译文:我总是一个人。

解析:常见的系动词有 be 动词、表感官的词(如 feel,smell,sound,taste 等)、表变化的词(如 become,grow,turn 等)、表状态的词(如 remain,keep 等)。句中的 am 便是充当系动词的 be 动词,alone 为表语,说明主语的状态。

4. 句型四:主语+谓语+间接宾语+直接宾语

在"主语+谓语+间宾+直宾"的句型中,此处的谓语动词是也应当是及物动词,后面接的成分既有人又有物。一般情况下,"人"表示动作的接受者,称为间接宾语;"物"表示动作作用的对象,称为直接宾语。间接宾语和直接宾语合起来称为双宾语。

例句:He showed me the way.

译文:他给我指路。

解析:在这个句子中,谓语动词是 show,即"指出"这个动作。那么,直接宾语 the way,即被指出的路,间接宾语是 me,即"我"。

5. 句型五:主语+谓语+宾语+宾语补足语

在"主语+谓语+宾语+宾语补足语"这个句型中,动词后面接宾语,但句意通常不完整,需要在宾语后又接补充说明宾语的补足语,句意才能完整通顺。常见的带复合宾语的动词有:appoint,believe,call,choose,consider,declare,elect,feel,find,keep,leave,let,make,name,nominate,prove,see,suppose,vote 等。

例句:They appointed John chairman.

译文:他们任命约翰为主席。

解析:这个句子中,谓语动词是 appointed("任命"),任命的对象约翰是宾语,后跟的 chairman 是宾语补足语,表明任命约翰为"主席",宾语补足语使整个句子意思更为完整。

(二)复杂句

1. 从简单句到复合句

以上介绍了五种句型结构,而英语中各种复杂的长难句都是由这五种基本句型通过扩展、组合、省略、倒装等变化而来。一般来讲,一个句子除了有主语和谓语之外,其他可能包含的成分还有宾语、表语、同位语等。在这些成分中,谓语较为特殊,只能由动词来充当,而其他成分则可以由词、短语或者句子来充当。如果用一个完整的句子来充当另一个句子的某个成分,即构成相应的从句。

由主句和一个或一个以上的从句构成的句子叫主从复合句。所谓主句,就是在复合句中起统领作用的句子,它是全句的主体,能够独立存在。从句是整个复合句的一个句子成分,它可以用作主语、宾语、定语、状语等句子成分。一般说来,从句在复合句中充当什么成分就称之为什么从句。比如:从句在复合句中用作主语,就叫主语从句;在复合句中用作宾语,就叫宾语从句;在复合句中用作状语,就叫状语从句,以此类推。

例句:We anticipate that demand is likely to increase.

译文:我们预料需求可能增加。

解析:主句是 We anticipate that…,其中 that 引导的从句用作 anticipate 的宾语,为宾语从句。

2. 并列句

包含两个或更多的互不依从的主谓结构的句子叫并列句,句中各个主谓结构叫作并列的分句,常用并列连词或逗号(分号)隔开。

例句一:**Not only** did he turn up late, **but** he **also** forgot his books.

译文:他不但来晚了,还忘了把书带来。

例句二:Think like a man of action, act like a man of thought.

译文:思考要像实践家,行动要像思想家。

3. 并列主从复合句

一个复合句和另一个简单句或复合句由并列连词连接而成,这样的句子称为并列主从复合句。简单说,就是并列句中的一个或更多分句中,又包含一个或更多从句。

例句:The policeman looked at me suspiciously, and he asked me what I wanted.

译文:警察狐疑地打量着我,问我要干什么。

解析:此句为"简单句+and+复合句",其中复合句中的从句 what I wanted 为 asked 的直接宾语。

第四章 攻克从句

一、定语从句

定语从句在句中起定语作用,修饰主句中的某一名词或代词。主句中被关系代词或关系副词替代的词叫先行词,一般的定语从句置于先行词之后。

(一)**关系代词**

关系代词主要包括 who、whom、whose、which 和 that,这些词起代词的作用,在定语从句中充当主语或宾语(whose 作定语)。

关系代词的种类及其功能

(1)先行词指"人",关系代词用 who 或 whom。

who 和 whom 的区别是:who 前面不能与介词搭配使用,因为 who 是主格形式,所以在介词后不能用 who 而用 whom,whom 在句子中不能作主语,可以作宾语或表语。

例句一:I'm talking about friends who you can share about anything with.

例句二:I'm talking about friends with whom you can share about anything.

(2)表示人或物的所有关系,用 whose。

whose 表示所有关系,后面接名词,可以指人也可以指物。"whose+名词"在从句中可以作主语、动词的宾语或介词的宾语。

例句一:These children sit in a classroom whose windows are all broken.

译文:这些孩子坐在窗户都坏了的教室里。

解析:主句是 These children sit in a classroom,whose 替代 classroom 充当先行词,whose windows 在定语从句中作主语,整个定语从句修饰 classroom。

例句二:It was a meeting whose importance I did not realize at that time.

译文:这是一场我当时没有意识到它的重要性的会议。

解析:主句是 It was a meeting,whose 代替 meeting 充当先行词,whose importance 在定语从句中作动词 realize 的宾语,整个定语从句修饰 meeting。

例句三:I hate John, whose words I have no trust in.

译文:我讨厌约翰,我不相信他说的话。

解析:主句是 I hate John,whose words 作介词 in 的宾语。

(3)先行词指物,用关系代词 which。

which 可以在从句中作主语或宾语,用 which 来替代先行词,可以指代单个名词、短语或者从句。

例句:He likes climbing mountains, which is a good exercise.

译文:他喜欢爬山,那是一项很好的运动。

解析:which 指代主句中的动名词短语 climbing mountains。

(4)关系代词 that 的意义和用法有以下三点:一是 that 既可以指"人",也可以指"物",指"物"时可以替换 which,指人时可以替换 who;二是 that 不用在非限制性定语从句中;三是 that 不能用于介词后面(和 who 一样)。

例句:The writer and his novels that the article deals with are quite familiar to us.

译文:我们很熟悉这篇文章所提到的作家及其小说。

解析:这个句子中的先行词是 The writer and his novels,当先行词既指人又指物时,用关系代词 that。

点睛之笔

使用关系代词 that 的其他情况:

① 先行词是不定代词 something、anything、nothing、everything 等时,关系代词一般用 that。

例句:I would much rather receive something that made me laugh.

译文:我更愿意收到让我开怀大笑的东西。

② 先行词被 any、only、all、everything、no、some、much、few、little、序数词、形容词最高级、the only、the one、the very、the right、the last 等成分修饰时,关系代词用 that。

例句:He is the only man that can speak four languages in our country.

译文:他是我们国家唯一会说四种语言的人。

(二)关系副词

在定语从句中,关系副词主要有 when、where、why。

1. 关系副词 when 的用法

(1)当先行词指时间时用 when,其可以引导限制性和非限制性定语从句。

例句:I'll never forget the day when I met you.

译文:我永远不会忘记遇见你的那一天。

解析:when 作从句的时间状语修饰从句的谓语动词 met。

(2)关系副词 when 引导定语从句时,when 必须在定语从句中作时间状语。而如果定语从句缺少主语或宾语,即使先行词是表示时间的名词,也不能用 when 而要用 which 或 that 来引导定语从句。

例句:A:I'll never forget the time which I spent on campus.(我永远不会忘记我在校园里度过的时光。)

B:I'll never forget the day when we first met in the park.(我永远不会忘记我们第一次在公园见面的那一天。)

解析:在 A 句中,由于定语从句中的谓语动词 spent 缺少宾语,因此,用关系代词 which 充当其宾语;在 B 句中,定语从句并不缺少主语或宾语,而是缺少时间状语,所以用 when 充当时间状语。

2. where 的用法

(1)where 引导定语从句,其先行词一般是表示地点的名词。

例句：This is the town where I spent my childhood.

译文：这是我度过童年的小镇。

(2) 与 when 的用法相似，where 在定语从句中作地点状语，但若定语从句中缺少主语或宾语，则要用 which 或 that 来引导。

例句：This is the town which I told you before.

译文：这是我以前告诉过你的小镇。

3. why 的用法

why 引导定语从句用来表示原因，其只引导限制性定语从句，先行词是 reason 等表示原因的名词。

例句：This is the reason why I didn't come here.

译文：这就是我没有来这里的原因。

解析：此句中 why 相当于 for which。

(三) 限制性定语从句与非限制性定语从句

限制性定语从句与非限制性定语从句的区别是，限制性定语从句不用逗号隔开，而非限制性定语从句会用逗号隔开。二者在意义上会有差别。

(1) 限制性定语从句用来对一个名词提供必要的信息，以说明定语从句所修饰的先行词的身份或性质，或用来限制先行词所指的范围。若去掉限制性定语从句，则主句部分的含义不明确或句意不完整，所以不能用逗号来分隔先行词和定语从句。

例句：There are two factors which determine an individual's intelligence.

译文：决定一个人智力的因素有两个。

解析：若只是说 There are two factors. 明显句子不够完整，后面 which 引导的限制性定语从句就是起补充说明其句意的作用，因此必不可少。

(2) 非限制性定语从句用来提供附加的而非必要的信息，只是对先行词做进一步的解释、补充或说明。若去掉此定语从句，整个主句的意义一样很明确，不会引起误解和歧义。一般来讲，下面两种先行词，其后都宜用非限制性定语从句。

① 专有名词。因为专有名词本身的意思已经很完整，所以不需要限制，用定语从句只是对它进行补充说明。

例句：My mother, who is 50 years old, lives with me now.

译文：我母亲 50 岁了，现在和我住在一起。

解析：这里的先行词 My mother 实际上就是一个专有名词，who is 50 years old 只是对其进行补充说明，不能使用限制性定语从句。若说 My mother who is 50 years old lives with me now. 则言外之意是说"我有好几个母亲，目前和我住在一起的是今年 50 岁的那位母亲"。

② 类指名词。类指名词用来表示类指，即表示的是一类事物而非具体的某一个事物，此时，其后也宜用非限制性定语从句。

例句：An elephant, which is the earth's largest land mammal, has few natural enemies other than human beings.

译文：大象作为陆地上体型最大的哺乳类动物，很少有天敌，除了人类之外。

解析：这个句子中 An elephant 是泛指，即表示"大象"这类动物，此时需要用非限制性定语从句。

（3）限制性定语从句与非限制性定语从句的句意差别：

例句：A：He has a daughter who works in a hospital.

B：He has a daughter, who works in a hospital.

译文：A：他有一个在医院工作的女儿。

B：他有一个女儿，是在医院工作的。

解析：例句 A 表示他有多个女儿，其中一个在医院工作。例句 B 强调他有一个女儿，不是儿子，后面的"在医院工作"是补充信息。

考试攻略

攻略 1：不必纠结于从句的种类

为了保证同学们的知识体系是完整的，之前给大家讲解了限定性定语从句和非限定性定语从句的区别。但是这部分内容大家了解即可，在考研真题中遇到时不要纠结，不要浪费时间去特意分辨。在考试时只要能够找到从句，并且能判断它是修饰和补充哪个名词的即可。

攻略 2：非限定性定语从句可省略不看

非限定性定语从句表示额外的补充说明，可以省略，不影响句意表达。因此在考研真题中，尤其是阅读题中，遇到非限定性定语从句时，可以直接省略不看，节省时间。如果在完形填空和翻译中，在不包含出题点的情况下，也可省略不看。

攻略 3：找到定语从句和先行词

在考研真题中，首先要通过关系词找到定语从句，然后"往前看"找到它所修饰的先行词，尤其要注意真题中常会出现先行词和定语从句被分开的情况。如下：

例句：There is no language or dialect in the world that cannot convey complex ideas.

译文：世上没有传达不了复杂思想的语言或方言。

解析：此句中，根据关系词 that 可以迅速找到定语从句 that cannot convey complex ideas。然后"往前看"找先行词，马上就看到了紧挨着 that 的名词 world，但是很明显这个不合适，因为"先行词＝关系词"，把 world 代入到从句中替换关系词 that，变为 world cannot convey complex ideas（世界不能表达复杂思想），意思不合适，所以要继续寻找定语从句的先行词。再继续"往前看"，发现了名词 dialect，但注意它不是一个词，而是一个并列的词组 no language or dialect（作为整体），再代入试试，变为 no language or dialect cannot convey complex ideas（没有语言或方言是不能表达复杂思想的），注意是双重否定，意思合适，则可以确定先行词为 no language or dialect。

通过上述分析，同学们会发现，必须要准确地找到定语从句的先行词，才能正确理解句子意思，尤其注意先行词和从句被分开的情况。想找到先行词也不难，就是"往前看"找名词，再代入从句判断意思是否合适。

二、名词从句

在英语中,名词或名词短语主要充当四种句子成分:主语、宾语、表语和同位语。如果把句子当作名词来用,分别充当这四种成分,就会演变出四种名词从句:主语从句、宾语从句、表语从句和同位语从句。

> **点睛之笔**
>
> 引导名词从句的连接词:
>
> (1)that。that在其引导的名词从句中,既不作成分,也没有实际意义,在不影响句子意思的情况下,只有宾语从句中的that可以省略。
>
> (2)whether和if。whether和if在其引导的句子中不作成分,但是有其对应意义,即"是否"。此时二者都不能省略。
>
> (3)连接副词when、where、why、how,连接代词who、whom、what、which、whose。其中when、where、why、how在从句中作状语,who、whom、what作主语、宾语或表语,which、whose作定语,后面接名词。

(一)主语从句

1. 陈述句作主语

把"that＋陈述句"这一结构放在主语的位置即构成主语从句。

例句:That the seas are being over fished has been known for years.

译文:海洋正被过度捕捞,这是多年来人尽皆知的。

2. 一般疑问句作主语

一般疑问句作主语时,要把一般疑问句变为陈述句,并且用whether来引导,充当整个句子的主语,构成主语从句。

例句一:Will he come to my party?

译文:他会来参加我的聚会吗?

例句二:Whether he will come to my party makes no difference to me.

译文:他是否会来参加我的聚会对我没有任何区别。

3. 特殊疑问句作主语

特殊疑问句作主语时,需要根据句子类型将其变成相应的陈述语序,构成主语从句。

例句一:Why did dinosaurs become extinct?

译文:为什么恐龙会灭绝?

例句二:Why dinosaurs became extinct is still a mystery.

译文:恐龙灭绝的原因仍然是个谜。

(二)宾语从句

1. 陈述句作宾语

把"that＋陈述句"这一结构放在宾语的位置即构成宾语从句。在不影响对句意的理解情况下,宾语从句中的 that 可以省略,而主语从句、表语从句和同位语从句中的 that 一般不能省略。

例句:I think (that) a sound knowledge of grammar is indispensable to good writing.

译文:我认为扎实的语法知识对良好的写作极为重要。

2. 一般疑问句作宾语

把"whether/if＋陈述句"这一结构放在宾语的位置即构成宾语从句。

例句:I don't know if/whether he needs my help.

译文:我不确定他是否需要我的帮助。

3. 特殊疑问句作宾语

把特殊疑问句变成陈述语序后放在宾语的位置即构成宾语从句。

例句:I have not decided whom I should vote for.

译文:我还没有决定投票给谁。

点睛之笔

宾语从句引导词 if 和 whether:

if 和 whether 在引导句子时有以下两点区别:一是 if 一般只引导宾语从句,而 whether 可以引导包括宾语从句在内的所有名词从句;二是 if 不和 or not 直接连用,即一般不说 if or not,而说 if… or not,whether 没有此用法限制。

例句一:Whether he comes or not makes no difference.(此处为主语从句,不能改为 if 来引导)

例句二:I don't know whether or not he comes.(此句中 whether 不能改为 if,因为 if or not 是错误用法)

(三)表语从句

表语从句通常置于系动词之后,尤其是 be 动词之后。

1. 陈述句作表语

把"that＋陈述句"这一结构放在表语的位置即构成表语从句。

例句:My idea is that the child should be sent to school.

译文:我的想法是应该把孩子送到学校。

2. 一般疑问句作表语

把"whether＋陈述句"这一结构放在表语的位置即构成表语从句。

例句:My concern is whether he comes or not.

译文:我关心的是他来不来。

3. 特殊疑问句作表语

把特殊疑问句变成陈述语序后放在表语的位置即构成表语从句。

例句:This is where our basic interest lies.

译文:这是我们的基本利益所在。

(四) 同位语从句

同位语是补充说明名词的成分。被补充说明的名词叫作先行词,当用一个完整的句子来补充说明名词时,即构成同位语从句。同位语从句的特点是都位于一个名词后面。

1. 陈述句作同位语

把"that＋陈述句"这一结构放在同位语的位置即构成同位语从句。

例句:The fact that he succeeded in the experiment pleased everybody.

译文:他实验成功的事实使每个人都很高兴。

2. 一般疑问句作同位语

把"whether＋陈述句"这一结构放在同位语的位置即构成同位语从句。

例句:They are faced with the problem whether they should continue to work.

译文:他们面临着是否应该继续工作的问题。

3. 特殊疑问句作同位语

把特殊疑问句变成陈述语序后放在同位语的位置即构成同位语从句。

例句:I have no idea when he will return.

译文:我不知道他什么时候回来。

点睛之笔

定语从句与同位语从句的区别:

可以从关系代词 that 是否作成分来区分。that 在定语从句中要充当成分,其结构为"名词＋that＋不完整的句子",而 that 在同位语从句中不作任何成分,其结构是"名词＋that＋完整的陈述句"。

例句:A:The fact that we talked about is very important.

B:The fact that he succeeded in the experiment pleased everybody.

解析:在 A 例句中,that 作 talked about 的宾语,故是定语从句;在 B 例句中,he succeeded in the experiment 是一个完整的句子,that 在句中不作任何成分,因此是同位语从句。

考试攻略

攻略1:找到从句

找到连接词,就找到了从句的开始。通常从句结束在标点符号或下一个连接词前,但有时从句也会被包含在主句中间,这时只能根据谓语动词来判断从句的结束。因为从句作为一个句子,只能包含一个谓语动词,所以从从句的连接词开始往后数,结束在第二个谓语动词之前。需要注意的是,非谓语动词不算在内,忽略即可。

例句:An awareness that they were being experimented upon seemed to be enough to alter workers' behavior by itself.

译文:似乎仅仅是意识到自己被当作实验对象就足以促使工人改变行为。

解析:此句为同位语从句。此句中从句从连接词 that 开始,往后数,第一个谓语动词是 were being experimented,第二个谓语动词是 seemed,所以从句结束在 seemed 之前。

攻略2:判断从句

句子结构相对复杂时,同学们是没有办法分析句子成分的,自然也就不能通过分析句子来判断名词从句的种类。其实,想判断名词从句的种类,只需确定它的位置——先找到从句,然后"往前看看",看它前面是什么词就可以判断出名词从句的种类。

例句:This is where supermarkets and their anonymity come in handy.

译文:这就是超市和其匿名购物的方便之处。

三、状语从句

(一)时间状语从句

1. 连接词 when

when 相当于 at that time(在……时刻),从句的谓语动词一般为短暂性动词,也可以是持续性动词(这时从句往往使用过去进行时)。

(1)主句一般过去时+从句过去进行时。

例句:The doorbell rang when I was telephoning.

译文:我打电话时门铃响了。

(2)主句过去进行时+从句一般过去时。

例句:I was telephoning when the doorbell rang.

译文:门铃响时,我正在打电话。

解析:这句话中强调门铃响这个动作突然发生。

(3)主句一般将来时+从句一般现在时。

例句:I'll speak to him when he arrives.

译文:他到时我会和他说的。

2. 连接词 while

当 while 用作时间连词时,意思通常是 during that time(在……期间),表示某一时间内发生的动作。因此,从句的谓语动词通常为持续性动词。

例句:The phone rang when I was taking my bath.

译文:我洗澡时电话响了。

3. 连接词 until

until 的本义为"一个(主句)动作持续到某一个时间点",因此,until 前面的主句的谓语必须为延续性动词,until 引导的从句的谓语必须是短暂性动词或者后接时间点(不是时间段)。

(1)延续性动词+until+短暂性动词或时间点。

例句:Wait until he comes back.

译文：等他回来。

解析：主句的谓语动词为 Wait，是延续性动词，从句的谓语动词 comes back 是短暂性动词，这表示 Wait 的动作一直持续到 comes back 这个时间点为止。

(2) 短暂性动词＋until＋短暂性动词或时间点。

如果主句的谓语动词是短暂性动词，则要用否定形式，因为否定之后表示一个延续的状态，也即我们常见的 not… until…（直到……才……）。

例句：One will never realize how much and how little he knows until he starts talking.

译文：人们只有在与人交谈时才知道自己到底懂得多少。

解析：realize 是短暂性动词，不能与表示延续动作的 until 连用，所以必须改为其否定形式 never realize 表示一个持续的状态。这句话中，"没有意识到"这个状态一直持续到"开始"这个时间点为止。

（二）地点状语从句

地点状语从句主要由 where 来引导，表示主句动作发生的场所。其结构通常为 where＋陈述句，从句可以置于句首也可以置于句末。

例句：Stay where you are.

译文：待在原地。

（三）原因状语从句

1. 常见连词的用法

常用 because、for、as 和 since 这四个连词来引导原因状语从句。在这四个连词中，because 的语气最强，也只有它能回答 why 的提问。

例句一：His friends dislike me because I'm handsome and successful.

译文：他的朋友不喜欢我，因为我很帅，很成功。

解析：一般来说，"我"不被喜欢的原因是听者感兴趣的，用 because 来引导最好。

例句二：Since you are an English major, I think you can help me with this sentence.

译文：既然你是英语专业的，我想你可以帮我学这句话。

解析：since 表示人们已知的事实，是不需要强调的原因，常译为"既然"。

例句三：As you were out, I left a message.

译文：因为你出去了，所以我留下了一条信息。

解析：as 和 since 用法相似，其引导的原因状语从句在说话人看来已经很明显，或者已经为说话人所熟知，不必用 because 来加强语气。

例句四：It rained last night, for the ground is wet this morning.

译文：昨晚下雨了，因为今天早上地面是湿的。

解析：for 一般表示推断的理由，是对前面分句的内容加以解释或说明。

2.部分介词表示因果

常见的表示因果的介词有 because of、due to、owing to 等。因为是介词,所以其后不能接从句。

例句:Owing to his carelessness, we had an accident.

译文:由于他粗心大意,我们出了车祸。

(四)目的状语从句

目的状语从句的引导词常见的有 so that、in order that 和 that 等。

例句:In order that my roommate could study in peace, I turned off the TV.

译文:为了让我的室友能安静地学习,我关掉了电视。

(五)结果状语从句

1. so…that…

so…that…引导结果状语从句,此时 so 后面接形容词或副词。

例句:I was so late that I didn't catch the bus.

译文:我迟到了,以至于没赶上公共汽车。

2. such…that…

such…that…引导结果状语从句,such 后接名词。

例句:He is such a good teacher that his students like him.

　　　= He is so good a teacher that his students like him.

译文:他是个好老师,他的学生都喜欢他。

so/such…that…引导的结果状语从句,有时为了强调,将主句中的 so 或 such 引导的部分置于句首,形成倒装句。

例句:So fast does the light travel that it is difficult for us to imagine its speed.

译文:光的传播速度是如此之快,以至于我们无法想象它的速度。

(六)条件状语从句

(1)常见的引导条件状语从句的引导词有 if 和 unless。if 引导条件状语从句时,需要注意其虚拟语气的用法(详见"第五章　特殊句型与结构"中"虚拟语气"这部分内容)。

例句:He hasn't got any hobbies—unless you call watching TV a hobby.

译文:他没有什么爱好——除非你把看电视称作爱好。

(2)其他引导条件状语从句的引导词有 suppose(that)、supposing(that)、provided/providing(that)、so/as long as、on condition that 等。

例句:A man is not old as long as he is seeking something. A man is not old until regrets take the place of dreams.

译文:一个人只要还有追求,他就不算老。只有当其心中满怀遗憾,这时他才真正老去。

(七)让步状语从句

(1)常见的引导让步状语从句的词有 though、although、even though、even if 等。此时,主句前不可用 but,但是可以用 yet 或 still。

例句:Although he tried hard,(yet/still)he failed.

译文:虽然他努力尝试,但他还是失败了。

(2) 某些介词或介词短语可以表示让步转折关系,如 despite、in spite of、for all。需要注意,这些介词或介词短语后面只可跟名词或名词短语,不能接句子。

例句:Though he was inexperienced,he did a very good job.
　　＝In spite of his inexperience,he did a very good job.

译文:虽然他没有工作经验,但他干得很好。

(3) 置于句首的 while 一般意为"尽管",引导让步状语从句。

例句:While often praised by foreigners for its emphasis on the basics,Japanese education tends to stress test taking and mechanical learning over creativity and self-expression.

译文:尽管日本教育常常因为重视基础教育而受到外国人士的赞扬,但是其教育往往是强调应试和机械性学习,而不是强调创造性及其自我表现。

(4) as 引导的倒装句表示让步。其结构为 $adj./adv.$/分词/名词(无冠词)/短语＋as＋主语＋谓语动词。

例句一:Young as he is,he is knowledgeable.

译文:虽然他年轻,但他很有学识。

例句二:Child as he is,he is knowledgeable.

译文:虽然他是个孩子,但他很有学识。

例句三:Lazy a boy as he is,he is kind to help others.

译文:虽然他是一个懒惰的男孩,但他很乐于帮助别人。

(5) "no matter＋疑问词"或"疑问词-ever"的含义为"不管都",它们引导的让步状语从句可以互换。

例句:No matter what happened,he would not mind.
　　＝Whatever happened,he would not mind.

译文:无论发生了什么,他都不会介意的。

但"no matter＋疑问词"结构只能引导让步状语从句,而"疑问词-ever"还可以引导名词从句。

例句一:Whatever(＝No matter what)you say,I won't believe you.(Whatever 引导让步状语从句)

译文:无论你说什么,我都不会相信你。

例句二:I'll eat whatever you give me.(whatever 引导宾语从句)

译文:你给我什么,我就吃什么。

(6) 由 whether 引导的让步状语从句,旨在说明正反两方面的可能性都不会影响主句的意向或结果,所以它的语气是比较强烈的,从而也更加坚定了主句的内容。

例句一:You'll have to attend the ceremony whether you're free or busy.

译文:不管你忙不忙,都要参加这个典礼。

例句二:Whether you believe it or not,it's true.

译文:无论你是否相信,这都是真的。

点睛之笔

be 型虚拟语气:

在 whether/whether…or… 引导的让步状语从句中,我们有时候会见到用 be 型虚拟语气的情况。be 型虚拟语气形式,就是所有动词,包括 be 在内,都用原形表示。它有两种情况:

第一种是正常语序形式,即 whether 不省略,主谓语也不用颠倒语序,谓语通常用动词原形。

例句:All countries,whether they be big or small,strong or weak,should be equal.

译文:所有国家无论大小强弱,应一律平等。

解析:该句中,由 whether 引导的句子 whether they be big or small,strong or weak 便是采用正常语序,其中谓语使用动词原形。

第二种是倒装语序,在这种情况下,whether 被省略,主谓语颠倒,使用倒装语序,一般出现在谓语动词为 be 的情况下。

例句:All matter,be it gaseous,liquid or solid,is made up of atoms.

译文:一切物质,不管是气体、液体还是固体,都是由原子构成的。

解析:这个句子中,中间的 be it gaseous,liquid or solid 便属于省略 whether 且动词为 be 的情况,因此,be it gaseous,liquid or solid 就相当于 whether it be gaseous,liquid or solid。

(八)比较状语从句

1. as…as… 引导的比较结构

(1)结构1:as+形容词/副词原级+as。

例句:The job is not as difficult as you think.

译文:这份工作没有你想的那么困难。

(2)结构2:as+形容词+a/an+可数名词单数+as。

例句:Rarely has a technological development had as great an impact on so many aspects of social,economic,and cultural development as the growth of electronics.

译文:很少有哪项科技的发展能像电子技术的发展这样,对我们的社会、经济和文化等诸多方面产生如此重要的影响。

解析:这句话中除了要注意 as…as…的用法以外,还需要注意这句话是倒装语序,正常语序为 A technological development has rarely had as great an impact on…as the growth of electronics。

(3)在否定句中,第一个 as 可以用 so 代替。

例句:This room is not so large as the one we saw yesterday.

译文:这个房间没有我们昨天看的那个大。

(4)为了保持句子平衡,从句还可以使用倒装结构,此时句子结构为 as…as＋助动词＋主语。

例句:The computer revolution may well change society as fundamentally as did the Industrial Revolution.

译文:计算机革命对于我们人类社会的改变之深刻,就如同当年的工业革命。

2. 连词 than 的比较结构

在有 than 的比较结构中,主句必须要有比较级形式出现。有时为了保持句子平衡,从句可以用全部或部分倒装,句子结构为 than＋助动词＋主语。

例句:In addition, far more Japanese workers expressed dissatisfaction with their jobs than did their counterparts in the 10 other countries surveyed.

译文:另外,据调查,不满意自己工作的日本员工比另外 10 个国家的员工人数要多得多。

3. 表示倍数比较的句型

(1)"倍数＋比较级"结构:A is three times bigger than B.

(2)"倍数＋as…as"结构:A is three times as big as B.

(3)"倍数＋名词"结构:A is three times the size of B.

例句:There are only half as many fisheries as there were 15 years ago.

译文:现如今渔场的数量仅是 15 年前的一半。

4. the more…the more…结构

该结构的基本意思是"越……越……"。正确使用这个句型的关键在于,这里的比较级部分都需在各自的分句中充当一定的成分,相当于是将分句中的某个成分变为比较级之后提到了句首。

例句:The more exact words you use, the more easily people will understand you.

译文:你用词越准确,人们就越容易理解你的意思。

解析:第一个分句中,比较级部分 The more exact words 作该分句谓语 use 的宾语,相当于 you use more exact words;第二个分句中,比较级部分 the more easily 作该分句谓语 understand 的方式状语,相当于 people will more easily understand you,即比较级部分充当了后面分句的某一成分。

(九)方式状语从句

方式状语表示动作的方式,引导词有 as、like、as if、as though、the way 等。

例句:He looks as if/as though he is an actor.

译文:他看起来好像是个演员。

考试攻略

攻略1:完形填空中,选择从属连词

考研英语的完形填空题中,有一类就是考查从属连词的选择,此时看懂上下文的意思,然后根据意思判断上下文的逻辑关系,即可选择合适的从属连词。

例句:The court cannot maintain its legitimacy as guardian of the rule of law when justices behave like politicians.

译文:当法官像政客一样行事时,法院便不能维持其作为法律守护者的合法性。

解析:这个句子中,考的是 when。

攻略2:根据从属连词,判断上下文的逻辑关系

考研真题的句子普遍较长,因此在考场中想节省时间,就要首先学会理清句子间的逻辑关系,而不要纠缠于细节。遇到状语从句时,首先抓住从属连词,便能立刻判断出句子大概描述哪方面的信息。

例句:Because our conscious mind is occupied with daily life, we don't always think about the emotional significance of the day's events—until, it appears, we begin to dream.

译文:因为清醒时我们的头脑被日常生活琐事占据着,所以并不总是会想到白天发生的事情对我们情绪的影响,直到我们开始做梦,这种影响才出现。

解析:一看到从属连词 Because 和 until,马上就可以判断出它们分别引导原因状语从句和时间状语从句,那么不用仔细看细节,立刻可以判断出这个句子的大概结构:"原因+主句+时间",表示"因为……(所以)主句……直到……"。

第五章 特殊句型与结构

特殊句型是考研英语长难句的重点,在历年考研真题中出现的范围很广,考查的频次也很高,本书将在真题翻译演练章节结合真题进行重点讲解,本章节主要介绍其语法规则及基本用法,以供初步了解掌握。

需要提示的是,在考研备考时,对于特殊句式的用法不需要浪费过多时间,只要求能够识别、看懂即可。看到倒装,能够还原成正常语序的句子;看到强调,知道强调的内容是什么;看到虚拟语气,能够翻译成中文,看懂意思就足够了。如果同学们基础比较好,建议大家也可以提高对自己的要求,既要能看懂,还要能够在写作中使用倒装、强调和虚拟语气。

一、倒装结构

英语句子的语序一般是固定的,即主语在前谓语在后,这种语序叫陈述语序。有时为强调句中某一部分,将其置于句首,就需要将谓语的全部或一部分(助动词或情态动词)放在主语之前,这种形式称为"倒装"。

(一)全部倒装

全部倒装是指将句子中的谓语动词全部置于主语之前。此结构通常只用于一般现在时和一般过去时。

(1)以 here、there、now、then 等副词开头的句子中,习惯上用一般现在时的倒装结构。

例句:There comes the bus!

译文:公交来了!

【注意】在这种句型中,如果主语是代词,就不倒装。

(2)以表示处所、声音等意义的副词开头的句子,用不及物动词(如 go、come、rush、fly 等)作谓语时,为了表示生动,可将某些副词放在句首,谓语动词放在主语之前,形成倒装结构。

例句:Away flew the birds.

译文:鸟儿飞走了。

【注意】在上述情况下,如果主语是代词,就不用全部倒装。

(3)表示地点的介词短语位于句首时,要使用倒装结构。

例句:Between the two buildings stands a tall pine.

译文:两座楼之间有棵大松树。

(4)直接引语的部分或全部内容位于句首时,点明说话人的部分主谓要倒装。

例句:"Are you listening to English on the radio?" said Mother.

译文:"你在用收音机听英语吗?"母亲问道。

(二)部分倒装

部分倒装是指将谓语的一部分(如助动词或情态动词)倒装置于主语之前。如果句中的谓语没有助动词或情态动词,则需添加助动词 do、does 或 did,并将其置于主语之前。

(1) 在以"Only+状语"开头的句子中,主谓要部分倒装。only 后面必须跟由它修饰的状语或状语从句,否则就不倒装。

例句:Only then did I realize the importance of English.

译文:只在那时我才意识到英语的重要性。

【注意】若 only 不在句首或 only 修饰的不是状语,则不倒装。

(2) 在以 never、hardly、scarcely、rarely、barely、neither、seldom、not、not only、not until、nor、little、nowhere、hardly…when、no sooner…than、by no means、under no circumstances 等开头的句子中,主谓要部分倒装。

例句:Hardly did I think it possible.

译文:我认为这几乎是不可能的。

(3) 当连词 as 表示"虽然,尽管"引导让步状语从句时,句子要部分倒装,as 相当于 though,两者可以互换。

例句:Cold as/though it was,we went out.

译文:虽然天气冷,但我们还是出去了。

(4) 在 so/such…that…结构中,so/such 及其修饰部分位于句首时,主句要部分倒装。

例句:So easy is it that a boy can learn it. (It is so easy that a boy can learn it.)

译文:那很容易,小孩子都能学。

(5) 以 so 开头的句子,表示"……也一样,……也这样"时,说明前面提出的某一肯定的情况也同样适用于后者。这类倒装的结构是"so+be/助动词/情态动词+主语"。so 代替上文中的形容词、名词或动词。

例句:He saw it,and so did I.

译文:他看见了,我也看见了。

【注意】

①注意"so+be/助动词/情态动词+主语"结构与表示强调或同意的"so+主语+be/助动词/情态动词"结构的区别。

例句一:A:It was cold yesterday. 昨天很冷。

B:So it was. 的确很冷。

例句二:A:Father,you promised. 爸爸,你答应过的。

B:Well,so I did. 嗯,是答应过。

②若前面提出某一否定的情况,要表示后者也属于同样的否定情况,则要将其中的 so 改为 neither 或 nor,表示"……也不"。

例句:A:I won't go there. 我不去那里。

B:Neither will she. 她也不去。

(6) 在表示祝愿的句子中,要用部分倒装结构。

例句:May you have a pleasant trip!

译文:祝你旅途愉快!

二、省略结构

省略是将句子的某些成分省去,使语言简练紧凑的一种语法手段。

(一)简单句中的省略

(1)省略主语,通常用在祈使句或口语的固定表达中。

例句:Thank you for your help.

译文:谢谢你的帮助。

(2)省略谓语或谓语的一部分。

例句:(Does) Anybody need help?

译文:谁要帮忙吗?

(3)省略主语和谓语的一部分。

例句:(I am) Afraid I can't come.

译文:我恐怕不能来了。

(4)同时省略多种句子成分。

例句:A:Have you finished your homework? 你做完作业了吗?

B:(I have) Not (finished my homework) yet. 还没有。

(二)并列句中的省略

(1)当并列的主语相同时,后面的主语可省略。

例句:The car was quite old but (it) was in excellent condition.

译文:这部车相当旧了,但性能非常好。

(2)当并列的谓语动词相同时,动词(包括助动词、不定式等)可省略。

例句:Some of us study French,others (study) German.

译文:我们中有的学法语,有的学德语。

(3)省略动词宾语。

例句:Let's do the dishes. I'll wash (the dishes) and you dry (the dishes).

译文:我们洗碗吧。我来洗碗,你来把碗擦干。

(4)省略定语。

例句:A group of young boys and (young) girls are dancing on the meadow below the hill.

译文:一群少男少女在山下的草地上跳舞。

(5)省略状语。

例句:He was not hurt. (How) Strange!

译文:他没有受伤。真奇怪!

(6)省略多种句子成分。

例句:We tried to help her but (we tried) in vain.

译文:我们试着帮助她,但是没用。

（三）名词从句中的省略

1. wh-从句中的省略

例句：He came to see me once, but I don't remember when (he came to see me).

译文：他曾经来看过我，但我忘了是什么时候。

2. that 的省略

that 引导的名词从句为完整的陈述句时，that 只起引导作用而不充当从句中的任何成分。that 引导宾语从句时常可省略，但引导主语从句、表语从句、同位语从句时 that 通常不可省略。

例句一：She hoped (that) he would arrive on time.

译文：她希望他按时到达。（宾语从句）

例句二：That she was chosen made us very happy.

译文：她被选中了让我们很开心。（主语从句）

例句三：The problem is that we can't get there early enough.

译文：问题是我们不能够早早地到那里。（表语从句）

例句四：I have the belief that I will succeed.

译文：我怀有必胜的信念。（同位语从句）

（四）定语从句中的省略

(1) 关系代词的省略。

①who(m)、which 或 that 在从句中作动词宾语时可以省略。

例句：The computer (which) I wanted to buy was sold out.

译文：我想买的那台电脑已经卖了。

②who(m)、which 或 that 在从句中作位于句末的介词的宾语时可以省略。

例句：This is the person (whom/that) you are looking for.

译文：这就是你要找的那个人。

(2) that 在定语从句中作表语时可以省略。

例句：He is no longer the man (that) he used to be.

译文：他不再是过去的那个人了。

(3) the same…as…引导的定语从句中的部分内容通常可以省略。

例句：I have the same trouble as you (have).

译文：我和你有同样的困难。

（五）状语从句中的省略

(1) 在时间、地点、让步、方式状语从句中，如果从句的主语和主句的主语相同，而且从句中的动词为 be，则可把从句中的主语和 be 一同省略。

例句：Look out for cars when (you are) crossing the street.

译文：穿过街道时注意车辆。

(2) 在条件状语从句中，如果从句中含有"it＋be＋形容词"结构，可将 it 和 be 省略；如果从句中的动词为"助动词＋过去分词"，则将主语和助动词一同省略。

例句：If (it is) necessary I'll have the paper copied.

译文：如有必要,我可以找人把这篇论文复印一下。

(3)由 than 或 as 引导的比较状语从句,在意义明确的情况下,可以省略 than 或 as 后面的相应部分。

①省略作主语的 what。

例句：They have got more than (what) is necessary.

译文：他们得到的比需要的多。

②省略谓语动词。

例句：He has lived here longer than I (have lived).

译文：他在这儿住的时间比我长。

③省略主语和谓语或谓语的一部分。

例句：It was not so hot yesterday as (it is) today.

译文：昨天没有今天热。

三、强调句型

强调是人们在交际中为了有效地交流思想,突出重要内容所运用的一种语法手段。英语中强调结构多种多样,但考研英语中最常考查的是 It is/was…that… 这一结构。

1. 强调句型的用法

It is/was…who/that… 结构通常用来突出强调句子的某一成分(一般是主语、宾语或状语)。在这个句型中,it 没有词汇意义,只是引出被强调的成分。

例句：It is my mother who/that cooks every day.

译文：是我妈妈每天做饭。

2. 定语从句(或名词从句)和强调句型的区别

某些定语从句(或名词从句)和强调句型形式差不多,容易混淆。如果去掉 it is/was…that… 结构框架后句子仍然成立且通顺,则为强调句型;如果不成立或不通顺,则为定语从句或名词从句。

例句：It was three years ago that he went to America for a further study.

解析：该句中,去掉 It was…that…,句子变为 Three years ago he went to America for a further study. 句子通顺且意思完整,因而是一个强调句。

四、独立主格

独立主格是由名词或代词加上分词或分词短语等构成的一种独立结构,用于修饰整个句子,而不是一个词或词组。独立主格结构的位置相当灵活,可置于主句前或主句后,常由逗号将其与主句分开。

(一)独立主格结构的构成形式

1. 名词(代词)＋分词(现在分词/过去分词)

"名词(代词)＋分词(现在分词/过去分词)"结构的逻辑主语是分词动作的执行者,分词表示的动作不是整句主语发出的动作,而是其逻辑主语发出的动作。

例句:He was listening attentively in class,his eyes fixed on the blackboard.

译文:他上课专心听讲,眼睛紧盯着黑板。

2. 名词(代词)＋不定式

在"名词(代词)＋不定式"结构中,不定式和它前面的名词或代词如果存在着逻辑上的主谓关系,用主动形式;如果是动宾关系,则用被动形式。

例句:Many trees,flowers,and grass to be planted,our newly-built school will look even more beautiful.

译文:种上许多花草树木后,我们新建的学校将看上去更美。

3. 名词(代词)＋形容词

例句:The Trojans asleep,the Greek soldiers crept out of the hollow wooden horse.

译文:特洛伊人睡着了,于是希腊士兵从中空的木马里悄悄爬了出来。

4. 名词(代词)＋副词

例句:The meeting over,our headmaster soon left the meeting room.

译文:散会了,校长很快就离开了会议室。

5. 名词(代词)＋名词

例句:His first shot failure,he fired again.

译文:他第一枪没击中,又打了一枪。

6. 名词(代词)＋介词短语

"名词(代词)＋介词短语"结构有两种习惯用法。一种是当形容词性物主代词、冠词分别修饰介词前后两个名词或名词本身为复数时,with 可以引导独立主格结构;另一种是当介词前后两个名词没有任何冠词或所有格修饰时,with 不能引导独立主格结构。

例句:A young lady came over,dictionary in hand.＝A young lady came over,with a dictionary in her hand.

译文:一位年轻女子走来,手里拿着一本词典。

7. with(without)＋名词(代词)＋宾语补足语

在 with、without 引导的独立主格结构中,宾语通常由名词或代词充当,代词一定要用宾格。在 with/without 的复合结构中,多数情况下 with 能省略,但 without 不能省略。"with/without＋名词/代词＋宾语补足语"也称 with 复合结构,其中,宾语补足语可以用形容词、副词、介词短语、动词不定式、分词来充当。

例句:The girl hid her box without anyone knowing where it was.

译文:女孩把箱子藏起来了,谁也不知道它在哪里。

(二)独立主格结构的句法功能

独立主格结构在句中一般作状语,表示时间,条件、原因、伴随状况等,还可以作定语。

1. 作时间状语

例句:The governor pondering the matter, more strikers gathered across his path.

译文:总督思考这件事情时,更多的罢工者聚集在他要通过的路上。

2. 作条件状语

例句:Weather permitting, they will go on an outing to the beach tomorrow.

译文:如果天气允许的话,他们将在明天组织一次海滨郊游。

3. 作原因状语

例句:There being no further business to discuss, we all went home.

译文:因为没有别的可讨论,所以我们都回家了。

4. 作伴随状语或补充说明

例句:I took my ticket, and marched proudly up the platform, with my cheeses, the people falling back respectfully on the either side.

译文:我拿着车票还有我的奶酪,昂首阔步地走向月台,人们纷纷恭敬地向两边退去。

5. 作定语(其功能相当于一个定语从句)

例句:He is the person with a lot of questions to be settled.

译文:他就是那个有许多问题要解决的人。

(三)独立主格结构与独立成分的异同

(1)有些分词短语可以独立存在,在句子中没有逻辑上的主语,属于习惯用法,这些短语有 generally speaking(总的说来)、frankly speaking(坦率地说)、judging from(从……判断)等。

例句:Judging from what he said, he must be an honest man.

译文:由他所说的来判断,他一定是个诚实的人。

(2)有些带 to 的不定式短语,表明说话人的立场或态度,在句中作独立成分。这些短语有 to be honest(老实说)、to be sure(确定)、to tell you the truth(说实话)、to cut a long story short(长话短说)、to be frank(坦率地说)、to make matters/things worse(更糟糕的是)等。

例句:To tell you the truth, I made a mistake in the word spelling.

译文:说实话,我犯了一个单词拼写错误。

五、虚拟语气

(一)if 引导的虚拟条件句

虚拟语气是一种表示假设状态的句型,由 if 引导的状语从句与主句构成。依据时态的不同分成四种基本句型:纯条件的虚拟语气——用现在时;与现在事实相反的虚拟语气——用过去时;与过去事实相反的虚拟语气——用过去完成时;与将来事实相反的虚拟语气——if 从句要用助动词 should,译为"万一",主句则用助动词过去式或现在式。

1. 纯条件的虚拟语气

(1) 基本句型：if＋主语＋一般现在时动词，主语＋will /may /can /should（在此时意为"应当，"与 ought to 意思相同，在此不能理解为 shall 的过去式）/shall/ must /ought to＋动词原形。

例句：If he is here, I will beat him.

译文：要是他在这，我就会揍他。

解析：在这个句子中，"要是他在这"这个条件存在的话，就会有"我就会揍他"这个预期结果。

(2) 表示纯条件结构的副词连词不止 if 一个。once（一旦）、when（当）、before（在……之前）、as soon as（一旦）、unless（除非）、provided/providing、so long as、as long as、on condition that、in case 等副词连词均可构成条件句，其用法与 if 相同。

例句：Once I have money, I will buy a car.

译文：一旦我有钱了，我就会买一辆车。

2. 与现在事实相反的虚拟语气

基本句型：if＋主语＋动词过去式（be 动词一律用 were），主语＋would/could/might/should＋动词原形。

例句：If I were you, I wouldn't do it.

译文：如果我是你，我不会做这事。

3. 与过去事实相反的虚拟语气

基本句型：if＋主语＋had done，主语＋would/could/might/should＋have done。

例句：If I had arrived earlier, I could have met him.

译文：要是当时我早点到，我就可以见到他了。

4. 与将来事实相反的虚拟语气

基本句型：if＋主语＋should＋动词原形，主语＋will/would 等＋动词原形。

在此类型结构中，if…should 译为"万一"。若假设的可能性很大，主句要用助动词现在式（与纯条件虚拟语气相同）；若假设的可能性很小，主句用助动词过去式。

例句一：If you should fall ill, the meeting would be put off.

译文：万一你生病，会议将延期。

解析：假设的可能性小——言外之意是你不太可能生病，会议不太可能延期。

例句二：If you should fall ill, the meeting will be put off.

译文：万一你生病，会议将延期。

解析：假设的可能性大——言外之意是你可能会生病，而会议可能会延期。

> **点睛之笔**
>
> 表示与将来事实相反的虚拟语气，亦可与祈使句形成的主句连用：
>
> 例句：If I should be late, be sure to wait for me.
>
> 译文：万一我迟到，务必要等我。
>
> 解析：言外之意是我可能会迟到，你务必要等我。

5. if 的省略

虚拟语气的 if 从句中,若有过去完成时助动词 had,或表示"万一"的助动词 should,或 were 出现,可以将这些词类置于主语前,而将 if 省略。

例句一:If he had done it,he would have felt sorry.
　　　　＝Had he done it,he would have felt sorry.

译文:如果他当时做了这件事,他会后悔的。

例句二:If he should tell lies,I would punish him.
　　　　＝Should he tell lies,I would punish him.

译文:万一他说谎,我会处罚他。

例句三:If he were lazy,he might fail.
　　　　＝Were he lazy,he might fail.

译文:如果他懒惰,就可能会失败。

(二)其他一些副词连词表示虚拟语气的情况

1. but for…(若非、要不是……)

(1)与现在事实相反:But for＋名词,主语＋could/would/might/should＋动词原形。

例句:If it were not for his hard work,I wouldn't like him.
　　　＝But for his hard work,I wouldn't like him.

译文:如果不是因为他的努力,我不会喜欢他。

(2)与过去事实相反:But for＋名词,主语＋could/would/might/should＋have done。

例句:If it had not been that he lent me the money,I could not have bought that book.
　　　＝If it had not been for the money(which)he lent me,I…
　　　＝Had it not been for the money(which)he lent me,I…
　　　＝But for the money(which)he lent me,I…

译文:要不是当时他借钱给我,我是无法买到那本书的。

2. lest…(should)…(以免……)

lest 为副词,引导状语从句时,从句中助动词一律用 should,而 should 经常被省略,所以该从句中动词必定为动词原形。

例句:I got up early lest I(should)miss the train.

译文:我早起以免错过火车。

3. as if…＝as…though…(仿佛……)

(1)与过去事实相反——动词使用过去完成时。

例句:He looked as if nothing had happened.

译文:他看起来若无其事。

(2)与现在事实相反——动词使用一般过去时。

例句:Mr. Wang loves me as if I were his own child.

译文:王先生爱我就像我是他自己的孩子一样。

(3)表示极大的可能性——动词使用一般现在时。

例句:It looks as if it is going to rain.

译文:看起来好像要下雨了。

第六章　基本结构长难句解析

在处理基本结构的长难句(即没有经过复杂结构变化的长难句)时,一般采用"两步分析法"就能攻克:

步骤一:初步切分,化长句为短句。

步骤二:梳理句子中的主干和非主干部分,找出句子的核心。

一、切分长难句

想把长难句切分为简单句,主要可以找以下三种标志性结构来实现:标点、连接词、分析主谓。

(一)标点

能够连接句子的标点有逗号、分号、冒号。因此,只需要找到这三种标点,自然就可以在对应位置把句子切分开。

1. 逗号

逗号作为英语中最常用来连接和断开句子的标点符号,在处理长难句时,可以对逗号前后的句子分别处理。

例句:We are thus led to distinguish, within the broad educational process which we have been so far considering, a more formal kind of education.

译文:这因此让我们能从迄今一直在考虑的广泛教育过程中,区分出一种更加正式的教育形式。

需要注意的一点是,有时逗号前后连接的不是句子而是词或词组,此时则不需要在标点这里断开,因为此时逗号隔开的成分并不会对分析句子产生影响。

2. 冒号

冒号前后一般都是两个完整的句子,且不需要连接词,通常后面句子是对前面句子的解释说明。

例句:Martha realized that her worst fear was coming true: her son was being sent to war.

译文:玛莎意识到她最担心的事情正在变成现实:她的儿子要被派去打仗了。

解析:此句中,冒号后的句子"她的儿子要被派去打仗了"用于解释说明冒号前的内容,进一步说明"她最担心的事情"这件事。

3. 分号

分号通常用来分隔两个独立的概念(两个独立的从句),但这两个句子是有相关性的。当陈述多个复杂的概念或短语,并且句中包含逗号时,适合使用分号来分隔。分号拥有逗号的功能,但包含更多意思,有时也具有冒号的功能,可分隔两个独立从句。

例句:Thomas' main research objective is to isolate the cause of the disease, as well as to contribute to the existing literature; for this will bring an end to starvation across the continent, create new study designs related to epidemiology, and change the very paradigm of the research field.

译文：托马斯的主要研究目标是分离疾病的原因，并对现有的文献做出贡献；因为这将结束整个非洲大陆的饥饿，创造与流行病学相关的新研究设计，并改变整个研究领域的范式。

解析：此句中，通过分号并列了两种不同层面上的研究目标，分别是：分离疾病的原因并对现有的文献做出贡献；结束整个非洲大陆的饥饿，创造与流行病学相关的新研究设计，并改变整个研究领域的范式。

（二）连接词

在英语中，逗号是不可以直接连接两个句子的。要把这两个句子并列放在一起，中间必须添加一个连词，例如 and, when 等。也就是说，连词的一个非常重要的功能是连接独立的句子。反过来，句子在"连接词"处连接，自然就可以从"连接词"处断开。能够用来断开长难句的连接词主要有并列连词和从属连词两种。

并列连词用于连接属于同一层次且具有相同语法功能的句子成分，且词与词或是句子与句子的并列要求词性或是句法相同。常见的并列连词有：and, but, or, yet, so, as well as, both... and ..., either... or... 等。

从属连词连接的均为从句，常见的从属连词主要有：because, if, while, although, as..., that, how, wh-(what, who, whom, which, whose, when, where, why)...等。

遇到长难句时，如果能找到其中的连接词，就找到了从句的开始，也就很容易发现整个句子其实是由多个连接词将若干个小短句连接在一起构成的。但是一个从句有始就有终，因此还需要找到从句结束的位置。在考研长难句的分析中，从句结束的位置大致分为三种：

从句结束于标点符号处；

从句结束于下一个连词；

从句结束于第二个谓语动词前（为什么从句要结束于第二个谓语动词前？原因很简单，从句也是一个句子，因此只能有一个谓语动词。所以，从连接词开始往后数，第一个谓语动词是这个从句的，而第二个则不是，所以从句要结束于第二个谓语动词前）。

例句一：It is also intriguing that the brain appears to process movement when we see a handwritten letter, as if we are replaying the writer's moment of creation.

译文：同样有趣的是，当我们看到一封手写信件时大脑似乎在处理动作，就好像我们在回放作者的创作时刻一样。

解析：要对长难句进行切分，首先找到逗号，可以先从这里断开句子。其次找到连接词 that 和 as if，that 从句结束于逗号，as if 从句结束于句号，至此长难句就被成功切分成了三个短句。

例句二：But the researchers believe that outside directors have an easier time of avoiding a blow to their reputations if they leave a firm before bad news breaks.

译文：不过研究者们相信，如果外部董事在利空消息出现之前离开公司，他们就能更轻松地避免自己的名声受损。

解析：很容易发现这一长难句中没有标点可以用来切分句子。因此可以通过找连接词来对句子切分。原句中 that 和 if 即为从句的开始,继续往后看,可以发现 that 从句结束于下一个连接词 if,而 if 从句结束于句号。that 从句跟在及物动词 believe 后,作宾语从句;if 引导条件状语从句,表示"如果"。

例句三:But anyone who does not have to sell is keeping away, waiting for confidence to return.

译文:但是那些不一定非得要拍卖艺术品的人都在远离市场,等待着回归市场的信心。

解析:首先找标点符号,发现此句中虽然有逗号,但是不能用来切分句子,因为逗号后是非谓语动词,而不是句子。再进一步找连接词,就发现了 who。但此处 who 从句结束的位置并不是在逗号处,因为句子内包含了两个谓语动词 does not have to sell 和 is keeping(注意谓语动词的时态、情态、语态和否定的变化都算作一个整体)。所以连接词 who 引导的定语从句应该结束于第二个谓语动词 is keeping 前,即从句为 who does not have to sell,修饰限定 anyone,表示"……的人"。

(三)分析主谓

有时从句的连接词会被省略,此时就不能再依靠连接词来断开长难句,那么就只能通过分析句子的基本结构来切分。有的同学可能会认为句子的基本结构是主谓宾(或主系表),其实不然。有的句子没有宾语,比如 He is singing,而有的句子则没有主语,比如祈使句 Let's do it. 不过,无论一个句子是无主语还是无宾语,要想成为一个严格意义上的句子,一定会存在谓语。所以,找到谓语后即可进一步确定从句,即完成对长难句的切分。通过对历年考研长难句进行分析和汇总,可以发现句子的基本主谓结构通常分为两种:"主谓+主谓"和"主+主谓+谓"。

1. "主谓+主谓"型,则后面的为从句

例句:I'm pretty sure we're at the bottom.

译文:我相当确信我们正处于谷底。

解析:此句包含两个谓语动词 am 和 are,则说明此句包含了两件事,应该切分成两句;找到谓语动词后,再往前看就可以找到对应的主语 I 和 we,那么这个句子的结构就是"主谓+主谓",则后面 we 开头的句子为从句。通过分析主谓,找到从句 we're at the bottom,如果要判断这是一个什么从句,只需要往前看,看它紧挨着的成分即可。此句中,从句前面挨着形容词 sure,自然可以判断这是一个宾语从句。

2. "主+主谓+谓"型,则中间的为从句

例句:… many of the products we use every day … are results of manufactured habits.

译文:……我们日常使用的许多产品……都是产品制造者培养出来的消费习惯的结果。

解析:此句包含了两个谓语动词 use 和 are,则说明此句应该切分为两句,但是没有找到标点和连接词可以帮助断开,因此只能进一步分析主谓。在谓语动词前可以找到紧挨着的对应的主语 we 和 many of the products,那么这个句子的结构就是"主+主谓+谓",中间的 we use every day 为从句。从句前是名词词组 many of the products,则可以判断出这是定语从句(名词+省略关系词的从句,是定语从句),表示"……的许多产品"。

考试攻略

通过找到标点和连接词分析主谓,同学们已经能够把长难句初步切分,化长句为短句,但是切分后还要注意一些细节,才能在考研中更加快速、准确地分析长难句。

攻略 1:先找从句,先看主句

找要先找从句,但看要先看主句。先找从句,是因为从句好找,找到连接词就可以定位从句,从句余下的部分自然就是主句。而先看主句,是因为主句才是整个句子主要表达的意思。在分析长难句的过程中,找到从句后不需要纠结于到底是什么从句,只要把它看成一个整体,找到它所修饰补充的对象,或是找到它是谁的附加成分即可。

例句:America's new plan to buy up toxic assets will not work unless banks mark assets to levels which buyers find attractive.

译文:美国新的收购不良资产的计划将不会起作用,除非银行把资产的价格标在吸引买家的水平上。

解析:找到连接词 unless 和 which,就切分开了从句和主句。先看主句,America's new plan to buy up toxic assets will not work,表示"美国新的收购不良资产的计划将不会起作用"。再看从句,unless 表示"如果不,除非",引导条件状语从句;which 引导定语从句,修饰 levels。其实就算不知道具体是什么从句也没关系,只要大家能看出 unless 的含义,并能看出 which 从句是跟着 levels,修饰补充它,也能看懂句意。

攻略 2:并列句的合并与独立

如果并列连词后的句子不完整,通常说明它与前面的句子并列,共同作一个成分,因此要放在一起来看。反之,如果并列句后面的句子完整,则说明它是独立的一件事。

例句:The principle of British welfare is no longer that you can insure yourself against the risk of unemployment and receive unconditional payments.

译文:英国福利的原则不再是你可以确保自己不受失业风险的影响,并获得无条件的补贴。

解析:并列连词 and 后面的句子不完整(缺少主语),所以不能断开,与前面 that 引导的从句并列,合在一起作表语从句。

攻略 3:分析句子,只看谓语动词

分析长难句时,找出谓语动词是关键,它既可以帮助判断长难句中包含了几件事,也可以帮助切分句子(不论是判断从句的结束部分,还是分析主谓时都会用到)。但要注意判断句子时,只需要看谓语动词,非谓语动词不算(即 doing,done,to do)。因为非谓语动词并不是组成句子的核心成分。

例句:But Dr Uri Simonsohn speculated that an inability to consider the big picture was leading decision-makers to be biased by the daily samples of information they were working with.

译文:但尤里·西蒙森博士推测,不考虑大局会导致决策者受他们经手的日常信息样本的影响,从而做出带有偏见的决定。

解析：此句分析时，只需要看谓语动词 was leading 和 were working，而非谓语动词 to consider 和 to be biased 都是句子的补充成分（即非核心），可以先忽略不看，根据两个谓语动词所在的从句对原句进行切分处理即可。

二、简化长难句——梳理句子的主干和非主干部分

通过找连词和谓语动词对长难句进行初步切分之后，就可以对每一个简单句逐个击破。但有时简单句也不一定那么简单，会有很多修饰限定、补充说明的成分。因此，我们还需要用另一种方法对句子进行进一步切分，那就是梳理主干和非主干的相对位置，找到简单句的核心后才能理解整个句子表达的意思。

简单句的主干部分：主语、谓语、宾语、表语、补语（其中补语较少出现）。

简单句的非主干部分：形容词、副词、介词短语、非谓语动词、同位语、插入语等。

简化句子的方法：简单句的主干成分，要保留先看；扩展（非主干）成分，先去掉不看或后续再看。简化的目的主要是先看懂句子大意，再深入研究细节。

例句：Hunting for a job late last year, lawyer Gant Redmon stumbled across CareerBuilder, a job database on the Internet.

译文：甘特·雷德蒙律师去年年底找工作时，在网上偶然发现了一个名为"职业建构师"的在线职位数据库。

解析：这句话只有一个谓语动词，没有连词。开头的"Hunting for…"是分词结构做非主干，句尾的"a job database…"是名词结构做非主干，将二者分别切分出来作为一个部分，整个句子就被分成了三个部分，再按先看主干部分、后看非主干部分的顺序对原句进行分析。

第二句中出现了整句里唯一的谓语动词 stumbled across，因此这部分就是整个句子的主干，是一个简单的主谓宾结构。词组 stumble across 意为"偶然遇见"，和 come across 同义；而第一句话以现在分词 Hunting 开头，是分词结构充当非主干部分，用于修饰主干部分；第三句话的核心是一个名词词组 a job database，后面的介词结构 on the Internet 作后置定语修饰 a job database。

第七章 复杂长难句解析

一、分隔结构

  分隔结构作为长难句中最常见的一种结构,经常在考研真题中出现。分隔结构根据其分隔形式的不同,大致可以分为插入式分隔结构和移位式分隔结构两种。插入式分隔结构就是通过在正常句子中插入额外的其他成分,而移位式分隔结构则是把句中某些成分从原来的位置上移走,这样就造成了一个连贯的句子分隔。

  要分析分隔结构的长难句,只需找出是何种原因造成的分隔,并把句子还原成原本连贯的形式即可。下面对插入式分隔结构和移位式分隔结构分别进行具体讲述:

(一)插入式分隔结构

  一般来说,插入成分的两端会有明显的标点符号,用于进行句子的切分。例如前后均出现逗号,或是出现破折号引出插入成分等(但不是百分之百有)。

1. 同位语、插入语造成的分隔结构

  同位语或插入语插入句子的中间,会造成句子的分隔结构,这是最常见的一种。同位语是对前面名词的补充解释说明,而插入语是与前后句子都无关的插入信息。在分析句子时,不论是同位语还是插入语,在句中都是造成隔离结构的补充信息,在分析句子时先去掉不看即可。

  例句:Although it ruled that there is no constitutional right to physician-assisted suicide, the Court in effect supported the medical principle of "double effect", a centuries—old moral principle holding that an action having two effects—a good one that is intended and a harmful one that is foreseen—is permissible if the actor intends only the good effect.

  译文:尽管裁决认为,宪法没有赋予医生协助病人自杀的权利,然而最高法院实际上却认可了"双效"的医疗原则。这个存在了几个世纪的道德原则认为,如果某种行为具有双重效果(希望达到的好效果和可以预见得到的坏效果),那么,只要行为实施的目的是想达到好效果,这个行为就是可以被允许的。

  解析:这个句子中,先找出分隔句子的分隔结构,即由破折号将插入语与主句区分开来的 old moral principle holding that an action having two effects—a good one that is intended and a harmful one that is foreseen,在分析的时候,先不看破折号里面的内容,先找出句子的主干即 Although it ruled that there is no constitutional right to physician-assisted suicide, the Court in effect supported the medical principle of "double effect", a centuries is permissible if the actor intends only the good effect. 此时,句子的结构就一目了然了,之后再去详细看插入语的具体内容即可。

2. 从句插入的分隔结构

  (1)状语从句插入导致的分隔结构。

  状语从句是对主句补充描述的信息,它通常有三种位置:主句前、主句后、主句中。当状语从句位于主句中间时,就会造成分裂结构。但状语从句表示描述性的信息,不能像同位语、插入语或非限定性定语从句那样直接去掉,所以要把插入的状语从句,移到句子最后,先把被切分的句子还原成连贯的形式再分析。

例句:Carlyle was confident that a medicine that had worked so well in one form of illness would surely be of equal benefit in another, and comforted by the thought of the help he was bringing to his friend, he hastened to Taylor's house.

译文:卡莱尔相信一种药对一种病有好处,肯定对另一种病也会有好处;想到能对朋友有所帮助,他感到欣慰,于是急急忙忙赶往泰勒的家。

解析:先找到分隔结构。根据成对出现的逗号,可以很快地判断出 and comforted by…是原因状语作插入语。原句是一个 and 连接的并列句,第二个分句中过去分词短语 comforted by…作原因状语,居于分句的开头,and 实际连接的主体对象是 he hastened to Taylor's house 在后面,所以可以去掉状语从句不看,整个句子就变成了 Carlyle was confident that a medicine that had worked so well in one form of illness would surely be of equal benefit in another, and he hastened to Taylor's house。

(2)非限制性定语从句导致的分隔结构。

非限制性定语从句用来提供附加的而非必要的信息,只是对先行词做进一步的解释、补充或说明。在处理此类长难句时,也是跳过非限定定语从句,先把被切分的句子还原成连贯的形式再分析。

例句:The opinions, which were current a hundred years ago, that the poor owed their conditions to their ignorance, lack of responsibility, are outdated.

译文:他们把穷人的境况归因于他们的无知和缺乏责任感,这样的观点在一百年前是很盛行的,现在已经过时了。

解析:在分析此长难句时,先找到分隔结构,即两个逗号中间隔开的 which were current a hundred years ago,这是非限定性定语从句作插入语,修饰前面的名词 The opinions,其目的是使句子结构更具有层次性,让读者一目了然,因此造成了分隔结构。那么在分析此句时,找出句子的主干即 The opinions are outdated,是一句很简单的话。

(二)移位式分隔结构

有时候句子的隔离结构并没有直接明显的标点提示我们句子是被分隔了的,或者没有明显的从句插入导致的分隔结构。这时候就需要考虑是否从句过长,主句过短,为了避免意思表达的不连贯,把长的从句后移来保证主句的连贯性。遇到这种分隔结构,只需要把后移的从句还原到原本的位置再分析即可。

例句:Certainly, no homework should be assigned that students cannot complete on their own or that they cannot do without expensive equipment.

译文:当然,学校不应该给学生布置他们无法独立完成或者需要昂贵的设备才能完成的家庭作业。

解析:that 从句是定语从句,本来修饰的是名词 homework,可以采用代入法来判断。但是由于从句过长(or 连接的两个并列的 that 定语从句),而主句较短,所以从句被后移,造成了定语从句与先行词(它所修饰的名词)的分隔结构。在分析时,首先将被后移的定语从句还原到原本的位置,即移到先行词后,句子即变为:Certainly, no homework that students cannot complete on their own or that they cannot do without expensive equipment should be assigned. 可以看出:or 连接的两个并列的 that 定语从句,共同修饰名词 homework,可以先看主句 no homework should be assigned,表示"没有作业应该被布置"。具体指的是什么作业,要看后面的定语从句,而且要注意定语从句和先行词中都有否定,双重否定变为肯定,表示"学生无法独立完成或者需要昂贵的设备才能完成的家庭作业"。

考试攻略

解决分隔结构的重点,就是把分隔的部分找到,然后把句子还原成原本连贯的形式,再进行长难句的分析。一般情况下,分隔结构的前后常常会出现成对的逗号或破折号,通过寻找这种标点的方式可以很快找到分隔的结构,进而找到句子真正的主干。

找到分隔结构后,通常有三种处理办法:

(1)如果是同位语、插入语或非限定性定语从句造成的分隔,可以直接去掉不看;

(2)如果是状语从句的插入造成的分隔,要把状语从句后移,移到句子末尾再看;

(3)如果是从句后移造成的分隔,只需要把从句还原到原本的位置上,再分析句子。

二、并列结构

并列结构又称平行结构,本质是多个词性相同的词组或句子并列在一起,作同一个成分,类似中文里的"排比"。通常,并列的多个成分或多个句子之间由并列连词连接,并且并列的多个成分往往词性相同或形式一致,因此很容易辨认。

(一)词组的并列

注意词性要相同,同时词组在结构上尽量保持一致。

例句:The way we react to other people, the educational training we receive and the knowledge we display are all part of our cultural heritage.

译文:我们对别人的反应方式,我们所接受的教育培训以及我们所展示出的知识都是我们文化遗产的一部分。

解析:三个名词词组 the way, the educational training, the knowledge 为平行并列结构,作为 are 前面的主语,而且词组的形式一致,都是"the+n.+we…"结构。注意形式一致是平行结构最重要的特点。由于连接词相同,因此不需要写多个 and,只需要把最后一个 and 保留,其他采用逗号分隔即可。

(二)动词的并列

平行并列的动词,不管是谓语动词还是非谓语动词,其前后人称、时态等形式一定是一致的。也就是说,如果前面是 do/does,那么后面也必须是 do/does;如果前面是 doing,那么后面也会是 doing。

例句:The process sweeps from hyperactive America to Europe and reaches the emerging countries with unsurpassed might.

译文:这股浪潮源于经济异常活跃的美国,席卷了欧洲,并以不可比拟的威力影响到正在崛起的国家。

解析:句子的主语 The process 后面平行并列了两个谓语动词 sweeps 和 reaches,中间由并列连词 and 连接。两个谓语动词形式一致,都是第三人称单数,很容易识别出这是一个并列结构。

(三)介词短语的并列

例句:Studies serve for delight, for ornament, and for ability.

译文:读书足以怡情,足以博采,足以长才。

解析:句子主语 Studies 后面紧跟着谓语动词 serve,三个并列的介词短语 for delight, for ornament, for ability 充当了句子的目的状语,为了说明 studies 的目的。

(四)句子的并列

例句:But the human mind can glimpse a rapidly changing scene and immediately disregard the 98 percent that is irrelevant, instantaneously focusing on the monkey at the side of a winding forest road or the single suspicious face in a big crowd.

译文:但是人类的大脑能只迅速地瞟一眼一个快速改变的场面,然后立刻放弃98%的不相关信息,而马上聚焦于一条崎岖森林道路边的一只猴子,或者在茫茫人海中的一张可疑的脸。

解析:第一句"But the human mind can glimpse a rapidly changing scene and immediately disregard the 98 percent"中并列了两个动词 glimpse 和 disregard,而 focusing 引导的现在分词短语作状语,用于修饰主干部分的主语 human mind。再看状语从句,很容易发现 the monkey 和 the single suspicious face 为 focus on 的两个并列宾语。

要注意,并非所有的并列结构中一定存在并列连词,有时也可用其他表示并列关系的词来连接(如 not, rather than, instead, or 等),有时则用分号连接句子。但不变的特点是:并列的结构一定词性相同或形式一致。

例句一:Today, we want empathy, not inspiration.

译文:如今我们想要的是同情,而不是鼓励。

解析:此句中没有并列连词,但是有可以表示并列关系的词 not(…not…,表示"……而不……")。同时 not 前后两个词都是名词,词性相同,很容易判断出是平行并列结构。

例句二:In 1998 immigrants were 9.8 percent of the population; in 1900, 13.6 percent.

译文:1998年,移民人口占总人口的9.8%,而1900年占13.6%。

解析:此句中没有并列连词,但是有分号表示平行并列的关系。同时分号前后的年份和百分数形式一致,很容易判断出是平行并列结构。

考试攻略

如何找到并列结构？

并列结构最大的特点是,平行并列的各个成分是词性相同或形式一致的,并且一般会有并列连词连接。因此,根据其特点,我们可以通过三步搞定平行结构:

① 找到并列连词;

②"往后看",确定平行并列的成分是什么词性或什么形式;

③"往前找",找到与之相同的词性或一致的形式,则找到平行并列的成分。

例句:We tend to think of the decades immediately following World War II as a time of prosperity and growth, with soldiers returning home by the millions, going off to college on the G. I. Bill and lining up at the marriage bureaus.

译文:我们往往认为"二战"后的几十年是一个繁荣发展的时期,数以百万计的士兵重返家园、靠着政府对退役军人的资助上了大学,或是在婚姻登记处排队办理结婚手续。

解析:①找到并列连词 and,还有前面的逗号;

②"往后看",找到了 lining…确定平行并列的成分是 doing 形式;

③"往前找",找到与 lining…一致的形式 returning…和 going…,则找到平行并列的成分。

三、比较结构

比较状语从句因为句型相对复杂,表现形式相对多样,且在英语句式结构中有着特殊的地位,因此是长难句翻译中的一大障碍。在考研真题中,比较结构有如下两个考点:

1. 比较结构中的省略和替代

由于存在相同性质的比较对象,所以比较结构常常容易出现表达的重复,为避免这种情况的发生,比较结构中会经常使用替代和省略的手法:

例句一:There ought to be less anxiety over the perceived risk of getting cancer than exists in the public mind today.

译文:在当今公众的印象里,感觉患上癌症的风险性很大,实际上人们不应该如此焦虑。

解析:than 引导的比较状语从句中,exists 前面省略了从句主语 the anxiety that,即前后比较的对象都是对患上癌症的焦虑。

例句二:There are other reasons in addition to a computer failure that the rocket did not take off as scheduled.

译文:火箭不能按预期发射,除了电脑故障外还有一些其他方面的原因。

解析:as 引导比较状语从句,后面省略了 the rocket had been。

2. 比较结构中的倒装

在由 than 或 as 引导的比较状语从句中,当从句的名词主语较长时,句中的助动词、系动词、情态动词可能会被前置到较长的名词主语之前,形成倒装形式,其目的是避免头重脚轻,但主语若为代词则无须倒装。

例句:You sing this song better than do most of your classmates.

译文:你这首歌唱得比大多数同学都好。

下篇 写作

写作绪论

由于写作能力最能反映一个人的语言驾驭能力和语言总体水平,因此英语写作是研究生考试、雅思、托福等各类英语语言测试中不可或缺的考试内容。对于研究生考试而言,英语写作既是重点考试内容,通常也是大多数考生的薄弱环节。近年来,对于考生英语写作能力的培养越来越受到重视,考生的整体英语写作水平也逐步在提升,在众多作文试卷中脱颖而出成为许多考生的备考目标。本篇正是根据英语考研大纲和作文评分细则而编写的,具有"精、全、广"的特点,通过为各位考生介绍考研英语评分标准、各类常见文体的写作框架和经典句式,整理编写了一套完整的英语作文学习方案,帮助考生达到事半功倍的效果。

(一)编写背景

通过分析历年考研英语作文真题可知,为了适应社会发展的需要并传播社会正能量,作文所考话题常常与社会热点相关,由此考查考生对相关话题的认识深度和英语驾驭能力,尤其是词汇量、语法和遣词造句的能力。

本篇编写的目的就是帮助各位考生全面知悉考研英语的客观规律,掌握应试技巧,循序渐进地解决考研英语作文这一难题,从而在考试中拿到高分。

(二)特点

一是内容全面。本篇不仅向各位考生介绍了考研英语作文的大纲要求和评分标准,还仔细梳理了历年考研作文真题。以真题为基础,编写了配套练习题和各类作文模板,全面满足考生的素材积累需求。

二是分析透彻。本篇深入、系统地分析了真题类型,以及近几年的出题方向和内在规律,全面罗列了每一道真题、每一篇范文中的重点词汇和经典例句,便于考生记忆和积累。

三是重点突出。本篇内容分布明确,对重点词汇、经典例句、高分范文和常用模板进行了标注,条理清晰,重点明确,使考生一目了然,能够有针对性地进行学习。

四是学练结合。本篇不仅包含经典范文和翻译,在后面也会有相对应的话题练习题,方便考生对作文理论和技巧的掌握程度进行自测练习,从而能够有的放矢地熟记重点词汇和例句,以提高备考效率。

(三)构成

本篇内容详尽,共包含四个章节。第八章是英语二作文评分总体概括,第九章是应用文写作——小作文,第十章是短文写作——大作文,第十一章是作文模板。这四章内容几乎涵盖了考研作文的所有知识,每章条理清晰、重点突出,精心设计真题讲解、词汇分析,并根据难易程度和考查频次的不同,分为重点知识和补充知识。

使用方法:

第一步,仔细阅读考研作文大纲以及评分细则,做到知己知彼,百战不殆。

第二步,了解历年出题规律,明晰备考方向。

第三步,熟悉历年真题作文所考过的话题,掌握答题技巧。

第四步,注重积累词汇和例句,关注社会热点。

第五步,巧记大、小作文模板,通过真题和练习题练手。

第六步,对照高分范文,找出不足之处。

希望各位考生在学习本篇时,能够制订合理的计划,充分利用本篇内容,争取考入自己心仪的学府。

第八章 英语二作文评分总体概括

(一)英语二作文介绍

英语二的作文分两种,Part A 小作文和 Part B 大作文。

Part A 小作文 10 分;

Part B 大作文 15 分。

(二)考研英语二作文评分标准

考研作文部分由 A、B 两节组成,考查考生的书面表达能力,总分 25 分。

1. A 节(10 分)

该节备选题型包括:

考生根据所给情景写出约 100 词(标点符号不计算在内)的应用性短文,包括私人和公务信函、备忘录、报告等。

2. B 节(15 分)

该节要求考生根据所规定的情景或给定的提纲,写出一篇 150 词以上的英语说明文或议论文。提供情景的形式为图画、图表或文字。考生在答题卡 2 上作答,共 15 分。

(三)评分原则和方法

虽然 A、B 两节的考查要点有所不同,但对考生写作能力的基本要求是相同的,所以一般评分标准对两节都适用。但根据两节不同的考查要点,评分时会有不同的侧重点。

A 节应用文的评分侧重点在于信息点的覆盖、内容的组织、语言的准确性及格式和语域的恰当性。对语法结构和词汇多样性的要求将根据具体试题做调整。允许在作文中使用提示语中出现过的关键词,但使用提示语中出现过的词组或句子将被扣分。

B 节作文的评分重点在于内容的完整性、文章的组织连贯性、语法结构和词汇的多样性及语言的准确性。

评分时,先根据文章的内容和语言确定其所属档次,然后以该档次的要求来给分。评分人员在档内有 1~3 分的调节分。A 节作文的字数要求是 100 词左右。B 节作文的字数要求是 150 词。文章长度不符合要求的,酌情扣分。

拼写与标点符号是语言准确性的一方面。评分时,视其对交际的影响程度予以考虑。英、美拼写及词汇用法均可接受。

如书写较差,以致影响交际,将分数降低一个档次。

(四)英语二作文分级评分标准

写作评分,首先看内容是否切题,是否符合题意的要求,然后看语言表达是否清楚、连贯、正确,语言基本功是否扎实。根据内容、文字、句子和用词,采用通篇分档计分,采取五级评分制。五个档次的要求如下:

第五档:A 节(9~10 分);B 节(13~15 分)

很好地完成了试题规定的任务；

包含所有的内容要点(要内容与形式的统一,不仅要有华丽的句型,还要把跟主题相关的文字加进去)；

使用丰富的语法结构和词汇；语言自然流畅,语法错误极少；

有效地采用了多种衔接手法,文字连贯,层次清晰；

格式和语域恰当贴切。对目标读者完全产生了预期的效果。

第四档：A 节(7～8 分)；B 节(10～12 分)

较好地完成了试题规定的任务；包含所有内容要点,允许漏掉1、2个次重点；

使用较丰富的语法结构和词汇；

语言基本准确,只有在试图使用较复杂结构或较高级词汇时才有个别语法错误；采用了适当的衔接手法,层次清晰,组织较严密；

格式和语域较恰当；对目标读者完全产生了预期的效果。

第三档：A 节(5～6 分)；B 节(7～9 分)

基本完成了试题规定的任务；虽漏掉一些内容,但包含多数内容要点；

应用的语法结构和词汇能满足任务的需求；有一些语法及词汇错误,但不影响理解；

采用了简单的衔接手法,内容较连贯,层次较清晰；

格式和语域基本合理。对目标读者基本产生了预期的效果。

第二档：A 节(3～4 分)；B 节(4～6 分)

未能按要求完成试题规定的任务；漏掉或未能有效阐述一些内容要点,写了一些无关内容；

语法结构单调,词汇项目有限；

有较多语法结构及词汇方面的错误,影响了对写作内容的理解；

未采用恰当的衔接手法,内容缺少连贯性；

格式和语域不恰当。未能清楚地传达信息给读者。

第一档：A 节(1～2 分)；B 节(1～3 分)

未完成试题规定的任务；明显遗漏主要内容,且有许多不相关的内容；

语法项目和词汇的使用单调、重复；

语言错误多,有碍读者对内容的理解,语言运用能力差；未采用任何衔接手法,内容不连贯,缺少组织、分段；无格式和语域概念。未能传达信息给读者。

零档：0 分

所传达的信息或所使用的语言太少,无法评价；内容与要求无关或无法辨认。

综上,要想得高分,必须做到如下四点：

内容要点；

高级词汇；

复杂句式；

过渡衔接。

此外,作文的字数也有规定。以大作文为例,题目要求不少于150字,长度的具体计分标准如下:

141~150词:扣1分;

131~140词:扣2.5分;

121~130词:扣4分;

111~120词:扣6分;

101~110词:扣8分;

100词以下:扣10分。

(五)提高英语写作的方法

1. 认真审题

审题是写作的第一步,同时也是整个写作中最关键的环节,准确理解题意和正确把握主题是作文成功之所在。在审题过程中,需重点把握以下两方面:一是通读题干,了解写作话题;二是掌握提纲要点,总结作文中心或主旨。

具体而言,考生要仔细阅读试题要求及相关信息,在明确话题的基础上准确把握出题者意图。以2011年大作文真题"2008、2009年国内轿车市场部分品牌份额示意图"为例,其题干中的柱状图目的在于让考生描述两年对比之下国产品牌、日系品牌和美系品牌的数据的变化,然后再分析数据变化背后的原因。如果考生单纯地说美国和日本的汽车品牌不行,中国的国产车最好,就会偏离主题。再比如,2018年大作文是消费者选择餐厅的关注因素,正确思路是以图片中给定的要素为基础,描述各个因素所占的不同比例,然后分析引起这一现象的原因,最后分析这一现象的未来趋势。如果只片面分析其中某一个因素,而忽视其他因素也是不行的。由于备考中不重视审题的重要性,导致许多同学没有养成审题习惯,或担心时间不够草草审题,最后发现文不对题,草草收场,极大地影响了最终成绩。

2. 列出提纲(必不可少)

作文的结构好比骨架或躯干,严谨完整的结构可以让阅卷老师清晰明了地抓住考生的思路。由于考研作文的写作时间是很有限的,所以不能花太多时间准备一个详细的提纲,但关键词提纲或粗略提纲还是非常有必要的。对原始材料分析归纳后要形成一个基本的框架,既包括文章分段、每段中心大意、各段字数等基本布局,还包括各段落的写作手法,如对比分析、因果分析、举例说明等技巧,这些应该都要做到心中有数。要注意的是,列提纲是为了更好、更全面地表达主题。主题的表达可有多种形式,不一定非要寻找一个特定的词或句子。考试时考生要充分调动大脑,灵活运用以前所学知识。在动笔前就规划好作文的主题和结构。写作可以视为观点具体化和细节化的过程。切忌边写边想,边想边写!

3. 开始写作

一篇文章往往由四部分组成,标题(title)、首段(opening paragraph)、主体(body paragraph)、尾段(concluding paragraph)。开头要紧扣主题,这样才能引起读者兴趣,首段的内容根据文章的体裁而变化,比如可以从一种现象、一种观点出发引出作者的观点。主体是文章的主要部分,通过合适的语篇模式表达一定的观点,考生要围绕中心按一定顺序分层次、有重点地展开叙述、描写、议论。结尾段是对全文的总结,论点要与前面的叙述一致、统一。写作时要注意以下几点。

一是要统一连贯。选择那些最能体现中心思想、最具代表性的材料,不一定多,但一定要能够体现主题。选材时切忌胡子眉毛一把抓、词语堆积、不伦不类。前后及段落之间在逻辑关系上要紧密衔接,不能把没有任何逻辑关系的词放在一起。可以用恰当的关联词把思想连贯地表达出来。

二是要用词准确、语法正确。考试时要特别注意语法、词性、句式、标点符号等,为了避免太多单词拼写错误、语法错误,不要为了追求词语的华丽而堆积一些自己也没把握的单词,不要刻意追求长句而写一些自己不知对错的长句。考试时最好选择自己最有把握的词汇、短语和句式。

三是要确保字数足够、卷面整洁。绝对不能字数不够。如果字数不够,即使写得非常精彩,也不能拿高分。

四是要注意检查修改、及时修改。英语写作时考生由于仓促、紧张等原因,很容易犯一些简单的、一眼就能发现的错误。所以考生一定要留出几分钟时间用于修改。不要大幅度进行修改,更不要因为修改而破坏卷面整洁,影响阅卷体验。修改时可以从以下几点进行:

1)**语法**

包括检查时态、主谓一致、名词单复数、语态、语气、大小写等方面的问题。此外,在写复杂句子时,可能会因为太注重意思的表达而忽略句子结构的完整性,通过检查,这类错误应该不难避免。

2)**词汇**

首先要特别注意单词拼写的正确性;其次要检查连接上下句或段落的关联词、习惯用语、固定搭配等;最后要查看词类是否混淆,是否误用及物、不及物动词等。

3)**拼写和标点符号**

拼写一定要正确。如果因为不细心而拼错简单的单词,就会给阅卷老师留下不好的印象,整体的作文分数会降低一个档次。如果遇到不会拼的单词,可以选择同义词替换。另外,标点符号的使用与书写要规范,尤其是小作文的称呼语与结尾处的标点符号,要特别注意不要满篇作文都是圆点,逗号、分号和句号要书写清晰。

第九章　应用文写作——小作文

第一节　应用文写作分析

一、书信格式

书信是指人们以书写于纸张或其他文字记录体上的文字、图像为内容的一种交流形式。书信通常由笺文和封文两部分所构成,笺文是写在信笺上的文字,是书信内容的主体;封文即写在信封上的文字,主要内容为收信人的地址、姓名和寄信人的地址、姓名等。

一般考研作文的字数有限,所以往往没有包括以上全部结构,考生在书写考研作文时只需要写四个部分,即:(1)称呼;(2)正文;(3)结束语;(4)信尾签名。

(1)称呼。

讲明这封书信你要写给谁。举例说明称呼的格式:

Dear Sir, Dear Madam Helen, Dear John, Dear Professor Smith,

男士:Mr.;女士:Mrs./Ms./Miss;教授、博士:Prof./Dr.

市长、法官、议员、其他高官:Hon.(Honorable,尊敬的);编辑:Editor

如不清楚对方姓名:Dear Sir/Sirs, Dear Madam/Madams, Dear Sir or Madam, To Whom It May Concern。

(2)正文。

正文即信件内的主要内容,是信的主体,和中文书信的要求一样,正文的内容要主题突出、层次清楚、语言简洁、表达准确。正文包括三个部分:第一部分是开头,第二部分是信的核心和主要内容,第三部分是信的结尾。

当然,你要写出所有的细节。这一部分需要考虑题目要求。比如说,如果你写的是一封投诉信,投诉你所购买的商品,读信的人可能想知道到底是什么问题? 为什么这是个问题? 只有这样,他们才能帮你解决问题。如果你写的是一封询问信,你要说明你需要什么样的信息以及为什么要知道这些信息。或者,如果你写的是给朋友的邀请信,你要说明你为什么邀请他,以及见面的时间和地点。

(3)结束语。

结束语部分很重要。因为在这部分你要告诉收信人你希望他怎样做。举例说,如果是问询信,你可能希望他们回信。如果是一封给朋友的信,你可能希望他们给你打电话或者回信。需要使用简单礼貌的短语,如"期望能早日收到您的回复"。

(4)信尾签名。

结尾敬语有尊卑亲疏之分,与称呼相配合。在正文后面,从信纸中间偏右的地方开始写,第一个字母大写,其后用逗号。常用的结尾敬语如下举例。对于地位高的人或长辈:"Yours respectfully,"。在商业和正式函件中:"Yours faithfully,""Yours sincerely,"。私人朋友之间:"Yours sincerely,""Yours affectionately,""Yours lovingly,"。相当于汉语中的"某某敬上""某某谨呈"。英文信件的结束语很多,对于考生来说如果掌握各种情况的不同结束语自然是最好的,但在考试中,只需掌握一个"Yours sincerely"就可以以不变来应万变。

二、应用文格式

二三原则:二个逗号、三个段落。

(1)二逗号:称呼后,署名后。

(2)三段式:首段说明写信意愿和目的;第二段展开内容;末端呼应首段,再一次强调写信用意,并表达祝愿。

第二节 应用文写作类型

一、应用文类型

感谢信(thanks)

祝贺信(congratulation)

道歉信(apology)

邀请信(invitation)

建议信/倡议信(suggestion)

投诉信(complaint)

咨询信(inquiry)

请求信(require)

辞职信(resignation)

求职信(application)

推荐信(recommendation)

通知信/告示(notice)

备忘录(memo)

二、英语二小作文历年真题题型分析

年份	类型	内容
2023 年英二小作文	建议信	建议参加艺术展还是机器人展
2022 年英二小作文	邀请信	邀请国际学生参加校园美食节
2021 年英二小作文	邀请信	邀请一名留学生参加线上会议
2020 年英二小作文	推荐信	计划安排大家旅行
2019 年英二小作文	倡议信	提议辩论的主题并介绍有关辩论的初步安排
2018 年英二小作文	道歉信	因不能参加 lecture 给教授道歉
2017 年英二小作文	建议信	回复邀请并说明 presentation 内容
2016 年英二小作文	建议信	关于翻译的建议
2015 年英二小作文	告示	为夏令营活动招募志愿者
2014 年英二小作文	咨询信	咨询未来室友
2013 年英二小作文	倡议信	倡议参加慈善
2012 年英二小作文	投诉信	投诉产品问题
2011 年英二小作文	建议信	为大学生活做准备
2010 年英二小作文	感谢信	感谢朋友在美国的接待

三、英语二小作文不同类型题目分析

（一）感谢信

表达感谢并说明原因—说明自己曾受到对方的帮助—再次感谢并表达回报愿望。

Tips：信的末尾尽量表达希望回报对方。

1. 感谢信常用句型

信的开头表达感谢：

I'm writing the letter for the purpose of conveying my thanks for…

I am writing to show my sincere appreciation for…

I am writing to extend my sincere gratitude for…

Thank you very much for the… you sent me.

信的末尾再次表示感谢：

Again, I would like to express my warm thanks/gratitude/appreciation to you.

Thanks again and I hope that I will have the opportunity to return your kindness.

With very best wishes and thanks.

2. 感谢信真题回顾

2010 年英二小作文：感谢朋友在美国的接待。

Directions:

You have just come back from the U.S. as a member of a Sino-American cultural exchange

program. Write a letter to your American colleague to

1) express your thanks for his/her warm reception

2) welcome him/her to visit China in due course

You should write about 100 words on the ANSWER SHEET. Do not sign your own name at the end of the letter. Use "Zhang Wei" instead. Do not write your address.（10 points）

【参考范文】

Dear friend,

  I would like to express my heartfelt thanks to you for the kind reception you gave me during my exchange program in the United States.

  Your generous help has made my stay here very pleasant and given me a chance to know American cultures better. Furthermore, I consider it an honor for me to make friends with you and I will always be grateful for your generosity and goodness. I sincerely hope that you will come to China one day, so that I can have the opportunity to repay your kindness and increase our friendship.

  I feel obliged to thank you again.

Yours sincerely,
Zhang Wei

【参考范文译文】

亲爱的朋友，

  我想对于我在美国参加交流项目时你好心接待我这件事，表示衷心感谢。

  你的慷慨帮助使我在这里过得非常愉快，也使我有机会更好地了解美国文化。此外，我认为我很荣幸和你交朋友，我会永远感激你的慷慨和善意。我希望有一天你能来中国，这样我就有机会报答你的好意，增加我们的友谊。

  我再次由衷感谢你。

您真诚的，
张伟

【重点词汇及词组】

heartfelt 衷心的	kindness 好心	obliged 感激的
cherish 珍惜	goodwill 友好	exchange 交换

【万能句型】

I would like to express my heartfelt thanks to you for…

Furthermore,…

I will be grateful for…

I consider it an honor for me to…

I sincerely hope that you will…

I feel obliged to thank you again.

3. 感谢信练习题

Directions:

Suppose you had an unfortunate accident that you were knocked off from your bike by a taxi, Jim gave you first aid. Write an email to him to

1) **express your thanks**

2) **invite him to have a dinner**

You should write about 100 words on the ANSWER SHEET. Don't use your own name, use "Li Ming" instead. Don't write your address. (10 points)

【参考范文】

Dear Jim,

  I am writing to express my heartfelt appreciation. I am referring to the sad event the other day, when I was knocked off from my bike by a taxi. You provided timely first aid, and your quick-witted response in that emergency resulted in this satisfactory outcome.

  Please get in touch with me if there is anything I can do to help. In addition, my parents want to have supper with you this Saturday, and **I wonder if** you are available this weekend.

  When it is most convenient for you, please respond to me. I want to thank you again for your generosity and assistance.

Yours sincerely,
Li Ming

【参考范文译文】

亲爱的吉姆,

  我写信是为了表达我衷心的感谢,我指的是前几天那场不幸的事故,当我被出租车从自行车上撞下来时,你及时地给了我急救,正因你在紧急情况下的机智反应才有了这个令人满意的结果。

  如果有什么我能为你做的,请联系我。另外我想知道你这个周末是否有空,我父母邀请你这个星期六吃饭。

  我期待着您在方便的时候尽早回复,再次感谢您的好意和帮助。

您真诚的,
李明

【重点词汇及词组】

appreciation 感激	knock off 击倒	emergency 紧急情况
quick-witted 机智灵敏的	satisfactory 满意的	outcome 结果
contact 联系	convenient 方便的	

【万能句型】

I am writing to express my heartfelt gratitude.

If there is anything that…

Please get in touch with me if there is anything I can do to help.

In addition,…

I wonder if…

When it is most convenient for you, please respond to me.

I want to thank you again for…

（二）祝贺信

说明事由并表达衷心的祝贺—评论事件,赞扬收信人—再次表达良好愿望。

Tips:第二段赞扬对方的优秀能力,说明取得成功的原因,并展望他将来美好的发展前景。

1. 祝贺信常用句型

第一部分:表示祝贺。

I was very happy to learn that…

I was very delighted to hear the news that…

My excitement at learning about your success is contagious.

Please accept my warmest/heartiest congratulations.

Allow me to convey my congratulations on your promotion to…

第二部分:表述贺喜内容。

How time flies! Here you are graduating from high school and planning to enroll in the university in the fall. Congratulations on a job well done, and best of luck to you during the next four years of university.

第三部分:表达美好祝愿。

Wish you good luck!

I wish you success and fulfillment in the years ahead.

Happy New Year to you and may each succeeding year bring you greater happiness and prosperity.

2. 祝贺信练习题

Directions:

Suppose you cooperate with John for a year, and the new year is to come, write an email to him to

1) express your wish

2) give him your blessing

You should write about 100 words on the ANSWER SHEET. Don not use your own name, use "Li Ming" instead. Don't write your address.（10 points）

【参考范文】

Dear Mr. John,

Just a note to wish you a very happy new year. **Hope you have a happy, loving, and peaceful new year. One of the best experiences I've ever had is the one I had with you. I would really like to keep our friendship going.**

As another year comes to an end, it brings us great pleasure to express how much we have valued working with you over the previous 12 months. **Sincerely, we hope that our pleasant business relationship will last for more years.**

Our staff here join me would like to wish you a very pleasant holiday season and a prosperous new year.

Yours sincerely,
Li Ming

【参考范文译文】

尊敬的约翰先生，

寄上简函一封，祝您新年快乐。愿新的一年为您带来幸福、友爱和平安。与您在一起的回忆是我一生中最愉快的经历之一，但愿我们的友谊长青。

又一年即将结束，我们很高兴地看到过去一年我们之间的合作非常愉快。衷心希望我们之间融洽的业务关系在今后的日子里继续下去。

在此，我和公司的全体员工一道祝您圣诞愉快！新年快乐！生意兴隆！

您真诚的，
李明

【重点词汇及词组】

delightful 高兴的　　　　　　friendship 友谊　　　　　appreciated 感激的

pleasant 令人愉快的　　　　　sincerely 真诚的

【万能句型】

Hope you have a happy, loving, and peaceful new year.

One of the best experiences I've ever had is the one I had with you.

Sincerely, we hope that our pleasant business relationship will last for more years.

I would really like to…

（三）道歉信

写道歉信必须态度诚恳，不能敷衍了事。应解释清楚过错的原因，言语委婉贴切，让对方感受到你发自内心的歉意，否则就失去了道歉的意义。道歉信主要包含三部分内容：首先，应重述自己的过错并表示深深的歉意；其次，要详细解释做错事的缘由；最后，应再次表明歉意并提出补救的办法。

Tips：犯错理由必须合理；解释完理由后尽量提供一个合适的补救办法。

1. 道歉信常用句型

（1）表示歉意。

I am writing to apologize for…

I am very sorry to say that…

Please accept my sincere apology for…

I am writing the letter to make my sincere apology to you for my negligence.

(2)再次致歉。

Once again express my regret and apology. I sincerely hope that you will be able to think in my position and accept my apologies.

Let's not put a little misunderstanding between us.

2.道歉信真题回顾

2018年英二小作文:因不能参加lecture给教授道歉。

Directions:

Suppose you have to cancel your travel plan and will not be able to visit Professor Smith, write him an email to

1) **apologize and explain the situation and**

2) **suggest a future meeting**

You should write about 100 words on the ANSWER SHEET. Do not use your own name. Use "Li Ming" instead. Do not write your address.（10 points)

【参考范文】

Dear Professor Smith,

How have you been recently? I am exceedingly sorry to tell you that, despite having promised to visit you this Friday, **I have to** cancel my travel plan **because of** the following reasons.

I was unexpectedly **informed** two days ago **that** our department would be holding an academic meeting this Friday night and everyone was expected to attend. **I know that my changing plan has definitely caused some inconvenience to you. I really apologize for** breaking my promise to come to see you. Therefore, in order to make amends, **I wonder if you could** give me another chance and make time to meet with me next Monday.

I deeply apologize for any inconvenience I may have caused. I sincerely hope you will accept my apology and arrange a new time for me to visit you. **I eagerly await your response.**

Yours sincerely,
Li Ming

【参考范文译文】

尊敬的史密斯教授,

您最近过得怎么样?我非常抱歉地告诉您,虽然我答应这个星期五去拜访您,但由于以下原因,我不得不取消我的旅行计划。

两天前,我突然接到通知,说这个星期五晚上我们部门会有一个学术会议,每个人都被要求参加。我知道我变更计划一定给您带来了一些不便。我很抱歉我没有信守拜访您的诺言。因此,为了弥补这种情况,我想知道您能不能再给我一次机会,在下周一抽出时间来见我。

我对由我造成的不便深表歉意。希望您能接受我的道歉,为我安排一个新的时间来拜访您。

我期待着您的答复。

您真诚的，
李明

【重点词汇及词组】

exceedingly 非常，及其   academic 学术的

promise 答应   inconvenience 不便

department 部门   break the promise 违背承诺

definitely 清楚地，明确地   make amends 赔礼道歉

apology 道歉   look forward to 期待

【万能句型】

I am exceedingly sorry to tell you that…

I have to… because of…

I was informed that…

I really apologize for…

I sincerely hope…

I eagerly await your response.

I know that my changing plan has definitely caused some inconvenience to you.

I wonder if you could…

I deeply apologize for any inconvenience I may have caused.

3. 道歉信练习题

Directions:

You have just come back from Canada, and found a music CD in your luggage that you forgot to return the CD to your friend Bob. Write him a letter to

1) **make an apology**

2) **suggest a solution**

You should write about 100 words on the ANSWER SHEET. Do not use your own name. Use "Li Ming" instead. Do not write your address.（10 points）

【参考范文】

Dear Bob,

　　I am writing to make an apology to you for forgetting to return a music CD which I borrowed from you last week. After returning from Canada yesterday, I discovered it in my suitcase. I'm **so** sorry **that** you can't listen to it right now.

　　The CD which I borrowed from you is made in Canada, so I'm confident you can get a replacement in the local store. How about buying another CD on your own and I will pay for it? I would send it back to you through postal service if you are unable to locate the identical one.

And if you have any further solutions, just let me know.

I am sorry again for my carelessness. **Looking forward to your reply.**

Yours sincerely,
Li Ming

【参考范文译文】

亲爱的鲍勃,

我写信是为了向你道歉,因为我忘了还上周我向你借的一张音乐CD。昨天我从加拿大回来,我在行李里找到了它。我很抱歉你现在不能听它。

我向你借的CD是加拿大制造的,所以我相信你可以在当地的商店里找到另一张。你自己买另一张CD怎么样呢?我会付钱的。如果你找不到一样的,我会通过邮局把它寄给你。如果你有任何其他解决方案,请告诉我。

我再次为我的粗心感到抱歉。期待你的回复。

您真诚的,
李明

【重点词汇及词组】

apology 道歉
similar 相似的
luggage 行李
postal service 邮政服务
solution 解决方法
carelessness 粗心
look forward 期待

【万能句型】

I am writing to make an apology to you for…

If you have any further solutions, just let me know.

I am so sorry that…

I am sorry again for my carelessness.

Looking forward to your reply.

(四)邀请信

邀请信在日常生活和工作中使用广泛,通常可分为两种:一种属于个人信函,例如邀请某人共进晚餐、参加宴会、观看电影、出席典礼等;另一种邀请信则属于事务信函,一般是邀请参加会议、学术活动等等。邀请信中通常包括三部分内容:首先,开门见山发出邀请,诚挚邀请对方参加某一活动;其次,具体说明活动的时间、地点、内容和安排;最后,表示期待和感谢并要求被邀请人回复。

Tips:要说明活动的详细信息,包括时间、地点、内容、有哪些人参加等。语气要诚挚。

1.邀请信常用句型

邀请目的:

On behalf of…, I have the honor to invite you to…

It is with the greatest pleasure that I write to cordially invite you to…

We are looking forward with great pleasure to seeing you…

We should be very grateful if you could…

I'd like you to come to…this evening.

活动安排：

There will be a dinner party to be held at the Beijing Hotel on Sunday, October 10th, at eight o'clock. Will you and Mrs. Smith come and join us?

We will be expecting you at 6 o'clock. Don't disappoint us.

期盼回复：

We'll be awaiting your arrival. I do hope that you will be able to come.

We sincerely hope you can attend.

2. 邀请信真题回顾

邀请信真题回顾一：2022年英二小作文。

Directions：

Suppose you are planning a campus food festival. Write an email to the international students in your university, to

1）introduce the food festival，and

2）invite them to participate

You should write about 100 words on the ANSWER SHEET.

Do not use your own name. Use "Li Ming" instead.（10 points)

【参考范文】

Dear Friends,

I'm sending you this email to inform you about an upcoming campus food festival and to extend an invitation to go.

The relevant details are as follows. For one thing, it will take place on September 20 at the school gym. **Another thing you should know is that** you can eat a variety of regional foods during the festival, including the world-famous Cold Noodle (Liang Pi) and Chinese Hamburger (Rou Jia Mo). **Additionally,** all the international students are welcome to take part in the food festival.

We are looking forward with great pleasure to seeing you.

Yours sincerely,

Li Ming

【参考范文译文】

亲爱的朋友们，

我写这封电子邮件是为了介绍即将到来的校园美食节并邀请您参加。

相关详情如下。一方面，美食节将于9月20日在学校体育馆举行。另一方面，你要知道，节日期间，你会品尝到各种当地美食，比如世界闻名的凉面（凉皮）和中国汉堡包（肉夹馍）。此外，欢迎所有国际学生参加美食节。

我们怀着愉悦期待与您见面。

您真诚的，

李明

【重点词汇及词组】

upcoming 即将来临的   relevant 相关的

school gym 学校体育馆   variety 各种各样

look forward 期待

【万能句型】

For one thing, …

Additionally, …

We are looking forward with great pleasure to seeing you.

I'm sending you this email to inform you about an upcoming…

The relevant details are as follows.

Another thing you should know is that…

邀请信真题回顾二：2021年英二小作文。

Directions:

Suppose you are organizing an online meeting. Write an email to Jack, an international student, to

1) **invite him to participate, and**

2) **tell him about the details**

You should write about 100 words on the ANSWER SHEET. Do not use your own name in the email, use "Li Ming" instead. (10 points)

【参考范文】

Dear Jack,

I'm planning an online meeting, and I'm hoping you'll agree to act as the interpreter.

The details of the online meeting are listed below. First of all, during this online meeting, eminent British academic Professor L. G. Alexander will deliver a lecture in English to the participants. Since you are proficient in both English and Chinese, would you kindly serve as Professor Alexander's interpreter during the online meeting? **The meeting will be held at** 2:00 pm **on** December 26, 2020.

You can send me an email at the address provided below if you're interested in participating in the online meeting. My appreciation to you for your generous help is beyond words.

Yours sincerely,

Li Ming

【参考范文译文】

亲爱的杰克，

我正在策划一场在线会议，希望你能来担任口译员。

这次在线会议的细节如下。首先，在这次在线会议上，英国知名学者 L.G. 亚历山大教授将用英文为我校的学生做一场讲座。由于你精通英文和中文，能否请你在这次在线会议上担任亚历山大教授的口译员？这次会议将在 2020 年 12 月 26 日下午两点举行。

如果你对参加这次在线会议感兴趣，你可以按照下面的地址给我发电子邮件。对于你的慷慨帮助，我的感谢之情难以言表。

您真诚的，
李明

【重点词汇及词组】

lecture 讲座   be proficient in 精通于

interpreter 口译者   serve 为……工作，适合作……用

【万能句型】

The details of the online meeting are listed below.

The meeting will be held at 2:00 pm on December 26, 2020.

First of all, …

You can send me an email at the address provided below if you're interested in participating in the online meeting.

My appreciation to you for your generous help is beyond words.

3. 邀请信练习题

Directions：

Mr. Williams is an expert on American literature. You are going to invite him to give a talk to students in your college on behalf of the English Department. Write a letter to him to

1) **express your invitation**

2) **tell him the time and express your wish**

You should write about 100 words on the ANSWER SHEET. Do not sign your own name at the end of the letter. Use "Li Ming" instead. Do not write your address.（10 points）

【参考范文】

Dear Mr. Williams,

I am writing to you on behalf of the English Department to extend an invitation for you to give a lecture at our university.

We know that you are an expert on American literature. Our students are English majors, so they are interested in learning about American literature. **We would be very appreciative if you could** give a talk on "Contemporary American Literature" to students of the English Department on Saturday, June 4. If this subject doesn't interest you, feel free to choose any other similar topic.

We have already had a number of extremely fascinating talks from some distinguished visitors from various countries, so **we are eagerly anticipating the chance to** learn from your experience and wisdom.

Yours truly,
Li Ming

【参考范文译文】

尊敬的威廉先生,

我代表英语系给您写信,邀请您来我校开一次讲座。

我们知道您是美国文学方面的专家。作为英语专业的学生,我们想了解一些美国文学知识。如果您能在6月4日(星期六)为英语系学生做一场"当代美国文学"的讲座,我们将非常感激。如果您对这个主题不感兴趣,任何其他类似的主题也可以。

我们已经同各国到访的贵宾有了几次非常有趣的交谈,期待着早日有机会受教于您的经验和智慧。

您真诚的,
李明

【重点词汇及词组】

English Department 英语系	literature 文学
give a lecture 做演讲	contemporary 当代的
expert 专家	distinguished 著名的
wisdom 智慧	

【万能句型】

I am writing on behalf of…

We would be very appreciative if you…

We are eagerly anticipating the chance to…

We have already had a number of extremely fascinating talks from…

(五)建议信/倡议信

建议信应客观地指出某种情况的不足之处,并提出相关建议或忠告以求改进。注意提出的观点和建议应当合乎情理,具备可行性。建议信主要可分为三部分内容:一是自我介绍,说明目的;二是委婉地提出建议及改进措施,或提出忠告;三是礼貌总结或期盼回复。

Tips:建议信的语言一定要委婉、礼貌,在提出缺点之前先肯定其优点。

1. 建议信/倡议信常用句型

第一部分说明写信的目的。

I am writing in response to your requirement for my suggestions on how to…

You have asked me for some advice on how to… I think it's a good idea to…

第二部分说明原因并提出建议。

I'd like to suggest that…

If I were you, I would…

第三部分希望意见被考虑或者采纳。

Thank you for your consideration.

I will be very glad if these tips prove useful to you.

2. 倡议信真题回顾

(1) 倡议信真题回顾一。

2019年英二小作文：提议辩论的主题并介绍辩论的初步安排。

Directions：

Suppose Professor Smith ask you to plan a debate on the theme of city traffic, write an email to him to

1) **suggest a topic with your reasons and**

2) **tell him about the arrangement**

You should write about 100 words on the ANSWER SHEET. Don't use your own name, use "Zhang Wei" instead. Don't write your address.（10 points）

【参考范文】

Dear Prof. Smith,

It's my pleasure to plan the debate on city traffic, and **I am writing mainly to offer suggestions on** the subject and to introduce the preliminary arrangements I've made in that regard.

The debate can be started with the topic of "By Bus or By Bike", given that many city dwellers favor time-saving vehicles against the backdrop of progressively heavier city traffic. Due to their real experience in daily life, the participants in this debate can take an active part. Regarding the arrangements of the debate, **it will take place on** December 28, 2018, in the auditorium on our campus. A watch will be awarded to the winner of the debate.

It would be highly appreciated if you could respond **as soon as possible** or offer some **feedback on** my strategy.

Yours truly,

Zhang Wei

【参考范文译文】

尊敬的史密斯教授，

非常荣幸能够组织这次有关城市交通的辩论。我写信来主要是提议这次辩论的主题并介绍有关此次辩论的初步安排。

首先，这次辩论可以围绕"开车还是骑车"展开，因为在城市交通日益拥堵的背景下，很多人更喜欢便捷的交通方式以节约时间成本。因此，这次辩论的参与者可以根据日常生活中的实际经验积极参与到辩论中来。关于这次辩论的安排,举办时间为2018年12月28日,地点在我校礼堂,获奖者会得到一块手表。

如果您能早日回复我或者给我的策略提一些反馈意见,我会非常感激。

您真诚的,
张伟

【重点词汇及词组】

as soon as possible 尽快　　　　feedback on 对……的反馈

debate 争论　　　　　　　　　　suggestion 建议

preliminary 初步的,开始的　　　arrangement 安排

time-saving 节约时间的　　　　 dweller 居民

convenient 方便的　　　　　　　auditorium 礼堂,会堂

participant 参与者　　　　　　　award 得奖,授予

appreciate 感激,欣赏

【万能句型】

It's my pleasure to…

I am writing mainly to offer…

Regarding the arrangements of the debate,…

It will take place on December 28, 2018, in the auditorium on our campus.

It would be highly appreciated if you could…

(2)倡议信真题回顾二。

2013年英二小作文:倡议参加慈善。

Directions:

Suppose your class is to hold a charity sale for kids in need of help. Write your classmates an email to

1) **inform them about the details and**

2) **encourage them to participate**

You should write about 100 words on the ANSWER SHEET. Don't use your own name. Use "Li Ming" instead. Don't write your address.（10 **points**）

【参考范文】

Dear Classmates,

　　I'm writing to inform you about a charity sale that our class is planning. **The specific arrangements are as follows.**

　　On May 10, 2013, **this event will take place in** our university's playground and run from

7:00 pm to 10:00 pm. At the opening ceremony, our monitor will make clear that the purpose of the sale is to assist kids who have dropped out of school because their parents cannot afford their tuition. Then is the time for donating activity.

I sincerely encourage all students to participate in this event since showing your affection is a virtue. **I will be appreciative if** you come and make a donation.

Yours sincerely,
Li Ming

【参考范文译文】

亲爱的同学们,

我写信通知你们,我们班将组织一次慈善义卖。具体安排如下。

这项活动将于 2013 年 5 月 10 日在我们大学的操场上举行,它将在 7 点开始,晚上 10 点结束。在开幕典礼上,我们的班长会清楚地指出义卖的目的是帮助那些因为家庭负担不起学费而辍学的孩子。然后是捐赠活动的时间。

奉献你的爱是一种美德,所以我真诚地呼吁所有的学生参加这次活动。如果你来捐赠,我将不胜感激。

您真诚的,
李明

【重点词汇及词组】

organize 组织	charity 慈善
arrangement 安排	opening ceremony 开幕典礼
tuition 学费	drop out of school 辍学
encourage 鼓励	donation 捐赠

【万能句型】

I am writing to inform you about…

The specific arrangements are as follows.

This event take place in…

I will be appreciative if…

I sincerely encourage all students to…

3. **建议信真题回顾**

(1) 建议信真题回顾一。

2017 年英二小作文:回复邀请并说明 presentation 内容。

Directions:

Suppose you are invited by Professor Williams to give a presentation about Chinese culture to a group of international students. Write a reply to

1) **accept the invitation, and**

2) **introduce the key points of your presentation**

You should write neatly on the ANWSER SHEET. Do not sign you own name at the end of the letter, use "Li Ming" instead. Do not write the address. (10 points)

【参考范文】

Dear Professor Williams,

  I am truly grateful and delighted by your invitation to present to the foreign students, and I will certainly be careful to prepare for it.

  To let the international students learn much about Chinese culture, **I think that** my presentation **is supposed to** cover at least two crucial themes. **On the one hand**, I will **emphasize much on** the history of China. You must know that China is an ancient country with an old and lengthy history. **On the other hand, my second key point should be putting on** the main diet in China. **The reason for this is that** Chinese people in different regions have extremely distinct eating preferences to choose food and Chinese food is quite delicious everywhere.

  These are the two things I want to emphasize. Please let me know your thoughts on this and if you have any more suggestions. I am looking forward to your reply. Thank you.

Yours sincerely,
Li Ming

【参考范文译文】

尊敬的威廉教授,

  我真的很高兴和荣幸收到您的邀请,给外国学生做一个演讲,我一定会认真准备。

  为了让海外学生更多地了解中国文化,我认为我的演讲应该至少包括两个要点。一方面,我会强调中国的历史。您知道,中国是一个历史悠久的古老国家。另一方面,我的第二个要点应该放在中国的主要饮食上。原因是不同地区的中国人对选择食物有着完全不同的倾向,各地的中国菜都很好吃。

  这两点是我想强调的,我想知道您对此的看法,以及您是否有一些进一步的想法。我期待着您的答复。谢谢您。

您真诚的,
李明

【重点词汇及词组】

delighted 高兴的	grateful 感激的
present 做演讲,做演示	preference 偏好
be supposed to 应该	emphasize 强调
ancient 古老的	delicious 美味的
look forward to 期待	

【万能句型】

I am truly grateful and delighted by…

On the one hand… on the other hand…

The reason for this is that…

I think that…

My second key point should be putting on…

Please let me know your thoughts on this and if you have any more suggestions.

These are the two things I want to emphasize.

I am looking forward to your reply.

(2)建议信真题回顾二。

2016年英二小作文:关于翻译的建议。

Directions:

Suppose you won a translation contest and your friend Jack wrote an email to congratulate you, and ask advice on translation. Write him a reply to

1) **thank him**

2) **give your advice**

You should write neatly on the ANWSER SHEET. Do not sign your own name at the end of the letter, use "Li Ming" instead. Do not write the address.(10 point)

【参考范文】

Dear Jack,

　　I'm writing to thank you for congratulating on my success in the translation competition.

　　In this section, **I would like to offer you some suggestions based on my experience. First and foremost, I firmly believe that** you should practice this subject diligently. **Furthermore,** you should **communicate with** foreigners more often, which will ensure that you have a thorough understanding of foreign culture. **Last but not least, you are supposed to** participate in some foreign activities to gain a ton of practical experience.

　　Thanks again and **I sincerely hope you will consider my advice. I wish you good luck and great success in your future study.**

Yours sincerely,
Li Ming

【参考范文译文】

亲爱的杰克,

　　我写信是为了感谢你祝贺我在翻译比赛中取得成功。

　　在这一部分,我想就我的经验向你提出一些建议。首先也是最重要的一点,我强烈建议你需要在这一领域做出艰苦的努力。而且,你最好和外国人有更多的交流,这保证了你对外国文化的深刻理解。最后但同样重要的是,你应该参加一些国际活动来积累丰富的实践经验。

再次感谢,我希望你能考虑我的建议。祝你好运,并在未来的学习中取得巨大的成功。

您真诚的,
李明

【重点词汇及词组】

suggestion 建议
first and foremost 首先
be supposed to 应该
base on 基于
consideration 考虑
gain 积累

congratulation 祝贺
ensure 保证
communicate with 与……交流
participate 参加
a ton of 许多

【万能句型】

I'm writing to thank you for…

I would like to offer you some suggestions based on my experience.

First and foremost, I firmly believe that…

You are supposed to participate in…

Furthermore,…

Last but not least,…

I sincerely hope you will consider my advice.

I wish you good luck and great success in your future study.

(3)建议信真题回顾三。

2011年英二小作文:为大学生活做准备。

Directions:

Suppose your cousin Li Ming has been admitted to a university. Write him/her a letter to

1) **congratulate him/her, and**

2) **give him/her suggestions on how to get prepared for university life**

You should write about 100 words on the ANSWER SHEET. Do not sign your own name at the end of the letter. Use "Zhang Wei" instead. Do not write the address.(10 points)

【参考范文】

Dear Li Ming,

We are extremely delighted to know that you have successfully passed the college entrance examination this year and received the admission to Peking University. **Allow us to give our heartfelt congratulations on this momentous occasion.**

It is recommended that you should prepare physically and intellectually **in order to** adapt to university life. **First and foremost,** you must first develop a strong body for the future academic pursuit, so you can take some exercises during the breaks. **Secondly,** since the coursework in university is more rigorous than it was in your secondary school, **you are highly suggested to**

check out some introductory books from the library **so as to** get a good concept of the speciality you plan to pursue in college. Given your sound ability, you will undoubtedly succeed in college.

We would like to wish you the best at this time. Wish you greater achievements during your college life.

Yours sincerely,
Zhang Wei

【参考范文译文】

亲爱的李明，

我们很高兴知道你今年顺利通过了高考，并被北京大学录取。请允许我们在这个令人兴奋的时刻表示最诚挚的祝贺。

为了适应大学生活，建议你要做好身体和智力的准备。首先，你需要为未来的学术追求强身健体，所以你可以在休息时间做一些运动。其次，由于大学的学习比中学的要求更高，因此强烈建议你从图书馆找一些介绍性书籍，以便对大学生活中将要攻读的专业有一个很好的了解。以你良好的能力，你一定会拥有成功的大学生活。

我们借此机会向你致以最好的祝愿。祝你在大学学习中取得更大的成就。

您真诚的，
张伟

【重点词汇及词组】

so as to 以便	in order to 为了
college entrance examination 高考	opportunity 机会
admission 录取	achievement 成就
delighted 开心的	congratulation 祝贺

【万能句型】

We are extremely delighted to know that you…

Allow us to give our heartfelt congratulations on this momentous occasion.

It is recommended that you should…

First and foremost, … Secondly, …

You are highly suggested to…

We would like to wish you the best at this time.

Wish you greater achievements.

4. 建议信练习题

Directions：

Write a letter to your university library, making suggestions for improving its service. You should write about 100 words on the ANSWER SHEET.

【参考范文】

Dear Sir or Madam,

  I am a student of our university, who frequently spend free time in the library. **In general,** the services provided by our library are fairly nice. **However, I still have some recommendations for you to** improve the quality of your service.

  To begin with, I would like you to prolong the opening times. The majority of pupils attend classes during the day. **Additionally,** some books are outdated. **It would be preferable if you could** replace them with updated materials.

  I genuinely wish to have a comfortable library. And **I would really appreciate it if you could** take my advice into consideration.

Yours sincerely,
Li Ming

【参考范文译文】

尊敬的先生或女士,

  我是我们大学的学生,我经常把我的业余时间花在我们的图书馆里。总体来说,我们的图书馆提供的服务相当好。不过,我仍希望给您一些建议来提升服务质量。

  首先,我希望您能延长开放时间。白天,大多数学生都在上课。而且,有些书过时了。如果您能用更新的材料代替它们,那就更好了。

  我真诚地希望有一个舒适的图书馆。如果您能考虑我的建议,我将不胜感激。

您真诚的,
李明

【重点词汇及词组】

in general 总体上	upgrade 升级
comfortable 舒服的	consideration 考虑

【万能句型】

I still have some recommendations for you to…

I am a student of…

In general,…

However,…

To begin with,… Additionally,…

I would like you to…

It would be preferable if you could…

I genuinely wish to…

And I would really appreciate it if…

(六)投诉信

投诉信是写信人就某件事情或情况表达不满或进行投诉而写的信函。投诉的内容应当具体明确,不宜过于空泛,并应提出相应的合理解决方案,争取给对方留下好印象。毕竟,收信人的合作对问题的实质性解决极有帮助。投诉信的一般结构为:说明投诉问题—描述具体情况—期待解决方案。

Tips:语气要尽量做到客观礼貌,投诉应该就事论事,切忌指责扩大化;在描述问题时尽量采用被动句式,使描述更加客观合理。

1. 投诉信常用句型

第一部分说明写信目的,常用套话。

I am writing to complain about the terrible experience I underwent when…

I would be grateful if you could do anything necessary to solve the problem facing me.

I'm very sorry to disturb you with my problem but I feel it necessary to complain about…

第二部分说明投诉问题。

I am writing to inform you that I find… unsatisfactory.

I am writing to express dissatisfaction/disappointment…

第三部分期待解决方案。

I hope you will take steps to rectify this situation soon.

I would appreciate it if you could take my complaint seriously and make an effort to prevent the recurrence of this kind.

I sincerely hope that the authorities concerned will consider my suggestions and improve the situation as best as they can.

To solve this problem/surmount this difficulty/improve the situation, I hope to draw the attention of the authorities concerned.

2. 投诉信真题回顾

2012年英二小作文:投诉产品问题。

Directions:

Suppose you have found something wrong with the electronic dictionary that you bought from an online store the other day. Write an email to the customer service center to

1) **make a complaint and**

2) **demand a prompt solution**

You should write about 100 **words on the ANSWER SHEET. Do not sign your own name at the end of the letter, use "Zhang Wei" instead.**

【参考范文】

Dear Sir or Madam,

I am writing to you as one of your loyal customers **to express my displeasure with** the subpar quality of the electric dictionary I recently acquired from your online store that enjoys years of reputation.

The dictionary **is actually very crucial to** my English learning process. **Unfortunately, I found** that there are several problems. The dictionary at first worked flawlessly, but ten days later it started to make a lot of noise when opened. **Moreover**, several of the keyboard's keys are inoperable. **I kindly request that you either send me a replacement or give me a complete refund.**

I sincerely appreciate all of your help with this matter. Please don't hesitate to get in touch with me if you have any problem. I am looking forward to your reply at your earliest convenience.

Yours truly,
Zhang Wei

【参考范文译文】

尊敬的先生或女士，

作为您的常客之一，我写信抱怨在您享有多年声誉的网上商店购买的电子词典质量差。

在我学习英语的过程中，字典是非常重要的。不幸的是，我发现有几个问题。首先，这台词典起初运行得很好，但十天后打开时开始发出很大的噪声。此外，键盘上的一些键不起作用。我恳请您要么给我寄一个新的，要么把我的钱全部退还给我。

我真的很感谢您在这件事上的帮助。如果您有任何问题，请随时与我联系。我期待着在您方便的时候尽早给我答复。

您真诚的，
张伟

【重点词汇及词组】

displeasure 不满意	dictionary 词典	crucial 关键的
electric 电子的	unfortunately 不幸地	flawlessly 完美地
keyboard 键盘	reputation 名誉	operate 运转
refund 退款	request 请求	

【万能句型】

I am writing to express my displeasure with…

Unfortunately, I found that there are several problems.

Moreover, …

I sincerely appreciate all of your help with this matter.

Please don't hesitate to get in touch with me if you have any problem.

The dictionary is actually very crucial to…

I kindly request that you either send me a replacement or give me a complete refund.

I am looking forward to your reply at your earliest convenience.

3. 投诉信练习题

Directions:

Suppose you are a student, you are going to write an email to the President about the canteen

service on campus to

1) make a complaint and

2) demand a solution

You should write about 100 words on the ANSWER SHEET. Do not sign your own name at the end of the letter, use "Li Ming" instead.

【参考范文】

Dear Mr. President,

My name is Li Ming, a junior of the Civil Engineering School. **I venture to write a letter to you about** the campus cafeteria service, which has drawn a lot of criticism from students.

The poor quality of the food is the main complaint. The vegetables are overcooked to the point where the nutrients are lost. The cost of the food is surprisingly expensive. **Besides,** the attitude of the service staff towards the students is not hospitable at all.

All in all, there is still much room for improvement in terms of the canteen service is concerned. I hope we do not have to suffer for another year. **Thank you for your kind consideration.**

Yours sincerely,

Li Ming

【参考范文译文】

尊敬的校长,

我是土木工程学院的大三学生李明,我冒昧地给您写信投诉食堂的服务,该服务已经引起了很多学生不满。

投诉的焦点是食品质量差。蔬菜烹饪过头,失去了营养。食品价格也高得出奇。此外,服务人员对学生的态度一点都不热情。

总之,食堂服务还有很大的改善空间。我真心希望不用再忍受一年。感谢您的考虑。

您真诚的,

李明

【重点词汇及词组】

venture 敢于,冒险	complaint 投诉
campus 校园	cafeteria 自助餐厅
criticism 批评	canteen 餐厅
hospitable 热情好客的	suffer 遭受

【万能句型】

The poor quality of the food is the main complaint.

There is still much room for improvement in terms of the canteen service is concerned.

I venture to write a letter to you about...

Besides,...

All in all,...

Thank you for your kind consideration.

(七)咨询信

咨询信的主要目的是了解所需信息,向对方提出要求并希望对方予以回答或帮助。咨询信的写作步骤主要有以下三步。

第一段:介绍自己,表明写作目的(询问情况或提出要求,希望得到帮助)。

第二段:侧重于写询问的具体情况、说明请求的具体原因等。

第三段:期待回复,注意礼貌。

Tips:语气比较正式,表达感激之情。

1. 咨询信常用句型

说明目的:

I would very much like to ask for your permission with this letter so as to allow me...

I am writing to seek for your permission(assistance,help) that I...

I have learned from... that you will...

I just want to know specifically about...

询问具体事宜:

I have just... and desperately need your help and guide.

I would be much obliged if you let me know the procedures I have to go through.

表达感谢,期盼回复:

I am expecting your early reply.

I am looking forward to hearing from you.

Your prompt attention to this letter would be highly appreciated.

2. 咨询信真题回顾

2014 年英二小作文:咨询未来室友。

Directions:

Suppose you are going to study abroad and share an apartment with John, a local student. Write an email to him to

1) **tell him about your living habits, and**

2) **ask for advice about living there**

You should write about 100 words on the ANSWER SHEET. Do not use your own name.

【参考范文】

Dear John,

I am Li Ming, your future roommate and a new arrival from China who is traveling here to pursue higher education. **I am writing this letter to** introduce myself and **ask for advice on** how to spend the future life in America.

First, I am a quiet person, so your silence would be greatly appreciated. **Second**, I enjoy cooking, and **I'm wondering whether** you'd mind if I made Chinese food at home because Chinese food preparation can be really smokey. **Third**, I want to buy a car but **I have no knowledge of** traffic rules in America. **Would you please teach me about** traffic laws in the US?

Wish you reply soon.

Yours sincerely,
Li Ming

【参考范文译文】

亲爱的约翰，

我是李明，你未来的室友，来自中国的新人，我将来这里接受进一步的教育。我写这封信是为了让你知道我的情况，并就我在美国未来的生活征求一些建议。

首先，我是一个安静的人，所以如你能保持安静我将会非常感谢。第二，我喜欢做饭，我想知道我在家做中国菜对你来说是否合适，因为准备中国菜可能会产生很多油烟。第三，我想买辆车，但我对美国的交通规则一无所知。你能在美国给我上一堂关于交通法规的课吗？

希望你尽快回复。

您真诚的，
李明

【重点词汇及词组】

ask for advice on 征求建议　　arrival 到来

pursue 追求　　silence 沉默

appreciate 感激　　preparation 准备

traffic rules 交通规则　　traffic laws 交通法规

【万能句型】

I am writing this letter to…

First,… Second,… Third,…

I'm wondering whether…

I want to buy a car but I have no knowledge of…

Would you please teach me about…

Wish you reply soon.

3. 咨询信练习题

Directions：

Suppose your friend Ken is going to sell his walkman, and you are interested in it and want to spend 200 Yuan buying it. Write a letter to him to

1) ask him whether it has function of recording

2) ask his willingness

You should write about 100 words on the ANSWER SHEET. Do not use your own name.

【参考范文】

Dear Ken,

  I have heard that you want to sell your Walkman, **I am interested in** it and **I would be very grateful if** you could provide me with some details about it.

  For example, what's its brand? When did you start using it? Does it have the feature of recording? I'd like to offer 200 Yuan for a Walkman that is 70% brand new and has recording capabilities, and what's your idea?

  I would appreciate it if you could give me a call **as soon as possible** at 123456. Thank you.

Your sincerely,
Li Ming

【参考范文译文】

亲爱的肯,

  听说你想卖掉你的随身听,我很感兴趣,如果你能提供一些细节信息我会十分感激。

  例如,它是什么品牌?你用了多久?它有录音功能吗?如果随身听有七成新,而且有录音功能,我愿意出200元买,你觉得怎么样?

  希望你尽快联系我,电话号码是123456,期待你的来电,谢谢。

您真诚的,
李明

【重点词汇及词组】

walkman 随身听   appreciated 感激的

brand 品牌   feature 功能

recording 录音   capabilities 能力

as soon as possible 尽快

【万能句型】

I have heard that…

I am interested in…

I would be very grateful if…

I would appreciate it if you could…

(八)请求信

  请求信是向收信人提出某种请求,希望对方提供服务或者帮助。请求信的重点是说清楚请求别人做什么事,以及为什么。虽然所请求的事情大多数都在收信人的职责范围之内,但仍要特别注意语言的礼貌得体,我们可以通过使用虚拟语气来达到这一语用效果。

  Tips:由于是给不熟悉的人写信,所以有必要适当地自我介绍一下;由于需要提出请求,所以一定要表达感谢之情。

1. 请求信常用句型

第一部分说明相关性＋表明写信意图。

I am writing to see if you could kindly provide me with information concerning…

I am writing to seek for your assistance in…

I am writing this letter in the hope that you could…

I am writing to enquire about/into the possibility of…

第二部分详述请求的内容。

I would be most grateful if you could find me a candidate. Could you please do me a favor.

第三部分表达期望得到答复的心情。

I would like to thank you for your help in this matter.

Your attention to this letter would be highly appreciated.

Thanks in advance for your prompt attention.

Thank you for your consideration and I am looking forward to an early reply.

Your kind help would be greatly appreciated.

I am looking forward to a reply at your earliest convenience.

Please feel free to contact me at…

2. 请求信练习题

Directions:

Suppose you are going to find a child in a remote area that you can offer financial aid. Write a letter to related person to

1) ask him or her to help you find a candidate and

2) put forward some requirements to the candidate

You should write about 100 words on the ANSWER SHEET. Do not use your own name.

【参考范文】

Dear Sir or Madam,

I'm writing to ask for assistance in finding a child in a remote area to whom I'd like to offer financial aid.

The candidate must meet all of the following requirements. **To begin with**, he must be very poor and truly in need of assistance. He must also be self-motivated and eager to learn. **Finally**, he must be willing to return to his hometown after his graduation. **For my part**, I will send him a certain sum of money each semester until he completes his higher education.

Thank you very much for taking the time to read this letter. Your prompt response would be highly appreciated.

Yours sincerely,

Li Ming

【参考范文译文】

尊敬的先生或女士，

我写这封信是为了请求帮助，帮我在偏远地区找到一个我想提供经济援助的孩子。

候选人应充分满足以下要求。首先，他必须非常贫穷，真正需要帮助。此外，他必须有上进心和求知欲。最后，他必须愿意大学毕业后回到他的家乡。就我而言，我将每学期给他寄一笔钱，直到他完成他的高等教育。

非常感谢你对这封信的关注。如能及时答复，将不胜感激。

您真诚的，
李明

【重点词汇及词组】

assistance 帮助　　　　remote 遥远的　　　　requirement 要求
candidate 候选人　　　self-motivated 自我激励的　　semester 学期
prompt 迅速的　　　　appreciated 感激的

【万能句型】

I'm writing to ask for…

To begin with,… Finally,…

Your prompt response would be highly appreciated.

For my part, I will…

Thank you very much for taking the time to read this letter.

(九) 辞职信

辞职信本质也是一种拒绝信，即拒绝对方提出的工作岗位邀请。辞职信的结构主要可分为三大部分：提出辞职—说明原因，表示遗憾或感谢—期盼回复。

Tips：语气一定要诚恳，尤其是要表达遗憾的心情，同时对原雇主曾给自己这份工作机会表达感激之情。

1. 辞职信常用句型

第一部分提出辞职(拒绝)的意愿，表达歉意。

I am regretfully writing this letter to inform you about my decision to quit/resign my current position/job.

I am regretfully writing this letter to inform you of my intention of resigning my post/position.

I am sorry to inform you by this letter that I plan to resign my present job.

第二部分说明自己辞职(拒绝)的合理的理由。

Since I majored in＋专业 during college study, I find it hard to cope with my present job without much knowledge about＋你工作主要内容。

The office is located in the downtown area while I live in the suburbs, so it is exhausting for me to work overtime until 9 pm every day.

I have to say the salary is far from satisfying,…

第三部分再次表达遗憾,并请对方理解。

I feel terribly sorry for the inconvenience caused and I would appreciate it if you could accept my resignation.

2. 辞职信练习题

Directions:

Suppose you are going to quit your job, write a letter to your boss to

1) tell him the reason

2) thank him for offering the job

You should write about 100 words on the ANSWER SHEET. Do not use your own name.

【参考范文】

Dear Mr. Wang,

I'm sending you this letter to inform you of my decision to resign. After two months of work, **I find it inappropriate for me to serve as** an editor here for the reasons listed below.

To begin with, I expected the job to be challenging and rewarding, but it has proven to be the polar opposite. **Furthermore,** the salary has proved to be significantly lower than you initially promised and I have a large family to support. **In short,** I have decided to resign from this position after much deliberation.

Thank you for providing me with the fantastic opportunity to work with the outstanding staff here. **I sincerely apologize for any inconvenience this has caused. Please let me know if there is anything else I should do** before my departure.

Yours truly,
Li Ming

【参考范文译文】

尊敬的王先生,

我写这封信是为了告诉您我决定辞职。经过两个月的工作,我发现我在这里担任编辑是不合适的,原因如下。

首先,我曾期待这份工作是有挑战性的,也是有回报的,但事实恰恰相反。此外,工资比您当初承诺的要低得多,而我有一个大家庭要养活。总之,经过深思熟虑,我决定辞去这个职位。

感谢您为我提供了与这里的优秀员工一起工作的绝佳机会。我对造成的任何不便表示真诚的歉意。如果有什么需要我做的,请在我离职前告诉我。

您真诚的,
李明

【重点词汇及词组】

inform sb of 告诉某人	serve as 担任
decision 决定	inappropriate 不合适的

rewarding 报酬高的
salary 工资
departure 离开
outstanding 杰出的
opposite 相反的
deliberation 深思熟虑
splendid 极好的

【万能句型】

I'm sending you this letter to…

To begin with, … Furthermore, … In short, …

Please let me know if there is anything else I should do.

I find it inappropriate for me to…

Thank you for providing me…

I sincerely apologize for any inconvenience this has caused.

（十）求职信

求职申请信的主要目的是得到某份工作。信中主要说明应聘理由、个人特长及希望对方予以考虑或提供面试机会。如果要使对方相信你是值得考虑的人选，那么最有效的方法就是强调你有哪些资格可以成为他的可用之材。

Tips：由于篇幅短，尽可能推销自己，但也不应该过分夸张自己的能力，要实事求是。

1. 求职信常用句型

第一部分：说明写信的目的和申请的职位。

I am writing in response to your advertisement in…

I would like to apply for the position of…you advertised in…

After seeing your advertisement in…for…, I would very much like to be considered for this vacancy.

第二部分：教育背景＋工作经验＋性格特点＋求职动机。

I graduated from…with a…degree in…

I have been working in…since my graduation and have attained a fair knowledge and experience in this field.

I am a rational and diligent young man with good interpersonal skills.

I am used to working under pressure and also…

I am experienced in…, which I believe qualifies me for the position of…

第三部分：联系方式＋表示谢意，期望回复。

I hope you would consider my application favorably and grant me an interview.

I do hope that after reviewing my enclosed resume you will kindly give me an interview.

I have enclosed my resume that outlines in detail my qualifications and experiences.

I should be glad to have a personal interview and can furnish references if desired.

Your favorable consideration of my application will be highly appreciated.

2. 求职信练习题

Directions：

Suppose you are a graduate from Sichuan University, you are writing the letter for the purpose of applying for a position. Write a letter to your boss to

1) **tell about your qualifications**

2) **express your hope**

You should write about 100 words on the ANSWER SHEET. Do not use your own name.

【参考范文】

Dear Sir or Madam,

I am a to-be graduate of Sichuan University, and **I am writing the letter to** apply for a position.

My qualifications are as follows. Firstly, over the past 4 academic years, I have proved to be a straight-A student, receiving a slew of scholarships. **In addition,** my English is particularly excellent, which will meet the requirements set by a foreign company like yours. **Finally,** I am a good team player, who is self-motivated and eager to learn. **In short,** I believe that I deserve your consideration.

I would be delighted if you could schedule an interview with me. I eagerly await your reply.

Yours sincerely,

Zhang Wei

【参考范文译文】

尊敬的先生或女士，

我是四川大学的毕业生，我写这封信是为了申请一个职位。

我的资历如下。首先，在过去的4个学年里，我证明了自己是一名优等生，获得了大量奖学金。另外，我的英语特别好，能达到像贵司这样的外国公司的要求。最后，我是一个优秀的团队合作者，有上进心，渴望学习。总之，我认为我值得您考虑。

如果您能安排一次面试，我会很高兴。我期待着您的答复。

您真诚的，

张伟

【重点词汇及词组】

qualification 资历　　　　a slew of 大量

straight-A student 优等生　scholarship 奖学金

deserve 值得

particularly 尤其地

【万能句型】

My qualifications are as follows.

Firstly, … In addition, … Finally, … In short, …

I believe that I deserve your consideration.

I am writing the letter to…

I am a good team player, who is self-motivated and eager to learn.

I would be delighted if you could…

I eagerly await your reply.

(十一) 推荐信

介绍自己,说明与被推荐人的关系—介绍被推荐人的能力、人品、性格等—总结出被推荐人能胜任某项工作,表示期待与感谢。

Tips:内容要符合事实;突出相关性。

1. 推荐信常用句型

指出被推荐人:

I am writing to you to recommend… for…

I take great pleasure in recommending… to you as…

I would like to present… for your consideration in your search for…

With reference to your requirements, without reservation, I recommend … as an ideal candidate.

总结说明:

I am confident/convinced that…

I strongly recommend him to you with no reservation.

Therefore, I do not hesitate to recommend her as an ideal candidate for the post you advertised.

Therefore, I do not hesitate to recommend… as the right person for your consideration.

2. 推荐信真题回顾

2020 年英二小作文:计划安排大家旅行。

Directions:

Suppose you are planning a tour of a historical site for a group of international students. Write an email to

1) tell them about the site, and

2) give them some tips for the tour

Please write your answer on the ANSWER SHEET. Do not use your own name, use "Li Ming" instead. (10 points)

【参考范文】

Dear friends,

I'm writing to you as a representative of the Students Union **to let you know that** we will be visiting the Forbidden City the following week.

As you know, the Forbidden City, also known as the Palace Museum, is an example of this country's profound and varied old culture thanks to its magnificent architecture and precious treasures. During this trip, **it is essential to pay more attention to** the tourist introduction of each place, which provides information of its origin, cultural background as well as translation into multiple languages.

I hope that you will enjoy the journey. **Please feel free to respond if you have any other questions.**

Yours sincerely,
Li Ming

【参考范文译文】

亲爱的朋友,

作为学生会的代表,我写这封信是为了通知大家我们下周要去参观紫禁城。

众所周知,紫禁城,又名故宫博物院,体现了我们国家深邃而多元的古代文化,在那里您可以欣赏壮丽的建筑及珍贵的珠宝。旅行期间,大家可以多多关注景点介绍,它会提供景点起源信息、文化背景以及不同语言的翻译。

我希望你们玩得愉快,如果还有疑问,请随时回复。

您真诚的,
李明

【重点词汇及词组】

Students Union 学生会　　Palace Museum 故宫博物院
Forbidden City 紫禁城　　profound 深邃的
multiple 多样的　　　　　magnificent 华丽的
architecture 建筑

【万能句型】

I'm writing to you as a representative of the Students Union to let you know that…

The Forbidden City, also known as…

As you know, …

It is essential to pay more attention to…

Please feel free to respond if you have any other questions.

3. 推荐信练习题

Directions:

Suppose you are going to recommend Miss Liu Ming to Prof. Smith, that Liu Ming wants to pursue her graduate study for the Master's Degree under Prof. Smith's guidance. Write a letter to your boss to

1) **introduce Liu Ming's qualification**

2) **introduce Liu Ming's personality**

You should write about 100 **words on the ANSWER SHEET. Do not use your own name.**

【参考范文】

Dear Prof. Smith,

    I am writing to recommend to you Miss Liu Ming who wants to pursue her graduate study for the Master's Degree under your supervision.

    Miss Liu Ming was one of my classmates in Tianjin University. She was an excellent student in our university as evidenced by her overall straight A grades on all subjects. She spent three years working at Tianyi Biological Company after her graduate, which significantly increased her practical experience.

    I think with her intelligence, diligence and rich experience, Miss Liu Ming has great potential in the field of pharmacology both theoretically and practically. **As a result, I wholeheartedly recommend her to you.**

Yours sincerely,
Li Ming

【参考范文译文】

尊敬的史密斯教授,

    我写信向您推荐刘明女士,她想在您的指导下攻读硕士学位。

    刘明是我在天津大学的同学。她在我们学校成绩优异,各科成绩都是优秀。毕业后,她在天一生物公司工作了三年,积累了很多实践经验。

    我认为她聪明、勤奋、富有经验。无论是理论上,还是实践经验上,刘明在药理学领域都有很大的潜力。因此,我毫无保留地向您推荐她。

您真诚的,
李明

【重点词汇及词组】

recommend 推荐　　　　supervision 指导
Master's Degree 硕士学位 excellent 优秀的
biological 生物的　　　intelligence 智力
reservation 保留　　　 theoretically 理论地
diligence 勤奋

【万能句型】

I am writing to recommend to you…

She was an excellent student in our university as evidenced by her overall straight A grades on all subjects.

As a result,…

I wholeheartedly recommend her to you.

(十二)通知信/告示

1. 通知的标志

英语中通知一般是为了告诉公众某件事情或某项活动,如宣布举行各种比赛、放映电影、举办晚会、召开研讨会、失物招领等。为了醒目起见多用 notice 作标志,标志的每个字母可以用大写 NOTICE 或 Notice,并常写在正文上方的正中位置。口头通知用 Announcement 作标志,但通常省略不说。

2. 通知的正文

正文要写明所做事情的具体时间、地点、概括性内容(多为书面通知的首句)、出席对象及有关注意事项。布置工作的通知要把工作内容和要求写清楚。

3. 通知的对象

被通知的单位或人一般用第三人称;但如果带有称呼语,则用第二人称表示被通知的对象,口头通知就常用第二人称表示被通知的对象。涉及要求或注意事项时,也常用第二人称表示被通知的对象(祈使句中常常省略)。

4. 通知的文体

书面通知用词贴切,语句简洁,具有书面化的特点;口头通知用词表达要注重口语化。口头通知的开头往往有称呼语（被通知的对象）,如"Boys and girls""Ladies and gentlemen""Comrades and friends"等,或用提醒听众注意的语句,如"Attention, please!""Your attention, please!""May I have your attention, please?"等,且最好有结束语,如"Thank you (for listening)"以示礼貌。

5. 通知信常用句型

Attention, please. I have an announcement to make.

I have the pleasure of announcing that…

Notice is hereby given that…

I am pleased to inform you that…

If you have any question or some other requirements, please let me know.

That's all. Thanks for your attention.

No asking for leave without special reasons.

All the students are required to meet in the auditorium(礼堂) at 2:00 p.m. on Tuesday.

6. 告示真题回顾

2015 年英二小作文:夏令营活动,招募志愿者。

Directions:

Suppose your university is going to host a summer camp for high school students. Write a notice to

1) briefly introduce the camp activities, and

2) call for volunteers

You should write about 100 words on the ANSWER SHEET. Do not use your name or the name of your university. Do not write your address. (10 points)

【参考范文】

Notice

June 20, 2015

To enrich extracurricular activities, our school plans to hold a summer camp for high school students on July 6, 2015. **The event will include** English learning and basketball games. **Therefore,** we urgently need volunteers for this camp to help us organize the necessary events, including reception, distribution of documents, etc. Volunteers must be patient enough with the teenagers. **Besides,** the volunteers ought to have outstanding skills in English. **Students with prior volunteer experience are preferred.**

Those who are interested in participating can sign up with the class monitor before June 30, 2015.

Peking University

【参考范文译文】

告示

2015年6月20日

为了丰富课外活动，我校拟于2015年7月6日为高中学生举办夏令营。活动将包括英语学习和篮球比赛。因此，我们迫切需要这个营地的志愿者来协助我们组织有关事务，包括接待、分发文件等。志愿者必须对青少年有足够的耐心。此外，志愿者应该有出色的英语技能。有志愿者经验的学生优先。

有意参加者可于2015年6月30日前在所在班级的班长处报名。

北京大学

【重点词汇及词组】

extracurricular activities 课外活动　　summer camp 夏令营
assist 帮助　　distribution 分发
affairs 事件　　teenager 青少年
reception 接待　　monitor 班长
outstanding 杰出的　　document 文件
volunteer 志愿者

【万能句型】

The event will include…

Therefore, …

Besides, …

Those who are interested in participating can sign up with the class monitor.

To enrich extracurricular activities, our school plans to…

Students with prior volunteer experience are preferred.

7. 告示练习题

Directions:

You are supposed to write for the Postgraduate Association a notice to recruit volunteers for an international conference on globalization. The notice should include the basic qualification for applicants and the other information which you think is relevant.

You should write about 100 words on the ANSWER SHEET. Do not sign your own name at the end of the notice. Use "Postgraduate Association" instead. (10 points)

【参考范文】

Volunteers Wanted

January 9, 2010

The Postgraduate Association is seeking volunteers for an international conference on globalization that will be held on April 7, 2010 in Beijing, **in order to** enhance students' abilities and extracurricular activities.

To begin with, candidates must be under 35 years old, have Chinese nationality, and possess a strong sense of professionalism. **In addition**, candidates are required to be proficient in both Chinese and English, and possess outstanding listening comprehension. **Finally**, students with relevant professional experience are preferred.

Those postgraduates who are interested in participating can sign up with the monitor of their classes before February 1, 2010. **Everybody is welcome to join in.**

Postgraduate Association

【参考范文译文】

招募志愿者

2010 年 1 月 9 日

为提高同学们的能力并丰富课外活动,研究生会现招募 2010 年 4 月 7 日在北京举办的一次有关全球化的国际会议的志愿者。

首先,应聘者必须具有中国国籍、较强的职业精神,年龄在 35 岁以下。其次,申请人需具有卓越的英文听力水平以及流利的中英文能力。最后,具有相关职业经验的学生优先考虑。

有兴趣参加的研究生请于 2010 年 2 月 1 日之前在本班班长处报名。欢迎大家积极参加。

研究生会

【重点词汇及词组】

extracurricular activity 课外活动　　　　　globalization 全球化

recruit 招募
personality 个性
comprehension 理解
association 协会
outstanding 杰出的

conference 会议
possess 具有
professionalism 专业主义
postgraduate 研究生
participating 参加

【万能句型】

The Postgraduate Association is seeking volunteers for an international conference on globalization…, in order to enhance students' abilities and extracurricular activities.

Those postgraduates who are interested in taking part in it may…

Everybody is welcome to join in.

To begin with, … In addition, … Finally, …

(十三)备忘录

备忘录等是为提起人们对某件具体事情的关注,是一种记录有关活动或事务、起揭示或提醒作用的文体,语言通常简洁明快、清楚无误。写作时,内容须翔实、具体、完备,语言要朴实、准确。大致结构为:写明收文人、发文人、日期和事由—说明具体事情及原因—补充细节。

Tips:活动通知需要说明时间、地点、需要做的准备以及其他注意事项;要使用正式和礼貌的语气。

一般说来,完整而又正式的备忘录的格式通常如下。

To:(接收人)

From:(发文人)

Date:(日期)

Subject:(主题)

Message:(正文)

首段:鉴于备忘录是起提示或警示作用的应用文,因此在表明这种提示或警示的主要目的前需要先介绍此事件的发生背景,主要包含相关事情及人物的介绍等等。

中段:此段要写明通知的主要内容,也就是其写作目的。到底是要提醒写作对象某个事情还是警示收信对象不要去做某些事情,则由具体题目而定。不过,不管怎么说,思路一定要富有逻辑性,语言切记要委婉,尤其是警示对方时,这一点就显得更为重要。

尾段:本段中,紧接前面内容,说完自己的主要目的之后,就要进行结尾了。作为一封警示性的备忘录,结尾中自然要向写作对象表明希望其理解并合作的期望。

备忘录练习题

Directions:

Suppose you are a president of a company, most of your employees received the gifts and invitations, write a memorandum to the staff and ask them to decline the offers and return gifts in case of conflict of interest. You should write about 100 words on the ANSWER SHEET.

【参考范文】

To: All Employees

From: Berry Silver, President

Date: June 22nd, 2014

Subject: Entertainments or Gifts during Spring Festival

Many invitations to Spring Festival dinners are received at this time of year from companies and clients. Gifts are also sometimes received. **I am sure that** such offers only result from a job being well done and it is certainly satisfying to know that the level of service provided by staff is appreciated. Accepting any gifts, entertainment, or offers, however, may **result in** either a real or perceived conflict of interest. To prevent the conflict from happening, all such offers should be declined and gifts returned.

I should appreciate your understanding and cooperation.

【参考范文译文】

收文人:全体员工

发文人:董事长 Berry Silver

日期:2014 年 6 月 22 日

主题:春节期间的娱乐或礼品

在每年的这个时候,都会收到来自许多公司和客户的春节晚宴邀请。有时也会收到礼物。我确信,提供这种服务只是因为工作做得很好,而且当然令人高兴的是,工作人员提供的服务水平得到了赞赏。然而,接受任何提供、娱乐或礼物,都可能导致实际或感知上的利益冲突。为确保不出现这种情况,所有此类提供均应予以拒绝,并退还礼物。

感谢你的理解与合作。

【重点词汇及词组】

invitation 邀请	Spring Festival 春节
satisfying 令人满意的	appreciate 赞赏,感激
gift 礼物	entertainment 娱乐
cooperation 合作	decline 拒绝

conflict 冲突

【万能句型】

Many invitations to Spring Festival dinners are received at this time of year from…

I am sure that such offers only result from…

Accepting any gifts, entertainment, or offers, however, may result in either a real or perceived conflict of interest.

I should appreciate your understanding and cooperation.

第十章 短文写作——大作文

第一节 短文写作分析

英语二的大作文可以分为两种：

(1)表格作文：表格(table)。

(2)图作文：柱状图(bar chart)、饼状图(pie chart)、趋势曲线图(line chart)。

(一)出题模式及分析

考研英语二的大作文主要有两种考查模式：

(1)考查图表内数据的上升(下降)变化。

(2)考查图表中各项目之间比例或数据的对比差异。

(二)图表作文思路及结构分析

近年来，考研真题对于英文写作的要求主要是：(1)describe/interpret the chart/table；(2)give your comments。因而写图表作文的时候，通常采用三段式：

第一段是图表描述段，主要分析图表中的数据变化所反映的问题(趋势)，概述图表展示的信息，如描述图表关键数据、点明数据关系等；

第二段是意义阐述段，即结合文章主题，解读数据关系和趋势成因，重在分析造成这一问题(趋势)的原因；

第三段则是建议评论段，展望未来，提出解决问题的方法或提出改进建议。

(三)具体写作及模板定型

鉴于考研真题规定字数为不少于150字，建议同学们在平常练习时，将目标字数定为180字左右(不含标点)，确保能够达到基本的字数要求。一般而言，作文第一段中的描述数据部分、第二段中的分析原因部分和第三段中的总结部分都需要考生结合材料、运用自己的语言进行写作，灵活度较高，字数可达80字以上，而其他部分则可以通过积累常用句式、套用模板等方式进行撰写，字数可达100字左右。由此来看，通过学习、积累和训练，180字的目标字数并不难达到。

从实际的阅卷过程来看，阅卷老师评判试卷首先看字数是否达标，其次看行文结构，最后评判内容，整体时间不超过10秒，因此结构在评分中也有较高的比重。从历年高分作文来看，4－4－3的三段论结构较为合适，整体句数控制在11句话左右为宜。

关于模板问题，建议同学们在平常的学习过程中注重积累，可以将网上或本教材中的许多素材、例句有意识地进行整合，进行概括性的总结，形成自己独有的模板。为便于同学们学习，下面将介绍一些较为常见的句式。

第一段

如前所述，第一段主要是对数据变化的描述，包括上升、下降和持平，常见句式如下：

① It is a (pie/line/bar) chart/table that is thought-provoking and illuminating.

② The data graph provides some significant statistic regarding(主题)。

③ From the chart/table we can see clearly that(项目1)soared (sharply) from(数据)in(年份)to(数据)in(年份)[如果用百分比表示的数据则为 have increased (respectively) by(差额)from(百分比)to(百分比)],while those(项目2)decreased from(数据)in(年份)to(数据)in(年份)[如果用百分比表示的数据则为 have declined by(差额)from(百分比)to(百分比)]。

④ 如果有重要的数据是保持不变:In addition,(项目3)was almost remain stable from(年份)to(年份)。

第二段

第二段重在分析原因,通常建议采用总—分或者总—分—总的形式,常见句式如下:

① Some driving factors that contribute to the above-mentioned changes (differences) may be summarized as follows.

② On the one hand,(原因1),which leads to(结果1)。

③ On the other hand,(原因2),which causes(结果2)。

④ Finally,(原因3)also should be taken into account。

第三段

第三段需要进行总结,常见句式如下:

① From what has been analyzed above,it is no surprise to see this situation.

② So we may come to a conclusion that(结论)。

③ I am sure my opinion is both sound and well-grounded.

(四)大作文历年真题分析

1. 消费升级类

手机用户增长(2010),国产轿车份额增长(2011),春节花销比例(2015),选择餐厅关注因素(2018),快递业务量变化(2022)。

2. 个人生活类

工作满意度(2012),大学生兼职情况(2013),大学生旅游目的(2016),某高校毕业生去向(2019),某高校学生使用手机阅读的目的(2020)。

3. 社会生活类

城乡人口变化(2014),参观博物馆(2017),居民体育锻炼方式(2021),居民健康变化(2023)。

(五)真题命题分析

纵观历年真题,我们可以发现以下几点规律:

时间	考试主题	题材	题目类型
2023 年	我国居民健康素养水平变化	社会生活类	曲线图
2022 年	我国快递业务量变化情况	消费升级类	柱状图
2021 年	某市居民体育锻炼方式	社会生活类	柱状图
2020 年	某高校学生使用手机阅读的目的	个人生活类	饼状图
2019 年	某高校毕业生去向	个人生活类	柱状图
2018 年	选择餐厅关注因素	消费升级类	饼状图
2017 年	参观博物馆	社会生活类	曲线图
2016 年	大学生旅游目的	个人生活类	饼状图
2015 年	春节花销比例	消费生活类	饼状图
2014 年	城乡人口变化	社会生活类	柱状图
2013 年	大学生兼职情况	个人生活类	柱状图
2012 年	工作满意度	个人生活类	表格
2011 年	国产轿车份额增长	消费升级类	柱状图
2010 年	手机用户增长	消费升级类	柱状图

纵观 2010 年到 2023 年的英语二写作真题,大作文的考查内容主要为图表作文,包括柱状图、饼图、表格和曲线图。其中,柱状图考过 7 次、饼图考过 4 次、表格一次,曲线图两次。可以看出,考研英语作文考查存在"重者恒重"的倾向,提示考生们在备考过程中要有所侧重,既要全面掌握各类图表的常用模板和写作技巧,更要对柱状图和饼图多下功夫,争取写作过程中能够写出出彩的句式。

需要说明的是,根据最新发布的《全国硕士研究生招生考试英语(二)考试大纲》来看,"试卷结构"部分明确规定,写作 B 节为考生提供的信息是"图画、图表或文字"。因此,英语二的考生不能只准备图表作文,仍要对图画作文有一定的了解和储备,只有两方面都做好准备,才能对考场上遇到的各种变化胸有成竹。

从历年真题来看,英语二大作文图表上下一般会有表明图表内容的文字,可以简单理解为"图表话题"。考虑到图表话题是写作中绕不开的内容,建议大家在备考过程中要有意识地练习从 2010 年到 2023 年的英语二大作文的话题,例如 2011 年的"不同品牌轿车的市场份额"(different market shares of automobiles)、2016 年的"高校学生旅行目的"(travel purposes of college students)和 2017 年的"我国博物馆数量和参观人数"(the numbers of museums and visitors)。

此外,对于英语二大作文的常用必备词汇,同学们务必要重点掌握,比如各类图表的表达与"描述""反映""占比""变化"。这其中要提醒大家的是,文章第二段分析数据背后的原因时,一定要做到层次分明,具体就是通过使用过渡词使该段内容条理化。

(六)历年英二大作文真题思路分析

年份	真题	阅题后思考	考虑背后的原因
2023年	我国居民健康素养水平变化	为什么居民健康素养水平增长且速度先慢后快	政府激励;社会媒体宣传;名人效应;新冠之后意识提升;经济发展,追求生活品质
2022年	我国快递业务量变化	快递激增同时也存在着城乡差异	快递激增:生活水平提高;消费水平提高;网上购物多;快递方便快捷等 城乡:乡村发展,生活水平提高等
2021年	某市居民体育锻炼方式调查	体育锻炼的不同方式之间有何区别	体育锻炼的好处:强身健体 不同方式:与朋友家人一起可以互相督促;独自锻炼更加自由等
2020年	某高校学生使用手机阅读的目的	为什么越来越多的学生使用手机学习	手机学习更加方便、快捷;网络随处可得;手机使用频率高等
2019年	某高校毕业生去向	就业、创业、升学三个取向	就业:积累经验、实现独立自主生活 升学:就业压力大、想提高自身等 创业:更有雄心壮志闯出事业
2018年	某市消费者选择餐厅时关注因素	为什么消费者最关心餐厅特色	消费升级,从吃得饱到吃得好、吃得有特色;生活水平提高,不再一味追求低价
2017年	我国博物馆数量和参观人数	为什么博物馆数量和博物馆游客数量增长得如此之快	博物馆的历史文化的承载传播价值;博物馆提供休闲的同时可以增长见识
2016年	某高校学生旅游目的	为什么大学生旅游主要为了欣赏风景和释放压力	旅游可以缓解大学生的学业压力、生活压力、就业压力、升学压力等
2015年	某市居民春节花销比例	为什么礼物花销最大,为什么在其他部分也有一定的花销	礼物:礼物承载着祝福 交通:异地工作、回家过年 聚会吃饭:增进情谊
2014年	中国城乡人口变化	为什么城镇人口增长得如此之快,大量农村人口迁往城市	城市:城市就业机会多、工资好、基础设施完善等等
2013年	某高校学生兼职情况	为什么这么多大学生兼职,为什么大四学生兼职人数最多	兼职原因:积累经验、有空余时间、可以尝试不同的就业方向,为以后做准备 大四兼职:急需工作经验的积累
2012年	某公司员工工作满意度调查	为什么四十来岁的员工对工作如此不满意	四十来岁:压力大(家庭压力、职场瓶颈、不敢轻易辞职) 六十岁:临近退休,心态好
2011年	国内部分轿车品牌市场份额变化	为什么国产份额增长如此之快	汽车市场:更多的人有能力购买汽车 国产车:便宜、质量提升、性价比最优 进口车:税率相对高,价钱也相对高
2010年	发达国家和发展中国家手机用户数量变化	为什么发展中国家手机用户增长如此之快	发展中国家:生活水平提升,可以购买得起;市场仍然很大 发达国家:市场趋于饱和

第二节 短文写作范文

一、个人生活类

1. 饼状图:2020 年英二大作文——某高校学生使用手机阅读的目的

Directions:

Write an essay based on the chart below. In your writing, you should

1) interpret the chart, and

2) give your comments

You should write about 150 words on the ANSWER SHEET. (15 points)

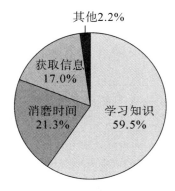

某高校学生手机阅读目的调查

【参考范文】

The figures in the pie chart are based on a survey on the purpose of mobile reading among students at a certain university. **To be concrete,** the first aim in the graph is to gain knowledge, which has a percentage of 59.5%, **followed by** the purposes of killing time whose proportion reaches 21.3%, with obtaining information and other purposes accounting for 17% and 2.2% respectively.

It is undeniable that the development of technology in contemporary culture has led to a steady rise in the number of college students utilizing their smartphones for academic purposes in recent years. **Besides, it is not hard to understand** how essential smartphones have become to college students' daily life, thus attracting an increasing number of students to use their phones for entertainment. **Furthermore,** as a result of the shift in people's living styles, students prefer to develop their social life online and access more useful information to satisfy their academic and life needs.

So, what is the potential future trend of the phenomenon reflected by the chart? From my perspective, this established tendency is positive and acceptable. As a result, it is unnecessary for the public to regard it with suspicion.

【参考范文译文】

饼图中的数据是基于一项针对某所大学学生手机阅读目的的调查。具体来说,学习知识的比例占59.5%,在图中排名第一,其次是消磨时间的比例达到21.3%,获取信息和其他目的分别占17%和2.2%。

不可否认,近几十年由于现代社会技术的进步,大学生使用智能手机学习的数量一直在稳步增长。而且,手机已经成为大学生日常生活中必不可少的一部分,因此吸引了越来越多的学生使用手机娱乐。此外,随着人们生活方式的改变,学生更喜欢在网上发展他们的社交生活,找到更多有用的信息来满足他们的学业和生活需求。

那么,图表所反映的潜在未来趋势会是什么呢?在我看来,这种既定的趋势是积极和可以接受的。因此,公众没有必要担心它。

【重点词汇及词组】

impressive 给人印象深刻的　　proportion 比例,部分
regarding 关于,至于　　　　account for 占比例
concrete 具体的　　　　　　 respectively 分别地
percentage 百分比　　　　　 continuously 持续地
advancement 前进,提升　　　 from my perspective 从我的观点看
furthermore 此外,而且　　　 apprehension 理解,忧虑
phenomenon 现象

【万能句型】

The figures in the pie chart are based on…

To be concrete,…

It is undeniable that…

Besides,…

So, what is the potential future trend of the phenomenon reflected by the chart?

From my perspective, this established tendency is positive and acceptable.

As a result, it is unnecessary for the public to regard it with suspicion.

It is not hard to understand that…

Furthermore, with people's living styles changing, students prefer to…

2. 柱状图:2019年英二大作文——某高校毕业生去向

Directions:

Write an essay based on the following chart. In your essay, you should

1) interpret the chart, and

2) give your comments

You should write about 150 words neatly on the ANSWER SHEET. (15 points)

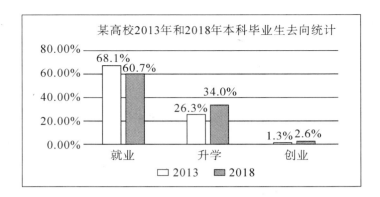

【参考范文】

　　This bar chart above looks into the choices that concern graduates most when they settle down after schooling. Even if there is a reduction of roughly 8% in 2018 compared to 2013, most graduates prefer to work after they graduate due to the dire state of the economy. The least part of them choose to establish their own business after graduation, with 1.3% in 2013 and 2.6% in 2018. As to the students who ask for further study, it accounts for 26.3% in 2013 and 34% in 2018. **Besides,** compared to those in 2013, **the figure shows that** more students choose to continue their education rather than find employment following graduation.

　　This reflects a shift in graduates' perspectives about life after graduation. **I can find no better reasons for this phenomenon other than the following two. On the one hand,** most graduates want to seek a breakthrough after four-year education. **This suggests that** youth today are eager to face obstacles and put what they've learnt into practice. **On the other hand,** students are experiencing increasingly severe competition as enrollment grows. Most students have to do their further studies. Hardly can such students find favorable jobs.

　　It is imperative that we take effective measures to solve the problem. **For one thing, it is essential that** proper policies be worked out to promote students to run their own business. **Another point is that** students should receive education to help them prepare for their future careers. **Only with this measure can our society improve for a sound development.**

【参考范文译文】

　　上面的这个柱状图调查了毕业生在毕业后去向的选择。在经济形势严峻的情况下,大多数毕业生选择离开学校后找工作,尽管与 2013 年相比,2018 年下降了约 8 个百分点。其中最小一部分人选择在毕业后建立自己的企业,2013 年的比例为 1.3%,2018 年的比例为 2.6%。至于要求深造的学生,2013 年占 26.3%,2018 年占 34%。此外,我们可以从图表中看到,与 2013 年相比,更多的学生选择继续学习,而不是在毕业后工作。

　　这反映了毕业生对毕业后的生活态度的改变。除了以下两点,我找不到更好的理由来解释这种现象。一方面,大多数毕业生都想在学校学习四年后找到突破。这表明,今天的青年渴望面对挑战,并希望将他们所学到的东西付诸实践。另一方面,学生们面对的是由于招生扩大而空前激烈的竞争。大多数学生必须继续深造。这样的学生很难找到有利的工作。

　　现在是我们采取有效措施解决这个问题的时候了。首先,制定适当的政策来促进学生经营自己的企业是至关重要的。另一方面,学生应该接受教育,为他们未来的工作做好充分的准备。只有通过这一措施,我们的社会才能得到改善,才能得到良好的发展。

【重点词汇及词组】

bar chart 柱状图
settle down 安定下来
breakthrough 突破
challenge 挑战
favorable 有利的

staggering 令人震惊的
compare 对比
indicate 表明
reflect 反映
measure 措施

【万能句型】

This bar chart above looks into…

Besides,…

The figure shows that…

I can find no better reasons for this phenomenon other than the following two.

On the one hand,… On the other hand,…

This suggests that…

It is imperative that…

For one thing,… Another point is that…

It is essential that…

Only with this measure can our society improve for a sound development.

3. 饼状图:2016 年英二大作文——大学生旅游目的

Directions:

Write an essay based on the following chart. You should

1) **interpret the chart and**

2) **give your comments**

You should write about 150 words on the ANSWER SHEET.（15 points）

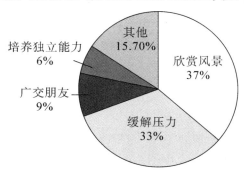

某高校学生旅游目的调查

【参考范文】

As is clearly reflected in the above pie chart, the purpose of students traveling abroad demonstrates obvious differences in one college of China. **According to the information provided**, 37% of the total percentage is used for the purpose of enjoying the beautiful landscape, while 33% is used to relieve stress.

What triggers this phenomenon? It is not difficult to put forward several factors responsible for this phenomenon. To start with, with the rapid growth of economy, more people, including college students, are becoming increasingly wealthy, which enables them to afford the once-deemed-expensive overseas traveling. Many students decide to travel overseas in order to enjoy the charming landscape all around the world. **Additionally**, the pressure of work and life is growing along with the economy and society's rapid advancement. **Consequently**, the purpose of relieving pressure ranks the second among all the purposes for folks to travel around the world.

The aforementioned arguments lead us to the conclusion that the current phenomenon is of no surprise. And **therefore**, **it can be anticipated that** enjoying the scenery and releasing stress will still be the key motivations for people to plan a trip abroad.

【参考范文译文】

如上面的饼图所示,在中国一所大学中学生出国旅游的目的表现出明显的差异。根据所提供的数据,目的在于享受美丽的风景的人数占有较大的比例,占37%,而目的是缓解压力则占了整个比例的33%。

是什么引发了这种现象?不难提出造成这一现象的几个因素。首先,随着经济的快速发展,人们,包括学生们,正变得越来越富有,这使得他们能够负担得起曾经被认为昂贵的海外旅行。为了欣赏世界各地迷人的风景,大量的学生选择出国旅游。更重要的是,随着经济和社会的快速发展,工作和生活压力也在不断增加。因此,缓解压力在人们的旅游目的中排在第二位。

鉴于上述论点,我们可以得出结论,目前的现象并不令人惊讶。因此,可以预见,欣赏风景和缓解压力仍然会是人们到其他国家旅游的主要目的。

【重点词汇及词组】

demonstrate 证明,展示	landscape 风景,景色
comparatively 比较地	ever-accelerating 不断加速的
trigger 引起	ever-increasing 不断增加的
argument 争论	alleviating 缓解
admiring 赞赏的	current 目前的
put forward 提出	

【万能句型】

As is clearly reflected in the above pie chart…

It is not difficult to put forward several factors responsible for this phenomenon.

According to the information provided,…

What triggers this phenomenon?

To start with, with the rapid growth of economy,…

The aforementioned arguments lead us to the conclusion that the current phenomenon is of no surprise.

It can be predicted that…

4. 柱状图:2013年英二大作文——大学生兼职情况

Directions:

Write an essay based on the following chart. In your writing, you should

1) **interpret the chart, and**
2) **give your comments**

You should write about 150 **words.**（15 **points**）

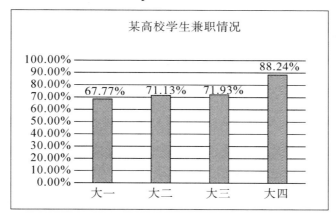

【参考范文】

The figure in the chart shows that during the four periods of university life, the percentage of college students working part-time increased progressively from 67.77% to 88.24%. **From the change in the chart, it is obvious that** more and more college students have recently chosen to participate in extracurricular activities.

Considering these changes, we can identify several main reasons. Firstly, most parents tend to support their children to go out to do some social practice now that the students are adults. **Furthermore,** the rapidly evolving society has raised higher requirements for college graduates. The authorities of Chinese universities or colleges have been encouraging their students to do part-time jobs in the hope that college students will extend their horizons and become more flexible to the future work after they graduate. **As a result,** more students travel or engage in social activities in vacations.

As a college student, I believe the graph shows the fascinating development in the thinking patterns from freshman to senior. **We are now sufficiently mature to understand** how to utilize our spare time in useful and practical ways. **From the changes in the charts, it is easy for us to predict that** more and more college students will walk out of their home and engage in a wider range of vacation activities.

【参考范文译文】

从图表中的数字可以看出,在四个大学生活期间,做兼职的大学生比例从66.77%稳步上升到88.24%。根据这种变化,不用说,越来越多的大学生最近选择做外面的兼职。

考虑到这些变化,我们可以找到几个主要原因。首先,随着学生的成长,大多数父母倾向于支持他们的孩子出去做一些社会实践。更重要的是,快速变化的社会对大学毕业生提出了更高的要求。中国的大学和学院一直在鼓励学生做兼职工作,希望大学生能扩大视野,更多地了解社会,毕业后可以更适应未来的工作。因此,更多的学生在假期外出旅游或做社会实践。

作为一名大学生,我认为图表反映了大学生从大一到大四的思维模式的令人兴奋的进步。我们已经变得成熟,认识到如何有益和实际地利用我们的业余时间。从图表的变化来看,我们很容易预测到越来越多的大学生将离开他们的家,投入更多的假期活动。

【重点词汇及词组】

adaptable 适合的　　　　　　requirement 需求
mature 成熟的　　　　　　　broaden one's view 开阔视野
freshman 大一　　　　　　　meaningfully 有意义地
throw…into 扔进

【万能句型】

The figure in the chart shows that…

From the change in the chart, it is obvious that…

Firstly, … Furthermore, … As a result, …

As a college student, I believe the graph shows…

We are now sufficiently mature to understand…

From the changes in the charts, it is easy for us to predict that…

Considering these changes, we can find several main reasons.

5. 表格:2012年英二大作文——工作满意度

Directions:

Write an essay based on the following table. In your writing, you should

1) **describe the table, and**

2) **give your comments**

You should write at least 150 words. (15 points)

某公司员工工作满意度调查

满意度 年龄组	满意	不清楚	不满意
≤40 岁	16.7%	50.0%	33.3%
41~50 岁	0.0%	36.0%	64.0%
>50 岁	40.0%	50.0%	10.0%

【参考范文】

The table above provides the information about the survey of employment satisfaction in a company. **After carefully studying the table, we can confidently infer that** the percentages of people under 40 who are unsure or dissatisfied with their jobs are 50% and 33.3% respectively. The level of satisfaction for those who are over 50 is significantly higher than that of the other categories, totaling to 40%, while 64% of those between the ages of 40 and 50 are not content and no one feels satisfied at all.

The differences may have been caused by a variety of factors, and here I would like to

emphasize the following two factors in this instance. **First, it is clear that** middle-aged people no longer enjoy their jobs as much as they once did because of the immense burden that comes with providing for a family. **In addition,** since these seniors have greatly developed in personality from their prior working experience, they can keep a positive attitude and see the optimistic respects of the work.

Taking the preceding data into account, we can confidently conclude that seniors are more satisfied and like their jobs than the young and middle-aged people under 50.

【参考范文译文】

上表给出了一家公司就业满意度调查的信息。经过仔细研究,我们可以得出结论,40岁以下的人对自己的工作感到不清楚或不满的百分比分别为50%和33.3%。在40~50岁的人中,64%的人不满意,没有人感到满意,而50岁以上的人的满意程度基本超过其他群体,达到40%。

许多原因可能促成了这些差异,在这里,我想强调以下两个原因。第一,由于供养家庭的巨大压力,中年人在工作中的享受明显减少。此外,由于这些老年人通过以前的工作经验在个性上有了很大的发展,他们可以保持积极的态度并看到工作中乐观的方面。

考虑到上述分析,我们可以得出结论,老年人在工作中比50岁以下的中青年有更多的满意和享受。

【重点词汇及词组】

satisfaction 满意　　　　　　exceed 超过
discontent 不满的　　　　　　lay stress on 重视
respectively 分别地　　　　　personality 个性
consideration 考虑　　　　　　analysis 分析
optimistic 乐观的

【万能句型】

The table above provides the information about…

After carefully studying the table, we can confidently infer that…

The differences may have been caused by a variety of factors, and here I would like to emphasize the following two factors in this instance.

First, it is clear that… In addition,…

Taking the preceding data into account, we can confidently conclude that…

二、消费升级类

1. 柱状图:2022年英二大作文——快递业务量的变化

Write an essay based on the chart below. In your writing, you should

1) **interpret the chart, and**

2) **give your comments**

You should write about 150 words on the ANSWER SHEET. (15 points)

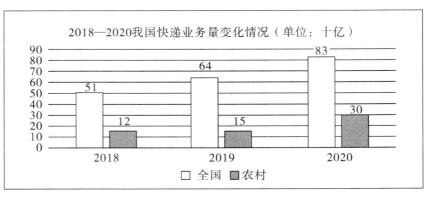

【参考范文】

There is no doubt that the graph depicts the changes in the business volume of express delivery in China from 2018 to 2020. **These years have witnessed some changes** in the business volumes of both overall express delivery and rural express delivery. **Particularly,** the volume of overall express delivery has experienced the greatest change, jumping from 51 billion to 83 billion during this time. **Obviously, the tendency deserves more consideration.**

The tendency shown in this chart is influenced by a number of variables, but in my opinion, the next two might take the lead. **For one thing,** online shopping has become one of the most significant daily activities of Chinese citizens as a result of the development of China's economy, particularly that of the e-commerce sector. **For another,** the express delivery business is expanding as a result of sellers' growing investments in quick delivery of their products.

According to the analysis above, it is obvious that the tendency shown by the chart will persist for a while in the future. It is imperative that we increase our awareness of this issue.

【参考范文译文】

不可否认，图表显示了2018－2020年中国快递业务量的变化。这几年，整体快递和农村快递业务量发生了一些变化。尤其是快递总量的变化幅度最大，从510亿增长到830亿。显然，这种趋势应该得到更多的考虑。

许多因素促成了这张图表所反映的趋势，但在我看来，以下两个可能会起主导作用。一方面，随着中国经济特别是电子商务行业的发展，网上购物已成为中国居民最重要的日常活动之一。另一方面，卖家加大对快件的投入是推动快递市场增长的关键因素。

根据上面的分析，很明显，图表所反映的趋势在未来一段时间内还会持续。现在是我们提高这方面意识的时候了。

【重点词汇及词组】

deny 否认 　　　　　　　　　　volume 总量，体积
overall 总体的，全面的　　　　　express delivery 快递

【万能句型】

There is no doubt that the graph depicts the changes in…

These years have witnessed some changes in…

Obviously, the tendency deserves more consideration.

The tendency shown in this chart is influenced by a number of variables, but in my opinion, the next two might take the lead.

For one thing, … For another, …

According to the analysis above, it is obvious that the tendency shown by the chart will persist for a while in the future.

It is imperative that we increase our awareness of this issue.

2. 饼状图:2018年英二大作文——选择餐厅关注因素

Directions:

Write an essay based on the chart below. In your writing, you should

1) interpret the chart, and

2) give your comments

You should write about 150 words on the ANSWER SHEET. (15 points)

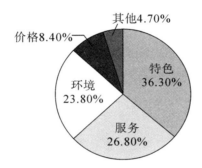

2017年某市消费者选择餐厅时的关注因素

【参考范文】

Emerging from the clearly depicted pie chart is the distribution of focusing factors of citizens in a city when choosing a restaurant in 2017, consisting of several parts, which are features, service, environment, price and other factors. Among them, the proportion of service, environment, price and other factors is 26.8%, 23.8%, 8.4% and 4.7%, respectively. **By contrast**, the factor of focusing on features of the restaurant is in the lead, accounting for 36.3%.

What has triggered this phenomenon? To begin with, with the fast development of national economy and personal wealth, people in China have stepped into an era of enjoying life, transforming traditional pattern of living. Therefore, such a great proportion of citizens are more likely to focus on the features of a restaurant, instead of only concentrating on the price. **Moreover**, in a society where living standard is highly advocated, citizens in mounting numbers in China, shrugging off their former habit of focusing on lower price, gradually find the service and environment of a restaurant an essential factor. According to a survey conducted by China Research Center, up to 87% of Chinese people prefer to choose a comfortable and fashionable restaurant when they go out for eating.

Taking into account what has been argued so far, I am inclined to think that the current situation is normal. In view of the analysis above, it can be predicted that the trend will continue in the future. Accordingly, it is of no necessity for the public to regard it with too much consideration.

【参考范文译文】

从清晰的饼图中可以看出,在2017年,城市居民在选择一家餐馆时的关注因素由几个部分组成,分别是特色、服务、环境、价格和其他因素。其中,服务、环境、价格和其他因素的比例分别为26.8%、23.8%、8.4%和4.7%。注重餐厅特色的因素占主导地位,占36.3%。

是什么引发了这一现象？首先,随着国家经济和个人财富的快速发展,中国人民进入了享受生活的时代,改变了传统的生活方式。因此,很大比例的市民更有可能关注一家餐厅的特色,而不是只关注价格。此外,在一个生活水平极受提倡的社会里,越来越多的市民摆脱了以往关注低价格的习惯,逐渐发现餐馆的服务和环境是一个非常重要的因素。根据中国研究中心的一项调查,高达87%的中国人在出去吃饭时更喜欢选择一家舒适时尚的餐厅。

考虑到目前为止的争论,我认为目前的情况是正常的。鉴于上述分析,可以预测这一趋势将在今后继续下去。因此,公众没有必要过多地考虑这一问题。

【重点词汇及词组】

emerging from 自……出现,从……显露出来

distribution 分布,分配

consist of 由……组成,包括

feature 特色,容貌

in the lead 领先,主要的

proportion 比例,占比

concentrate on 集中精力于,全神贯注于

advocate 提倡,拥护

shrug off 摆脱,抖去

essential 基本的,必要的

【万能句型】

Emerging from the clearly depicted pie chart is…

What has triggered this phenomenon?

To begin with, with the fast development of national economy and personal wealth, people in China have stepped into an era of enjoying life, transforming traditional pattern of living.

Taking into account what has been argued so far, I am inclined to think that…

In view of the analysis above, it can be predicted that the trend will continue in the future. Accordingly, it is of necessity for the public to regard it with too much consideration.

3. 饼状图:2015年英二大作文——春节花销比例

Directions:

Write an essay based on the following chart. You should

1) **interpret the chart, and**

2) give your comments

You should write about 150 **words on the ANSWER SHEET.**（15 **points**）

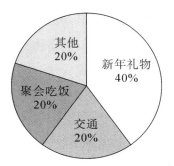

我国某市居民春节花销比例

【参考范文】

As is clearly reflected in the above pie chart，the proportion of money spent on various activities during the Spring Festival in one Chinese city shows notable variances. **The data provided indicates that** the majority of money—40％—is spent on buying gifts for other people, while transportation takes away 20％ of the whole proportion.

What triggers this phenomenon? It is not difficult to identify several factors responsible for this phenomenon. To start with，with the ever-growing eagerness to keep up with others, a vast majority of people meant to give kids increasingly larger red envelopes filled with money as gifts, which accounts for a large percentage of people's expenditure. Most Chinese residents also relocate from their hometowns to work in big cities as a result of the country's rapid urbanization. **Thus**，a large amount of money is spent on transportation in order to travel a distance **so that** they can spend wonderful moments with their families.

In view of the arguments above, it can be concluded that the current phenomenon is not unexpected. And therefore, it can be predicted that buying gifts and transportation will still take up a large share of our expenditure during the Spring Festival.

【参考范文译文】

正如上面的饼图所清楚地反映的那样,在中国的一个城市的春节期间,用于各种事务的金额的比例有着明显的差异。根据数据,给别人买礼物的钱占了很大一部分,占比40％,而交通占了整个比例的20％。

是什么引发了这种现象?不难提出造成这一现象的几个因素。首先,随着人们越来越渴望跟上别人的步伐,许多人打算把越来越厚的红包作为礼物给孩子们,这导致我们的开支比例很高。而且,由于城市化发展,大多数中国居民从家乡来到大城市工作。为了支付长途出行费用,他们在交通上花费了大量金钱,以便与家人一起享受快乐时光。

鉴于上述论点,我们可以得出结论,目前的现象并不令人惊讶。因此,可以预测,购买礼物和交通运输仍将占我们春节期间开支的很大份额。

【重点词汇及词组】

proportion 比例   transportation 交通
Spring Festival 春节   keep up with 追上，赶上
expenditure 开支   urbanization 都市化
red envelope 红包   take up 占据
a large amount of 大量   take a lion's share 占最大的份额

【万能句型】

As is clearly reflected in the above pie chart, …

The data provided indicates that …

What triggers this phenomenon?

It is not difficult to identify several factors responsible for this phenomenon.

To start with, … Thus, …

In view of the arguments above, it can be concluded that the current phenomenon is not unexpected.

It can be predicted that …

4. 柱状图：2010 年英二大作文——手机用户增长

Directions:

In this section, you are asked to write an essay based on the following chart. In your writing, you should

1) **interpret the chart and**

2) **give your comments**

You should write at least 150 words. Write your essay on the ANSWER SHEET.（15 **points**）

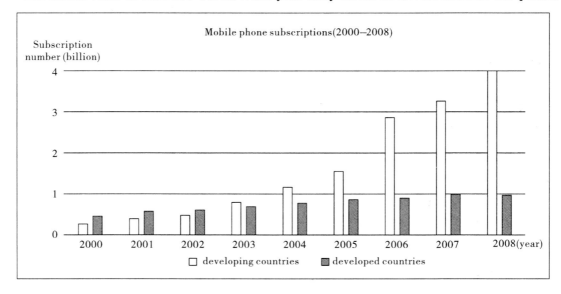

【参考范文】

According to this graph, the mobile phone subscriptions in developed countries have a steady and slight increase from 2000 to 2008 and then remain constant in 2008. **Meanwhile**, the mobile phone subscriptions in developing countries increased slowly from 2000 to 2004, then rapidly from 2004 to 2008 and the greatest increase occurred from 2005 to 2006.

This graph illustrates the various mobile phone industry development trends in developed and developing countries. The populations of the developed nations are small, and the majority are well-educated. **As a result**, the spread of the mobile phone service is efficient and the market will soon be saturated. Also, there are initially more people who can afford this service in the developed countries. The developing countries continue to have a large demand for mobile service due to their vast populations. As mobile phone service gets more affordable, the increasing customers subscribe to benefit from this service.

As discussed above, it is not surprising to see this change. From my own perspective, the upward trend in the number of mobile phone subscribers will continue for a while in the future.

【参考范文译文】

在这张图表中，我们可以看到，发达国家的移动电话用户从2000年到2008年有稳定和轻微的增长，然后在2008年保持不变。与此同时，发展中国家的手机用户从2000年到2004年缓慢增长，然后从2004年到2008年快速增长，最大的增长发生在2005年到2006年。

这张图表反映了发达国家和发展中国家移动电话行业的不同发展模式。发达国家的人口数量有限，其中大多数人都受过好的教育。因此，移动电话服务的推广是高效的，很快市场就饱和了。而且在一开始，发达国家有更多的人能够负担得起这项服务。发展中国家人口众多，对移动服务的需求很大。随着移动电话服务变得越来越便宜，越来越多的客户订阅以从这项服务受益。

如上所述，看到这一变化并不令人惊讶。在我看来，这种移动电话用户越来越多的趋势将在未来持续一段时间。

【重点词汇及词组】

subscription 订阅 well-educated 受到良好教育的
surge 激增 saturated 饱和的
witness 见证 efficient 高效的

【万能句型】

According to this graph, …

Meanwhile, …

This graph illustrates …

As a result, …

As discussed above, it is not surprising to see this change.

From my own perspective, … will continue for a while in the future.

三、社会生活类

1. 柱状图：2014 年英二大作文——城乡人口变化

Directions：

In this section，you are asked to write an essay based on the following chart. In your writing，you should

1）interpret the chart，and

2）give your comments

You should write about 150 words on the ANSWER SHEET.（15 points）

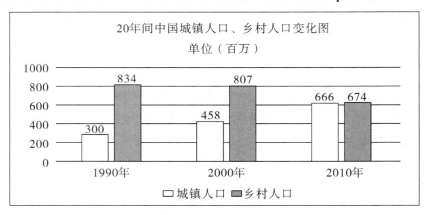

【参考范文】

As is shown in the bar graph，both urban and rural areas experienced distinct population fluctuation. **Indeed，**the population in cities increased at a breakneck speed and surpassed that of rural areas during the period from 1990 to 2010 while population in rural region slightly decreased down to a scale which was close to that of cities.

What accounts for this disparity？The answer involves two factors. The primary influencing factor is China's cities' remarkably rapid urbanization. People living in cities profit from China's economic reform，which cannot be disputed. **The second reason is that** Chinese farmers enjoy the harvest from new policies that are established to benefit farmers，which permits residents of rural areas to move for job or residence，and an increasing number of farmers decide to work as migrant laborers in cities since they would make much more money than ever. **All these are the results of** urbanization.

Based on the analyses above，we can safely conclude that the rapid development of China benefits every Chinese person and that the trend of urbanization will continue in the years ahead.

【参考范文译文】

如柱状图所示，城乡人口均出现明显波动现象。在 1990 年至 2010 年期间，城市人口以惊人的速度增长，超过了农村地区，而农村地区的人口略有下降，达到了和城市很接近的规模。

是什么造成了这种差距?答案涉及两个因素。第一个促成因素是中国城市的快速发展。不可否认,中国经济改革造福于城市居民。第二个原因是中国农民享受新政策的收获,这些政策是为了造福农民而制定的。法律允许农村地区的人为工作和居住而移徙,越来越多的农民选择在城市工作,成为移徙工人,因为他们会比以前赚更多的钱。所有这些都是城市化的结果。

基于以上的分析,我们可以得出结论:城市化进程将在未来几年继续推进,每个中国人都能从中国的快速发展中受益。

【重点词汇及词组】

bar graph 柱状图   breakneck 极快的
distinguished 杰出的   disparity 不同,不一致
fluctuation 波动   substantially 大量地,实质地
migrant 移居   analysis 分析
urbanization 都市化

【万能句型】

As is shown in the bar graph, …

What accounts for this disparity?

The answer involves two factors.

The primary influencing factor is…

The second reason is that…

All these are the results of…

Based on the analyses above, we can safely conclude that…

2. 曲线图:2017年英二大作文——参观博物馆

Directions:

Write an essay based on the chart below. In your writing, you should

1) interpret the chart, and

2) give your comments

You should write about 150 words on the ANSWER SHEET. (15 points)

【参考范文】

The chart demonstrates significant changes in the quantity of museums and their visitors between 2013 to 2015. **According to the provided data, there is a significant increase in** the number of museums from 4165 to 4697 over the period from 2013 to 2015, as well as a significant increase in the number of visitors from 637.8 million to 781.1 million during this period.

This occurrence could be explained by at least two fundamental factors. To begin with, it is generally acknowledged that due to the rapid economic development, the social climate has significantly improved living standard, which leads to the typical phenomenon that an increasing number of people can afford the once-deemed-expensive experience. **Additionally, there is no doubt** that the authorities concerned have issued a series of preferential policies to protect and promote the development of cultural industry, which encourages a widespread extension of visitors.

Based on what has been stated above, we can confidently conclude that this tendency will most likely maintain for quite a while in the near future, which will be beneficial to both our country and individual.

【参考范文译文】

图表显示了2013年至2015年期间博物馆及其游客数量的巨大变化。根据所给出的数据，我们可以看到的是，在2013年至2015年期间，博物馆的数量从4165座增加到4697座，在此期间，游客人数也急剧增加，从6.378亿人增加到7.811亿人。

至少可以确定两个基本因素是造成这一现象的原因。首先，人们普遍承认，随着经济的快速发展，在整个社会气候下生活水平的大幅提高，导致了一种普遍现象，即越来越多的人能够负担得起曾经被认为是昂贵的体验。此外，不可否认的是，有关部门出台了一系列保护和促进文化产业发展的优惠政策，鼓励了游客的广泛增加。

通过以上讨论，我们可以有把握地得出这样的结论：这种趋势在不久的将来一定会保持相当长的一段时间，这将对我们国家和个人都有很大的益处。

【重点词汇及词组】

pronounced 显著的
contribute to 有助于
authority 权威
dramatically 戏剧地
preferential 优先的

fundamental 根本的
economic 经济的
widespread 普遍的
extension 延伸，扩大

【万能句型】

The chart demonstrates significant changes in…

According to the provided data, there is a significant increase in…

This occurrence could be explained by at least two fundamental factors.

To begin with, it is generally acknowledged that…

Additionally, there is no doubt that…

3. 柱状图:2021年英语二大作文——某市居民体育锻炼方式调查

Directions:

In this section, you are asked to write an essay based on the following chart. In your writing, you should

1) **interpret the chart and**

2) **give your comments**

You should write at least 150 words. Write your essay on the ANSWER SHEET. (15 points)

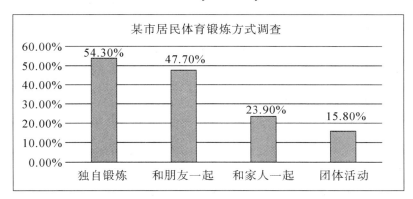

【参考范文】

The bar chart clearly shows the results of a poll regarding how people in a certain city do physical exercise. **As we can see,** exercising alone accounts for 54.3%, ranking on the top. **What comes next is** to exercise with friends. The proportions of staying with family and joining in a certain association for exercise are 23.9% and 15.8% respectively.

A conclusion that can be drawn through the analysis of the figures is that individuals are becoming increasingly interested in participating in sports through various access. People would take advantage of any opportunity to advance their state of health, regardless of the circumstances. **There are several factors that contribute to this phenomenon.** It is partly because exercising alone allows people to plan their workouts around their own schedules. **Another explanation would be that** when exercising alone, individuals can select the sorts of exercise they enjoy without having to compromise with others.

Based on all above, it can be concluded that we should do more sports when permitted. And I believe additional ways will be created for people to do physical exercise in the future.

【参考范文译文】

上面的柱状图清楚地向我们展示了某个城市的人们如何进行体育锻炼的调查结果。可以看出，独自锻炼就占了54.3%，位居榜首。接下来是和朋友一起锻炼。与家人一起和团体活动的比例分别为23.9%和15.8%。

通过对数据的分析，我们可以得出结论，人们越来越重视通过各种途径进行体育运动。不管怎样，他们都会抓住任何改善健康状况的机会。在这种现象的背后，有几个因素。部分原因是单独锻炼可以让人更容易地根据自己的日程安排锻炼时间。另一个因素可能是，人们在单独锻炼时可以选择自己喜欢的锻炼方式，而无须与他人协商。

基于以上所有，得出的结论是，我们应该在允许的情况下进行更多的运动。而且我相信未来会有更多的方式可以让人们进行体育锻炼。

【重点词汇及词组】

rank 等级，排列
figure 数字，人物
access 通道，机会
schedule 计划，安排
association 协会，社团
various 多方面的，各种各样的
catch 抓住，赶上
negotiate 谈判，协商

【万能句型】

The bar chart clearly shows…

As we can see, …

What comes next is…

A conclusion that can be drawn through the analysis of the figures is that…

There are several factors that contribute to this phenomenon.

It is partly because… Another explanation would be that…

Based on all above, it can be concluded that…

第十一章 作文模板

第一节 小作文万能模板

一、感谢信模板

Dear _____（称呼），

  I am writing to extend my genuine gratitude for your kind help in _____（感谢的原因）. If it had not been for your kindness in _____（对方给你的具体帮助），I might have been _____（没有对方帮助时的后果）.

  It is obvious to everyone that you _____（给出细节）.

  Again，please accept my heartfelt appreciation. I am so proud of having such a good friend as you and our friendship will definitely be refreshed more deeply.

Yours sincerely，
_____（署名）

Dear _____（称呼），

  I would like to sincerely thank you for _____（感谢的原因）.

  I greatly appreciate your generosity in _____（具体事件）. If it had not been for your patience in helping me with _____（给予的具体帮助），I would not _____（完成预期的结果）. I would like to take this opportunity to express my heartfelt thanks for your timely help and assistance.

  I find an ordinary "thank you" entirely inadequate to tell my appreciation. I hope I can reciprocate your kindness when you come to _____（所在城市）.

Yours truly，
_____（署名）

二、祝贺信模板

Dear _____（称呼），

  I feel quite pleased when hearing that you _____（祝贺事由）. I would like to add my hearty congratulations to the many you must be receiving on _____（祝贺事件）. How happy you must be to have _____（现在因何开心）. And I feel very happy for you. _____（被祝贺人所取得的成绩）is quite great news. I know this is definitely owing to _____（被祝贺人过去的努力）. It is a reward you richly deserve because you thrive on responsibility.

Please let me know when you＿＿＿＿（咨询对方何时有空）. I hope to meet you and tell ＿＿＿＿（表达自己的愿望）

Best wishes from me for your further success.

Yours sincerely,
＿＿＿＿（署名）

Dear ＿＿＿＿（称呼），

Please accept my warmest congratulations on your＿＿＿＿（祝贺的事），I know how hard you have been working during the past years and I am very proud of you for ＿＿＿＿（对方取得的成就）.

I understand for sure that it is your hard work that leads you to the splendid accomplishments. This new milestone, on the other hand, adds a new dimension to your life and is bound to＿＿＿＿（具体事件）. What's more, I also believe that you will make good in＿＿＿＿（具体事件）.

May all goes beautifully in your new post.

Yours truly,
＿＿＿＿（署名）

三、道歉信模板

Dear ＿＿＿＿（称呼），

I am writing to make my sincere apology to you for not being able to ＿＿＿＿（未能做某事）because ＿＿＿＿（简述原因）.

I really have my promise in my mind all the time. However, it purely happened by chance that＿＿＿＿（未能做某事的具体原因）. Once again, I am sorry for any inconvenience caused. To solve the problem, I will do my utmost to＿＿＿＿（补救措施）.

Please accept my heartfelt apology. I genuinely hope that you would forgive me for my carelessness.

Yours sincerely,
＿＿＿＿（署名）

Dear＿＿＿＿（称呼），

I am very sorry to tell/say to you that＿＿＿＿（直接说出道歉事由）. Now, I am writing you this letter to show my apology for my thoughtlessness. Please accept my sincere apology. I hope you will understand and forgive me for＿＿＿＿（请求对方原谅的事由）. The reason for my delay/absence/negligence was that＿＿＿＿（过失的原因）. I had no time because＿＿＿＿（当时的情况）. Therefore it's not in my power to＿＿＿＿（过失导致

的结果). Let's not put misunderstanding between us.

　　Naturally, I want to _____(解决问题的办法). I shall be obliged if you will kindly write and tell me that_____(希望对方原谅自己). I hope to obtain your forgiveness for my carelessness.

Yours sincerely,
_____(署名)

四、邀请信模板

Dear _____(称呼),

　　_____(开门见山提出事件、地点、时间). I am writing the letter to invite you to _____(邀请的内容). After the party/conference, there will be lots of activities you will be interested in.

　　First, _____(要举行的活动内容一). Second, _____(要举行的活动内容二). I thought you might be very interested in _____(活动). First/For one thing, _____(受邀请人参加的理由一). Second/For another, _____(受邀请人参加的理由二). Your presence is of vital importance to this occasion/conference/party.

　　The conference/party will begin at _____(时间) and we are looking forward to your arrival with pleasure.

Yours sincerely,
_____(署名)

五、建议信模板

Dear _____(称呼),

　　You have asked me for my advice with regard to_____, and I am writing with my suggestions/proposals about_____.

　　It must be pointed out that the current situation is_____. For example, _____(原因). That is the main reason why we should place more emphasis on _____ rather than _____. From my humble perspective, it would be imperative to take the following actions _____(建议的内容).

　　Thanks a lot for your due attention to this letter, and I would be ready to discuss this matter with you in further details.

Yours sincerely,
_____(署名)

Dear _____(称呼),

　　I am writing this letter to convey my deepest concern about_____ in order to _____.

　　From my point of view, it must be pointed out that_____. Also, to you, I highly recommend that _____. On the one hand, _____. On the other hand, _____. Besides, it is urgent for us to _____. Consequently, I believe that _____.

I hope these suggestions are of benefit to you, and please feel free to contact me if you require additional information.

Yours sincerely,
_____ (署名)

六、投诉信模板

To whom it may concern,

I am _____ (自我介绍). I am writing the letter to complain some problems about _____.

The reason for my dissatisfaction is _____ (总体介绍). In the first place, _____ (抱怨的第一个方面). In addition, _____ (抱怨的第二个方面). Under these circumstances, I find it _____ (感觉) to _____ (抱怨的方面给你带来的后果).

I appreciate it very much if you could _____ (提出建议和请求), preferably _____ (进一步的要求), and I wish you could treat my complaint seriously and give me a reply as soon as possible. Thank you for your consideration.

Yours sincerely,
_____ (署名)

Dear _____ (称呼),

I am _____ (写信人身份). I sincerely regret having to write this letter about _____ (抱怨内容).

The focus of the complaint is _____ (抱怨内容的核心点). For one thing, _____ (抱怨内容的一方面). For another, _____ (抱怨内容的另一方面). Honestly speaking, _____ (客观的评论). But _____ (抱怨产生的原因).

All in all, there is still much room for improvement. I trust that we can solve this matter quickly and amicably.

Yours sincerely,
_____ (署名)

七、咨询信模板

Dear _____ (称呼),

I am _____ (自我介绍). I am writing to enquire whether it is possible for you to provide me with any information which would be useful regarding _____. (要询问的内容)

Firstly, what are _____? (第一个问题) Secondly, when will _____? (第二个问题) Last but not least, is _____? (第三个问题)

It would be very nice of you if you please let us know _____ (将最重要的问题单独成段).

Could you be so kind as to _____（要求对方提供的东西）?

Thank you for your attention, and your prompt reply to this letter will be highly appreciated.

Yours sincerely,
_____（署名）

八、请求信模板

Dear _____（称呼）,

  I am writing this letter in the hope of asking you to help _____（请求的内容）.

  The reason for _____ is that _____（给出原因）. I _____, so I _____（给出细节）. If it is convenient for you, I would also like to require _____（提出进一步的要求）. I am sorry for any trouble I have caused.

  I shall be much obliged if you can _____. If you have any questions, do not hesitate to contact me at _____（电话号码）. I look forward to your response at your earliest convenience.

Yours sincerely,
_____（署名）

九、辞职信模板

Dear _____（称呼）,

  I am sorry to inform you by this letter that I plan to resign my present position in _____（时间）. The main reason is that _____（原因）. Looking back upon _____（工作的经历/回忆）in this organization, I have had a very happy and enjoyable time working with you and other colleagues.

  Please accept my sincere gratitude, and I am genuinely sorry for any inconvenience caused.

Yours sincerely,
_____（署名）

Dear _____（称呼）,

  I am writing to inform you about the decision to resign from my current position. There are a few factors involved.

  Firstly and foremost, _____. Secondly, _____. In addition, _____. Consequently, I have made up my mind to resign from the job after much deliberation. Thanks for having offered me the splendid opportunity to _____ during my employment.

  I sincerely wish you could approve of my resignation, and I apologize in advance for any inconvenience thus caused.

Yours sincerely,
_____（署名）

十、求职信模板

Dear _____（称呼），

  I am writing this letter to apply for the position of _____（想申请的职务）advertised in China Daily. I majored in _____（专业）. My training in Microsoft definitely meets your qualifications.

  My qualifications are as follows. Firstly, I will graduate this July from _____（毕业院校）. The job described in your advertisement seems suited to my background. From what has been illustrated above, I am certain that I deserve your consideration. I have attached my resume and I would be much obliged if you would give me the opportunity to be interviewed.

  I will appreciate it a lot if you could schedule an interview with me. I can be reached by mobile phone number _____（联系方式）.

Yours sincerely,
_____（署名）

Dear Sir or Madam,

  I am writing the letter to express my strong interest in the position that you have advertised in _____. Not only do I have the qualifications for this job, but I also have the right personality for a _____. Under the influence of the courses I completed in four academic years, I have developed the ability to perform the duties you outlined in your advertisement. As for my English, I have passed the CET Band 6.

  I shall be obliged if you will give me a personal interview at your convenience. Please feel free to contact me at any time by phoning _____（电话号码）and I will be looking forward to meeting you.

Yours sincerely,
_____（署名）

十一、推荐信模板

Dear _____（称呼），

  I am writing the letter to recommend _____（被推荐人姓名）to you. During his/her graduate years, he/she was _____（能力）. As his/her _____（与被推荐人关系）, I found him/her _____（优点）.

  As far as I know, his/her performance in the school years was outstanding. First, he/she studies hard and has gained plenty of knowledge in _____（专业或课程）and showed great talents in _____（领域）. In addition, he/she has a very pleasant personality. He/She has developed a strong sense of _____（优点）, and every one of us is willing to make friends with him. I can state that his/her qualifications just amply meet your requirements of being _____

（岗位）.

Therefore, I genuinely hope that you can consider _____. I am sure that his/her future academic work will prove worthy of your confidence.

Yours sincerely,
_____（署名）

十二、通知信模板

1. 书面通知模板

Notice

There will be/We are going to hold/have a meeting/discussion in/at_____ from_____ to_____（通知内容、时间、地点）. Problems to be talked about at the meeting include_____（活动具体内容）. People who attend this meeting/discussion should_____ _____（注意事项等）.

Those who are keen on this activity may send an email to us at _____（邮箱地址）. Everyone is demanded to be present on time_____（提出要求）.

_____（发布单位）
_____（发布日期）

2. 口头通知模板

Boys and girls,/Ladies and gentlemen,

May I have your attention, please?/Be quiet, please. I have something to tell you./I have an announcement to make（引起注意）. There will be_____（活动内容）at_____（举办时间）. The place is _____（活动具体内容）. And_____（其他信息）.

That's all. Thank you.（结束语）

十三、备忘录模板

Memo

To: …
From: …
Date: …
Subject: …

I would like to draw your attention to _____（问题/主题）. Since_____（问题）./As we have already _____（已经完成的工作）./We are_____（将进行的工作）. If _____（建议及可能的效果）. Please_____（安排）.

第二节　大作文万能模板

一、大作文描述段万能模板

1. 曲线图、柱状图

The _____（图表类型）reflects the changes in/percentages of/information about _____（描述对象）. As is vividly revealed in the _____（图表类型）, some noticeable changes have come up as regards _____（主题词）between _____ and _____（时间）. It is noticeable that _____（项目 1）rose/increase/decrease considerably/rapidly/dramatically/slightly/steadily from _____（起点数字）in _____（时间）to _____（终点数字）in _____（时间）/all the time. Meanwhile, _____（项目 2）has witnessed a rise/decline from _____（起点数字）to _____（终点数字）over the same period.

2. 饼状图

The pie chart presents the percentages of/information about _____（描述对象）in _____（时间）. Based upon the data provided by the pie chart above, the number of _____（项目 1）has been on a rapid decline. In _____（项目 2）, _____, but the percentage went sharply down to only _____ in _____. Meanwhile, however, the number of _____（项目 3）has been on a steady rise, reaching _____ in _____.

3. 表格

The table clearly reflects the statistics of _____（描述对象）in _____（地点）in _____（时间）. According to the table, we can see that the vast majority of _____（人物 1）_____（做某事）count for _____%, while the second largest proportion of _____（人物 2）_____（做某事）, representing _____%. In contrast, _____（人物 3）_____（做某事）was responsible for _____%, taking up the largest share.

二、大作文原因段万能模板

1. 曲线图、柱状图、表格：分析原因

There are several reasons for the increase/decrease/development trend in the _____（图表描述对象）. The most convincing reason for this might owing to the fact that _____（原因 1）. As a result, _____ will inevitably influence _____（推论）. Another important factor is that _____（原因 2）might be at the root of these notable growths/declines. Therefore, _____（推论）. Moreover, _____（原因 3）might account for the fact that _____. So, _____（推论）.

2. 饼状图：揭示含义

As is shown in the pie chart given above, _____（阐述最大饼块）account for _____ percent. This reflects the changes/development of _____（展开）. Interestingly, _____

_____（阐述最小饼块,other 除外）is also worth noticing,which indicates that_____（展开）.

三、大作文结尾评述段万能模板

1. 标志词＋做预测

In summary, there is a strong possibility that the trend will continue over the next year. We will soon realize how profoundly this new trend determines what is natural to us.

2. 标志词＋写利弊

To sum up/To be sure, this development trend is a double-edged sword. The benefit is that _____（好处）, meanwhile, it poses a challenge that _____（坏处）.

3. 标志词＋提建议

Overall, though the development of _____ poses unprecedented challenges to _____, there are still adequate reasons to expect that_____（建议）.

四、图画作文模板

第一段：描述图片 describe

The picture vividly portrays a widespread phenomenon that_____（描述图片内容）. Under the picture there is/are an/some eye-catching word/words reading：_____（图下词语）. It has brought us face to face with the issue about_____（主旨词）. There is no denying the fact that _____（主旨词）has stimulated a heated discussion.

第二段：解释说明 interpret

The causes for this phenomenon are complex. Some netizens place the blame on _____（原因）and it is understandable that_____. Yet the problem is not that simple. Some people consider that the root of_____（主旨词）can be traced to_____（原因）and this might bring about some negative effects.

结尾一

It poses a challenge for us to make clear the meaning of the cartoon and come up with some comments that refer to the above phenomenon. The whole society should take effective measures to _____（措施1）and everyone should also_____（措施2）, as only in this way can we_____（做出评论并用倒装句强调）.

结尾二

We cannot find an easy solution to this phenomenon. However, the following suggestions may be of some help. First and foremost, the government should publish/issue relevant/related/interrelated regulations to_____（主旨）. Secondly, the ordinary citizens should be educated to enhance the awareness of_____（主旨）. I believe with the above solutions _____ will no longer trouble _____.